中国未来经济模式

——互联网金融如何助推中国经济转型升级

宏 皓 著

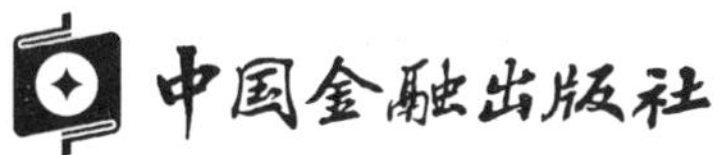

责任编辑：肖丽敏
责任校对：潘　洁
责任印制：陈晓川

图书在版编目（CIP）数据

中国未来经济模式：互联网金融如何助推中国经济转型升级（Zhongguo Weilai Jingji Moshi：Hulianwang Jinrong Ruhe Zhutui Zhongguo Jingji Zhuanxing Shengji）/宏皓著．—北京：中国金融出版社，2015. 8
ISBN 978 - 7 - 5049 - 8023 - 6

Ⅰ. ①中…　Ⅱ. ①宏…　Ⅲ. ①互联网络—应用—金融—研究—中国
Ⅳ. ①F832. 2

中国版本图书馆 CIP 数据核字（2015）第 147217 号

出版发行　中国金融出版社
社址　北京市丰台区益泽路 2 号
市场开发部　(010)63266347，63805472，63439533（传真）
网 上 书 店　http：//www. chinafph. com　(010)63286832，63365686（传真）
读者服务部　(010)66070833，62568380
邮编　100071
经销　新华书店
印刷　北京市松源印刷有限公司
装订　平阳装订厂
尺寸　185 毫米 ×260 毫米
印张　24. 5
字数　518 千
版次　2015 年 8 月第 1 版
印次　2015 年 8 月第 1 次印刷
定价　55. 00 元
ISBN 978 - 7 - 5049 - 8023 - 6/F. 7583

序

随着社交网络的繁荣和金融脱媒化趋势的形成，人类迎来了互联网金融时代。互联网金融序幕一拉开，热潮就在中国开始了。互联网金融的诞生是人类历史上划时代的大事件。互联网金融出现的时代背景是人类经济面临发展的困境：发达国家经济面临“70年之痒”，不知道向左还是向右走，发展中国家面临经济发展瓶颈，品牌、技术等难题很难突破，而互联网金融就是解决这些经济发展难题的。

虽然互联网金融现在还有很多缺点和问题，这如同当年飞机的诞生、汽车的诞生、计算机的诞生一样，是伟大而有缺点的。互联网金融会在实践中不断完善，并且改变人们的生活方式，影响着各行各业的发展。

未来，只有中国的各行各业都开始运用互联网金融这个工具的时候，互联网金融的精彩大戏才开始上演。互联网金融的核心是再造新的商业模式，打造产业集群，让中国的各行各业追上发达国家，让中国一个又一个行业弯道超车，让我们中国的各行各业为人类社会提供更好的产品和服务，让我们人类生活得更加幸福，同时创造更多的财富。互联网金融重塑的商业模式在人类历史上没有过，是全新的。互联网金融再造的全新商业模式更有竞争力，盈利能力更强，能让参与各方都受益，能化解社会矛盾，在为人类社会提供更好的产品及服务的同时，推动人类文明的进步。所以，互联网金融是上帝送给人类最好的礼物，更是上帝送给中国人最好的礼物。

互联网金融的出现，让中国与美国等发达国家处在同一条起跑线上，未来谁能运用好互联网金融，谁就能成为真正的强国。

当今中国经济面临历史性重大转型时期，企业家仅凭个人的能力已经无法解决企业转型发展的难题。运用正确的金融理论和互联网金融工具帮企业、机构转型升级，以此提高盈利能力和打造核心竞争力，推动中国经济更健康发展。

什么是金融？不同的金融学家有不同的定义。我的回答是，在任何时代，货币、金融无处不在，人们不断寻找着财富天道，金融是价值交换，可以是不同时间点、不同地区的价值在同一个市场中的交换。金融是一种交易活动。金融的核心是，运用金融工具，整合资源，培育经济增长点，创造财富。对于金融机构来说，资金不是自己的，是从全世界融资来的，融合全世界的资金，整合全世界的资金、技术、人才，找到新的经济增长点，培育成一个大产业，在创造财富的同时推动社会的进步，造福于人类。人类社会的发展正是在一次又一次的金融创新中不断发展完善的。然而，人类社会的发展，每一次的阻力都来自既得利益集团的利益保护主义，人类社会的发展每一次都是通过金融创新冲破了既得利益集团的阻力或者是既得利益集团中部分人参与变革才得以前进的。

自从有了人类，就有了利益冲突，有了利益的分配，而利益如何分配和资源的稀缺性就是经济学的核心。金融学的核心是解决经济学无法完成的利益的分配问题，金融的核心是引导大家如何去做一个或几个更大的蛋糕，让参与者去重新分配，形成新的经济增长点或新的产业，多做几个大蛋糕，让参与者分得更多，让没有参与的人被边缘化。推动人类社会进步，推动生产力发展，从而创造更多财富的是金融，相对公平地创造财富是金融创新。

翻开人类的历史，任何一个国家强大的时代，都给了有能力者一个公平的机会，让有能力的人为社会创造财富，这就是金融创新。一个国家没有金融创新能力只能落后，有了金融创新的能力，就能成为世界上一流的强国，这个国家的人民就会成为世界上最幸福的人民。一个地方政府没有金融创新的能力，这个地区就会成为穷困地区，一个地区有了金融创新能力，这个地区就可以富可敌国。一个企业如果没有金融创新能力，这个企业再大也没竞争力，最后只能被淘汰。一个企业有了金融创新能力，这个企业就能成为行业的龙头企业。一个家庭或个人如果不懂金融，这个家庭再富有也不能持久。一个家庭或个人如果有了金融创新能力，再穷也会很快富甲一方。

互联网金融对中国所有行业的影响是深远的，互联网金融工具正确运用能帮助中国所有行业转型升级。那么，互联网金融对中国所有行业有什么深远的影响呢？互联网金融工具正确运用是如何帮中国的所有行业转型升级的呢？互联网金融对中国经济的影响到底有多大？互联网金融如何才能健康发展呢？中国互联网金融行业未来的发展趋势是什么样的？这些问题，本书中都有答案。

本书从互联网金融的视角分析了国家、企业、地方政府、金融机构和各行各业如何运用金融工具规避风险创新发展，怎样运用互联网金融工具创造财富。本书是运用互联网金融工具解决经济及金融难题的工具书，实用性很强，对于国家、企业、地方政府、金融机构、各行各业如何创新发展有很大的帮助，是一本实践性和操作性很强的工具书。

本书着眼于互联网金融和经济的本质，旨在分享互联网金融观点，为你解读经济财富密码，让你认清互联网金融本质、坚定金融信仰，在互联网金融时代下正确运用互联网金融工具重塑经济模式，培育新的经济增长点，让你在光怪陆离的金融世界策马驰骋！

目　　录

第一章　金融能为我们解决什么问题

一、中国古代的金融

（一）古代货币的起源

中国使用货币的历史非常悠久，在四五千年以前甚至更早货币就兴起了。司马迁在《史记·平准书》中说："农工商交易之路通，而龟贝金钱刀布之币兴焉。所以来久远，自高辛之前尚矣，靡得而记云。"班固在《汉书·食货志》中也记载："金刀龟贝所以分财利通有无者也……兴自神农之世。"《初学记》中载："黄帝采首山之铜，始铸为刀。"类似的记载很多，说法不一，但大多属石器时代，那时候是不可能产生货币的，因为还没有产生货币的条件。

1. 古代货币形成的条件

货币是在商品交换中产生的，它的出现是以商品交换的发展为前提的。

（1）社会大分工促进了商品生产和商品交换的发展。随着生产力的发展，特别是铜器的使用，到了商代，我国社会已完成了第三次社会大分工，手工业和商业有了显著的发展。随着生产力的进一步发展，社会分工越来越细，在手工业内部又分成许多门类，各门类又分成许多专业，各专业内部又有很细的分工。这种细致的分工，必然引起广泛的交换活动，促进商品交换的发展。

（2）商品交换的发展，促使古代货币的产生。在商品交换过程中，为了交换的便利，必然要求有一种商品充当一般等价物，作为商品交换的媒介。在漫长的商品交换过程中，一般等价物逐渐固定到一种商品上，这种商品就是货币。

2. 我国货币的起源

我国最早的货币是起源于商朝的贝币。贝币的计算单位是朋，每朋10贝。

贝壳充当货币，有以下优点：它有光泽，有漂亮的花纹，当时是名贵的装饰品；有天然的单位，便于计数；坚固耐用，不易磨损；便于携带。

3. 仿制贝

随着商品交换的扩大，贝币的流通数量日益庞大。由于天然贝来源有限，不敷应用，于是便出现了仿制贝。最初的仿制贝是石贝、骨贝、陶贝，以后便发展到用铜来制造，这就是铜贝。铜铸币的产生，使古代货币进入一个新时期。

（二）古代货币的早期发展

到了春秋战国，古代货币进入了早期发展时期。

1. 铜铸币的发展及其广泛流通

这一时期是早期货币发展中的重大转折。这一时期流通的货币主要有四种——布币、刀币、环钱和蚁鼻钱。

布币由农耕工具演变而来，主要流通于中原地区的农耕地带。布币的基本形状如铲，在此基础上变化多端，按具体形状又分若干种。它的演变大体可分为三个阶段，即原始布、空首布和平首布。平首布一般有文字，多数的文字是地名，以表明出处，但也有标明重量的，如“一两”、“十二朱”，“朱”、“两”都是货币单位，可谓最早的铢两货币。

刀币起源于渔猎地区和手工业地区，是由实用的刀演化而来，基本形状如今日之大刀。

环钱大概是由纺轮演变而来。其圆形，中心有孔，孔又有圆形和方形，故有圆形圆孔和圆形方孔的区别，内外边缘又有有轮廓和无轮廓两种。环钱多数有文字，或标地名，或标重量和单位。环钱是铜钱的原型。

蚁鼻钱专指楚国的铜贝，又称为“鬼脸钱”。

2. 黄金、郢爰

战国时，黄金被大量使用，开始发挥货币的某些职能。此时黄金作为货币，还是称量货币，按重量计值。它有两个单位：一个是斤，一斤合 16 两；另一个是镒，一镒合 20 两。

郢爰是楚国的货币。

3. 春秋战国时代货币的特点

货币单位已分成等级；没有统一的货币铸造制度；多种货币同时并存。

（三）秦始皇统一货币

公元前 221 年，秦始皇统一中国，接着实行了一系列巩固封建中央集权的措施，统一货币就是其中之一。规定全国使用统一的货币，禁止其他财物作为货币流通。统一的货币分黄金和铜钱两种：黄金为上币，以镒为单位；铜钱为下币，按枚使用，币面铸有“半两”二字，表明每枚的重量是半两，史称半两钱。

秦始皇统一货币有重大意义。其一，货币的统一是巩固中央集权政治、促进封建国家统一的重要措施。其二，货币的统一有利于各地物资交流和贸易的发展，促进经济的繁荣。秦始皇对货币的规定是中国货币史上第一个对货币立法，半两钱对以后历代钱币的形式有深远影响。半两钱以重量为名称，又是中国量名钱的开端。

（四）汉武帝改革币制

汉初的钱币制度多有变化，铜钱由民间自铸，十分混乱。

公元前118年（武帝元狩五年），开始铸造五铢钱，每枚重5铢，钱面铸“五铢”二字，周边有轮廓。公元前113年（武帝元鼎四年），汉武帝对钱币制度进行整顿，采取两条措施：一是统一铸币权，五铢钱由中央政府的上林三官负责铸造，禁止各郡国铸钱，此前郡国所铸之钱一律销毁，并将铜材运交上林三官；二是全国统一使用上林三官铸造的五铢钱，非三官钱不许使用。

汉武帝改革钱币制度，推行五铢钱，这是继秦始皇统一货币后中国货币史上又一件大事。这次钱币改革为中国古代货币开辟了一个新阶段，创造了一个适合社会经济发展的新的钱币体制。五铢钱继承了半两钱的形式，其重量又经过数十年的探索才确立，适宜使用，便于流通，是最为理想的封建经济条件下商品交换的媒介。其历经三国、两晋、南北朝、隋朝，直到唐初，700余年时间而不衰，成为中国主要的货币。这次钱币改革确立了中央政府的货币铸造权和发行权，禁止私铸，这有利于货币的统一和币值稳定，有利于经济发展和政权的巩固，也有利于安定人民的生产和生活。

（五）唐高祖改革币制

公元621年（武德四年），唐高祖对钱币进行了一次重大改革，废除五铢钱，铸通宝钱。通宝钱仿五铢钱，每枚重2铢4累，直径8分，10枚重1两，千文重6斤4两，成色以铜为主，掺以锡和白镴，钱面铸“开元通宝”四字，钱文用隶书。自此，在中国历史上使用了数百年的铢两货币被废除，进入通宝钱阶段。

这次钱币改革是对以前近千年钱币形制的总结。再次肯定了铜钱外圆内方的形状和5铢的重量，规定了钱币的大小、成色，成为唐以后历代封建王朝铸造钱币的标准。这次改革使钱币名称同钱币重量完全分离，这是中国钱币的重大变化。从此，中国钱币进入了年号钱阶段。

（六）宋朝的币制与纸币的产生和发展

1. 宋朝货币制度的特点

第一，宋朝的币制以钱为主，即以通宝钱为主。通宝钱十分复杂，种类繁多，每隔几年就有一种新钱种面世。除铜钱外，还有铁钱，二者并行。

第二，货币流通的区域性。有的地方专用铜钱，有的地方专用铁钱，有的地方二者兼用。这些钱币在一个地区流通，不准运钱出境。

第三，流通混乱。铜铁钱各分大小，铜铁钱之间、大小钱之间作价不一，致使流通无序。

2. 纸币的产生和发展

（1）纸币产生和发展的原因。纸币产生和发展的原因主要是经济方面的：第一，宋代商业发达，要求有大量轻便的货币，铜铁钱都因区域限制而不敷应用，且笨重不便，极大地阻碍了地区间商品交易的进行和发展。第二，发达的造纸业和印刷业为纸币的产生提供了物质基础和技术保障。第三，宋王朝为防北方辽、夏、金人的威胁和侵略，被迫养重兵以为备，军费开支庞大，财政非常困难，依靠发行纸币以弥补开支，也促进纸币的进一步发展。

（2）纸币产生的过程。大约在宋真宗年间（998—1022 年），成都的 16 家商号制作一种纸券，名曰“交子”，代替铁钱流通，这就是最初的纸币。这种交子因是私人发行，所以史家称其为私交子。发行交子的富商称为交子铺或交子户。由于私交子的信用度较低，在流通中不能兑现，引起诉讼。1023 年（仁宗天圣元年），政府禁止私人发行交子，并在四川设置益州交子务负责交子的发行事宜，次年开始发行交子。这是政府发行的交子，史称官交子。官交子的发行 3 年为一界，界满收回旧交子，发行新交子，每界确定最高发行限额，用铁钱作为发行准备。到了南宋，交子由户部掌管发行。

3. 称提之术

宋朝政府对纸币发行和流通的管理办法叫称提之术。其内容主要是：3 年一界，界满收回旧交子，发行新交子；设置发行准备；限制最高发行额。

4. 银会子

南宋初年还发行过一种代替白银流通的银会子，以钱为单位，面额分为 1 钱和半钱两种，每年换发一次，这是中国历史上最早的银本位制纸币，但只限于一些地区使用，没有在全国流通。

（七）元朝的纸币及其管理

1. 元世祖统一纸币

1276 年（至元十三年），元世祖对币制进行了一次改革，收兑江南当时流通的纸币，即南宋的关子、会子，禁用铜钱，中统钞也由木版印刷改为铜版印刷。这样，全国的纸币就统一了。

2. 元朝的纸币管理制度

元朝初年，政府已经有了比较完整的纸币管理制度，并由政府在法律方面作出规定，这是我国历史上第一个纸币条例。

关于发行方面的规定：交钞、宝钞为法偿货币，严禁金钱、银钱、铜钱的流通和使用。设立发行准备金。中统钞、至元钞均分为不同面额，两种钞票并用。百姓随时可以用旧钞换新钞，用破钞换好钞，并收取一定手续费；有阻碍和刁难者，定罪。

关于流通方面的规定：交钞、宝钞不限年月，通行流转。各地设立平准行用库，负责买卖金银，平准钞法，维持钞值。严禁私自买卖金银，违者治罪，告发者赏。严禁伪造交钞、宝钞，伪造者死，告发者重赏。

（八）明朝的纸币制度

明朝建立初始，推行铜钱，后因数量不敷，改行纸币。1375 年（洪武八年）设立钞局发行纸币，是为大明宝钞。大明宝钞由户部印制，地方不得印制。明朝的纸币制度具有以下两个显著特点：

第一，明朝在统治中国的200多年时间里，只发行过一种钞票，即大明宝钞，币面只印洪武年号，最大面额为1贯，即使后来的通货膨胀时期，也没有发行过大钞。

第二，大明宝钞不设发行准备，又不分界发行，而是长期流通，于是，使用不久，就开始膨胀贬值。

（九）清朝的白银货币地位确立

白银在宋代已具有货币的各项职能，到了明中叶以后，随着商品经济的发展，白银的流通更加广泛。1436年解除银禁，即法律上准许用银，白银的流通便公开化，且更普遍，朝野上下都使用白银，白银具备了价值尺度和流通手段两种基本职能，成了正式通货。到了嘉靖年间（1522—1566年），政府又规定了白银同钱的比价，还规定大数用银，小数用钱，白银遂取得法定通货的地位。

清朝承袭明朝的币制，仍用白银和铜钱，但以白银为主，也是大数用银，小数用钱，白银成为一种主要货币。白银的单位仍然是两，清朝习惯上将银和两合用，称银两，银两就成为清朝白银的单位。银两在使用过程中，慢慢发生变化，分成实银两和虚银两。实银两是交易时收受的现银，虚银两则是记账的单位。

二、鸦片战争后期的金融

（一）晚清落后的金融

1. 落后的银两制度

（1）实银两。实银两是交易时接受的现银。

①实银的种类、名称、重量。实银种类繁多，形式不定。实银铸成锭，有的形似马蹄，有的状如纺锤，有的像馒头，还有的是不成形的散碎银。它们都各有其名，然可统称为“元宝”或“宝银”。宝银的重量不等，大锭有50两，中锭10两，小锭只有几两，碎银不足1两，使用时依重量计值。

②实银的成色。成色是指含银的多少。从理论上讲，实银的成色是以纯银成色1 000/1 000作为标准，但实际上流通的宝银达不到这个标准，因而就按纯银的成色加以折算，即按其成色核定含银多少。全国统一的、公认的标准有：纯银、足银、纹银、标准银。

③实银的称量。银两按重量计值，属称量货币。宝银的重量标准是“平”。全国主要的平有库平、关平、漕平、市平四种。库平是政府征税使用的标准；关平是海关使用的平；漕平是征收漕银折色使用的平；市平是各地市场使用的平。

（2）虚银两。虚银是实虚的价值符号，是用于计算的单位，在账务处理上具有重要意义。虚银也有重量和成色（假设的），一锭实银要存入金融机构，先要根据所在地的实银标准推算了其升水或贴水，然后按照当地使用的虚银标准计算其应记的数额才能入账。全国有影响的虚银有上海的九八规元、天津的行化银、汉口洋例等。

（3）银两制度的落后性。银两制度是中国封建社会商品经济发展的产物，具有很多缺陷，其落后性表现在：形状和重量不合用，名称和种类过于复杂，成色高低不齐，平法大小不一，铸造分散，流通极为不便。

2. 自铸银元

一方面，银两制度的落后性，造成流通不便；另一方面，自咸丰、同治年间至光绪初年，外国银元大量流入中国，对中国金融危害甚大。清政府对此不能再行漠视。1887年（光绪十三年），清庭准两广总督张之洞在广东省设厂试铸银元。1889年开始铸造第一批银元，翌年流通于市场。这是近代中国正式铸造银元的开端。这种银元称光绪元宝，正面有“光绪元宝”的汉满文字，上方铸有“广东省造”字样，下方铸有“库平七钱二分”的重量标准，背面铸有龙纹图案，故俗称“龙洋”。这种银元含银九成，清政府下令作为中国的法币。

1910年（宣统二年）清政府颁布《币制则例》，将银元的铸造权收归中央，开始铸造“大清银币”，称为国币。

3. 从制钱到铜元

（1）制钱的落后性。其一，统治者通过对制钱贬值（减重、减色），对人民实行超经济剥削。其二，分散铸造的政策，导致各地各自为政，私铸的现象无法杜绝，制钱纷繁杂乱。其三，各省各地划地为界，导致制钱流通有很大的局限性。

上述混乱状况致使制钱的流通与商品生产和商品交换严重不相适应。制钱制度的封建性，表明它已不能适应新的经济形态。

（2）自铸铜元。1900年（光绪二十六年），两广总督李鸿章到广东时，正值市面闹钱荒之际。广东省遂于是年6月开始试铸铜元，每枚重2钱，成色为铜九五、白铅四、锡一，名“光绪之宝”，当制钱10文。这种铜元由机器制造，花纹精致，式样美观，成色划一，很受欢迎，政府也大得铸造利益。1901年下令沿海各省仿铸，至1905年，户部奏称，开铸铜元已有17省，铸造局达20处。

1910年，清政府颁布《币制则例》，将铜元的铸造权收归中央，定铜元为2分、1分、5厘、1厘四种，这是企图将铜元作为银元的辅币，令1905年设立于天津的户部造币总厂铸铜元。第二年，清王朝被推翻，铜元陷入混乱局面。

（二）资本主义金融势力的入侵

1. 外国银行的设立及其扩张

鸦片战争以后，外国资本主义凭借攫取到的种种特权，对中国展开了以商品输出为中心的侵略活动，抢占中国的市场，掠夺中国的原料。随着资本主义从自由竞争发展到垄断，它们又大量向中国输出资本，控制中国的财政经济命脉。在这种侵略中，它们的银行也蜂拥而来。

最早侵入中国的银行是英国的丽如银行。1845 年丽如银行在香港和广州设立分行，1847 年又在上海设立分理处，1850 年改为分行，同年在香港发行纸币，这是流通于中国市场上的第一批外国钞票。

汇丰银行是第一个将总行设在中国领土上的外国银行。1864 年 8 月成立，额定资本 500 万港元，1865 年 3 月缴足半数正式营业，当年在香港开始发行纸币，4 月在上海设立分行并营业，1866 年又在福州、宁波、汉口、汕头设代理处，1867 年上海分行开始发钞。

从 1845 年至 19 世纪 60 年代，入侵中国的外国银行有丽如银行、汇隆银行、阿加剌银行、有利银行、麦加利银行、法兰西银行、汇丰银行。除一家法国银行外，其余均为英国银行。

19 世纪 70 年代以后，特别是甲午战争以后，外国银行加快了入侵中国的步伐，打破了英国银行独霸中国的局面。这一时期在中国设立的外国银行有德意志银行、德丰银行、德华银行、横滨正金银行、惠通银行、中华汇理银行、东方汇理银行、华俄道胜银行、花旗银行、台湾银行、华比银行、荷兰银行、朝鲜银行，等等。

2. 外国银行的经济侵略与掠夺

外国银行对中国的经济侵略与掠夺主要采用以下手法：垄断国际汇兑，操纵外汇牌价；吸收存款，办理贷款，控制中国的金融市场；发行钞票，侵犯中国的主权；通过借款控制中国的财政。

（三）中国银行业的兴起

1. 中国银行业兴起的历史条件

中国银行业是在帝国主义侵略的日益加深以及这种侵略的刺激所形成的近代产业的发展中产生的。

第一，外国银行的侵略，刺激了中国抵御外国银行侵略势力、自办银行的要求。从 1845 年开始，到 19 世纪末，外国银行在中国横行了四五十年。它们操纵了中国经济，垄断了中国的国际汇兑业务和国内金融市场；发行钞票，侵犯中国主权，并通过贷款控制中国的财政，攫取了中国大量的权益。为了抵御外国银行的侵略势力，挽回权益，“非急设中国银行，无以通华商之气脉，杜洋商之挟持”。

第二，中国近代产业的发展，要求兴办银行。19 世纪中叶出现的洋务运动以及甲午战争后，清政府被迫实行“新政”，中国产生了近代军事工业和民用工业，民族资本主义产业有了较大的发展。随着产业的发展，产业资本迅速增加，商品交换和商品经营范围不断扩大，信用的利用愈加广泛，补充资金的要求愈加迫切，这就要求须有同这种状况相适应的近代金融机构。于是，银行应产业发展的要求而兴起了。

2. 中国通商银行、户部银行、交通银行的设立

1897 年 5 月 27 日（光绪二十三年四月二十六日），中国通商银行正式成立，额定商股 500 万两，先收半数，另商借户部库银 100 万两。其总行设于上海，同年在

汉口设立分行，以后又在北京、天津、福州、广州、镇江、烟台、香港、重庆、保定、九江、扬州、苏州、宁波等地设立分支行。其内部管理全仿汇丰银行，总行和各重要通商口岸分行除由中国人担任经理外，还聘请一名外国人担任洋经理执掌业务经营大权。

户部银行由户部奏准设立，目的在于整顿币制，推行纸币，以济财政。额定股本500万两，官商各半。官股由户部认购；商股准私人自由认购，但以中国人为限，不得转卖外国人。户部银行于1905年正式成立，总行设于北京。其业务为存放款、汇兑公私款项等，享有铸造货币、代理国库、发行纸币的特权，这表明它已具有中央银行的职能。1908年户部改为度支部，户部银行改名大清银行。

交通银行是邮传部奏准于1908年在北京成立的。资本额500万两，官四商六。邮传部认购官股2万股200万两，另外商股3万股300万两任官民认购。邮传部是最大股东，总理、协理都由邮传部指派。

3. 私人资本银行的出现

私人资本银行出现于20世纪初期。成立于1906年的信成银行是第一家私人资本银行，其创办人是无锡富商周廷弼。1905年他到日本考察银行，回国后就创办了信成银行。其资本额50万元，周自任总经理。该行为股份有限公司，除经营普通银行业务外，还兼办储蓄，是最早办理储蓄的华资银行。经商部批准，该行可发行银行兑换券。其总行设于上海，在无锡、南京、天津、北京设立分行。

浙江兴业银行、四明商业储蓄银行、信义银行、裕商银行都是这一时期设立的私人资本银行。

4. 中国银行业兴起的特点

第一，中国的银行业不是直接由工业资本发展而产生的，它是间接地由民族自救和民族工业的发展而产生的。

第二，中国封建经济下的金融机构——钱庄和票号，没有直接演变为近代的新式银行。

第三，中国的银行业一产生就分为官僚资本和民族资本两大类。

（四）中国金融业的发展

1. 中国银行和交通银行

辛亥革命爆发后，大清银行停业清理。1912年2月5日，经其商股申请，新政府批准，中国银行在上海原大清银行的旧址开业。1913年4月，参议院通过《中国银行条例》第30条，规定中国银行为股份有限公司，股本总额为银元6 000万元，官商各半，设总行于北京，遂将上海中国银行改为分行。北洋政府规定，中国银行为国家中央银行，代理国库，募集和偿还公债，发行钞票，铸造和发行国币。

交通银行1914年修改章程，增加股本金1 000万两，继续经理轮、路、电、邮四政的收支，并取得代理金库、经付公债本息、代收税款、发行钞票等权利，成为事实上的国家银行。

2. 京钞风潮

由于中、交两行滥发钞票，导致银行实力不断削弱，信用基础日益动摇。在这种情形之下，袁世凯的心腹、长期控制交通银行实权、时任总统府秘书长的梁士诒和段祺瑞的亲信徐树铮密谋发行不兑现纸币。但消息走漏，风声所及，市场震动，挤兑风潮迅速在京、津等地发生。1916 年 5 月，北洋政府以国务院的名义悍然下令中、交两行停止钞票兑现和存款付现。于是京、津两地两行完全停止兑付，外地也开始停兑。这些钞票当时人们称为京钞。京钞停止兑现以后，人们纷纷抛出纸币，抢购商品，致使物价上涨，币值下跌，投机盛行，交易停顿，市场混乱。这就是 20 世纪初发生在京、津等地的京钞风潮。

3. 民族资本银行的发展

辛亥革命以后，民族资本银行有了快速发展。1912—1927 年，全国新设银行 186 家，平均每年 11.6 家。一些著名的银行就是在这一时期成立的。主要有：南三行：上海商业储蓄银行、浙江实业银行、浙江兴业银行，北四行：金城银行、盐业银行、中南银行、大陆银行。

（五）混乱的货币流通

1. 《国币条例》

1914 年 2 月，北洋政府颁布《国币条例》13 条，规定：国币分银币、镍币和铜币三种；各以十进位；实行银本位制，以元为单位；元为主币，使用无限制；角分为辅币，一元银币重 7 钱 2 分，成色银九铜一；铸币权属政府。条例还规定了银币、镍币、铜币的种类、形状、发行和流通办法。《国币条例》的颁布，起到了消除各省军阀滥铸劣币的作用。

2. 银元、铜元的铸造与流通

1914 年，在颁布《国币条例》的同时，设立币制局铸发新银币。新银币每枚重 7 钱 2 分，成色为银九铜一，币面镌有袁世凯头像和年份，币背为嘉禾纹饰和“壹圆”字样，俗称“袁头币”。袁头币花样新颖，形式划一，成色和重量严格按照规定标准，发行之后，商民欢迎，通行无阻，取代了前清龙洋的地位，逐渐成为流通的唯一主币。

《国币条例》规定，银辅币为半元（5 角）、2 角、1 角三种，统一成色为银七铜三，给予整理，由造币厂铸造，专归中、交两行负责办理。1916 年中、交两行开始发行，得到社会各界支持和欢迎，辅币乃得以流通于市面。

铜元在清末由各省铸造。1914 年北洋政府曾裁并各地铸造局，限制铸额，并开铸新型铜元。但因铜材不同，新型铜币的质量差别很大。各地军阀为筹措军饷，又纷纷设厂自铸，毫无章法，致使劣质铜元充斥市场。北洋政府末期，这些劣质铜元逐渐被镍币取代而退出流通领域。

3. 纸币的发行与流通

1912 年，中国银行成立，同交通银行一起作为国家银行，代表国家发行纸币。

1915年北洋政府公布《取缔纸币条例》，规定除中国银行外，禁止新设的金融机构发行纸币。但由于地方军阀割据，无法施行，收效甚微。中、交两行为垫付北洋政府庞大的军政开支而滥发钞票，酿成了1916年的停兑风潮。各省地方银行垄断地方金融，发行钞票成了缓解财政困难、筹措军费的主要手段。私营银行也发行纸币，一些商号、银号、军阀也都巧立名目擅发钞票，从中获利，破坏了货币的统一发行，加深了货币流通的混乱。

三、国民政府时期的金融

（一）美英日在中国的争夺

1. 帝国主义转嫁经济危机

1929年秋，资本主义世界爆发了空前严重的经济危机，为了摆脱和转嫁危机，它们对殖民地、半殖民地和附属国输出商品和资本，中国成了各帝国主义国家特别是英、美、日等国为摆脱危机而争夺的重点。

（1）加强对华的商品输出。1929年经济危机爆发前，中国出口贸易还有增加的趋势，出口货值从1926年的13亿元上升到1929年的近16亿元，入超有明显的下降。危机爆发后，帝国主义加紧倾销，中国进口贸易激增，从1926年的17亿多元增加到1932年的22亿元。出口却大大下降，由1929年的将近16亿元降到1932年的7亿多元。1932年入超增加到8.6亿元，比1926年增加了114.6%，创下了中国近现代对外贸易史上入超最高的纪录。

（2）增加对华投资。从1914年到1930年，帝国主义国家在中国的投资从22.557亿美元增加到34.876亿美元，增加54.6%，平均每年增加7 700万美元。而从1930年到1936年的6年中，又增加了22.87%，达42.854亿美元，平均每年增加1.33亿美元。

在这些投资中，日本的投资增长最快，1914年只有2.9亿美元，1930年增加到14.12亿美元，超过英、美，居第一位。“九一八”事变后，日本更是在东北大量投资，1936年已增至20.964亿美元，接近其余国家在华投资的总和。英国在华投资居第二位，1914年为6.646亿美元，1936年增加到10.454亿美元。同期美国在华投资也由不足1亿美元增至3.4亿美元，增速超过英国，仅次于日本。在1936年各国在华投资总额中，日、英、美共占81.2%。

2. 英美对中国货币支配权的争夺

20世纪30年代，中国仍然采用银本位制，这是在大多数国家进入金本位情况下的一种落后的、不健全的币制。在国民政府货币陷入危机，对币制改革有所考虑时，美、英、日加强了争夺，都力图把中国的货币支配权掌握在自己手中。

1935年6月，英国派其财政部首席顾问李滋·罗斯来中国，同孔祥熙、宋子文商谈，同意中国提出的币改方案，废除银本位，采用纸币。11月国民政府宣布币制改革，推行法币，并同英镑联系。

美国不愿意中国脱离银本位，在中国宣布采用纸币以后，认为是英国的胜利，就停止在伦敦市场上购银，给国民政府施加压力。美国是最大的白银买主，停止购银，则银价惨跌。中国在售银中受到重大损失，如果无人购银，法币外汇基金的来源断绝。在这种情况下，国民政府于1936年同美国政府签订了《中美白银协定》，条件是：法币按一定比率同美元联系，中国售银所得都作为法币的外汇储备存放于美国；美国则购买中国7 500万盎司白银，国民政府可以用另外5 000万盎司白银作抵押取得美国2 000万美元的贷款。这样，中、美、英相互妥协，法币同英镑和美元都分别联系。

3. 东北金融殖民化

“九一八”事变，日本占领我国东北三省，1932年2月，它又炮制了伪“满洲国”，作为欺骗和掠夺东北人民的工具。东北变成了日本帝国主义的殖民地。日本大肆推行金融殖民化政策，掠夺和控制东北经济。

第一，成立伪满中央银行、伪满兴业银行、伪兴农合作社、伪工商金融合作社、伪兴农金库以及伪大兴公司，形成了一个以伪满中央银行为主体的垄断东北金融的殖民地化的金融体系。

第二，发行依附日元的伪满币。

第三，利用收回原有货币，肆意盘剥人民。

第四，积聚存款，垄断贷款，支持侵略战争。

第五，实行严格的黄金管制，垄断金银、外汇和进口军需物资。

（二）官僚资本金融垄断体系的建立

1. 设立中央银行

1927年10月，国民政府颁布《中央银行条例》19条，次年10月，又颁布《中央银行章程》45条。11月1日，中央银行在上海正式开业，宋子文任总裁，采用总分行制的组织形式，总行设于上海。

2. 控制中国银行和交通银行

（1）迁址。1928年国民政府将中、交两行的总管理处由北京迁到上海。

（2）降格。修改两行章程，规定中国银行为国际汇兑银行，受政府委托，代理部分国库和发行兑换券，经募内外公债，买卖金银和外币。交通银行为发展全国实业银行，受政府委托，代理部分国库和发行兑换券，代理交通事业的公债收付等。两行原有的特权被剥夺，由原来的国家银行变成了专业银行。

（3）入股。经过几次参股，到1935年，中国银行的股本结构变为官商各半，交通银行变为官三商二，均被国民政府控制。

（4）改组人事。增加政府派遣的董事和监事人数，宋子文任中国银行董事长，交通银行董事长、总经理也都是宋的亲信。

3. 设立中国农民银行

1930 年 12 月到 1931 年 7 月，蒋介石连续向中央革命根据地发动了三次反革命“围剿”，均遭失败。为了准备第四次反革命“围剿”，稳定在农村的统治，遂决定成立豫鄂皖赣四省农民银行。于 1932 年 11 月先行设立农村金融救济处，以解燃眉之急。第四次反革命“围剿”失败后，为发动第五次反革命“围剿”，在农村金融救济处的基础上，成立四省农民银行，总行设于汉口。1935 年 6 月 4 日，国民政府公布了《中国农民银行条例》，将原四省农民银行正式改组为中国农民银行并开始营业。这家银行完全是为蒋介石发动反革命内战而设立的，曾提出“军队开到哪里，机构设到哪里”的反动口号。

4. 设立中央信托局和邮政储金汇业局

为了垄断信托事业，1935 年 10 月，国民政府公布了《中央信托局章程》，成立中央信托局，设总局于上海，各地设分局或代理处。中央信托局是中央银行的一个业务局，对外独立营业，垄断信托业务，对其他信托公司和银行信托部予以排挤。

1930 年 3 月，国民政府在上海成立邮政储金汇业总局，直属交通部。1935 年 3 月 1 日公布《邮政储金汇业局组织法》，将原邮汇总局和上海局合并改组为邮政储金汇业局，将南京、汉口两局改为分局。

5. 推行合作金库

1935 年 4 月，国民党军事委员会南昌行营颁布《合作金库组织通则》，并通令豫、鄂、皖、赣等省成立合作金库。1936 年 12 月，实业部颁布《合作金库章程》，规定合作金库的机构分为中央、省市、县市三级，并在全国范围推广。

6. 兼并民族资本银行和控制钱庄

国民党官僚垄断金融体系——四行两局一库，利用他们的政治权势，使用各种手段，控制民族资本银行和钱庄。

他们利用部分银行发生“挤兑”之机，向其掺入官股。利用这种方式控制的银行先后有中国通商银行、四明商业储蓄银行、中国实业银行、广东银行、中国国货银行、新华信托储蓄银行等。

1935 年趁币制改革之机，他们取消了包括中南银行、“南三行”在内的 30 余家商业银行的发行权。这些银行的发行准备也被接收，其发行权集中于中央银行、中国银行、交通银行、中国农民银行。

1935 年金融危机中，多数钱庄周转不灵，国民政府以救济危机、安定市面为名，借款 1 800 万元，由财政部组织“钱庄监理委员会”，对钱庄进行监督管理，实际上是控制了钱庄。

四、抗日战争时期的金融

（一）抗日战争时期的金融体制

1. 抗战时期大后方金融业的畸形繁荣

抗战时期，中国经济中心向西转移，大后方的金融也有所发展，呈现出一种畸形的“繁荣”景象。

（1）发展的原因

①抗战开始后，官僚资本银行和民族资本银行都向大后方撤退，使大后方的银行数量骤然增加。

②抗战初期大后方的工业有所发展，商业也有些“繁荣”，给银行的发展创造了条件。

③大后方外国银行的势力大大削弱，对中国银行业的压力大大减轻，给其发展提供了机会。

④国民政府的通货膨胀政策，造成投机盛行，给热衷于投机事业的银行业提供了发展的极好机会。

（2）发展的特点

①银行分布不平衡。西南五省一市的银行占银行总数的80%，四川和重庆约占后方银行总数的一半。

②居统治中心地位的是官僚资本银行，而不再是外国在华银行。

③银行业务的投机性更大。不仅从事黄金、外汇和证券投机，也从事商业投机。

④银行资本渗入农村的比重逐渐上升。

2. 战时金融管制

抗战全面爆发后，1937年8月15日，国民政府财政部颁布了《非常时期安全金融办法》，标志平时金融向战时金融转变，以及战时金融管制的开始。

1938年4月，国民政府颁发《改善地方金融机构办法纲要》，1940年1月，又公布《县银行法》，1939年9月8日，颁布《巩固金融办法纲要》，1940年8月又颁布《非常时期管理银行暂行办法》，1942年又接连公布了《商业银行设立分支行处办法》、《管理银行信用放款办法》、《管理银行抵押放款办法》等法令、政策，对商业银行的机构设置和放款业务全面加以管制。

3. 设立四联总处，强化中央银行职能

抗战一开始，国民政府便于1937年7月在上海设立了“中央、中国、交通、农民四银行联合办事总处”，并在各地设立分处，其任务是协调四行业务，“以集合国家银行力量，齐一步骤”。1939年9月，国民政府颁布《巩固金融办法纲要》和《战时健全中央金融机构办法》，决定改组四联总处，加强组织，扩大权力。10月，改组完毕，四联总处正式成立，嗣后，中央信托局和邮政储金汇业局也被纳入四联总处。四联总处的最高决策机构是理事会，蒋介石亲自兼任理事会主席。从此，蒋介石直接掌握了金融垄断大权。

第一，划分四行业务。1942 年 5 月 28 日，四联总处颁布《中央交农四行业务划分及考核办法》，重新划分四行的经营业务，实行专业化分工。

中央银行集中钞券发行，统筹外汇收付，代理国库，汇解军政款项，调剂金融市场。

中国银行受中央银行委托经理政府国外款项的收付，发展和扶助国际贸易并办理与之有关事业的贷款和投资，受中央银行委托经办进出口外汇及侨汇业务，办理国内商业汇款和储蓄信托业务。

交通银行办理工矿交通及生产事业的贷款与投资，办理国内工商业汇款，经募或承受公司债和公司股票，办理仓库及运输业务，办理储蓄信托业务。

中国农民银行办理农业生产的贷款与投资，办理土地金融业务，办理合作事业的放款，办理农业仓库、信托、农业保险和吸收储蓄存款。

第二，集中货币发行权于中央银行。

第三，中央银行独揽外汇统制权，中国银行只能接受中央银行的委托办理外汇业务。

第四，集中存款准备金于中央银行。

第五，集中票据交换于中央银行。

上述这些措施的实施，强化了中央银行职能，使其处于金融的核心地位。

（二）法币的通货膨胀

1. 法币的膨胀

抗战开始后，国民政府的财政收入急剧减少，支出又急剧增加，特别是军费支出大大增加，收支严重失衡。为了弥补财政亏空，国民政府采取滥发纸币的政策，法币的发行量逐渐增加，使其购买力急剧下降，物价暴涨，形成了空前的通货膨胀，表现为两个阶段：

第一阶段（1937 年 7 月至 1939 年底），法币明显地开始膨胀，但还处于缓慢膨胀阶段，其增长的速度快于物价上涨的速度。

第二阶段（1940 年至 1945 年 8 月），法币的恶性通货膨胀阶段，法币发行量急剧增加，物价上涨的速度大大超过法币发行速度，形成发行追物价、物价追发行的恶性循环局面。

2. 抑制通货膨胀的措施

（1）外汇措施——出售外汇，回笼法币。1938—1942 年，政府采取抛售外汇，同英、美两国共同组成“中英美外汇平准基金委员会”，向英、美贷款，建立外汇平准基金的办法，企图通过抛售外汇来维持法币的稳定。其结果造成了外汇的大量外逃和外汇黑市的猖獗。

（2）黄金措施——出售黄金，回笼法币。外汇政策和黄金政策均告失败，没有抑制住法币的通货膨胀。究其根源，就是这两项政策都是治标的措施，没有治本——法币大量的财政发行。财政政策没有同货币政策配合好，左手收进，右手又发出，用出售外汇、黄金收回的法币，终究被财政政策所抵消，最终导致抑制通货膨胀的失败。

（三）日本帝国主义对关内沦陷区的金融掠夺

日本帝国主义发动全面侵华战争以后，占领了关内中国大片领土，对沦陷区人民进行大肆金融掠夺。采取的主要手段有：

1. 设立日伪银行，垄断沦陷区金融

1937 年 11 月，在张家口建立日伪蒙疆银行；1938 年 3 月，在北平设立日伪中国联合准备银行；1939 年 5 月，在上海设立日伪华兴银行；1941 年 3 月，在南京设立日伪中央储备银行；等等。通过大量设立日伪银行和分支机构，垄断了占领区的金融。

2. 利用、排挤法币

（1）禁止法币在占领区流通，改用日伪银行发行的钞券和日军用票，排挤法币。

（2）准许法币在华中流通，然后在华北、华中地区集中大量法币，运往上海，按官价套取中国的外汇基金，再用这些外汇基金从英、美换取物资。

3. 实行通货膨胀，掠夺占领区人民

（1）通过发行军用票，掠夺占领区人民。抗日初期，日钞开始在沦陷区流行。1938 年 11 月，日本银行担心它的纸币在华流通会影响日本本国的金融政策和外汇管理，于是决定收回它在中国发行的纸币，改发军用票。这是日本帝国主义转嫁战争负担、残酷掠夺中国人民的手段。据统计，当月日本军用票在华中、华南的发行额为 3 000 万日元。到 1940 年底，仅华中一地，其流通额即达到 12 000 万日元，华南一带有 5 000 万日元，两地合计比 1938 年 11 月的发行额增加了近 5 倍。到 1941 年底，日本军用票在华中各地的流通额就有 6 亿 ~ 12 亿日元。直到 1943 年 4 月 1 日，才停止发行，并以 18 元折合日伪中储券 100 元的比率收回，改发日伪中储券。

（2）日伪银行滥发中储券。各日伪银行也滥发伪币。日伪中国联合准备银行于 1938 年 3 月成立时，其日伪联银券发行额是 2 071 万元，12 月即增加到 16 193 万元，1945 年 10 月该行被接管时，发行额是 1 424 亿元，比成立时的发行额增加了近 7 000 倍，若以 1940 年 1 月的 49 571 万元为基期，也增加了 286 倍之多。日伪中央储备银行的日伪中储券情况更为严重。1941 年 1 月最初发行时，发行额是 1 372 万元，到 1945 年 8 月日本投降为止，发行总额已达 43 408 亿元，比 1941 年 1 月增加了 30 多万倍。其他日伪币如日伪蒙疆券等的情况也都是如此。

（3）物价指数飞涨。日本侵略者的疯狂掠夺造成了物价飞涨。若以抗日战争前 1936 年的批发物价指数为 100，到 1941 年，上海上涨到 1 099. 3，华北上涨到 450. 2。太平洋战争爆发以后，敌人的掠夺进一步加剧了，物资缺乏的情况更为严重，物价上涨趋势也就空前猛烈。到 1945 年 8 月日本投降之际，上海批发物价指数已从 1941 年 12 月的 1 774.6 上涨到 974 0247.7，上涨了约 5 490 倍。华北的批发物价指数也从 1941 年的 450.2 上涨到了 1945 年 8 月的 305 170。太平洋战争爆发以后，粮荒煤荒空前严重，粮煤的价格狂涨。上海的大米 1941 年 12 月每石价 238 元，到 1945 年 8 月上涨到每石 150 万元，上涨了 6 300 倍。

五、官僚资本金融的极度扩张及其崩溃

（一）美国独占国统区金融市场

抗战期间，美国在中国的侵略势力就已有很大增长。抗战胜利后，美国为了达到独占中国的目的，用尽一切办法全力援助国民党反动派打内战，并通过同国民党政府签订一系列协定，获得了许多特权，独占了中国的投资市场。

战后，德国、日本的势力消失，其在华银行和日伪银行被四行二局接收。英、法两国的势力也大大削弱，战后英国仅有汇丰、麦加利、有利三家银行复业，法国虽有东方汇理等六家银行复业，但其势力单薄，远非昔日可比。美国则不然，抗战期间，美国在中国有花旗、大通、运通、友邦四家银行，抗战胜利后，不但这些银行全部复业，而且新设了一家美洲商业银行。无论从数量或实力上比较，美国银行都居于其他国家银行之上，独占了国统区的金融市场。其表现在：美国银行的资产比战前扩充了一倍半以上，压倒了其他外国银行的势力；美元成为中国的主要外汇，美国银行操作中国外汇市场，美钞在中国大量流通，泛滥于中国市场；黄金、白银交易大都由美国银行办理。

（二）官僚资本金融的极度扩张

1. 接收敌伪银行和清理敌伪钞券

（1）趁着接收风潮，四行二局接收了一大批敌伪金融机构。

（2）清理敌伪钞券，对沦陷区人民进行大肆洗劫。

2. 官僚资本银行垄断地位空前加强

抗战胜利后，官僚资本通过种种手段，使其垄断地位得到了空前加强，表现在：

（1）机构。1946 年底，国统区有银行 3 489 家，官营机构就有 2 446 家，占 70% 以上，仅四行二局的总分支机构就达 852 处。

（2）存款。1946 年，四行的存款达 5 4881 亿元，占全国银行业存款的 91.7%。

（3）贷款。在全国银行的放款比重中，官僚资本银行 1936 年占 51%，1947 年 6 月则上升到 93.3%，民族资本银行则从 1936 年的 49% 下降到 1947 年的 6.7%。

（三）货币制度的总崩溃

1. 法币加剧恶性通货膨胀

抗战胜利后，国民党政府大肆进行反共反人民的内战，军费开支急剧增加，财

政赤字一年比一年扩大。1946 年岁出为 7 万亿元，岁入只有 2.2 万亿元，赤字约 4.8 万亿元；1947 年岁出为 7 万亿元，岁入只有 3 万亿元，赤字 4 万亿元。如此巨额的财政赤字，国民政府只有靠滥发纸币来弥补。1945 年 6 月法币的发行额为 3 987 亿元；到 1948 年 8 月，法币的发行额达到 663.6 万亿元，比 1945 年 6 月增长 1 500 多倍。如此巨额的货币发行量导致了恶性通货膨胀。

2. 黄金政策

随着国民党政府的节节失败和人民解放战争的节节胜利，国民党军事独裁政权行将崩溃，大量游资涌进上海抢购黄金外汇，黄金黑市暴涨。1946 年 11 月上海黑市金价高达每两 256 040 元，1947 年 11 月涨到 382 217 元。黄金售量也不断增加，从 1946 年 3 月到 1947 年 2 月，中央银行共抛售 351 万两，占 600 万两储备的 60%，其中，仅 1946 年 12 月 23 日一天就抛售了 5 吨。尽管抛售黄金可收回一些法币，但远远抵不上内战中庞大的军费开支而增加的货币发行量，人们仍然拼命抢购黄金、外汇，使金价狂涨，酿成了“黄金潮”。于是，国民政府又颁布《经济紧急措施办法》和《取缔黄金投机办法》，禁止黄金买卖和流通，致使黄金黑市价格更为猛涨，黄金政策宣告失败。

3. 外汇政策

1946 年 3 月，国民政府开放黄金市场时，也宣布开放外汇市场，将外汇汇率由原来的 1 美元合法币 20 元改为 1 美元合法币 2 020 元。外汇市场开放之初，外汇黑市与官价基本接近，并又与配售黄金相结合。故在开放的三四个月内，外汇市场还稳定。随着法币的不断发行，物价大涨，人们争相抢购外汇，导致外汇供应减少，黑市暴涨。1947 年 2 月，美元黑市价高达 1 美元合法币 12 657 元；1948 年 5 月达 1 166 923 元。这时法币的价值已小到无法计算，市场交易大都以美元、港元计价流通，外汇政策彻底破产。

4. 金圆券的出笼及崩溃

在中国人民的革命战争进入新的转折之时，国民党反动政府为了挽救已经瓦解的经济体系和反动政权，于 1948 年 8 月宣布实行“币改”，废止法币，发行金圆券。

8 月 20 日，国民政府发布《财政紧急处分令》，同时公布《金圆券发行办法》、《人民所有金银外币处理办法》、《中华民国人民存放国外外汇资产登记管理办法》、《整理财政及加强管理经济办法》。

第一，它用严法重刑强迫收兑金银和外币。据中央银行统计，自 1948 年 8 月 23 日到 10 月 31 日，两个多月时间里，就搜刮到黄金 165 万两，白银 900 余万两，银元 2 300 万枚，美钞、港币各数千万元，总值 2 亿美元。

第二，它按 1∶300 万的比率收兑法币，一张百元的金圆券就等于 3 亿元法币，这无疑是把流通中纸币的最大面额由 500 万元提高到 3 亿元。

第三，发行金圆券为国民党继续实行通货膨胀开了绿灯。

由于人民解放战争的加快，国统区日益缩小，国民政府的财政来源枯竭，它的财政收入只占财政支出的5%，财政赤字继续扩大，反人民的军事支出就只有靠发行金圆券来应付，其增长的速度比“币改”前法币的增发速度还要快得多，必然造成金圆券的崩溃。

5. 官僚资本外逃

（1）国民政府在行将灭亡之前，把搜刮来的大量黄金、白银、外汇运出大陆。

（2）国民政府要员和军阀官僚纷纷抽资外逃。

6. 银元券的垂死挣扎

1949年1月，三大战役胜利结束，国民政府即将瓦解。2月5日，国民政府迁往广州，继续发行金圆券。到1949年6月，发行额达到130万亿元以上。此时，金圆券已无任何价值可言，老百姓拒绝使用，市场交易倒退到以物易物的交换办法。为了作垂死挣扎，国民政府又故伎重演，再次进行所谓“币制改革”，发行银元券。

1949年7月4日，国民政府公布《银元及银元兑换券发行办法》。7月4日在广州开始发行银元券，8日在重庆开始发行。由于银元券是明摆着的骗局，而且这时国民党流窜政府的军事统治已经根本动摇，银元券一出笼就遭到人民拒用。7月，人民解放军宣布不收兑华南、西南地区的银元券，给银元券一致命打击。7月中旬，便发生第一次“挤兑”。到广州、西南解放，银元券只发行几个月就垮台了。

六、新民主主义金融

（一）土地革命时期新民主主义金融的创立

1. 摧毁旧的金融制度

新民主主义金融是在摧毁旧的金融制度的基础上建立起来的。

（1）废除高利贷。高利贷是生息资本的古老形式，非生产性、寄生性、保守性是高利资本的主要特点。它在很大程度上阻碍了中国经济的发展。为巩固发展革命根据地经济，根据地苏维埃政府把废除高利贷作为消灭封建剥削的重要内容之一。这在土地革命时期我党的一系列文件、政策中得到充分的体现。

（2）摧毁旧的金融机构

①对外国在华银行，根据地采取没收的政策。

②对民族资本的银行、钱庄，一般采取限制、利用、允许存在、严加监督的政策。

③取缔属于封建高利贷金融机构的典当。

（3）清除旧币

①旧币中的硬币（银元、铜元）在价格统一，符合各地对各种硬币所作规定的前提下，允许其在根据地内流通使用。

②旧币中的纸币，基本原则是禁止流通。

2. 革命根据地银行的建立

海丰劳动银行——革命根据地成立最早的银行，1928 年 2 月成立。

东古平民银行，1929 年 8 月成立。

闽西工农银行，1930 年 11 月成立。

川陕省苏维埃政府工农银行，1933 年 12 月 4 日成立。

中华苏维埃共和国国家银行，1932 年 2 月 1 日正式营业，资本总额为 100 万元，隶属于财政人民委员部，组织上设有银行管理委员会、国家放款贴现委员会、审查委员会。该行的主要任务是为财政服务，其发行货币、代理金库、提供信贷，都是通过财政以供给革命战争的需要。1934 年 10 月该行随红一方面军长征，1935 年 11 月到达陕北革命根据地即奉命改称国家银行西北分行，1937 年 10 月又奉命改组为陕甘宁边区银行。

1930 年以后，根据地陆续建立的银行还有赣东北贫民银行、闽浙赣苏维埃银行、鄂西农民银行、湘鄂西农民银行、鄂皖特区苏维埃银行、鄂豫皖省苏维埃银行、湘鄂赣省工农银行、湘赣工农银行、陕甘晋苏维埃银行等。

3. 造币厂和印钞厂的建立

井冈山上井造币厂，革命根据地最早的造币厂，1928 年 5 月创建，铸造了质纯量足的“工”字银元。

赣南东固印刷厂，1930 年建立，是根据地最早的印钞厂，用木刻票版，松烟代油墨，毛边纸或牛皮纸做印钞纸印制铜元票。铜元票流通于市后，深受欢迎。

江西瑞金中央印钞厂，1931 年 8 月设立。其石印部专印钞票（5 分、1 角、2 角、5 角、1 元）供根据地流通使用。

中央造币厂，1931 年 11 月由原江西省苏维埃造币厂更名而设立，铸造银元。

此外，湘赣、湘鄂赣、闽浙赣、川陕、陕北、湘鄂西等革命根据地，都建有各自的造币厂和印钞厂。据统计，革命根据地造币厂、印钞厂，在铸造多种银元、银角、铜元的同时，印制过的纸币达 209 种，布币计 32 种。

4. 根据地的货币发行与管理

（1）根据地货币发行的原则

①根据国民经济发展需要组织货币发行，单纯的财政需要只能放到次要地位。

②充实货币发行基金（金银、粮食、土特产等），保证纸币兑现，取信守信于民。

（2）加强现金管理，防止现金外流

①现金集中管理。发展工业生产，增加出口，减少进口；开采银矿与收熔银器，增铸银元；实行金银管制，动员企业、群众用银元或金银饰品兑成银元或购买公债；向富农征借、打土豪筹款、战争缴获。

②现金出口管理。1933 年 4 月中华苏维埃共和国临时中央政府财政部《现金出口登记条例》规定，凡苏区群众往白区办货或白区商人运货来苏区贩卖，须带银元或银角子出口，应向根据地政府登记，取得现金出口证后才可出口。

（3）打击扰乱根据地金融的破坏活动。

5. 根据地银行的业务

（1）代理金库。革命根据地银行通过代理金库，协助根据地政府建立和健全财政制度。

（2）吸收存款。革命根据地银行通过吸收存款，为根据地经济建设筹集资金。

（3）发放贷款。革命根据地银行按照党的经济政策发放贷款，增加生产，保证军需民用。

6. 策略转变时期的金融政策

西安事变以后，中国共产党根据形势需要，适时调整方针政策，把先前提出的实行土地革命和武装推翻国民党政府的路线改变为建立抗日民族统一战线与国民党合作抗日的政策路线。与此同时，中国共产党的经济政策也作了相应调整。金融政策的调整主要表现在：实行减息政策；对私人工商业发放低利贷款，鼓励其发展；调整货币发行政策，统一通行使用法币。

（二）抗日战争时期新民主主义金融的发展

1. 边区银行的建立及其任务

（1）边区银行的建立

陕甘宁边区银行，1937 年 10 月由中华苏维埃共和国国家银行西北分行改组成立。总行设在延安，下设绥德、陇东、三边、关中四个分行。

晋察冀边区银行，1938 年 3 月成立，下设冀晋、冀中、冀热辽分行。

冀南银行，1939 年 10 月成立，下设冀南、太行、太岳、冀鲁豫四个区行及 100 多个分支机构。

西北农民银行，1940 年 2 月成立。

北海银行，1938 年 8 月在山东成立。

在华中抗日根据地建立的银行有淮海地方银行、盐阜银行、淮南银行、淮北银行、江淮银行、大江银行、惠农银行、江南银行、浙东银行、豫鄂边区建设银行等。

（2）边区银行的任务

边区银行的基本任务是，贯彻执行与抗日民族统一战线相适应的经济金融政策，支持公私经济发展，帮助财政周转，平抑物价与维护法币。

边区银行的主要业务是，发行货币，代理金库，经理公债，管理区内外汇兑换，买卖生金银。

2. 货币发行与货币流通

（1）货币发行的原则。各边区银行都发行了根据地自己的货币——边币或抗币。边币发行的主要原则是：

①独占发行。根据地银行是根据地货币的唯一发行主体，其所发行的货币是根据地流通行使的本位货币。

②分散发行。从各根据地处于敌人分割封锁的实际出发，允许各根据地银行酌

情发行根据地和边区内部各行署区的本位货币。

③支持财政。从战时边区财政收支大小的实际出发，各抗日根据地银行依靠货币发行弥补边区财政赤字。

④支持生产、贸易。

（2）货币流通。

①调节货币流通。根据地政府和银行一般能主动调节根据地货币流通，主要表现在：根据根据地进退变化实情适时张缩货币发行投放量；根据农业生产季节变化实情适时张缩货币发行投放量；根据根据地物价、币值、进出口实情适时张缩货币发行投放量。

②整顿货币流通市场。整顿货币流通市场的目的在于通过开展对敌货币斗争，逐步把根据地区域内的土票杂钞、日伪币、法币从货币流通领域清除，以巩固根据地货币的主导地位，服务于根据地经济金融的稳定与发展。

整顿货币流通的措施主要有：禁用日伪钞、铜元票；禁用各地土票、杂钞；对地方银行的旧版钞票，采取贬值兑换办法清除；停止使用法币、土货券；开展边币的反伪斗争。

3. 边区银行的信贷业务

（1）存款业务。根据地银行的存款种类一般有活期存款、定期存款、储蓄存款几种。

（2）贷款业务。各根据地银行的贷款主要有农业贷款、工业贷款、商业贷款、合作贷款、财政贷款等种类，农业贷款是最重要的种类。

（3）利率政策。各根据地银行的利率政策是实行低利率，服务根据地生产发展。

（三）解放战争时期新民主主义金融的发展壮大

1. 解放区银行的大发展

（1）新解放区新银行的成立。新解放区成立的新银行主要有：东北银行，1945年11月15日在沈阳成立；

内蒙古人民银行，1946年3月在接收王爷庙日伪银行的基础上成立了东蒙银行，1947年6月1日改组为内蒙古银行，1948年6月1日改名为内蒙古人民银行；中州农民银行，1948年6月在合并桐柏、江汉、豫皖苏、鄂豫皖、陕南、豫西等行署区银行的基础上成立了中州农民银行；南方银行，1949年7月在广东成立。

（2）老解放区原有银行的调整。1948年5月，晋察冀边区银行和冀南银行合并为华北银行。1948年1月，陕甘宁边区银行和晋绥的西北农民银行合并为西北农民银行。

2. 中国人民银行的成立与新民主主义金融体系的形成

在人民解放军转入战略反攻、不断取得胜利之时。在中国共产党的领导下，华北人民政府、陕甘宁边区政府、晋绥边区政府和山东省政府会商，决定将华北银行、北海银行、西北农民银行合并组建为中国人民银行，以原华北银行为总行，1948 年 12 月 1 日在石家庄正式宣告成立。

（1）中国人民银行分支机构的设立。

①把各解放区原有的银行改建为中国人民银行所属机构。

②从各解放区原有银行抽调干部组建中国人民银行所属的新的分支机构。

③以接管官僚资本银行为基础，在各城市组建中国人民银行所属的分支机构。

（2）对新区内原有银行的方针。

①对官僚资本银行，无论是官办或商办，一律没收。

②对官商合办银行，承认其私股，没收其官股转为公股，使这类银行成为公私合营银行。

③对私人银行和钱庄，允许其继续营业，严格管理，加强教育和疏导，使其走上为正当工商业服务的轨道。

随着在整个新民主主义金融中处于领导地位的中国人民银行的成立，一个包括国家银行、专业银行、公私合营银行、私营行庄和信用合作社的新民主主义金融体系由此形成。

3. 人民币的发行与全国货币的统一

（1）解放区货币的逐渐统一。解放区货币统一的方式：①在一个大区内将过去分区发行的货币在全区统一流通；②成立新的银行并发行新的、统一的货币，收回原货币。

（2）人民币的发行与全国货币的统一。1948 年 12 月 1 日，中国人民银行成立的同时即发行了人民币，并把它作为华北、华东、西北三区统一流通的货币，对各解放区的原有货币进行收兑。1949 年 5 月 5 日，中国人民银行发出《收兑旧币通令》，并指示收兑各解放区华币。到中华人民共和国成立时，各解放区发行的地方性货币已基本收回。全国货币的发行流通统一于人民币，标志着一个崭新的统一的货币体系已基本形成。

4. 对敌货币斗争的最后胜利

整个解放战争时期，各解放区坚持不懈地进行对敌货币斗争，直到取得最后胜利。这些斗争主要是：①肃清敌伪币；②逐退法币、金圆券；③开展反假票斗争。

5. 金融业务和金融管理

（1）金融业务。

解放区银行的农村金融业务，在各解放区开展减租减息、增加生产的群众运动中获得了更大发展，农业贷款大大增加。

解放区银行的城市金融业务在抗战胜利后，注重扶植工业、手工业和商业的发展。

在办理存款业务方面，各解放区银行随着解放区的扩大，在原有存款品种外又推出了折实储蓄存款。

（2）金融管理。

①对私营银钱业和外商银行的管理。为了限制私营银钱业的投机倒把，维护市场稳定，各解放区制定并实施了一系列加强私营银钱业管理的政策规定，主要有：保证私营银钱业合法经营，加强管理以维持、稳定金融市场；规定公款一律存入解放区银行以削弱私营银钱业资金活动力量；对私营银钱业的资本额及构成、业务范围、缴交准备金、重新登记、选送营业报表等事项作了详细规定、限制。

对已解放城市里的外商银行，人民政府一般采用利用、限制、管理相结合的政策：利用其作为外汇代理行与指定行，垫付外汇头寸，限制其营业范围，不许买卖商品、金银，不许发行货币、办理储蓄和区内外汇兑等业务。根据这一要求，中国人民银行经常对外商银行进行检查，限令其造送营业状况书、资产负债表、库存表、国籍说明和职员名单等书表资料；对申请停业的外商银行，要求其须依法将债权债务清理完毕。

②外汇管理。解放区政府在各解放区均禁止一切外汇流通，并通过以合理牌价收兑集中外币的形式把外币用于购回人民政府所需物资。同时，人民政府颁布《外汇管理暂行办法》，授权中国银行或其指定银行办理国际贸易结算、国际汇兑、外汇买卖等一切外汇业务。

③金银管理。人民政府颁布实施了《金银管理暂行办法》，严禁金银私买私卖，计价行使，金银买卖统由国家银行经营。各地人民政府还号召群众拒用银元，规定纳税借款统一使用人民币；人民银行组织工作队宣传推动人民币下乡，打击银元黑市活动。

七、新中国的金融

1. 国民经济恢复时期的金融

(1) 建立新中国的金融体系

①接受改组官僚资本金融业。根据中国人民政治协商会议第一届全体会议通过的《共同纲领》中关于没收官僚资本归人民的国家所有的规定，人民政府着手对“四行二局一库”为主体的国民党官僚资本银行及其他金融机构进行接管工作。具体办法是：

A. 对国民政府的中央银行及一些省、市、县银行，采取停业清理、不立即解散的办法，把接管工作与中国人民银行分支机构的设立及其业务的办理相结合。

B. 没收中国银行的官股，保留私股权益，改组董事会，留用全部员工，将其作为隶属中国人民银行专营外汇业务的专业银行。

C. 没收交通银行的官股，保留私股权益，改组董事会，留用全部职工，初为监督公私合营企业财务的专业银行，后为隶属于中国人民银行专营工矿交通事业长期信用业务的专业银行。

D. 中国农民银行、中央合作金库、邮政储金汇业局、中央信托局，接管后将其业务基本并入中国人民银行，其机构清理结束。

E. 对民族资本银行，接管后先没收其官股，进行公私合营、组建新董事会，再准其继续营业。

F. 对官僚资本保险公司，接管清理后，除中国保险公司、中国航联保险公司继续营业外，其余均予以结束。

对外国在华银行一律取缔其特权，愿意继续经营的其业务经营须服从我国法规和政府管理。各在华银行由于其特权及由此产生的巨额利润消失，先后申请歇业。1952 年以后继续营业的外商银行只有汇丰、渣打两家。

②1952 年全国金融机构调整。中国银行和中国人民银行的国外业务局合署办公；交通银行和中国人民保险公司改由财政部领导；撤销 1951 年 8 月设立的农业合作银行；成立了全国统一的公私合营银行联合总管理处；农村信用合作社由中华全国合作联合总社划归中国人民银行领导。

③建立中国人民银行分支机构。中国人民银行的机构设置，按照当时的行政区域分为四级：总行、区行（华东、中南、西北、西南、东北五个区行）、分行（省、自治区、直辖市设分行）、支行（县、省辖市设支行）。农村集镇设立营业所或集镇办事处；城市按规模及业务需要设立分行或支行，其下设办事处或分理处；各专区设中心支行作为分行的派出机构。至 1951 年 11 月，中国人民银行各级分支机构已在除西藏自治区、台湾省外的全国范围内设立。

（2）稳定金融物价。新中国成立以后，在人民政府领导下，人民银行配合其他部门，为消除国民政府遗留下来的通货膨胀、稳定金融物价作出了贡献。主要通过两条措施：一是统一货币发行，为稳定金融物价提供前提条件；二是打击投机倒把，为稳定金融物价重建市场秩序。

（3）贯彻统一财经工作的决定与《共同纲领》的金融政策。1953 年，政务院颁布《关于统一国家财政经济工作的决定》，要求力争实现财政收支、现金收付和物资调度的平衡，以尽可能集中使用全国的财力物力。1950 年 4 月 7 日，政务院颁布《关于实行国家机关现金管理的决定》，指定中国人民银行为现金管理执行机关，统一管理和集中调度各公营企业、机关、合作社的现金；各公营企业、机关、合作社等单位在中国人民银行开立账户；中国人民银行实行全国统一的会计制度，在城市推行转账结算。

1950 年 3 月，政务院公布《中央金库条例》，指定中国人民银行代理各级金库，全国财政金库由此形成一个完整体系。

（4）私营金融业的社会主义改造。按照《共同纲领》，中国人民银行以公私合营银行的典型示范形式引导私营金融走上国家资本主义道路。这一改造经历了三个阶段：

第一阶段（1949 年 8 月至 9 月），积极引导私营行庄业务经营。组织私营行庄成立具有初级国家资本主义性质的联合放款银团以支持生产的恢复和发展；成立利率委员会引导利率逐步下降；通过新华、四明、中国实业、中国通商等公私合营银行组织运用私营行庄的资金或对资金困难的私营行庄给予贷款支持。

第二阶段（1950 年至 1952 年上半年），组织联合经营和联合管理。

第三阶段（1952 年下半年），成立统一的公私合营银行。

2. 国民经济恢复时期的金融

（1）运用多种手段聚集资金。“一五”时期大规模经济建设面临资金严重不足的困难，为了保证“一五”计划的实现，银行立足于开展各种业务以广泛聚集社会资金。主要措施是：

①加强现金管理以集中资金

“一五”时期，中国人民银行继续执行政务院颁布的《关于实施国家机关现金管理的规定》，主要运用行政手段管理现金、集中资金：普遍核定各单位的库存现金限额，其超过限额部分须及时缴存银行。在银行吸收的存款中，国家机关、团体、企事业单位的存款一般占 60%。

②发展储蓄、保险事业

A. 发展储蓄事业。中国人民银行制定采行了若干激励保障储蓄的措施；在合理确定利率水平条件下给予储蓄利率优惠；增设储蓄网点方便群众存储；确立了“存款自愿，取款自由，为储户保密”的储蓄原则。

B. 发展保险事业。中国人民保险公司在“一五”时期着力发展国内保险业务，推出了财产保险、农业保险、人身保险等业务种类。同时还开展了涉外保险业务，支持对外贸易、远洋航运业的发展。据统计，截至 1958 年，中国人民保险公司共收入保险费 16.2 亿元。

③补充信贷基金

A. “一五”时期，国家财政给银行增拨信贷基金 25.5 亿元。

B. 银行结益大部分留给银行用做补充信贷基金，仅 1953—1955 年 3 年中，留给银行补充信贷资金的有 15.3 亿元，占银行结益总额的 68.3%。

④积聚外汇资金

中国银行从多方面积聚外汇资金，服务于经济建设。一是建立对国营企业的外贸信贷制度，支持其扩大出口创汇业务；二是宣传、保护、吸引侨汇；三是加强非贸易外汇管理，“一五”时期国家共收入贸易外汇 68 亿美元。

（2）集中资金支持国营经济发展壮大。银行对国营经济的支持主要表现在以下三个方面：重点支持国营和供销合作商业的发展；大力支持国营工业的发展；帮助国营企业改善经营管理。

（3）促进农业、手工业和资本主义工商业的社会主义改造。促进农业和手工业的社会主义改造；促进资本主义工商业的社会主义发行。

（4）发行新人民币，健全货币制度。新人民币的发行从 1950 年 3 月开始准备，此时国民经济在恢复中趋于稳步增长，市场繁荣，物价稳定，这就为发行新人民币奠定了坚实的经济基础。1955 年 2 月 21 日，国务院发布《关于发行新的人民币和收回现行的人民币的命令》，责成中国人民银行于该年 3 月 1 日起发行新人民币，并以新币 1 元折合旧币 1 万元的比率收回旧人民币。新人民币取代旧人民币仅用了

100 天时间。

（5）建立高度集中的银行体制。适应“一五”时期国家在大规模经济建设中业已建立集中统一的计划经济管理体制的需要，中国金融领域也建立起集中统一的银行体制，中国人民银行建立了纵向型信贷资金管理体制，实现了一切信用集中于国家银行。

①形成高度集中的银行体制。中国高度集中的银行体制在 1952 年底时，因全行业公私合营银行建立，私营金融业社会主义改造已完成，所有制结构趋向单一，已具雏形，且在“一五”时期得到强化。突出表现在：第一，1954 年 6 月，中国人民银行对全国金融活动的统一领导管理因各大区区行的撤销而得以加强，银行部门垂直管理体制由此形成。第二，1956 年 7 月，在全国 14 个城市公私合营银行与当地中国人民银行储蓄部合署办公的基础上，公私合营银行总管理处与中国人民银行私人业务管理局实现合署办公，由此将公私合营银行纳入中国人民银行体系。第三，1957 年 4 月 12 日，中国农业银行被撤销，8 月 1 日中国人民银行内设农村金融管理局，统一管理全国农村金融业务。这样，中国人民银行就成为国家管理金融的机构、统一经营全国金融业务的经济组织，一个高度集中统一的银行体制由此形成。

②建立纵向型信贷资金管理体制。1952 年 9 月，中国人民银行召开各大区行行长会议和银行计划工作会议，并通过《中国人民银行综合信贷计划编制办法（草案)》，第一次较为全面地提出了包括信贷计划编制依据、内容、管理体系、权限划分、审批程序和检查制度等的信贷计划管理办法，要求全国各级银行从 1953 年起依上述办法编制信贷计划，编制各自的年度（分季）和季度（分月）信贷计划，逐级上报审批，由中国人民银行总行统一平衡全国信贷收支指标下达各地执行。随着全国普遍建立信贷计划管理机构、执行信贷计划管理制度，一个由中国人民银行总行统一掌握全国银行信贷资金、实行“统存统贷”管理办法的纵向型信贷资金管理体制得以建立。

③一切信用集中于国家银行。对于“一五”时期社会主义企业间所存在的较大比重的商业信用，在国家大规模经济建设存在对资金高度集中计划分配的要求背景下，一般认为对于会扩大企业流动资金占用的商业信用应予取消，借以保证国家集中管理流动资金、执行资金分配计划及加强银行监督生产、商品流转计划执行情况的工作。1954 年至 1955 年间，中国人民银行、商业部、财政部协商，先后清理了国营商业系统内部的商业信用，取消了国营工业间以及国营工业和其他国营企业间的商业信用，其贷款与资金往来一律通过中国人民银行办理结算。

为加强信用管理，方便国营工商企业转账结算，中国人民银行致力于健全银行结算制度，制定 8 种结算方式在国营商业系统试行并在逐步扩大中适时修改，最后制定出 1955 年 9 月起在全国执行的《国营企业、供销合作社、国家机关、部队、团体间非现金结算暂行办法》。到“一五”计划后期，一切信用集中于国家银行的目标基本实现。

3. ›“大跃进”时期的金融

（1）金融工作在经济盲目发展中出现的失误

“大跃进”时期，由于经济工作中指导思想的偏差，导致信贷失控，规制多变，金融工作在经济盲目发展中出现了许多失误。主要有以下四个方面：①银行信贷管理权限下放使信贷资金管理放松；②变更金融规章制度使金融工作出现混乱；③资金供应大撒手使信贷失控；④试行“全额信贷”。

（2）金融工作失误对国民经济的影响

①过多增发货币导致通货膨胀。据统计，1958 年至 1960 年增发货币共计 43 亿元，比“一五”时期 5 年中增发的货币还要多 18 亿元。而同期财政账面结余是 3.97 亿元，事实上赤字达 169.39 亿元。财政收支严重失衡而以增发货币弥补，其结果必然诱发通货膨胀，1958 年至 1960 年间零售商品价格上涨了 21.3%。

②资金供应大撒手方便了计划外基本建设，加剧了市场物资缺乏、生活用品供应紧张情势，使经济建设和经济生活更加困难。

③农业贷款放松，农村资金管理多成呆账。据统计，国务院批准、国家豁免的 1961 年以前的农村欠款达 91 亿元。

4. 国民经济调整时期的金融

（1）贯彻“调整、巩固、充实、提高”的八字方针

为了平衡“大跃进”中严重比例失调的国民经济，克服国家财政经济困难，中央决定对国民经济以“调整、巩固、充实、提高”的方针进行调整。国民经济调整工作开始，银行进一步着手集中管理资金工作。这主要表现在：

①冻结机关团体等在银行的存款以紧缩财政支出，稳定市场物价。

②调整信贷管理体制及国营企业流动资金供应办法。

③降低农业贷款利率，减轻农民负担，调动农民生产积极性。

④加强信贷和现金管理，严格控制货币投放。

（2）“银行工作六条：主要内容

中共中央、国务院为进一步克服国家财政经济困难，加快国民经济调整进程，于 1962 年 3 月 10 日作出《关于切实加强银行工作的集中统一，严格控制货币发行的决定》（简称“银行工作六条”）。主要内容是：

①收回原下放的一切权力，银行业务实行彻底的垂直领导。

②严格信贷管理，加强信贷计划。

③严格划清银行信贷资金、财政资金界限。

④加强现金管理，严格结算纪律。

⑤建立各级人民银行向当地党、政汇报工作制度。

⑥严格财政管理。

5. “文化大革命”时期的金融工作

（1）金融工作所受冲击和破坏的主要表现

①放松金融管理，贷款大撒手。

②储蓄、侨汇、国外保险等金融业务受到冲击。

③银行机构被合并。

（2）银行工作的第一次转机与挫折

1971 年 9 月林彪反革命集团被粉碎。周恩来主持中央日常工作。银行工作在中共中央、国务院的关心、支持下，逐渐出现转机。表现在：

①逐步恢复银行机构体系。

②恢复加强信贷计划、现金计划管理。

③加强流动资金管理。

④加强监督工资基金。

⑤恢复有关规章制度。

1974 年，在“四人帮”策划下开展的“批林批孔”运动使初现转机的银行工作遭受挫折。

（3）银行工作的第二次转机与挫折

1975 年 9 月，为摆脱“批林批孔”给国民经济制造的困难，邓小平根据毛泽东关于要把国民经济搞上去的指示精神，提出了“各方面都要整顿”的任务。10 月，财政部和中国人民银行向国务院报送了《财政金融部门汇报提纲》，并组织力量起草了“财政金融十条”，以及有关银行体制、货币流通、资金管理、放款办法、现金管理、工资基金监督支付、结算制度等各方面的整顿方案。“财政金融十条”的传达执行，控制货币投放和平衡信贷收支的工作开始有了明显的转机。

1976 年，随着批邓、反击右倾翻案风运动在全国的开展，“四人帮”借口批判“资产阶级法权”而制造的否定按劳分配、货币交换、银行作用的舆论，又一次搞乱人们的思想，搅起无政府主义思潮，国民经济在管理放松、生产下降中再一次遭到挫折。

6. “拨乱反正”时期的金融

（1）清除“左”的影响，解放思想做好实际金融工作

①清除“左”的影响。把“四人帮”否定货币、信用、利润、规章制度、银行作用等错误言行从金融领域清除。

②解放思想。按照实践是检验真理唯一标准的马克思认识理论，破除陋习陈规，坚持按经济规律办事，向西方先进工业国家学习银行经营管理方法。

③做好实际金融工作。

（2）整顿和加强银行工作

①整顿银行机构，充实领导力量。

②整顿规章制度，加强金融工作。加强信贷管理；加强结算管理；加强账户管理；加强现金管理；加强发行、出纳、金银管理、银行统计等工作。

7. 经济体制改革以来的金融

（1）中国人民银行中央银行地位的确立与中央银行制度的完善

①确立。1981 年 1 月，国务院《关于切实加强信贷管理，严格控制货币发行的

决定》指出，中国人民银行要认真执行中央银行的职责。次年 7 月，国务院批转中国人民银行《关于人民银行的中央银行职能及其与专业银行的关系问题的请示》，授权中国人民银行行使中央银行的职能。同时，国务院有关领导在提交中央财经领导小组《关于设置中央银行的几点意见》中，对中央银行职能与设置、中央银行与专业银行关系、中央银行筹建和名称等问题提出了原则意见。1983 年 9 月，国务院决定中国人民银行专门行使中央银行职能，成立作为其决策机构的理事会，并指出，中央银行的职能在经济体制逐步改革、对外开放逐步进行中必须加强。1984 年 1 月，中国人民银行理事会召开第一次会议，对国务院的前述规定予以强调。1985 年 9 月，中国共产党全国代表会议通过的《中共中央关于制定国民经济和社会发展第七个五年计划的建议》，对中国人民银行作为最重要的宏观调控机构之一的地位、独立性及调控手段、调控目的均作了明确规定。次年 1 月，国务院在《中华人民共和国银行管理暂行条例》中更对中国人民银行作为国家的中央银行所应履行的各项职责、中国人民银行理事会的主要任务等事项作了明确规定。

②完善。随着中国经济体制改革进程的不断推进，中国共产党十四届三中全会于 1993 年 11 月 14 日通过的《中共中央关于建立社会主义市场经济体制若干问题的决定》，确立了加快金融体制改革的方向、目标和基本原则。为贯彻执行上述决定，国务院遂于该年 12 月 25 日下发了《关于金融体制改革的决定》，指出，把中国人民银行办成真正的中央银行，建立在国务院领导下独立执行货币政策的中央银行宏观调控体系是深化金融体制改革的首要任务。从 1994 年开始，中国人民银行即加快改革步伐：加强货币信贷集中管理，中国人民银行总行统一集中货币发行权、信贷总量调控权、基础货币管理权、基准利率调节权；转换其分支机构职能，改革总行内部机构；把货币供应量作为宏观监控重要指标，逐步综合采用多种调控手段；改革金融监管体系，增强金融监管力量等。而深化金融体制改革本身的一项重要、迫切的工作，无疑应是尽快以专门法律确立中国人民银行的地位、职责，以保证国家货币政策正确制定执行，建立完善中央银行宏观调控体系，强化金融监管。1995 年 3 月 18 日，中华人民共和国第八届全国人民代表大会第三次会议通过了《中华人民共和国中国人民银行法》，它的颁布实施标志着中国中央银行制度走上法制化发展轨道。1997 年 4 月 15 日，中华人民共和国国务院颁布了《中国人民银行货币政策委员会条例》。同年 7 月 31 日，组成不久的中国人民银行货币政策委员会召开第一次会议，讨论通过了货币政策委员会议事制度。显然，这一举措必然会为中国人民银行货币政策制定、实施的科学化提供重要保障。该年 11 月 17 日至 19 日，中共中央、国务院召开全国金融工作会议，要求加快建立现代金融体系和现代金融制度，尽快改变中国人民银行分支机构按行政区划设置的状况。1998 年 11 月，中共中央、国务院作出决定，改革原有中国人民银行管理体制，撤销省级分行，跨省（自治区、直辖市）设置 9 家分行（天津、沈阳、上海、南京、济南、武汉、广州、成都、西安分行），撤销北京市分行、重庆市分行，分别成立中国人民银行营业管理部和中国人民银行重庆营业管理部，履行所在地中央银行职责。继 1998 年 11 月 18

日中国人民银行跨行政区设立的第一家分行——上海分行在上海市宣告成立后，其余分行渐次成立。中国人民银行管理体制的这一改革，对于建立货币政策的区域性研究制度、强化金融监管的独立性和公正性、建立健全金融风险防范责任制等均具有重要意义。

（2）以中央银行为领导的新的金融体系的形成与完善

①形成（1978—1986年）

A. 恢复农业银行，扩大中国银行权限，成立工商银行，建设银行改变隶属关系，成立中国投资银行，形成工、农、中、建、投五家专业银行；

B. 建立综合性银行——交通银行；

C. 建立和发展非银行金融机构，中国人民保险公司改为国务院直属，建立金融信托投资机构，发展城市信用社，规范农村信用社，设立中外合资银行和财务公司等。

②完善（1986年以后）

A. 设立三大政策性银行；

B. 工、农、中、建转变为国有独资商业银行；

C. 发展新型商业银行；

D. 改革农村金融体制；

E. 规范、发展保险公司、证券公司、信托投资公司、财务公司、融资租赁公司等非银行金融机构业务。

通过上述改革，一个以中国人民银行为中央银行，由政策性银行、国有独资商业银行、股份制商业银行、城乡信用社等多种金融机构所构成的多层次、多样化的金融组织体系基本形成。

（3）经济体制改革初期的金融工作

①扩大信贷资金来源与贷款范围。

②发展多种信用形式。

③建立资金市场。

④恢复和发展国际间的金融合作关系。

⑤加强和改善金融宏观管理。

（4）初步建立完善金融宏观调控体系

①中央银行宏观调控方式从主要依靠信贷规模控制转向运用货币政策工具调控货币供应量

中国人民银行从1994年第三季度开始按季度向社会公布货币供应量分层次监测控制指标；1996年起先后7次调低利率，并于该年建立起全国统一的银行间同业拆借市场；1994年4月1日开办外汇公开市场业务，1996年4月9日正式以国债回购形式开展本币公开市场业务；1994年11月起正式开办再贴现业务，1997年3月1日对中国工商银行、中国农业银行、中国银行、中国建设银行四家国有独资商业银行的总行开办再贴现业务，并把扩大票据承兑、贴现与再贴现业务作为改进金融宏观调控方式的重要政策措施；1998 年 3 月，改革了原有存款准备金制度；1994 年 2 月起对商业银行实行资产负债比例管理，1998 年 1 月 1 日起取消对国有独资商业银行长期实行的贷款规模限额控制；1999 年将消费信贷业务经营放宽到所有商业银行。

②初步形成金融法律体系框架，金融监管逐步加强

A. 金融立法方面。在 1995 年相继出台了《中华人民共和国中国人民银行法》、《中华人民共和国商业银行法》、《中华人民共和国票据法》、《中华人民共和国保险法》、《中华人民共和国担保法》、《关于惩治破坏金融秩序犯罪的决定》；1998 年 12 月 29 日《中华人民共和国证券法》出台。

B. 金融监管方面。由于整个金融领域（银行业、证券业、保险业等）都已有相应的基本法律法规，这对于中央银行、中国证监会、中国保监会加强对各金融机构的市场进入退出与日常监管依法监管、依法行政的力度提供了重要法律保障。中国证券监督管理委员会成立于 1992 年，其主要职能是依照法律、法规对证券、期货市场进行监督管理。中国保险监督管理委员会成立于 1998 年 11 月，作为全国商业保险的主管机构，依照法律、法规统一监督管理保险市场是其主要职能。

③外汇体制改革的深化

1993 年 11 月 14 日，《中共中央关于建立社会主义市场经济体制若干问题的决定》提出，改革外汇管理体制，逐步使人民币在建立以市场供求为基础的有管理的浮动汇率制度和统一规范的外汇市场基础上成为可兑换货币。该年 12 月 25 日，中国人民银行发布《关于进一步改革外汇管理体制的公告》，提出实行人民币汇率并轨，实现人民币经常项目有条件可兑换。1994 年初，实现汇率并轨，建立了外汇指定银行结售汇制度。1996 年 1 月 27 日，中国宣布自 1996 年 12 月 1 日接受《国际货币基金协定》第八条款，实行人民币经常项目可兑换。由此，中国的汇率制度开始与国际惯例接轨，并因此有助于接受国际社会监督、促进中外经济技术交流、保证合理有效利用外资。

一部金融史关系到国家的命运、机构的命运、企业的命运、家庭的命运、个人的命运。金融对我们的生活影响太大了，大到关系到国家的安危。

八、金融与我们的生活有什么关系

1997 年，亚洲金融风暴席卷泰国，泰铢贬值。不久，这场风暴扫过了马来西亚、新加坡、日本、韩国等地。泰国宣布放弃固定汇率制，外汇及其他金融市场一片混乱。10 月下旬，国际炒家移师国际金融中心香港，矛头直指香港汇率制，台湾当局突然弃守新台币汇率，面对国际金融家的强烈进攻，香港特区政府不改变汇率制度，恒生指数上扬。1997 年下半年日本系列银行和证券相继破产，东南亚金融风暴演变为亚洲金融风暴。亚洲金融风暴对东南亚国家的人民来说是一场大灾难，东南亚国家人民奋斗了几十年的财富一年的时间就灰飞烟灭，东南亚国家的人民生活水平至今还没有恢复到 20 世纪 90 年代初期的水平。

1997年亚洲金融危机爆发后，泰国、菲律宾、印度尼西亚、日本、韩国和中国香港等纷纷陷入危机中。然而紧邻这些国家和地区，且问题比它们还多的中国，却幸运地避开了这场危机。

2000年前后，由于以前银行的非市场化运作，中国的银行坏账积累下一大堆，银行不得不走向惜贷，信贷萎缩，钱都贷不出去。1998年到2002年，中国经济经历了长达4年的通货紧缩，世界上很少有国家会陷入这种长期的通货紧缩状态。在1999年，中国的通货膨胀率是-3%，投资增长率只有5%（中国几十年来的投资的增长率基本在30%以上）。众多的情况表明，中国经济实际上已处于危急状态。

亚洲金融危机后，再经过1998—2002年国内4年的通货紧缩危机，中国认识到很多问题要彻底解决，必须加快改革。

1998年初，中国召开了第一次金融工作会议。吸取亚洲金融危机的教训，中国决定对国有银行注资2 700亿元，剥离14 000亿元不良贷款，严格金融机构的监管，落实分业监管和分业经营，证券公司的监管从人民银行交到证监会，此外成立保监会。同时还关闭了四十多个各地的证券交易中心，撤销农村合作基金会，上海证券交易所和深圳证券交易所由地方管理改为中央垂直管理。

2002年召开第二届金融工作会议，2007年召开第三届金融工作会议。

10年改革后，中国金融业绩翻了几倍。贷款余额增长了3倍，存款余额增长了5倍，储蓄增长了10倍，保费收入增长了6.8倍，GDP增长了3倍。

亚洲金融危机后的10年，中国经济和金融业都发展飞速，创造了世界的奇迹。

但是经过10年的高速发展后，中国经济问题也渐渐浮出水面。

10年前“亚洲金融危机”是支付危机，而“中国式”的危机却恰恰相反，表现形式为“钱太多”。“钱太多”在经济学上的专业术语叫做“资本流动性过剩”。

中国“资本流动性过剩”除与中国经济、出口和引资增长有关外，也与热钱的流入有很大的关系。热钱，也叫游资，或叫投机性短期资本。由于预期人民币升值，热钱正大量流入国内，不断推高房地产价格，泡沫正在膨胀。

通常制约流动性过剩导致的资产泡沫，提高利率是主要手段。但中国目前的流动性相当于大部分是贸易顺差和投机人民币升值的热钱引发的，升息甚至会造成套利热钱的进一步涌入。

“流动性过剩”已不单单是金融体系内部的问题，而是中国经济结构深层次矛盾的体现，必须有一系列的体制改革与之配套。比如，降低企业未分配利润，或者是未分配收入（有些不属于利润，是属于国家的资源收益），降低企业未分配收入占GDP的比重，提高居民的可支配收入占GDP的比重，通过消费拉动经济上涨。

九、金融改革势在必行

改革开放20年给中国经济带来融融暖意的同时，也造就了一块拒绝融化的寒冷坚冰，那就是中国银行业。中国银行业已经走到了无法回避困难的境地：其一，中国银行系统的资本金实际已很少。其二，中国银行业的不良资产多，要对中国银行业进行注资，并使其恢复续存能力是一件极其昂贵的事情。我们认为在2007年、2008年前后，是中国银行业整个不良资产开始全面暴露并趋于峰值的敏感时期。

2003年开始实质性改革的中国银行业，最近几年来取得的成就正逐渐改写全球银行业版图。而从大国经济崛起的路径来看，中国在实现了工业和制造大国这个目标之后，会向产业和金融强国迈进，这是中国整体经济结构升级和提高国际经济分工获益程度的内生性要求。笔者曾说过，与美欧主要金融强国“高边疆”的核心均在银行体系类似，中国构筑“经济高边疆”的突破口也应落在银行业身上。而从银行业的发展情况与国际比较来看，以工行、建行、中行和农行等为代表的中国银行业应该也可以充当中国构筑“经济高边疆”的先锋队。

只是应当看到，曾经因为“入世”而战战兢兢的中国银行业，在度过了一段时间的危险期之后，尽管在政府启动的以上市倒逼自身改革的进程中，开始注意完善公司治理机制，加强制度文化建设，提高风险管理水平，并适时提升国际化经营能力。因而在衡量银行业竞争力的资本充足率、资产利润率、资本利润率、成本收入比、不良贷款率以及不良贷款拨备覆盖率等关键指标方面，四大国有银行均有显著改观。但整体而言，实质性改革步骤并不多。而且一个不容忽视的事实是，中国银行业取得的不俗成绩主要是在2003年至2007年的经济黄金周期实现的。2007年以来，在美欧银行业因受金融危机拖累而跌入历史低谷的同时，中国银行业却由于较为保守的经营方式以及相关金融政策保护而免受危机的大规模冲击，加上政府在2008年底启动的一揽子经济刺激方案，使得中国经济率先上岸。可以说，迄今为止，国内主要上市银行的资产负债表尚未经历过经济不景气周期的真正考验。

此外，金融危机以来，中国银行业理应抓住欧美银行体系式微的难得时间窗口，以提升国际竞争力为出发点，尽早在公司治理、业务创新和国际化能力建设方面拿出实质性改革举措，并稳步提升对国内投资者和消费者的利益回报和服务品质，进而以现有市场主体为基础，培育出一批能在国际市场上比肩跨国际金融资本的种子选手。遗憾的是，国内银行业在改制上市之后并没有启动太多实质性的内部改革，而是充分利用利率市场化改革的迟滞，吃尽政策红利，蜕变成超级“印钞机”，造成国内银行业普遍存在的利润畸高局面，以至于有银行行长公开承认，银行业利润太高了，不好意思公布。

为什么中国银行业的改革这么难？其一，通过国有银行集中金融资源，以高度计划化的方式进行配置，至今无退潮的迹象，银行资金被作为准财政资金使用的巨大惯性，使得银行业的市场化改革取向受掣；其二，当初国有银行业改革的推进者，很大程度上就是现在需要被改革的对象，因此“罗素悖论”再度浮现：谁为理发师理发？谁能企望国有银行体制的最大受益者去触动和推进可能弱化其权力和收益的改革？

一切水落石出了：如果不对中国银行业进行改革，那么所有的改革成果就会面临骤然间被危机洗掠得面目全非的可能。不正视问题的姿态并不意味着问题可以不存在或者蒸发。就目前中国四大国有银行而言，最紧迫者有三点：一是转变以官本位为基础的激励约束机制，促使银行内部党政企分开，使银行具备可能形成公司治理结构的基本土壤；二是吸收外部注资，这种外部注资既可以来源于民间也可以来源于外资；三是强化内部风险管理机制，使银行的操作风险尽可能地降低。退一步说，如果捉襟见肘的公共资金不能为银行业改革提供维系生存的注资，那么至少不要堵死国有银行自我拯救的一切可能。国有银行应该考虑通过分拆上市、存转股、存转债来补充资本金。

还有，中国的基层金融正面临严重的空洞化危机。工行从网点最多时的4.7万个到如今只剩下2.8万个分支机构，撤掉的网点达到近2万个。四大行撤并县以下的网点留下的空白远没有弥补。四大国有银行的“瘦身”和邮政储蓄对基层的资金“虹吸”，都使得原本困顿不堪的基层金融更加困难。目前难堪的资金“失血”现象有没有可解决的思路，这迫切需要民营银行能够进入政府的视野。

民营银行的设立可以缓解农村基层的资金“失血症”。作为大型银行的国有银行天然地具有资金“虹吸效应”，即更多地注重将全国范围内吸收的存款转移到经济发达地区使用，这使本来急需资金的欠发达地区的资金通过大型银行的分支机构网络，被转移到资金已经较为充裕的发达地区。资金空洞化需其他资金注入，以社区银行为特色的中小银行具有鲜明的“根植社区、服务社区”的特点，而中国若能制定《社区再投资法案》，鼓励社区银行资金取之于社区，用之于社区，则可以在一定程度上缓解这个问题。遗憾的是，对民营银行能否在中国银行业中生存，人们似乎仍然充满疑虑，以为这样的思路是可以回避的。

关于民营银行能否设立存在诸多纷争。第一种说法是，国有银行的改革乃金融改革的主战场，而发展民营银行等乃属于顾左右而言他。第二种说法是，国有银行体系需要手术，而发展民营银行，有点像服用中药。在有些人看来，银行业向内资开放的主要形式是吸引民间资本对现有的中小银行进行改造，这是手术，而从头建立民营银行见效太慢，只是一剂“中药”。中国银行体系存在的诸多问题“更需要的是一次手术”。第三种说法是，既然国有中小金融机构搞不好，民营银行自然也搞不好，如若放开民营银行准入限制，即使可以避免新生银行再次成为“能人”们显神通、玩关系、圈钱的“烫手山芋”，可杜绝一些乡镇地区新生银行成为滋生黑恶势力或利益集团、家族势力把持、操纵的领地，也不敢保证不会重现“金融三乱”的局面。

种种纷争提醒我们，如果现在没有看好民营银行的气度，至少不应该缺乏20年前宽容民营企业存在那样，宽容民营银行存在的气度。或者说，至少我们应该有让民营银行上演哪怕是自生自灭悲剧的气度。

未来中国经济的繁荣需要国有银行顽强地活下去，用较之国有企业改革更为殚精竭虑的姿态考虑国有银行的改革和出路，已不能回避；未来中国民营银行作为草根金融的角色不能被先天地剥夺。

不客气地说，中国银行业迄今尚未建立起真正的信贷文化，即贷款决策应建立在借款人的信用可靠性以及对贷款风险的分析评估上，不能仅靠银行与贷款人的关系或政府的政策。而原先极为担心银行面临开放风险的政府，也在某种意义上成为银行经营风险的植根者。众所周知，尽管上市被普遍认为是四大国有银行在过渡期内增强竞争力的最优安排，但上市本身不是救命稻草。如果中国银行业不在体制上加大改革力度，期望通过上市毕其功于一役，实际上是激励了坏的银行，会产生道德风险，因为这种银行本身不大可能创造太高的价值。

中国银行业经过了 30 多年的风风雨雨，已经到了不能靠小修小补就能迎来明天的时刻。中国银行业的改革，直接牵涉到中国经济能否享有长久的繁荣。我们要突破前人，后人也必然会突破我们。这是社会前进的必然规律，未来中国的银行业，势必应该突破现有银行业的种种雷区。

在防范系统性金融风险成为头等大事的情况下，志在打造世界级银行体系的中国银行家们，切莫以短期行为替代理性经营，理应以提升国际竞争力为出发点，画出契合中国银行业发展的清晰路线图，否则，运气恐怕再难眷顾中国银行业了。

第二章　揭开金融的神秘面纱

一、什么是货币

货币的功能主义定义：作为一种交换媒介、一种价值储藏和一种计量单位而存在。从这个意义而言，货币的涵盖面非常广泛，涵盖了从承诺（如银行票据、支票和私人承诺的票据）到商品（贝壳、烟草、动物的皮毛、金银和现在的毒品），甚至再到个人服务的几乎任何东西。

二、银行的产生和发展

（一）银行的早期功能

银行最初出现主要是起到连接储蓄者和投资者的中介桥梁作用，同时由于其专业性和规模性也使得其他机构无从替代，而且，在这个间接融资的过程中，银行还创造了信用，也创造了货币，也即它的存款创造过程。

（二）早期银行体系

在新的联邦合众国时期，出现了两类银行。第一类是由州议会特许成立的商业银行。一群投资者从其资产中拿出一部分金银作为银行的资本，然后吸引存款进行贷款。贷款的通常形式是发行镌版印的银行券。银行券是银行债务，它可随时被兑换成金银，而向银行借钱的人须连本带利偿还贷款。这些银行券有时会流入将银行券交发行银行、要求换得金银的人手中，但银行希望银行券作为货币流通。留在流通中的银行券越多，银行有限的金银储备能够支持更多的贷款，银行的利润也就越高。贷款通常是短期的，并且由于这些贷款连接了生产和销售，支持了贸易信贷，以及使日益商业化的农场主渡过种植与收割之间的困难，所以这些贷款经常是自偿的。

有时银行的特许权限制了银行可发放贷款的种类，并规定银行应保留在手中的最低数量金银作为对已发行银行券的保证准备。当然，更为经常的是，此类限制是自愿施加的，因为这样做可产生良好的商业感觉。这一私营银行体制的成长是时作时辍的，银行数目的增长在1790—1811年，以及1816—1830年是缓慢的，大体是两家大的由联邦特许成立的银行——美利坚第一银行和第二银行对银行界的控制所致。

另有一种银行，它既是一家为政府服务的准公共性质的中央银行，同时又是一家商业银行，只不过其成立是由美国国会的法案规定的，而不是由州议会法案规定的。美利坚第一银行和第二银行分别是前后两个阶段中的准中央银行。

美利坚第一银行的成立要归功于亚历山大·汉密尔顿，它在成立时仿照了英格兰银行。美利坚第一银行由国会于1791年特许成立，它可印制银行券，借款人向第一银行还本付息，这一点像一家私营银行。但与通常的商业银行不同的地方在于，联邦政府是美利坚第一银行的合伙人和头号客户。在该银行1 000万美元的股本中，联邦政府拥有1/5，而且该银行充当了财政代理人，为政府保管税收收入，替政府支付账单，以及为政府执行各种金融保管任务。作为回报，第一银行拥有政府的现金，并在向政府借款的过程中获得利息。此外，由于美利坚第一银行被特许在所有州设立分支机构，又由于通常由州特许成立的银行只能在所在州经营，所以它在竞争中有很大的优势。美利坚第一银行在1811年被解散。反对原因有两个：其一是以托马斯·杰斐逊为首的反联邦党主义者，他们视美利坚第一银行为捍卫大政府、集中经济权力以及外国影响的堡垒；其二是来自州特许成立的银行的反对，它们对第一银行的特权感到愤慨。

美利坚第一银行解散后的5年中，该银行支持者的许多担忧成了事实，银行数目和银行券总量激增，金融不稳定以及由1812年至1815年的战争伴随而来的公共财政困难促使国会改变了主意。1816年，美利坚第二银行被特许成立。在该银行3 500万美元的资本中，80%为私人资本，且用金银支付，20%为联邦政府的资本，以政府债券支付。此后的10多年中，在商品价格、货币供给和银行体系中金银储备存量方面，都出现了全国性的金融稳定。传统学派——资金充实学派将这一时期的稳定归因于美利坚第二银行和比德尔所实现的负责可靠的政策。在比德尔的领导下，美利坚第二银行发挥了中央银行的某些控制作用。例如，美利坚第二银行通过保持对私营银行体系的净贷款者身份，限制了商业银行的银行券发行；在有些场合下，美利坚第二银行业借钱给商业银行，在一定程度上保持整个银行体系的流动性；并且，由于规模大，美利坚第二银行可以通过改变自己的金银储备政策来改变货币供给。但在贵金属本位制情况下，货币供给是无弹性的，所以美利坚第二银行在金融危机来临时并不能随时创造货币来解决银行流动性问题，因此其中央银行的职能只能是部分的。美利坚第二银行面临着与第一银行相似的反对力量，特别是1828年当选的总统杰克逊非常讨厌美利坚第二银行。杰克逊在和比德尔的斗争中，最终在1833年把政府存款从美利坚第二银行中撤出，而且使第二银行在1836年特许期满后未能延续。联邦资金抽走后，比德尔被迫削减未偿银行贷款量。结果，一场全国性的金融紧缩发生了。

三、19 世纪初的金融恐慌

1837 年 5 月，一场金融恐慌迫使银行暂停兑现其发行的银行券，在这之后，物价水平长期下降，无数银行倒闭，这一场萧条一直延续到 19 世纪 40 年代。传统的资金充实学派把上述事件看成一场道德剧：杰克逊对美利坚第二银行特许权的否决，以及把联邦资金从美利坚第二银行的撤出，使该银行体系的稳定性失去了关键性的支持——对货币创造的限制。在没有美利坚第二银行来监督它们以后，州特许成立的银行可不受约束地扩大自己银行券的发行，这不仅增加了流通中的货币数量，而且增加了该银行体系在流动性危机来临时的脆弱性。而随后杰克逊的金融公告增加了公众对贵金属的需求，这一需求慢慢耗尽了银行体系中的储备，使银行体系中的储备已不足以支持现存银行券的发行。当联邦的存款在银行之间以及州之间被重新分配时，银行体系中金融短缺的情形进一步恶化，最终迫使银行停止兑现银行券。

但是新经济史学通过对大量的历史数据分析，得出了与传统史学完全不同的结论。传统史学认为，银行不受约束地扩张，应该观察到银行储备与银行债务（银行券和存款）之比的下降，但实际上该比例除在 1935 年和 1936 年有所下降之外，其他时期都呈上升之势。在银行的贷款政策并未有太大改变的前提下，银行储备比例上升应归因于银行储备的上升。导致银行储备上升的有两种原因：第一，公众使用纸币现金以代替硬币的意愿增强，由此留下更多的金银以存款形式放在银行中，成了银行储备；第二，被人们手持硬币作为储备的金银总数增加。通过该时期平均现金比例的考察，不难发现，公众对银行体系失去了信心，公众使用纸币以代替硬币的意愿实际上下降了。所以唯一的原因便是金银存量的增加，而实际的历史数据也支持了这一观点。那么，美国的金银存量为什么增加？主要的解释如下：其一，由于墨西哥经济政治的不稳定导致国内富人的金银大量流入美国；其二，法国在 1836 年向美国支付 400 万美元赔偿金；其三，受美国高利率吸引而来自伦敦的资本流入；其四，通过用在伦敦的汇票支付中国的逆差，减少了美国金银向中国的外流。至于恐慌的解释，传统解释把罪责归因于金银公告，实际上是其并未发现金银从东部流向西部，因为土地销售主要发生在西部。对 1837 年恐慌应负最大责任的恶棍是英国政府。1836 年，英国官员提高利率以阻止金银外流，并且英美两国利率均上升与美国主要的出口作物棉花的价格下降一道改变了银行券持有者对自己资产安全性的看法。所以，传统历史学派的观点——杰克逊摧毁美利坚第二银行和金银公告是 19 世纪 30 年代和 40 年代的金融危机的主要原因，现在看来，并非全部如此。

四、货币和财政危机

（一）南北战争期间的货币和财政危机

联邦和南部联邦政府都未能有效为战争融资，对这些问题的努力解决导致美国金融市场发生了根本性的变化。南北战争前几个月，联邦政府成功卖出了 2 100 万美元的债券，但这些资金很快被用完，联邦政府只能通过征税（包含一些新税，如个人所得税）、向银团发行债券以及拖延账单制度来弥补财政赤字的缺口，但是由于战争在开始阶段对联邦政府非常不利，公众大量储藏金银铸币，无论是政府或是银行都出现金银铸币短缺的问题，并最终在 1861 年 12 月停止了国库券和银行券的金银铸币兑换。

（二）绿背纸币的出现

兑换的终止使货币市场陷入混乱，并有损于联邦政府的承诺和信誉，政府的借款和征税变得更加困难，因此，众议院赋税委员会建议发行新的无息国库券。新的无息国库券尽管不能兑换成金银铸币，但它是法定货币，能偿付所有公共和私人债务（对关税和国债利息的支付除外）。尽管银行业强烈反对，但国会还是于 1862 年 2 月通过《法币法》，授权发行总值 1.5 亿美元、面值为 5 美元及 5 美元以上的新的国库券，这些国库券被称为绿背纸币。由于战争的需要，1862 年和 1863 年总计发行绿背纸币 4.5 亿美元，几乎使美国南北战争前的货币存量翻了一番，这就产生了巨大的通货膨胀压力，并使绿背纸币相对于黄金贬值。当然，绿背纸币的贬值还反映了北方军队若失败遭拒付的风险。从此，价值来源于政府法律命令的不兑现纸币出现了。

（三）绿背纸币和金银铸币之间的博弈

南北战争后美国政府打算恢复贵金属本位，所以必须回收绿背纸币，但由于农场主反对这一政策的通货紧缩影响而宣告失败。根据格雷欣法则，贬值的绿背纸币不仅导致金币退出流通，也使辅助的银币（低于 1 美元的银币）退出流通，最后国会不得不授权发行法定辅助纸币来代替辅币的流通。一直到 1875 年 1 月，国会通过《恢复金币支付法》，要求财政部在 1879 年 1 月 1 日后用金币回收绿背纸币。财政部部长约翰·谢尔曼通过向国外发行较高利率的债券而筹集到 1.4 亿美元的金币，从而最终基本完成绿背纸币的回收。但由于银的产量不断增加，其市场价值不断贬值，根据格雷欣法则，在无论实行平行本位或是跛行本位的金银复本位制中，实际上只有银币泛滥成灾。银的风险直到 1900 年国会通过了《金本位法》时才最终被消除，黄金被确认为唯一的货币本位。

五、国民银行法和州银行的复兴

（一）国民银行法

早在 1861 年 12 月，即在金银铸币支付遭终止兑换以前，财政部部长就建议成立国民银行体系。该体系由联邦政府发给经营许可证并进行管理，它不仅可以创造出全国统一货币从而代替过剩的州银行钞票，而且由于国民银行被要求用其一部分资本购买政府债券，因此还提供以政府债券市场。该建议当时由于战争而被搁置了。1863 年 2 月，国会重新讨论并通过这一建议，但国民银行体系目标未能得到实现。到 1863 年 10 月，只建立了 63 家国民银行，其中大部分是新银行，而不是从州许可证下转换过来的，而且大部分在中西部。国民银行发行的银行券总量低于 400 万美元，而州银行的发行总量约为 2. 39 亿美元。

为增加国民银行的吸引力，国会通过了《1864 年国民银行法》。该法与自由银行法相似。但不同的是：其一，要求在人口超过 5 万人的城市，国民银行的资本额必须高于 20 万美元；人口在 6 000 人至 5 万人的城市，国民银行需要有 10 万美元的资本；6 000 人以下的城镇，要求国民银行最低资本额为 5 万美元。其二，国民银行资本的 1/3（不低于 3 万美元）必须用于购买政府债券并存入货币监管局，作为交换，银行可以债券面值的 90% 或债券的市场价格接受国民银行钞票。其三，国民银行被要求保持最低准备金率。其四，国民银行钞票在全国各地都以面值流通。这标志着向建立统一货币迈出了第一大步，但国会并未让市场决定应发行多少钞票，而是规定 3 亿美元的最初流通上限，这一上限在各州间根据人口分配，余额按银行需要分配。其五，对州银行发行的银行券征收 2% 的税。

但即使如此，也未能迫使由州特许成立的银行转变为国民银行。迫于无奈，1865 年 3 月，国会对州银行银行券征税提高到 10% 。高税率使州银行发行钞票无利可图，最终大量转入国民银行体系。到 1865 年 10 月，已有 1 513 家国民银行，国民银行钞票流通量达 1. 71 亿美元；到 1868 年，州银行只剩 247 家，降到历史最低点。

（二）州银行的复兴

1870 年以后，州银行成员数开始恢复。1895 年州银行数量又一次超过国民银行，但它们的资产总额只相当于国民银行的一小部分。对州银行复兴的基本解释是，个人支票代替银行券成为支付手段，从而避开了对非国会批准成立银行所发行钞票的税收惩罚。同时，由于州银行需要同国民银行竞争，所以申请州银行一般只需较少的资本金要求和准备金比例要求，所以大部分新银行愿意采用州许可证。但是，对设立分支机构的限制意味着银行服务需求的增加大多只能由新开的银行满足，而不能靠现有银行增设分支机构满足，从而使得州银行数急增。然而，州与联邦监管体系的竞争大大削弱了对银行业的监管，以至于银行业进入实际上毫无限制，这为以后银行业大量破产埋下了伏笔。

六、美国联邦储备体系的成立

（一）美国银行体系中的缺陷

美国银行体系存在许多严重缺陷，虽不致命，却使银行体系在金融恐慌中特别脆弱。这些缺陷大多源自《国民银行法》。《国民银行法》创造了一个分层的银行结构，其中乡村银行在最底层，上面是城市银行和储备城市银行，最顶层是中心储备城市银行，每一层都有不同的资本和储备要求。这种结构的缺陷体系在于：第一，立法者认识到大银行的倒闭比小银行倒闭带来的影响大得多，所以试图通过对储备城市银行设定更高的储备要求和更多的资本要求来最小化大银行倒闭的概率。此举限制了国民银行体系与州银行体系竞争的能力，使联邦和州银行体系间为争夺成员的竞争不断加剧，最终导致银行监管结构逐渐被削弱，如资本要求的降低和贷款闲置的放宽。第二，国会相信准备金的集中会产生一个更大的准备金储水池，危机时可从中提取法币。但是，由于规定乡村银行和非储备城市银行的部分准备金可转为在纽约市银行的存款，国民银行体系导致全体系的储备金集中在纽约市少数银行。虽然准备金的储水池可能很大，但有关在危机时创造额外法币的法律不存在，也没有最终贷款人能给纽约市银行提供资金，"无弹性货币问题"仍然存在。

《国民银行法》使银行体系更加脆弱和更易受打击，因为它使纽约市银行受到沉重的利润压力。其一，法律要求纽约市国民银行以库存现金形式保持25%的准备金比率，全部收入只能来自75%的资产；其二，为吸引其他银行的准备金存款，都允诺要对准备金存款支付利息。上述两点使纽约市储备银行面临巨大利润压力，它们只能通过接受更高风险的资产运作来达到这一点，特别是纽约市银行已习惯于将短期资金投入股票市场。这是非常危险的。

（二）1907年的金融恐慌：改革的催化剂

虽然1906年发生在欧洲并于1907年扩散到美国的金融恐慌没有明显的和单一的原因，但这一事件从根本上动摇了美国的金融体系，促使美国银行体系进行根本性的法律变革。

国会于1908年5月通过《奥尔德里奇—弗里兰法》，授权至少10家资本额500万美元以上的国民银行组成一个货币联合会。在发生金融危机时，这些货币联合会可以其银行资产作抵押申请紧急资金。为防止滥用并鼓励危机过后归还紧急资金，根据该法所发行的钞票，第一个月要征收每年5%的税，以后每月增加1个百分点，直到10%。实际上，该法认可了清算所一直以来的行为，并把这种权力扩展到非清算所成员，同时还提出办法确保这一权力不被滥用。该法还提议成立国家货币委员会，以研究银行和货币体系，并提出完善银行和货币体系的建议。最重要的建议是成立由银行家自己来控制且自愿加入的中央银行，由15家地区储备联合会围绕1家全国性的储备联合会组织而成。1913年12月，《联邦储备法》通过并成为法律。

七、美联储的功能与作用

美国联邦储备局（Federal Reserve System，Fed）负责履行美国中央银行的职责，是根据《联邦储备法》（*Federal Reserve Act*）于1913年成立的，主要是由联邦储备委员会、联邦储备银行及联邦公开市场委员会等组成。

美国联邦储备局标志

(一) 简介

美国联邦储备局（Fed）为美国最高货币政策主管机关，负责保管商业银行准备金、对商业银行贷款及发行联邦储备券。Fed 共分三层组织，最高为理事会，其下是 12 个联邦储备银行和各储备银行的会员银行。美联储是私有制银行，全部股份为私人所有。

美国联邦储备局以独立和制衡为基本原则。在制衡方面，该局的 7 名理事（包括主席、副主席在内）是由总统提名，并需经参议院同意。对于货币政策的决议，如调高或调低再贴现率，采用合议兼表决制，一人一票，并且为记名投票，主席的一票通常投给原本已居多数的一方。总统固然可以掌握理事与主席、副主席的提名，但一经参议院通过，任期长达 14 年，最多可历任五任总统。至于独立性方面，Fed 以人事独立与预算独立最为人称道。除理事会之外，另外还设有联邦公开市场委员会（FOMC），负责较长期的货币决策并依据外汇指导原则、外汇操作之授权作业与外汇操作程序进行外汇操作。由于美元在国际货币市场的强势地位，美国联邦储备局在外汇市场的干预行动尤受汇市瞩目。

联邦储备局也是制定美国货币政策的首脑机关。自 1993 年 10 月起，美国经济景气快速攀升，有引发通货膨胀之虞，多亏时任联邦准备理事会主席格林斯潘（Green Spain）在不顾民意及政治压力下，连续七次调高再贴现率，使美国经济软着陆成功，免予通货膨胀的威胁。

(二) 职能

美联储的基本职能包括：

（1）通过三种主要的手段（公开市场操作，规定银行准备金比率，批准各联邦储备银行要求的贴现率）来实现相关货币政策；

（2）监督、指导各个联邦储备银行的活动；

（3）监管美国本土的银行，以及成员银行在海外的活动和外国银行在美国的活动；

（4）批准各联邦储备银行的预算及开支；

（5）任命每个联邦储备银行的九名董事中的三名；

（6）批准各个联邦储备银行董事会提名的储备银行行长人选；

（7）行使作为国家支付系统的权利，负责保护消费信贷的相关法律的实施；

（8）依照《汉弗莱·霍金斯法案》（*Humphrey Hawkins Act*）的规定，每年 2 月 20 日及 7 月 20 日，应当向国会提交经济与货币政策执行情况的报告（类似于半年报）；

（9）通过各种出版物向公众公布联邦储备系统及国家经济运行状况的详细的统计资料，如通过每月一期的联邦储备系统公告（Federal Reserve Bulletin）；

（10）每年初向国会提交上一年的年度报告（需接受公众性质的会计师事务所审计）及预算报告（需接受美国审计总局的审计）；

（11）另外，委员会主席还需定时与美国总统及财政部部长召开相关的会议并及时汇报有关情况，并在国际事务中履行好自己的职责。

（三）创建目的

美国联邦储备局创建的主要目的是解决银行业恐慌，当然，《联邦储备法》中也规定了其他目的，如提供一个有弹性的货币，在美国建立一种有效监管银行，以及其他用途。美国经历了数次的金融危机，而因为 1907 年一个特别严重的危机，1913 年国会通过了《联邦储备法》，建立起了联邦储备银行。今天，美联储的金融体系更广泛，而不仅仅是在确保美国金融稳定上。

八、国际货币基金组织

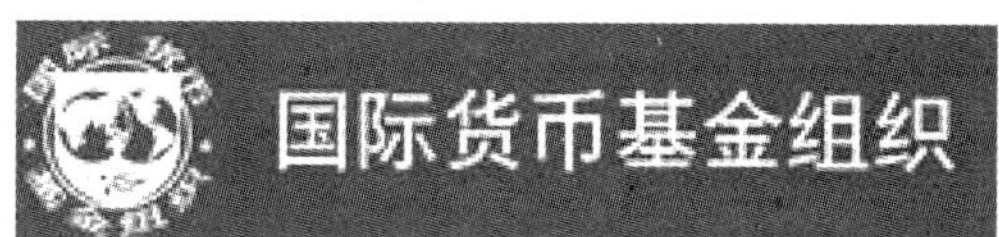

国际货币基金组织（International Monetary Fund，IMF）是根据 1944 年 7 月在布雷顿森林会议签订的《国际货币基金协定》，于 1945 年 12 月 27 日在华盛顿成立的。其与世界银行同时成立，并列为世界两大金融机构之一。其职责是监察货币汇率和各国贸易情况，提供技术和资金协助，确保全球金融制度运作正常。其总部设在华盛顿。我们常听到的“特别提款权”就是该组织于 1969 年创设的。

（一）简介

国际货币基金组织的最高权力机构为理事会，由各成员国派正、副理事各一名组成，一般由各国的财政部部长或中央银行行长担任。每年 9 月举行一次会议，各理事会单独行使本国的投票权（各国投票权的大小由其所缴基金份额的多少决定）。执行董事会负责日常工作，行使理事会委托的一切权力。执行董事会由 24 名执行董事组成，其中 8 名由基金份额最大的 5 个国家（美、日、德、法、英）和另外 3 个国家（中、俄、沙特）任命，其余16名执行董事由其他成员国分别组成16个选区选举产生。中国为单独选区，亦有一席。执行董事每两年选举一次；总裁由执行董事会推选，负责基金组织的业务工作，任期5年，可连任，现任总裁是克里斯蒂娜·拉加德，另外还有四名副总裁。

该组织临时委员会被看做世界两大金融机构之一——国际货币基金组织的决策和指导机构。该委员会将在政策合作与协调，特别是在制订中期战略方面充分发挥作用。委员会由24名执行董事组成。国际货币基金组织每年与世界银行共同举行年会。

（二）组织宗旨

该组织宗旨：通过一个常设机构来促进国际货币合作，为国际货币问题的磋商和协作提供方法；通过国际贸易的扩大和平衡发展，把促进和保持成员国的就业、生产资源的发展、实际收入的高水平作为经济政策的首要目标；稳定国际汇率，在成员国之间保持有秩序的汇价安排，避免竞争性的汇价贬值；协助成员国建立经常性交易的多边支付制度，消除妨碍世界贸易的外汇管制；在有适当保证的条件下，基金组织向成员国临时提供普通资金，使其有信心利用此机会纠正国际收支的失调，而不采取危害本国或国际繁荣的措施；按照以上目的，缩短成员国国际收支不平衡的时间，减轻不平衡的程度等。

（三）主要职能

制定成员国间的汇率政策和经常项目的支付以及货币兑换性方面的规则，并进行监督；对发生国际收支困难的成员国在必要时提供紧急资金融通，避免其他国家受其影响；为成员国提供有关国际货币合作与协商等会议场所；促进国际间的金融与货币领域的合作；促进国际经济一体化的步伐；维护国际汇率秩序；协助成员国之间建立经常性多边支付体系等。

（四）会员资格

加入国际货币基金的申请，首先，由基金的董事局审议。之后，董事局会向管治委员会提交“会员资格决议”的报告，报告中建议该申请国可以在基金中分到多少配额，以及条款。管治委员接纳申请后，该国需要修改法律，确认签署的入会文件，并承诺遵守基金的规则。而且会员国的货币不能与黄金挂钩（不能兑换该国储备黄金）。

成员国的“配额”决定了一国的应付会费、投票力量、接受资金援助的份额，以及特别提款权（SDR）的数量。

中国是该组织创始国之一。1980年4月17日，国际货币基金组织正式恢复中国的代表权。中国当时在该组织中的份额为80.901亿美元特别提款权，占总份额的4%。

2010 年 11 月 6 日国际货币基金组织执行董事会通过改革方案，中国份额占比计划从 4% 升至 6.39%。中国自 1980 年恢复在货币基金组织的席位后单独组成一个选区并指派一名执行董事。1991 年，该组织在北京设立常驻代表处。

国际货币基金组织是“由 188 个国家参与的组织，致力促进全球金融合作、加强金融稳定、推动国际贸易、协助国家达致高就业率和可持续发展”。联合国会员中朝鲜、列支敦士登、古巴、安道尔、摩纳哥、图瓦卢和瑙鲁并非国际货币基金组织成员国，非联合国会员科索沃是国际货币基金组织成员国。

（五）议事规则

IMF 的议事规则很有特点，执行加权投票表决制。投票权由两部分组成，每个成员国都有 250 票基本投票权，以及根据各国所缴份额得到的加权投票权。由于基本票数各国一样，因此在实际决策中起决定作用的是加权投票权。加权投票权与各国所缴份额成正比，而份额又是根据一国的国民收入总值、经济发展程度、战前国际贸易幅度等多种因素确定的。

IMF 的投票权主要掌握在美国、欧盟手中。美国是 IMF 的最大股东，具有 17.69% 的份额，中国仅占 4%，显然不能准确反映中国在世界经济中日益增加的重要性。IMF 这种以经济实力划分成员国发言权和表决权的做法与传统国际法的基本原则显然是背离的，引起了不少国家尤其是发展中国家的不满。据统计，基本投票权曾经超过 IMF 所有投票权的 15%，但由于 IMF 的扩大，现只占总数的 2%。

2010 年 IMF 执行董事会通过改革议案，中国的份额计划由 3.65% 升至 6.19%。2013 年 3 月 11 日，美国国会否决这一提案。

（六）运营资金

该组织的资金来源于各成员认缴的份额。成员享有提款权，即按所缴份额的一定比例借用外汇。1969 年又创设“特别提款权”的货币（记账）单位，作为国际流通手段的一个补充，以缓解某些成员的国际收入逆差。成员有义务提供经济资料，并在外汇政策和管理方面接受该组织的监督。

（七）组织作用

对会员国有提供资料和建议的作用：我国加入国际货币基金组织的历史较早，1944 年的布雷顿森林会议我国便是与会 44 国之一，并作为大国而摊额十分庞大，仅次于美国的 275 亿美元及英国的 130 亿美元，为 55 亿美元，与美、英、法、印度并列摊额最大的国家。1959 年基金增资时，由于种种原因，我国摊额并未增加，因此不能列入摊额最大的 5 国之内，1961 年单独任命执行董事的资格为联邦德国取代。过去，我国在国际货币基金组织的资格由国民政府当局代表，自从我国恢复联合国合法席位后，于 1980 年 4 月国际货币基金组织通过取消台湾当局资格，恢复我国为会员国资格。

（八）与中国相关的总体概述

中国是IMF的创始国之一，新中国成立后我国的席位长期被台湾当局所占据。1950年，政务院总理兼外交部部长周恩来致电IMF，严正声明中华人民共和国是代表中国的唯一合法政府，要求恢复中国在IMF的合法席位。然而，由于国际政治环境的制约，中国在IMF的代表权问题长期得不到解决。1971年10月，第26届联合国大会通过决议，恢复中华人民共和国在联合国的合法席位，为我国恢复在联合国序列下各专门机构的席位创造了条件。1978年，党的十一届三中全会关于改革开放的决议为我国加入国际金融组织创造了有利的内部环境。1979年1月，中美建交，加入国际金融组织的外部条件最终趋于成熟。1980年3月，IMF派团来华与我方谈判；4月17日，IMF的执行董事会通过了由中华人民共和国政府代表中国的决议，恢复了中华人民共和国在IMF的合法席位；9月，IMF通过决议，将中国份额从5.5亿美元特别提款权增加到12亿美元特别提款权；11月，中国份额又随同IMF的普遍增资而进一步增加到18亿美元特别提款权。2001年2月5日，中国份额增至63.692亿美元特别提款权，占总份额的2.98%，升至第8位，投票权也增加至2.95%，中国也由此获得了在IMF单独选区的地位，从而有权选举自己的执行董事。2008年IMF改革之后，中国份额增至80.901亿美元特别提款权，所占份额仅次于美、日、德、英、法五大股东国，投票权上升到3.65%。

九、世界银行的职能

世界银行（WBG）是世界银行集团的俗称。“世界银行”这个名称一直是指国际复兴开发银行（IBRD）和国际开发协会（IDA）。这些机构联合向发展中国家提供低息贷款、无息信贷和赠款。它是一个国际组织，其一开始的使命是帮助在第二次世界大战中被破坏的国家的重建。今天它的任务是资助国家克服穷困，各机构在减轻贫困和提高生活水平的使命中发挥独特的作用。

（一）简介

世界银行（World Bank）成立于1945年12月27日，1946年6月开始营业。凡是参加世界银行的国家必须首先是国际货币基金组织的会员国。成立的详细背景参照国际货币基金组织的相关内容。世界银行集团目前由国际复兴开发银行（即世界银行）、国际开发协会、国际金融公司、多边投资担保机构和解决投资争端国际中心五个成员机构组成。总部设在美国首都华盛顿。国际银行家推动的美国联邦货币储备委员会也在此地。世界银行仅指国际复兴开发银行（IBRD）和国际开发协会（IDA）。"世界银行集团"则包括 IBRD、IDA 及三个其他机构（即国际金融公司、多边投资担保机构和解决投资争端国际中心）。这五个机构分别侧重于不同的发展领域，但都运用其各自的比较优势，协力实现其共同的最终目标，即减轻贫困。

世界银行的工作经常受到非政府组织和学者的严厉批评，有时世界银行自己内部的审查也对其某些决定质疑。往往世界银行被指责为美国或西方国家施行有利于它们自己的经济政策的执行者，此外往往过快、不正确地、按错误的顺序引入的或在不适合的环境下进行的市场经济改革对发展中国家的经济反而造成破坏。世界银行的真正掌控者是世界银行巨头，他们最终的目的是追逐利润，现在的状况可以说是一个妥协的结果。

今天世界银行的主要帮助对象是发展中国家，帮助它们建设教育、农业和工业设施。它向成员国提供优惠贷款，同时世界银行向受贷国提出一定的要求，比如减少贪污或建立民主等。

世界银行（WBG）与国际货币基金组织（IMF）和世界贸易组织（WTO）一起，成为国际经济体制中最重要的三大支柱。

（二）股份介绍

世界银行按股份公司的原则建立。成立初期，世界银行法定资本 100 亿美元，全部资本为 10 万股，每股 10 万美元。凡是会员国均要认购银行的股份，认购额由申请国与世行协商并经世行董事会批准。一般来说，一国认购股份的多少根据该国的经济实力，同时参照该国在国际货币基金组织缴纳的份额大小而定。会员国认购股份的缴纳有两种方法：其一，会员国认购的股份，先缴 20%。其中 2% 要用黄金或美元缴纳，18% 用会员国本国的货币缴纳。其二，其余 80% 的股份，当世行催交时，用黄金、美元或世界银行需要的货币缴付。

世界银行的重要事项都需会员国投票决定，投票权的大小与会员国认购的股本成正比，与国际货币基金组织的有关投票权的规定相同。世界银行每一会员国拥有 250 票基本投票权，每认购 10 万美元的股本即增加一票。美国认购的股份最多，有投票权 226 178 票，占总投票数的 17. 37%，对世界银行事务与重要贷款项目的决定起着重要作用。我国认购的股金为 42. 2 亿美元，有投票权 35 221 票，占总投票数的 2. 71%。2010 年世界银行发展委员会春季会议 4 月 25 日通过了发达国家向发展中国家转移投票权的改革方案，这次改革使中国在世界银行的投票权从 2. 77% 提高到 4. 42%，成为世界银行第三大股东国，仅次于美国和日本。

（三）组织机构

世界银行的最高权力机构是理事会，由每一会员国选派理事和副理事各一人组成，任期5年，可以连任。副理事在理事缺席时才有投票权。

理事会的主要职权包括：批准接纳新会员国；增加或减少银行资本；停止会员国资格；决定银行净收入的分配，以及其他重大问题。理事会每年举行一次会议，一般与国际货币基金组织的理事会联合举行。

世界银行负责组织日常业务的机构是执行董事会，行使由理事会授予的职权。按照世界银行章程规定，执行董事会由21名执行董事组成，其中5人由持有股金最多的美国、日本、英国、德国和法国委派，另外16人由其他会员国的理事按地区分组选举。近年，新增3个席位，中国、俄罗斯、沙特阿拉伯三个国家可单独选派一名执行董事，世界银行执行董事人数达到24人。

世界银行行政管理机构由行长、若干副行长、局长、处长、工作人员组成。行长由执行董事会选举产生，是银行行政管理机构的首脑，他在执行董事会的有关方针政策指导下，负责银行的日常行政管理工作，任免银行高级职员和工作人员。行长同时兼任执行董事会主席，但没有投票权，只有在执行董事会表决中双方的票数相等时，行长可以投关键性的一票。

十、美联储第四轮量化宽松的阴谋

美联储最终的议息声明在北京时间2012年12月13日凌晨发布。在旨在压低长期利率的“扭转操作”即将到期之际，业内人士普遍预期美联储将扩大量化宽松措施，宣布每月购买400亿~450亿美元的长期国债，即推出所谓的“QE4”。至此，美联储资产负债表规模将膨胀至逼近4万亿美元。“QE3”是“不封顶”的资产收购计划，而且其力度已够大，应该还会延续，因此，与其说是“QE4”，不如说是“QE3”在扩大规模。

（一）对美国经济根本复苏难以起到持续作用

2008年11月至2010年6月、2010年11月至2011年6月、2012年9月至今，美联储分别启动了三轮量化宽松货币政策。简单来说，量化宽松货币政策旨在通过压低借贷成本，推升股市、房地产等资产价格，刺激民间消费与企业投资等，提振美国的就业市场，而对于实体经济的复苏，仅靠量化宽松十分乏力。可以说，量化宽松治标不治本。“QE”对美国经济的刺激作用呈现边际递减效应，再加上“财政悬崖”、欧债危机等绊脚石，美联储现在无论是扩容“QE3”也好，推出“QE4”也罢，料其货币政策只能对金融市场起作用，暂时缓解一下糟糕的就业状况，而对于美国经济的根本复苏难以起到持续的推动作用。

（二）对全球货币、金融和经济产生深远持久影响

1. 全球财富向美国转移

由于美元是当今世界最主要的国际储备货币，美元占全球储备货币的65%，美

元钞票滥发就等于美国向全球征收铸币税，意味着全球财富向美国转移。

2. 美元滥发导致全球通货膨胀恶化

美元滥发导致全球通货膨胀恶化，等于美国向全球征收通货膨胀税，也使财富向美国转移。目前，受美国量化宽松货币政策的影响，许多发展中国家的通货膨胀已经加速恶化，譬如印度、俄罗斯、阿根廷、墨西哥等的通货膨胀水平已经超过或接近 10%。

3. 美国国债和美元资产持有者相应蒙受损失

美元钞票滥发导致美元汇率长期贬值和全球通货膨胀，意味着外国持有的美国政府债券持续贬值，美国实际上是以通货膨胀和美元贬值的方式间接赖债或抵消对外债务，而持有大量美国国债和其他美元资产的国家（譬如中国）、公司和个人都要相应蒙受损失。

（三）对我国货币、金融和经济的影响

1. 大幅度增加我国经济增长的成本

美元钞票滥发导致全球大宗商品价格上涨，大幅度增加我国经济增长的成本，增加输入性通货膨胀的压力。

2. 对我国稳定出口增长非常不利

美元货币滥发和美元汇率动荡加剧全球汇率和金融动荡，增加了企业的汇率风险，提高了相应的风险成本，对我国稳定出口增长非常不利。

3. 货币政策和整体宏观调控难度加大

美联储量化宽松货币政策刺激热钱加速流入中国，一方面强化人民币升值预期，扩大实际升值幅度，另一方面大量热钱流入房地产和其他资产市场，加剧房地产调控难度，并有进一步恶化资产价格泡沫的可能。我国货币政策和整体宏观调控难度加大。

（四）如何应对美联储量化宽松货币政策的冲击

短期来看，必须始终坚持人民币汇率基本稳定的政策方针，绝对不能允许人民币大幅度快速升值，更不能让人民币汇率完全浮动。实施人民币汇率双向有管理浮动，消除单边升值预期。继续采取多种措施（譬如差别准备金率），强化对热钱的监管，防止热钱大规模进入房地产市场。必须采取上调利率、提高存款准备金率、控制信贷总规模等一系列措施，坚决遏制住国内通货膨胀恶化的局面。深化经济体制改革，特别是国有垄断企业改革，进一步理顺价格机制，以此促进企业降低能源和资源消耗，尽量减少我国经济增长对外部能源和资源的依赖。

长期来说，应对美国量化宽松货币政策，实质上就是要减少或削弱美元本位制或美元霸权对中国货币、金融和经济的负面影响。美联储可以放胆实施量化宽松货币政策，本质上是美元霸权的体现，是美元本位制给美国的特权。

（五）纯粹美元本位制对我国的不利之处

首先，中国出口真正的商品和服务（真实财富），兑换回来的却是成本几乎为零的美元钞票。其次，中国累积的外汇储备反过来又投入美国国债市场和其他金融市场，为美国国际收支赤字融资。无论怎样多元化，中国外汇储备主要还必须投入美国金融市场，别无选择。美国政府和公司发行低利率的债券筹资，再回手投入中国市场赚取高额收益，等于是拿中国人的储蓄去赚高额利润。所以说，美国是全球“超级商业银行、超级投资银行、超级对冲基金、超级私募基金”集于一身。再次，中国购买的美国金融资产随时都有可能蒙受三方面的巨大损失：其一，美元货币扩张制造全球通货膨胀，中国的储备资产原本是要去购买石油和其他资源产品的，通货膨胀会大幅度降低中国储备购买力；其二，美元货币扩张让国债价格下降、收益率降低，中国若要抛售国债，必定蒙受损失；其三，美元相对本币或其他货币贬值，皆让中国外汇储备蒙受损失（以本币计算或兑换其他货币结算交易）。

中国累积的美元储备越多，蒙受的损失就越大，坠入“美元陷阱”就越深。因为中国大量抛售美元资产，固然推高美元利率或债券收益率，然而中国必须为此付出巨大代价。中国无法以人民币举借外债，只能以美元举借外债，这就是所谓的“货币错配”。一旦大量举借外债，汇率贬值将迫使国家破产，幸亏目前中国外债不多。许多其他国家过去经历的痛苦教训如今仍历历在目。

假若中国接受美国建议，干脆让人民币汇率浮动，则中国将完全丧失货币政策控制权，给美国以更多予取予夺的机会。所以，从我国长远发展战略角度思考，要应对量化宽松货币政策的冲击和减少美元本位制的危害，我国就必须积极推进以人民币国际化为核心的区域货币金融合作，最终实现人民币成为主要国际储备货币，实现国际货币体系的多元化。人民币国际化是中国参与改革和创建国际货币体系的唯一正确道路。

十一、美日用金融战围剿中国经济

在美国推出继续进行货币量化宽松的“QE4”① 之后，安倍晋三当选日本首相，日本新政府推出更为宽松的货币政策。美日都在开足马力大印钞票。美日如此海量印钞，其目的是什么？

（一）全球中央银行各使宽松“绝招”

诸多中央银行纷纷采取行动令其货币贬值以达到刺激经济的效果，欧洲中央银行和澳大利亚联储均降息至纪录低点，新西兰联储坦诚已经进行汇市干预，新兴市场代表印度也推出了年内第三次降息举措，同时日本中央银行和美联储这两个“骨

① 第四次量化宽松政策。

灰级”QE 玩家仍在“快马加鞭地印钞”，新一轮“货币战争”硝烟再度燃起。

（二）美日印钞票的目的

欧美日经济不振，欧洲、日本经济甚至在衰退，这种状态下必须靠刺激政策来提振经济。刺激经济政策有两只手：财政和货币政策。这些国家财政都是赤字，债务非常高，财政政策这只手受限，只能用另一只手：货币政策。货币政策传统上靠调整利率，但现在已是零利率水平，不可能再降，只能采用货币数量扩张手段了。特别是日本，最近 30 年经济没有发展，现在通过印钞票来刺激经济确实有一定的效果，日本的量化宽松政策推出后，日本的经济也有所恢复。美国最近几年经济低迷，通过印钞票也能达到刺激经济的效果。因此，在美国的量化宽松政策推出后，美国的经济确实在恢复，美国的股市也不断地创出新高。美日印钞不仅可以让美日经济恢复，同时还能抑制中国的发展，围剿掠夺中国的财富。近年来中国经济的发展和崛起让美日不安，美日一直在等机会围剿中国，而目前通过金融战争就是最好的办法。

美日的经济最近几年低迷不振，而中国自 2007 年后的通货膨胀一直没有化解，于是在 2008 年中国又推出了 4 万亿元政策，加上地方政府和原铁道部等负债 40 万亿元，还有影子银行的 27 万亿元，以及民间资本，进一步吹大了中国的房地产泡沫，增加了大量的低水平的重复建设，造成钢铁、多晶硅、水泥建材、服装等大量的产能过剩，中国这几年一直在搞低水平的造城运动，中国只要 1/2 的工厂开工，生产的产品全世界也用不完。美日清楚地看到了中国的问题，而中国的“经济学家们”还在掩耳盗铃，鼓吹房价还会上涨，于是美日等国际热钱乘机流入中国。由于中国实行资本项目高度管制制度，境外资金进入中国的合法合理渠道是 QFII 和 RQFII，但这部分资金规模有限额，是可控的，而进入中国的大部分热钱是通过其他灰色途径，主要包括外贸渠道中的虚报进出口商品价格、外商直接投资的虚假出资和虚报亏损、海外汇款等。热钱流入我国多达近百种途径。热钱要进入中国内地，通常会以中国香港作为中转站，通过中国香港的相关媒介和渠道，安全、便利地进入内地。在房地产调控“新国五条”推出之前，国际资本就看好这一政策带来的丰厚利润。大家都抢在新政推出前进行房产交易，于是，短短两个月房价大幅飙升，大城市房价上涨了 10% 以上，有些地方超过 20%。国内外的炒房基金果然在短短的数月内赚得盆满钵满。

中国现在最大的问题是，通货膨胀使房地产泡沫扩大和大量低水平的产能过剩，如果中国跟随着美日印钞票的话，中国就会形成恶性通货膨胀，恶性膨胀过后中国经济就会崩溃，美日就等着这一天。于是美日就通过印钞票恢复本国经济，同时进一步通过热钱流入中国，帮助中国推高通货膨胀，中国是资源进口国，美日量化宽松将给中国造成输入性通货膨胀，中国 CPI 有可能上升到 3% 以上。面对这种压力，国内很难用政策控制，而且会因为通货膨胀而收缩货币政策，这种政策将不利于实体经济的发展。另外，全球货币放松而我们收紧，将在中国形成洼地，吸引更多热钱涌进来。美日两大世界经济体通过宽松货币政策扩大货币发行，将增加各国输入性通货膨胀压力，并将美元贬值压力不断转嫁给其他国家。通过这个链条可以看出，美国增发货币的结果是其他国家也将增发货币，进而造成货币贬值，物价上涨，形成通货膨胀。美元超发可使美元贬值，美元贬值使得美国海外债务缩水、美元汇率走低，有利于实现美国出口倍增计划。于是它们只好通过印钞票的方法，通过通货膨胀的方法，把它们的债务"胀"没了。这样一来美日不仅可以通过印钞票来恢复本国经济，又可以减少债务（中国是美日的债务大国），还可以变相地掠夺中国的财富，更重要的是能够围剿中国，抑制中国经济发展。

更让人担心的是，面对美日的金融大战，我们还在夜郎自大，笔者曾给多家金融机构的高层进行培训，国外的金融工具我们的金融机构都不会用，多年来的金融垄断和用人制度上的近亲繁殖，导致我国金融高级人才的严重缺乏。而美日这次针对中国的金融大战才拉开序幕，中国目前还没有应对之策，如果美日针对中国的金融大战成功的话，中国的经济就会像30年前的日本一样，30年经济不会有任何发展。日本睡了30年已经睡醒了，中国不能自我陶醉在睡梦中。要实现中国梦，首先就要实现中国的金融梦。

十二、中国如何在全球印钞大战中立于不败之地

美国的量化宽松政策已进入第四轮，日本中央银行又推出超量化的宽松政策，而欧洲中央银行继续有限制购债计划，种种迹象表明，新一轮印钞大战已经吹响号角。面对全球的印钞大战，中国如何应对才能立于不败之地？

（一）印钞的目的就是掠夺财富

当地时间2013年2月16日，G20财长和中央银行行长会议在俄罗斯莫斯科闭幕。让市场略感失望的是，大幅贬值的日元逃脱了G20联合声明的谴责。此次G20会议对汇率问题态度一再软化的背后是各方力量的博弈。自2008年金融危机以来，最早进行量化宽松的是美国，而且到现在美国已经推行到了第四轮（QE4）；继美国之后的是欧洲中央银行。从2007年到2012年，仅美联储一家就把自身的资产负债表从近9 000亿美元扩张至近3万亿美元。欧洲中央银行陆续释放了上万亿欧元的流动性。在推行这些量化宽松时，哪家中央银行都不可能打着要汇率贬值的旗号，最拿得出手的是促进经济复苏。

有一种方法，既不种植什么东西，也不生产什么东西，但能以零利率从公众手中或其他国家借钱，然后再把钱以2%、5%或者10%的利率借给公众或其他国家，还给公众或其他国家时再多印点钞票，这就是金融货币战争。金融货币战争就是从那些辛苦工作、点滴储蓄的人的手里拿到钱，拿这些钱去制造一次互联网泡沫、一次房地产泡沫、一次股市泡沫、一次石油泡沫、一次大宗商品泡沫、一次债券泡沫再加一次股市泡沫，然后把它卖给全世界的人，然后再给自己发一笔奖金。

（二）印钞引发全球通货膨胀，中国首当其冲

全球印钞就是向金融市场注入大量流动性，这有点类似于从水库放水，原本是使之流向特定的干旱农田，但实际类似于“大水漫灌”。带来的问题就是资源浪费，货币的购买力下降，通货膨胀，更重要的新兴市场特别是中国会遭到过量资金流入。美联储再次开启印钞机，每月购买400亿美元的抵押贷款支持证券，大量美元将流向市场，其中部分将流向中国。美联储增加美元的供给，原本市场上有100美元，现在增加到200美元。

但如今美国经济尚未有明显好转，全球对美元经济需求也未有大幅增加，市场上对美元的需求依然只有100美元，由此美元可能再度贬值。在美元贬值后，其购买力也下降，原本花100美元就能买到的东西，现在要花200美元才行，这件大宗商品的标价也就从100美元走高到200美元。贵金属、粮食、原油都在QE3之后出现上涨。

对其他不使用美元的国家来说，要购买大宗商品意味着要花费更多的钱，比如在中国，中国需要花更多的人民币去购买，间接给中国消费者造成了通货膨胀压力，这就是所谓的输入性通货膨胀。同时美国欠中国的债就少还了。例如，中国持有的美国3万亿美元外汇资产，美国不断印钞中实际上就慢慢变成了2万亿美元或1.5万亿美元，美国轻松就把欠账减少了。

（三）印钞引发货币金融持久战

多国货币宽松，将会给百姓带来怎样的影响？就是人民币在国外又值钱了，人们感觉出境购物又便宜了，这将直接刺激内地的购买力外移，于是中国人都跑到国外消费去了，中国人买外国货，帮外国发展经济，人民币在国内购买力下降了，人民币在国内贬值了。

对于企业而言，随着一轮轮的货币宽松政策实施，一方面国际大宗产品的价格上涨会造成企业进口的原材料上升，另一方面由于人民币升值，企业出口竞争力将会降低。这样一来，中国的企业在国际上的竞争力就下降了，老百姓的生活压力更大了，90%以上的老百姓只能在国内消费，在国内人民币又没有购买力，就加重了人民生活的负担。

一场没有硝烟的战争对西方来说有三个方面的收获：一是欠中国的债务直接大幅减少；二是中国的企业在国际市场上慢慢失去竞争力，中国的出口持续下降；三是导致通货膨胀，让人民币在中国境内失去购买力，让人民币在国内贬值，加重人民的生活负担。面对印钞带来的大量利益，这一场金融大战必将持续下去，是未来几十年的世界金融大战。中国到底应该如何应对呢？

（四）对内开放，奋起直追

中国在金融领域一直是世界上的弱国，中国的金融目前根本没有能力与美国竞

争。导致中国金融积弱的主要原因是中国的金融行业垄断，从表面来看金融行业通过在国内的垄断获得高收益，实际上已成为垄断下的金融低能儿，中国的金融机构及央企只要到国际金融市场去投资就成了“送财童子”。这种金融垄断局面直接导致了中国金融高级人才的严重缺乏。中国要想在未来几十年打赢这场没有硝烟的国际金融大战，必须在如下方面作出努力。

一是将金融行业对内向人民开放，通过金融实战培养出一大批高级金融人才，重用有实战能力的金融高级人才。

二是要尽快解决人民币对内贬值对外升值的扭曲格局。人民币对内贬值对外升值的扭曲格局严重制约了中国企业的发展，制约了民众的国内消费，导致中国的购买力都跑到国外去了。

三是金融人才的任用要不拘一格。金融人才的任用如同当年“刘邦用韩信”，不能只用体制内的庸才，要敢于用体制外的真正有实际解决问题能力的、真正的金融高级人才。用好中国人自己的金融高级人才，把中国3万亿元的外汇储备拿出1万亿元在全球去建立私募股权基金，用私募股权基金去收购中国人需要的资源和技术，这样既能减轻外汇贬值的压力，又能真正提高中国经济的核心竞争力，同时，还能在全球整合资源为我所有。

四是中国绝对不能跟着外国再印钞了。中国如果再跟着外国印钞票只能加重国内的通货膨胀，而没有能力把国内的通货膨胀向国外转嫁，这样到头来受害的只能是中国的经济和中国的老百姓。

世界金融战争已经开始，任何国家都逃不过这场金融大战，任何人都逃不出金融战争的战场，中国只有尽早对内向人民开放，调动全国人民的积极性和创造性，奋起直追，才能在这场金融大战中立于不败之地。

十三、对日经贸战要击中要害

在钓鱼岛事态不断升级的背景下，中日较量不可避免地波及经济领域。日本曾给包括中国在内的许多亚洲国家带来巨大的战争创伤，中国战略遏制日本最佳的武器并不是坚船利炮而是经济；在当前国际经济普遍低迷的形势下，中国采取经济制裁战术应该是很有杀伤力的。最好能通过“不战而屈人之兵”的方式逼迫日本回到谈判解决钓鱼岛争端的道路上来，但要实现“不战”，就必须先要做好开枪准备。

（一）细看日本的经济失控局面

经济学界把日本20世纪80年代爆发的经济危机叫做“失落的十年”，可到如今日本正在失去第3个10年。日本债务的GDP占比2011年就已经超过了200%，远远高于欧洲五国的数据，这样失控的局面是不可能永久持续的。有人说日本的债务问题不足为惧，因为日本的储蓄率高，可以把债务内部消化。但日本的财政赤字和大兴土木主要是靠企业储蓄维持的。一个无可争议的事实是从索尼到丰田，日本企业的国际竞争力正在全面下降，日本企业的利润前景暗淡，日本企业对日本债务的支持也会日渐减弱。根据经济数据，在2016年之前日本国债对现金和储蓄的占比将达到100%，日本的储蓄将被填不满的债务黑洞消耗殆尽。届时日本将像希腊那样高举外债，而中国很可能成为日本政府最倚重的债务融资国。许多对冲基金大鳄已经在磨刀霍霍地准备用巨大的金融衍生物杠杆做空日本，届时，没有中国的帮助，日本可能难逃生天。而这种帮助是有条件的：欧债危机的经验就是，对一个处于破产边缘的国家而言，主权是奢侈品。钓鱼岛回归中国只是时间问题。

（二）中日经贸战日本代价更大

可以确定的是，中国有能力通过贸易制裁给予日本较大损害，而使自己付出的代价小于令日本受到的损害。因为中日双边贸易在两国各自贸易总额中所占份额已有明显差异，日本对中日贸易依存度成倍高于中国对中日贸易依存度。

从中日经济实力对比中我们会发现，由于日本对中国市场依赖性越来越大，因此，如果中国发起经济制裁的话，日本的损失将更大。日本自2002年开始，已连续8年对华保持贸易盈余，累计达2 000亿美元之巨，而中国已经取代美国，成为日本最大的出口国，故此中国一旦严控日本货物进口，对在衰退边缘挣扎的日本经济将是雪上加霜。这样一种不对称的依存度，且中国对日出口少于自日本进口，决定了中国有能力让日本在两败俱伤的经贸战中付出更大代价。

同时，如果在对华直接投资中受阻，正经历着艰难转型升级和重新布局的日本产业生存发展前景将受到较大损害。

同时，经过破坏性地震和由此而来的客户、市场份额等损失，许多此前不愿意向中国转移生产的日本技术、资本密集型企业，也已经不得不考虑至少向海外转移一部分生产能力，它们越发难以承受被中国这个数一数二的投资地点拒之门外的代价。

（三）中日经贸战要抓住日本软肋

我国有能力让日本在经贸战中付出较大代价，但在实施对日经济制裁时，我们需要周全考虑，以便实现成本最小化而收益最大化，避免出现事与愿违的结果。

根据中日两国各自的比较优势，在选择对日经济制裁的领域时，我们主要可以从以下方面着手：一是货物贸易进口。鉴于中国是日本名列前茅的大出口市场，即使按日方统计数据，当年对华出口也已占其出口总额的19.7%。因此，抵制日货进口，特别是有选择地抵制亲极右势力的日本企业产品，能够对日本造成较大杀伤力。二是货物贸易出口。在这个方向上我们可做的不多，因为我们对日出口的绝大多数产品可替代性较高，限制对日出口等于是向竞争对手拱手让出市场，给正经历出口困境的企业火上浇油。稀土这种中国控制国际市场较大份额的战略资源，是最合适的限制对日出口的产品。三是服务贸易。最合适的突破口是减少赴日旅游。我国出境旅游增长极为迅猛，减少赴日旅游，对日本旅游及相关产业打击较大。四是外商直接投资。抵制期间，中国企业在选择合资伙伴时，同等条件下优先选择非日本合作伙伴。但除非中日矛盾极度激化，否则政府不宜直接明令对日资实施额外的市场准入限制。

（四）中国目前的基本功就是强大自身实力

我们要积极探索运用经济手段打击敌对势力，但不能选择自伤；我们要认识到自己力量的增长，也要清醒地认识到自己力量的弱点，更不能把力量增长未来的前景当成当下的现实。在残酷的国际竞争中，炽烈的爱国热情与冷静到冷酷地步的理智盘算缺一不可，旨在维护领土主权的斗争尤其需要把握分寸，以免造成的结果与我们的期望适得其反。

常言道：打铁先要自身硬。一个铁匠，没有自身过硬的实力和基本功，就打不出好的铁器来。对于中国而言，要对日本实行经济制裁，首先自己要硬，要有底气。其实，经济上日益强大的中国，应越来越多地利用国与国之间不平衡的经济依赖关系，来达到“不战而屈人之兵”的目的。中国要做的事还很多，要走的路还很长。首先还是要强大自己，除了发展经济，军事，还要严惩腐败，缩小贫富差距，提高人民生活水平，给人民以更多民主权利，各行各业对内向人民开放，使人民更加爱国更加团结，进一步树立国际形象，争取更多国际支持。

（五）防范华尔街大力度做空中国

2011 年 12 月 5 日，人民币对美元汇率即期市场继续跌停，这已经是人民币对美元汇率连续第四个交易日触及跌停，这种情况历史罕见。人民币对美元汇率中间价为 6. 3349 元，较上一交易日贬值 39 个基点。有迹象表明，资本正持续流出中国市场。此前的近 2 个月，热钱流入变缓，流出加快，海外一些基金更是叫嚣做空人民币，做空中国。

1. 国际资本如何“见机行事”

阴谋论者认为，先逼人民币升值，再让人民币贬值是美国阴谋，通过资金回撤欧美推动欧美经济。看空中国市场的人振振有词，认为深陷巨大的房地产泡沫与债务危机的中国政府，不可能实行大规模的积极的财政政策与货币政策，如果不推行积极的财政政策，随着全球市场的疲软与投资的下降，中国经济将不可能有太大的起色。如果经济不振，人民币贬值提振出口就成为必然之选。

2. 如何做空人民币套利

尽管市场主流意见仍看多人民币，并认为多空转折点尚未出现，但少数做空人民币对冲基金的出现，意味着预期已出现分化。近期，海外市场人民币看跌期权价格小幅上升，交易量也在增加。此外，有消息称，它们通过离岸人民币（NDF）市场做空人民币。

由于这类工具只需要较少的本金就可以进行交易，存在较大的财务杠杆，因此为国际游资包括对冲基金进行投机提供了机会。另外，由于 NDF 市场的交易量相比期货和股票市场的规模要小得多，较少的买盘就能够达到明显的效果，因此对冲基金往往通过拉高 NDF 的升贴水水平来引发股票和期货市场的联动，从而达到获利的目的。一些对冲基金的操作是配合它们做空中国 A 股或者港股而进行的。当前，一些海外对冲基金在做空与中国有关的一切资产，一旦人民币升值停止，甚至贬值的话，它们就可以从中获利。海外对冲基金做空人民币有深刻的动机，由于境内外人民币市场是两个不同的市场，一些对冲基金利用两个市场的利差和汇率差价来套利，越是打压海外人民币利率获利空间越大。

3. 华尔街做空人民币的路线图

投资者从一家银行买进一张卖出期权合约，获得按某种约定价格出售人民币、买进等额美元的权利。一张允许投资者在一年后以低于当前水平 20% 的价格出售价值 1 000 万美元人民币的合约，目前的成本只有 0.15 个百分点，也就是 15 000 美元。如果人民币跌至这个执行价以下，比如说跌至低于当前汇率 30% 的 1 美元兑 8.5 元人民币水平，那么这张卖出合约就会升值，投资者就以 15 000 美元的投资获得了 85 万美元左右的利润，回报率约为 5 500%。有越来越多的投资者开始收割人民币贬值的羊毛，他们收获的是机构小利。真正的战略是，美国高调重返亚太地区，在军事、外交两方面形成钳形包围链，包围圈已经做好，可进可退，现在美元对欧元，等于先吃大餐，再吃小餐——人民币。

案例：分众传媒被浑水做空完全合法

浑水公司（Muddy Waters）是华尔街有名的股票做空机构。浑水于 2011 年 11 月 22 日发布报告称，分众传媒有意将其液晶广告屏幕数量至少夸大了 50% 以上，并将分众传媒的股票定位为“强烈卖出”。浑水公司研究总监卡尔森·布洛克还指责分众传媒在“知情和故意”的情况下，在多次收购中支付了过高价格并造成亏损。此外，浑水指责分众传媒内部人士和其商业伙伴通过出售分众传媒资产大发横财，令股东损失惨重，并声称分众传媒存在内幕交易，在买入和卖出分众传媒子公司时，有内部人士以低于市场价入股，数名内部人士至少获利 7 010 万美元，股东亏损近 1.6 亿美元。布洛克最终对分众传媒的评价：“一家漏洞百出的企业，其运作完全是为了向内部交易者提供便利及利益。”受此负面消息影响，当日分众传媒股价盘中一度大跌 39.49%，报 15.43 美元，创下 52 周新低。

据 2011 年 11 月 23 日晚间消息，分众传媒当时正从美做空机构“狙伤”中慢慢恢复，复星国际等分众大股东已开始出现回购动作以稳定局势，而相应的一批亲分众的美证券分析机构也开始作出良性报告主动配合。

事实上这是一件正常也很平常的事，因为在国际资本市场，国际资本唱空做空来赚钱。游戏本来就是这么玩的，国际资本利用信息不对称，利用中国企业不熟悉国际资本市场游戏规则来做空去赚钱，本身对他们来讲是非常平常的事情。

在国际金融市场的游戏规则中，没有恶意和善意之分，做空机构的目的就是赚钱，有赚钱的机会就可以去赚。比如1997年东南亚金融危机，索罗斯看到亚洲的这些国家有做空赚钱的机会，他就会去赚，如果说他是恶意的，那他就是恶意的，目前没有法律禁止他这样干，这是在合法范围之内的，欧美股市是允许做空的。我们很多公司不懂这种规则，也没有这种金融安全意识，既然有这样赚钱的机会，又是合法的情况下或者我们抓不到对方违法的把柄，对方当然会展开对我们做空的“攻击”。本来这种游戏就是这么玩的，只不过我们中国很多企业不熟悉，缺乏防范措施，被别人攻击一下，很正常。

中国概念股公司应如何应对被做空的风险？第一，可以肯定，整个事件是个非常正常的金融游戏。有的人说可以打官司去告它们，这毫无意义，不要说这个官司打不赢，即便打赢了，也不知道是什么时候了。事情既然发生了，分众传媒应该第一时间与美国的投资者沟通，把公司的真实情况告诉大家，把公司真实的财务报表、真实的利益情况告诉所有的投资者。与所有投资者沟通这是必要的。这样的话，如果公司确实没有问题，大家也不会去抛售公司的股票了，公司的股价很快就会稳定了。第二，公司出现这种事情，你要准备一定的资金，如果股价暴跌的话，你认为价值低估，公司应该进场去护盘，买进自己的股票，告诉投资者，自己的股价是被低估的，自己买进了，大家就会跟着去买进，公司的股价自然就恢复到本来的水平上去了。第三，这种事情出了之后，公司要反思，要建立金融安全防范体系，同时从管理层到员工，正好借着这个机会沟通总结，最后努力把公司做得更好。第四，最重要的是，从现在开始，公司在金融风险的控制方面要有一个体系和标准，如果说没有，那可以找一些金融专家帮公司建立这样一个金融安全体系。如果到了国际市场，公司没有一个金融安全体系，一旦出了事就去抱怨别人，那是没有用的。

据悉，在此前，包括奇虎360、展讯通信等在美国上市中国公司曾遭遇过被做空危机。这其中有几个原因：一个是，当时中国概念股去美国上市有“过度包装”的嫌疑，确实如此，这种情况下确实存在泡沫。另一个就是，国际资本正好想找机会找对象来做空中国概念股，或者说做空中国。这些年，美国是有战略思考的，我们正好遇上了，而且今后此类事情恐怕会越来越多。

十四、美国用金融操控世界

人类自有帝国历史以来，从罗马帝国到大英帝国，基本上是以一种相似的方式完成帝国积累财富、消耗财富的过程。那就是，占领别国的领土，掠夺别国的资源，奴役别国的人民。这是经典的殖民帝国模式。但是两次世界大战的教训，使美国意识到，必须避免重蹈古典帝国模式的覆辙。因为第一次世界大战中德国向老牌殖民帝国挑战，想获取自己的生存空间，结果失败了。20多年后德国再度崛起，再次向老牌殖民帝国发起挑战，又失败了。美国毫无疑问记住了这个历史经验：如果一个国家的崛起，一定要从老牌殖民帝国那里虎口夺食的话，就不可避免地会发生战争，结果只能是两败俱伤，最后徒使他人得利。美国自己就是两次世界大战最大的获利者。

1944 年 7 月，在美国新罕布什尔州布雷顿森林小镇上，盟国的财政部部长、中央银行行长和少量经济学家云集在一起，经过几番激烈争论，讨价还价，商量出了一个世界货币体系，后被称为“布雷顿森林体系”。它的实质用一句话就可以讲清楚：全世界的货币锁定美元，而美元锁定黄金。美国政府向全世界承诺，每 35 美元兑换 1 盎司黄金。这个时候的美国有世界上最大的黄金储备，世界上 80% 的黄金在美国人手里，与此同时，美国还拥有世界上最强大的生产能力和军事机器。

通过建立“布雷顿森林体系”，美国一举取得了美元的霸权地位。直到 1971 年 8 月 15 日时任美国总统的尼克松宣布美元跟黄金脱钩，“布雷顿森林体系”才宣告解体。

美国为什么要放弃这一确立了美元霸权地位的货币体系？这与一场战争有关。

1959 年，美国卷入越南战争。美国在越南打了将近 17 年的仗，到 1975 年结束仓皇撤离西贡时，一共被击落了上万架飞机，丢掉了 49 000 名官兵的生命，最后一无所获！这场战争打掉美国 8 000 亿美元，相当于现在 3 万亿美元。相应地，美国的黄金储备也日渐减少，到 1971 年，在这场战争还没有结束时，美国已是捉襟见肘，钱不够花了。而那时的美国不能像今天应对金融危机这样，实行“适度货币宽松政策”，打开印钞机随心所欲地印美元。因为有“布雷顿森林体系”横在那里，没有足够多的黄金，就不能印足够多的美元！这使美国陷入了空前的窘境，也因此有了“布雷顿森林体系”的解体。这意味着美元不再以黄金做锚，而是作为一种信用货币出现，开创了彻底的纸币时代——意味着美国政府在理论上可以随意发钞。

美国人当然也明白，超量印钞就是自掘坟墓。当一国的货币贬得一文不值时，国家的地位也就跟着下降。于是美国政府出资立项，让人去研究美元与黄金脱钩后对美国和全球的影响。

半年后，一位年轻的经济学家迈克尔·赫德森的研究报告《黄金非货币化的影响》出炉。他在报告中提醒美国政府，美元跟黄金脱钩在短时间内对美国有好处，因为美国可以在全世界还没回过神来时多印钞票，用没有黄金背书的纸币去占全世界的便宜。但长期看这对美国和全世界都不是什么好事，尤其对美国，无疑是饮鸩止渴。

这份报告让当时美国经济政策的制定者如获至宝。在他们看来，有好处的事情当然要干，只是有没有一个办法，让美元流向世界，财富流向美国，让多印美元的短期好处变成长期好处？换言之就是信用货币如何获得信用？美国人知道，这需要强大的政治影响力、经济影响力、科技创新力，还需要强大的军事能力。这些美国都有，但这还不足以拢住或吓住所有国家。对不屈从的国家，如何让它们对美元保持信任，即使不信任，也能保持需求？美国人想到了一个关键办法：让美元与石油挂钩。

机会很快就来了。1973 年 10 月 6 日，第四次中东战争爆发。一场阿拉伯人旗开得胜的战争最终以被迫停战告终，这让阿拉伯世界非常郁闷。坐拥石油的阿拉伯人决定，在战场上得不到的东西，就从其他地方去获得。于是，国际石油输出国组织（欧佩克）决定用石油做武器，抬高油价打击西方。这个办法果然比战争来得更有效，西方很快就承受不住了。

这时，时任美国财长的西蒙（William E. Simon）秘密飞到沙特，拜会沙特石油大臣、首任欧佩克秘书长艾哈迈德·扎基·亚马尼（Ahmed Zaki Yamani），告诉他，沙特想把油价抬多高美国不管，但是要想不让美国与沙特为敌，沙特必须接受一个条件，就是全球的石油交易用美元结算。沙特人同意了这个要求。从此，全世界的石油交易与美元挂钩，而美元的信用也就在此后40年里牢牢地与全球的能源需求挂上了钩。人们可以不信任美元，但不可以不信任石油；人们可以不使用美元，但不能不使用能源。只要国家需要发展，必然要消耗能源，最好的能源在当时在今天都是石油。要获得石油，只要不是产油国，就必须要用美元去买。别国获得美元的方式只有一种：出卖资源或者出卖产品。而定价权在美国手里，无论是对资源还是产品，它都可以压低价格，从而使美国人在发行新美元，也就是发行高能货币的时候，赚得第一道便宜。

不仅仅是石油，在过去半个多世纪里，美国通过“全球化”完成了一个制造业大国向金融业大国的转型，彻底改变了自己的生存及生活方式，从而使美元不仅仅与石油挂钩，而且与全世界的制造品也形成了紧密联系。

为了使各国心甘情愿地接受这一事实，美国人用比较优势理论把全世界分成了两块。一块是美国——美国人认为它的优势就在于生产美元。另一块是全世界。比如，中国的比较优势就在于有大量的廉价劳动力，其发展就应该且必须借助这一优势，别无选择地从事劳动密集型产业。其他国家依次类推。美国通过输出“比较优势”理论，把本国所谓的垃圾产业、夕阳产业纷纷转移到其他国家，转移到新兴国家，包括中国，而让它70%的就业人口转向从事金融和金融服务业。全球产业大分工的格局就此形成：美国人负责生产美元，而全世界负责生产用美元交换的产品。这就是这一轮所谓“全球化”的本质。

美国用自己的金融体系，把全世界与美国紧紧捆绑在一起，这种由美国向世界输出美元，而世界向美国提供产品的交易模式，其结果就是全球财富快速向美国集中。美国在1990年前的200多年里，GDP最高时才不过达到7万亿美元，而在最近短短20年里，GDP居然翻了一番，达到14万亿美元。美国就是这样，通过美元对全世界实现了金融殖民。

而手持美元的别的国家呢，最终由于不是自己国家的本币，再加上恐慌于美元的不断兑水，为了不让它变成废纸，如果不赶快把它变成实物财富（而美国会竭力制造障碍），就只能让它回流美国，去购买美国国债或其他美元资产，从而维系美国经济运行所必要的流动性。

为什么不担心经常项目长期处于逆差状态的美国，却十分担心短期的资本项目出现逆差？因为美国需要大量的世界资本回流美国，才能保持这个储蓄率接近于零的庞大帝国正常经济生活的流动性，否则，大部分美国人刷卡透支的好日子就难以为继。美国资本项目顺差的额度在2001年前后大约是每年7 000亿美元，也就是说需要每天净流入美国20亿美元。一旦这方面出现亏空，美国就必然会想方设法、竭尽全力地保证资本回流。

如何让全世界保持甚至加大对美元的需求？又如何让美元能够顺利回流美国？

（一）为美元而战

过去20年里，美国是世界上唯一连打过四场对外战争的国家——1991年和2003年的伊拉克战争、1999年的科索沃战争以及2001年的阿富汗战争，这里还不包括参与的对利比亚的军事行动。这四场战争，发生在三个不同的国家和地区，开战理由看上去都十分充分且冠冕堂皇，谁会把它们与一张轻飘飘的绿纸联系在一起？

为美元而战，这就是美式战争的全部秘密。

美国人为什么要打伊拉克战争？答曰：为了石油。那么，接下来的问题是，为什么美国占领伊拉克后，却不从伊拉克免费拉走一桶石油？

2001年诺贝尔经济学奖获得者约瑟夫·斯蒂格利茨和哈佛大学讲师琳达·比尔姆斯在2008年合著的《3万亿美元的战争》一书中指出，美国发动的伊拉克战争是全球油价暴涨的主因。

石油交易以美元结算，油价飙升也就意味着拉高了全球的美元需求，也就是说，美国人通过战争打出了全球的美元需求。伊拉克战争之前，国际原油价格约为38美元一桶，战争结束后飙升到近150美元一桶，相当于一场战争把全球对美元的需求打高了近4倍。当全世界需要更多的美元去购买石油时，最高兴的除了产油国，就是美国政府。以给全世界提供流动性的名义开动美元印钞机，对美国来说，不仅意味着更多的铸币税收入，而且还意味着更多的“绿纸换实物”。

战争不仅可以打出全世界对美元的需求，还可以打坏别国、别的地区的投资环境，在降低别国货币信用的同时，像驱赶羊群一样把美元驱赶回美国，维系美国经济的流动性。科索沃战争也是如此。

1999年3月，在没有得到联合国安理会授权的前提下，以美国为首的北约以人道主义干预的名义，悍然打响了科索沃战争。此前，作为战争的舆论准备，美国中央情报局和西方媒体联手撒了一个弥天大谎：米洛舍维奇的南联盟政权在科索沃屠杀了9万阿族人。事后证明这完全是一个谣言。

美国为什么确定要打这场战争？看看当年的国际大事年历就明白了。就在战争打响前3个月，1999年1月1日，欧元正式启动。作为一种全新的国际结算货币，欧元一上来就对美元霸权地位构成了挑战和威胁。72天的科索沃战争最重要结果，不仅仅打垮了米洛舍维奇政权，还重创了欧元。欧元与美元的汇率，由启动时的1欧元兑换1.07美元，变为0.82美元兑换1欧元，欧元跌幅达30%。可以说，为了打击欧元，维系美元的霸权地位，美国绝不会手软。从这个角度上看，科索沃战争的爆发不可避免。

此外，在科索沃战争爆发前，有关资料数据显示，约有7 000多亿美元的热钱在欧洲游荡。战争打响后，有4 000多亿美元立刻从欧洲抽逃，其中2 000多亿美元去了美国，另外的2 000多亿美元则去了中国香港。

一个投资界的常识是，热钱囤积香港，通常是想拿香港作为跳板，进入中国内地。而恰在这时，美国人用5枚精确制导炸弹，“误炸”了中国驻南联盟大使馆。一周后滞留香港的2 000多亿美元热钱从香港抽逃，最后去了哪儿呢？美国。也就是说，从欧洲抽逃出来的4 000多亿美元的热钱，最后全部流到了美国，去支持美国已经连续90多个月的经济繁荣，一直到小布什上台，这个经济繁荣期才告结束。

同理，2001年美国仓促打响阿富汗战争，不是为了反恐，而是要打回全球资本对美国投资环境的信心。

为什么说美国是仓促打响阿富汗战争？因为在1980年后美国发动的局部战争中，其战争准备时间都在半年左右。阿富汗战争却是个例外，不到两个月就仓促打响。仓促到什么程度呢？美国人在打到一半的时候，居然就把巡航导弹打光了，怎么办呢？五角大楼只好下令打开核武器库，取出核巡航导弹，拆下核弹头，换上常规弹头，又打了近千枚，才把阿富汗打下来。

美国人为什么要匆忙发动这场战争？因为时间不允许，美国的经济形势不允许。“9·11”恐怖袭击事件发生后，大量的资金开始撤离美国。有数据称2001年9～11月，有三四千亿美元撤离了美国。所以美国迫切需要用一场战争，打回全世界投资人对美国的信心。

果然，当阿富汗战争打响后，道琼斯指数就在短期下探后很快回升，华尔街一片叫好，随着战况进展顺利，大量的资金又陆续回到了美国。由此我们看出，美国人向全世界展示的现代战争理念是，如果我的投资环境不好而短期内又无法改变的话，那就用战争把其他地方打得更坏，反衬出美国相对的好。这就是美国的军事为金融服务的战略路径。

有意思的是，据海军军事专家李杰介绍：“从1976年以来，美国人对于航母的争论次数不下10次，试图寻找另一种手段来取代维护费用高昂的航母，用较少的钱来保证足够的军事力量。可是几经讨论，最终各方只能承认，美国只有发展航空母舰才能保证‘武力投射’的机动性和威慑性。所以，无论在科索沃战争还是在对利比亚的空袭中，美国航母依然活跃于国际舞台上。”这个争论的时间节点——1976年，与布雷顿森林体系解体、美元与石油“挂钩”不远。也可以这么说，正是出于保障美元信用的重任，航母才得以不下岗。

（二）捍卫美元的软性战争

据说，美联储前主席格林斯潘在就职当天告诫同僚道：在这里（美联储）你们可以谈论一切，就是不许谈论美元。因为一旦失去美元的霸权地位，美国也就失去了全球霸主地位。因此，为了维系这张“绿纸”的信用，美国无所不用其极。用军事战争变相打击欧元是一例，用金融战争直接打击日元则是另一种玩法。

众所周知，1985年美国通过“广场协议”逼迫日元升值，成功打击和遏制了日本出口的势头。可令美国始料不及的是，签订“广场协议”之时的日元已经成功地迈入了国际化进程，已经是国际可兑换货币，在东南亚甚至一定程度上成为和美元比肩的硬通货，有的国家已把它作为储备货币之一。在这种情况下，日本人欣喜地发现，当日元从252日元兑换1美元上升到80多日元兑换1美元时候，日元一下子变得值钱了。于是，日本人非常迅速地抓住了这个时机，掉转头来，从原来的产品扩张转向资本扩张。那时的日本开始狂买纽约帝国大厦，狂买哥伦比亚兄弟电影公司，甚至发出了“买下美国”的豪言壮语。

这让美国一度颇感紧张，惊呼“日本想买下美国的灵魂”。在这样一种势头下，美国人通过瑞士国际清算银行提出了“巴塞尔协议”（巴塞尔协议Ⅰ），也就是8%的银行储备金率的问题。从表面上看，这是一个针对全世界所有银行为规避金融风险制定的游戏规则，但实际上它主要针对的是当时日本的资本扩张势头。日本对此当然不接受，它与当时全球世界上第三大经济体德国联手，一起拒绝签字。

在不具备战争条件的情况下，美国人怎么办？美国人用了一个非常聪明的办法，就是和英国签订了双边巴塞尔协议。两国率先实行巴塞尔协议，率先执行8%的银行储蓄准备金制度。但这个协议最有意思的条文，不是双方准备为全球做表率自律的问题，而是它的最后一条，即，今后凡与我两国银行打交道的任何国家的银行，都必须实行8%银行准备金率。这样一来，美国人用多边协议未能拴住日本，却用这一狠招迫使日本不得不就范。因为这世界上还有哪国的银行，既不在伦敦金融交易中心又不在纽约金融交易中心进行业务往来或结算呢？美国用这一狠招迫使日本不得不回到巴塞尔协议上来，而这一回来的结果，最终导致了日本的证券业和房地产业泡沫的破裂，从而走上了“失去的十年”。

第三章　人类迎来互联网金融时代

随着社交网络的繁荣和金融脱媒化趋势的形成，人类迎来了互联网金融时代。互联网金融序幕一拉开，热潮就在中国开始了。互联网金融的诞生是人类历史上划时代的大事件。

互联网金融现在还有很多缺点和问题，这如同当年飞机的诞生、汽车的诞生、计算机的诞生一样，也是伟大而有缺点和问题的。互联网金融的诞生也一样会在实践中不断完善，并且改变人们的生活方式，影响着各行各业的发展。

未来，只有中国的各行各业都开始运用互联网金融这个工具的时候，互联网金融的精彩大戏才开始上演。同时，在中国互联网金融行业协会的支持下，在互联网金融创新的模式下，让企业一个又一个弯道超车，让中国的各行各业为人类社会提供更好的产品和服务，让我们的人类社会生活得更加幸福，同时为我们创造更多的财富。所以，互联网金融是上帝送给人类最好的礼物，更是给中国人最好的礼物。

那么，互联网金融对中国所有行业有什么深远的影响呢？互联网金融工具正确运用是如何帮中国的所有行业转型升级的呢？互联网金融对中国经济的影响到底有多大？互联网金融如何才能健康发展呢？

一、“互联网＋”引领传统产业的创新革命

中国正处于互联网时代的风口浪尖，正成为全球移动互联网领域的引领者。传统金融时代早已过去，取而代之的是随着互联网金融序幕拉开的一个崭新的竞技舞台，并且在“互联网＋”的政治大背景下，中国传统企业转型势在必行。

多年以前，传统企业一直以“酒香不怕巷子深”为傲，只要产品做得好，肯定会有买家主动上门，因为产品才是最核心的。但是近些年，这些企业也开始领悟“酒香也怕巷子深”的道理，即使产品做得好，如果不符合市场的需要，如果没有用户的导入去体验，再好的东西也会变成历史。在互联网经济时代，管理良好的成熟企业失败案例越来越多，百年老店出现的概率则越来越低。日本的松下、索尼、夏普，精细化管理水平与研发投入都很高，但是一夜之间集体沉沦。失败的关键在于缺乏对创新大方向的准确把握与及时转型。

一直以来，互联网企业与传统企业在口水仗中共同发展，就像互联网金融，最终的格局是互联网企业做成互联网金融的老大，还是金融企业做成互联网金融的老大呢？经过无数次的博弈和争辩，一直很难定论，不过最终的结局很可能就是“共

存”，即优秀的互联网出身的互联网金融企业，与优秀的金融出身的互联网金融企业共同形成良性发展的生态圈。

互联网经济时代要重构有别于工业经济时代的新兴管理模式与原则：建立能真正尊重、激发与赞赏人类创造性、想象力、激情和勇气的后现代管理社会，建立起适合人类自身发展规律与本性的企业。

在刚刚过去的2014年里，全球互联网使用率稳步增长。根据国际在线数据统计，该网站“互联网实时统计”最新更新的数据显示，2014年全球互联网用户较2013年同期增长了5%以上。其报告同时指出，在全球30亿的用户中，大约3/4的用户通过移动设备访问了互联网，并且随着互联网连接在发展中国家应用越发广泛，这一比例仍在稳步增长。

而伴随着互联网的逐步普及，移动互联网已经渗透到传统行业的方方面面。以电子商务为例，包括服装、钢铁、食品、纺织、医药、能源、移动通信（彩信平台、彩信软件）等各行各业均已随处可见移动互联网的“身影”，互联网成为它们开展品牌传播、产品销售的平台。

（一）移动互联网时代下，新生产品和传统产业一定是竞争关系吗

答案显然是否定的，双方其实是可以也应当是融合和补充的关系。拿支付宝来说，支付宝的线下付款功能也是对于传统生活方式的一种补充。当忘记带钱包或是口袋不够大不方便带钱包的时候，只需手机付款，便可以轻松地在商店里进行购物。很显然，这是提升人们生活品质和效率的有效手段。

传统企业正处在不断被颠覆的时代，颠覆性创新将主导经济转型的新方向。但颠覆并不意味着一个行业的彻底摧毁，却有可能从根本上改变众多行业的现状、体格和基因。传统企业家的思维需要转型升级，转型升级做不到就得换代，企业要全面互联网化，管理要能做到广义化、外部化、去严肃化。

当然，要做好移动互联网时代下新生事物和传统行业的有效融合，并不是一件简单容易的事情，这需要政府、传统企业和移动互联网新兴公司的有力配合。但在此过程中，不经思考便轻易提出“二者必将竞争，且移动互联网难以抗衡传统产业”的伪命题则是万万要不得的。

（二）互联网金融和移动互联网不只是延伸，而是颠覆

“互联网金融+”“移动互联网+”创新涌现，“+”是指各种传统行业。“+通信业”是最直接的，“+媒体”已经开始颠覆，未来是“+网络游戏、零售行业”。过去认为网购占电商很小的份额，现在已经不可逆转地走向颠覆实体的零售行业，还有现在最热的互联网金融。

有人将其称之为改良，改良肯定不行，一定是颠覆。为什么呢？因为只要在这个行业内用互联网的方式做，都会将其称为颠覆，你要在这个行业扎得很深。很多以前不起眼的，比如搜房网，不知不觉市值已经和新浪差不多了，搜房网几千人在

不同的城市扎得很深。还有最近上市的58同城，以及没有上市的美团，团购网站几千人，其实都要扎得很深，只不过用互联网的方式去做，剥掉互联网的壳，本质上还是传统行业。

（三）互联网金融时代，未来10年现金和信用卡消失一半

互联网金融时代会是开放的协作，未来互联网会对金融产生什么影响？第一，金融机构会小型化、社区化、智能化、多元化，因为大的网点已经很难经营了。第二，未来5～10年现金和信用卡会消失一半。第三，大胆预测，20年内，银行或者是大部分的银行营业网点的前台将消失，后台也将消失，保留中台（即服务，因为服务的核心是中台），前后都可以外包出去。就像苹果，它自己不生产手机，而是委托富士康做，成本只有68%。所以，金融机构要生存下去，在逆差很低时，不得不把很多业务外包，让自己生存下来。

互联网金融时代每个行业都会是新的商业模式，每个企业要给自己多一个准备。互联网金融可以让创业者天马行空，让人人都成为天使投资人。各行各业的创新层出不穷，各行业都搞不清楚到底哪一个会冒出来，没有人保证一个东西是永久不变的。

互联网把传统渠道不必要的环节、降低效率的环节都拿掉了，让服务商和消费者、生产制造商和消费者更加直接地对接在一块。消费者的喜好、反映快速地通过网络反馈，它同时还代表着互联网精神，就是追求极致的产品体验、极致的用户口碑。国内的小米手机、“雕爷牛腩”打造的就是一种SKU，种数不多，但很精，有大量的用户反馈，有自己的粉丝，消费者参与决策，这对竞争力非常重要。

大数据成为资源：构建“人品排名”。大数据成为企业竞争力和社会发展的一个重要的资源，为什么电商的数据可以转向金融，转向用户信用、商家信用、提供信贷，等等，这些都是大数据在后面起作用。比如社交网络平台，一个用户的信用会产生什么影响？设想考虑在不知道这个用户的情况下，就根据他朋友的信用，通过算法来算出他的信用？搜索引擎有一个算法是“Pagerank”，根据每一个页面的调度指向来算出这个页面的值，并列出它的排序。

三年前想象不到诺基亚会衰落得这么快，2 000亿欧元市值的公司最后低价卖掉手机业务，这就是发生在我们身边的血淋淋的案例。稍微没有跟上形势，分分钟可能会倒下，巨人倒下时体温还是暖的。

行业从过去PC、手机相对分隔的状况走向统一。所有的产品线都应该积极思考怎么样带动安全的份额，怎么样提升安全领域的专业能力和形象，希望这是大家永远要想的问题，否则永无宁日。

如果十几年过去了，就应该主动积极地把位置让给下一代更主动积极的团队或让更积极主动的干部上来带领团队。互联网金融不拼“爹”，只拼团队和专业能力。

借助移动互联网工具，并与传统产业或者实体经济进行结合，会产生两类价值：一类是能够提升商业效率；另一类是对整个产业链的结构或者对商业模式有所解构

或重构。

二、如何运用“互联网 +”打造新经济增长点

2014 年 3 月 5 日，第十二届全国人民代表大会第三次会议在人民大会堂开幕，听取国务院总理李克强作政府工作报告、审查计划报告和预算报告。李克强在报告中多次提及推动互联网产业发展，2015 年将制订“互联网 +”行动计划，支持发展移动互联网等战略性新兴产业等内容。

（一）经济转型与“互联网 + 品牌”打造带来投资机遇

1. 用品牌强国化解诚信危机

风雨三十年，曲折品牌路！中国改革开放的 30 多年快速发展，但也有部分企业不择手段牟取暴利，制造了诚信危机，有些公司的存在给人们的生活制造了麻烦，这样的企业必须淘汰出局。中国社会和经济的发展，需要真正有核心竞争力的品牌企业，只有这样的企业在优秀企业家的带领下，提供的产品或服务才能够为社会解决问题，才有存在的社会价值，才能创造更多的财富。这样的企业越多，中国经济才会健康发展，才能化解诚信危机。用品牌强国化解诚信危机是历史的必然趋势。

中国的品牌建设可以说方兴未艾，任重道远。

任何品牌能否形成不在于其广告和形象如何，在于其存在到底为社会、公众和顾客做了什么好事，只有做好事才能形成口碑。由此可见，对于一个产品和服务，其是否具有承载某种社会责任的能力，是否具有某种社会美德是非常关键的。

品牌要满足和适应社会需求的价值，也就是说，品牌一定具有其非常切实的社会价值和意义——美德和责任，这实际也就是品牌的文化内涵。一个品牌为企业承载的利益和价值，这也是一个品牌生存的基本前提。

知名度就是一个品牌在空间和时间范围内知悉人的多寡；影响力就是某个牌子在商业空间和时间范围内的整体反应态势。二者的关系是，有知名度未必有影响力，但是有影响力必然关乎其知名度。对于一个品牌来说，其知名度和影响力是商业竞争的利器。品牌建设的目的是为人们提供可信赖的产品或服务。品牌建设不能急功近利

2. 用品牌打造区域经济优势

截至 2011 年，全国已经出台了长三角、关中—天水、成渝、珠三角、北部湾、江苏沿海、辽宁沿海、皖江经济带、长吉图、黄三角、环鄱阳湖 11 个区域规划。

（1）用品牌打造区域经济核心竞争力

充分运用互联网技术，包括利用大数据、人工智能、云计算等互联网技术来推动传统行业（包含传统金融机构）的快速发展，围绕客户个性化需求和体验来创新设计产品，提升互联网化的软件和服务环境。打造品牌集群的核心价值，使之形成区域品牌，提升区域品牌，最终发展区域品牌经济。区域品牌是区域特色块状经济

的名片。

（2）依托产业集群打造区域品牌的路径选择

积极运用移动互联网替代传统技术，降低成本，提升投资效率。同时，运用大数据的技术实现传统投资向科学投资和智能投资转变，其智能研报有利于创新投资管理模式。

打造区域品牌的过程实际上也是打造品牌集群的过程。从浙江产业集群的现状看，基本上以市场型集群为主，还缺乏核心企业和知名品牌，总体上停留在贴牌生产阶段，在全球分工的产业链中处于低端，已经到了亟待转型发展的时候。如何打造品牌产业集群，形成区域品牌，提升在全球产业链中的位置？

浙江产业集群以丛林经济居多，大榕树经济的偏少。市场型集群的明显缺点是缺乏龙头企业和核心企业，市场竞争过度，自主创新不足。因此，在市场型集群内，需要加快培育大企业大集团，尽快形成龙头企业和核心企业，及大量中小企业为之配套生产的中心——卫星式产业发展模式，实现集群的转型发展。

总之，要抓好品牌集群建设，使集群从全球低端制造型向高端创造型发展，成为全球知名、竞争优势明显的产业集群。打造品牌集群的核心价值是形成区域品牌，提升区域品牌，最终发展成为区域品牌经济。

3. 积极为区域品牌建设营造良好的发展环境

注重改善创业环境，增强区域品牌的成长力。一是要规范和完善产业集群区建设。在产业发展规划时，要充分考虑地理、人文、社会传统等因素，突破行政界限，因地制宜，因势利导，不宜搞人为的产业集中、企业集聚，使产业集群区形成良性自增长机制。二是构建创业平台，提供良好的创业环境和条件。充分利用产业集群繁衍新企业的功能，增强产业集群的新陈代谢能力。三是降低创业门槛。激发民众创业热情，引导社会优秀人士和大学毕业生进行自主创业，提高中小企业的创业活力，增强产业集群发展的原动力。四是政府要依法行政，规范行政行为，切实减轻企业负担，为企业创造宽松的创业环境。

（二）中小企业突出重围从品牌建设开始

做品牌？开玩笑，哪那么容易！我也想，可没钱怎么做？

做品牌？那是大企业的事情，我们的销售情况还不错，以后再说！

这是我们经常听到的中小企业的品牌论调。近年来南方中小企业倒闭主要是因为不重视品牌。作为贴牌加工企业，利润本来就低，一有风吹草动就会亏损倒闭。

其一，中小企业冲出重围需要企业自身提高核心竞争力，自身升级转型，打造品牌。其二，政府要给中小企业较为公平的成长环境，让中小企业看到能长成大企业的希望。政府应把给国有企业的资金和资源，留出一点给中小企业。政府要将扶持中小企业发展长期化、法制化。其三，让投资融资渠道畅通起来，投资者有财富增值的渠道，企业有合法低成本的融资渠道。其四，政府要建立中小企业创新基金，扶持能创品牌及有创新能力的中小企业。其五，建立各行业产业信托基金，由专业化的产业信托基金投资中小企业。其六，帮助优秀的中小企业进行股权融资，鼓励中小企业长成参天大树。用金融工具帮助小企业主向企业家的升级转型才是重中之重。当然，中国的企业家要突破企业发展的瓶颈就必须学习中国的金融理论，应该用金融创新理论帮助企业升级转型。

（三）中国企业必须在各行业都有自主品牌

1. 品牌是什么

品牌，是一套价值体系的简化描述。这套价值体系在长时期内给消费者和潜在消费者以可始终如一地信赖的商品价值，它使自己代表的商品区别于竞争对手的商品和服务。

品牌是企业与其消费者之间那种信任的价值资产化。

今天，品牌的功能不只是在于区别产品，它越来越具有独立性，已经成为一种使公司实现其世界化的理想手段。

世界商场之战已经到了品牌打天下的时代！推动中国外贸出口的健康发展，必须依靠中国企业的国际竞争力！中国企业要有国际竞争力，必须创建强大的自主品牌！

2. 自主品牌影响深远

品牌具有巨大作用，它既是公司的一种隐性资产，又对公司的发展担负着责任。在企业内部，品牌作为企业文化影响着公司员工的道德管理；在企业外部，品牌作为企业诚信影响着公司的消费者。由品牌而建立起的认知、信仰、态度和经验，往往会把产品和其名称转化为某种与消费者相关的东西，使消费者对企业产生一定的信任。特别是随着时代消费观念的进步，很多消费者为了地位、价值和身份，愿意购买那些他们认为能够彰显自我或表明他们形象的品牌商品。可见，品牌建设对于企业发展的影响作用日益增大。

首先，对于外贸型企业来说，尤其影响到它们在国际市场的声誉和名望，进而影响到它们在国际市场的竞争力。但是，20 多年来在外贸出口中以贴牌生产为主的中国企业是不可能借助到品牌的良性影响，在国际市场上吸引到真正属于自己的消费者，从而壮大自己的。因此，中国外贸型企业，迫切需要建立起独立的自主品牌。

其次，外贸型企业要借助于品牌，拿到属于自己应该得到的那份利润，真正从国际经济的利好中发展自己。

最后，外贸型企业没有自主品牌就没有自主能力，容易受授贴企业的意愿支配，在国际供应链中的地位极度不稳。所以，中国企业要想获得自主能力，只能向产业链的上游走，培养自主品牌和研发能力。

（四）创业板上市要把品牌作为衡量指标

创业板部分公司包装上市，给投资者带来了巨大的损失，也破坏了证券市场的诚信。

作为创业板，要扶持小企业从一棵小树长成参天大树，就像微软一样。美国的创业板做得最成功，扶持了很多新企业，后来变成全球的一流的大企业。但是很遗憾，我们现在的创业板没有体现出这样的思路，为什么？现在的创业板变成了企业上市后来融资，创业板的高管不计成本地套现，然后走人。我们可以想象一下，在这样的机制下，创业板的小公司能长成参天大树吗？很显然是不可能的。

所以，发行制度需要改进的是，引导民营企业进到创业板之后，不光是要给它钱，还要提供一种制度和机制，让它从小公司长成一个大公司。作为一个民营企业家也是这样，要让自己的团队为企业奋斗终生。创业板要达到这个目的，就要把拟上市公司是不是行业品牌作为一个重要的衡量标准。

（五）品牌建设要作为地方官员的政绩考核

李克强总理在视察海尔时说过："品牌对于一个国家的竞争力来说是非常重要的，将来衡量一个国家在世界上竞争力的重要指标，是他拥有多少个在国际上知名的品牌。"日本首相在访问美国时曾自豪地说："丰田是我的左脸，索尼是我的右脸。"品牌是国家的脸面，更是国家实力的支点，也是国家发展的推动力。

企业靠品牌生存，市场靠品牌整合，地方经济没品牌就不可能持续发展，因此，应该将品牌作为地方官员政绩考核的重要指标之一。

（六）品牌建设要防止"信天游"

许多本土品牌在核心价值的坚持上缺乏定力，品牌建设常常迫于市场压力或受短期利益诱惑而偏离品牌核心价值的轨道。

很多企业管理者在日常经营活动中十分关注如何提高产品销售量、应对竞争对手的进攻等，唯独忽略了这些具体的经营战术应该始终围绕品牌核心价值的主线展开。我们不难见到这些现象："换个领导人，换个品牌战略"，"换个广告公司，换个广告诉求"，"东点一把火，西烧一炷香"，广告诉求朝令夕改，信天漫游。在这种情况下，企业即使投入巨额的广告宣传费用也未必能塑造出鲜明的品牌个性，反而使品牌形象日益模糊，让消费者不知所云，更谈不上有效积累品牌资产了。这种品牌建设"信天游"的现象，也正是中国本土品牌短命的主要原因之一。

面对市场竞争环境的瞬息万变，许多本土品牌很难保持定力，结果品牌很难在消费者心中留下一个清晰、统一的印象。

（七）品牌建设要防止"品牌空壳"

很多企业在品牌建设方面出现了很多的问题，本质上作为营销工具的品牌建设出现了很多的误区，主要表现有：

（1）靠比较"巧"广告创意和传播实现了品牌的高知名度，但在市场运作和拓展方面出现了严重的不对等。

（2）品牌的内涵过于宽泛，在核心概念上没有提炼和聚焦。消费者没有办法具体感受和联想，形不成核心概念。就像一个人说了很多话，对于受众来说，并不知该人所说的重点。

（3）品牌在市场上没有载体，消费者无法感知和体验。物化的产品见不到，这是很多企业在品牌建设方面的又一大错误，就是品牌成了好看的文案、好听的口号，品牌成了空中楼阁，既没有支撑又没有落地。

（4）没有销量和产品溢价。追求销量和产品溢价，这是品牌作为工具的唯一目的。如果品牌建设不能带来销量的增长，那么这样的品牌就是无用的；如果品牌建设不能带来产品的价格比同质竞争对手要高，就是无效的；如果这个品牌建设不能带来企业的利润，这样的品牌建设就是失败的。除此之外，没有其他衡量品牌成功的标准。

上述列举的四种现象可以命名为“品牌空壳”现象。无论是上述哪一种错误，都会给企业带来很大的损失。企业在制定品牌战略时，要进行充分的讨论和论证，避免陷入误区，让品牌建设成为企业经营目标的利器，而不要成为企业经营的负累。

（八）国外品牌不讲诚信，我们取而代之

目前国外有些品牌在中国市场上不讲诚信，欺骗消费者的事情时有发生，这对于中国同行业的企业来说，就是机会。中国同行业的企业应抓住机遇，提高自身的品牌形象与产品质量，取而代之。

中国企业在国际和国内市场上不要崇洋媚外听信国外专家的，那会赔得更惨。以金融为例，中国所有的企业都没有建立企业金融安全体系。企业不管是在国际还是国内投融资都要建立企业金融安全投资体系，这就需要找到真正的金融投资专家或金融学家来解决。当然，要彻底扭转这种央企海外投资每投必赔的格局，只有创建中国人自己的金融理论，重用中国人自己的金融投资专家。只有用好中国人自己的金融投资理论和真正的中国投资专家，才能在国际金融市场上打赢金融战争。中国企业要做好在未来10年取代国际上各行业大品牌的准备。

（九）打造世界一流品牌，助推中国经济转型升级

中国经济未来10年的发展方向是，打造各行业世界一流品牌，助推中国经济转型和升级，从产品质量和技术上不断升级，形成自主品牌。只有这样才能突破中国经济发展的瓶颈，实现真正意义上的民富国强。一个富强的国家一定是在各行业都拥有世界上一流的大品牌。

其一，树立意识。创立、建立和发展自主品牌，要有大量投入。企业不应将这种投入看成成本增加，而应该意识到这是一种资本投入。当投资带来拥有自主品牌结果的时候，其所形成的收益是远远大于成本的。因此，建立和发展自主品牌是一件事半功倍的事情，企业和企业领导者要有敢于冒风险的胆量和敢于投入的气魄。

其二，战略先行。树立一个品牌不是一个措施、一个办法、一段短时间的事情。因此，企业要想成功打造出自主品牌，首先要制定出适应品牌长久发展的战略规划，

避免短视行为。然后，再根据自己企业的情况，制定出系列的、客观具体的品牌发展战术。

其三，了解对手。当前，中国企业面临的竞争对手不再仅仅限于本土企业，它所面对的是动荡起伏的国际环境。因此，在打造自主品牌的时候，必须把眼光更多地放在世界性的竞争对手上。

其四，技术创新。过硬的技术会带来稳定的产品质量，这使得在新品牌下的产品能够更好更快地得到客户的高度信赖，促使自主品牌的建设加快进程。

在中国经济升级转型的关键阶段，一定要振奋民族精神，高举中国品牌大旗，探索中国自己的品牌之路。未来对能形成自主品牌和核心竞争力的中国企业进行股权投资是低风险高收益的投资策略。随着中国经济转型升级的大战略开始，要运用好互联网平台。未来中国各行各业必然会打造出自主品牌的企业，未来财富增值最大的财富机遇是对有可能成为行业大品牌的企业提前进行股权投资，跟随运用“互联网＋品牌”的企业一起成长，才是下一个十年最大的财富机遇。

三、互联网金融首度写入政府工作报告

国务院总理李克强在2014年3月5日十二届全国人大二次会议上作政府工作报告时说，促进互联网金融健康发展，完善金融监管协调机制，密切监测跨境资本流动，守住不发生系统性和区域性金融风险的底线。让金融成为一池活水，更好地浇灌小微企业、“三农”等实体经济之树。

这是历届政府工作报告中首次提及互联网金融，“促进互联网金融健康发展”无疑成为互联网金融持续发展的有利信号。这意味着互联网金融正式进入决策层视野，加入中国经济金融发展序列，成为中国经济金融发展中一股潜力巨大的金融创新力量，为我国金融业的发展打开了一扇新的大门。

其实，李克强总理在政府工作报告中对于互联网金融的短短几十个字的描述，折射出三个方面的问题，形成了李克强的“互联网金融”论的核心。

首先，互联网金融的发展有利于打破传统金融业的垄断地位，促进金融业的创新发展，理应以“包容”的态度看待这个问题。

其次，互联网的最大特征就是平等开放，有利于打破传统金融业的垄断。在互联网金融中，每个人作为一个个体，在信息相对对称中自由、平等地获取金融服务，逐步实现了金融的充分有效性与民主化。因此，互联网金融对传统金融的冲击成为必然，这个过程倒逼传统金融业加快市场化改革，在多元化的市场竞争中不断完善金融业。

最后，互联网金融的本质是什么？最终落脚点在哪？金融的本质是服务实体经济，正如李克强总理在报告中提到的，“让金融成为一池活水，更好地浇灌小微企业、‘三农’等实体经济之树”。这既是互联网金融业的使命，也是其发展的归宿。

四、中国互联网金融的发展情况

（一）互联网金融规模

到 2014 年底，中国的互联网金融规模已经突破 10 万亿元，如表 3－1 所示。

表 3－1　互联网金融的发展规模　单位：亿元

不同业务模式分类	市场规模	主要参与者	发展阶段	行业特点	发展趋势
支付	92 200	电商及电商平台商户	中期	大数据云计算	超过银行支付
P2P	1 000	P2P 机构，投资者和融资者	初期	投融资方直接对接	南非已超过银行规模
众筹	100	平台，创业者，投资者	刚起步	创业者的天堂，人人都是天使投资人	推动中国的所有行业追上发达国家
网络小贷	5 000	电商及商户	中期	依托现金流贷款	电商平台商户发展
基金销售	6 000	散户及基金	中期	网络渠道	规模更大
金融机构创新	2 000	机构及投资者	刚开始	平台渠道	市场更广阔
财富管理	100	机构及投资者	刚起步	专业化的财富管理	市场无限大

（二）P2P 数据分析

截至 2014 年 12 月底，P2P 网贷平台数量达到 1 500 家，半年成交金额接近 1 000 亿元人民币，接近 2013 年全年成交金额。到 2014 年底，全年累计成交额超过 3 000 亿元。

截至 2014 年 12 月，P2P 网贷行业的从业人员的数量约为 39 万人，服务的企业超过 200 万家，带动的相关行业就业人数有 6 000 万人，行业存量资金为 437.6 亿元，比 2013 年增长近一倍。其中，不乏千万级、百万级的投资人。目前市场还是资金多于项目，投资人资金站岗严重。随着互联网金融和 P2P 网贷的持续火热，2014 年具有金融背景和大型集团背景的重量级玩家开始入场，网贷投资人规模、成交金额都将会有巨大的发展。目前成交额超过 1 亿元的 P2P 平台有 30 家，占总成交量的 52% 左右。

从地区分布来看，全国 P2P 网贷平台主要分布在东部沿海民间借贷发达的地区，其中广东 326 家、浙江 178 家、山东 97 家、北京 80 家、上海 72 家，三省两市共计753家P2P网贷平台，超过了全国总数的50%。三省两市2013年的平台交易额占全行业成交额的76.2%。目前全国除西藏外，每个省份都有P2P平台。

五、目前互联网金融存在的问题

目前，第三方支付、P2P网络贷款、无抵押贷款、众筹融资、网络化金融机构、互联网金融门户网站等多元化模式，像雨后春笋般蓬勃生长，让人们真切地感受到互联网金融时代已经到来。当前的P2P市场是民间高利贷的网络版，历史的经验告诉我们，金融活动往往会带来巨大的风险。当市场增长掩盖一切，风险不容易显现，但长期下来，平台的内伤会随着市场的膨胀而加重，一旦互联网金融平台风险失控，对于平台来说将会是灾难性的。

（一）P2P：各路资本跑马圈地

尽管乱象丛生，倒闭跑路者比比皆是，但P2P的市场热度却丝毫没有冷下来的迹象。2014年，P2P不仅继续吸引无数投资人进入，P2P的平台也赢得了各路大资本的青睐。最值得玩味的是，这些P2P平台接受的资本除了民营资本外，还有不少国有资本。除民营企业和风投的涌入外，各地具有国资背景的企业纷纷涉足P2P也是今年互联网金融的一大特色。资本的投入一向是趋势和市场的风向标，特别是国有资本的热情涌入，很多业内人士愿意理解为国家态度和宽松政策的预兆，这解决了一直悬而未决的“一刀切”P2P政策性风险的问题。P2P由于形势所迫，行业竞争上要求做大做强，政策环境上要“傍大腿”，吸引更多资金的进入无疑会大大提高P2P的实力，但同时也快速地把P2P的蓝海市场逼至了红海。

（二）P2P与法律红线

1. 非法吸收公众存款罪

如果P2P平台运营商把投资人的钱借出去形成债权，再将债权转让出去，这就与银行存款放款本质上没什么区别，这就有可能被司法部门认定为“非法吸收公众存款或者变相吸收公众存款”。另外，P2P运营商通过将借款需求设计成理财产品出售给放贷人，或者先归集资金，再寻找借款对象等方式，使放贷人资金进入平台的中间账户，产生资金池，这种模式同样涉嫌“非法吸收公众存款或者变相吸收公众存款”。

2. 非法经营罪

P2P平台运营商在借贷活动中通过投资理财产品形式融募资金，或充当融资性担保人，由于P2P运营商大部分不具备“融资、理财”经营资格且所涉业务又是特管行业，很容易被扣上“非法经营”的罪名。

3. 集资诈骗罪

如果P2P平台运营商发布虚假的高利“借款标”募集资金，并采用在前期借新贷还旧贷的庞氏骗局模式，短期内募集大量资金后用于自己生产经营，有的经营者甚至卷款潜逃，这是集资诈骗罪的典型案例。

（三）众筹的法律问题

股权制众筹模式在形式上似乎已经同时满足了四个要素，即未经审批、通过网站公开推荐、承诺股权、向不特定对象吸收资金。但股权制众筹与非法集资仍有本质区别，股权制众筹式互联网金融是新生事物，本身就是创新产物，因此在监管层面目前并无相关部门批准。其次，虽然该模式具有吸收资金的情形，但该资金均有效投资于小微创业型企业，并不存在欺诈和诈骗的情形。

股权制众筹模式是以取得小微创业型企业股权为前提的，因此不存在虚假转让的问题，虽是投资入股的形式但不是非法吸收资金，不符合“非法吸收公众存款罪”的内容。股权制众筹的主题是让有风险承受能力的投资人找到真正的创业者，创业者、平台（众筹平台运营主体）及投资者均是不同法律主体，投资者资金具有明确的投向，也不符合“以非法占有为目的”。因此，股权制众筹和非法集资在实质上存在不同，具有本质区别。

1. 众筹有风险，进入需谨慎

关于众筹成功的故事令人陶醉。它们展现了一个好项目的魅力，而不会有实施途中的艰辛。虽然那些取得巨大成功的项目都有着同样的组成因素，但它们并没有形成一个保证能取得成功的运作方式。运行一个众筹活动需要大量的工作，幕后所作的努力很大程度上影响了成败。

作为一种替代手段，股权众筹在为新公司筹集资本方面是十分有潜力的。然而，关键词是“替代”——这是不容易实现的。事实上，在很多方面，股权众筹需要做比其他融资手段更多的工作。需要同等质量的计划，再加上营销、网络沟通和谈判的额外压力。吸引众筹投资者的文件和资料，未必就比去传统银行申请贷款少。股权众筹并非快车道，因此它需要和传统的融资渠道一样认真对待。现在的众筹风靡中国，但对其风险，也需要了解。

第一，对项目方而言，要加强对知识产权的保护。由于国内的知识产权保护过弱，如果好项目过早在众筹平台上募集，很容易被山寨，因而项目选择什么时间点在众筹平台发布，也是个学问。

第二，对投资者而言，由于国内整体信用环境比较差，违约的成本很低，投资者存在“被忽悠”的可能。在众筹平台上，如果项目发起方是陌生的，所提供的项目信息又不会太多，能否严格执行并遵守承诺，很多人会打个小小的问号。这也促使很多投资者倾向于选择熟人或者朋友推荐的方法来参加众筹。

第三，对众筹平台而言，由于众筹是面向公众的一种集资模式，是否会踩到法律的红线？

2. 股权制众筹的发展建议和政策建议

（1）防范风险

金融行业最主要的问题之一是合规操作、防范风险。风险意识是金融行业人员从业根本，防范风险也是金融行业得以健康发展的基础。

关于单项目的融资金额，应结合相关法规将融资金额和投资者人数控制在一定规模，从制度建设层面尽量规避法律风险，做到健康有序发展。

除了小微创业型企业经营风险和平台方的法律风险外，平台方自身的操作风险需进行防范。例如，投资者赖以入股小微创业型企业的法律主体要依法设立，依法运作，投资者的投资资金需安全有序进行管理等。

（2）完善法规

目前，私募（PE）第一法《股权投资基金管理办法（草案）》（以下简称《办法》）已上报国务院，正在等待批复。《办法》明确了对 PE 行业适度监管的政策指向和基本监管框架。《办法》的出台为私募提供了运作的基本蓝图。

基金业协会最近发布了《私募投资基金管理人登记和基金备案办法（试行）》，这也标志着私募基金登记备案工作正式启动。

互联网金融在我国尚属新生事物，股权制众筹对小微创业型企业的发展会有积极推动作用，亦能解决国内投资渠道匮乏和小微创业型企业融资难的问题。

由于我国公司法对股东人数作了限制，股权众筹模式经常需要借助股份代持模式，因此股份代持可能存在的各种法律风险不能回避。

（四）众筹融资的主要法律风险

1. 非法集资法律风险

从形式上看，众筹融资与非法集资有相似的地方。许多人甚至将众筹融资与非法集资画等号，从根本上否定众筹融资的合法性。但是，这种观点忽略了众筹融资与“非法集资”之间的根本区别，即是否存在社会危害性，因此是不正确的。

2. 股份代持引发的法律风险

股权众筹的实际投资人经常人数众多，但根据我国《公司法》的规定，股东人数有上限限制。实际投资人只有借助股份代持模式才能够成为项目公司的（隐名）股东。因此，股权众筹必然要面临股份代持可能存在的各种法律风险。

3. 项目发起人和融资平台欺诈的风险

众筹融资的项目发起人、平台与投资人拥有的信息是不对称的。项目发起人和平台对项目以及项目发起人的资信状况拥有充分的信息，投资人则对项目以及项目发起人的资信状况知之甚少。众筹融资的投资人进行的都是小额投资，不可能亲自或者聘请第三方对项目以及项目发起人的资信状况进行尽职调查。因此，由信息不对称导致的欺诈风险难以消除。

4. 众筹融资被认定为“公开发行证券”的风险

我国《证券法》第十条对公开发行证券作了明文规定，并且规定“非公开发行证券，不得采用广告、公开劝诱和变相公开方式”。众筹融资平台在募集资金过程中要面对不特定对象，其人数常超过 200 人，很容易违反《证券法》关于公开发行证券的规定。

（五）第三方支付走正道

关于第三方支付，2014 年比较频繁的两个词就是“叫停”和“罚”。从 2014 年初开始，银联和其他第三方支付企业势如水火。3 月，中央银行先是下调第三方支付转账限额，紧接着发文暂停二维码支付业务和虚拟信用卡业务。同时中央银行的“79 号文”，让包括汇付天下、易宝支付、随行付、富友、卡友、海科融通、盛付通、捷付瑞通在内的 8 家第三方支付企业从 4 月 1 日起，全国范围内停止接入新商户。这让不少第三方支付企业都感到了一阵小心酸。

就在大家还在感叹第三方支付不容易的时候，银联却以迅雷不及掩耳之势“抢跑”，不仅完成了二维码支付系统的技术开发，而且还在个别地区试点启动商业应用。如此明显的“抢跑”让同业瞠目结舌。虽然银联随后叫屈称自己被黑，但一动银联、一动银行奶酪中央银行就跳出来的印象已经深入人心，舆论也一时间纷纷倒向了被叫停或开罚单的第三方支付企业，尤其是支付宝，随后叫停的二维码支付却突然从邮政储蓄自动重启，这种神奇的事就不说了。

但不得不说的一点是，随着第三方支付屡屡被中央银行“为难”，很多人也开始注意到第三方支付背后的行业问题。POS 机违规套现、违规套用低费率行业商户类别码等问题的频频爆出，让不少人稍微理解了中央银行总是“跳脚”的部分原因。乃至于 9 月，中央银行再次处罚汇付天下、富友、易宝、随行付四家机构，并勒令四家支付机构撤出部分省市收单市场的时候，大家关注的焦点也变成了收单市场的规范问题。

面对“越改越乱”的第三方支付市场，一方面是行业竞争的加剧导致有的企业不惜兵行险招，造成行业乱象，一方面却要时刻小心拿着大棒的中央银行叫停开罚单。估计未来大波浪曲线前进的节奏不会有太大改变。

（六）互联网理财的“幺蛾子”

2014 年“宝”类产品经过一番雨后春笋的时期后，全体面临收益“滑铁卢”，而银行的理财产品则在收益方面逐渐占据优势。轰轰烈烈的“宝宝理财”大热给大众狠狠地普及了一把理财知识，随着越来越多互联网理财产品的推出，大众也从开始的眼花缭乱回归了理性，现在几乎已经麻木了吧。

为了重新赢得用户的关注，来点新花招是必需的，但由于缺乏后劲，“宝”类产品逐渐放弃了拼收益率的打法，除了基金理财以外，保险、房地产、消费旅游以及票据等成为了互联网理财的新方向，P2P 和 P2C 等产品创新层出不穷，各类理财产品百花齐放，全面覆盖了中高低各类风险，涉及中老少各类人群，期限也是种类繁多。

竞争越来越激烈，有的产品就开始不走寻常路了，出的“幺蛾子”也实在是让人费解。

作为“宝”类产品的老大哥，余额宝与中国电信合作搞“0 元购机”，还上线了新功能——彩票定投“永不停彩”，最近还推出了余额宝认购房产，还有的披着理财产品的外衣，实则在干别的事：“沃百富”——广东联通联合百度推出的通信理财产品，没错，就是话费理财；“程涨宝”——携程旅游网对外发售的礼品卡优惠套餐产品，就是一礼品卡；“娱乐宝”——阿里巴巴数字娱乐事业群推出的娱乐理财，其实它更像众筹吧；“好房宝”——平安好房网将在业内推出金融购房产品，好吧，你觉得这真能买房？虽然各银行、券商、保险、运营商想借着互联网理财的东风创新一把是值得鼓励的，但是把理财产品弄得四不像，或是挂羊头卖狗肉，压根没理财什么事，还称自己是互联网理财，这就有点说不过去了。

大众理财的需求是很多的，2014 年互联网理财已经逐渐走向稳定沉寂，如果没有真正击中用户痛点的产品出现，不能按照理财产品多元化、多样化创新的正道走，不能为大众解决财富保值增值的实际问题，大众需要专业化的财富管理机构提供专业化的财富管理服务。

（七）社会观念的误区

互联网金融刚一诞生就有人跳出来喊要快点监管互联网金融，喊了一年这些人也不知道该怎么监管互联网金融。

有些不懂金融的人总是希望中央银行来监管互联网金融。首先，我们要明白中央银行到底是干什么的，中央银行的职能是什么。

中央银行并不是一个普通的银行，它实际上是个政府机构，处于一个国家货币和金融体系的核心。中央银行是非常重要的机构，它引导现代货币及金融体系的发展，并在经济政策制定中发挥重要的作用，中央银行的职能有两个：第一个职能是促进宏观经济稳定，即追求经济稳定增长，避免大幅波动，并维持稳定的低通货膨胀，这就是中央银行的经济稳定职能；另外一个职能就是金融稳定职能，中央银行要尽可能地保证金融系统的正常运行，重点是尽可能防止金融恐慌和金融危机。

1. 中央银行会办互联网金融协会吗

近年来的互联网金融热引发许多人猜测中央银行会搞个什么样的互联网金融协会。什么是行业协会？行业协会是行业从业人员及从业机构自愿组织的、自治的、非营利性的社会团体，协会是民间的行业自律团体而不是官方的监管机构。很显然，办协会不是中央银行的职能。行业协会的本质在于帮助整个行业合法规范有序地发展，提升综合竞争力，重在扶持帮助，而不是重在监管。行业协会的本质和中央银行的属性不容混淆。中央银行如果去搞个什么协会那就成了国际金融史上最大的笑话，也违反了中央简政放权的政策。之所以有外行在喊，是因为它们受计划经济的影响太深，还把 30 年前的观念保留至今。

2. 互联网金融是新生事物，需要一个宽容的环境才能发展

互联网金融时代是中国公司与发达国家公司竞争的最好机会，过去我们跟着美国等发达国家的屁股后面学，今天互联网金融中国与美国等发达国家都处在一条起跑线上，谁能运用好互联网金融这个工具，谁就能成为真正的强国，而我国的互联

网金融发展已经跑在美国等发达国家前面了。

我国的互联网金融从业人员是美国的千倍以上，我国的互联网金融机构是美国的千倍以上，我国的互联网金融理论研究至少超过美国10年，我国的互联网金融推动实体经济转型升级的实践也早已走在美国前面，中国只要抓住互联网金融时代带来的机遇，任何一个行业10年后都能在世界上做得最好，这一切力量都来源于互联网金融工具。所以，互联网金融目前需要的不是监管，而是一个宽松的环境，让大家在一个宽松的环境中不断试误，超过美国，只有这样中国才能抓住互联网金融时代的历史性机遇。

3. 只有一个容忍异端的世界，才可能为创新提供一个良好的社会环境，士农工商才可能获得更多财富

两千多年前那场震烁古今的盐铁论战中，西汉贤良文学曾经一针见血地指出，普通人把财富藏在自己的院子里，而皇帝的院落是整个天下，只有民富才会有真正的国强！皇帝要让自己院落里的钱生出更多的钱，最有效的途径就是让国民变得富足起来。

这个道理说起来很简单，却是世界上最难办的事情：很多皇帝就是耐不住财富的诱惑，最后把自己的天下搞丢了。

让自己院子里的钱多起来，宋太祖做到了。

宋代是中国古代经济最为辉煌的时期，请注意，这里没有“之一”。唐朝在300年间产出了590亿斤粮食，宋代首尾300年共生产粮食1 280亿斤，比唐朝的两倍还要多。另外，提醒大家，大宋王朝的面积即使在鼎盛时期也不足唐朝的一半。

《宋史》这样记载太祖、太宗年间的情况：天下之人都涌向京城，汴京的百姓比盛唐时富足十倍，即使有水旱灾害的年景，水利设施也足以保证丰收；水路之上，舳舻蔽日，天下已经没有财货匮乏之虞。

北宋有一幅画叫《清明上河图》，描述了当时的富足景象，这幅长达5米的画卷穿越了千年时空，为我们展示了一个画中汴梁。明代诗人吴宽曾这样形容《清明上河图》：刚刚打开画卷，就恍然感觉自己置身汴京，在游龙般穿梭的汴河之上，有绝无尘土扑面之感。

仅仅是文字和图画就已经让人心驰神往，如果我们能置身于繁华的东京汴梁，又能窥到什么颜色呢？从五代十国的天下大乱到如此盛世，赵匡胤是怎么做到的呢？

要明晰一个朝代的财富源流，就必须明白财富的根基，毕竟货币只是财富的代表而非本质。宋代之前，中国最值钱也是最保值的东西就是土地，然而，土地是官绅豪强的囊中之物，只有成为最大的官僚才能成为最大的地主，然后才是最大的商人。包括汉灵帝、唐僖宗在内的亡国之君都不遗余力地禁止土地兼并，然而，所有禁止土地兼并的努力都以失败而告终，一代代强盛的帝国都走向了衰亡。

北宋是第一个不抑制土地兼并的朝代，赵匡胤也是第一个不实行“均田制”的开国之君。结果，北宋王朝不但逃脱了西汉、大唐帝国留下的千年魔咒，还开创了一代前所未有的盛世经济巅峰！

为什么？

如果土地是最值钱的东西，就一定要抑制兼并，因为，兼并土地就等于抢劫财富，抑制兼并就等于抑制官绅豪强掠夺财富。这个问题也可以反过来说，如果土地不是值钱的东西，也就没有必要抑制土地兼并。

土地不值钱，那什么值钱？

创新——创新技术、创新产品、创新行业，这才是最值钱的！

北宋年间，财富的根基是每一个人的才能，“贫富无定式，田宅无定主，有钱则买，无钱则卖”，这才是一种正常的社会阶层流动机制，只有一个具备创新能力的社会，才可能产生这种大规模的财富流动。

北宋王朝几乎放开了所有行业的准入资格，只要你愿意，想干什么就干什么，终北宋一朝都没听说所谓“抑商”，尤其是对小摊小贩，朝廷才没工夫去收那点儿可怜的税。

要看清楚一个经济体是否有活力，不是去看这个经济体有多少大企业、大公司，更不是看有多少世界五百强。一百年前，今天是世界五百强的大企业绝大多数还没有生出来，英特尔、微软、思科还是一两人起家的小作坊！

要看清楚一个经济体是否强盛，最精确的数据是多少中小企业在竞争中成长、胜出直至成为全球性的跨国公司。也正是这个道理，今天我们才反复强调“支持中小企业”、“支持小微企业”。它们创造了近一半的就业、八成的税收和几乎所有的创新。只要对小企业开放所有的行业准入，留下足够的创新空间，每一个普通人都能寻找机会赚取金钱。在无数次试错中，优秀者一定脱颖而出，也一定能撑起明天！互联网金融就是给了所有中国人天马行空地去创业的机会，只要把一小部分中国人创业创新的积极性调动起来了，中国经济发展就势不可当。

（八）民间金融向互联网金融转型是必然的趋势

民间金融是指不受政府对于资本金、储备金和流动性、存贷款利率限制、强制性信贷目标和审计报告要求约束的金融活动。

一个国家的金融是由政府金融和民间金融两部分组成的。美国通过民间金融合法化，规范了民间金融，提高了金融市场效率，满足了不同投融资者的需求。

民间借贷是一种古老的融资方式。在原始社会后期，随着生产力的不断发展，私有制产生，社会开始出现了阶级分化，从而产生了人与人之间在社会生产与生活地位上的不平等与巨大差别。作为人与人之间调剂资金余缺方式之一的民间借贷也就产生了。

在几千年的历史长河中，民间借贷在整个历史发展过程中发挥了重要的作用，如私人借贷、互助会、票号、钱庄、典当等都有着悠久的历史。

1. 1980年后的民间金融形式

自由贷：民间借贷活动。

银背：为借贷双方牵线搭桥收中介费。

合会：召集若干人组成集存款与贷款为一体的互助性融资组织。

民间集资：招股集资。

典当业信用：用货物抵押。

民间商业信用：采取赊销或预付款来推销或购买产品的一种融资方式。

农村合作基金：经济组织内部融资，按照入股自愿、退股自由、保本付息、按股分红的原则建立。

全国中小企业约有1/2强的融资来自非正规金融途径。权威报告推算，中国民间融资规模近2万亿元，约占贷款总额的10%。但是，目前的民间金融生存毕竟仍是一种缺少话语权的脆弱生存，因为金融决策者大多来自国有金融体系内部。如果民间金融在决策层始终没有代言人，那么难免会被等同于地下金融，甚至非法金融。其结果将是中国经济受到巨大伤害。

2. 民间金融存在的实际意义

为民间资本提供交易市场，以公正、公开、公平的平台式服务为特色，以政策、市场和资本的合力，凝聚智慧，把握机遇，实现资本增值、成果共享，创造高效运作的投融资环境；推动我国的金融改革和健康发展，形成资本投资的集群化、民间金融的规模化，通过金融创新推动我国产业的转型升级。

3. 民间金融的发展现状

目前混乱无序的民间金融市场差异很大，没有一个规范的管理，导致了诸多潜在风险。例如，中小企业主因高利贷而发生资金链断裂后“跑路”，一家房地产企业“跑路”后拖垮一批民间金融机构。

吴英案说明，我国有大量民间金融不知道如何合法经营，民间金融目前是龙蛇混杂，参差不齐。未来民间金融的健康发展只有向互联网金融转型。

（九）人人都可以分一份互联网金融红利

随着互联网金融的快速发展，各路资本、各个行业、众多企业都想抓住机遇分一份金融红利，于是跨界合作、抢滩圈地的现象成为当下互联网金融行业的一大奇观。运营商、零售业、地产、电商、互联网公司、传统金融机构、国企，只有你想不到的，没有不能做互联网金融的。比如，2014年8月，比较重量级的玩家中信银行和海尔集团就合作推出了供应链网络金融平台；9月，万科联手搜房发起了全国首单房产众筹；10月万科又和腾讯理财通合作推出了一款地产互联网金融产品——万科理财通。另外，百度、阿里、腾讯三大巨头均和多家传统银行达成合作，苏宁云商、联想、搜狐紧随其后。2014年以来，至少有26家上市公司通过合作等途径即将或者已经踏入了互联网金融行业。

当然，越来越多的行业和企业加入互联网金融的领域中来，不仅极大地丰富了互联网金融的内涵，同时也促进了互联网金融发展的包容性和新奇性，有助于形成多元、多维、充分竞争的互联网金融业态。如今互联网金融鱼龙混杂，既有奇形怪状的产品和服务，又充斥着大量赚噱头、喊口号的伪互联网金融现象，良莠不齐的平台和企业、恶性事件的频发都严重损害了互联网金融的健康发展。现在互联网金融几乎已经把各个行业的玩家都拉下水了，这只是开始。未来各行各业都开始运用互联网金融工具时，中国互联网金融的精彩大戏才开始上演，互联网金融时代就是让人人都能分享互联网金融的红利。

（十）P2P 去担保化是必然的趋势

由于国内社会征信体系的缺失，国内几乎所有的 P2P 公司都承诺本息担保，但在美国，这样的担保形式并不存在。“P2P 网贷平台与担保公司合作已经成为业内普遍现象，目前几乎所有的 P2P 平台都有担保制度，多数 P2P 平台为分散风险，同时也为取信投资者，都纷纷引入担保机制，这与中国目前的投资环境是相符合的，但事实上 P2P 有多种担保形式，并非所有担保都能为投资者的钱‘兜底’。”目前 P2P 平台与担保公司合作进行资金担保的模式主要分为两种：一是平台自身有担保公司，二是与第三方担保公司进行合作。

继 P2P 网贷平台出现多起“跑路”事件之后，担保公司也疑似出现了“跑路”事件。虽然事实证明担保公司只是部分高层“失联”，但其暴露的担保行业与 P2P 之间存在的风险不容小觑。从目前的情况来看，P2P 平台的去担保化是必然趋势。

担保公司已经阻碍了 P2P 行业的发展，当前网贷平台的担保过“虚”，P2P 过度依赖担保公司不利于 P2P 行业健康成长，不利于 P2P 提高专业化程度和风险控制能力。

P2P 公司正推进与保险业的合作。现阶段，有些平台与各大保险公司沟通探讨引入贷款信用保险的可行性和具体方案，采取银行管理模式，由总部设立风险管理委员会，构筑风险矩阵，根据抵押担保不同及金额大小设置不同的审批权限，对事业部进行授信、贷后、稽核等管控，多维度防范与控制风险，这也是 P2P 平台去担保化的出路之一。

需要指出的是，去担保，并不是说 P2P 平台要完全与担保公司分道扬镳，也可能是换一个合作方式，比如，担保公司可以专门来对借款企业作尽职调查等。随着监管的市场化、透明化和规范化，互联网金融终将从野蛮走向规范，推动了我国互联网金融的健康发展。P2P 机构应当明确定位为民间借贷的信息中介而非信用中介，同时 P2P 平台自身不得进行担保，不得承诺贷款本金收益，也不承诺承担信用风险和流动性风险。

一旦去担保化，P2P 是否还能受到投资者青睐？

P2P 应有效整合数据渠道创新服务实体企业。互联网金融的存在和发展离不开对市场需求的有效消化，根据当前的经济形势，寻找有发展前景且有经营能力的借贷人。我们希望通过有效整合线上交易平台和有实力有信誉的实体企业的供应链上下游企业需求，更好地服务中小微企业，发挥互联网金融平台在我国金融体系中的补充作用，助力我国产业升级转型。

互联网金融机构可以与地方政府或产业园区合作，帮助地方政府或产业园区解决招商引资的难题和帮助地区经济转型升级，这样平台就有众多的好项目，再把这些众多的好项目放在平台上让投资者投资，平台不承担风险，为投资者提供专业化的服务，通过专业化的金融服务来帮投资者降低风险，为投资者找到好的投资渠道。这才是互联网金融发展的方向。

互联网金融对中国经济的影响到底有多大？互联网金融能不能帮助中国的各行各业转型升级？目前大家还没有意识到，互联网金融对中国所有行业和影响是深远的，互联网金融工具正确运用是能帮中国的所有行业转型升级的。所以，互联网金融机构的发展大趋势是去担保化，提高专业化的金融服务能力，用专业化的金融服务来吸引投资者。

六、互联网金融风险控制是重中之重

传统的金融机构，在一般情况下，通过自身的风控和监管的双保险，可以有效地控制风险。但是现在大多数的网络贷款例如 P2P 没有抵押，或者只进行非常有限的尽职调查，无法完全利用银行间的征信系统，虽然不排除有优质的借款人在利用这些平台，但其实质是门户大开，一定会吸引大量的骗子。

因此，如果客户选择隐瞒，借贷机构难以查到客户是否在民间金融机构有“多头授信”，即难以摸清客户借贷总量。包括银行在内，借贷机构对中小企业授信都面临这一难题。

（一）对征信系统法律风险的几点思考

1. 现行征信系统可能面临的问题

（1）信息征集范围不明确，存在征集来源任意扩大化风险。

（2）信息征集授权未规范，存在征集流程不合法风险。

（3）信息使用标准不统一，保留期限未明朗，存在“征信不公”风险。

（4）信息更正流程冗长，救济方式可操作性不强，存在法律纠纷风险。

2. 征信系统发展趋势中可能面临的问题

信息征集授权的不规范，会导致流程不合法、侵犯个人隐私权的法律后果。

（1）征信系统征集信息的合法性。

（2）扩大信息征集范围可能面临的风险。

（3）征信数据准确性可能面临的法律后果。

（4）异议处理过程不及时可能面临的风险。

（二）征信的发展方向

就征信而论征信，P2P 可谓先天不足，包括数据库的不完善，不能接入中央银行等正规的信用生态，而且线下的审核方面也存在较大问题。P2P 该如何来维护好自身平台的风控建设呢？

1. 内部

就内部而言，P2P 必须解决发展的速度和质量问题，在自身平台的运营和风控模式未成熟之前，不建议开展大规模的市场推广。

因为就目前的中国社会的理财、投资市场而言，对市场的开发力度的紧迫性还不足以与 P2P 平台建设的紧迫性相比。道理很简单，社会上不缺乏高收益的理财资金来源，缺少的是稳定的、可靠的、安全的 P2P 投资平台，这个行业很大程度上就是一个信誉行业，由征信所带来的信誉和信用危机是 P2P 行业最大的危机。

所以，P2P 可以在众多的细分市场中选择本平台风控体系和能力最强的作为突破口。小微市场融资的特点：模式不一样，风控手段、标准都不一样。在征信的手段上，可以在短期内选择相对比较完善的线下方式，并和线上的方式相配合。也就是说，在内部而言，P2P 平台除了尽可能完善数据库之外，更需要衡量和评价自身的细分行业定位，也就是用最优势的长板部分来带动其他短板部分的发展，在方式上也要灵活配置，最终的目的都是防止出现大额的信用违约风险。

2. 外部

外部征信开源；进入其他机构。就外部而言，P2P 是否有可能引入外部的征信机构，或者是相关的业务保险机构呢？在 P2P 平台缺乏完善可靠的信用征信机制的情况下，通过引入第三方参与方来进行征信链条的完善，在某种程度上可以提高自身平台的征信能力和违约情况的损失。

在这方面，可以把 P2P 的征信服务看成一个较为完善的产业链条。由于国内目前缺乏专业的提供第三方征信服务的公司，在数据治理的完善上也就需要 P2P 平台主动去和现有的其他有数据和征信能力的机构建立一定的合作关系。只不过在国外，这种建立征信合作关系的工作外包给了外部的征信公司，而国内尚缺乏这种服务的资源和途径，需要通过自主的资源引入来实现。

（三）P2P 行业引入保证保险的可能性

从融资流程来看，由于 P2P 的主体融资属性和银行相比无异，同样是为了解决中小企业和个人的融资问题。就目前的不良率而言，在国内信用数据不完善的情况下，完全用线上的数据征信来实现业务开发是不现实的。既然大多数平台还是采用线下方式为主或者线上、线下相结合的方式，那么用保证保险业务来介入融资环节也就具有了现实操作上的可能性。

在外部机构的引入方面，目前需要考虑的就是保险机构的业务准入门槛，也就是保险公司自身参与 P2P 业务征信的意愿，主要是收益和风险的衡量。对于 P2P 公司而言，全部业务都进行 P2P 的保证保险也大可不必，因为 P2P 平台的各个细分行业的风控和标准不一，在精细化管理的条件下，需要引入外部保证保险的基本上是平台自身难以确定风险程度的细分业务，比如有可能出现大额违约的部分大宗业务。在这一点上，P2P 还需要和外部机构进行一个细致的合作谈判过程。

（四）互联网金融风险控制措施

1. 内部控制

（1）客户验证。在注册成为借贷网站的会员时，客户需要提供各种申请资料，通过网站的认证以保障提供信息的真实性，如身份证号码、手机号码、居住和工作地点、社会关系网等。初步通过验证后，在发布借贷信息时还要提供相关收入证明和信用证明材料等，如工作证明、银行流水单、信用报告、房产证明、学历等，以确保客户的借贷能力、信用习惯与发布信息匹配。

（2）对客户进行信用评级。各网站会对客户进行信用评级，通过其银行流水单、个人信用报告以及在借贷平台使用过程中的记录，结合其自身工作、收入、学历等，对用户进行信用评级，作为进行借贷时的有效参考。

（3）还款保障制度。规定借款人必须按月还本付息，这样借款人每月的还款压力是很小的，出借人也可以按月收到还款，风险也小。也可采取分散贷款和每月还款制度，较大限度地降低了投资者风险，保障了有效还款。还可对借款人进行全程跟踪服务，而且尽量要求借款人提供抵押物，直到其还款为止。如果发生违约，会对放款人提供法律援助，以防风险发生。

（4）本金保障制度。有些网站对出借人提供本金保障，承诺在借款人未按期足额还款的情况下，先对资金进行垫付，保障出借人不受损失，降低了出借人的风险。

（5）风险共担机制。齐放网由于放款对象主要是大学生，故引入了该种机制。通过与高校合作，学校与齐放网共承担风险。

2. 外部控制

（1）中国互联网金融行业协会进行自律建设，对没有风控的机构除名。

（2）促进信用中介机构的发展，完善社会信用体系。

（3）注重网络金融的政策法规宣传和教育。

（4）引导网络借贷向组织化、规范化发展，建立风险预警机制。

3. 准入建议

（1）建立基本准入标准。P2P平台的董事、监事和高管要具有一定金融知识和从业经验，要通过一定背景审查（比如，具有良好的职业道德，没有不良记录）。P2P平台要具备基本的经营条件（比如，在IT基础设施方面，要有条件管理和存放客户资料和交易记录，要有能力建立风险管理体系）。

（2）建立“谁批设机构，谁负责监管和风险处置”的机制。这也是国务院办公厅2013年《关于加强影子银行监管有关问题的通知》的精神之一。

4. 信息管理

（1）P2P平台必须完整地保存客户资料，（包括申请和信用评估资料）、借贷双方匹配信息以及客户借贷、还款等交易信息，以备事后追责。

（2）P2P平台不得虚构债权或篡改借贷信息，P2P平台的股东或工作人员如果在自家平台上融资，要如实披露信息，防止利益冲突和关联交易。

（3）P2P 平台要充分履行风险告知义务，确保投资者和借款者明确自身的权利义务（包括借贷金额、期限、利率、服务费率、还款方式等），保障客户的知情权和选择权。

（4）P2P 平台要如实披露经营信息，包括公司治理情况（比如“三会一层”构成）、平台运营模式（比如信用评估方法、借贷双方匹配机制、客户资金管理制度、是否提供担保等）、业务数据（比如交易额、累计用户数、平均单笔借款金额、投资人收益情况、不良贷款指标等），供客户参考。

（5）P2P 平台要保障客户信息安全，防止客户信息的灭失、损毁和泄露，不利用客户信息从事超出法律许可和未经客户授权的活动。

七、中国互联网金融发展趋势

（一）行业整合是大势所趋

当前，互联网金融各细分领域的发展存在差异。预计未来的行业发展态势是，P2P 个人借贷行业将进入整合阶段，行业竞争的加剧，导致大量实力较弱的企业将逐步被淘汰整合，行业集中度将进一步提高。

第三方支付公司将逐步成为金融综合服务提供商。第三方支付公司除处理提供支付解散等基本服务外，还为各行业提供定制化的金融增值服务，未来将会向基金、债券、保险等行业拓展。多元化的业务发展，有助于第三方支付公司提高资金流转率，获得协同效应。

1. 服务模式创新成为互联网金融发展的驱动力

互联网金融说到底是金融服务的竞争，在金融业同质化竞争明显的情况下，以用户为中心的服务模式将取代以产品为中心的旧模式。在互联网的平台下，必将会催生出更多创新的服务模式。

2. 互联网金融市场细分化

互联网金融市场巨大，互联网金融企业在资源有限的情况下，未来将有一批专注于某一个有发展空间的垂直领域的企业。互联网金融市场未来将会越来越细化，互联网金融企业之间的竞争将更加激烈。

3. 移动互联网将成为融资、投资、支付结算的主要平台

用户消费习惯由 PC 端向移动端迁移，互联网金融用户需求将呈现碎片化和场景化的特点。随着移动互联网各种安全技术和支付技术的完善，以及移动终端功能的丰富，未来移动互联网将成为互联网金融用户资金融通、支付结算的主要平台。

4. 大数据将极大推动互联网金融发展

通过收集用户在互联网平台上的信用记录、消费行为、投融资情况等基础数据，以大数据分析为平台，针对性地开发互联网金融产品并进行精准营销。

5. 逐步同投资机构合作

如果 P2P 公司解决了不良贷款率的问题，将不良贷款率降到 3% 以下，随着其规模的扩大，其将会吸引投资机构入场，为 P2P 企业提供资金支持，包括投资银行、财富管理公司、各类基金、保险资金、企业家族资金、企业的财务公司、信托公司等具有雄厚资本实力的机构将会入场，不排除包装出新的金融产品，对私募基金进行销售。五年左右 P2P 平台年贷款利率到 10% 左右，市场规模将是现在的千万倍。

6. 逐步走向村镇，满足农民小额信贷需求

中国农村也是一个巨大的市场，互联网巨头都走向了农村，P2P 网贷行业未来也有可能走向农村，提供短期支农贷款。P2P 走向农村看中的是城镇化进程中大量劳动力人口对资金的需求。

7. 逐步面向个人，为信用消费服务

进入信用消费年代后，P2P 网贷行业将会面对巨大的信用消费市场。目前 P2P 平台上的借贷资金还是以企业经营为主，信用消费为辅。但是在未来，参考美国借贷俱乐部的商业模式，相对信用卡 18% 左右的费率，P2P 可能提供 12% 左右的个人信用消费贷款，目前银行 8% 的个人消费贷款面向的主要是具有稳定高收入的人群，自我创业者、小工商个体户都无法享受到此产品。面对 20 万亿元的信用消费市场，P2P 网贷行业应该准备充分。

8. 逐步形成联盟，春秋走向战国

到 2014 年，P2P 平台有 1 500 家，新增贷款为 1 000 多亿元，可以认为 P2P 网贷行业仍然处于高速发展期，各地 P2P 公司很多是由小贷公司转化而来的，形成了千家争鸣的业态。但是我们要记住一个互联网 721 法则：未来市场上可能 1 家占领了 70% 的市场，第二名占领 20% 市场，其他的占领 10% 的市场。P2P 网贷行业将会遵循此法则，但是由于小贷公司具有地域化特征，因此出现一家独大的可能性极低，未来的 P2P 网贷行业将会出现第一集团军、第二集团军的局面。具有良好风险管理能力的公司及那个会处于第一集团军占领 70% 左右的市场，出现战国群雄的局面。

（二）互联网金融要服务实体经济

用互联网金融推进产业的转型升级的案例见本书：用互联网金融打造中国汽车大品牌。

（三）用互联网金融工具推动中国的产业转型升级

当互联网企业无意中打开互联网金融的潘多拉盒子后，互联网金融的热潮就在中国开始了，不懂互联网金融的人都在讲互联网金融对金融行业的影响，然而互联网金融对中国经济的影响到底有多大，互联网金融能不能帮助中国的各行各业转型升级，目前大家还没有意识到。

其实，互联网金融对中国所有行业和影响是深远的，互联网金融工具正确运用

是能帮中国的所有行业转型升级的。

1. 互联网金融对传统金融的影响

互联网金融对传统金融的冲击，最突出的是对客户的冲击，商业经营必须有固定的客户群，而不同的互联网企业也都各有高招，比如腾讯用即时通讯工具 QQ 黏住客户，网易用邮箱黏住客户，搜狐用娱乐、体育等产品黏住客户，而新浪的强项则是为名人开通自媒体，这是传统报纸能做到的吗？互联网时代的新闻门户仅仅靠提供新闻肯定是不行的，而人民网、新华网等传统新闻企业转型来的新媒体之所以做不到四大门户那么大，关键还是缺乏黏住客户的手段。

互联网金融也是一样，阿里巴巴、淘宝本身就有大量的客户，这些客户既包含他们平台上的电商，也包含网购用户，这些客户就是阿里集团做互联网金融的基础，而传统银行即使转型做互联网，也没有哪个具备能黏住各类客户尤其是年轻客户的优势。

互联网金融不是技术导向的，而是消费者导向的。如今的互联网就是一种新的生活方式，电子商务已渗透到人们生活里各个角落。

面对着这样的变化，银行已逐渐不能够满足未来客户的需求，现在人们更喜欢足不出户，一切事情通过网络完成。在这强大的互联网金融攻势面前，传统银行靠改变盈利模式、调整业务结构、改变客户基础、改善服务水平、建立和引入新的信息管理系统等应变，或许可以稳住一部分市场，但传统银行没法给人提供全新的网络化生活方式，而这只有互联网企业能提供。现实就是这么残酷，现在要的是全新的商业经营模式，而非旧有模式的修补或延伸。

数据显示，2013 年 6 月末，阿里小微信贷的贷款不良率为 0. 87%，低于我国银行业 0. 96% 的平均水平。供应商利用京东供应链金融平台获得融资的资金成本为每日 0. 019%，相当于 7% 的年化利率，远低于同类银行贷款产品的年利率。互联网金融之所以能做到这一点，依靠的就是其大数据、大网络的科技优势。

有了金融大数据的支持，就可以针对不同的用户提供他们需要的产品，无论是百度金融中心理财平台支持推出的两款金融产品，还是支付宝的余额宝，都是对用户需求的一种应对。互联网金融能根据海量网民的搜索，捕捉大众用户的金融需求，以定制化产品深入 80% 的蓝海理财用户，而传统金融业主要赚的还是 20% 富人的钱，因为很多传统金融的理财都有一个不低的门槛约束着用户的参与机会。

另外，通过互联网技术，通过大数据、云计算去识别风险，管理风险，能更有针对性，更好地为小微企业以及消费者的金融需求服务，而传统金融企业至少目前还不具备这样的数据优势。

从银行传统业务角度看，当下互联网金融主要有第三方支付、网络信贷、网络理财三大部分，这三项也是传统银行的核心业务。如果说支付宝的网络支付让传统银行业领教到什么叫做“冲击”的话，那么余额宝的网络理财则让传统银行业领教到了什么叫做“危机”，这种冲击就是金融脱媒化，也就是隔绝了客户与银行的联系，比如余额宝正好卡住了银行资金来源的咽喉，切断、截留了相当一部分银行活期存款来源的渠道，正在动摇传统银行的基础和根本。

网络信贷也必将分掉银行很大一部分信贷份额。而这些只是互联网企业业余的做法，如果互联网企业有金融专家加盟，再给银行的高端客户提供资本运作及全方位的金融服务，就能一次将银行的高端客户掏空，彻底将银行击溃。所以，互联网金融对传统银行业的深远影响还只是刚刚开始。

2. 互联网金融对实体企业的影响

实体企业如何运用互联网金融的案例：为什么小米三年超过了联想，有 100 亿美元的市值，每年有二三十亿元人民币的利润？是有了移动互联网，有了互联网金融，有了互动商业革命。美国都没有这么快的，因为美国的商业环境非常好，商业链条非常完善，颠覆不是那么强。在中国所有的商业链条都不完善，以前所有企业都是从产品到营销，所有的公司都是有产品才去做营销，当互联网金融出现后，移动互联网和电商突然发现有叫“用户”的人，有叫“关系”的粉丝。比如说用友做了 30 年公司，30 亿元销售额，有 30 万用户，只有产品和营销，用户跟它没关系。在移动互联网里面没有一个“米粉群”，雷军是有“米粉群”的，由产品直接到营销跨越了两个阶段，通过网上卖的东西，别人把所有的资料都给你，并且支付的账号也给你了，你可以进行大数据来分析，你做了来往以后你有一个粉丝群，可以看到米粉的狂热，跟用户一起开发和成长。

3. 传统行业如何运用互联网金融转型升级

前不久，笔者去一个地方政府及当地的一家企业调研，企业家诉苦，说企业艰难，没有利润，政府官员诉苦，说地方政府没钱，却有大量的债务，招商难，经济发展难。企业家和政府官员问笔者如何解决这些难题。笔者讲了如何运用互联网金融破解这些企业家和地方政府官员的困境。

这家企业是央企，生产机械设备，也为壁纸企业生产设备。笔者帮这家企业和地方政府建立一个 10 亿元的产业基金，资金由笔者来募集，在当地建一个壁纸工业园，当地政府同意以零地价给壁纸工业园提供土地。园区最难的是招商，笔者出面解决。

怎么解决呢？中国有个壁纸行业协会，笔者将中国壁纸行业的老板们都招在一起搞个论坛，告诉这些老板们，到这个壁纸工业园来投资一不缺资金，所有企业的资金问题笔者来解决，二不缺市场和客户，三不缺大品牌。

壁纸工业园区的所有的产品销售通过互联网直接卖给全国各地的客户，过去壁纸行业的销售是企业层层代理或建体验店，壁纸卖到客户手里时价格翻了 3 倍以上，我们将整个园区的所有壁纸企业的产品集中打包，在全国招加盟商，加盟商只收少量的加盟费，不卖产品，只帮当地的客户把壁纸贴好，收 30% 的工程费，这样全国的消费者就能买到价格低、品质高的壁纸，于是全国各地所有的加盟商也都能赚钱。

5 年左右将整个园区的壁纸企业合并财务报表上市，3 年左右国内壁纸行业不到园区来发展的壁纸企业都被我们消灭，我们用 10 年的时间将世界上的其他壁纸企业淘汰出局。这样一来，我们运用互联网金融将所有的难题全部解决，更重要的是这个地区的壁纸行业在全中国及全世界将没有竞争对手。

综上所述，互联网金融改变的不仅仅是金融行业，运用互联网金融工具可以改变中国所有的行业，正确运用互联网金融可以帮助所有的地方政府化解地方债务危机并且帮助地方政府招商引资，推动地区经济转型升级，打造地区经济的核心竞争力，进而推动中国的所有行业全面转型升级，打造中国经济的升级版。

八、中国互联网金融行业协会的作用

中国互联网金融行业协会截止到2015年已经成立两年。该协会是一个行业自律组织，经过两年的调查研究和准备，结合二十多年在金融行业的理论研究与实践经验，得出结论：互联网金融是人类历史上划时代的金融工具，我们就应该运用互联网金融工具去做伟大事业。

因此，协会要帮会员单位成就伟大的事业，应该脚踏实地地为会员单位提供服务，为会员单位解决客户、市场、资金、品牌、人才问题，并帮助打造各自的狼性团队，让互联网金融机构成长为互联网金融时代的金融家或具备金融能力的企业家，争取让大部分会员单位在五年左右上市。协会是一个互联网金融的产业集群大平台。

协会将从2016年开始为条件成熟的会员单位募集股权基金，投资给会员单位，让会员单位更好地成长，帮助会员单位打造全新的商业模式，为会员单位整合资源。当会员成长为金融行业的将军元帅后，他们带领的狼性团队战无不胜时，整个协会成员团结一心，中国互联网金融行业协会就成了一个具备狼性的集团军。10年之后我们这个具备狼性的集团军走出国门与世界上任何金融机构竞争，我们都是世界上金融及经济领域的第一集团军。到那时会员个个富可敌国，成为受到世界人民尊敬的金融企业和金融家。

凭什么我们中国互联网金融行业协会的会员单位能做到成为中国金融领域的第一集团军，将来也能成为世界金融领域的第一集团军呢?

因为，我们运用互联网金融工具创建的全新的经济发展模式过去在人类历史上没有过，在世界任何发达国家都没有过，当我们运用互联网金融工具通过打造产业集群，为地区经济培育经济增长点时，我们就通过金融创新推动了中国经济转型升级。运用互联网金融工具打造的产业集群与传统产业最大的区别是，只要一开始整合一个产业，这个产业就能做到世界上最好，而且是不可逆转的趋势。今天中国具备了这样的政策环境和社会条件，而如何运用互联网金融工具达到这个目标，在理论上我们已经成熟，在实际中我们经过多次实践也完全可行，现在只缺一群互联网金融的主角登上这个历史的舞台。

（一）中国互联网金融行业协会的价值观

运用金融学家宏皓创建的金融理论和互联网金融工具帮企业、机构转型升级，提高盈利能力和打造核心竞争力，让中国的各行各业追上发达国家，成为世界上最优秀的产业集群，为人们提供更好的产品和服务，让人们的生活更加美好。

（二）中国面临的经济发展瓶颈只有运用互联网金融工具才能轻松突破

中国经济经过30多年的粗放式快速发展后，正面临巨大的经济发展瓶颈：品牌、技术、资源。这是所有发展中国家经济发展到一定程度必然会遇到的问题。如何突破中国经济发展的瓶颈？只有运用金融工具对企业进行升级转型才能突破中国经济发展瓶颈，正确运用互联网金融以其创新的思维和盈利模式才能解决当前企业发展的困局。时代变了，中国越来越需要在互联网金融理论和实践中都能走在最前沿的金融学家，站在为国家解决金融难题的高度，设身处地地帮助企业解决棘手问题。

目前中国经济改革最难的是观念的转变，旧的经济发展模式已经过时，新的经济模式需要企业家学习后转变观念才能重新建立。例如，运用金融创新工具培育有核心竞争力的产业集群，帮企业再造商业模式形成新的经济增长点，通过互联网金融等手段整合各类优质资源为地区经济发展服务，帮助地方政府招商引资打造新的产业链等。

因此，当前地区经济转型升级只有政府、企业、金融机构达成共识后，共同努力才能突破经济瓶颈。

首先，通过讲座的形式进行系统培训，各方都了解如何正确运用互联网金融工具推动经济转型升级后，再展开联手合作。培训主题围绕如何通过金融创新再造地区新的经济模式，推动地区经济转型升级。在培训的过程中，通知实体企业、政府工作人员、金融机构等都来参加。如何解决这个难题，中国互联网金融行业协会早已做好了准备。

其次，大家先了解互联网金融工具如何为地区经济发展服务，再沟通交流搭建多方共赢的大平台：用正确的金融理论和互联网金融工具帮助企业、机构转型升级，提高盈利能力和打造核心竞争力，推动中国地区经济更健康发展。

最后，以当地企业或适合地区发展的产业为基础，帮助地方政府招商引资，打造产业链，形成各地的产业集群。不仅投资给该地区需要融资的企业，而且更重要的是帮助产业链上的企业成长：推动企业技术创新，提高盈利能力，打造地区产业集群企业核心竞争力；引导地区优势行业的企业发展，推动地区资源和产业转型升级和优化发展，从而扶持优秀的企业上市，以产业基金和互联网金融平台为资本纽带，通过向优势行业的企业注入资本，让其上市并成为国内该行业的龙头企业。

互联网金融已经形成一种潮流，作为互联网金融时代下的相关企业，只有正确运用互联网金融工具解决企业发展难题，才能在中国金融发展和经济发展的舞台上一展雄姿。

第四章　用互联网金融重塑经济模式

一、商业模式的定义

什么是商业模式？商业模式概念的核心是价值创造。商业模式是指企业价值创造的基本逻辑，即企业在一定的价值链或价值网络中如何向客户提供产品和服务并获取利润，通俗地说，就是企业如何赚钱。

商业模式的定义描述了企业创造价值、传递价值和获取机制的基本原理。

商业模式创新是指企业价值创造提供基本逻辑的变化，即把新的商业模式引入社会的生产体系，并为客户和自身创造价值。通俗地说，商业模式创新就是指企业以新的有效方式赚钱。新引入的商业模式，既可能在构成要素方面不同于已有的商业模式，也可能在要素间关系或者动力机制方面不同于已有的商业模式。

决定企业成败的是核心竞争力。核心竞争力就是创造独特客户价值的组织执行力。

二、商业模式的九个构架框

（一）客户细分（customer segments）

客户构成了任何商业模式的核心。没有（可获益的）客户，就没有企业可以长久存活。为了更好地满足客户，企业可能把客户分成不同的细分区隔，每个细分区隔中的客户具有共同的需求、共同的行为和其他共同的属性。商业模式可以定义一个或多个或大或小的客户细分群体。企业必须作出合理决议，到底该服务哪些客户细分群体，该忽略哪些客户细分群体。一旦作出决议，就可以凭借对特定客户群体需求的深刻理解，仔细设计相应的商业模式。

进行客户群体细分需注意以下方面：需要和提供明显不同的提供物（产品/服务）来满足客户群体的需求；客户群体需要通过不同的分销渠道来接触；客户群体的盈利能力（收益性）有本质区别；全体客户愿意为提供物（产品/服务）的不同方面付费。

1. 大众市场（mass market）

聚焦于大众市场的商业模式在不同客户细分之间没有多大区别。价值主张、渠道通路和客户关系都聚焦于一个大范围的客户群组，在这个群组中，客户具有大致相同的需求和问题，这类商业模式经常能在消费类电子行业中找到。

2. 利基市场（niche market）

以利基市场为目标的商业模式迎合特定的客户细分群体。价值主张、渠道通路和客户关系都针对某一利基市场的特定需求定制。这样的商业模式常常可以在供应商—采购商（supplier - buyer）的关系中找到。

3. 区隔化市场（segmented market）

有些商业模式在略有不同的客户需求及困扰（needs and problems）的市场细分群体间会有所区别。

4. 多元化市场（diversified market）

具有多元化客户商业模式的企业可以服务于两个或更多个具有不同需求和困扰的客户细分群体。

多边平台或多边市场（multi - sided platforms/multi - sided market）

有些企业服务于两个或更多的相互依存的客户细分群体。

（二）价值主张（Value propositions）

价值主张通过迎合细分群体需求的独特组合来创造价值，价值可以是定量的（如价格、服务速度）或定性的（如设计、客户体验）。了解下面一些要素有助于为客户创造价值。

1. 新颖（newness）

有些价值主张满足客户从未感受和体验过的全新需求，因为以前从来没有类似的产品或服务。这通常但不总是与技术有关，举例来说，移动电话围绕移动通信开创了一个全新的行业。

2. 性能（performance）

改善产品和服务性能是一个传统意识上创造价值的普遍方法。

3. 定制化（customization）

定制产品和服务以满足个别客户或客户细分的特定需求来创造价值。

4. “把事情做好”（getting the job done）

可以通过帮客户把某些事情做好而简单地创造价值。

5. 设计（design）

设计是一个重要但又很难衡量的要素。产品可以因为优秀的设计脱颖而出，设计是价值主张中特别重要的部分。

6. 品牌/身份定位（brand/status）

客户可以通过使用好现实某一特定品牌发现价值。

7. 价格（price）

以更低的价格提供同质化的价值是满足价格敏感客户细分群体的通常做法，但是低价价值主张对于商业模式的其余部分有更重要的意义。

8. 成本削减（cost reduction）

帮助客户削减成本是创造价值的重要方法。

9. 风险抑制（risk reduction）

当客户购买产品和服务的时候，帮助客户抑制风险也可以创造客户价值。

10. 可达性（accessibility）

把产品和服务提供给以前接触不到的客户是另一个创造价值的方法。

11. 便利性/可用性（convenience/usability）

使事情更方便或易于使用可以创造可观的价值。

（三）渠道通路（channels）

渠道通路用来描绘公司如何沟通、接触其客户细分而传递其价值主张。

沟通、分销和销售这些渠道构成了公司相对客户接口界面。渠道通路是客户接触点，它在客户体验中扮演着重要角色。

渠道通道包含以下功能：提升公司产品和服务在客户中的认知；帮助客户评估公司价值主张；协助客户购买特定产品和服务；向客户传递价值主张；提供售后客户支持。

通过哪些渠道可以接触我们的客户细分群体？我们现在如何接触他们？我们的渠道如何整合？哪些渠道最有效？哪些渠道成本效益最好？如何把我们的渠道与客户的例行程序进行整合？

1. 认知

我们如何在客户中提升公司的产品和服务的认知？

2. 评估

我们如何帮助客户评估公司价值主张？

3. 购买

我们如何协助客户购买特定的产品和服务？

4. 传递

我们如何把价值主张传递给客户？

5. 售后

我们如何提供售后支持？

（四）客户关系（customer relationships）

客户关系用来描绘公司与特定客户细分群体建立的关系类型。

企业应该弄清楚希望和每个客户细分群体建立的关系类型。客户关系范围可以从个人到自动化。客户关系可以被以下几个动机所驱动：客户获取、客户维系、提升销售额（追加销售）。

（五）收入来源（revenue streams）

收入来源用来描绘公司从每个客户群体中获取的现金收入（需要从创收中扣除成本）。

如果客户是商业模式的心脏，那么收入来源就是动脉。企业必须问自己，什么样的价值能够让各客户细分群体真正愿意付款？只有回答了这个问题，企业才能在各个客户细分群体上发掘一个或多个收入来源。每个收入来源的顶级机制可能不同，例如固定标价、谈判议价、拍卖定价、市场定价、数量定价或收益管理定价等。

（六）核心资源（key resources）

核心资源用来描绘让商业模式有效运转所必需的最重要因素。

每个商业模式都需要核心资源，这些资源使企业组织能够创造和提供价值主张、接触市场、与客户细分群体建立关系并赚取收入。不同的商业模式所需要的核心资源也有所不同。微芯片制造商需要资本集约型的生产设施，而芯片设计商则需要更加关注人力资源。

核心资源可以是实体资产、金融资产、知识资产或人力资源。核心资源既可以是自有的，也可以是公司租借的或从重要伙伴那里获得的。

（七）关键业务（key activities）

关键业务用来描绘为了确保其商业模式可行，企业必须做的最重要的事情。

任何商业模式都需要多种关键业务活动。这些业务是企业得以成功运营最重要的动作。正如核心资源一样，关键业务也是创造和提供价值主张、解除市场、维系客户关系并获取收入的基础。而关键业务也会因商务模式的不同而有所区别。例如，对于微软等软件制造商而言，其关键业务包括软件开发。对于戴尔等电脑制造商来说，其关键业务包括供应链管理。对于麦肯锡咨询企业而言，其关键业务包含问题求解。

（八）重要合作（key partnerships）

重要合作用来描述让商业模式有效运作所需的供应商与合作伙伴的网络。

企业会基于多种原因打造合作关系，合作关系正日益成为许多商业模式的基石。很多公司创建联盟来优化其商业模式，降低风险或获取资源。

我们可以把合作关系分为以下四种类型：在非竞争者之间的战略联盟关系；竞合：在竞争者之间的战略合作关系；为开发新业务而股市构建的合资关系；为确保可靠供应的购买方—供应方关系。

（九）成本结构（cost structure）

成本结构用来描绘运营一个商业模式所引发的所有成本。

它是在特定的商业模式运作下所引发的最重要的成本。创建机制和提供价值、维系客户关系以及产生收入都会引发成本。这些成本在确定关键资源、关键业务与重要合作后可以相对容易地计算出来。然而，有些商业模式，相比其他商业模式更多的是由成本驱动的。

三、商业模式样式

我们用相似商业模式构造块的相似布局或相似行为来描述商业模式。这些类似的商业模式称为商业模式样式。商业模式样式帮企业理解商业模式的动态变化，并作为企业商业模式相关工作的灵感来源。基于商业主做资料中的重要概念，我们概要性地阐述了五个商业模式样式。随着时间的推移，基于其他商业概念的新商业模式样式一定会涌现出来。

（一）非绑定式商业模式

“非绑定”企业的概念认为，存在三种不同的基本业务类型：客户关系型业务、产品创新型业务和基础设施性业务。每种类型都包含不同的经济驱动因素、竞争驱动因素和文化驱动因素。这三种类型可能同时存在于一家公司里，但是理论上这三种业务“分离”成独立的实体，以便避免冲突或不利的权衡妥协。

（二）长尾式商业模式

长尾式商业模式的核心是多样少量：他们关注于为利基市场提供大量产品，每种产品相对而言卖得都少。利基产品销售总额可以与凭借少量畅销产品产生绝大多数销售额的传统模式相媲美。长尾模式需要低库存成本和强大的平台，并使得利基产品对于兴趣买家来说容易获得。

（三）多边平台式商业模式

多边平台将两个或者更多有明显区别但又相互依赖的客户群体集合在一起。只有相关客户群体同时存在的时候，这样的平台通过促进各方客户群体之间的互动来创造价值。多边平台需要提升其价值，直到它达到可以吸引更多用户的程度，这种现象被称为网络效应。

（四）免费式商业模式

在免费式商业模式中，至少有一个庞大的客户细分群体可以享受持续的免费服务。免费服务可以来自多种模式，通过该商业模式的其他部分或其他客户细分群体，给非付费用户细分群体提供财务支持。

（五）开放式商业模式

开放式商业模式可以用于那些通过与外部伙伴系统性合作来创造和捕捉价值的

企业。这种模式可以是“由外到内”，将外部的创意引入公司内部，也可以是“由内到外”，将企业内部闲置的创意和资产提供给外部伙伴。

四、中国经济遇到了瓶颈

中国经济经过30多年的发展，正面临发展瓶颈，也就是经济学上的刘易斯拐点：工人工资增加，原材料价格上涨，企业经营成本提高，企业利润下降。中国经济发展现在面临的瓶颈：一是品牌，二是技术，三是资源。20世纪90年代东南亚“四小虎”经济快速发展之后，就进入了长期的经济衰退。中国现在的情况更复杂些，如何来突破经济发展的瓶颈呢？

（一）经济数据

2012年国内生产总值（GDP）增速为7.8%，2013年GDP增速为7.6%，2014年GDP增速为7.4%，2014年CPI同比上涨1.5%，4月生产者价格指数（PPI）大幅下滑，而且已经是连续第14个月下降。数据显示，中国2013年4月PPI下降2.4%，创2012年10月以来最大降幅。PPI下降将使工业品和大宗商品生产商盈利、偿还债务以及按时向供应商付款的难度加大。PPI持续下降反映了钢铁、煤炭、玻璃、铝、光伏、水泥这一系列中国主要行业的产能过剩问题。

（二）经济潜在增长率出现下降趋势

经济潜在增长率是指一国（或地区）在一定时期内，在既定的技术和资源（劳动力、资本）条件下，在充分就业和不出现严重通货膨胀的情况下，各种资源最优和充分配置所能达到的最高经济增长率。

发展中国家经济发展的规律表明，在经历20年乃至更长时间的经济高速增长后，经济增长速度一般会呈现台阶式下降的特征。我国经济潜在增长率同样不可能一直保持在10%以上的水平，也必将从高速增长台阶向次高速增长台阶过渡。目前，我国经济潜在增长率下降的条件即将显现。这主要表现在以下方面。

1. 劳动力供给增长放缓

我国人口结构正在发生变化，局部地区出现的“民工荒”、“招工难”等现象一定程度上反映了劳动力供求关系的变化。据预测，我国劳动年龄人口将于2016年达到峰值，总量为9.99亿人，之后逐渐下降，到2020年将下降至9.87亿人。2011—2020年就业年均增速将比前期下降0.9个百分点，拉动经济增长率下降约0.4个百分点。城镇化加速推进所释放的农村富余劳动力和劳动力素质的提高，仍然不能弥补劳动力人数下降对经济增长造成的负面影响。另外，快速富起来的人不愿意劳动。

2. 储蓄率有所下降

人口年龄结构变化在影响劳动力供给的同时，也将导致储蓄率下降。据测算，人口抚养比每上升1个百分点，储蓄率将下降0.8个百分点。随着人口结构变化，我国正在进入老龄化社会，人口抚养比不断上升。2011—2020年，人口结构变化将带动储蓄率下降2.8个百分点。

经济全球化红利衰减。改革开放以来，我国经济发展抓住了全球产业分工调整的重大机遇，尤其是2001年加入世界贸易组织之后，对外贸易成为我国经济高速增长的重要动力。目前，发达国家加紧实施内外经济平衡战略等，未来出口对经济增长拉动作用将逐渐递减。

3. 土地、能源和环境约束加大

经济发展环境出现重大变化，低土地成本、低能源成本和低环境成本的时代已经过去，我国依靠土地成本、能源成本和环境成本等形成的所谓“投资成本洼地”效应将逐渐消失。

4. 全要素生产率难以大幅度提高

一是短时期内技术水平难有大的突破和提高，二是劳动力再配置效应有所减弱，三是市场化改革的制度效应减弱。市场取向的经济体制改革释放了经济活力，提高了全社会资源配置效率，然而随着改革难度加大，市场化对经济增长的拉动作用有所减弱。

（三）经济潜在增长率下降的时间窗口

自我国经济增长速度2007年达到1985年以来的最高点以后，潜在增长率就开始小幅放缓。2007年是我国经济潜在增长率变化的转折点。

我国经济将步入由数量型增长向质量型增长的新阶段。

（四）国内经济发展模式比较

1. “东莞模式”

东莞曾经以招揽全国最多的台商企业而著名。东莞30年来取得了令人瞩目的发展成就，2007年底东莞经济总量跃居全国地级城市第一位。

“东莞模式”走到尽头。东莞这个城市，在浩浩荡荡的改革大潮中兴起。长期以来，东莞依靠着“三来一补”的外贸加工业而处于前进之中。那场金融危机，让东莞经济出现了拐点。2009年第一季度，东莞经济下降2.5%，这是东莞历史上第一次出现负增长。

东莞全市的镇街之中，超过60%的镇街存在财政赤字。知情人透露：“东莞樟木头镇政府已经严重收不抵支，负债16亿元，理论上已经‘破产’。”东莞这些镇街之所以濒临破产，与多年的“跟国际接轨”政策有关。

其实，东莞神话的破灭，只是中国制造业出问题一个缩影而已。

东莞模式曾经被看成一个神话，如今却要面临破产。东莞的企业都是劳动密集型企业，一大批工厂都是做同样的物件，一旦发生危机，倒下的就是一大片。东莞的企业没有自主品牌。

2. 鄂尔多斯模式

短短几年间，鄂尔多斯和泡沫联系到了一起。鄂尔多斯几近“全民借贷”的程度，直追浙江温州。利率越高，刀口舔血以求一博的人越多。对于目前已停工的楼房、无人居住的住宅，以及注定到来的借贷风暴，几乎所有当地人用“经济危机”和“金融危机”来解释。

（1）政府主导型投资模式的一个夸张放大版

如果把“四万亿”和鄂尔多斯造城狂潮相关联，或许有人觉得不相搭，其实不然。过去几年由于煤炭市场的热销，地方政府累计了相当的财力，再加上“四万亿”刺激方案的大背景下，以地方政府为主导的投资狂潮便不断被放大。鄂尔多斯危机或许只是政府主导型投资模式的一个夸张放大版。

政府希望通过造城来继续维系鄂尔多斯的繁荣，巨额投资打造的康巴什就是造城的结果。造城又造就了鄂尔多斯第二批拆迁富豪，富豪的不断增多致使整个城市洋溢在财富的梦幻生活中。短时间财富突然膨胀使得人们无心经营普通的实业，加上财富找不到合理的投资渠道，在造城运动尚未结束之际，当地暴富的人们迷恋上了民间借贷，希望借此维系这种奢华的生活。但是，一场必然要到来的借贷风潮，击垮了这些富豪，也击垮了这座城市。

（2）中国经济畸形发展的极端缩影

地方政府一味追求经济发展速度，用资源换 GDP 增速，富裕的人们一味盼着用钱生钱，致使房地产行业在没有足够需求的情况下突飞猛进，价格飙升。鄂尔多斯的这个财富路径和整个中国的财富发展路径何其相似。其实，它是中国过去几十年经济发展路径的极端缩影。

一方面是高利贷狂欢陷入集体疯狂，另一方面是正常的民间金融被刻意忽视，民间资金在歧视之下走上不归路。高利贷频现，导致了实业空心化、资产泡沫化。地方政府得了投资“饥渴症”，太多的地方政府还在玩着圈地盖房、盖空城的游戏，太多的城市得的是与鄂尔多斯一样的病，只不过是病情没有鄂尔多斯严重而已，鄂尔多斯那种盖空城的方式注定是死路一条。

3. 温州模式

温州模式起源于温州专区的沿海地带，北起乐清、永嘉，南到平阳、苍南。温州模式的基础是广大百姓的观念，特征是以个体经济家庭经营为起点，股份合作制企业为主体，以市场为核心，小商品生产为主导。

温州模式是指以家庭工业和专业化市场的方式发展非农产业，从而形成“小商品、大市场”的发展格局。

“在家庭作坊的生产方式逐步发展成为规模化生产之后，温州经济也开始出现了瓶颈。”20 世纪后十年，即 1990—2000 年这十年，“温州模式”出现了野蛮生长的状况，“遍地都是打火机厂、眼镜厂、皮革厂、鞋厂、汽车零配件厂等，很快就让原本依靠低劳动力成本参与市场竞争的温州模式，难以适应新的经济环境的要求。”

但是，这种以低成本、小作坊创业逐步发展起来的温州产业，近年来在产能过剩的大背景下，不得不承受原材料价格和劳动力成本大幅上涨的压力，生存越来越困难，而竞争对手则悄然崛起。

纽扣、服装、开关、皮鞋、打火机等小商品是当年温州人起家的行业，其共同的特点是都属于低技术行业。在过去“短缺经济”的年代，这曾为温州经济的发展作出了巨大贡献。“事实上，这些处于产业链条低端的民营企业，经不起任何大风大浪。”

2000—2010年这十年中，善于“算计”的温州人开始在产业进入发展瓶颈的时候，选择了投机生意。

过去那个引领时代发展的“温州模式”已悄然生变，越来越被“股市敢死队”、“炒房团”、“炒煤”“炒矿”、“炒棉花”等“炒”声所湮没或被贬义为“遍地投机”。

2012年3月28日，国务院常务会议决定批准实施《浙江省温州市金融综合改革试验区总体方案》（以下简称《方案》）。

和之前的产业转型相比，此次温州金融改革试验则提出了更多的悬念。

第一大悬念，即“迄今为止尚未出台任何细则具体解释到底需要符合什么条件的小贷公司才能改制为村镇银行”。

第二大悬念，即留给温州金融改革最大的悬念是，如何引进或者培养适应改革试验区的高端金融人才？

“首先，温州本土缺乏金融文化的土壤，仅有的温州大学和国内顶尖的金融院校相比差距还很大，无法短时间内培养出优秀的金融人才；其次，放高利贷和做村镇银行是绝对不一样的，金融是系统性工程，需要专业人才来管理，这一点温州当地尚没有足够的储备人才，没有足够的金融人才来参与改革试验，《方案》只能是一纸空文。”目前整个温州的经济状况和人文环境都不足以吸引高端金融人才，“这些人会选择去上海、北京或深圳，温州依靠什么优势来吸引他们呢？这是最大的问题。”

和当初低成本的家庭作坊发家不同，温州此次金融改革试验最大的软肋就是金融人才尤其是高端金融人才的缺乏。

4. 长三角模式

长三角地区通常是指由长江和钱塘江在入海处冲击成的三角洲，包括江苏省东南部、上海市和浙江省东北部。长三角地区是我国经济最活跃，也是我国制造业发展水平最高的地区之一。近年来，长三角地区制造业遭遇了前所未有的困难，制造业转型升级的紧迫性日益凸显。

（1）制造业发展层次较低，发展模式不科学

目前，长三角地区的制造业仍以劳动密集型产品为主，尤其是传统制造业，长三角地区仍以高投入、高消耗、高排放的增长模式在发展。

（2）产业技术创新水平发展不平衡，研发能力不足

科研经费投入是某一地区创新活动最重要的驱动力。长三角地区的制造业创新发展总体上处于领先地位，但与世界发达国家比较，长三角各地区制造企业创新的规模和投入水平还远远不够。

（3）产业集群化水平仍处于较低层次

近几年，随着经济的高速发展，长三角地区的制造业集群化得到快速发展。例如，江苏形成了化学工业和纺织业两大产业集群；上海形成了汽车产业、IT 产业等多个产业集群；浙江则形成了化学纤维制造业、饮料制造业和电子及通信设备制造业等多个产业集群。但总体而言，大部分产业集群还处于发展的初级阶段，发展层次较低，没有形成较为完整的产业链。产业集群也就无法形成规模经济效益。

五、中国经济有重蹈日本覆辙的危险

中国经济放缓以及大宗商品价格的大幅下跌有可能取代欧元区债务危机，中国经济有硬着陆的风险，也有重蹈日本经济 20 年前覆辙的危险。

（一）投资拉动形成产能过剩，消费又难以增长

中国当前的在建项目并不少。2012 年 4 月房地产开发投资增速加快，铁路投资提速，且其他公共设施投资同样强劲。4 月水泥产量同比增长 8.7%，增速高于 3 月的 6.9%。但投资拉动超高速增长的日子已所剩无几。中国政府希望强劲的国内消费将弥补投资放缓带来的缺口。这一策略在 2012 年似乎奏效了，因当年家庭收入和社会消费品零售额均大幅增长。但到 2013 年情况有所变化，4 月社会消费品零售总额同比增幅从 2012 年底的 13.5% 降至 11.8%。社会消费品零售额放缓的一个原因是政府打击官员铺张浪费。招待政府官员的餐厅其营业收入大幅下滑。假如官员减少铺张浪费所省下的钱能用于增加医疗和教育等更有用领域的支出，那么社会消费品零售额暂时下降也无须担忧，可是中国还没有很好地解决百姓医疗和教育的问题，百姓当然就不敢消费。中国居民收入增幅大幅下降也表明可能会出现更深层次的问题。2012 年中国城镇家庭可支配收入增长 9.6%，但 2013 年第一季度增幅仅为 6.7%，反映出增长放缓和企业利润收窄的滞后影响。这一增幅不及国内生产总值（GDP）增幅。在 2012 年，经济增长稳步转向消费拉动的迹象抵消了人们对中国经济疲软的担忧，但如果家庭收入增幅不及其他经济领域，那么必要的经济再平衡将无法实现。中国经济现在面临的困境是投资拉动只能形成更为严重的产能过剩和更大的通货膨胀，消费拉动老百姓的收入赶不上通货膨胀的速度，再加上医疗和教育没有保障，消费拉动经济根本就不可能。出口方面，由于人民币对外升值对内贬值，出口产品没有竞争力，再加上各国的贸易保护政策，中国的出口只有下降的趋势。

（二）青年生活压力大，创业难，创新乏力

在 21 世纪，创新已不再是个体的卓越行为，而是转变为人类生存竞争必不可缺

的一种素质。世界主要国家无一不在积极谋求国际竞争力的提升，无一不想在世界上更多、更快、更有效、更可持续地创造财富，取得发展。《2012—2013 年全球竞争力报告》告知全世界，中国位列第 29 位，与瑞士、芬兰和美国等国家相比，创新仍是处在效率驱动型发展阶段的中国隐隐发作的痛。当被称为史上最难就业年的 2015 年悄然来临，我国近 700 万大学生用渴望的眼神寻觅着发展。而现实是只能做梦。

“我在这里欢笑，我在这里哭泣。我在这里祈祷，我在这里迷惘。”汪峰的一曲《北京北京》唱出了多少北漂的心声。我们看看一个打工族在北京的月生活成本：租房最少需 3 000 元，合租的话，平摊 1 500 元左右；水、电、燃气、宽带、有线电视费约 300 元；交通费按大部分人乘公交、地铁，平均算 200 元；手机费 100 元；饮食 1 150 元；日常品费用最低算 100 元；服装鞋子按每个月 300 元计算。以上是一个人生活的基本花费，至于娱乐活动、人情送礼或孝敬长辈等花费都还没有计入。以上总计开销：1 500 + 300 + 200 + 100 + 1 150 + 100 + 300 = 3 650（元）。每月平均工资按 4 545 元，扣除固定支出后，剩余 4 545 − 3 650 = 895（元），一年结余下来，仅仅 1 万元，还不够孝敬父母以及来回的劳顿费。所以，月薪 4 545 元只够紧巴巴的生活，房子、车子什么的都是梦中花、水中月，摸不着。在生活的重压下创新只是梦。创业，目前中国的创业环境对于年轻人来说如果没有背景根本就没有成功的可能性。

国与国也好，人与人也罢，高端对决之际，竞争的武器唯有创造，获胜的秘诀唯有创新，可是现在的中国根本就没有给年轻人创造创业的条件，相反创业的成本却在筑高台。未来的中国在国际上的竞争力光靠现存的企业吗？肯定是不行的。

（三）官员和国企“近亲繁殖”，集体贪污腐化

2011 年，网上出现一篇题为《揭东县 28 岁副县长，四五年光景从办事员到副县长，有背景》的帖子。发帖者称，广东揭东县副县长现为揭阳市揭东区副区长江中咏，他的父亲是揭东县原副县长江俊驱，岳父是揭阳市地产大亨。

1. 人们微评：“子承父业”拷问官员选拔

对于湖南衡阳、广东揭阳等地接连曝出年轻干部“子承父业”，继而降职处理的事件。《人民日报》在微博上发表的评论称：年轻只是舆论引爆点，公众质疑的是干部选拔过程。

考察任命程序是否违反回避规定，程序是否公平公正？民主集中绝不能异化成领导意志、官管干部。然而，现在的中国，爸爸是市长，退休后安排儿子当副市长，将来当市长，或者爸爸是县长，儿子当副县长。官场上正是走过去 30 年日本的道路。这种变相的世袭导致了日本经济 30 年没有发展。

2. “近亲繁殖”，集体贪污腐化

在一些官员及国企高管的受贿案件中，通常不是官员一个人在“战斗”，他的妻子、儿子等直系亲属，情人、同学或老乡等特定关系人，往往也在其中扮演着重

要角色，成为台前幕后的贪腐“亲友团”。官场和国企的集体贪污腐化成为中国的普遍现象，而这种情况正是日本30年前的写照。在“近亲繁殖”的集体贪污腐化背景下，中国的经济怎么可能有创造力和竞争力呢？

（四）产能过剩是错误的经济发展方式造成的

2013年5月13日，中共中央政治局常委、国务院副总理张高丽赴内蒙古自治区调研。张高丽强调，要以化解产能过剩为重要抓手，加快产业结构转型升级，增强经济发展的活力。要强化增量管理，严禁核准钢铁、水泥、电解铝、平板玻璃、船舶等产能严重过剩行业新增产能项目。可是导致中国大量产能过剩是很难解决的。笔者去过上百个城市，调研发现，中国大量产能过剩的原因一是各地方政府招商引资政策导致的。地方政府为了政绩，招商时，只要能到当地投资建厂，就给零地价或很便宜的地价，于是去投资建厂的企业根本就没有想过企业生产的产品有没有竞争力，拿到地后，等地价炒起来后赚钱。有的地区是以煤矿等资源换投资，企业去投资，目的就在于换取煤矿资源，用煤矿资源获利。这种炒地、炒煤、炒矿的投资方式能赚快钱。最近10年中国的地方政府和各类企业都是采取这种方式盈利。当全中国90%的地方政府和企业采取这样的发展方式时，中国生产的没有技术含量的产品全世界也用不完，于是，就形成了某些行业的大量产能过剩。问题是中国的这种简单粗暴的经济发展方式已经根深蒂固了，要改变这种习惯太难了。

种种迹象表明，中国现在正在重蹈日本30年前的覆辙。中国环境污染和廉价劳动力的粗放式经济发展已经走到尽头了。中国现在面临的是：大量的低水平重复建设形成的产能过剩，以及巨大的房地产泡沫和通货膨胀；中国各行各业在全球没有竞争力，而中国改革开放30年来形成的利益集团垄断了中国所有的资源和要素，而现在中国要改革，利益集团就成了最大的阻力，这30年来形成的利益集团是自上而下的，谁也动不了，这一点与日本30年前一样。所以，中国现在的改革如果不成功就会重蹈日本30年前的覆辙，而且要比日本严重得多。

要解除中国现在的经济困境，首先要主动捅破房地产泡沫和经济产能过剩的泡沫。其次是打破各行业的垄断和潜规则，给所有的人以公平的机会，政府只承担教育和医疗及公共设施，提供公共服务，将所有的经济资源和要素对内向人民开放，激发全民的创业创新创造热情。再次，运用金融创新的工具来推动各行业进行产业升级转型，形成中国的自主品牌，参与国际竞争，将中国的各行大品牌卖到全世界去。只有这样中国才能避免重蹈日本30年前的覆辙。

六、中国经济结构转型已经被逼到了墙角

中国经济目前仍然面临全球经济中不确定因素带来的下行风险和压力。同时，自身经济结构中存在的不协调、不平衡、不可持续问题也正在加大对增长的制约。几句阿谀奉承，不会使我们飘飘然忘乎所以。对于所谓很快“世界第一”的悖谬之

论，必须保持清醒头脑。经过三十多年的改革与开放，中国的经济发展是取得了举世瞩目的成就，但我们还必须有自知之明，中国经济的地区差异、结构失衡、分配不均、贫富悬殊等一系列问题还有待解决。中国经济从中国制造到中国创造，还有很长很长的路要走。

（一）中国经济鼓吹论只能捆绑中国经济

这场经济战争的逻辑是这样的：首先把“中国经济不会在金融危机中受到太大冲击”的说法，改写为“金融危机下中国经济一枝独秀”；然后分析说，为什么中国经济可以一枝独秀？因为“中国经济在金融危机中占了便宜”；为什么中国经济能在金融危机中占到便宜？因为“中国多年执行出口导向型的经济政策，有意压低人民币汇率，造成了全球经济失衡”；而“全球经济的长期失衡，导致美国贸易逆差越积越多，长期吃亏，所以才导致金融危机”。

于是，最终的结论是：既然中国是全球经济失衡的制造者，既然全球经济失衡是这场金融危机发生的主因，那中国就必须拿出实际行动，全球经济失衡负责，为“再平衡”支付代价。

接下来的环节便是，什么才是中国必须拿出的实际行动？第一，重估人民币，并使之大幅升值；第二，多进口，少出口；第三，最重要的是，多买美国东西。这便是美国人最后亮出的“底牌”。

一条所谓的“经济逻辑线”，极具霸权主义特征的“强盗逻辑线”，就像一条无形的绳索试图捆绑中国经济。

（二）为何选择这个时机施压人民币升值

中国正在经历重大变革，经济增长方式的转变、产业结构的调整都将在客观上增加中国的经济风险，而人民币大幅升值带给中国的“阵痛”，是否会使中国经济“灭顶于青黄不接”？

最首要的，我们必须避免陷入认识上的误区。比如说，在有关人民币汇率的言论中，我们经常可以看到一些“矛盾”的说法。一方说汇率不是决定贸易顺差的根本原因，另一方又用贸易收支平衡去证明人民币的汇率没有低估；一方说人民币没有大幅升值的理由，另一方又在论述大幅升值“无害”。

尤其需要澄清的是“升值无害论”。有人说：升值可以抑制通货膨胀，升值多一点，通货膨胀就可以少一点。这种说法对吗？理论上好像没错。但这样的理论描述与事实差距甚大。

2005 年 7 月后，人民币一路升值，而同时，通货膨胀也愈演愈烈。大豆、石油、铁矿石都是伴随着人民币升值一路涨起的。为什么？因为所有人都知道，人民币升值有利于中国进口——于是，我们就在国际炒家的口中听到了“中国需求论”。还有人说，2005—2008 年，人民币大幅升值，但中国出口增长年均超过 20%。言外之意，汇率调整并没有影响出口。这是事实，但我们必须看到，在此期间，中国出口大增是因为美国等发达国家“畸形消费”冲到极致、超量购买力的体现。这样的情况未来不可能再有。所以，万万不可用特殊情况说明一般规律。

（三）中国如何摆正姿态应对经济危机

1. 中国经济步入中速增长期意味着什么

“十二五”规划已经将2011—2015年的经济增长预期目标设定为多年来的最低值7%。经济增速调降向外界传递出中国经济主动减速的信号，表明未来中国将更加重视经济发展质量和效率，更加注重环境和谐与百姓生活改善。

中国经济经过30多年的快速发展，以总量扩张为主要内容的发展模式已经受到越来越多的制约，中国经济增速正从过去两位数的快速增长期转入一位数的中速增长期，既与国内外发展环境变化密切相关，也有自身结构转型升级的必然要求。

粗放的数量式经济增长给国内环境、资源和可持续性带来不可承受之重。以大量资源浪费和环境破坏为代价的GDP不仅没有带给民众幸福感，相反导致了社会群体事件的频发。当前国内就业压力减少和金融危机形成的倒逼机制给中国经济转型提供了历史性机遇。从亚洲金融危机到现在，经济增长方式和结构转型喊了十多年，如今已经没有回旋余地了。

中国经济增长方式转变和结构转型已经被逼到了墙角，但国内环境也提供了一个历史性机遇。经济增速下台阶步入中速增长期已成为决策层共识。地方政府将面临多方面的挑战，首先需要地方政府发展思想的转变和执政理念的转变。只有做好经济结构转型这篇大文章，中国经济社会才有可持续的发展根基。

2. 解决中国经济问题唯有改革

现在有一种看法，认为中国的经济改革已经基本实现了，这是高估了经济改革的成就，其实很多对于经济改革的要求，还没有达到。今后经济改革、体制改革的目标应该是进一步提高市场资源配置能力，尤其是资本和劳动力的配置，减少一些上游产业的垄断，为中小规模企业提供公平竞争的平台。经济体制改革的重点包括金融体制改革：推进利率市场化和汇率市场化。宏观经济政策机制也需要改革：货币政策机制需要增加透明性和规则性，避免随机性。财政政策机制需要建立“自动稳定器”，增强对政府收支的监督。对于国企的改革，要抑制“国进民退”的势头，继续推进国有经济的布局调整，着力打破行政性垄断，完成国有企业的产权社会化改造，应该明确的是，国企和民企都是中国的企业，它们创造的财富都是中国的财富，它们在规则、政策、市场面前应该平等竞争。

在转变发展方式和调整经济结构中，要防止一些误区。例如，对于消费占GDP比重过低的问题，要从动态去看。消费、投资、出口“三驾马车”拉动GDP增长的论点是没有经济理论和实证支持的。可以逐步提高消费的比重，但不能揠苗助长，不能用消费去取代投资来拉动经济增长。消费无法拉动经济增长。投资是经济长期增长的必要条件。

虽然中国经济的波动最近这几年特别大，增长成为主要问题，但中国经济运行总体平稳，目前经济着重点在于有针对性地加强和改善宏观调控，加快转变经济发展方式和调整经济结构，构建扩大内需长效机制，促进经济增长依靠消费、投资、出口协调拉动转变。目前虽然实现了国家富强，人民幸福，全国达到小康，但仍然处于社会主义的初级阶段。只有中国经济真正发达，走出社会主义的初级阶段，人民收入达到发达国家水平，才值得欢庆，才值得铭记，才值得自豪。

目前中国经济转型升级已经被逼到无路可退的地步，只有通过金融创新和各行业的对内开放，推动市场经济发展，展开公平竞争，才能避免低水平的重复建设；只有把经济发展的一切要素都交给市场，把一切机会都给人民，让人民发挥创造性，才能推动新兴行业的发展和传统行业的奋起直追，打造出各行业的世界大品牌，让中国的产品和服务在全球具备不可代替的竞争力。这样，中国经济才算转型升级成功，中国才能真正地傲立于世界民族之林。

七、借鉴前人智慧　解决当前经济难题

管仲变法中有一项颇为后世熟知、引起最大误读的政策：“四民分业，士农工商。”这一政策的要点是，把国民分成军士、农民、工匠、商贾四个阶层，按各自专业聚居在固定的地区。《国语·齐语》记载，管仲规划士乡十五个，工商之乡六个，每乡有两千户，依此计算，全国有专业军士三万人，职业的工商臣民一万两千人（均以一户一人计算）。此外，在野的农户有四十五万户。

管仲认为，四民分业有四个好处：一是“相语以事，相示以巧”，同一行业的人聚居在一起，易于交流经验，提高技艺；二是“相语以利，相示以时”，“相陈以知价”，对促进商品生产和流通有很大作用；三是营造专业氛围，使民众安于本业，不至于“见异物而迁焉”而造成职业的不稳定性；四是无形中营造良好的社会教育环境，使子弟从小就耳濡目染，在父兄的熏陶下自然地掌握专业技能。

专业分工、子承父业的制度让齐国的制造业技术领先于其他国家。《考工记》对齐国手工业作坊有很多记录。以丝绸为例，我国最早出现的丝织中心就在齐国首都临淄，当时，临淄生产的冰纨、绮绣、纯丽等高档丝织品不仅齐国国内供给充分，还大量畅销周边各诸侯国，乃至“天下之人冠带衣履皆仰齐地”。

把社会各阶层按职业来划分管理，管仲是历史上的第一人，这种专业化的商品经济模式，自两汉以来被尊奉为基本形态及指导原则。细致的职业化分工及世代相传的制度安排，是中国早期文明领先于世界的重要原因之一。

远古的中国人似乎并不轻商。早在殷商时期，人们非常乐于、善于经商及从事手工制造业。商亡周兴之后，周朝的建国者们在反思商朝灭亡的教训时认为，殷商之亡就是因为民众热衷工商而荒废了农业，造成民心浮躁，国基不稳。因此，转而推行鄙视工商重农政策。在周制中，工商业者的地位常低贱，金文中“百工”常与处于奴隶地位的臣、妾并列。

（一）放活微观，管制宏观

管仲将四民并列，不仅仅是他个人的意识与觉悟，更是他的治国理念的体现。这位具有多年从商经验的政治家，早已发现工商业的盈利能力大于农业，而振兴商品经济更是增强国力的最佳途径。他在齐国推行了涉及产业、税收、价格等多个领域的整体配套改革。他搞的那一套，用现在的话说，就是“放活微观，管制宏观”。

所谓“放活微观”，就是对内刺激商品经济的发育，对外降低关税，形成“如水归壑”的市场聚集效应。

齐国地处海滨，渔业和煮盐业一向发达。管仲规定，鱼盐可以自由出口，关隘只登记而不予征税，以便利诸侯各国。其他的出口商品也实行单一税制，在关隘征过了的，在市场上就不再征了，反之亦然。

对于前来齐国做生意的商人，他更是大开国门，无尽欢迎，提出“空车来的不要去索取税费，徒步背东西来的不要去征税，这样来的人就会越来越多”。他还建议齐桓公专门设立招待外国商人的客舍，每十里有一处，来一乘车者供给本人饭食，来三乘车者供给马的饲料，来五乘车者配备可供自由调遣的人员。从此，“天下之商贾归齐若流水”。

为了活跃市井，管仲甚至首开国营色情业。他在都城临淄开了七间官办的妓院（“女市”），每一间有妓女（女闾）100人，共700人。管仲以此吸引外来商旅，并大收其税。在后世，管仲因此被拜为娼妓业的“祖师爷”，如同鲁班在木匠业的地位。

在这种自由贸易政策的鼓励下，可以想见齐国商业的繁荣以及商人的活跃。《战国策·齐策》如此记载齐国首都临淄盛极一时的繁华景象：“临淄甚富而实，其民无不吹竽鼓瑟，弹琴击筑，斗鸡走狗，六博蹋蹴鞠者。临淄之途，车毂击，人肩摩，连衽成帷，举袂成幕，挥汗成雨，家殷人足，志高气扬。”据计算，临淄的居民达30万人之多，是当时世界上规模最大、最繁华富足的城市，而与此同时的雅典城人口不到5万人。

所谓“管制宏观”，就是强调政府对经济的宏观管理，其手段则是从财政、税收和价格三方面综合入手。

在农耕时代，对于国家的内政来说，最重要的商品当然就是粮食。中国自古存在商品粮交易，在相当长的时间里，商品粮占粮食交易总量的80%。管仲对粮食政策十分重视，在重要的农业税上，他并不像一般的治国者那样，要么横征暴敛，要么一味降低。譬如孟子就认定，国君是否实行仁政，“什税一”——只征收10%的农业税是一条铁线般的标准。管仲的政策是两年征税一次，大丰收之年，每年征收15%，中等之年，每年征收10%，下等之年，每年征5%，如遇饥荒，则免税。这一机动税率，明显比孟子的“什税一”要灵活和现实得多。此外，管仲还建立了国储粮制度，国家采购囤积了大量粮食，其数量足以控制市场粮价的波动，以达到丰饥平衡的功效。管仲对粮食十分重视，他不容许任何人操纵粮价，严禁在饥荒之年利用粮食买卖欺压农民，粮价波动必须由国家掌控，在农耕年代，这一见解无疑非常重要。

管仲还是一个运用价格杠杆来调节经济和增加国家收入的高手。他曾举例说，如果国家掌握了大量的布，即不必再征布税，而要征于原材料麻，麻课税涨十倍，布价就可能因此而上涨至五十倍；同理，如果国家掌握了大量的织帛，就可征课原材料丝的税，这样又可使织帛的价格上涨十倍。在对外贸易上，他主张根据不同的情况来控制商品价格，即“因天下以制天下”：外国商品如果要鼓励出口，就要压低出售价格，“天下高而我下”。

（二）“以商止战”与和平称霸

管仲最核心的也是最被后人所漠视的治国思想是以商止战。

就国家内政而言，“以商止战”就是发展商品经济，让国民富裕而不至于造反。

管仲有很强烈的民本思想。他说：“政之所兴，在顺民心。”他不主张用严酷的刑罚来威慑百姓，因为“刑罚不足以畏其意，杀戮不足以服其心”。

那么如何才能做到“顺民心”？管仲的答案是要“从其四欲”。即“百姓厌恶劳苦忧患，我就要使他们安逸快乐；百姓厌恶贫困低贱，我就要使他们富足显贵；百姓厌恶危险灾祸，我就要使他们生养繁衍”。他认为，为政者只要懂得这些道理，把给予看成取得，就是从政的法宝。基于此，管仲提出了那句非常有名的格言：“仓廪实则知礼节，衣食足则知荣辱。”

在诸国中，齐国是食盐、冶铁以及丝绸的输出国，是税率最低的自由贸易区，是粮食产销最稳定的国家。管仲的经济改革，在一定程度上也是中产阶级的胜利。

就齐国与各诸侯国的关系而言，其秉持“以商止战”的策略，就是扩大对外贸易，并以军事的威慑力维持均衡。

齐国因经济改革成功而坐拥最强之国力，它有3万名装备精良的军士，当时无人敢与争锋，管仲却鲜用兵征伐四野。终齐桓公一代，只灭过谭、遂两个小国，甚至当宋、郑等邻国发生了内乱之后，管仲还设法帮助其君主复国。

齐桓公曾多次召集诸侯会盟，俨然成为诸国的盟主，《史记》说他“九合诸侯，一匡天下”，也就是九次召集各国诸侯到齐国开会，每次会盟，除了炫耀国力之外，重要的内容就是以霸主身份统一各国的关贸税负。公元前679年（齐桓公七年），齐国会盟诸侯，达成关税协定，市场交易的赋税为2%，进出口关税为1%。第二年，齐国再度会盟诸侯，商定与会各国要修建道路，统一度量标准，统一斤两称数。管仲的这些做法，好比是在创建一个区域经济的关税同盟体，这在两千多年后的今天，仍然是国际贸易的游戏惯例。

当齐国与周边国家关系不和时，管仲似乎更乐于用商战的办法来削弱其他国家的势力。在《管子·轻重戊》中便记载了一则十分精彩的案例。

鲁国和梁国都是东方的大国，特别是鲁国，向来与齐国并称“齐鲁”。鲁、梁两国的民众擅长织绨，这是一种厚实而光滑的丝织品，用它裁剪而成的衣服是当时最高档的服装。管仲就恳请齐桓公带头穿绨衣，还让他的左右侍从也跟着穿。很快，穿绨织的衣服成了齐国上下的时尚。虽然绨的需求量猛增，供不应求，管仲却不允许本国人生产绨织品，而是一律从鲁、梁两国进口。管仲召集这两国的商人，对他们说："你们为我织绨十匹，我给你们三百斤铜，如果织了百匹，我就给三千斤铜。这样一来，你们两国即使不向人民征收赋税，财用也足够了。"鲁、梁两国果然中计，在政府的鼓动下，民众纷纷从事绨的纺织，农事因此荒废。一年多下来，粮价暴涨。到了这时，管仲下令关闭与鲁、梁的通商关口，不再进口一匹绨布。两国经济顿时崩溃，难民纷纷拥入齐国，管仲顺势让他们去开拓齐国的很多荒地，反而促进了农业生产。鲁、梁从此一蹶不振，鲁国的国君不得不亲自到齐国去纳币修好。

管仲还曾用同样的手段制伏过吕国和莱国。这是中国古代史上罕见的商战案例，管仲无疑是利用了国际贸易中的供求关系，其手段之高妙和狠辣，迄今仍让人叹服。

（三）中国古代版的"凯恩斯"

中国历代首相级官僚，商人出身者非常罕见，仅先秦管仲、元朝阿合马、镇梅和桑哥、民国宋子文和孔祥熙诸位。

管仲很长寿，活到80多岁，他早时潦倒，盛年治齐四十载而成霸业。在公元前7世纪，地球上绝大多数的地区仍处于荒蛮时代，中国却能诞生这样的经济大师，实在算是一个奇迹。他重视制度建设，思想务实，以发展经济为治理主轴，所涉及的许多经济命题，如产业政策、财政、税收、价格、消费、国际贸易等，几乎涵盖了所有的治国范畴，这位没有上过一堂经济学课程、屡次创业失败的商人无疑是一位无师自通的经济天才。细数其经济政策便可以发现，他其实是一位尊重市场规律的国家干预主义者，在这一点上，我们不妨视其为中国古代版的"凯恩斯"。

八、中国面临发展与公平双重困境

2012年底，中共十八大选举产生了以习近平为总书记的新一代中央领导集体。此时，改革进入第三十五个年头，中国经济如同一艘帆船，驶进了一段看似平静却暗流涌动的大峡谷。

其一，"三驾马车"成跛脚之势，经济增长速度放缓。外贸经济受国际环境影响始终复苏乏力，外贸物量的增速只有5.7%，大量外向型中小企业歇业破产。一直是内需和地方财政收入支柱的房地产从2009年底开始因过热而遭到严厉调控，受其影响，钢铁、水泥、机械装备等重型产业全行业亏损。中央政府从2012年5月起再次押宝于投资，加大了铁路、城市轨道等基础设施的投资。在2012年，全年GDP增长7.8%，创下自1999年以来经济增速的最低值。

其二，货币严重超发，通货膨胀压力巨大。2003年以来，中国进入了一个宽松货币政策时期，年均的货币增发量一直是GDP增速的2~3倍，广义货币总量从2002年底的18.3万亿元猛增到2012年底的97.4万亿元，一举超过美国的8.8万亿美元，成为全球货币发行量最大的国家，而中国的 GDP 只有美国的 52.5%。

其三，实体经济持续低迷，地方政府债台高筑。因产业转型乏力以及受地产调控的拖累，处于产业中下游的制造业普遍开工不足，而一直依赖土地收入的县市财政捉襟见肘，地方政府的债务总额从 2008 年的 2 万亿元增加到 11 万亿元，不堪其重。为了完成经济增长的“硬指标”，各地政府不得不“饮鸩止渴”，一方面加紧对民间的征税，另一方面仍然疯狂投资。

除了经济层面的“发展困境”之外，更大的“公平危机”发生在社会层面。

三十多年的改革总体而言，是一个全民普惠的过程，然而，受惠的比重却大有不同。多家机构的数据显示，中国当前的基尼系数已接近 0.5，这意味着贫富差距拉大，财富分配极不公平。因此，在知识界，对“权贵资本主义”的警告不绝于耳，在民间，存在仇富、仇官心理。2013 年的中国，似乎正在成为一个“失去共识的年代”。那些耳熟能详的邓氏语言如今都被打上了质疑的问号，比如“让一部分人先富起来”，“不管白猫黑猫，抓住老鼠就是好猫”，“摸着石头过河”，“发展是硬道理”，等等。

百年现代化进程中的几个原则性理念也遭到了空前的质疑。

中国的现代化开始于一个巨大的历史悲剧，列强入侵，帝国羸弱，如李鸿章所疾呼——中国面临“三千年未有之变局，三千年未有之强敌”，所以国家强大成最强烈乃至唯一之全民共识。时至今日，中国的经济总量已超越日本，而且将在未来的十多年内超过美国。于是，在许多国民心中，新的问题已经油然而生：国家富强，与我何干？如果我的国家是全球第二或第一大经济体，可是，我买不起房，看不起病，上不起学，我的家园要被强拆，我的子女要喝毒奶粉，那么，强国的意义又在哪里？强国与利民本是相互依存的命题，当后者不至，前者自然暗淡。

当今中国的几大利益集团都形成了各自的利益格局，而且均非常强大，拥有各自的话语权和利益判断标准，然而，共识缺乏，目标多元，公平——政府与民间的公平，中央与地方的公平，有产者与无产者的公平，成为一个最为重大、亟待化解的社会改革命题。

九、经历重塑之痛，运用“互联网金融”再获重生

（一）企业转型升级应对策略

20 世纪 90 年代以来，国内企业蓬勃发展，对我国的经济社会发展起着巨大的推动作用。然而，随着全球金融危机的到来，国内外经济环境的恶化，受原材料成本增加、劳动力成本提高、市场需求下降、互联网金融企业冲击等因素的影响，企业日常运营受到挤压，企业的发展遭遇前所未有的困难。经济低迷时期往往是企业进化的最佳时机。经济危机给企业带来一次产品创新、管理创新的契机，结合企业自身特点，完成升级换代的企业将进入一个大规模扩张的新时代，走出企业持续健

康发展之路。

(二) 企业转型案例

1. 瑞士手表如何起死回生

瑞士是举世闻名的钟表王国,它的钟表工业已经有近500年的历史。在20世纪70年代末期,瑞士机械钟表由于受到日本石英钟表的冲击陷入了前所未有的危机,近半数的钟表企业破产倒闭,生产人员被迫裁减一半,许多钟表公司因此背负了巨额债务。在瑞士钟表业面临生死存亡的关键时刻,尼古拉斯·海耶克挽救了瑞士手表。

(1) 抢占低端市场

海耶克不是土生土长的瑞士人,但出于对瑞士的热爱和对瑞士钟表业负责的态度,详细调查与分析了当时瑞士钟表业的现状和存在的困境,最终决定挽救整个瑞士钟表行业。海耶克自掏腰包收购了瑞士钟表企业51%的股份,瑞士钟表业自此踏上了复兴之路。于是在1983年,斯沃琪集团诞生了。它生产了一款色彩艳丽,设计前卫,由机械底盘、表壳和镶嵌板一体形成的只有51个零件的石英电子手表,比日本的151个零件的石英电子手表零件要少,售价50美元,标有“瑞士制造”。斯沃琪的出现立刻在钟表业掀起了惊涛骇浪,短短一年时间,斯沃琪销量就突破100万只。斯沃琪的业绩给整个瑞士钟表业打了一针强心剂。1988年,斯沃琪销量突破5 000万只,瑞士钟表业起死回生。

(2) 构建产品金字塔

在斯沃琪腕表重拾瑞士钟表业中低端市场之后,海耶克并没有因此而满足,他清醒地认识到,廉价的斯沃琪手表不是“瑞士制造”的保护伞,斯沃琪只能暂时遏制日本钟表厂的进攻,制造业的核心仍然是技术和为利润区设置的“防火墙”。海耶克为此提出了“产品金字塔”构想,产品分为四个层次:低端表、中端表、高端表和奢侈表,其中中端表和奢侈表为主要产品。这个“产品金字塔”构想价位覆盖全面,没有出现空档,为的是保护位于产品金字塔顶端的利润区。为了很好地实施这种“产品金字塔”构想,1999年,斯沃琪开始进行大手笔的收购,宝玑(Breguet)、雅克德罗(Jaquet Droz)、格拉苏蒂(Glashutte Original)等被陆续收购进来,斯沃琪集团形成了梯度完整的钟表品牌,掌握各个细分市场的机会。在奢侈表层面,宝玑(Breguet)、宝珀(Blancpain)、欧米茄(Omega)与江诗丹顿(Vacheron Constantin)和伯爵(Piage)以及独立品牌百达翡丽(Patck Thilippe)、劳力士(Rolex)竞争;在高端表层面,浪琴(Longines)、雷达(Rado)与帝舵(Tudor)、豪雅(Monza)、宝格丽(Bvlgari)等对阵;在中端表层面,天梭(Tissot)、美度(Mido)与豪利时(Oris)、梅花(Titoni)竞争;在低端表层面,斯沃琪与日本西铁城、卡西欧等竞争。

(3) 保护金字招牌——瑞士制造

在构建了产品金字塔和拥有众多品牌的情况下,海耶克在思考如何构建钟表业的王者。他首先想到的是要找到瑞士钟表业的核心优势。海耶克做了如下实验。他制造了三种完全相同的手表，第一种标有“瑞士制造”，第二种标有“日本制造”，第三种标有“香港制造”，定价分别为110美元、100美元、90美元，将它们分别投放到欧洲、美国和日本商店里，并观察消费者的反应。在意大利99%的消费者选择瑞士制造的手表，尽管它们从本质上来讲与写着“日本制造”的表完全一样；在瑞士这一比率为97%，在美国东部为65%；在日本，写着“瑞士制造”的比例为42%，写着“日本制造”的比例为51%。海耶克由此看到，瑞士手表只要标明自己的产地就可以有很大的市场份额。如果让日本人收购瑞士手表厂，或者到亚洲去建新厂，那就是把“瑞士制造”的钟表品牌拱手相让和自我放弃。“瑞士制造”就是瑞士钟表业的金字招牌。因此，瑞士现在从国家层面已经制定了保护瑞士手表的法律，凡打上“瑞士制造”字样的手表必须在瑞士加工制造。几个世纪以来，瑞士钟表制造一直是采用分工—合作的形式，即机芯制造商和装配商独立分工，合作完成手表的制作。事实上，除了斯沃琪集团、劳力士等大型钟表集团外，瑞士钟表业很少有公司能独立从头到尾生产一只手表。海耶克看到其中的玄机，开始大幅度收购生产钟表配件的制造厂。其中ETA、FP、尼瓦洛克斯（Nivarox FAR）三家举足轻重，斯沃琪集团控制了瑞士机芯产量的75%，并在某些关键配件上形成垄断。自此，在整个奢侈表市场，斯沃琪集团已从自由竞争跃升到寡头垄断。2006年，ETA将不再向斯沃琪集团以外的公司提供机芯。

（4）科研开发紧密结合市场

从20世纪80年代开始，瑞士联邦政府就逐渐大量增拨科研经费，大力加强科研开发，尤其是微电子技术在手表工业中的应用研究。把位于瑞士手表工业中心纽沙泰尔地区的三个钟表技术研究所合并，扩建成现代化的微电子钟表技术开发中心。同时，瑞士金融界和手表工业多渠道融资，并积极与科研机构和大专院校开展合作研究，解决生产中出现的问题，使生产技术不断创新，以提高手表的可靠性、多功能性、耐磨性、新颖性和防假冒性。

（5）注重职业技术培训

瑞士钟表业十分重视职业技术培训，大力提高职工的职业技术水平，并把这看做是增强国际竞争力的重要保证之一。工人在普通的学校毕业后必须先到专门的钟表技术培训学校培训学习三四年，才能进手表厂零部件生产厂工作。对于开模具这类技术水平要求比较高的岗位，除了专门技术培训外还要进工厂跟老师傅学一段时间才能实际操作。一般模具在冲制表芯中的夹板时速度很快而且要求精度很高，一分钟可达几百次。还有，生产手表中间微小螺丝和轴类零件的工厂是24小时工作的，要求保持恒温，螺丝只能在显微镜下才能看清它们的模样。正是由于企业职工都经过严格的培训，有着良好的质量意识，在加工的每道工序中都一丝不苟，所以才保证了生产钟表零部件的精确。

（6）对钟表类专利进行实质审查

瑞士专利局对钟表业专利的审查实行严格的实质审查，以保证专利申请的质量。

瑞士之所以对钟表类专利申请实施严格实质审查，这主要是针对本国优势产业制度设计的，旨在防止别人侵占自己的地盘。

2. 百年老店如何转型升级获重生

新加坡国土面积极其有限，仅仅相当于北京的1/24，然而，这个巴掌大的小国家（仅就国土面积而言），却创造了世界上最高的人民福利，其秘密之一就在于向全世界复制它的成功模式——建立工业园。

新加坡在各国投资参与开发工业园区，总面积近12万平方公里，相当于再造171个新加坡，也就难怪国土面积很小的新加坡成为世界上人民富裕指数最高的国家之一了。

以极少资源撬动大量资源，以软实力运转重资产，四两拨千斤，一方面可以拓宽盈利空间，另一方面又能更好地降低运营风险。

公司风险投资（corporate venture capital，CVC），指的是大公司借助风险投资这种新投资模式，发挥自身具有较高水平的管理、产业链多元化和销售渠道网络的深入等优势，培育业务和利润增长点，迅速促进技术进步，提高企业核心竞争力。

马克思说过："人是一切社会关系的总和。"

腾讯如何决定要不要进入某个新业务呢？马化腾有三问。一问：这个新的领域你是不是擅长？二问：如果你不做，用户会损失什么吗？三问：如果做了，在这个新的项目中自己能保持多大的竞争优势？有这三问，腾讯貌似激进其实稳健地进入了门户、博客、输入法、邮箱、网络游戏、社区网站等新疆域，令旗挥处，腾讯撒豆成兵，往往后来居上，风头无两。

互联网发展到今天，早过了靠技术取胜的年代。如今，在互联网上，用户才是王道，谁能抓住用户，谁就拥有一切。

在动漫行业，做内容的企业很喜欢把动漫形象授权出去。比如，迪士尼就把它的米老鼠、唐老鸭等授权给玩具制造商，再和渠道商签订授权协议，把授权生产的玩具放到授权的渠道里去卖。我们平时在屈臣氏、沃尔玛看到的迪士尼玩具，既不是迪士尼生产的，也不是迪士尼的渠道在销售，而是迪士尼借助合作伙伴的资源在扩张。迪士尼的动漫形象业已形成市场的品牌力量，因而可以专注于熟悉领域——动漫作品，而把开拓新疆域的任务交给授权的合作伙伴，用最小的投入和最低的风险获得最大的收益。

3. IBM：重构史诗

杰出企业的发展是一部不断重构的进化史诗。在不同的阶段，这些杰出的企业不断吻合商业生物界自然进化的过程，读懂了商业生态圈进化的法则，并主动顺应和融入这种法则，成为这个生态圈的主动生存者。这些永生物种的适者生存，在短期的时间里会造成很多被动生存者与之相适应生存，在一个时期形成短暂的商业生态平衡。随着商业生物界的自然进化，这些被动生存者中的极少数进化成了主动生存者，更多的是，在更高一层的竞争者被自然淘汰。主动生存者则会自我否定，进化重构，打破这种生态平衡，进入更高一层的进化层级，成为新一轮商业竞争生态中的主动生存者。

多次的进化重构，让这些主动生存者的商业优秀基因得到积累，在很长的时间里一直处于竞争领先的地位，成就长生不死的神话。

IBM，无疑，就是这样一个企业！

（1）领先一步：前电子计算机时代

时间：1883—1949 年　关键人物：老沃森

了解 IBM 历史的人都知道他第一任的 CEO 是老沃森，也就是托马斯·约翰·沃森。老沃森在 1924 年创立了国际商用机器公司（International Business Machines Co.，Limited，IBM），然而事实上 IBM 的历史要早得多，最早可以追溯到 1883 年。

IBM 的前身是 CTR，这家成立于 1911 年的公司实际上是三家公司合并的，分别是国际时间记录公司、计算尺公司和制表机器公司。所谓 CTR，实际上就是计算—制表—记录公司（Computing - Tabulating - Recording　Company）。这次合并主角之一的国际时间记录公司早在 1907 年就收购了戴伊时间记录器公司，这是一家生产刻度盘、卡片和工时记录器的公司，前身是 1883 年成立的戴伊专利权公司，这是可以追溯到的关于 IBM 最早的历史。

当初导演这场合并的查尔斯·R. 弗林特曾断言：测量时间（时钟由记录部门制造）、测量重量（秤由计算部门制造）、计数（打孔机由制表部门制造）等共同协作产生的效果将远远超过各自单独经营的效果。然而，事与愿违，这些产品只是由不同的部门经由不同的程序制造出来，然后由不同的销售部门卖给不同的客户而已，所谓的协同性并没有出现。1914 年，弗林特找到了老沃森。其时，老沃森正处于被国民收银机公司解雇的事业低谷。但是此前，在国民收银机公司，老沃森在销售方面早已久负盛名，这正是弗林特看重老沃森的地方。

很多人都认为，是小沃森把 IBM 带进电子计算时代，事实上，这句话并不准确。

当老沃森 1914 年接手 CTR 公司的时候，制表机部门是整个公司中利润最少、收入也最少的部门，事实上，这部分也是最后才被兼并进来的。然而，老沃森超越时代的洞察力和多年经验养成的商业直觉告诉他，制表机所代表的商业计算将是未来发展的趋势。

电子机械制表机在 19 世纪 80 年代由赫尔曼·豪勒瑞斯研制成功，这种机器能够通过读取打孔机上面的孔而记录信息。豪勒瑞斯曾在美国人口统计局工作，制表机第一次大显身手也是在人口统计时。1890 年，电子机械制表机为人口普查节省了 2 年的时间，节约了 500 万美元。豪勒瑞斯和他的制表机公司取得了巨大的成功。但事实证明，豪勒瑞斯只是一个技术天才而非商业天才。这直接导致了他的公司后来被弗林特兼并。

老沃森被称为“推销员中的推销员”，他比任何人都更清楚产品的质量和功能意味着什么。在他接手 CTR 的时候，制表机公司已经落后于主要的竞争者——电力公司（Power Company），而且，租金还比后者高出 30%。因此，老沃森抛弃了以前的老产品，花了整整5年的时间，开发出了功能更为强大的制表机。在之后的二十几年里，制表机成为IBM成功的关键业务。

除了打孔机使用的打孔卡片之外，IBM制表部门的全部产品都是用来出租而不是销售。因为，对政府而言，制表机除了人口统计，别无他用。而且，制表机一次购买的费用也过于高昂，而租金相对比较低廉，不管政府还是私人部门都一样。这种低花费扩大了IBM制表机的市场容量，带来了规模经济，在20世纪早期，和福特的T型轿车一样取得了惊人的从众消费效应。

而IBM的机器上面只能用IBM自己生产的打孔卡片，这无疑给租赁增加了另外一层意义：在为客户持续售后服务的同时持续不断地为客户提供打孔卡片。1930年前后，IBM一年可以售出40亿张打孔卡片。1938年，卡片的收入相当于租金收入的1/5。整个20世纪30年代，打孔卡片的利润占到了IBM总利润的1/3。打孔卡片有效地构筑起对竞争对手的门槛，而租金收入有助于维系IBM与客户的关系，并稳定IBM的收入。

1935年，IBM已经占领了美国市场的85.7%。这个领先优势在第二次世界大战期间得到进一步的巩固，并把领域扩展到了整个北美洲和欧洲。

因此，是老沃森而非小沃森把IBM带进电子计算时代。制表机的成功，不管从技术上还是从商业模式上，都为后来IBM的发展指明了方向。从制表机开始，IBM把自己定位于一个致力于高效信息管理的公司，到今天这一定位并没有发生多大变化；从制表机开始，IBM主要服务于政府部门和大中型企业，中间虽然经历过一些反复，但我们发现，至今，IBM最主要的客户仍然是它们；甚至，以多年的服务流和多年的资金流为特征的现金流结构在IBM绝大部分的历史中也不曾改变。

此外，老沃森还重组和加强了IBM的销售力量。他成立了百分百俱乐部大会（前身为销售大会），开展了多项销售人员培训计划。在做好美国市场的同时，IBM进入了加拿大市场和欧洲市场，成为一家名副其实的跨国公司。1949年，IBM组建世界贸易公司，1950年与母公司正式分离。除了整个公司的研发和财务外，世界贸易公司完全独立。

第二次世界大战期间，IBM将主要精力放在军事计算、后勤和其他军需之用产品的生产上，如机枪、瞄准器、发动机等。在此期间，IBM一方面积累了大量的财富，另一方面也积累了雄厚的技术力量，甚至，IBM还参加了研发原子弹的曼哈顿计划。

IBM在老沃森时代取得的成就是非凡的。

1915年，老沃森提出了“think”（思考）的口号，这成了后来贯穿IBM各个时期企业文化的核心理念之一。

1919年，CTR的税前收入达到210万美元，在老沃森入主CTR的前五年翻了四番。

1924年，IBM成立，利润达到240万美元。

1940年，电子计算机诞生的前夕，IBM销售额和利润分别为4 360万美元和

3 990 万美元。

1956 年，小沃森继任时，IBM 销售额已经猛增至 8. 92 亿美元，利润为 8 700 万美元，员工数为 7 万多名，IBM 成为真正的大企业。

（2）抢占先机：大型机之前 360 时代

时间 1949—1961 年　关键人物：小沃森

老沃森开启了电子计算机的大门，但是，把电子计算机商业化，并奠定了 IBM 在大型机时代霸主地位的却是小沃森，这个被《财富》杂志在 1987 年称为“或许是当代最伟大的资本家”的 IBM 继任者。

之所以把大型机时代和小沃森的名字放在一起，原因很简单：IBM 转向大型商用机器主要是小沃森的功劳，而不是其时担任 CEO 但事实上已经逐步退到幕后的老沃森。

不知道是不是历史的巧合，1949 年老沃森的长子——小沃森担任 IBM 执行副总裁，成为 IBM 的第二把手，并在 1956 年接替老沃森出任 CEO。IBM 从此进入了小沃森时代，也即大型机时代。

如上文所言，老沃森开启了电子计算机的大门，但是，在电子计算机市场上引领潮流的却是雷明顿兰德公司。这家公司推出的宇宙自动计算机以其巨大的技术优势开始取代 IBM 的大型打卡机系统。这个趋势毫不令人感到意外。据记载，最快的打孔机每秒钟只可以运行 4 次加法运算，但电子数字积分计算机每秒可以运行 5 000 次运算。而宇宙自动计算机不管从功能上还是从质量上已经全面超越了电子数字积分计算机。

与电子计算机伴随的是新的存储技术。IBM 最重要的客户之一大都会保险公司曾经把小沃森邀请到办公室，坦诚地说：“你们将要失去我们公司的业务，因为我们公司的办公楼已经有 3 层堆满了打孔卡片，而且情况还在恶化。”显然，假如采用新的存储技术——磁带，这样的问题将不复存在。

1947 年，IBM 十大客户中的两个——保德信保险公司和人口普查局订购了电子积分计算机，这使得沃森父子深信：电子产品和磁带会在未来市场上占据主导地位。

1950 年，小沃森任命麻省理工学院毕业生沃利 · 麦克道尔为研究主管，并在全球范围内招聘了 4 000 余名青年工程师和技师，组成了最强大的研发阵容，为 IBM 的转型奠定了雄厚的人力资源基础。同时，小沃森聘请了著名数学家冯 · 诺依曼担任公司的科学顾问，建立工厂，训练工人，全力向大型机进发。

这次研发对 IBM 可以说是一次彻底的重构。他们放弃了赖以成名的打孔卡，代之以自己过去不熟悉的东西——电子管逻辑电路、磁芯存储器和磁带处理机，使机器运算速度达到每秒执行 17 000 次指令。

1953 年 4 月 7 日，IBM 发布了第一台电子计算机 IBM701，以“原子弹之父”奥本海默为首的 150 位嘉宾亲临揭幕仪式，称赞这台电脑是“对人类极端智慧的贡献”，IBM 风光无限。同年 8 月，IBM 发布了应用与会计行业的 IBM702 计算机，销售 14 台。之后的 IBM704、IBM 705 销售额更是达到 250 多台，IBM 在大型机市场占得先机。

当大批追随者在大型机市场上竞争时，小沃森和 IBM 又一次显示出了卓越的远见。1954 年，IBM 开发的中型商用机器 650 以极高的性价比再一次赢得了市场，销售额达到了 1 000 台以上。到 1956 年，小沃森正式接手的时候，IBM 已经占据了 70% 的电脑市场。雷明顿兰德公司和它的 UNIVAC 电脑只能在 IBM 的进攻下苟延残喘。美国本土除了 IBM 只剩下 7 家小电脑公司，新闻传媒戏称美国电脑业是“IBM 和七个小矮人”。

晶体管时代，IBM 在四五年里先后推出的 3 种机型 1401、1410 和 1440，一共销售出了 14 000 多台，电子数据处理计算机彻底战胜了卡片分析机，IBM 也从此奠定了在计算机行业的霸主地位。它登上了美国《幸福》杂志 500 家大企业排行榜的榜首，在美国运转的 64 部电脑中，有 44 部是 IBM 生产。

1961 年，小沃森管理公司的第五年，IBM 的销售额超过了 22 亿美元。IBM 成为一个 10 亿美元的公司（1957 年）用了 45 年，成为一个 20 亿美元的公司却只花了 4 年时间。小沃森和 IBM 取得了巨大的成功。

（3）独孤求败：大型机之 360 时代

时间：1961—1971 年　人物：小沃森

IBM 在大型机时代的巅峰是在集成电路时代。小沃森的远见卓识和力排众议，造就了 IBM 历史上最成功机型 IBM360 的横空出世。IBM 为此付出了 50 亿美元和长达 5 年研发时间的代价，但到 1966 年底，已有 8 000 台 IBM360 出厂，使 IBM 年收入超过 40 亿美元，税前纯利润高达 10 亿美元。

360 的横空出世并非偶然。发展到 20 世纪 60 年代初，大型机无疑出现了几个值得 IBM 重视的地方。

第一，这个行业的高速发展吸引到了很多很有实力的跟进者，通用电气就是其中一个。

第二，电子计算机的需求似乎永远都无法被满足。每一个细分需求都可以成为一个细分市场。

第三，各种电子计算机都是定制的统一产品，相互之间不能兼容，不管是同一厂家的还是不同厂家的，每个计算机都是特别的。当时，电脑厂家星罗棋布，大家都有一套独立的产品线，自己出品的每一台电脑和自己的打印机、外设、软件等自成体系，和别人的则老死不相往来，即使和自己另一系列的电脑也完全没法兼容。也就是说，当电脑过时需要更新换代了，客户唯一的选择就是全部换成新的产品，即使在同一厂家也没办法做到局部升级。打个比方，假如你的公司发展要求你购买功能更为强大的电子计算机，这是顺理成章的。但你不得不接受一个阵痛的过程：把你以前在旧的电子计算机上面存储的资料和数据一点一点地重新输入新的电子计算机里面。1952—1962 年这 10 年间，光 IBM 一家公司就生产了 7 种家庭系统（1400、1620、7030、7040、7070、7080 和 7090）。各系统之间的不可兼容性已经给消费者造成了极大的不便。

综合上面几点：这个市场很大；先进的厂商除了技术上的积累，并不能构筑起有效的进入门槛；竞争对手很强劲。而且，由于几乎每个电子计算机都是定制的(想想那时候全世界才有多少台电子计算机)，零部件之间并不能通用，无法实现规模经济，对于IBM这种已经确立市场地位的公司来说显然不是一件好事。改变是在最好的时候，小沃森显然深刻理解了这句话的含义，这才有了360的研发。

360首倡了兼容的概念，从非常小的处理器到非常大的处理器都可以在上面应用。为某一个处理器所开发的软件可以在任何一个360处理器中运行。所有的计算机外围设备——打印机、磁带机、读卡机等，也和家族中的任何一个处理器兼容。360第一次可以让客户做到局部升级，电脑及其外设的利用次数大大提高了（这无疑有助于IBM实现规模经济）。这对IBM无疑是个巨大的成功，同时也成为竞争者的噩梦。郭士纳后来有一句评价：“没有系统360前，IBM只是众多生产和销售电脑的普通公司之一。”是360和他背后的小沃森奠定了IBM在大型机时代近30年的统治地位。

1964年，360推出，IBM销售额和利润分别为32.39亿美元和4.31亿美元。在《财富》500强中从前一年的第18名跃居第9名。到了1970年，销售额和利润分别为75.04亿美元和10.18亿美元，在500强中排名第5位，在通用汽车、埃索、福特和通用电气之后。然而，1970年初，IBM的市值为415亿美元，超过通用汽车的204亿美元、埃索公司的133亿美元和通用汽车的70亿美元三者的总和。

小沃森对IBM，远远不止体现在大型机的研发、生产和销售上，他还构筑了IBM沿用至今的主要业务范围：硬件、软件和服务。IBM最重要的存储业务和软件语言都起源于他的任职年代。

1952年IBM推出第一款磁带存储产品——IBM 726型磁带机。1956年IBM推出世界上第一款磁盘存储系统350 RAMAC 。1958年布鲁塞尔世界博览会上，RAMAC以10种语言为参观者回答问题，大出风头。自此之后，磁盘技术便成为业界用于在线交易处理的基本存储介质。在2002年出售给日立之前，IBM一直在硬盘存储业务占据统治地位。

20世纪50年代中期，IBM的John Backus及其研究小组开始开发出了FORTRAN，并在IBM704电脑上设计编译器软件，这是世界上第一个高级语言。60年代，IBM又先后推出了APL和PL/1两种编程语言，IBM开始占据软件行业的话语权。软件业务搭配硬件业务，IBM建立了属于自己的计算机帝国。

1969年，在小沃森的改革下，IBM公司采纳新的营销政策，对大部分系统工程活动、将来的计算机程序和客户培训课程分别进行收费。IBM横跨硬件、软件和服务三大领域的业务结构初见雏形。

从20世纪40年代末到70年代初，IBM在小沃森的领导下，驰骋于大型机市场，硬件、软件和服务一体化竞争，难逢敌手，其中原因值得玩味。

第一，那个年代的计算机还处于初期发展阶段，正是建立标准和形成产业的年代，主要的客户是政府和大型企业。这样的客户对于技术水平、质量和安全性要求较高，对于价格并不敏感，IBM 凭借早期的资本积累和技术积累，有能力承受规模化商用之前的巨额研发费用，这对于小企业来说是不可想象的。由于门槛太高，今天 IBM 的主要竞争者绝大部分在那时还没出现。

第二，正因为处于建立标准和形成产业的年代，还不可能有明晰的分工，硬件、软件和服务一体化几乎就成了必然的选择。事实上，这三者在那时是作为一个整体，以整机的形式销售给客户，业务分开和分离的定义还没出现。

第三，因为门槛太高，除了 IBM 外，有影响的计算机企业数量有限，和 IBM 竞争的更多的是市场领导者和追随者，这种竞争的关系使得 IBM 不可能和其他企业有太过深入的合作。IBM 也因此养成了设置门槛、封闭竞争的企业文化，在大型机时代颇为奏效，却为后来 PC 时代的溃退埋下了伏笔。

第四，在几次关键的技术阶段转换时间点，IBM 都作出了正确的决策。这在很大程度上归功于小沃森的个人能力。领导者的因素在后面 IBM 发展中无疑扮演着极为重要的角色。

正因为以上几个方面，IBM 才能在大型机时代横行天下，而同样的因素却使 IBM 在 PC 时代几乎遭受灭顶之灾。

（4）此消彼长：失去的 10 年

时间：1971—1981 年　人物：美国政府反托拉斯局

1971 年，小沃森从 IBM 淡出，接替他的是克里（Frank T. Cary）。从 1971 年到克里卸任的 1981 年是很多 IBM 人不愿意提起的一段历史。因为，在很大的程度上，这是电子计算机行业从 IBM 一家独大到群雄并起的转折点。

从 1969 年开始，政府对 IBM 发动了历史上耗时最长的反垄断案，控告 IBM 公司“企图垄断，并且已经垄断了……用于一般目的的数字计算机”。政府声称，IBM 用了许多办法来阻止其他公司的竞争，包括价格限制，即降低价格以阻止进入该行业，以及减少其他公司产品吸引力的新产品。一直到 1982 年，美国政府反托拉斯局才以“没有必要”为由撤销了诉讼。其解释是：“与电信业不同，计算机行业是无管制的，承受着市场竞争的强大压力……这一产业本质是竞争的，政府重组计算机市场的企图，可能不是促进而是损害经济的效率。”IBM 也因此幸运地逃过了和 AT&T 类似的分拆命运。

虽然作为一个整体，IBM 成功生存了下来，但这个长达 13 年的诉讼还是给 IBM 造成了深远的影响。很难说，假如从来没有这个诉讼，IBM 今天会是什么样子，电子计算机行业今天又会是什么样了。

第一个影响无疑就是对 IBM 自身运营的打击。身为总裁的克里不得不花费巨大的时间、金钱和精力去应付政府司法部门的调查和诉讼，这在很大程度上影响了 IBM 的专心运营。

第二，虽然赢得了诉讼，但是 IBM 被迫作出了让步，那就是，IBM 要允许竞争对手的发展。在大型机时代，这并不是一个大问题，因为客户主要面对的是政府和大型企业，质量和技术足够建立起很高的门槛。同时拥有硬件、软件和服务的 IBM

无疑占有先机。但到了 PC 时代，这些门槛都已经不复存在，反垄断的条款使得 IBM 不管从法律上还是心理上都无法打压竞争对手，等于被绑住了手脚。

第三，在 IBM 为了应付政府诉讼疲于奔波的时候，正是几个重要对手诞生和成长的关键时刻。不妨提几个比较重要的对手，相信大家对它们的名字都耳熟能详。

英特尔：1968 年 7 月 18 日创立。1974 年 4 月 1 日，发布了第一款 8 位微处理芯片 8080。12 月，装配有 8080 芯片的计算机“牛郎星”被发明出来，这是世界上第一台装有微处理机的计算机。

微软：1975 年 7 月，微软的创始人比尔·盖茨为“牛郎星”配上了 Basic 语言，从哈佛大学退学，和好友保罗、艾伦一起创立了微软公司。

苹果：1976 年 4 月 1 日，斯蒂夫·沃兹尼亚克和斯蒂夫·乔布斯共同创立了苹果公司，并推出了自己的第一款计算机 Apple I。接着，1977 年 6 月 5 日，划时代的 Apple II 问世。1978 年 Apple 股票上市，3 周内市值达到 17.9 亿美元，超过福特汽车。1981 年 Apple 进入《财富》500 强。

甲骨文：1977 年 6 月，由拉里·埃里森与 Bob Miner 和 Edward Oates 一起创立。

当时，这些公司并不起眼，IBM 也不会认为这些小公司能给自己制造多大的麻烦，然而，IBM 做梦也想不到，会有一个 PC 时代的到来。在那个时代，IBM 赖以成名的优势一点点地被蚕食，并最终几乎导致了 IBM 的灭亡。

IBM 同样想不到的是，在这失去的 10 年当中，一些无意中发展的技术会成为以后起死回生的基础和契机。

1972 年，IBM 在 IBM360 上发布了“企业资源规划”（ERP）系统。

1976 年，IBM370 上 SAS 软件帮助创造了新的竞争优势：商业智能。

1979 年，IBM 引入了通用产品代码（UPC），接着是全息扫描技术。

硬件上的坐失良机，软件上的无心插柳，自身诉讼缠身的疲于奔命，对手风生水起的成长。20 世纪 70 年代之于 IBM，是一个灰暗中孕育新生光亮的时代，而对于电子计算机行业，则是一个新时代来临前的准备。正所谓“山雨欲来风满楼”。

（5）后发制人：前 PC 时代

时间：1981—1985 年　关键人物：唐·埃斯特利奇

正如上文所言，开启 PC 时代的实际上是 Intel 的芯片，微软的 Dos 系统，苹果公司的两代 PC 的发布。IBM 一开始并没有意识到 PC 时代有多大的影响力，而本身强大的技术力量和市场地位使 IBM 坚信自己可以在 PC 时代后发制人，而事实上，IBM 也确实做到了后发制人，只是，IBM 猜中了故事的开端，却没有猜到故事的结尾。

IBM 的 PC 注定要和一个人的名字——唐·埃斯特利奇永远连在一起。因为正是这个人打破了 IBM 原有的商业模式，在 PC 上走出了一条跟苹果公司不同的路，从而获得了巨大的商业成功；同样也是这个人，埋下了 IBM 在 20 世纪 80 年代末到 90 年代初那次大滑坡的隐患。因此，IBM 的 PC 时代也因为这个人而分为前后两个阶段。

埃斯特利奇比IBM里面其他任何人都早预料到PC对电子计算机行业的颠覆性影响。从苹果公司推出第一款机器的时候，他就建言IBM高层必须重视，并要求购买一批苹果机给技术人员以方便编写程序。高层对此却置若罔闻，认为这是滑天下之大稽：IBM本身就是电子计算机行业的老大，怎么可能反过来去购买别人的机器？埃斯特利奇没有放弃，自己买了一台苹果机私下里研究，并把研究出来的关于苹果机的缺陷和技术人员交流。

等到Apple II获得了巨大的商业成功，IBM高层才意识到问题的严重性，在1980年年中组建了入门级系统部，埃斯特利奇为第一任总裁，全面负责PC的研发工作。

在此，有必要补充一下之前IBM在大型机时代的商业模式。按照业务分解，大型机涉及硬件、软件和服务；按照价值链分解，则有研发、生产和销售等。由于电子计算机的发展有一个从萌芽、起步到成熟的过程，而在大型机时代，技术的门槛和研发的资金门槛，使得小公司在这个行业很难找到切入的突破口，IBM基本都是大包大揽。也就是说，IBM的所有业务、所有价值链环节基本是自己做，并为后来者设置了很高的门槛。此外，在盈利模式方面，IBM主要采取的是租赁而非购买的方式，这样一方面解决了用户一次性购买的资金困难，另一方面也为自己创造了持续稳定的现金流。因此，后来的进入者要想和IBM竞争大型机，将不得不掂量自己的资金实力。又一次，IBM设定了资金链的门槛，在大力发展自己的同时断了后来者的生路。这才引发了那场旷日持久的诉讼案。

但PC和大型机不一样。

第一，客户群体不一样。大型机主要面对的是政府和企业，而PC面对的主要是家庭用户，这两类客户在诉求上是不一样的。前者需要的是质量好，技术含量高，安全性能好；后者需要的是体积小，价格便宜。对企业来说，前者的数量少，但是附加值高；后者的附加值虽然低，数量却高了很多个量级。也就是说，这是两个完全不同的市场，而IBM历史上擅长的是第一个市场。

第二，由于一开始电子计算机的技术发展还处于萌芽阶段，这个行业并没有形成产业化，计算机更多的是作为一个整体被研发、生产出来，而随着技术的发展，计算机从技术上开始按照模块化分工，在硬件上就分为主机、存储和外设等，而从软件上也慢慢地分为系统软件和应用软件。技术上的分工导致了产业上分工的可能。事实上，IBM S360已经开始采取了主机核心的架构，为后来的兼容机打下了基础。这种产业分工为某些小企业从局部突破进而打败IBM提供了绝佳的机会。

第三，在组织架构上，多年的市场领先地位和应对高端客户需求的必要，IBM已经形成了多层次等级分明的官僚体系，这一方面延缓了决策的速度，另一方面也提高了运营的成本，在大型机的高附加值下这并不成问题，但是在PC时代，这将是个致命的弱点，我们将从IBM在PC时代的表现中看到。

回到IBM的PC研发。

埃斯特利奇拥有几个得天独厚的条件。

第一，对对手的了解。他对苹果机很感兴趣，并对其有深入的研究，因此，苹果机的优点和缺点他都了如指掌。

第二，得到公司的特殊支持。在IBM层层官僚体系下，埃斯特利奇有一条别人没有的直通董事长的线路，这使他获得了巨大的通信自由。

第三，性格上的“双刃剑”。埃斯特利奇是一个特立独行、为人低调、跟IBM其他部门没有太多交情的人。这样的人无疑有利于项目的保密，也为IBM PC采取开放式结构提供了条件，同时，也为埃斯特利奇的悲凉下场埋下了伏笔，间接导致了IBM在这场PC战争中的最终失败。

埃斯特利奇和他手下的12人小组，俗称为“十三太保”，决定走和苹果不同的路，采取“开放”和“兼容”的架构。埃斯特利奇采取了Intel的微处理器，采取了微软的MS-DOS操作系统，包括其他的外围设备、软驱等都是采用供应商最便宜的元件，IBM只做组装。销售呢，埃斯特利奇也历史性地交给IBM的经销商，打破了以往IBM业务代表做销售的规定。

在这点上IBM体现出了和苹果的区别。苹果由于害怕市场竞争，对其电脑采取了闭关自守的策略，从不把苹果的产品授权开放给其他公司。IBM的开放式架构则最大可能地欢迎其他公司加入这个共同开发的阵营，因此，虽然第一代的IBM PC在性能上并不如同期的苹果机，但在市场前景上却无疑更加光明。

1981年8月12日，IBM PC问世了。苹果公司并没有意识到危险的到来，乔布斯反而在《华尔街日报》上打了一整版的广告：“欢迎IBM。”

IBM PC的轰动并没有让IBM和它的直接对手——苹果公司等太久。第一年PC部门就为IBM创造了近10亿美元的收入。1983年初XT PC推出，增加了10MB硬盘、128KB内存、一个软驱、单色显示器、一台打印机，可以增加一个8087数字协处理器，当时的价格为5 000美元，疯狂畅销，使IBM一举占有企业PC市场的75%。1984年，IBM PC的收入已达到40亿美元。1985年，IBM PC已经售出了100万台，PC事业部也成为年收入45亿美元，拥有上万员工的大部门。光PC部门就可以成为美国第74家大工业公司，并名列美国第三大计算机公司，仅次于IBM自己和DEC。然而，这是IBM在PC市场上最后的风光。

埃斯特利奇采取的开放式架构在创造极大客户价值的同时，并没有让IBM内部其他部门得到价值，销售部门被经销商取代，IBM的零部件被外部更有成本优势的元件取代（可想而知，IBM一向都不是成本的领先者）。即使是IBM PC的供货商也叫苦不迭，埃斯特利奇的强力杀价招致了供货商的怨声载道。

IBM盈利模式也开始发生了转变。由于IT技术的发展，硬件的贬值非常厉害，几乎没几年就更新换代一次，到后来的微处理器时代更是18个月换代一次。IBM以前的租赁方式已经不能跟上时代的发展，于是，从20世纪80年代初开始，IBM希望客户可以购买而不是租赁。由于硬件总体上已经不再那么昂贵，加上IBM的市场影响力，客户对此欣然接受。IBM的销售在短期里发展迅猛，营业收入不断创造新纪录。由于租赁和购买本身对客户洽谈的重点是不一样的，对IBM销售人员的激励点也不一样。IBM 的销售人员开始更多和客户讨论新机器的购买，而不顾及销售出去的老机器。IBM 服务质量逐渐降低，高质量的形象一天天地模糊，以往市场构筑的客户资源一步步被削减，这给其他公司制造了机会。在 IBM 如日中天的 20 世纪 80 年代前期并不明显，这些效应到 80 年代后半段最终显现，并成为 90 年代初期 IBM 溃败的原因之一。

20 世纪 80 年代前半期，和外界对于 IBM PC 大力吹捧不同，在 IBM 内部，PC 业务的收入和利润都微不足道。毕竟在当时，还是大型机大行其道的时代。

于是，在 1985 年初，埃斯特利奇明升暗降，离开了他最心爱的 PC 部门。同年 8 月，埃斯特利奇乘坐的飞机失事，“IBM PC 之父”像一颗流星在创造璀璨之后很快陨落。

比尔·盖茨说，埃斯特利奇是他可以推心置腹的唯一 IBM 中人。当时 IBM 的董事长埃克斯在哀悼时也说，埃斯特利奇本有可能最后成为 IBM 的董事长。事实上，埃斯特利奇也是 IBM 历史上唯一可以和几位杰出 CEO 相提并论的中层领导。

（6）几近灭顶：后 PC 时代

时间：1985—1993 年 关键人物：Wintel 联盟

1982 年，IBM 公开了 IBM PC 上除 BIOS 之外的全部技术资料，从而形成了 PC 机的“开放标准”，使不同厂商的标准部件可以互换。在聚拢了大量板卡生产商和整机生产商的同时，这直接导致了后来康柏等厂商对 IBM PC 业务竞争的局面。几年之内，全世界冒出了数百家生产 IBM PC 兼容机的公司，它们每年的总产量达到数千台，远远超过了 IBM 公司的产量。其中最大的对手就是康柏。1986 年，康柏公司第一次领先于 IBM 推出 386 桌上型个人电脑。当年收入达 5.039 亿美元，创美国商业纪录，个人电脑销售达到 50 万台，进入全球财富 500 强。

在感觉到背后脊梁骨发凉之后，IBM 开始意识到开放是一把“双刃剑”，于是，做了三件愚蠢的事情。就是这三件事情，在此后的 8 年里，把 IBM 一步一步推向深渊。

第一件，在微处理器芯片上丧失先机。1985 年 10 月，Intel 推出 16MHz 80386DX 微处理器，IBM 担心在芯片上长期受制于 Intel，暗中研发微处理器芯片，对是否采用 386 芯片不置可否，却被康柏抢先一步发布 386 个人电脑，丧失先机。事实上，IBM 在 1983 年和 1984 年购买了 Intel 20% 的股份，并有权再购买 10%，这项投资花了 IBM 近 4 亿美元。但 IBM 不但没有行使购买余下 10% 股份的权利，还在 1986 年和 1987 年抛掉了手上的 Intel 股份并套现 6.25 亿美元。虽然在账面上 IBM 看似占了便宜，但考虑到 Intel 后来的高速成长，对 IBM 的这一行为只能用一个成语形容：鼠目寸光。

第二件，在操作系统上，先是目光短浅，后是控制不力。在给第一代 IBM PC 提供操作系统的时候，比尔·盖茨用 75 000 美元买来磁盘操作系统（DOS），转手卖给了 IBM。在卖给 IBM 的时候，盖茨用了一个很高明的收费方式：不是让 IBM 买断操作系统，而是从 IBM 的每台 PC 中收取小额的版权费。因此，到后来微软可以到处卖 DOS，等 IBM 反应过来的时候，微软已经成长起来了。这个故事有另外一个版本：比尔·盖茨想把 DOS 卖断给 IBM，但后者不接受。不管怎么样，总之 IBM 从此失去了对操作系统的控制。当然，IBM 也不是等闲之辈，意识到操作系统的重要性，于是决定和微软合作开发微机的新的操作系统 OS/2，希望可以控制这个重要的环节。可惜 IBM 遇上的是百年难得一遇的商业天才，盖茨又一次摆了 IBM 一道：一方面明里和 IBM 合作开发 OS/2，得到一些短期的利益，另一方面却暗地里加强开发独立的 Windows 系统。等到 Windows 取得巨大成功之后，微软一脚把 IBM 踢开，成就了自己的商业帝国。而 IBM 之后独立开发的 OS/2 一直处于微软的阴影之下，终于，在 2005 年，宣布完全放弃 OS/2，承认在操作系统上的失败。

假如说前面两项只是失误的话，多少有竞争对手技高一筹的因素的话，那么，第三件事情就是彻底的错误了，是纯粹 IBM 自断前程。

第三件，IBM 居然决定向其他兼容厂商收取技术专利费，这一招事实上和前面芯片的研究和对操作系统的研究是一脉相承的。IBM 希望用自己的芯片取代 Intel 的 80386，用自己的 OS/2 取代微软的 DOS，最后用专利费达到控制整个 PC 产业的目的。想法是好的，但前面两招本身就没有走通，因此，IBM 的如意算盘并没有得到多少响应。这时候，IBM 走向了另外一个极端，做了一个足以让 IBM 抱憾终身的决定：1987 年，IBM 推出了所谓“微通道结构”（MCA）的总线新技术。虽然其多项技术指标都优于原有的 ISA 总线，但是，MCA 却有两个致命的弱点：第一，不与原来的 PC 电脑使用的 ISA 总线兼容；第二，IBM 为其注册了版权，其他兼容厂商若是采用则需要缴纳高昂的版权费。这让很多厂商望而却步，因此，MCA 的推广并不顺利，此后的市场占有率也很有限。

在同期，康柏等厂商却推出了 ISA 总线的兼容机，这成为此后仿造商的一致选择。1994 年，康柏公司在全球 PC 机市场上投放 483 万台，第一次超过 IBM 的 424 万台，一举登上了 PC 电脑的王位，宣告了 IBM 在 PC 市场统治地位的结束。此后，IBM 再也没有夺回在 PC 的王位。

所以说，IBM 并非没有意识到芯片和操作系统是控制 PC 的两个关键制高点，但是在这两个战场，IBM 都遇到了非常强劲的对手，特别是比尔·盖茨，即使放在整个人类历史，也是屈指可数的几位杰出企业家之一。IBM 原先的技术标准也慢慢地让位给了 Wintel 架构。

在 PC 时代，IBM 以开放开始，打败了苹果，赢得了 3/4 的市场，以关闭开放大门为结束，用大型机的做法去做 PC，终于，一步步丧失了 PC 的统治地位。

更为严重的是，随着 PC 的技术发展，微处理器 18 个月更新换代一次，PC 的功能越来越强大，慢慢地部分取代了大型机。也就是说，在失去 PC 控制权的同时，IBM 原来优势的大型机市场正在一步步受到蚕食。而在 PC 市场节节败退之后，IBM 再也不是那个不可一世的高端品牌，原先的高价风雨飘摇，于是，在 20 世纪 90 年代初，IBM 几乎遭受了灭顶之灾。

（7）起死回生：管理止血和硬件集成

时间：1993—1998 年　关键人物：郭士纳

1990 年 IBM 盈利超过 60 亿美元，而 1991 年却一下子亏损近 30 亿美元，1992 年亏损 50 亿美元，1993 年亏损更是高达 80 亿美元。3 年累计亏损额达 168 亿美元，创美国企业史第二高亏损纪录。

造成 IBM 这样的困境的原因是多方面的。

PC 业务的下滑无疑是一个导火索，这在前文已经详细描述过。但是考虑到 PC 部门在 IBM 的业务构成中才占了一成，把 IBM 的衰落完全归咎于 PC 是不对的。IBM 的衰落可能而且只有可能是它的主机业务受到了根本性的威胁。

事实上，IBM 更大的威胁来自于 UNIX，而讽刺的是，这是 IBM 实验室最有名的十几项发明之一。正是 UNIX 腐蚀了 IBM 多年形成的市场优势。

在开放的、即插即用的 UNIX 环境下，几乎所有的软件商和计算机外围产品供应商都可以为整体解决方案制造部分产品，而在 IBM 的 360 主机时代，硬件（包括主机和外设）和软件是作为一个整体提供给客户的。可想而知，这些专注于某个环节的公司，不管在价格上、质量上还是服务上都会比 IBM 更有优势。商业世界的定律告诉我们：专注容易形成规模经济和经验积累。SUN 公司、HP 公司、Digital 公司等，开始从不同的链条打开 IBM 曾经在 360 主机时代成功商业模式的严密链条。

除此之外，IBM 还受到了 PC 业务的威胁。这是一个关于未来的预测，或者更确切地说，是一个赌注。以 Intel 和微软为首的 PC 新兴企业把 IT 行业的未来描绘成一个 PC 时代，认为 PC 将改变未来世界。以此为基础，Wintel 联盟推出了所谓的“服务器/工作站”新企业级应用架构，直指 IBM 在大型服务器的核心业务。

碉堡总是从内部攻破的。不可否认，IBM 的内部退化才是这场风波的罪魁祸首。多年形成的市场优势使 IBM 成了傲慢、低效率的代名词。等级分明的垂直式组织架构，承诺永远不裁员的用人制度，涵盖从出生到死亡的丰厚福利制度，等等，使 IBM 成了一头步履蹒跚的大象。我们不能责怪什么，毕竟从 360 发布的 1964 年开始，IBM 持续了 20 多年的高速增长，并在 1987 年 8 月日收获了 1 060 亿美元的历史最高市值。没有多少企业和企业家的警觉性和主动性在最好的时候改变。

内外交困，IBM 似乎将不可避免地走向衰亡。在当年，即使是通用电气 CEO 杰克·韦尔奇也拒绝拯救 IBM。SUN 公司的 CEO 斯科特·麦克尼利甚至公开叫嚷说：“最好别叫我去。”媒体把 IBM 的 CEO 称为“美国最艰巨的工作之一”。

1993 年 4 月 1 日，郭士纳临危授命，成为 IBM 第七任 CEO。郭士纳原来是一家食品公司的总裁，在入主 IBM 之初，曾有人开他的玩笑说：他也是做（芯）片的，不过是土豆芯片（He also made chips，but potato chips）。这句玩笑话后来却成为郭士纳传奇经历的经典注脚：他以一个 IT 门外汉的身份拯救了历史上最伟大的 IT 公司。

郭士纳的着手从内部的财务止血开始：把股东的年底分红减半；裁员 3.5 万人，削减开支 89 亿美元，这是继 1992 年裁员 4.5 万人之后的又一次大规模裁员；卖掉了很多非核心业务，充实企业现金流，如出售联邦系统，卖掉了创始人老托马斯·沃森从1937年开始收藏的价值2 500万美元的350件美术作品，以2亿美元的价格卖掉了处于曼哈顿市中心第57大街的43层摩天大楼，还以4 800万美元的价格卖掉了佛罗里达州博卡拉顿的556亩的综合建筑。

接着，郭士纳的手伸向了内部的部门精简。在两年多的时间里，从信息技术系统节省了20亿美元，把155个数据中心削减为16个，还将31个固定的内部交流网络削减为1个。21个公司办公地点压缩为5个。同时，对其组织结构机制进行重大改革。通过使各分支单位成为利润中心而使组织结构分权化，发展出网状组织，进行层级缩减和组织的扁平化，使每个成员都发挥专业能力。精简的同时是沟通方式的扁平化。沟通环节的减少，导致IBM决策效率的提高。

同时，郭士纳砍掉了很多偏重于理论研究却没有商业效益的项目，要求研发必须和市场对接。一旦一个研究项目可以商业应用了，他就会把整个研究小组从研究部门调到产品部门。IBM的研发费用因而从9%降低到6%，但是硬件开发的时间却由4年下降到16个月，有些项目时间更短。为了弥补因此带来的长期风险，IBM加强了和大学合作，在几十所大学开展了科研合作或者是设立了奖学金。

在节流动作进行的初始，郭士纳的努力就得到了市场的回应，从1993年下半年开始，IBM的业绩开始复苏，客户也开始对IBM的改变表示欢迎和支持。这意味着郭士纳开始在IBM确立了稳固的地位和话语的权威，他将有更大的操作空间。

郭士纳需要为IBM的发展寻找一盏明灯。

经过多次和客户的深入交流，郭士纳找出了客户之所以抛弃IBM的原因：高价格、迟钝的服务，而这，都根源于IBM多年形成的垄断地位。是PC的出现，让客户看到了打破IBM价格保护伞的可能。新兴的电脑零件供应商也的确做到了高质量和低价格。因此，症结并不在于是分散还是集中，客户并不关心这个，客户关心的是质量和价格。

而越深入分析电脑行业，郭士纳就越觉得，这样分散的业务布局并不长久。客户最终将会被这些纷繁复杂的零部件、软件系统折磨得越来越不耐烦。因此，客户将会转向整体解决方案提供商。

IBM无疑拥有硬件方面最齐全的产品线，在电子计算机行业拥有最丰富的经验，是真正有能力为客户提供硬件整体解决方案的唯一一家公司。因此，提供硬件整体解决方案成了IBM转型的第一步。但在此之前，IBM必须剥离非核心的硬件业务。这一方面可以减轻IBM在其上面的投入和管理；另一方面也可以回收现金流，将其转向更为核心的业务。IBM评判是否保留的标准简单明了：能否提供未来现金流。

1997年，剥离打印机业务，退出与Intel竞争的运算芯片问题。

1998年，IBM将全球网络业务（IGN）以40亿美元卖给了AT&T公司，同时IBM得到了AT&T公司100多个数据中心的10年运营业务，此项业务的金额也是40亿美元。IBM为AT&T管理数据中心，而AT&T为IBM提供通信网络服务。

2000年，IBM将网络设备全部卖给了思科。不仅是硬件设备，而且IBM还将

200 余项核心技术专利也转让给了思科。此后，思科每生产一个相关设备都要支付 IBM 相应的专利使用费。与此同时思科将系统集成与服务业务交给了 IBM，成为 IBM 另一个外包服务的大客户。

2002 年 IBM 与日立公司谈判，表示以 20.5 亿美元的价格向日立公司转让硬盘业务部门的资产。

2004 年底（这是发生在彭明盛时期），IBM 将 PC 业务卖给联想集团，IBM 则因此持有联想的股份。联想降低了收购的风险和当期资金成本，IBM 则因此分享了联想 PC 业务的未来增长。

IBM 出售硬件业务，回收的要不就是现金流，要不就是服务方面的合同，或者是两者的结合。也就是说，IBM 的硬件剥离，事实上是为后面的服务业务让路。而且，值得我们注意的是，IBM 在存储和服务器（IBM 把中型机和大型机后来统一为服务器）等方面的核心硬件业务并没有得到损害。

在剥离非核心业务的同时，IBM 发展了定制化芯片的业务，今天在索尼、任天堂和微软游戏机里面运行的芯片都打着 IBM 的标签。IBM 发展定制化芯片的理由也很充分，也是建立在网络计算的基本判断上：如果未来的世界被数以亿万计的计算设备（PC 只是其中的一种接口）所占据，那么，无疑会产生对这些唯一的计算设备更具威力的定制化芯片的大量需求。智能化电视、游戏操纵台、手提式电脑、移动电话、家用电器、汽车等，都将会是 IBM 定制化芯片的用武之地，而这是一片 Intel 还没有占据的市场。

有舍有取，IBM 构筑了极具竞争力的硬件产品线。

IBM 开始为客户提供整体的 IT 硬件采购方案。极为难得的是，IBM 的硬件选择库里，并不只有 IBM 自身的产品，还包括对手的硬件产品。毫无疑问，这在导致 IBM 内部市场销售人员、服务人员和技术研发人员矛盾的同时，激发了内部的潜力。郭士纳希望 IBM 的产品能够打开大门，跟市场上的产品进行全面的竞争，而把整体解决方案作为一个很好的销售渠道和方式。在 5 年间，IBM 在硬件开发上继续投进 20 亿美元，使硬件重新回到了领先位置，郭士纳和硬件整体解决方案取得了成功。1997 年，深蓝计算机战胜国际象棋大师仅仅是一个标志性的缩影。

如今，IBM 在服务器上已经形成了四大主要系列。

Z 系列：Z 系列是 IBM 的服务器的支柱产品，都是大型机，定位于大型计算机级别，主要面向不能容忍故障停机的大中型企业，包括大银行、经纪公司、电信服务提供商，以及拥有大型数据库而操作复杂的企业。这主要是原有 360 主机系列的延续，是 IBM 在质量上最完美的体现。Z 系列上面只安装操作系统（OS/390 ）和系统软件（有一部分来自合作伙伴的开发），这一系列的产品线是封闭系统，目前没有竞争对手。

I 系列：该系列服务器最明显的特点就是高集成、高分配，主要面向的是中小企业和部门市场。这一系列的产品线也是封闭系统（操作系统为 i5/OS），随着发展，这部分的产品会慢慢变窄，并逐步被 P 系列产品所取代。

P 系列：P 系列服务器是 IBM Unix 和 Linux 服务器产品线的根基，也是 IBM 服务器产品最为丰富的一个系列，既有可配置 32 路处理器的 p690，也有中端和入门级产品，主要面向数据中心市场。从极小的 1 路或 2 路系统一直到多达 32 路的大型机系统，该系列产品在可伸缩性方面享有独特优势。这部分产品是开放式系统（操作系统为 AIX 和 Linux），竞争非常激烈。

X 系列：这是基于 Wintel 架构的服务器系列，服务于指定的不同用户群，相互之间没有关联。不过，管理员可以使用系统软件将这些母板集合成一个服务器集群。在集群模式下，所有的母板可以连接起来提供高速的网络环境，并同时共享资源，为相同的用户群服务。

经过数据分析，这些服务器加上操作系统等软件组成的工作平台，比单一硬件的总利润要高得多。除了 X 系列，其他产品都基于 IBM 自己研发出来的 Power 芯片。和 Intel、AMD 在微处理器市场两极争锋不同，Power 架构服务器占据了 2/3 的市场份额，占据绝对领导地位。与之相联系的，是跟服务器相连的存储设备的强大，这是 IBM 另外一个称雄的硬件主战场。2004 年 IBM 推出突破性的存储解决方案，结合先进的服务器技术，帮助企业更好地管理信息资产。全新的 System Storage DS6000、DS8000 存储服务器应用业界最先进的 Power 微处理器技术，通过虚拟化功能实现跨服务器平台和应用的系统资源共享，极大地提高了存储资源的利用率。

在服务器市场，IBM 多年来一直牢牢控制处理器（Power 芯片）和存储设备的研发与生产，由于这两个器件对技术和工艺的要求很高，目前 IBM 找不到可以承担这两种器件的硬件供应商。因此，在可预见的一段时间里，IBM 仍将是这两个元器件市场的统治者。

市场调研机构 Gartner 的调查报告称，2008 年第一季度全球服务器市场的收入从 2007 年同期的 130 亿美元增到 133 亿美元，在全球前五大提供商中，按销售收入计算，IBM 的服务器份额为 29. 4%，排名第一。按发货量计算，惠普保持第一，它的份额为 30. 1%，IBM 仅居第三位，份额为 13. 3%。调查公司表示，尽管 IBM 的发货量份额较低，但它的收入份额最高，这意味着它销售了较少的日用低端系统，销售了更多高端主机系统。

2008 年 4 月，IBM 合并 I 系列和 P 系列服务器的两条产品线。此次合并的主要原因之一就是这二者最初的硬件差别已经消失，都已基于 Power 架构进行构造，产品已经转移到了 IBM 最新的 Power 架构芯片之上。据悉，IBM 将把当时的 System z 所采用的 z 架构芯片也通过 Power 架构来构造，以便实现 IBM 高端服务器芯片架构的统一。

此外，IBM 还推出了加强 Wintel 架构的刀片服务器和基于 AMD 内核的服务器，丰富了这方面的产品线。

（8）全面复兴：软件集成

时间：1995—2002 年　关键人物：郭士纳

这仅仅是郭士纳改革 IBM 短暂过渡的第二步（第一步是管理上的休克疗法）。

郭士纳的第三步就打赌未来IT行业的发展趋势是互联网时代。正如我们惊叹于老沃森在20世纪20年代看到了商业计算的发展趋势而使IBM专注于制表机的超前洞察力一样，我们也不得不为郭士纳看到网络计算的发展趋势而折服。

郭士纳认为，PC的独立计算随着技术的发展将让位于网络计算，新的计算模型意味着网络中的主干计算机需要承担繁重的计算和海量信息处理工作。这不是PC可以胜任的，只能交给大规模的计算系统，而这无疑是IBM的优势所在。对此有需求的是企业级用户，而不是个人和家庭，这就回到了IBM最擅长的客户战场。在网络计算时代，信息技术将成为一个技术密集和知识专业化的产业，一般的企业内部将不可能独立承担，业务外包将成为一个很自然的选择。因此，信息技术产业将变成以服务为主导的产业。这将开启一个新的电子商务的时代。企业需要高质量的IT服务，这本身就是IBM的一个优势阵地。

在前面硬件整体解决方案的阶段当中，IBM已经初步完成了对硬件资源的整合，成为一个硬件集成提供商。而在IBM设想的未来服务中，包括三方面的内涵：硬件、软件和服务（这部分主要是业务外包和咨询）。在IBM的以往业务架构中，也有软件和服务，但内涵却大相径庭：前者附庸于硬件之上，且完全不能和其他厂商的产品兼容，后者却仅仅局限于售后服务。

郭士纳打算从软件开始，完善IBM在未来服务产业的业务布局。

1995年1月10日，IBM正式宣布将以前各自独立的软件解决方案、个人软件产品和网络软件部门合并，组成独立的商务部门——IBM软件集团。IBM赋予它的使命是，提供最尖端的解决方案以推动电子商务的步伐。

吸取了在OS/2上的教训，软件集团成立后不久，IBM前任董事长郭士纳与John Thompson确定了软件集团的发展方向：专注于企业级软件市场，走向开放之路。

IBM在软件上做的第一件事是向内部所有的关键性软件发动了一场规模宏大且持续数年的重写运动，一方面使这些软件能够实现网络化，另一方面使它们能够在SUN公司、HP公司和微软公司以及其他公司的平台上工作。可以说，从建立的一开始，软件部门就瞄准了开放性和网络计算。

此外，IBM还整合了自己的软件产品。在IBM软件集团成立后的两年中，当时的IBM软件掌门人托马森对管理系统进行了整合，将IBM原来的60多种软件品牌集中合并为6种，将全球30多个开发实验室削减为8个，开始把IBM几乎全部的资源投入互联网中间件和开放系统中，并雇用了大批软件销售人员。

1995年，IBM首次发布了基于非IBM平台（即能用于SUN，WindowsNT，HP操作系统之上）的DB2数据库系统。DB2这个IBM最早的软件产品线不再专属于OS/390，IBM吹响了开放的第一声号角。

1997年，DB2通用数据库第5版面世，这是业界第一个完全可升级的Web数据库管理系统，重要的是，它可以访问所有竞争对手数据库储存的数据——Oracle、微软和Informix。短短的两年之间，DB2已具备了开放的精神和物质条件。

整合完内部软件部门，IBM 要做的第二件事就是整合外部的软件资源。这大体上可分为三个阶段。

第一个阶段是 IBM 的大量购并，完善了软件的产品线，完成在中间件的市场战略布局，主要的几次收购如下。

1995 年收购 Lotus。次年，Lotus 发布 Domino。Lotus 公司是在个人应用和流程管理领域技术领先的公司，基于网络系统开发出各种灵活的应用是 Lotus 的优势，并且基于 Lotus 软件，该公司已经开发出上千种不同的应用软件，并集聚了大量流程软件开发的人才。

1996 年收购 Tivoli。次年，Tivoli 增长达到 2 100%。Tivoli 主要在金融行业有影响力。IBM 认为，利用 Tivoli 技术的影响力以及 Lotus 的灵活性，IBM 可以在金融行业的中间件系统中具有绝对影响力。

2001 年 1 月，IBM 用 10 亿美元的现金购买 Informix 的数据库资产。除了增强 DB2 的性能外，更重要的是让用户有两种不同的数据库选择，这样在面对甲骨文和微软时，IBM 就有了更多争取客户的可能。

2002 年收购 Rational。Rational 是一种流水线式的开发工具。IBM 希望在 DB2、Lotus、Tivoli、WebSphere 等不同业务环节达到协同一致，构成网络式计算的软件模块。

从建立软件部的 1995—2005 年的 10 年间，IBM 完成了近 50 个并购，充分利用外面资源加快在软件行业的整合和扩张，完成了针对竞争对手的战略布局。比如 Lotus 是针对微软的，Tivoli 针对 CA，Informix 加强 DB2 以针对 Oracle，IBM 自己开发的 WebSphere 加上 Apache 服务器直接和 BEA 相对。

在并购后，IBM 都经过精心的人员整合和技术整合，使得这些软件产品在 IBM 的平台上得到更大的发展。以 Tivoli 为例，在未被 IBM 收购前的 1996 年，销售收入为 5 000 万美元，影响力主要在金融行业。IBM 花费了 2 亿美元，超过 1 000 名营销工程师的代价，收购了 Tivoli 并将其技术优势延伸到其他行业。2004 年，Tivoli 的业务规模已经超过 10 亿美元，在不到 10 年的时间里增长了 20 倍。IBM 同时保留了这些软件原有的销售团队，以延续原有的客户资源。当遇到技术问题时，也是找各自不同的技术部门寻求产品支持。在产品式销售体系中，IBM 软件对不同产品线提供单独的支持，保持了市场和技术的专业性。

在完成这些并购之后，加上本身开发的 DB2、WebSphere、IBM 形成了五大软件产品：DB2、Lotus、Tivoli、WebSphere、Rational。阵容空前完整，而且包含了数据库、BI 工具、基础设施平台等多个部分。IBM 软件集团的五个事业部几乎可以为用户搭建起完整的电子商务基础设施平台，配以 Linux 的穿针引线，辅之与硬件、服务等业务的整合，IBM 的软件已经在企业级平台形成了巨大的整合之网。

在频繁的并购整合中，IBM 尽量保持其原有销售团队的完整性，以降低客户资源流失的概率。这意味着除 DB2 和 WebSphere 是来自 IBM 本身的销售团队，其他的 Lotus、Tivoli、Informix 等都有各自独立的销售团队，当遇到技术问题时，也是找各自不同的技术部门寻求产品支持。

第二个阶段是对这些软件进行横向的初步整合，为客户提供综合的产品线。IBM 的调研结果显示，欧洲的商业用户非单一采购的年采购总额已高达 70 亿美元，超过 IT 采购 70%，美国市场这一比例是 62%，日本 51%，中国商用市场的非单一 IT 采购比例也达到了 42%。IBM 开始为客户提供非单一化的软件采购。

第三个阶段是向软件解决方案提供商的角色转变。IBM 选择了 12 个行业作为重点投入资源的客户群，针对这 12 个行业市场，一共制订了 62 个行业性解决方案。同时，加强了与独立软件供应商（ISV）和经销商的合作。ISV 提出明确的定位，IBM 帮助 ISV 找到真正的盈利点。在整体解决方案提供商角色转变中，IBM 帮助小的 ISV/SI（软件集成商）深入二级渠道。在新的渠道策略中，那些原有 IBM 软件产品经销商的角色是增值伙伴（VAD），数量也由原来的 50 多家减至 12 家。在新的销售体制下，VAD 不再销售产品，而是向二级伙伴或者某地区市场销售解决方案。盈利模式上，IBM 与合作伙伴的利益共享，是基于 DB2、Lotus 和 Rational 综合性解决方案的合作。IBM 在 ISV 的利润主要来自 DB2，Lotus 和 Rational 等软件技术许可费用，而 ISV 基于 IBM 技术开发出新的应用所获得的市场利润，完全被 ISV 所独立占有。IBM 的策略，是使 ISV 在技术发展方向中更多走上 IBM 技术轨道，和 ISV 一起与微软和甲骨文对抗。

在软件集团不断成长的过程中，IBM 渐渐完成了从硬件整体解决方案提供商到软件整体解决方案提供商的转变。ISV 是直接面对客户的，IBM 和它们联合组成了向客户销售的整体，为它们提供 IBM 的中间件产品，在为客户提供软件整体解决方案的同时，IBM 带动了在硬件方面的销售。IBM 开始实现了在软件方面的集成。

应该说，IBM 能够完成从硬件集成向软件集成的转化，很大程度上了要归功于 Java 和 Linux。

1995 年，Java 的出现创造了一个虚拟机层，将硬件平台的细节完全封装，向上提供了一个完全面向对象的、拥有巨大线性地址空间的虚拟机。而早在 20 世纪 70 年代，IBM 就已经在自己的大型机中大量采用了虚拟机的技术。因此，Java 一出现，IBM 立刻敏锐地发现它的主要应用领域是在大型企业级服务器市场。到 1998 年 J2EE 面世，并全力进军大型企业应用系统开发领域的时候，IBM 的中间件产品线布局已初见规模和成效，恭候多时了。

Linux 对于 IBM 至少有两方面的意义：首先，Linux 在系统软件操作平台上有很大的技术优势，又有全世界最杰出的软件工程师为其开发，对于沟通 IBM 以五大软件产品为主线的软件家庭提供了很好的交流平台。事实上，Linux 在 IBM 后来软件整合中扮演了极其重要的角色。其次，由于 Linux 是开源软件，成本比较低廉，IBM 因此能够以其为基础，开发出面向中小企业的较为低廉的产品，这为 IBM 争夺中小企业市场立下了汗马功劳。当然，对中小企业，IBM 也采取了与大型企业不同的盈利模式，真正做到了“按需付费”。例如，专门对中小企业推出各项专业服务卡系列，每卡 200 美元，持卡者可到 IBM 服务点求助 5 次；应急卡，每台电脑付 25 美元，一次至少购买5张卡，客户遇有紧急情况造成信息处理中断，IBM即刻空运一台新电脑，或就近在IBM办事处利用其设备；为小企业举办网上培训与咨询学习班。

IBM对开源软件的支持是不遗余力的。除了提供资金支持外，1998年，IBM还把价值数千万美元的Visual Age for Java捐赠给开源组织。此外，IBM还建立了Developer Works，这是IBM为开发人员提供众多工具、代码和培训的一个资源站点，其中的技术信息覆盖了IBM各条产品线以及开放标准技术，包括Java、Linux、Grid、Autonomic、XML、Web服务、无线等新兴技术，开发人员可以更好地利用IBM软件开发平台的全部优势。

确切地说，在郭士纳时代，IBM的软件只是形成了比较完善的产品线，并没有形成横向整合的合力。上文讲的第二个和第三个阶段更多发生在彭明盛时代，但无疑是郭士纳打下了软件的基础并规划出了IBM最终转型服务的蓝图。

从硬件整体解决方案到软件整体解决方案再到服务整体解决方案，郭士纳的思路明晰且可操作，他完成了前面两步，把最后一步交给了他的继任者——彭明盛。

（9）全球整合：知识集成

时间：2003年至今　关键人物：彭明盛

IBM的服务从2002年收购专业著名会计公司普华永道的咨询部门引向深入。在此之前，IBM也有咨询项目，并且已经在金融行业有了巨大的优势，但并没有成为集团业务的战略重点。收购普华永道之后，IBM汽车、零售业、媒体和娱乐业也有了自己的专家。同样在2002年，IBM投入了达100亿美元的研发费用，为咨询服务提供必要的技术基础设施平台。

随着IT行业的发展引向深入，服务的重要性也得到越来越多企业的共识，并因此形成了所谓的SOA（面向服务的架构）。SOA的概念简单而令人震撼。它的基本构想是，为了满足当前及计划中的业务需要，企业可以把各种应用软件程序和硬件设备转变成一个个模块，这些模块可以像积木进行无限的排列组合，且可以快速部署。在应对需求变化时，企业只需要调整相应部分即可。

IBM商业价值研究院最近一项名为《SOA的商业价值》的报告显示，约有97%的客户认为SOA项目可以降低成本和提高收益。在初期项目完成后，约有51%的客户看到了SOA所带来的收入增长。而Wintergreen在2006年7月的调查显示，2005年SOA市场规模达4.5亿美元，至2012年，该市场规模将达184亿美元。同时IDC2006年4月预测，全球在基于SOA的外包服务方面的开支2006年将达到86亿美元，与2005年的36亿美元开支相比增长了138%。截至2010年，全球基于SOA的服务开支预期高达338亿美元。

在SOA领域，IBM无疑拥有最强大的专家团队和产品支持。目前，IBM拥有6 700多名SOA开发人员，9万多名SOA专业服务人员，69种SOA参考模型架构，能够为客户提供包括中间件、业务咨询、IT服务、调研，以及SOA优化设计的硬件。IBM的全球服务部门按照不同行业和不同专业为客户提供了面向电子商务的整套咨询服务。其中，IBM 本身的硬件业务、软件业务和 IBM 多年积累起来对信息化的理解，对全球整合的经验都构成了 IBM 相对竞争对手的优势。

在以服务为主导的模式下，IBM 的每个销售团队都最少拥有 4 个人：一个销售人员，一个服务人员，一个软件人员，一个研究人员。IBM 内将其称之为“四合一”。这个团队将全程跟踪客户的整个服务项目过程（包括 plan、build、manage 和 run），随着项目的推进，客户的需求也将不断地释放，从开始的咨询、硬件，到系统软件（即中间件）、应用软件（主要是合作伙伴的，也有一小部分是自己的），再到最高一层的业务，IBM 在跟踪整个服务项目的同时，为客户提供了涵盖硬件、软件和服务的立体化、全方位服务。有了以服务为龙头，在硬件集成和软件集成的基础上，IBM 实现了知识集成。IBM 为客户提供武器库里所有兵器（包括咨询、硬件、软件和运营业务等）整合在一起的整体解决方案。按照客户需求，IBM 把这些兵器选择、组合和优化到一起，直接解答客户在不同项目阶段的不同难题。这个解答基于 IBM 上百年的知识积累，硬件、软件和咨询等至此已成为解答的有机组成部分，它们作为一个整体而出现，客户已经很难再泾渭分明地分离它们，事实上，也已经没必要。

以往的很多技术优势也被 IBM 转换成现金流，作为集中于全球服务的资金来源。众所周知，IBM 的专利申请数量从 20 世纪 80 年代开始就一直独占鳌头，IBM 一家的专利申请超过了其他企业专利申请的数量总和。和以前控制专利不同，IBM 把非核心的专利授权许可转让出去，在知识产权许可证上就收获了 10 多亿美元的利润。

彭明盛对郭士纳留下来的 IBM 改变最大的地方就是对内部架构按照全球整合的思想作了巨大的调整。

IBM 的组织结构在最早期是典型的垂直决策，从而形成了层级分明的官僚制度。应该说，在质量和技术至上、服务高端客户的大型机时代，这样的组织结构便于形成高质量的决策，也有利于动用较大的技术力量和销售力量，对形成 IBM 的早期统治地位功不可没。但是，在速度和价格制胜的 PC 时代，这种组织结构就不合时宜了，它阻碍了 IBM 的发展，并最终导致了 20 世纪 90 年代初的溃败。郭士纳入主 IBM 后，减少了等级的层级，开始采取事业部制，在各地设立了分公司，每个分公司都是独立的财务核算单位，都是一个个小 IBM，麻雀虽小五脏俱全，采购、研发、人力资源、营销等一体化并存。彭明盛认为这样的结构并不能最好地利用好全球的优势资源，因此启动了称为“全球整合战略”的改革。

经过整合之后，采购从 300 个缩减成 3 个，总部在深圳，营销从数以百计的独立计划整合成一个统一的全球框架，155 个数据中心缩减为 10 个，16 000 个 IT 应用缩减为 4 757 个，网络也从各自为政的 31 个变为全球统一的 1 个。

当地人才的情况是 IBM 全球整合的主要依据之一。放在深圳的采购中心，放在马来西亚的会计中心，放在菲律宾的人力资源中心，放在印度和俄罗斯的研究基地，无不是这样考量的结果。而网络的统一，给各个地方的同事合作提供了极大的便利。

这个国家的员工下班了，可以把任务按照标准化的流程传给另外一个国家还没下班的同事。每个国家每个分公司都有下班睡觉的时候，但任务一直在流转，减少的是时间和成本，提高的是效率和收益。

在没有整合之前，IBM的内部是一个小模块。第一层次是分公司，都是一个相对独立的模块，其接口是其他分公司和总部。第二层次是分公司内部的各个职能部门：采购、营销、人力资源等。这些部门的接口是总部的相应部门和相互之间。整合之后，所有采购的模块都融合到了一起，所以人力资源的模块也都融合到了一起，这就变成了大的模块，只剩下一个层次，减少了很多模块，降低了模块之间交流信息的沟通成本。与之相对应的，是一个反应更为灵活敏捷的IBM。

在新的知识集成模式下，每个员工都要在产品、职能、行业及区域四个方向上与他人互动，同时业绩也由四个方向的“老板”评估。因此，IBM可以按照项目的需要，把这些员工按照金属玻璃一样的方式组合，适应项目的要求，而项目结束之后又可以随意地打散，IBM内部组织结构的柔性达到了一个新的水平。

至此，IBM对外完成了对客户业务的整合——以服务为龙头，实现在硬件集成和软件集成基础上的知识集成；对内，IBM则完成了组织结构的全球整合，在全球范围内实现了资源利用最优化。后者的经验又成为一种服务经验的实践，提炼成正成为IBM下一步提供给客户的一种新服务。

从1992年开始，IBM在硬件方面的收入占比在逐渐下降，与此同时，服务的收入在不断地上升。软件的收入占比虽然变化不大，但是考虑到IBM收入的增长，这部分也在稳步地提升。

假如看利润的贡献则更为明显。硬件从1992年超过一半的利润贡献降低到2006年的仅20%多一些；与此形成鲜明对比的是，服务和软件（这得益于该业务单元常年65%以上的毛利润率水平）的利润贡献在不断地提升。2001年，也就是郭士纳从IBM退休的前夕，硬件的利润贡献首次降到了第三的位置，这种趋势一直延续到现在。

从2002年到2006年5年间，IBM的年收入只涨了13%（从810亿美元到910亿美元），而利润却涨了2.7倍（从36亿美元到95亿美元）。郭士纳说过：谁说大象不能跳舞？而今，到了彭明盛时代，这头大象不但能够跳舞，而且开始举重若轻，跳起了快舞步。

（10）IBM启示录：进化重构成就不老神话

IBM的历史之所以值得玩味，不只是因为它是整个电子计算机行业发展史的缩影，而且是因为它经历了兴盛、衰败又重新崛起的过程。

整个电子计算机行业经历了从合到分又重新到合的过程：在早期的大型机时代，电子计算机的硬件和软件（作为硬件的附庸）是作为一个整体出现的，每台机器都是一个完全独立的个体，和其他机器完全不能兼容；以360为标志，电子计算机从IBM内部开始实现局部的兼容，到PC时代，走向全面兼容的标准；但随着零部件供应商的纷繁复杂，电子计算机在网络时代实现了更高层次的融合，这主要体现在软件（操作系统、中间件和服务）企业的业务流程外包、IT 等咨询业务。

市场也同样实现了从合到分又重新到合的历程：早期大型机，主要是市场细分，IBM 作为主导的电脑制造商也只是在产品的推出上先人一步，并在质量和服务上高人一等，按照定位的不同，主要的电脑制造商都有属于自己的细分市场；360 作为超越时代的兼容大型机，使 IBM 第一次有了全面领先对手的技术和硬件架构，这种兼容和开放的理念让 IBM 享受了 25 年的黄金时代（从 360 时代到前 PC 时代）；然而，兼容和开放是一把“双刃剑”，IBM 并没有控制住属于制高点的操作系统和微处理器，这直接导致了 IBM 的衰落；IBM 在 20 世纪 90 年代的全面复兴得益于对网络时代的准确判断和对中间件制高点的抢占，最后以服务统领 IBM 的全部业务则体现了 IBM 对之前经验积累的合理运用和对客户整体服务需求的判断。

应该说，在这个过程中，涌现出了很多优秀的企业，比如抢占操作系统制高点的微软，控制微处理器市场的 Intel，以整合零部件资源组装兼容机的戴尔、康柏等，它们的成功建立在技术和市场发生变化的转折点。每一个转折点，本身就是新兴企业的机遇，也是传统企业的挑战。这些企业的优秀在于抓住了这些机遇，成就了自己的传奇。

而 IBM 能够在不同阶段都引领技术和市场的潮流同样值得我们钦佩：对商业计算时代到来的判断使老沃森聚焦于代表未来的制表机，并用租赁和绑定打孔卡片这种先进的商业模式奠定了 IBM 的市场统治地位；在窥见电子计算机时代到来并用 1 400 等大型机抢占先机之后，IBM 主动求变，推出 360 主机，初步走向兼容，取得了大型机时代的绝对竞争优势；PC 时代在苹果之后后发制人，推出最成功的兼容机，并实现全面的开放性；在 PC 业务失去市场统治地位之后，在业务分化的 20 世纪 90 年代初，IBM 能够从中看到统一三大业务和眼花缭乱的 IT 厂商的网络计算，构筑了有竞争力的三大核心业务——硬件、软件和服务，在完善业务的同时，在不同阶段分别以硬件、软件和服务为箭头，其他两个为附庸或者为两翼参与市场竞争，把自己的传统劣势（臃肿的人员构成和管理模式）转变成新生的竞争优势（经验积累，业务的深刻理解），在更高层面上建构了自己新的市场地位。领先，被挑战，调整，再次领先，周而复始，IBM 以这样一种方式成就了长生的神话。

随着商业世界的发展，电子计算机行业已经从早期只有 IBM 等几个经济生物体，（基本属于同一物种）的小环境进化成一个有着多种经济物种的生态圈：微软和 Intel 在关键的环节上实现了垄断和控制；戴尔和康柏等组装商作为资源整合者，实现了零散资源的高效利用；IBM 发展了知识和经验密集的服务业务，成为这一细分市场的佼佼者。前两者作为后来者，充分利用了行业和市场裂变的机遇；IBM 则在迎接这种技术和市场变革挑战的过程当中，在自己原有技术和知识的基础上，在更高层面上构筑了新的竞争优势。它们是属于同一个生态圈的不同经济物种，属于占据不同生物链环节的主动生存者。它们的共生共存共长，证明了即使在同一个行业，也可以有不同类型的优秀的商业模式存在。而贯穿整个行业历史的 IBM，以它多次重构经历写就的进化史诗，给我们以无穷的借鉴意义。

经济危机不是坏事，行业危机也不是！恰恰是一个商业模式重构的机会！如果你没赶上新兴行业的上市热潮，没关系，大多数行业都要经过起步、规模化、产能过剩的普遍困境、整合四大阶段。而资本市场的追捧，往往又会加速一个行业的产能过剩，使之更早陷入困境。此时便可以后发制人，重构商业模式，整合产业链，实现大乱后的大治。

（三）以色列经济模式再造与创新

以色列，国土面积仅相当于半个珠三角，人口不到北京的1/3，这样一个战火纷飞、资源匮乏的小国家，在纳斯达克上市的新兴企业总数超过欧洲的总和，甚至超过日本、韩国、中国、印度四国的总和！以色列创新者每年创立500家以上风险企业，创新密度甚至远超美国！“为什么以色列创新那么牛?”

1. *从数据看创新之国以色列*

作为一个面积只有2.1万平方公里，人口800万的国家，以色列在科技创新方面却作出了举世瞩目的成绩。以色列拥有三个第一：研发支出比重位居全球第一，硅谷以外创业公司数量第一，风险投资人均第一。以色列境内拥有220所跨国公司研发中心，2013年出口额达64亿美元，70家公司在纳斯达克上市。2009年企业境外子公司研发费用占总研发费用比例以63.3%高居全球首位。在10年期间，新生企业诞生数7 027家，死亡2 882家，存活4 145家，企业的存活率高达60%，且大部分以高科技互联网公司为主。

2. *以色列创新的外在条件*

作为科技立国的国家，以色列在科研教育领域成果突出。以色列有很多享誉国际的著名大学，其中，世界最优秀的工科大学之一以色列理工学院曾获李嘉诚基金会1.3亿美元捐赠，帮助其在汕头创办广东以色列理工学院。以色列的学术文章在国际领先杂志上出版、发表、引用率仅次于瑞士与瑞典，居全球第三。

以色列政府对研发的扶持一直下降。从1993年的22.3%降到2010年的4.2%。在早期的时候，政府的支持基金非常多，这个基金主要来自两块。一块来自以色列政府，另一块是以色列和美国政府共同成立的风险投资基金。随着民间资本与跨国公司在以色列境内研发投资的不断加强，以色列政府对研发的投资力度不断减弱，但总体还是呈上升趋势。

以色列具有服兵役的传统。在以色列，最有名的部队叫8200，相当于以色列的专门信息化部队。所有的中学生在当兵的时候，最优秀学生都来到了8200部队，因此最终创业的企业很多与国防、军队有着紧密联系。像信息安全、云计算、数据模型等，都跟8200部队有着密切关系。

2013年以色列的风险投资总额为2.3亿美元，仅次于美国、欧洲和英国。而中国的风险投资额为18亿美元。换句话说，以色列这个800万人口的小国，风险投资总量要超过整个中国的风险投资量。足够的风险投资量，为以色列创新提供了强有力的物质保障。

说到以色列的创新生态，不得不提到全球高科技社群在以色列的汇集。具有较大影响力的全球化跨国公司在以色列的研究中心有57家，从整个科技创新角度来说，是一个不小的数字。像英特尔、微软、苹果、IBM等，中国的联想、小米也在以色列设有研发中心。跨国公司在以色列的大量研发投资为其创新发展提供了强有力的帮助作用。

3. 以色列创新的内在动力

以色列地域狭小，自然资源匮乏，对现实的不满迫使他们不断创新与变革。环境使得以色列人以十分宽容的心态对待失败，尤其在对待创业方面，失败容忍度很高。这也是以色列人能够把创业当做职业的一个重要原因。生存环境的不稳定使得以色列人具有很强的危机意识，创业也不会考虑时间长短的问题，在企业做到成长期就将其卖掉。因此以色列的风投也往往对企业初期阶段更热衷。

在以色列的社会中个人主义与集体主义并存。前面讲到以色列有着服兵役的传统，他们的集体主义就来源于这种平等体制下的军队训练，团队之间强调互相依靠，而恶劣生存环境也使以色列社会中的每个人必须互相协调与配合。

以色列企业家良好的创新思维与创业动力与以色列国家的独特文化不无关系。以色列文化所倡导的平等，给予以色列人自由开放、敢想敢做的创新动力。以色列社会的等级观念十分淡漠，如果将中国等级观念算做99，那么以色列就是0到3，甚至比美国还要平等。此外，社会动荡环境也锻炼出了以色列人对风险的高容忍度以及快速应对风险的能力。

4. 波特钻石模型与高科技产业集群

以色列自然条件恶劣，只能用人来弥补自然资源的不足，所有创业都围绕人来做。高科技的发展必然有好的大学，有风投，要完善周边配套。像加速器、孵化器加上法律顾问等，都是围绕高科技形成了一整套配套产业。产业集群带来非常有效的协同效应，这也是以色列能成为第二个硅谷的原因。以色列创业有几个特点，大部分创业企业都以技术为驱动，与军事训练和服兵役制度有关。此外，跨国公司在以色列科技研发驱动中起到了很大作用。

5. 以色列创新模式借鉴

我国现已成为全球第二大经济体，正处在由“中国制造”到“中国创造”的转型期。在这个过程中，我们特别需要全球的技术资源。以色列有些很好的公司，我们如果把它们收购过来，也不失为一种好的发展方式。

中国的引资模式正渐渐从收购自然资源演变成收购高科技。但高科技园区的发展不仅是产业园区的发展，更可以说是一个产业集群的发展，只有同类型企业和相关配套的科研服务形成一个集群，才能有利于我国高科技产业的发展。

我国企业跟以色列企业的合作有几种形式。第一种是投资的形式，变成以色列基金的LP，通过以色列基金进入以色列企业。第二种情况，是用中国的钱，以色列的钱，美国的钱共同做一个基金，直接投入以色列企业，中国的参与程度也会高。以色列的技术加上中国的团队，形成全球共同创造的企业行为，来面对全球市场。

（四）再获重生

鹰是世界上寿命最长的鸟类，可以活到70岁。但当鹰活到40岁的时候将面临一次生死抉择！这主要是因为当它的生命到了第40个年头的时候，鹰的爪子开始老化，无法有力地捕捉猎物；它的喙变得又长又弯，会垂到胸脯的位置；它的翅膀会长出又密又厚的羽毛，让它的双翅变得沉重，难以飞翔。

此时的鹰只有两种选择：要么等死，要么经过一个十分痛苦的重生过程。如果想重生，鹰得独自飞到山顶，在山的高处准备重生。这是一个漫长而可怕的过程，重生的鹰要忍受莫大的痛苦和剧烈的身体创伤。重生的第一步是除去老化的喙，鹰用头抵着粗糙的岩石，在石壁上一下一下地摩擦，把老化的喙皮一层一层磨掉，直到完全被剥离。这时的鹰已经无法吞食食物，它不吃不喝，凭借体内不多的能量来支撑自己的生命，在痛苦的煎熬中静静等待。几个月后，新的喙慢慢生长出来，鹰开始了重生的第二步。当新的喙长出来后，鹰使用喙把爪子上老化的趾甲一根根拔掉，鲜血一滴滴洒落……然后又是痛苦而漫长的等待——奄奄一息的鹰在痛苦中长出了新的趾甲，而此时它还得熬过最后一关：用新长出来的趾甲把身上又长又重的羽毛一根根拔掉……当新的羽毛长出来后，鹰完成了涅槃般的重生！感悟——鹰的重生。

新的喙，新的爪子，新的羽毛，鹰又能重新捕食了，重生后的鹰能够再活30年！

听起来，和佛经中的“凤凰涅槃浴火重生”一样，其实企业也一样，在企业的发展过程中也常常要面临着浴火重生的考验。要想开始一个新的过程，就要放弃旧有的生活、旧有的习惯，然后才能像雄鹰一样重新飞翔。但是我们往往不敢于或者说不愿意放弃旧有的思想、习惯与生活，我们哪怕知道维持现状就是终老，但却不迈出重生的一步。所以，企业最需要的是自我革新的勇气，是让自己重生的决心。

十、让上市公司成为运用互联网金融的第一集团军

2014年，中国互联网行业风起云涌。近年来，互联网的快速崛起，给部分传统行业发展带来了颠覆性影响，下一个产生革命性影响的行业将是金融业。

如今，这一影响已在资本市场初见端倪，在互联网金融队伍的不断壮大下，相关概念股在A股的行情也愈发经久不衰。

随着物联网、大数据、移动互联网等信息技术的创新发展，互联网正在改变着传统金融存贷、支付等核心业务，开创了互联网与金融融合发展的新格局，互联网金融产业链正在形成。未来，互联网将彻底改变传统金融业务格局，新业务、新业态、新模式层出不穷，传统金融创新步伐将不断加快，金融行业将成为一个更加充满竞争的行业。

目前，上市公司涉足互联网金融也日渐增多，深圳天源迪科、沃尔核材、海能

达、兴森科技、科陆电子也曾发布公告称，将与深圳市高新投创业投资有限公司、深圳大洋洲印务有限公司、深圳市元明科技发展有限公司、深圳市同创盈投资咨询有限公司、深圳市金桔创盈投资管理合伙企业一起签订协议书，设立深圳市鹏鼎创盈金融信息服务股份有限公司，公司注册地位于深圳前海。其中，5 家上市公司所占股份比例均为 13.33%，各自出资 2 000 万元。

虽然目前类似这样抱团进入的案例并不多见，但是上述公司合伙成立互联网金融平台，就是看好互联网金融产业发展的前景，并认定成立该合资公司未来能够为公司带来相关的投资收益。

对于互联网金融发展前景，笔者认为，互联网金融业发展分三个层次，目前处于第二层次初期：（1）开辟虚拟渠道，对接金融业务。互联网金融与传统金融是既竞争又合作的关系，互联网企业需要解决两个问题：补足“铁人三项”上的短板；与传统金融机构合作，将流量变现。（2）获取金融牌照，做实资产端。互联网企业通过战略合作、收购、申请等方式获取金融牌照，运用数据资产进行风险定价是互联网企业的主要任务。互联网金融与传统金融是颠覆与被颠覆关系。（3）打造财富管理综合平台。互联网企业为庞大用户提供多样化的财富管理服务，互联网金融与传统金融是颠覆与融合关系。

在互联网金融布局方面，首先，“铁人三项”占优的互联网企业及其产业链相关公司，包括腾讯和阿里产业链、垂直型网站（京东、东方财富等）、金融信息化服务商。其次，积极拥抱互联网的中小金融机构，关注国金证券，潜在标的：锦龙股份、太平洋、中国中期和安信信托。最后，向互联网转型的大型金融机构，如中国平安。

由此，整个中国互联网行业在未来几年内的趋势，有以下几个共性：

第一，总体趋势的核心都是全面深入移动互联网。

第二，移动互联网时代，O2O 的加速布局。

第三，垂直领域的投资。围绕用户在教育、文化、娱乐、医疗建设、金融等垂直领域进行投资布局，闭环建设依然是重点，提高用户黏性，满足用户更高层次的需求。

第四，与物联网、云计算、大数据等技术结合的空间依然广袤。智能硬件的发展目前主要受技术瓶颈制约，但软硬件结合必将是未来趋势。

此外，一方面应当考虑到投资收益，即选择营收利润比较好的标的；另一方面应当着重布局移动互联网的各个平台，构建完整的生态圈。

案例剖析：

当今中国各行各业都陷入产能过剩的困局中，中国所有的行业日子都不好过。以农产品加工业的上市公司晨光生物为例，晨光生物面临的问题与中国所有行业都是一样的，解决晨光生物所在行业产能过剩的问题、提高晨光生物盈利能力的关键是要帮助晨光生物再造新的商业模式，加快转型升级。

首先，要通过资本运作整合更多资源为晨光生物所用，通过在资本市场打造晨光生物成为中国股市转型升级第一股来扩大影响力提高知名度，进而用5年的时间将晨光生物打造成中国绿色食品行业的一流大品牌企业，然后再用10年的时间将晨光生物打造成为世界绿色食品行业的一流大品牌企业，再运用资本运作将晨光生物的股价及市值增加80倍至100倍，从而顺利完成晨光生物的转型升级，形成晨光生物在全世界的同行业与人能比的核心竞争力，达到晨光生物基业长青的战略目标，为中国及世界食品安全作出杰出的贡献。

（一）互联网时代没有创新能力的企业只有被淘汰

诺基亚、索尼、IBM、西门子等传统行业企业中，多少曾经的一代霸主逐渐日落西山，淡出视野，而与此同时，腾讯、阿里、小米等新兴力量又在迅猛崛起，迅猛颠覆。互联网，正从外到内冲击着各个行业。互联网大势呼啸而过，不跟上就会被淘汰。在这个快速变化的时代，只有主动与这个时代互动，不断适应这个时代，寻找属于自己的互联网融合之路。

晨光生物转型升级要运用互联网思维来解决市场问题，运用互联网工具解决食用油及保健品的市场销售难题，通过互联网去占领食用油和保健品的终端市场，解决晨光生物目前盈利能力低下的问题。

（二）公司如何摆脱产能过剩的低水平重复

晨光生物公司是一家集农产品精深加工、天然植物提取为一体的出口创汇型企业、国家级高新技术企业和农业产业化国家重点龙头企业，是全国最大的天然色素生产和销售企业，建有全国最大的脱酚棉籽蛋白生产线。拥有18家子（分）公司，主要研制和生产天然色素、天然香辛料提取物和精油、天然营养及药用提取物、油脂和蛋白四大系列80多种产品，其中天然色素产销量居中国之首，辣椒红色素产销量世界第一，辣椒油树脂占国内产量的85%以上，叶黄素等品种均在国际上占有重要地位。公司产品符合联合国粮农组织、世界卫生组织及国家标准要求，70%以上出口，主要销往欧洲、美洲、澳洲、南亚、东南亚、非洲部分国家和地区及日本、韩国等，出口创汇连年居中国植物提取物行业首位。

晨光生物转型升级思路：

其一，进行公司战略顶层设计，运用公司天然色素、天然香辛料提取物和精油、天然营养及药用提取物、油脂和蛋白等打造绿色食品的上下游产业链，为中国及世界提供安全食品，用10年的时间打造成本行业的全球第一大品牌。战略定位明确后就要开始进行品牌宣传造势。

其二，先将终端产品高档食用油和棉籽油进行宣传推广，直击转基因大豆油；在进行绿色食用油宣传的同时，通过互联网直接销售绿色无公害食用油，运用互联网的低成本迅速占领全国终端市场，扩大市场时运用资本市场融资。

其三，建立农业产业基金，整合上游农产品生产市场，确保原材料的优质低价，同时运用农业产业基金帮助原材料产出地进行农业产业升级。

其四，下游整合食品企业，帮助使用本公司生产的天然色素、天然香辛料提取物和精油、天然营养及药用提取物、油脂和蛋白的企业一起运用互联网宣传销售绿色食品，让下游与该公司合作的企业也有更好的发展。

其五，当国内市场整合成功后，再加大国际市场上下游产业链的资源整合，用5年的时间打造成为国内的一流绿色食品企业大品牌，用10年的时间打造成国际上的绿色食品企业一流大品牌。这样一来，既摆脱了产能过剩的恶性竞争，又提高了盈利能力，更重要的是企业的核心竞争力不断提高，必将成为国际市场上的标杆企业。

（三）运用金融工具整合资源

1. 与地方政府共建产业基金平台，整合资源为我所用

首先，产业基金不是单纯为融资而设立的一种融资途径，而是为政府提供了未来经济增长的一种新的模式，在此模式下才可以挖掘出各地区的新的经济增长点。

其次，产业基金帮地方政府搭建了一个多元化的融资平台，根据不同产业的实际需求，通过产业基金的不同组成形式，实现对潜力增长产业的最大扶持。通过产业基金帮助产业转型升级，以基金为资本纽带，扶持优秀的企业上市，使企业成为全国同行业中的龙头企业，同时也推动了城镇化的发展。

再次，产业基金是通过市场化手段解决资金的筹措，而非过去的一直使用的增加政府财政负债的资金筹集模式，而且只要政府可以管理好基金，选择有潜力投资的产业，还可以为政府带来持续的财政收入，改变过去大多需要依赖土地财政的地区经济发展模式。

最后，产业基金有利于地区的招商，有利于形成产业集群。产业基金一期、二期到无数期的融资过程整合各种要素人才、技术、资源、资金、市场要素、品牌宣传等为本地区所用。通过产业基金持续的融资和投资引导众多的商家到本地区来投资，从中可以筛选挖掘价值企业进行投资，同时也使产业基金的投资者获得持续的回报。

2. 运用产业基金对在建项目进行大规模运作

晨光生物公司计划投资年产1 000吨的甜菊糖项目。该项目位于曲周县现代新型工业园区，总体规划用地规模60 000平方米（90亩），预计投资总额7 137万元（其中建设投资6 137万元，铺底流动资金1 000万元）。项目建成后可年产1 000吨甜菊糖及副产品甜叶菊料渣9 000吨。若通过产业基金迅速运作成功，不用自有资金即能获得高额利润。

3. 下属单位与地方政府合作产业基金整合上游资源

晨光生物科技集团以晨光生物科技集团股份有限公司为母公司，下辖15家子公司和3家分公司。子公司中新疆分布有7家，河北4家，天津2家，辽宁1家，印度1家，3家分公司均位于曲周县境内。这些子公司都可以与地方政府共建产业基

金进行运作。

4. 产业基金对企业发展的作用

（1）帮助企业建立多渠道的融资平台

产业基金融资金额巨大，资金使用期限长，为企业提供了多元化、多渠道的融资方式，同时在推动企业产业转型升级和优化发展方面发挥更大的作用。以基金为资本纽带，通过向企业注入资本，让其上市并成为国内行业龙头企业，为企业提供资本运作，使得企业能从地区变成全国/全球的行业龙头企业。

（2）打造有核心竞争力的产业

在流动性过剩的今天，谁会运用金融创新的工具，大量的资金必然会流向谁。企业运用产业基金整合资源、技术、人才为企业所用，打造成为行业大品牌，形成企业的核心竞争力。

（四）建立企业自媒体平台

在互联网金融打破传统金融行业垄断格局实现“金融脱媒化”的时代大背景下，传统行业脱媒化的趋势也愈演愈烈。对于传统行业来说，转型升级刻不容缓，曾经大成本招商宣传的替代模式——“传统产业自媒体”已经呼之欲出。

“传统产业自媒体”，就是传统行业通过自身持久地同时运营电视、互联网和移动客户端等媒介载体，整合各种优质资源发展传统行业产业链的低成本大回报的传统产业新型盈利模式。

企业通过自媒体需要达到的目标：与合作方媒体共同产生的冠名费等的现金流；吸引更多的资金并整合更多资源用于传统产业链的打造；企业的各项服务知晓度和信誉度大大提高，增加了隐性的客户；大幅降低企业的各类广告宣传成本，“传统产业自媒体”就是一揽子工程。

（五）资本运作

常言道：小富靠勤劳，中富靠运气，大富靠智慧。资本运作解决的是赚大钱的问题，需要大智慧。

1. 什么是资本运作

资本运作是指利用资本市场法则，通过资本管理的技巧性运作或资本的科学运作，实现资本价值大幅增值、效益增长的一种方式。

资本博弈是一个系统工程，是整合各种社会优质资源来为公司发展服务的最佳方式，是用“四两拨千斤”的智慧来整合各种优质资源为企业所用，也是企业战略扩张的必要手段。可以说，21 世纪的企业家如果不懂资本运作迟早会被淘汰出局。资本运作重视资本的支配和使用而非占有。资本运作大部分的利润来源于使用资产而非拥有资产，可以通过合资、兼并、控股、租赁等形式来获得更大资本的支配权，把“蛋糕做大”，获得更大的资本增值。

2. 晨光生物公司的资本运作

晨光生物公司可以在开曼群岛及毛里求斯设立私募基金，运作控股公司二级市场的股价，以便更好地控制本公司的股价上涨速度，对本公司的股价进行市值管理，确保公司转型升级成功后，本公司未来 5 年到 10 年股价就能上涨 80 倍至 100 倍。通过这样的上市公司转型升级模式，大股东是赢家，公司管理层和团队是赢家，员工是赢家，投资者是赢家，参与的所有机构都是赢家。这样的资本运作方式才是资本高级运作的最高境界：运作得好像没有人运作一样，这种无为而治的资本高级运作才是最完美的，这样完美的资本高级运作一定是多赢的。

综上所述，晨光生物如果能作为中国证券市场上市公司转型升级第一股出现，一定能获得更多的资源和市场上的支持，在中国目前各行各业都产能过剩的背景下，晨光生物只有转型升级才有出路。

我们不能改变过去，但是可以改变现在，我们不能改变环境，但是我们能改变自己。一些旧思想、旧规矩、旧的商业模式都是可以打破的，只要我们做事变通而不违反客观规律，灵活而不违背做人的原则，我们就能跟上时代的变迁和社会的发展。晨光生物只要能跟上时代的变迁和社会的发展转型升级，未来一定能成为该行业的世界级的龙头企业，成为世界上一流大品牌的绿色食品企业，成为基业长青的企业。

第五章　民间金融如何向互联网金融转型

金融作为现代经济的核心组成部分，在经济发展中起着无与伦比的重要作用。而民间金融作为金融的一个组成部分，与国家金融有着紧密的联系，对经济的发展，尤其是对非国营经济的发展有着很大的推动作用。近几年来，我国经济正处于转型时期，民间经济的发展越来越受到中共中央的重视。民间金融在某种程度上满足中小企业资金的需求，对中小企业的发展发挥着重要的作用。

我国民间金融历史悠久，是我国金融体系改革中的重要组成部分。改革开放以来，民间金融获得了极大的发展。在促进民营经济的发展中，民间金融起着积极的作用。虽然近年来，我国民间金融获得了长足发展，但民间金融仍然是我国金融体系中最薄弱的环节。民间金融存在很多非市场化运行的现象，对金融体系以及民间经济发展产生了消极影响，因此，为使民间金融健康发展，金融体系更加规范，金融秩序更加稳健，民间经济更好地发展和促进社会的繁荣进步，研究民间金融更加有意义。

目前我国民间金融发展迅速，规模空前。我国民间金融的形式多样，主要包括合会、民间借贷、民间集资，中小型私营银行等。民间金融作为国营金融机构的有效补充，推动着金融创新，在一定程度上缓解了中小型企业融资难的问题，促进了农村经济的发展。民间金融活跃的现实是不容置疑的，起到的积极作用也是不可忽视的。但是民间金融不论从理论上，还是从政策上都存在一系列急需解决的问题。中国现代民间金融有其产生的必然性和合理性，也有着自身的特点和弱点，它既促进了国民经济的发展，也给社会经济运行带来了一定的风险。长期以来，民间金融始终没有受到有效地扶持与保护，也没有法律地位，这对于民间金融的发展极为不利。随着我国经济不断地蓬勃发展，研究民间金融的现状及其发展问题，有助于我们进一步规范民间金融的发展，降低民间金融的风险，使民间金融更好地服务中国经济。

国有金融机构不能满足所有人的融资需求，所以民间金融起到了拾遗补阙的作用。民间金融的贷款要求较低，并且一般不限制所贷款的用途，金融产品期限、担保方式与利率多样化，可以满足不同的资金需求者各异的要求，极大地缓解了中小型企业的“融资难”问题，为中小企业融资提供了新的途径，因而促进社会财富快速增长。民间金融使金融体系更加完善、高效。

民间金融的形式较国有金融机构更加灵活。借贷双方只要达成融资意向，只需要签订合同或是口头协议就可以将资金贷给借款人，手续便捷，耗时少，借款人可以迅速取得资金。由于民间金融多发生在熟人之间，贷款人对借款人的信用及偿债能力有很深地了解，因此信息收集成本基本为零。民间金融的灵活性也体现在交易双方可以根据具体的情形设定利率、还贷时间、担保方式等，这样可以更好地满足不同的资金需求者的要求。

民间金融拓宽了广大居民的投资渠道。随着通货膨胀地加剧，将存款放置于银行可能是负利率。而民间金融方式虽然承担了更大的风险，但是通常可以带来“高回报”。在民间借贷中利率超过银行同期利率的4倍是受到法律保护的，所以民间金融为广大居民提供了一条投资渠道，可以避免资金闲置。

民间金融一般处于“地下”活动状态，不易监管和调控，中央银行制定货币政策难以得到民间金融体系内的具体数据，因此，民间金融的存在加大了中央银行制定货币政策的难度。由于形式隐蔽，一直以来，民间金融没有得到有效地监管，形式也没有得到规范。这就造成了债权人及债务人的权益都不能得到很好保障的局面。民间金融订立合同的形式简单，有的甚至只是口头协议，一旦债务人不能按时归还所借钱财，债权人的合法权益就无法得到保障。并且，民间金额的利率一般高于国有金融，有些个人或企业急需资金，并没有考虑日后是否有能力归还，因此，债务人的违约风险比较高，对债权人造成的危害较大。“高利贷”就是民间金融的害群之马，严重危害着社会的安定。民间金融由于规模相对较小，货币结余少，一旦发生损害则容易导致资金链断裂。民间金融没有规范的交易机制，有时仅仅存在口头约定，这使债权人所承担的风险更大。民间金融的贷款人一般是不符合正规金融机构贷款条件的，风险较大。而且民间金融机构的经营范围较小，抗风险能力弱。由于缺少国家做担保，一旦陷入危机则会发生挤兑，使该机构无回旋余地，继而破产。民间金融不仅自身经营风险大，其脆弱性也会加大整个金融体系的风险。

因为民间金融规模小、缺少风险预警机制、交易流程不规范等方面而抗风险能力较弱。怎样保护民间金融主体的合法权益，并引导民间金融科学发展，引导合法民间金融机构的健康发展，有效地防范风险？相比较于国有金融机构，民间金融机构在规模、资金实力等方面都处于劣势。民间金融的利弊需要被社会及公众理性、辩证地看待其存在的合理性和必然性，所以采取“疏导结合”的策略，引导民间金融在互联网金融时代运用互联网金融走向“规范化”和“阳光化”。

一、新形势下民间金融的问题与困局

民间金融在我国古代早已存在，票号、钱庄即人们从事民间融资活动的重要载体。只是由于在我国古代漫长的封建社会里，自然经济占据绝对主导地位，商品经济极不发达，民间资本的流动性极弱，所以民间融资的规模终未成大气。随着现代工商经济的发展，民间融资现象越来越普遍，其功能用途也逐渐遍及整个社会生活领域。与银行部门的正规借贷相比，民间融资因具有的手续简便、形式灵活、操作快捷、交易成本低等特点，深得人们喜爱。在现实生活中，民间融资在社会主义市场经济建设中发挥了重要的作用，为我国银行运作和利率决定市场化、灵活化奠定了现实基础，其积极功能和社会价值一直被广大社会公众和官方所认同。不过，遗憾的是，由于各种原因，民间金融在我国长期以来一直没有法律上的身份，这也为民间金融的异化埋下隐忧。作为官方金融体制的一种重要的体制外补充，民间金融在为社会主义市场经济发挥重要的推助作用时，它的一些所谓的变相形式也为国家经济的发展与社会的稳定带来了一系列的严重问题和负面影响。

在近年的生活实践中，正是所谓的非法集资（主要包括非法吸收公众存款和集资诈骗等行为）将民间金融引向了它的反面。伴随着近年来经济的快速增长，民间资本市场异常活跃：一方面，经济的快速持续稳定增长客观上需要数量巨大的资金作为强大的支撑，特别是在现行垄断的金融体制不能为多元化的市场经济主体提供足够的资金渠道时，便急需民间资本作为体制外的补充；另一方面，越来越充裕的民间闲散资本客观上也渴望找到更为便利和高效的投资渠道，这便为借款人提供了极大的便利。在这两方面因素的相互“合谋”与彼此激荡之下，民间融资的规模越来越大，范围越来越广，方式越来越多，以致逐渐变形并最终走向异化，发展为今日被政府规范性文件所定义的“非法集资”。近年在全国各地区由于非法集资案件等引发的社会问题越来越多，情况也越来越复杂，甚至频频引发令人震惊的群体性事件，这些情况已经引起政府与全社会的高度重视与警觉。

于是，我们看到了一个有趣的悖论：一方面，面对日渐混乱的民间融资市场，政府试图加大力度进行监管与整顿，出台了一系列规范性文件，以创设一种新的金融秩序；另一方面，政府显然又高估了其监管能力，或者根本忽视了监管成本等一系列问题，因为它根本无力就现存规则“制造”出的数目可观的非法集资活动进行一一整饬。从经济学视角分析，执行一部法律比颁布一部法律的成本自然要高得多，有限的行政执法资源和司法能力显然无法不折不扣地执行这些规则。结果，被政府强烈期待的规则由于涵盖面过于宽泛而难以在实践中得到有效实施，免不了被“悬置”。而在“规则悬置”的背后，实际上也反映了政府在整饬非法集资问题上的“监管不能”。正是这种“监管不能”反过来又无意识地将“违法行为”（非法集资）培育成为社会上普遍认可的“习惯”，以致非法集资活动便可借机从此“执法真空”中从容生长直至扩大，最终酿成难以收拾的局面。

现存规则在法律保护上的不当取向致使人们对现存规则的信任度进一步降低，从而愈加恶化了监管困局，并导致社会公众的守法危机。仔细分析上述规范性文件，我们可以看出，现存规则在法益保护取向上主要不是针对融资活动中各利益相关人的权利，而主要倾向于保护一种所谓的“社会秩序”或“政治稳定”等抽象的公共法益。特别是从各级政府部门颁发的打击和惩处非法集资的规范性文件来看，其意旨主要是近年来各级政府部门确保维持社会秩序稳定的既定方针的一个延续。概言之，取缔、打击和惩处非法集资行为主要有两个层级的目的：一级目的是消解非法集资的社会危害性，避免和减少社会公众的损失；二级目的则是一级目的的逻辑结果，也是这些法律规范试图达到的目的所在，即避免投资人因资金无法回笼而将矛盾转移至政府部门从而引发相关的群体事件，继而影响到社会秩序和政治秩序的稳定。很显然，这种以社会（政治）秩序为中心的法益保护倾向，由于忽视了融资活动中具体的利益相关人的合理融资诉求及其法益保护诉求，以致疏远了法律规范和社会公众之间的距离，进而导致了公众的法律信任危机。

现存规则对于融资方在法律上基本持否定态度。现存法律规则所宣示的态度是，为了避免民间金融演化成为非法集资，以致最终可能酿成群体事件，并影响到社会安定，除了小规模的特定对象之间的借贷行为外，原则上不主张任何单位和个人作为借款当事人从事民间融资活动。同时，现存规则对于融资活动中投资人的利益也不持积极的保护态度。

毋庸置疑，对于经济活动和金融活动中的诈骗行为，当然应当得到法律的惩处，这是市场经济对法治社会的必然要求，也是世界各国的通行做法。然而，对于目前的非法集资方面的犯罪行为，当运用法律规范进行调整同样收不到或根本收不到一定的效果时，我们便应当对现行民间融资监管规则的立场表达与规则实践进行反思，到底是我们的法律表达出了问题还是我们的社会实践出了问题？为什么那么多人热衷于国家明令禁止的违法犯罪活动？诸如此类问题产生的根源到底何在？是要让民间金融的实践屈服于现行法律规范的表达，还是必须对现行法律规范进行调整，引导民间金融步入法治化的轨道？在得出相关结论之前，需要对民间融资的两大参与主体进行一个社会学上的初步考察。

首先，考察中小企业在我国经济中的贡献及其与民间金融的天然关系。众所周知，改革开放以来，中小企业（和民营企业）对我国国民经济的贡献是非常大的，根据有关统计，20 世纪 90 年代以来，我国工业新增产值的 76.7% 是由中小企业创造的。特别是近年来，中小企业创造的最终产品和服务的价值占到国内生产总值的 60% 以上，为地方政府创造了数目可观的税收，解决了 30% ~60% 城镇人口与农村人口的就业问题。长期以来，中小企业（和民营企业）与民间金融之间便建立了密不可分、相辅相成的天然关系。前者的快速发展造就了民间资本的积累，后者的活跃反过来促进了前者的良性发展。而且，根据有关研究表明，凡是民间金融越发达的地方，人均 GDP 的增长速度就越快。

然而，就在近年接连不断的金融危机与金融紧缩体制下，中小企业的发展也遭遇了前所未有的融资危机，从而面临进一步的发展瓶颈。由于逆向选择与道德风险等各方面的原因，中小企业和民营企业很难进入国有商业银行的视野。因此，为了度过资金困境，在没有其他金融方式可供倚赖的情况下，它们只有依靠长期以来与之相伴的民间资本作为主要的供血来源，在无奈的情况下甚至不惜冒着违反法律的危险，背负“非法集资”之名去借高利贷。2014 年浙江省温州市一些实业家因为资金链断裂，有的跳楼自杀；有的为了逃避债务，只有赶紧“跑路”。可以想象，在这种情况下，即便国家严禁民间融资（将其作为非法集资行为予以打击），但对于这些实业家，显然是无法起到遏制作用的，我国古人早有“民不畏死，奈何以死惧之”的告诫。除非人们不再投资实体和中小企业，否则，在遭遇资金困境时，他们会不惜一切代价去挽救自己曾经苦心经营的事业。

其次，关于民间闲散资金的投资困境问题。我们在调查浙江省温州市的民间金融现象之后，总结出“温州悖论”的命题，用于描述在温州市普遍存在的“有钱者无处投，无钱者无处借”的现象。其实，以这个判断来形容我国目前民间金融的现状，大体也一样。实际上，近年来我国民间金融之所以如此活跃，一方面，是由于民间积聚了大量的闲散资金，形成了雄厚的资本供方市场；另一方面，由于经济的快速发展，不断造就了新成立的各种经济实体，而这些实体的迅速成长当然离不开资本的扶植，这就形成了巨大的资本需求方市场。长期以来，尽管民间资本在市场经济中发挥了重要作用，但由于缺乏制度化的出口，其往往只能游离在非法集资和投机炒作的边缘地带，这便是当前民间融资所遭遇的“投资困境”。其实，投资人不是不明白，在目前我国的体制之下，他们参与民间金融活动，确实具有较大的投资风险，然而，却是不得已的选择。手中的闲散资金多起来之后，人们必须充分考虑这些资金怎么增值的问题，但是，就我国目前显性的投资产品和投资项目来说，又是极其有限的，较为方便的选择无非是银行、股市和楼市等。将钱存入银行，人们看到的是存款利率远远跑不过 CPI；将钱投资股市，中国股市更是赔多赚少。房价下跌趋势形成，人们也不敢放心地投资房市。怪不得经济学家陈志武先生也感叹中国人真是无奈和悲哀，钱多了反而感到不安。

通过以上的分析，我们初步可以得出如下结论，目前在我国盛行的所谓的“非法集资”，在很大意义上正是单一僵化的国有垄断的金融体制及其实质性改革的滞后所造成的，由于国家对金融市场进行全面垄断，从而窒息了进一步的金融创新能力。一方面，国有金融机构始终不太愿意向民间投放贷款；另一方面，目前极不发达的金融理财产品远远不能满足投资人的需要，于是催生了游走于官方体系之外的民间金融市场。其实，如果对目前全国若干影响较大的非法集资案稍作剖析，我们就不难发现，许多所谓的非法集资案件，最后尽管酿成了一定的社会问题，但其原因不是或主要不是经营不善，更不是利用集资钱款肆意挥霍，而更多的是贷款人由于资金困难不能从国有银行申请到贷款时，转而依靠民间高利贷，最终难以支付这些借款的高额利息，使其实业无法正常运转，并最终导致灾祸降临。然而，这同样是国有金融垄断体制造成的结果。在民间金融未能合法化的体制下，资金供给相对有限，金融交易的风险和成本得以提高，借贷利率当然会变得更高。与此紧密相关的是，由于民间金融交易过程中高风险的存在与相对落后的执法水平，一旦债务纠纷发生，并转而升级，投资人就很难得到利息回报，甚至连本金也难以收回，这种局面又催生出专以高利贷谋生或专门催讨高利贷的黑恶势力。于是，这些融资活动引起的社会问题使民间金融进一步复杂化，并可能最终影响到社会秩序的稳定，这也许是国家必须花大力气打击非法集资的一个重要原因。

许多学者认为现有法律只不过是对国有商业银行垄断地位的保障而已，对于民间金融的引导、规范和监管，则根本无济于事。因此，经济学家张维迎先生认为，“非法集资罪”因为它违反了市场经济的一项基本原则——自由（权利），国家对非法集资行为的打击就是对民间金融的否定，这是典型的保障国有商业银行的垄断地位——“特权”，而不是平等地保护每个市场主体的“权利”。事实上，我们没有必要将这种从古至今即已存在的民间金融过分妖魔化，更没必要动辄为其扣上“非法集资”的帽子，它只不过为借贷双方按照双方约定的利率或市场化利率进行的一种交易行为。另外，如果仅认为严格按照国家银行法在非市场化利率下进行的吸存放贷行为属合法的话，则同样无法解释近年在各商业银行兴起的理财产品、银信合作、委托贷款等非传统存贷业务为什么并不违法，因为它们均是在市场化利率下的体外循环行为。

由此看来，“解铃还须系铃人”，欲求从根本上解决非法集资的监管难题，超越监管困境，对造成目前我国民间金融尴尬局面的金融体制改革应成为当务之急。要想疏解民间金融引起的社会问题，遏制其异化为非法集资，对民间金融市场的刚性需求视而不见肯定是错误的。当前切实可行的改革路径是：首先，必须逐步放松金融管制，从发展各类小额金融品种开始，逐步放开民间金融，允许民间资本和国有资本一样，具有同等机会进入金融行业。其次，对于放贷人，当然不能依照目前的方法进行打击，而应该予以充分的保障，鼓励其进入民间金融领域。通过充分的市场竞争，市场资金供需对比的价格便能够真实地得到反映，相应地，借贷利率也能得以合理地市场化。如此，借款人融资难的问题不但能够得以有效地消解，其支付高利贷利息方面的压力也能得以减轻。对于投资人，其投放的资本也能得到充分的增值机会。唯有如此，才真正能够让民间资本通过“名正”而使其“言顺”，并与国有资本在同一起跑线上参与平等竞争，如是，则“大事可成”，国家对民间金融的监管压力反而会减小。

2008—2014 年，近六年来居民储蓄存款每年都超过 4 万亿元，到 2014 年底城乡居民储蓄存款余额为 68 万亿元左右。一方面，是大量的民间财富找不到出路，巨大的财富增值需求在寻求投资；另一方面，是大量的企业想融资融不到资金，融资难和融资成本高成为压在中国企业身上的大山。融资难说明中国的金融专家太少，企业高管不知道如何融资。中国的融资难和投资难带给民间金融历史性的机遇，但同时机遇和挑战并存。

二、民间资本进入金融领域的商业模式

民间资本进入金融领域的商业模式，我们所熟知的种类主要有村镇银行、小额贷款、第三方理财、民间借贷连锁、担保、私募基金、银企对接平台、网络借贷、金融超市、金融集团、民资管理公司、典当行、民间借贷登记中心等。

（一）开办村镇银行

注册资金 300 万元，发起人必须是银行业金融机构，持股比例不低于 15%，个人持股比例不能超过股本的 10%。

2006年底，银监会推出调整和放宽农村地区银行准入政策，鼓励各类社会资本通过新设新型农村金融机构的方式进入农村金融市场。

1. 探析我国村镇银行发展存在的问题及对策

(1) 存在的问题

①村镇银行定位存在偏差。由于村镇银行是“自主经营，自担风险，自负盈亏，自我约束”的独立企业法人，部分发起人或出资人必然会把实现利润最大化作为自身最大的追求目标；农民作为弱势群体，农业、农村经济作为风险较高、效益较低的弱势经济，受自然条件和市场条件的影响巨大。在农业保险严重缺乏的情况下，村镇银行在利益的驱使下很难实现“立足农村”、“从一而终”的经营理念，它们会逐渐偏离服务“三农”和支持新农村建设的办行宗旨，寻求新的市场定位。在此情况下，发生在农村地区的国有商业银行信贷资金“农转非”现象将不可避免地在村镇银行重现。从已经成立的村镇银行来看，大多将其总部设在各试点地区的行政中心所在地，周边的金融和经济环境理想，商贸较为发达。从客观上来看，其并未完全符合在金融服务空白地区布局的经营思路，村镇银行最终呈现“冠名村镇，身处县城”的格局。更有甚者，部分村镇银行将目光放在贷款金额比较大的小企业主及出口企业上，在某种程度上偏离了设立村镇银行的政策初衷。

②村镇银行资金来源有限。村镇银行设立于我国农村地区，是农民自己的银行，是“穷人的银行”，具有一定的本土优势，但由于这些地区受自然条件和经济繁荣程度地限制，居民的收入水平不高，农民和乡镇中小企业闲置资金有限，再加上农村信用社的激烈竞争，客观上制约了村镇银行储蓄存款的增长。同时，村镇银行成立的时间较短，农村居民对其缺乏信任，在老百姓的心目中无品牌价值，人们更愿意、更放心地把钱存入国有商业银行、邮政储蓄银行、农村信用社等金融机构。另外，村镇银行网点少，大多数村镇银行只有一个营业网点，缺乏现代化设备，使其对农村居民缺乏足够的吸引力，致使村镇银行吸收存款十分困难。截至2008年8月底，浙江象山国民村镇银行存贷比高达121%；浙江玉环永兴村镇银行存贷比高达96%，远远高出银监会规定的75%的上限，吸收存款严重不足。同时，村镇银行的结算系统没有和人民银行联网，所以同业拆借无法进行；村镇银行的业务受限，无法进行金融债券的交易，无法像商业银行一样外部融资。这些因素都导致了村镇银行只能从储蓄业务中吸取资金。

③隐含风险大，御险风险能力较差。村镇银行的服务对象主要是当地的农户或者农业企业作为一个弱势产业，存在较高的风险，效益较低，受自然风险和市场风险的影响巨大，而目前在农业保险体系不健全的情况下，一旦发生自然灾害，借款人就有可能不会按期偿还贷款。即使有抵押品，但抵押品大多是农民的住房、农田和农机等，一般很难变现。在更多的情况下，村镇银行发放小额贷款时多以信用贷款为主，很容易形成贷款的道德风险。在我国经济欠发达的农村地区，金融生态环境还有不尽如人意之处，这进一步加剧了村镇银行的经营风险。而相对农业银行、邮政储蓄银行和农村信用社等农村金融机构，村镇银行内控能力相对薄弱，对经营

中面临的风险控制较差。

④专业人才不足。在目前的情况下，商业银行在经济效益、社会认知度等方面都存在激烈的竞争，这就需要一支专业的高素质的人才队伍作为保障。但是村镇银行由于起步较晚，并且设立在比较偏远或经济不发达地区，在人才的吸纳上存在严重的困难，在这一点上就远远的落后于各个国有银行、股份制银行及外资银行。现在村镇银行的主要员工队伍来自信用社或者是当地某机构的财务人员，缺乏先进的管理经验，深厚的知识储备，即使一些大中专毕业生对村镇银行也缺乏“入行”的兴趣，相对于村镇银行先进的硬件背景，“软件”条件很薄弱，所以吸收专业的高素质人才对村镇银行来说是迫在眉睫的事情，关乎村镇银行能否长期的可持续发展。

⑤监管上存在难题。对于村镇银行监管面临的难点主要来自两个方面：一是村镇银行多设于农村地区，监管半径越过县乡两级，监管难度较大、费用较高。二是经营管理模式多样化，增加了监管难度。由于各村镇银行业务复杂程度和经营规模的不同，经营管理模式各异，监管机构不能实施对村镇银行的统一监管，而要根据各村镇银行经营特点制定不同的监管措施，实行“一行一策”监管，有效监管面临巨大挑战。同时，目前我国专门对村镇银行监管的法律法规还不健全，缺乏非常适合的监管准则。

（2）我国村镇银行发展的对策建议

①明确村镇银行的市场定位。我国设立村镇银行的目的是更好地改进和加强对农村的金融服务，支持社会主义新农村建设，村镇银行只有更好地为新农村建设提供金融支持，才能可持续地发展下去。所以，村镇银行的市场定位一定要立足农村，服务“三农”。其目标客户应确定为效益比较好的农村种植、养殖专业户及个体工商户，重点选择农村中低收入群体，应为农村最贫困、最需要帮助的人提供帮助，把目标客户定位于农村的低收入者，这些都是由村镇银行的性质、宗旨决定的。根据孟加拉国乡村银行的经验，村镇银行是可以盈利的，是可以发展壮大的。孟加拉国乡村银行的创立者尤努斯从把 27 美元借给 42 名赤贫的农村妇女开始，逐渐建立起了一个有 1 200 个分行，遍及 4.6 万多个村庄的银行系统，惠及 400 多万孟加拉国农村的贫困人口。因此，我国的村镇银行位于“三农”，不仅是必要的，而且是可行的。

②政府给予村镇银行一定的政策扶持。村镇银行作为新生事物，又担任着重大的社会责任，因此需要政府加大支持力度，为其发展保驾护航。目前我国虽然出台了一些有关村镇银行的法律法规，但有关于村镇银行的财政支持、税收优惠、金融监管、融资等具体规则还没有出台。为了能使村镇银行健康发展，需要政府出台配套的政策为其提供政策上的支持。一是放开存贷款利率限制。具体的利率可以根据各地的经济发展情况、资金供求情况、借款人的信用等方面自行决定，引导其合理制定。二是国家可对农村地区的小额信贷给予一些税收政策上的优惠。如减免部分营业税和所得税等，在一定程度上减少村镇银行的成本。对发放农业贷款达到一定比例和规模的，在再贷款和利息方面给予一些优惠，调动村镇银行支持“三农”的

积极性。

③加强对村镇银行的风险控制。一是要建立科学的风险控制制度。制度是银行正常运转的保证，银行是一个经营信用的高风险行业，村镇银行刚刚起步，建立科学的风险控制制度是当务之急。二是加大对村镇银行的风险管理力度。首先，从村镇银行内部来讲，必须研究并建立一种科学高效的、简单的农村信用评估方法，使相关人员易于掌握并高效决策。具有参考意义的孟加拉国格莱珉银行的做法是增强农户之间的互相合作与联保，减少信用风险。同时，需要当地政府通过政策激励当地的信用环境建设，并引进或建立农村信用评级机制。其次，加强流动性风险管理，主要是加强存款吸收能力。从民间资金来说，村镇银行在网点数量、结算便捷程度、品牌等方面存在弱势，所以，提高吸收存款能力有一定的难度。但是村镇银行可以充分发挥自己立足本地、服务“三农”，又有大银行股东背景的特点，将农户、农村企业吸引到自己的旗下。最后，加强操作风险管理。主要是加强对员工风险意识和责任意识的培训，使所有员工了解操作风险，提高对风险的敏感性，使其在业务拓展的同时重视风险识别与控制。提高员工业务技能，使其尽快熟悉岗位的各项要求、相关规章制度和业务操作规程，从而有效地控制操作风险。

④加强对村镇银行的监管。加强对村镇银行的有效监管，是保持农村金融稳定，保护存款人的合法权益，促进村镇银行健康发展的基础。一是市场准入监管。村镇银行应根据农村的经济情况，农民和中小企业的资金需求状况，合理确定其设立区域。村镇银行是为农村地区的资金需求设立的，应设立于我国农村金融的空白地区，并且必须符合村镇银行最低资本金的要求。二是经营风险监管。银行业监督管理机构应根据村镇银行的资本充足状况和资产质量状况，适时采取切实有效的监管措施，严格执行相关的监管标准，避免因监管不当导致的经营风险。三是市场退出监管。村镇银行是完全按照股份制公司的形式设立的，具有民间资本的性质，存在破产倒闭的风险。建立村镇银行的退出机制，是防范农村金融的道德风险，保证农村地区稳定的重要条件。在存款保险制度没有建立和运转的情况下，村镇银行要严格执行相应的退出制度，以确保健康有序的农村金融运作新秩序。

⑤加强村镇银行的人才队伍建设。高素质的人才队伍是村镇银行生存发展的动力，这样的团队能为村镇银行的经营发展作出贡献，村镇银行可持续发展的保障。一是加强对员工的培训。员工的在岗培训直接关系到村镇银行的正常运转，企业价值的实现。首先，是对高级管理人员的培训。高级管理人员是银行的决策者，他们的素质高低直接关系到这个银行能否在激烈的竞争中获胜。其次，是对基层管理人员的培训。主要是对基层管理者进行依法治行、规范经营等商业银行基本经营理念及管理技能进行培训。最后是一线员工的培训，培养员工的职业道德，使其树立遵纪守法、明礼诚信、敬业奉献的基本道德规范。二是引进优秀人才。目前，对村镇银行来说，只是在企业内部培养优秀员工远远不够，应该从外部引进优秀人才。其中吸纳优秀的应届高校毕业生进入团队，这是人才的最基本的来源，是银行发展的后续力量。同时可以从社会上吸纳具有管理经验的人才进入，这是加强银行的管理

质量、提升整个银行形象的途径之一。

2. 村镇银行自身经营能力如何提升

（1）多途径筹措资金。

（2）要有自己特有的信贷投放的路子。

（3）积极发展中间业务。

（4）因地制宜寻求可持续发展。

3. 村镇银行金融产品的创新对策

（1）对以种植业为主的农业项目重点支持产品。

（2）村镇小型基础设施建设相关产品。

（3）针对村镇住宅建设的金融支持。

（4）农村医疗保险。

（5）消费类贷款。

（6）行业联盟。

【创新服务】土地收益担保贷

方法：农民把可耕地流转给政府成立的物权融资公司，后者为农民担保承担连带责任，物权融资公司可以是农资局，由镇政府组成评估组，由主管农业的副镇长、农业站长、村长、生产队长等组成，在每年12月至次年2月种植前，对各村承包的土地经营权及流转价值进行评估，按评估价值的70%进行放贷，利息上浮30%，贷款放给农民、种粮大户、家庭农场、合作社、农业龙头企业等。

（二）小贷公司

注册资金为5 000万元以上，银行额度为50%，只能用股东增资放贷，上限为2亿元。小贷公司的未来将有可能逐渐成为社区银行，为当地民众提供金融外包服务。

（三）融资性担保公司

注册资金为1亿元，先在银行存一笔保证金，银行的额度是保证金的10倍。

（四）影子银行

马云的小贷公司网络贷的金融野心，郭广昌的私募基金和小贷公司、史玉柱的私募股权基金等都成为影子银行，IBM等在中国从事着银行的金融业务。

2014年中金公司公布目前影子银行规模约有27万亿元。同年银监会发布了加强监管商业银行理财业务的8号文件，未来针对其他影子银行业务的监管措施可能择机出台。过去三年，影子银行在中国发展迅速。由于信贷规模控制、利率上下限、分业经营藩篱等存在，实体经济资金需求方不得不借道影子银行融入资金。因此，从本质上来讲，中国式的影子银行是强监管下资金融通的补充渠道。

现阶段中国的影子银行并没有明显的以衍生品为主要交易品种的高杠杆特征。根据业务形式和监管程度，可以把中国式的影子银行分为三类：一是传统商业银行主导的影子银行，负债方主要包括非保本型银行理财产品、未贴现银行承兑汇票；二是采用传统商业银行模式的非银行金融机构，负债方主要包括委托贷款、信托贷款；三是缺少监管或无监管的影子银行，主要包括狭义民间借贷、小贷公司、典当、部分私募股权基金、融资租赁等。

“道德风险”和“经营风险”是中国式的影子银行最主要的风险。由于中国式的影子银行的通道本质，决定了其风险在很大程度上仍属于一般的信贷风险。但又因为其典型的批发业务模式、资金池—资产池业务模式加剧了信息不对称，使得道德风险大增，并抬升了银行的经营管理风险。

三、如何控制民间借贷风险“高压线”

民间借贷是指公民之间、公民与法人之间、公民与其他组织之间的借贷。只要双方当事人意见表示真实即可认定有效，因借贷产生的抵押相应有效，但利率不得超过人民银行规定的相关利率。民间借贷分为民间个人借贷活动和公民与金融企业之间的借贷。民间个人借贷活动必须严格遵守国家法律、行政法规的有关规定，遵循自愿互助、诚实信用原则。

民间借贷是一种直接融资渠道，银行借贷则是一种间接融资渠道。民间借贷是民间资本的一种投资渠道，是民间金融的一种形式。自2003年以来，国家逐步放开了民间小额信贷的限制，并制定了一系列扶持政策，民间信贷产业得以快速发展。

2012年3月28日，国务院常务会议决定设立温州市金融综合改革试验区，并批准实施《浙江省温州市金融综合改革试验区总体方案》。此举有助于民间金融实现规范化，进而合法化，是政策方向调整的标志性事件。它对于以“人人贷”为首的第三方P2P民间借贷平台而言，也具有转折化的意义。

（一）民间借贷的优势

民间借款相对于银行贷款具有灵活、简便、快速、收益率高等优势。

从灵活性来看：简单地说，民间借款是债权人和债务人之间的协议借款，没有一些银行内部条条框框的限制，只要双方认可，符合法律相关规定，就可以做，但为确保放款人的利益，必须做抵押、公证和担保。

从简便性来看：民间借贷流程简便，手续办理简单，需要提交的材料精简，不像银行一样需要提供太多材料；快速性是民间借款最大的魅力所在，由以上两个特性决定了民间借款快速性的特性，如联手投资办理的民间借款业务，只要手续齐全，当天可以放款，最迟超不过3天。

从资金使用效率来看：民间借贷的资金最终会流向那些真正有需要的企业，使资金的使用效率大大提高。从贷款的角度来讲，可以分为高质量贷款和低质量贷款。

高质量贷款就是，今天申请明天就能拿到钱。而低质量贷款手续十分烦琐，今天申请一个月后也不一定能拿到钱。

（二）民间借贷应注意八个方面

民间借贷作为一种资源丰富、操作简捷灵便的融资手段，在市场经济不断发展的今天，在一定程度上缓解了银行信贷资金不足的矛盾，促进了经济的发展。但是显而易见，民间借贷的随意性、风险性容易造成诸多社会问题。向私人借钱，大多是在半公开甚至秘密进行的资金交易，借贷双方仅靠所谓的信誉维持，借贷手续不完备，缺乏担保抵押，无可靠的法律保障，一旦遇到情况变化，极易引发纠纷乃至刑事犯罪。由此看来，民间借贷也必须规范运作，逐步纳入法制化的轨道。

为了避免借贷双方发生不必要的经济纠纷，保护债权人的经济利益，应注意以下几个方面。

1. 借贷要合法

合法的借贷关系才能受到法律的保护。如果明知借款人借款用于诈骗、贩毒、吸毒等非法活动，仍予以出借的，国家法律不予保护，出借人不仅得不到债权，还会受到民事、行政乃至刑事法律的制裁。若一方乘人之危，或用欺诈、胁迫等手段使对方违心借贷的，则属于无效民事法律行为，有责任的出借人只能收回本金。

注意考察借款人的信誉和偿还能力。首先，要看借款人的固定资产、经济收入等情况，判断其是否具备偿还能力。其次，要看借款人平时为人怎样，信誉程度如何，如果借款人曾有过“有借无还”的不良信用记录，就要坚决拒绝。切莫因碍于面子、听信花言巧语或接受小恩小惠而盲目借款，不然，最终吃大亏的还是自己。

2. 订立借贷协议

在现实生活中，有的出借人往往因对方是亲朋好友，碍于情面或出于信任，借贷时没有出具书面字据。这样，一旦借款人否认，出借人就很难保障债权。即使诉至法院，也会因无法举证而陷入败诉的结局。因此，出借人必须与借款人订立书面借贷协议，载明借贷双方的姓名、借款种类、币种、数额、时间、期限、用途、利率、还款方式、保证人和违约责任等条款，签字，双方各执一份，妥善保存。

借款利率应合理合法。借贷双方可以根据借款的用途及其收益，共同约定一个合理的利率。利率可适当高于银行同类同期的贷款利率，但最高不得超过银行同类贷款利率的4倍（含利率本数），超过部分的利息法律不予保护。如因利率约定不明而发生争议，可比照银行同类同期的贷款利率计算利息。对于“利滚利”的复利借贷和预扣高额利息的借贷，法律不予保护，只能收回本金。

3. 要求借款人提供担保

对于数额较大或存有风险的借款，应履行担保和抵押手续，要求借款人提供具有一定经济实力的第三人为其担保，或要求借款人以存单、债券、机动车、房产等个人财产作为抵押物，应订立书面借贷协议。有些财产抵押，还应到有关部门办理抵押物登记手续。这样，借款人一旦出现无法偿还债务的情况，可以向保证人追索借款或合法地以抵押物抵偿借款。

及时催收到期借款。按照《民法通则》第一百三十五条规定，出借人向人民法院申请债权保护的诉讼时效期间为2年。如借款期满后又经过2年，出借人不能证实期间曾经催收过借款的，法律不予保护。为了防止超过诉讼时效，出借人应在时效届满前，让借款人写出还款计划，诉讼时效就可以从新的还款期限起重新计算。这样，出借人不仅拥有起诉权，更重要的是继续拥有胜诉权。

4. 谨防“非法集资”式的民间借贷

一些个体企业或业主利用人们贪图高利的心理，抛出高利息诱饵，在同地域或熟悉人之间进行地下非法集资。这类集资经营者不是挥霍过度、无力偿还，就是金蝉脱壳、卷款而逃，使债权人血本无归。这种“变味”的民间借贷风险最大，应引起大家的高度重视。

5. 如何规避民间借贷政策及相关法律风险

《最高人民法院关于审理非法集资刑事案件具体应用法律若干问题的解释》（2010年11月22日最高人民法院审判委员会第1502次会议通过）为依法惩治非法吸收公众存款、集资诈骗等非法集资犯罪活动，根据刑法有关规定，现就审理此类刑事案件具体应用法律的若干问题解释如下：

第一条　违反国家金融管理法律规定，向社会公众（包括单位和个人）吸收资金的行为，同时具备下列四个条件的，除刑法另有规定的以外，应当认定为刑法第一百七十六条规定的“非法吸收公众存款或者变相吸收公众存款”：

（一）未经有关部门依法批准或者借用合法经营的形式吸收资金；

（二）通过媒体、推介会、传单、手机短信等途径向社会公开宣传；

（三）承诺在一定期限内以货币、实物、股权等方式还本付息或者给付回报；

（四）向社会公众即社会不特定对象吸收资金。

未向社会公开宣传，在亲友或者单位内部针对特定对象吸收资金的，不属于非法吸收或者变相吸收公众存款。

第二条　实施下列行为之一，符合本解释第一条第一款规定的条件的，应当依照刑法第一百七十六条的规定，以非法吸收公众存款罪定罪处罚：

（一）不具有房产销售的真实内容或者不以房产销售为主要目的，以返本销售、售后包租、约定回购、销售房产份额等方式非法吸收资金的；

（二）以转让林权并代为管护等方式非法吸收资金的；

（三）以代种植（养殖）、租种植（养殖）、联合种植（养殖）等方式非法吸收资金的；

（四）不具有销售商品、提供服务的真实内容或者不以销售商品、提供服务为主要目的，以商品回购、寄存代售等方式非法吸收资金的；

（五）不具有发行股票、债券的真实内容，以虚假转让股权、发售虚构债券等方式非法吸收资金的；

（六）不具有募集基金的真实内容，以假借境外基金、发售虚构基金等方式非法吸收资金的；

（七）不具有销售保险的真实内容，以假冒保险公司、伪造保险单据等方式非法吸收资金的；

（八）以投资入股的方式非法吸收资金的；

（九）以委托理财的方式非法吸收资金的；

（十）利用民间“会”、“社”等组织非法吸收资金的；

（十一）其他非法吸收资金的行为。

6. 是否合法

一般来说，民间借贷是合法的，但必须是在法律允许的范围内，否则不受保护。民间借贷分为民间个人借贷活动和公民与金融企业之间的借贷。民间个人借贷活动必须严格遵守国家法律、行政法规的有关规定，遵循自愿互助、诚实信用原则。出借人的资金必须属于其合法收入的自有资金，禁止吸收他人资金转手放贷。民间个人借贷利率由借贷双方协商确定，但双方协商的利率不得超过国家规定。公民与企业之间的借贷，只要双方当事人意思表示真实即可认定有效。

实践中对于下列情形之一的，应当认定借贷合同无效：

（1）企业以借贷名义向职工非法集资。

（2）企业以借贷名义向社会非法集资。

（3）企业以借贷名义向社会公众发放贷款。

（4）其他违反法律、行政法规的借贷行为。

7. 法律保障

根据《合同法》第二百一十一条规定：“自然人之间的借款合同约定支付利息的，借款的利率不得违反国家有关限制借款利率的规定。”同时根据最高人民法院《关于人民法院审理借贷案件的若干意见》的有关规定：“民间借贷的利率可以适当高于银行的利率，但最高不得超过银行同类贷款利率的四倍。”

有关民间借贷的规定还分散在《合同法》和最高人民法院1991年和1999年的两个司法解释中。在《合同法》中，借款合同作为一种民事合同被集中地归入在第12章中。其中，第一百九十六条规定：“借款合同是借款人向贷款人借款，到期返还借款并支付利息的合同。”第二百一十条规定：“自然人之间的借贷合同，自贷款人提供借款时生效。”第二百一十一条规定：“自然人之间的借款合同对支付利息没有约定或约定不明确的，视为不支付利息，自然人之间的借款合同约定支付利息的，借款的利率不得违反国家有关限制借款利率的规定。”很明显，《合同法》对民间借贷合同是采取区别对待的，主要表现在借款主体和无息推定原则上。

8. 控制风险

（1）借贷关系和用途

《民法通则》第九十条规定：“合法的借贷关系受法律保护。”公平、自愿、合法是民法与合同法的基本原则。任何民事活动都要遵守法律、行政法规，尊重社会公德，不得扰乱社会经济秩序，损害社会公共利益。对于他人提出的借款要求，出借人务必首先考虑对方的信用程度和偿还能力，同时，要问明对方的借款用途，决定当借不当借。如果出借人明知借款人是为了进行赌博、走私、诈骗、买卖毒品或贩卖枪支等非法活动而仍借款的，则属于违法借贷，其借贷关系不受法律保护。出借人不但得不到债权，而且还要依据有关法律予以民事制裁和行政制裁，甚至追究其刑事责任。此外，自然人之间的民间借贷必须是出于自愿，根据法律规定，一方以欺诈、胁迫等手段或者乘人之危，使对方在违背真实意愿的情况下所形成的借贷关系，应认定为无效。

（2）提前还款要说清

在借款合同中，人们都知道借款人不还款是违约行为，实际上，借款人提前还款也构成违约。《合同法》第二百零八条规定："借款人提前偿还借款的，除当事人另有约定的以外，应当按照实际借款的期间计算利息。"这一规定使借款人的提前还款行为有了法律依据。但是，借款人提前还款以及利息的计算问题需要双方在签订协议时就说清楚。此外，《合同法》第二百一十一条规定："自然人之间的借款合同对支付利息没有约定或者约定不明确的，视为不付利息。"这一规定自然对出借人不利，也容易使出借双方产生矛盾。因此，民间借贷对是否支付利息、利率具体多少等问题都必须清楚地写在协议中。

（3）利息与本金要分开

借款的数额和利息是借款合同需要规定的主要内容，当事人在订立借款合同时一般要对借款数额和利息的多少及支付期限作出明确的约定。一般来说，借款利息是在借款期限届满时或者合同履行期间按照约定分批偿付给贷款人。但是，现实中有的贷款人为了确保利息的收回，在提供借款时就将利息从本金中扣除，造成借款人借到的本金实质上为扣除利息后的数额。比如，借款人向贷款人借款 500 万元，到期应当向贷款人支付的利息为 15 万元，贷款人在提供借款时就直接将利息扣除，仅向借款人支付 485 万元借款。这种做法一方面使贷款人的利息提前收回，减少了借款的风险；另一方面，却损害了借款人的合法利益，使借款人实际上得到的借款少于合同约定的借款数额，影响其资金的正常使用，加重了借款人的负担，容易引起借贷双方当事人的纠纷。为了解决借款实践中出现的问题，防止贷款人利用优势地位订立不公平的借款合同，《合同法》第二百条明确规定，贷款人在提供借款时不得预先将利息从本金中扣除。如果贷款人违反法律规定，仍在提供借款时将利息从本金中扣除的，那么，借款人只需按照实际借款数额向贷款人支付利息就可以了。比如，上面例子中的借款人实际只得到了 485 万元的借款，那么，其借款数额即为 485 万元，借款人只需向贷款人返还 485 万元的本金并支付按照 485 万元本金计算的利息。

有句俗话叫"有借有还，再借不难"，然而，在现实生活中，还仍然存在不讲信用的人，他们有的到期不还，有的借整还零等。因此，凡借出的款项已经超过双方约定期限，但借款仍未归还的，出借人就要考虑催要，提醒借款人，催告其在合理的期限内返还借款。

《合同法》第二百零七条规定："借款人未按照约定的期限返还借款的，应当按照约定或者国家有关规定支付逾期利息。"如果借款期限已满，经出借人催要而仍未偿还借款的，出借人可以依法向人民法院提起诉讼，运用法律武器保护自己的合法权益。出借人在起诉时要注意诉讼时效，《民法通则》第一百三十五条规定："向人民法院请求保护民事权利的诉讼时效期间为二年。"如果超过两年的诉讼时效，人民法院就会不予受理，出借人的债权就失去了法律保护。为了防止超过诉讼时效，出借人可以在诉讼时效届满前让借款人写出还款计划，从而使诉讼时效中断。根据我国法律规定，新的诉讼时效就可以从中断之日起重新计算，这样，出借人不仅拥有了起诉权，而且可以继续拥有胜诉权，从而有利于保护出借人的合法权益。

四、民间借贷转型之路与风险策略

民间借贷是指公民之间、公民与法人之间、公民与其他组织之间借贷。民间借贷具有及时、简便、灵活的特点，对银行信用起着拾遗补阙的作用。长期以来，民间借贷普遍存在于不同的社会形态中，对于满足社会生产生活需要发挥积极的作用。

自2010年以来，在银根紧缩和中小企业融资难的宏观背景下，出现大范围的本质转型，即由"借钱应急型"模式转变为"借钱放贷型"，放贷主体由原先的个人化向机构化转变，形成规模庞大的"影子银行"，并最终异化为击鼓传花式的"链状"高利贷，从而引发不同程度的区域性、系统性风险。

从2012年初开始，随着民间借贷危机的深化以及宏观政策引导力度的加强，民间借贷进入又一次转型，即由"影子银行"主导的高利贷转型为规范化平台主导的"普惠式"民间借贷，即民间借贷阳光化。同时，体制外的"民间金融"开始全面转型为体制内的"民营金融"。

2011年，中国民间借贷领域发生了前所未有的震荡。温州市引发民企老板"跑路潮"，鄂尔多斯市房地产商自杀，江苏省泗洪市"宝马乡"高利贷崩盘，河南省安阳市陷入非法融资旋涡，厦门市担保业频爆资金链断裂，青岛市出现一房多贷乱局，一时间险象纷呈。

2012年对于吴英案二审维持死刑判决，迅速在全国范围内引发了关于民间借贷和非法集资的大讨论。讨论的焦点主要集中在：两者的法律边界到底何在？民间借贷为何常常异化为非法集资？民间借贷应如何规范？当前的民间借贷模式是否应该转型？如何转型？民间借贷是"企业的救星"还是"压垮企业的最后一根稻草"？是"金矿"还是"火山"？民营金融为何大都只能以民间借贷的形式生存？民间借贷的相关立法为何迟迟不能出台？

危机仍在继续。2012年，温州立人集团再爆22亿元民间借贷大案；长沙部分房地产开发商欠巨额民间债务失踪。

（一）民间借贷转型与企业融资难

与民间借贷危机密切相关的是中小企业的经营困境。受国内外经济形势的影响，民营中小微企业普遍遇到“三荒两高”的问题，即“钱荒、电荒、人荒”和“成本高、税负高”，其中“钱荒”成为最突出的制约瓶颈。根据统计，我国中小微企业有4 000多万家，占企业总数的99%，贡献了中国GDP的60%、税收的50%和城镇就业的80%，其间小微企业数量占比最大，是中国经济发展的主力军。然而调研显示，2011年，90%以上的中小微企业无法从银行获得贷款。

充裕的民间资本却缺少投资渠道。经过20余年的高速发展，国内民间资本已达50万亿元，其中大部分进入银行垄断体系，不能有效地配置到实体经济。

面对这一局面，亟待解决的问题包括：如何缓解中小微企业融资难、融资贵的困境？如何实现“普惠金融”？民营金融机构以何种形式介入金融服务业？民营金融如何更好地为实体经济服务？如何为民间资本建立多渠道的投资增值体系，进而真正藏富于民？

（二）转型与金融改革

宁要不完美的改革，不要不改革的危机。金融改革一直在推进。2010年5月，国务院出台“新36条”，鼓励民间资本发起设立金融中介服务机构等。2011年，人民银行实施了两轮民间融资现状摸底调查，并肯定民间借贷具有制度层面的合法性，是正规金融有益和必要的补充。2012年初，温家宝总理连续四次在不同场合、通过不同途径强调民间借贷的地位，要求要加强引导和教育，民营经济在金融领域“非禁即入”。2012年2月19日、21日，最高人民法院连续两次下发妥善处理民间借贷案的意见，要求各级法院发挥职能全面助推金融改革。3月温家宝总理在政府工作报告中又明确表态上半年必须出台“新36条”的实施细则。

与此同时，地方政府相继推出促进金融改革的措施。据悉，温州“1+8”金融综合改革方案通过各部委会签，已经于2012年3月底正式出台，并且成立了民间借贷登记服务中心和民间资本管理公司；鄂尔多斯也实施民间借贷登记备案制，为民间借贷提供登记、结算、评估、公证、法律等服务；广州正全力建设国内首条民间金融街，打造区域金融中心。

一批新型的民营金融商业模式在各地悄然兴起，包括银企对接信息平台、小额借贷、第三方理财、民间借贷连锁、金融超市、网络借贷等。

（三）民间借贷纠纷处理办法

现实生活中，民间借贷大量存在，由此而导致的纠纷也不少。有的民间借贷，没有签订任何合同；有的虽然签订了合同，但规定不够详细，甚至因为合同无效而失去作用。那么，民间借贷究竟应该注意什么？民间借贷方面的注意事项有哪些？

一是处理纠纷方式灵活。处理民间借贷纠纷的方式包括协商、调解、仲裁和诉讼等种类。这里特别需要推介的是第四种方式：“诉讼”，它特指法定的一种简易程序，也即督促程序。1991年修改的《民事诉讼法》增设了该程序。而在规定的时间内，债务人如无异议，支付令则发生法律效力。债务人如若不履行还款义务，法院可以施行强制执行。

二是民间借贷中借款手续必须完备。俗话说，“亲兄弟，明算账”，关系再好，也要履行基本的手续，这样才能避免将来可能发生的争议。第一，最好能采取纸面形式，由借款一方立借据，交给债权人收持保管。如果实在要采取口头方式，则最好请两个以上无利害关系的人到场作证；第二，借据一般应详细载明双方的姓名、借款金额（大小写均应清楚明确）、期限、利息、还款时间等基本条款；第三，同一借款如遇须顺延的情形，应立新借据，不要嫌麻烦；第四，夫妻或家庭中以一人的名义借款给夫妻双方或家庭成员共同使用，一定要注明其用途，并署上夫妻双方、家庭成员的姓名。

三是善于使用担保条款，降低风险。如果借款金额较大，而借款人的偿还能力或信用又有疑问，最好能用借款人的财产作抵押，如房产、有价证券、车辆等（以上须到有关部门办登记手续方始有效），或者请第三人作保证。这样就避免了借款人无力还债，债权人“血本无归”的可能。

五、民间借贷风险成因分析及阳光规范运作

（一）成因分析

缺乏有效担保措施，出借资金回收风险较大。多数出借人在既未对借款人的经营状况、经济实力进行调查，又未设立抵押权的情况下出借资金；少数虽有抵押的民间借贷大多未进行登记或者重复抵押，即便设立了保证人担保，保证人也一般缺乏实际担保能力；加之部分债务人因无力偿还借款而故意逃避债务，出借资金难以收回现象屡见不鲜，对出借人影响较大。民间借贷出于资金安全考虑，应当重视以下几个问题。

1. 聘请专业法律人士介入民间借贷具体业务

最近几年，民间借贷法律纠纷越来越多，专业法律人士介入民间借贷的法律业务也越来越多。前些年，民间借贷一直由中介主导，而很多中介机构根本没有金融资质，没有资格承揽此类业务，一旦出现问题，将直接危及债权人的利益，专业法律人士介入民间借贷提供法律服务，将会提供更为完善的借贷方案，在很大程度上可以保障债权人的资金安全与合法利益，一旦发生纷争，有助于债权人及时维权。

2. 了解借款人的还款能力和还款实力

债权人把款借出去，是为了生财取利，并不是为了跟债务人打官司，因此很有必要在借款之前考察一下向你借钱的人有没有还款的能力和实力，然后权衡利弊，这样可以有效地减少发生纠纷的概率。

3. 了解债务人的借款用途

很多债权人借款不问用途，很多民间借贷机构为了达成协议抽取佣金，也往往不去过问债务人的借款用途，这是不应该的，为了保障资金安全和借贷利益，债权

人有权利也有必要了解债务人的借款用途，盲目借贷的后果往往是走上法庭去被迫维权。

4. 了解借款人的借款担保状况

债务人借款有无提供担保，将直接影响债权的安全，无抵押借款利息虽高，但是风险系数也大，建议债权人应当谨慎处理，并非完全排斥无抵押借款。以债务人提供担保为优先放款条件，担保以不动产担保为上策，动产质押或者动产抵押为下策，而且在设置抵押担保时，该担保财产的所有权人必须全部到场签字，一个都不能少。

5. 了解借款人的借款额度

借款人的借款额度，既包括债权人的债权额度，也包括借款人借款的总额度，如果借款人的借款额度远远大于债权人的债权额度，债权人应当对债务人的综合实力加以评估，尽量避免债务人因不能还款导致的不良后果。

6. 了解借款利率的浮动程度

根据司法解释，民间借贷的利率最高不得超过银行同类贷款利率的4倍（包含利率本数）。超出此限度的，超出部分的利息不予保护。这个借贷利率，抵押有抵押的利率，无抵押有无抵押的利率，债权人有权在最高人民法院司法解释的范围内确定放款的最高利率。

7. 签好借款合同，打好借条及还款计划书

借多少钱，利息怎么算，什么时间还款，按什么方式还款，当事人违约怎么办，这些都必须在合同中明确规定。

8. 上述七点做好之后，通过银行转账给借款人放款，或者一手打条，一手放款，再谨慎的债权人也有马失前蹄把条遗失的可能，建议资金还是通过银行转账，这种方式比较安全。光有凭条也是不行的，还有第七条里的合同才能更好地维护债权人的合法权利。

（二）民间资本阳光规范运作

信用体系。信用：包括信用分数和信用等级。信用分数同时对应了相应的信用等级。每一个用户都有自身的信用分数以及相应的信用等级。

信用分数：信用分数的范围通常是从0到100，即从起始、缺乏信用信息到非常优异的信用。借款人由于多次逾期、违约等不良的信用行为，以及其他反映个人信用度的不良行为（如欺诈等），可能会获得负的信用分数。信用分数主要来自对用户四个方面的评估：

（1）个人信息；

（2）个人财务信息；

（3）个人信用历史、信用行为记录；

（4）个人其他相关行为记录（如有否犯罪记录）。

提升信用分数及等级，影响信用分数及等级的因素包括：信息的质量，即信息

的完整、细致、准确程度；信息是否已经验证；不同的信息、不同的验证手段有不同的重要程度（即信用分值）；不同的信息之间有相互影响，并不是简单叠加的关系。更多、更完整、更准确、更细致的信息，即更高质量的信息可以获得更高的信用分值；更多的成功验证，可以对被验证的信息带来更大的分值；更多、更好的个人信用历史，如良好的借款、还款历史可以带来更多的信用分值。

逾期：到期的还款还没有被完全偿付。逾期会对借款人产生逾期管理费以及逾期罚息。

违约：逾期超过30天的为违约。违约反映了借贷进入另一个阶段，借贷偿还的可能性、及时性都进入了一个更低的状态。违约会对借款人产生违约管理费以及违约罚息。违约并不等于完全损失。违约金额有一定的收回率。

借款利率范围：由研究、测算、决定、发布、定期修正的动态范围。决定借款利率范围的因素包括，相关信用等级的历史（即实际）和预期的逾期率、违约率、违约的收回率；宏观经济的趋势，及其带来的市场、系统性风险的大小；市场上以及平台上的资金和借款的供需关系以及用户的需求。

授信额度范围：即借款额度范围。依据个人信用等级及个人财务信息对借款人进行授信。

区别：在司法实践中，自然人之间或自然人与非金融机构之间的借贷被称为“民间借贷”，而有别于商业贷款。在民间借贷中，借条或欠条常常扮演着重要的民事法律关系凭证的角色，但借条与欠条之间在法律性质与法律效果上存在巨大的差异，不加区分的相互混用会导致当事人的合法利益难以得到法律的有效保护。

六、民间金融与私募股权投融资

早在20世纪80年代，绝大多数商学院的毕业生都希望成为投资银行家。到了90年代，他们的理想则是进入与技术相关的风险投资及网络公司。而如今，最热门的却是私募股权公司。现在，华尔街的“弄潮儿”则是私募基金的投资经理。私募基金已经成为华尔街最为红火的行业。

其实，对私募股权投资（以下简称PE）趋之若鹜的何止是那些稚气未消的MBA的学生们，那些挂印的高官、退隐的大公司CEO、炙手可热的投行主管们正前赴后继、熙熙攘攘地奔向PE大本营，PE正在成为顶尖级人才聚集的高地。

华尔街是国际金融业的心脏，其风云人物经历了股市“弄潮儿”—风险投资商PE投资经理三个时代，沧海桑田，个中深意令人玩味。

以前人们一想起美国的资本主义，就会想到通用汽车和（IBM），现在他们会想到私募股权投资公司：黑石、凯雷、高盛、大摩。这些公司逐渐成为了时代的弄潮儿。PE的领导者戏称为“资本主义的新国王”。

（一）“不当总统就做 PE”

1. 凯雷小传

组建于 1987 年，总部位于美国华盛顿的凯雷集团。

1987 年，万豪酒店的高管史蒂芬·诺里斯和前总统卡特的行政助理戴维·鲁宾斯坦联合威廉等人共同组建了凯雷公司。

1989 年美国前国防部长弗兰克·卡鲁西加盟凯雷，并于 1990 年促成了凯雷在国防工业中的一项重大投资——从美国陆军那里赢得了 200 亿美元的军火合同，凯雷集团开始真正起飞，这一年年轻的凯雷成了美国第十一大军火商。凯雷意识到雇用前政要的好处，他们开始大规模如法炮制，先后雇用了前国务卿、白宫预算主任、前总统等。

1999 年，老布什代表凯雷访问韩国，在布什同金大中政府的高级官员会晤后，凯雷集团在 2000 年以 4.3 亿美元获得了韩国第七大商业银行——韩美银行 36.6% 的股权。2004 年初，凯雷将韩美银行转手卖给花旗银行，这笔交易给凯雷带来了 260% 的利润回报。

1998 年，凯雷任命梅杰为其欧洲顾问，后来成为其欧洲董事长。多亏了梅杰的协助，法国里昂信贷银行、世界银行养老基金以及美国国际集团（AIG）的全球投资等重量级资金都投向了凯雷的第一个欧洲基金，最后凯雷筹得了 11 亿美元。

为了解决融资问题，20 世纪 90 年代中期，凯雷创始人鲁宾斯坦聘请金融投资界负有盛名的乔治·索罗斯为凯雷的有限责任合伙人。在索罗斯的号召之下，筹集资金突然变得令人惊奇地容易，美国航空公司、花旗银行等大企业纷纷加入投资队伍行列。凯雷马上为即将进行的交易筹得了 4 亿美元。随着凯雷的名声日隆，1996 年一次竟筹得了 130 亿美元。

2003 年 1 月，领导 IBM 成功转型的郭士纳取代卡鲁西成为凯雷的董事长。此后，雀巢、波音、宝马、东芝等世界最大企业的董事长、总裁纷纷加盟凯雷，利用自己丰富的行业知识为凯雷出谋划策，凯雷从而实现成功转型。

有背景的重量级人物为何投进 PE 的怀抱里。PE 究竟施展了怎样的魔法或勾魂术吸引了如此众多的顶尖级人才呢？“金钱和自由”。

美国 PE 巨头凯雷集团的关系学水准在业界是出了名的，由于有多位前总统加盟，被业界戏称为“总统俱乐部”。

人物	原职务	现职务
乔治·布什	美国前总统	凯雷亚洲顾问委员会主席
约翰·梅杰	英国前首相	凯雷欧洲分公司主席
戴维·鲁宾斯坦	美国前总统助理	凯雷投资集团的创始人
路易斯·郭士纳	IBM 前董事长兼 CEO	凯雷集团董事长

续表

人物	原职务	现职务
弗兰克·卡鲁西	美国前国防部部长	凯雷集团前董事长
菲迪尔·拉莫斯	菲律宾前总统	凯雷集团高级顾问
阿南·潘雅拉春	泰国前总理	凯雷集团高级顾问
雅瑟·里维特	美国证券交易委员会前主席	凯雷集团高级顾问
詹姆斯·贝克	美国前国务卿	凯雷集团资深顾问兼合伙人

正是因为有这样的团队，带给了凯雷高额的投资回报。由于各位前总统与高官的加盟，凯雷收获了实实在在的利益。

2. 2011 年国内私募股权投资回报排名

投资机构	资金投向	股票代码	投资金额	投资回报
新天域资本	华锐风电子	601558	108 亿元	184.5 倍
高睿创投	亚玛顿	002623	13.7 亿元	151 倍
诚信创投	高盟新材	300200	2.9 亿元	63.04 倍
大鹏创投	华中数控	300161	0.8 亿元	54.59 倍
华睿	贝因美	002570	3 亿元	42.74 倍
盈富泰克	北京君正	300223	4.7 亿元	38.39 倍
凯辉私募	索菲亚	002572	4.7 亿元	34.04 倍
中国风投	维尔利	300190	2.7 亿元	25.96 倍
山东高新投资	龙力生物	002604	6.2 亿元	24.39 倍

排名前 10 的最低回报是 20 倍以上。

3. PE 的运作模式

PE 的发起人或经理人一般出资比例为 1%，他们是基金的普通合伙人或管理合伙人，对公司负债承担无限责任；其他金融、保险公司等机构或个人投资家称为有限合伙人，出资占比为 99%，有限合伙人以实际出资额或者承诺出资额为上限承担有限责任，不以个人身份承担经营中的风险和责任。

在一个有限合伙公司中，可以多达 50 人以上，也可以少至 1 人，一般为 10 ~ 30 人。为防范风险，PE 不欢迎普通民众成为有限合伙人。所以一般每个有限合伙人投资的门槛不低于 100 万美元。如果合伙人以机构投资者为主，最低限额可以高达 1 000 万 ~2 000 万美元。例如，美国法律对 PE 的潜在个人投资者的资格要求是：资产净值要达到 100 万美元（不能包含个人的第一所住房净值），个人年收入超过 20 万美元，家庭年收入在过去两年中超过 30 万美元，今后收入也要必须保持在这条线以上。

合伙期限为 7 ~10 年，期间投资流动性很差，但基金可能通过出售股权向合伙人派发红利。投资承诺期一般在获得承诺的 3 ~6 年将承诺资本投资出去。基金管理费一般固定为承诺资本额的 1.5% ~2.5%，接近基金的运营成本。

激励机制基金管理人一般会获得额外收益的20% ~30%作为分红。当基金收益率超过优先收益率时，管理人才能从额外收益中按比例提取分红。

PE的资金来源日趋广泛。不仅营利性机构是PE忠实的投资者，近年来非营利性机构、基金也越来越多地成为PE的追随者。此外还成立了许多基金中的基金，即以PE为投资对象的基金。甚至政府和政府组织也成为PE的有限合伙人。例如，中国投资公司、新加坡政府投资有限公司及阿联酋阿布扎比投资局都是黑石投资基金的投资者。

（二）什么是私募股权投资

私募股权投资是指投资于非上市股权，或者上市公司非公开交易股权的一种投资方式。从投资方式来看，私募股权投资是指通过私募形式对私有企业，即非上市企业进行的权益性投资，在交易实施过程中附带考虑了将来的退出机制，即通过上市、并购或管理层回购等方式，出售持股获利。

私募股权投资的资金来源，既可以向社会不特定公众募集，也可以采取非公开发行方式，向有风险辨别和承受能力的机构或个人募集资金。由于私募股权投资的风险较大，信息披露不充分，所以往往采取非公开募集的形式。近年来，出于对流动性、透明度和募集资金的考虑，上市的私募股权投资基金的数量有所增多，2007年6月22日在纽约证券交易所上市的黑石集团就是一个例子。

私募股权投资基金的投资方向是企业股权而非股票市场，即它购买的是股权而非股票，PE的这个性质客观上决定了较长的投资回报周期。

1. 国际PE从初现到兴盛

私募股权基金起源于美国。19世纪末，有不少富有的私人或银行家通过金融专家的介绍和安排，将资金投资于风险较大的石油、钢铁、铁路等新兴产业，这类投资完全是由投资者个人决策，没有专门的机构进行组织，这就是私募股权基金的雏形。

2. 中国PE从展露到繁荣

中国探索私募基金的历程始于20世纪80年代。初期都是采用非法集资（庞式骗局），代表人是德隆·唐万新。其后10多年间，由于受制于法律体制和市场环境等因素，PE一直未能取得实质性的进展。此时的中国私募股权基金，仍在学习、摸索阶段。目前中国证券市场上的私募基金是三年死一批，很少有活过五年的，目前都没有成功；原因是方法不正确。代表人是林园、赵笑云、公募基金经理转向私募的。创业板开启后情况变了，给了PE退出机制，创业板带给中国PE巨额投资回报。私募股权投资的探索取得了成功。目前中国的PE已经进入到了最好的发展时期，从理论到实践都已经成熟。

3. 私募股权投资基金的募集设立

协助发起人和投资者设立各类私募股权基金，包括产业投资基金、一般私募基金等形式，有限合伙制、公司制或信托制等模式，人民币基金、外币基金等类型。

4. 私募股权投资特点

（1）在资金募集上，主要通过非公开方式面向少数机构投资者或个人募集，它的销售和赎回都是基金管理人通过私下与投资者协商进行的。另外，在投资方式上也是以私募形式进行，绝少涉及公开市场的操作，一般无须披露交易细节。

（2）多采取权益型投资方式，绝少涉及债权投资。PE 投资机构也因此对被投资企业的决策管理享有一定的表决权。反映在投资工具上，多采用普通股或者可转让优先股，以及可转债的工具形式。

（3）一般投资于私有公司即非上市企业，绝少投资已公开发行公司，不会涉及要约收购义务。

（4）比较偏向于已形成一定规模和产生稳定现金流的成型企业，这一点与 VC（风险投资）有明显区别。

（5）投资期限较长，一般可达 3 ~5 年或更长，属于中长期投资。

（6）流动性差，没有现成的市场供非上市公司的股权出让方与购买方直接达成交易。

（7）资金来源广泛，如富有的个人、风险基金、杠杆并购基金、战略投资者、养老基金、保险公司等。

（8）PE 投资机构多采取有限合伙制，这种企业组织形式有很好的投资管理效率，并避免了双重征税的弊端。

（9）投资退出渠道多样化，有 IPO、售出、兼并收购、标的公司管理层回购等。

【案例】

佛山星期六是高端女鞋的制造商，上市融资 9 亿元人民币，出售大约 20% 的股份。上市第一天股价上涨 20%，公司市值为 50 亿元人民币。

2006 年佛山星期六计划在新加坡上市。后来，这家公司在 2007 年完成了一轮私募融资，投资方是联想投资，交易金额为 4 000 万元人民币。在之后的两年，佛山星期六的销售额和利润都翻了一倍。现在，佛山星期六是中国第四大女鞋企业，年销售额达 10 亿元人民币。

联想投资将通过出售股份实现退出，实现了五倍于原始投资的回报。换句话说，佛山星期六的企业价值在联想投资进入后增加了五倍。因此，可以看出，当 PE 公司成功的时候，被投企业会更加成功。佛山星期六的老板在七年前创建这个企业，而现在他在这家企业拥有的股权价值 3.5 亿美元。

佛山星期六是个成功的经典案例。这个公司是中国本土第一批具有巨大潜力的时尚品牌企业之一。他们从未从事 OEM 出口制造，而是从一开始就专注于建立一个面向中国城市年轻女性的时尚品牌。

更加重要的是，这家企业从 2006 年的新加坡上市计划中及时退出。那时，这家公司的规模只有现在的 1/3。很多选择新加坡上市的中国企业现在很后悔，新加坡上市的中国企业很少有出色的表现。大部分公司市盈率很低，所以很多中国企业现在想从新加坡股票市场退出，然后再到中国内地上市。

佛山星期六明智地选择了上市前的私募股权融资。虽然他们当时只融资4 000万元，但是由于他们非常有效地利用这些资金来发展企业，公司在两年内增长了200%。换句话说，中国中小企业有很多这样的投资机会，即使你投入很少的资金，也能获得巨大的回报。佛山星期六的快速增长来自有效地在购物中心的开店扩张。佛山星期六不用支付给业主房租，而是支付其销售额的一定比例作为场地使用费。这大大减少了开店所需资金。现在佛山星期六有大约1 200家店，上市所融资金的一半用来开更多的店。

联想投资并没有积极地参与佛山星期六的运营。这个公司有着非常好的战略。所以联想投资需要做的就是让佛山星期六的团队去执行，而自己只需要等着所投资金不断增值就可以了。结果是，联想投资已经从不到600万美元的投资中获利超过3 000万美元。

佛山星期六的成功，值得更多的中小企业借鉴。中小企业成功上市的路线已经很清楚：一是抵御尽快上市的诱惑。二是从最优秀的私募股权投资机构和风险投资处获得企业发展资金，并且非常有效地使用这些资金。三是当企业规模及利润翻番的时候，企业就成功上市。

（三）私募股权基金运作流程与管理

1. 融资：为有源头活水来

现在的PE财大气粗，与20世纪80年代可怜兮兮的样子形成了鲜明的对比。

在全球流动性过剩的今天，各国政府大量印钞票，资金过剩；资金是追逐利润的，谁能管理好财富让财富增值，资金就会流向谁。PE最近十年的财富管理模式获得成功，其赚钱能力超过了所有的金融机构，资金自然就流向PE；今天的PE驰骋资本市场，具有无往不利的豪迈之气，PE的融资已经进入“易如反掌”的境界。

PE的资金来源广泛而复杂，主要包括养老金、保险基金、捐赠基金、大公司、金融机构的投资、富裕个人资金和外国投资者投资资金，甚至是政府资金、基金中的基金等。

在美国，公共与公司养老基金是PE最大的投资者，它们的投资约占PE投资额的40%，并且为合伙制企业提供近50%的新增资金。公共养老基金是增长最为迅速的投资者，其PE投资额已经超过了私人养老基金。排在养老基金之后的是捐赠基金和基金会、银行控股公司、富裕的家族和个人，它们的PE投资额分别约占10%。其他的PE投资者包括保险公司、投资银行和非金融企业等。

由于PE的投资期限很长，所以其资金主要来源于长期投资者。一般来说，PE的资金会大量来自其主要投资地域的机构投资者。PE的筹集方式不同于普通基金，通常采用资金承诺方式。基金管理公司在设立时并不一定要求所有合伙人投入预定的资本额，而是要求投资者给予承诺。当管理者发现合适的投资机会时，他们需要提前一定的时间通知投资者。这存在一定的风险，如果投资者未能及时投入资金，按照协议他们将会被处以一定的罚金。因此，基金宣称的筹集资本额只是承诺资本额，并非实际投资额或者持有的资金数额。

（1）项目选择和可行性核查

由于私募股权投资期限长、流动性低，投资者为了控制风险通常对投资对象提出以下要求：

①优质的管理，对不参与企业管理的金融投资者来说尤其重要。

②至少有2～3年的经营记录、有巨大的潜在市场和潜在的成长性、并有令人信服的发展战略计划。投资者关心盈利的“增长”。高增长才有高回报，因此对企业的发展计划特别关心。

③行业和企业规模（如销售额）的要求。投资者对行业和规模的侧重各有不同，金融投资者会从投资组合分散风险的角度来考察一项投资对其投资组合的意义。多数私募股权投资者不会投资房地产等高风险的行业和他们不了解的行业。

④估值和预期投资回报的要求。由于不像在公开市场那么容易退出，私募股权投资者对预期投资回报的要求比较高，至少高于投资于其同行业上市公司的回报率，而且期望对中国等新兴市场的投资要求25%～30%的投资回报率是很常见的。

⑤3～7年后上市的可能性，这是主要的退出机制。

关注三个基本要素：行业竞争力、技术竞争力、团队竞争力。投资任何一个行业，都有自己的标准。首先，主要看这个行业市场是否有很大的成长空间，尤其是投资的公司在4～5年是否能拥有4亿～5亿元人民币的市场；其次，投资的公司在技术方面有领先性，比如有不太容易被竞争对手复制的专利，或者在管理上有一些绝招；最后，看重团队，考察团队是否有相关的经验，有活力，应变能力强。“这三者中，最看重团队，产品可以变，但是卖东西的人不能变。”

“投资先投人”这句话已经成为PE的口头禅或者座右铭。在选择项目的时候，会遵循“事在先，人为重”的原则，换句话说，要看行业、看商业模式、看基础产品等，还要看企业的领导者与该企业从事的主要业务是否匹配。

一般来说，所选中的目标公司所在市场必须足够大，有一定的技术，有满足市场需求的产品或者服务，能够把这种产品或者服务有效地传递给消费者，支撑企业有效运转的管理系统和组织文化等。

一个公司与行业已具备了相对清楚稳定的价值链；该公司的核心本业是相对健康的；该公司或行业拥有更大的未来成长空间；该公司的股价，或许曾经因为某种原因受到波动，目前属于低迷状态，即公司的实际价值，或有可能高于市场当时表现出的现值。从本质上来说，任何公司只要合乎以上基本原则，不管在什么行业，都会成为国际私募基金的潜在标的物。在选择目标企业时遵循两个原则：一是该行业有没有持续的增长力；二是该企业能否在竞争中站住脚。主要投资于拥有杰出的管理层、良好的业务记录、独特而经过考验的高效运营模式以及拥有广阔潜在市场的公司。

另外，收购原则可以概括为四个：第一，目标公司必须有好的现金流特征，即现金流必须稳定，至少是可以预测的；第二，目标公司必须有在3~5年大幅度降低债务水平从而提高股权价值的显而易见的潜力；第三，目标公司有一位好的CEO或者至少有这样一位人选；第四，收购建议必须被目标公司的董事会接受，必须说服经理们入股。

对于PE而言，选择投资目标企业是它们最基础、最耗时费力，也是最关键的环节。从某种意义上来讲，投资就是下赌注，一旦赌注押错了，就会造成全盘皆输的结局。

（2）法律调查企业价值评估

投资者还要进行法律方面的调查，了解企业是否涉及纠纷或诉讼、土地和房产的产权是否完整、商标专利权的期限等问题。很多引资企业是新兴企业，经常存在一些法律问题，双方在项目考察过程中会逐步清理并解决这些问题。

（3）投资方案设计

PE在筹足资金得以成立后，即进入投资阶段。它们先从投资银行、经纪人、投资顾问、律师和会计师方面获得投资信息，然后进行尽职调查，根据对创业者的素质、市场前景、产品技术、公司管理等方面的判断，选择认为可靠的目标企业，确定投资类型、投资规模、投资策略、投资阶段，并与被投资企业就股份分配、绩效评价、董事会席位分配等达成投资协议后再进行投资。

PE投资的类型，如果按照投资的性质划分，概括起来无非有三种类型：股权投资、债权投资和夹层投资。

（1）股权投资

股权投资是指PE购买其他企业的股票或以货币资金直接投资于目标企业。与产业资本不同，PE股权投资的最终目的在于获得较大的资本增值收益。

对产业资本而言，投资的经济利益可以通过分得利润或股利的方式直接获得，也可以通过将目标企业纳入其全球产业链条的方式间接获得。例如，被投资企业生产的产品为投资企业生产所需的原材料，在市场上这种原材料的价格波动较大，且不能保证供应。在这种情况下，投资企业通过所持股份达到控制或对被投资单位施加重大影响，使其生产所需的原材料能够直接从被投资单位取得，而且价格比较稳定，这就可以保证其生产经营的顺利进行。但是，在被投资单位经营状况不佳或者进行破产清算时，投资企业作为股东，也需要承担相应的投资损失。

对于PE而言，“结婚的目的就是为了离婚”。一般而言，PE的着眼点不在于分享目标企业的经营利润，而在于提升目标企业的价值后转手出让所持有的目标企业的股权，赚取资本增值收益。转让一般采取三种方式：一是目标企业公开上市；二是由其他产业资本或金融资本收购；三是目标企业股东或管理层回购。无论采取何种方式出让，只要是贱买贵卖，PE都可以取得可观的收益。

根据投资额占目标企业总股本的比例大小，股权投资可以分为参股、控股和买断三种方式。PE中的成长资本通常采取参股的方式进行股权投资，但其不是PE投资的主流形态，PE股权投资的主流形态是并购。

（2）债权投资

债权投资是指 PE 向目标企业提供短期资金供其周转使用。债权投资不是为了获取目标企业的所有者权益，只能获取债权。债权投资自投资之日起即成为债务单位的债权人，并按约定的利率收取利息，到期收回本金。

虽然都是投资，但是股权投资和债权投资有很大的区别：第一，投资的性质不同。股权投资是一种财产所有权交易的方式，资金的转移伴随着真实资产的逆向转移，并且一般不存在反向交易的可能；债权投资体现买方与卖方的信用关系，债权人转让的是资金的使用权和收益支配权，而不是所有权，资金转移有回流过程，但并不伴随真实资产的转移。第二，投资期限不同。股权投资的期限一般是 3～7 年，而债权投资的期限一般是一年以内，甚至短至几个月。PE 债权投资的一种主要方式是所谓的过桥融资，通常是指 PE 在安排较为复杂的中长期贷款前，为满足目标企业正常运营的资金需要而提供的短期过渡性融资，如目标企业 IPO 前的短期资金需求、并购方实施并购前的短期融资需求等。过桥融资的融资期限较短，最长不超过一年，利率相对较高，以一些抵押品诸如房地产或存货来作抵押。第三，投资目的不同。股权投资是为了获得长期资本增值收益，债权投资是为了获得利息收入。后者的收益可以事先确定，但前者的收益水平却无法事先确定。

从 PE 的本质特征来看，债权投资不是它们投资的主要方式，但在资金暂时闲置、固定收益水平较高时，它们也不排斥债权投资方式。

（3）夹层投资

关于夹层投资一般有两种理解。一种理解，把夹层投资看做是 PE 的一种类型；另一种理解，把夹层投资看做是 PE 投资的一个类型。夹层投资是介于风险较低的优先债权和风险较高的股本投资之间的一种投资方式。因此它处于公司资本结构的中层。夹层投资一般采取次级贷款的形式，但也可以采用可转换票据或优先股的形式。

夹层投资的回报通常从以下一个或几个来源中获取：其一，利息收入，通常是按一种高于相关银行间利率的浮动利率计算的利息收入；其二，还款溢价；其三，股权选择权，这就像一种认股权证，持有人可以在通过股权出售或发行时行使这种权证进行兑现。

夹层投资债权可转换成股权的特征，给 PE 较大的回旋余地。那就是当目标企业发展态势与 PE 的预期相一致时，PE 就行使选择权，变债权投资为股权投资；相反，继续持有或转让债权，期间还可获得可观的利息收入。

在国外，金融投资者大多以优先股（或可转债）入股，通过事先约定的固定分红来保障最低的投资回报，并且在企业清算时有优先于普通股的分配权。另外，国外 PE 投资的常见条款还包括卖出选择权和转股条款等。卖出选择权要求引资企业如果未在约定的时间上市，必须以约定价格回购引资形成的股权，否则投资者有权出售公司，这将迫使经营者为上市而努力。转股条款是指投资者可以在上市时将优先股按一定比率转换成普通股，同享上市的成果。

PE 投资的规模因投资对象、投资方式、投资目的的不同而不同。参股一般规模较小，而并购投资规模较大；种子期、初创期投资规模较小，成长期、成熟期投资规模较大；新兴市场国家投资规模较小，发达市场经济国家投资规模较大。少则几十万美元、上百万美元，多则达几百亿美元。

PE 的投资策略可以概括为以下五个：

第一，根据组合投资原理，在不同的行业或项目上进行分散投资；

第二，联合其他投资机构共同投资于同一个项目；

第三，对同一项目所处的不同阶段进行渐进式投资；

第四，针对同一项目进行投资工具的不同组合；

第五，尽可能提高财务杠杆率，节约投资成本。

为了保证资金安全，PE 通常采取渐进投资的方式，即先注入部分资金，待企业发展前景明朗后视情况再追加投资。同时，它们也通常选择比较灵活的投资工具，如非上市企业的可转换优先股、可转换公司债券等，这样，既可确保优先获得股息、债息，又可在企业上市前转换为普通股。

2. 管理：红杏枝头春意闹

PE 与目标企业的关系是一种“期限婚约”，这是由 PE 的性质所决定的，双方迟早会分手。但在“婚约”期限内，双方一般可以做到“唇亡齿寒”、“荣辱与共”，这是因为双方有共同的利益。人们常常把产业资本投资比喻为“养儿子”——按照中国人的观念是“养儿防老”；同时把金融资本投资比喻为“养猪”——猪养壮了就要杀掉或卖掉，当然 PE 投资不是为了把目标企业注销而是为了将其转让出去，转让增值的前提必须是小猪变成大猪、瘦猪变成肥猪。

如何使目标企业增值呢？途径一般有两个：一个是外在的包装；另一个是通过提高目标公司的经营管理水平，使之产生良好的业绩，内在地提升目标企业的价值。PE 的接棒者不是傻瓜，所以使目标企业增值的根本出路是第二条途径——提升目标企业的内在价值。就像你想让猪长得快，就要精心饲养、照料一样，想让目标企业快速增值，就必须帮助它改进经营管理、引进先进技术、开拓国内外市场，甚至帮助它解决资金困难。

PE 对目标公司的管理，准确地说应该叫控制和服务，PE 一般不参加目标企业的日常经营与管理活动，管理是通过目标企业管理层来实现的。

从控制的角度来看，主要措施包括：派出代表参加目标公司董事会，人数不一定多，也不一定担任董事长职务，但要拥有一票否决权；决定目标企业经营班子组成和 CEO 人选；确定目标公司的经营战略及战略目标；参与公司重大决策尤其是投资决策。

从服务的角度来看，主要措施包括：帮助目标企业完善公司法人治理结构；协助目标企业完善内部管理与策略规划；利用其网络和渠道帮助目标企业开辟销售市场；为目标企业寻找、介绍战略合作伙伴；帮助目标企业引进新技术、新设备、新工艺，改进经营效率；协助目标企业再融资；在全球范围内为目标企业网络人才；

为目标企业提供顾问和管理咨询服务，或介绍管理咨询公司，等等。目标企业将 PE 除了资金投入之外的对企业在销售、管理、寻找策略伙伴等方面的增值服务称为投资附加值。PE 的投资是内涵型投资，而这种内涵型投资特别为科技背景创业者所青睐。

但是，PE 对目标企业的管理能力到底如何？PE 是金融投资专业顶尖级人才的大本营，但它们有管理实体企业的经验和能力吗？客观地讲，PE 掌控具体企业的能力肯定比行业专家低下。但是，PE 更加注重目标企业经营机制的建设，在这方面往往比原企业管理层做得更加出色。

PE 的人才应对策略可圈可点：

其一，在 PE 内部引入大量管理精英，从而可以提高对目标企业管理的针对性、适应性和准确度。随着 PE 对目标企业管理提升的日渐重视，PE 吸引了大量的管理精英加盟，从而提升了 PE 对目标企业的管理能力。以凯雷投资为例，在凯雷发展初期，纳入其管理团队的主要是退职的政府高官，利用这些高官的人脉，凯雷可以进入具有垄断地位的军火生产、贸易企业，迅速完成原始资本积累。随着外部环境的变化，凯雷开始调整自己的经营战略和人才战略。从经营战略来看，它越来越偏离原来的高官战略，开始像其他 PE 一样在普通资本市场上寻找机会；从人才战略来看，随着高官们的逐渐淡出，越来越多的具有企业管理背景的专业人士加盟凯雷，为凯雷带来了生机和活力。美国商界的传奇人物、IBM 公司原 CEO 郭士纳加盟凯雷，担任凯雷董事会主席，标志着凯雷人才革命的开始。从此，一大批美国著名企业的退职 CEO 纷纷加盟凯雷，使凯雷的人才队伍焕然一新，提升了凯雷的专业管理能力。凯雷的做法具有代表性，许多 PE 都在招揽企业管理专业人才方面有所建树。

其二，尽可能利用目标企业原来的管理团队，注重对管理层的长期激励。真正懂目标企业的，唯有目标企业原来的管理团队。所以，PE 在收购一家公司的同时，特别注重对公司原来管理团队的考察，这就是“投资投人”说法的来源。PE 在并购一家企业时，往往存在与目标企业管理层的“合谋”，与目标企业管理层达成一致意见可以减少收购的风险。收购完成后，PE 往往委任目标企业原管理层负责目标企业的管理，并辅之以高薪和股权激励，以激发管理层的斗志，使目标企业迈上新台阶。

其三，PE 与管理层签署对赌协议，挑战职业经理人的极限。对赌协议也称魔鬼协议，国外 PE 对目标企业管控环节，广泛使用的一种利器就是所谓的对赌协议。对赌协议的主要内容是：PE 与管理层约定未来数年目标企业的各项经营指标，这些指标往往与再投资、股权在 PE 和管理层之间的转移捆绑在一起。2004 年 6 月，蒙牛乳业在香港上市时披露出一条协议，若在 2004—2006 年，蒙牛每股盈利复合年增长率超过 50%，摩根士丹利等 3 家机构投资者会将最多 7 830 万股股份（相当于蒙牛 7.8% 的股份）转让给蒙牛管理层。反之亦然。

这种对赌方式，对刺激目标公司的管理层尽最大的努力搞好企业经营有积极作用，但副作用也比较明显——目标公司管理层的压力往往过大，也容易由此产生 PE

与目标公司管理层之间的隔阂，激化矛盾。如果说 PE 向目标企业管理层出让部分认股权体现的是激励机制，那么，PE 与管理层签署对赌协议体现的就是 PE 对管理层的约束机制。

3. 退出：葡萄美酒夜光杯

PE 投资一个重要的特征是：基金都是有存续期限的，存续期满基金就会解散，投资者应得到支付。因此，在投资伊始 PE 就开始考虑套现退出的问题。投资退出是 PE 运作的一个关键环节。名言："当我投资的时候，你先别忙着赞美我，傻瓜也可以收购公司，等到卖掉的时候，再来祝贺我吧。"

一般而言，PE 投资的退出有如下四种方式：

第一，境内外资本市场公开上市；

第二，股权转让；

第三，将目标企业分拆出售；

第四，清算。

4. 分配：大珠小珠落玉盘

PE 的控制权在 PE 管理者（GP）手里，他们负责寻找投资机会并作投资决定，他们的收益最高，每年要提取全部基金的 1.5% ~2.5% 作为管理费，如果达到了最低预期资本回收率，他们还要提取全部利润的 20% ~30%，这部分钱叫做附带权益（即资本增值部分的提成），其余盈利在 PE 与投资者（LP）之间分配。一般情况下，LP（投资者）的年回报率为 20% ~30%。

有趣的是，PE 的有限合伙人（LP）希望基金管理人（GP）持有较多的股份。管理人出资份额越高，往往投资者信心越高。这样基金管理人除了获得管理费之外，还会获得分红。在这种激励机制之下，基金管理人有很强的动力去追求最大利润。另外，PE 的存续期间一般在 15 年以下。基金管理人有可能在原有基金尚未到期之前就必须重新融资成立新的基金。在融资过程中，基金管理人的声誉和历史业绩非常重要。这种约束机制也是 PE 在没有严格监管情况下仍然健康成长的重要原因。

（四）私募股权投资主要组织形式

1. 有限合伙制

有限合伙企业是美国私募基金的主要组织形式。2007 年 6 月 1 日，我国《合伙企业法》正式施行。

2. 信托制

通过信托计划，进行股权投资也是阳光私募股权投资的典型形式。

3. 公司式

公司式私募基金有完整的公司架构，运作比较正式和规范。目前公司式私募基金（如某某投资公司）在中国能够比较方便地成立。半开放式私募基金也能够以某种变通的方式，比较方便地进行运作，不必接受严格的审批和监管，投资策略也就可以更加灵活。比如：

（1）设立某投资公司或资产管理公司，该投资公司的业务范围包括有价证券投资；

（2）投资公司的股东数目不要多，出资额要比较大，既要保证私募性质，又要有较大的资金规模；

（3）投资公司的资金交由资金管理人管理，按国际惯例，管理人收取资金管理费与效益激励费，并打入投资公司的运营成本；

（4）投资公司的注册资本每年在某个特定的时点重新登记一次，进行名义上的增资扩股或减资缩股，如有需要，出资人每年可在某一特定的时点将其出资赎回一次，在其他时间投资者之间可以进行股权协议转让或上柜交易。该投资公司实质上就是一种随时扩募，但每年只赎回一次的公司式私募基金。

不过，公司式私募基金有一个缺点，即存在双重征税。克服缺点的方法有：

（1）将私募基金注册于避税的“天堂”，如开曼、百慕大等地区；

（2）将公司式私募基金注册为高科技企业（可享受诸多优惠），并注册于税收比较优惠的地方；

（3）借壳，即在基金的设立运作中联合或收购一家可以享受税收优惠的企业（最好是非上市公司），并把它作为载体。

私募股权投资的好处是比公募更灵活，能够实现企业的资本增值，为企业上市打下了坚实的基础。

4. 私募股权投资的途径

购买私募股权的途径主要有三种：一是通过直接联系私募股权投资公司，购买产品。可以通过他们的网站和服务热线进行了解，决定购买后签署合同。二是通过金融机构等代销机构进行购买，例如，银行。三是通过第三方理财代销机构进行购买，可以联系代销机构的服务热线，专业人员会为您进行私募股权产品的讲解和推荐，挑选合适的产品进行购买。

【案例】蒙牛的融资发展

摩根士丹利、鼎晖、英联 3 家境外投资机构投资蒙牛的成功，引起了投资界、实业界广泛的关注。这 3 家私募投资者向蒙牛投入约 5 亿元人民币，在短短三年内获投资回报约 26 亿港元，投资收益回报率约 500%。有些评论据此认为，摩根士丹利等投资方赚得太“狠”，其与牛根生为首的蒙牛管理团队签订的“对赌合约”使资方处于进攻退守的有利局面，若蒙牛成长达不到预定要求，那么他们可以控股蒙牛，若蒙牛成长得好，他们退出时则赚得盆满钵满。

蒙牛的资本成长神话只能证明传统行业投资具有一夜暴富的可能，蒙牛成功的关键是融资的成功，假如蒙牛采用民间借贷的融资方式肯定是不会成功的。

7 年时间，从一穷二白到行业内的领袖，无论从哪个角度来看，蒙牛都会被当做一种传奇。一个几乎没有任何成功征兆的小公司如何在相当短的时间爆发式的崛起，成为行业内的领袖级企业，是商业史上的奇迹还是企业成长的另辟蹊径？其中的奥妙其实也并非完全不可捉摸。

1. 融资跳板

1999 年 1 月 13 日，因为多方面的利益冲突，被郑俊怀开除的牛根生带着几个旧部下成立了蒙牛乳业有限责任公司，注册资金是50 万元。同年6 月，募集资金扩股开始。8 月 18 日，内蒙古蒙牛乳业股份有限公司注册成立，注册资本 1 398 万股。事实上，各种方式筹集到的 1 000 多万元资金连建个厂都不够。当时需要的一台液态奶设备价值 2 500 万元。

资金总是捉襟见肘，牛根生到处搜寻投资者。在 2002 年春节联欢晚会上，牛根生与摩根士丹利投资经理结识，经过 11 个月 20 多轮的谈判，同年 12 月 19 日，蒙牛与美国摩根士丹利、香港鼎晖、英国英联 3 家公司举行了投资入股签字仪式，3 家公司一次性向蒙牛投资 2 600 多万美元（折合人民币 2.16 亿元），共持有蒙牛乳业约 32% 的股份。时隔一年，在 2003 年第四季度，这 3 家国际投资机构再次向蒙牛增资扩股 3 500 万美元，至此，蒙牛成为摩根士丹利在亚洲地区直接投资额最大的企业。在获得这些相当多数目的可支配资金之后，蒙牛开始了一系列产业扩张。

2002 年 6 月，摩根士丹利等海外投资者在开曼群岛注册开曼群岛公司和毛里求斯公司，后者是前者的全资子公司。根据开曼公司法，公司的股份可以分成 A 类和 B 类，A 类一股有十票投票权，B 类一股有一票投票权。9 月，蒙牛注册了另外两家壳公司：金牛公司、银牛公司。10 月，“金牛”与“银牛”以 1 美元/股的价格，购得开曼公司 A 类股票 5 102 股。而开曼公司 48 980 股的 B 类股票则被摩根士丹利等 3 家外资金融机构以 2 597.3712 万美元购得。因此，蒙牛系与摩根系在开曼公司的投票权是 51∶49；股份数量比例是 9.4∶90.6。在完成三方注资之后，开曼群岛公司以战略投资者提供的 2 597.37 万美元认购了毛里求斯公司的 98% 的股份，毛里求斯公司又利用此笔资金从蒙牛的法人股东和部分自然人股东手中收购了其 66.7% 的股份，蒙牛第一轮引资与股权重组完成。从资本运作来看，开曼群岛公司和毛里求斯公司的作用在于构建二级产权平台，以利于股权重组。在这一过程中看似蒙牛原有股东利益丢失，但实际上已转移到银牛公司中去，各方利益获得相对合理的保障和安排。

2003 年 8 月，蒙牛管理层提前完成任务。9 月 19 日，蒙牛系的 A 类股全部转化为 B 类股，持有开曼公司 51% 股权和投票权。

此时，为了促使3 家战略投资者的二次增资，2003 年 9 月 30 日，开曼群岛公司重新分类股票类别，将已发行的 A 类、B 类股票赎回，并以 900 亿股普通股和 100 亿股可转换股证券代替，二者的每股面值也均为 0.001 美元。金牛公司、银牛公司、摩根士丹利、香港鼎晖、英国英联原持有的 B 类股票对应各自面值转换成普通股。2003 年 10 月，3 家战略投资者认购开曼群岛公司发行的可转换股证券，再次注资 3 523 万美元。

2. 对赌协议

对赌一词听来刺激，其实和赌博无甚关系。对赌协议是投资方与融资方在达成协议时，双方对于未来不确定情况的一种约定。如果约定的条件出现，投资方可以行使一种权利；如果约定的条件不出现，融资方则行使一种权利。所以，对赌协议实际上就是期权的一种形式。

通过条款的设计，对赌协议可以有效地保护投资人利益。在国际企业对国内企业的投资中，对赌协议已经被广泛采纳。

1999 年 1 月，牛根生创立了“蒙牛乳业有限公司”，公司注册资本 50 万元。后更名为“内蒙古蒙牛乳业股份有限公司”（以下简称蒙牛乳业）。2001 年底摩根士丹利等机构与其接触的时候，蒙牛乳业公司成立尚不足三年，是一个比较典型的创业型企业。2002 年 6 月，摩根士丹利等机构投资者在开曼群岛注册了开曼公司。2002 年 9 月，蒙牛乳业的发起人在英属维尔京群岛注册成立了金牛公司。同日，蒙牛乳业的投资人、业务联系人和雇员注册成立了银牛公司。金牛公司和银牛公司各以 1 美元的价格收购了开曼群岛公司 50% 的股权，其后设立了开曼公司的全资子公司——毛里求斯公司。同年 10 月，摩根士丹利等 3 家国际投资机构以认股方式向开曼公司注入约 2 597 万美元（折合人民币约 2. 1 亿元），取得该公司 90. 6% 的股权和 49% 的投票权，所投资金经毛里求斯公司最终换取了大陆蒙牛乳业 66. 7% 的股权，蒙牛乳业也变更为合资企业。

2003 年，摩根士丹利等投资机构与蒙牛乳业签署了类似于国内证券市场可转债的“可换股文据”，未来换股价格仅为 0. 74 港元/股。通过“可换股文据”向蒙牛乳业注资 3 523 万美元，折合人民币 2. 9 亿元。“可换股文据”实际上是股票的看涨期权。不过，这种期权价值的高低最终取决于蒙牛乳业未来的业绩。如果蒙牛乳业未来业绩好，“可换股文据”的高期权价值就可以兑现；反之，则成为废纸一张。

为了使预期增值的目标能够兑现，摩根士丹利等投资者与蒙牛管理层签署了基于业绩增长的对赌协议。双方约定，2003—2006 年，蒙牛乳业的复合年增长率不低于 50%。若达不到，公司管理层将输给摩根士丹利约 7 000 万股的上市公司股份；如果业绩增长达到目标，摩根士丹利等机构就要拿出自己的相应股份奖励给蒙牛管理层。

2004 年 6 月，蒙牛乳业业绩增长达到预期目标。摩根士丹利等机构“可换股文据”的期权价值得以兑现，换股时蒙牛乳业股票价格达到 6 港元以上；给予蒙牛乳业管理层的股份奖励也都得以兑现。摩根士丹利等机构投资者投资于蒙牛乳业的业绩对赌，让各方都成为赢家。

摩根士丹利对于蒙牛乳业基于业绩的对赌之所以能够画上圆满的句号，总结归纳，该份对赌协议中有如下七个特点：

一是投资方在投资以后持有企业的原始股权，如摩根士丹利等 3 家国际投资机构持有开曼公司 90. 6% 的股权和 49% 的投票权；

二是持有高杠杆性（换股价格仅为 0. 74 港元/股）的“可换股文据”；

三是高风险性（可能输给管理层几千万股股份）；

四是投资方不是经营乳业，不擅长参与经营管理，仅是财务型投资；

五是股份在香港证券市场流动自由；

六是蒙牛乳业虽然是创业型企业，但企业管理层原来在同一类型企业工作，富有行业经验；

七是所投资的企业属于日常消费品行业，周期性波动小，一旦企业形成相对优势，竞争对手难以替代，投资的行业风险小。

3. 上市一跃

2004 年，蒙牛乳业为上市做了最后的准备。1 月 15 日，牛根生从谢秋旭手中购得 1 800 万股蒙牛乳业股份，占蒙牛乳业总股本的 8.2%，牛根生第一次正式走上蒙牛乳业股权结构的前台。3 月 22 日，若干银牛公司股东向两名内部人士转让了 3 244 股银牛股份。同日，金牛公司、银牛公司分别向各自当时的若干股东发行及配发32 392 股和 32 184 股股份。其中，银牛公司第一大股东谢秋旭按面值认购了 20 446 股银牛公司股份，持股比例上升至 63.5%。

值得一提的是，权益计划是蒙牛乳业上市前一个很有特色的激励方式，虽然它本身不涉及上市公司股权，但在股东公司层面的这种激励方式从所涵盖的对象范围、换股价格等方面都具有很强的实际效果。特别是当金牛公司、银牛公司“公司权益计划”的受益人将此转换成对应股权时，如果蒙牛乳业上市，其对应于上市公司的价值会随着蒙牛乳业二级市场股价的浮动而成为更富有成效的激励机制。

2004 年3 月23 日，牛根生从摩根士丹利、香港鼎晖、英国英联3 家公司以象征性的每家 1 美元分别购入 5 816 股、1 846 股、1 054 股开曼公司股权。至此，牛根生直接控制了开曼公司 6.1% 的股权。6 月 10 日，蒙牛乳业在香港成功上市，面值每股 0.10 港元，发售价定在最高端（3.925 港元），发行新股 2.5 亿股，作为第一家在海外上市的内地乳制品企业，蒙牛乳业共募集国际资本 13.74 亿港元，当时约合人民币 14.56 亿元。

4. 私募投资者给蒙牛乳业带来了什么

除了钱以外，摩根士丹利等私募投资者给蒙牛乳业还提供了两大方面的增值服务。

首先，私募投资者为蒙牛乳业上市做好了准备工作。摩根士丹利等进来后，帮助蒙牛乳业重组了企业法律结构与财务结构，并帮助蒙牛乳业在财务、管理、决策过程等方面实现规范化。就董事会决策而言，私募投资者的问题比较尖锐，因为他们看的企业多了。投资方有效地利用了他们对重大决策的否决权，比如蒙牛乳业曾考虑过的一个偏离主营业务的提议，就被私募投资者劝阻。帮助企业设计一个能被股市看好的、清晰的商业模式，正是私募投资者的贡献之一。

此外，蒙牛乳业在香港上市的整个过程也主要由私募资金主导。蒙牛乳业管理团队知道私募资金与他们的利益一致，且具备他们所不具备的专业能力，所以对摩根士丹利等的运作相当放手。私募资金的专业化以及他们对蒙牛乳业的投入让股市上的机构投资者更放心。

多年的金融学研究证明了这一点，当高质量的风险基金或者其他私募基金在上市之前进入某家公司的时候，这家公司上市的过程会更平稳、顺利、成功。私募投资者是公司与股票市场最终的机构投资者之间的一个桥梁。

除了力推蒙牛乳业上市，摩根等私募入股蒙牛乳业也帮助提高了蒙牛乳业的信誉。在为蒙牛乳业获取政府的支持和其他资源方面也有帮助。另外，对于早期不正规竞争的蒙牛乳业来说，吸引摩根等私募入股也能给其带来一定的政策支持与保护，让蒙牛乳业规范化。

这是投资方与融资方的双赢最完美的结果。在蒙牛乳业这个案例中，私募投资者投资回报率确实达到 500%，但是牛根生团队等原始股东却得到了 5 000% 的回报率。

民间金融未来的发展只有向互联网金融转型，运用互联网金融工具来推动中国经济改革，推动中国经济升级转型，突破中国经济发展瓶颈；运用互联网金融让有核心竞争力的企业做强做大，形成各行业的国际大品牌；可以通过并购整合资源，形成强者恒强的格局来淘汰没有竞争力的企业。运用中国的金融理论参与国际竞争，只有金融创新才能让中国真正崛起，只有这样民间金融才能得到社会的认可，得到国家认可，取得合法的地位，发展壮大成为真正的金融机构。

七、互联网金融绝不是民间借贷的线上版本

传统的民间金融跟高利贷常常挂钩，可能觉得放高利贷的人都是赚黑心钱的，其实不然，黑格尔说过“存在即合理”，高利贷的存在必定也有其生长的根源。只是现今的 P2P 借贷模式并不等同于高利贷模式。

高利贷往往是自有资金放贷，而且收取的利息非常高，在某种程度上甚至都不考虑借款人的还款能力，一味追求高利息，收款时常常出现“靠黑”手段，属于完全非法。而 P2P 借贷则是一种普惠金融模式，得到政府的支持，属于民间金融所提倡的范畴，而且以后会越来越被政府所重视和推广，毕竟它是以合法身份为经济提供服务。

民间借贷的利息可适当高于银行利率，但最高不得超过同期银行贷款利率的 4 倍，超出部分的利息法律不予保护。这说明 P2P 借贷合法，无论是所谓的高利贷还是 P2P 借贷，只要不高出同期银行贷款利率的 4 倍就是合法，应受到法律保护，只是在账款方面也应用合法的方式进行催收。

虽然 P2P 贷款公司是存在于国家传统金融机构——银行之外的一种民间自发组织，但是 P2P 贷款跟传统意义上的民间高利贷还是有着很大的不同。

1. 目的不同

P2P 贷款模式起源于英国，核心是利用互联网技术，实现金融脱媒，使具有闲置资金出借的个人与有贷款需求的个人或企业，再通过平台自行配对。

当然，P2P 贷款自英国传入国内，为了适应中国本土经济特点，P2P 贷款模式也发生了一些变化，主要集中表现为两种形式，一种是线上交易形式，即上面介绍

的这种，一种是以线下交易的交易类型，具体的交易手续、交易流程都由P2P贷款机构和客户面对面来完成，天津嘉业投资就是这种形式。

但是不管是哪种形式，P2P贷款存在的根本目的，都旨在帮助那些无法从国家传统金融机构筹到创业基金的有志之士，对满足个人和中小企业、小微企业资金需求、发展社会信用体系和提高闲散资金利用率方面发挥着不可替代的作用。

而民间高利贷却并非如此，民间高利贷说白了，无非是一些黑心商家打着帮人排忧解难的旗号，用高昂的利息来赚取黑心钱的一个过程。在这些机构贷了款的人通常无法正常还款，但是随着时间的推移，他所欠的钱会越来越多，经济每况愈下，直至破产。

2. 利率不同

利率不同是P2P贷款与民间高利贷的根本不同。虽然国家尚未制定相关法律法规对P2P贷款行业进行规范化管理，但是国家政策有明令指出：民间借贷的利息可适当高于银行利率，但最高不得超过同期银行贷款利率的4倍，超出部分的利息法律不予保护。以天津嘉业投资为代表的正规P2P贷款公司都严格遵守这一规定，不敢越雷池一步。

3. 借款金额自由

民间高利贷，通常提供的贷款金额都会比较高，所以给人们还款带来了一定的压力。但是在P2P贷款中则不然。因为P2P贷款服务的是广大未被传统金融覆盖的大众阶层，一些小微企业主、白领、学生都可以成为P2P贷款公司的服务对象，而这些人的贷款金额通常不会太高。

4. 表现形式不同

在民间高利贷中的放贷者往往不通过银行转账，而采取现金交易的方式，贷款时不签订贷款合同，而是要求借款人书写借条，同时放贷人为掩盖高利贷的事实，借条上往往也不反应本金和利息，这就让民间高利贷形成了很强的隐蔽性。这与P2P贷款是绝对不同的。P2P贷款公司往往要具备一定的公司规模和资金实力，对抗风险能力和固有资金要求都比较高。

民间金融在服务中小企业方面具有不可替代的优势，提高了资金的使用效率，是促进"互联网金融培育新的经济增长点"发展的重要推动力。中国在国内的基建投资方面要约束目前的既得利益集团垄断的贪欲，放开民间资本在基建、电信、金融、能源、医疗和教育等方面的投资渠道。如果中国政府能够把这次经济危机作为深化体制改革的契机，则善莫大焉。

银行高利润的另一面是中小企业的困境。在流动性收紧和贷款额度的限制下，由于大型国有企业所拥有的种种优势，包括其独特的政治地位、和银行的长期关系以及贷款规模本身相对较大等，均导致了中小企业和大型国有企业在争夺贷款上处于不利地位。中国未来的金融发展，需要打破这样一个怪圈，给予中小企业发展更多的金融支持。

打破银行业垄断、提高银行业的竞争性是我国目前金融改革的重要一环，而民间金融机构是真正意义上自负盈亏的经营主体，其作为银行体系的竞争者，能够为我国金融市场注入竞争因素和市场因素，促使正规金融机构提高经营管理水平和服务效率。对于中小企业来说，民间金融的规范化发展将会鼓励更多民间金融机构的出现和发展，进一步满足民营经济的资金需求，并对民间借贷中的高利贷现象进行限制，从而间接降低中小企业的融资成本，促进中小企业的发展。

互联网金融不是在颠覆传统金融，而是完善原有的金融体制与格局，让更多的小微企业主与个人获得金融服务，摆脱原有的不规范的民间借贷环境。信息化潮流浩浩荡荡，是大势所趋，而且势不可当，信息化改造金融业态和金融生态处于正在进行时；互联网金融以传统金融机构信息化、IT公司进军金融领域和其他行业产业延伸到供应链金融等三种方式正在促成互联网与金融的融合；当前的“民间借贷热”不是进步，而是退步，但希望退一步能够进两步，从全民放贷到全民讨债之后，期待民间金融能出现质的飞跃，能走向民间金融资产管理和交易的专业化；建立在民间借贷具有天然的合法性基石上，民间借贷撮合等中介服务便具有正当性，温州、鄂尔多斯金融改革推出民间借贷登记服务中心作为突破口是不得已的选择。

互联网金融是个技术活，一个技术密集、资金密集、信息密集的产业，不是任何人都可以去建P2P平台，必须集成信息技术、风险管理技术、法律技术等多种技术；互联网金融基于信息技术基础，有着消除信息不对称、提供信息公开的数据基础，并且有标准化的管理工具，发展互联网金融有助于民间金融走向阳光化、规范化；民间借贷登记备案是民间金融获得更广泛认可的途径，可以产生提高信用等级、沉淀监测数据、对抗善意第三人等功能，有利于实现与政府监管当局的沟通与合作。

随着我国经济高速发展，民间资本快速积累，民间借贷十分活跃，为国家经济发展起了十分重要的促进作用，同时也积累了很高的金融风险，严重影响着金融安全。面对这种有喜有忧的金融形势，各省、市政府大力倡导、积极推动，联合当地企业，金融机构成立民间借贷服务中心。

（一）各地区民间借贷服务中心相继成立

2012年3月29日，温州民间借贷登记服务有限公司（温州民间借贷登记服务中心）在温州工商局鹿城分局领取营业执照，顺利完成登记注册。这是温州市，乃至浙江省的首家民间借贷登记服务中心。温州民间借贷登记服务中心将以公司化形式运营，注册资金600万元，由14家法人、8个自然人投资设立，经营范围涉及信息登记、信息咨询、信息发布、融资对接服务等。该中心已于2012年4月开业运行。

2013年4月，长沙民间借贷服务中心正式注册成立。

这些民间借贷服务中心除为民间资金借贷交易双方提供登记服务，还将通过引进中介机构，帮助开展净资产调查等综合服务。据该中心在招聘网站上发布的公司资料显示，长沙民间借贷服务中心是全国第三家，也是中部地区首家成立的民间贷款服务机构。

除上述两家民间借贷服务中心外，其他地区也出现了不少民间借贷服务中心，如2012年7月18日在镇江成立的民间借贷登记服务中心；2011年6月18日组建的鄂尔多斯民间资本投资服务中心等。

（二）贷款市场不规范，民间借贷服务中心应运而生

2012年11月11日，在“光棍节”的概念营销之下，淘宝创造了震惊世界的网购神话。很多在淘宝开店的店家也因此重新认识到，网店仍有机会，并且下定决心：工作照旧，兼职创业。网上开店虽然成本不高，也不需要太多仓储物流成本，但仍需一定量的资金垫资买货，很多人便选择温州民间借贷服务中心，提交了贷款申请，解了燃眉之急。民间借贷服务中心在解决信息不对称方面发挥着“红娘”的作用。

过去提到贷款，要么银行，要么小额贷款公司或者亲戚朋友，现在，各个地区民间借贷中心成立，在规范贷款市场、解决贷款信息等方面发挥着重要的作用，民间借贷的发展迎来转机。

（三）民间借贷服务中心的主要职能

第一，收集和发布借贷供求的各类信息，努力解决供需双方信息不对称的现象，扩大供需双方选择的范围；

第二，建立信用信息数据库，为借贷双方提供比较真实的信用资料，增加相互的了解和信任，创造良好的借贷环境；

第三，调查了解全国各地不同时期形成的民间借贷利率，研究分析本地民间借贷的需求，通过分析测算，发布本市不同时期的民间借贷指导性利率，促进民间借贷规范而有序进行；

第四，邀请银行、小贷、担保、典当、公证、法务、评估、支付结算等组织机构入驻中心，根据借贷当事人意愿，提供“一站式”服务，为民间借贷提供完备的法律服务，用法律手段维护出借人资金的安全；

第五，为借贷当事人提供规范借贷合同文本、合同公证、交易支付结算和登记备案服务，手续便捷，服务周到；

第六，建立健全保密制度，建立信息查询内部分级管理制度，依法保护借贷双方的商业秘密和个人隐私，确保各类信息的安全。

因此，可以说民间借贷服务中心工作的有序开展，不仅能推动民间借贷阳光化、规范化、市场化，而且能进一步搞活民间借贷，充分发挥民间借贷、民间资本在经济建设发展中的补充作用，为经济发展作出应有的贡献。

第六章　互联网金融倒逼银行转型升级

随着社交网的繁荣和金融脱媒化趋势的形成，人类迎来了互联网金融时代。2013 年是互联网金融元年。传统上，互联网和金融业泾渭分明。2013 年，清晰的界限被彻底突破，两大行业巨头相互角力，代表事件不断发生，各种微创新层出不穷，新一轮产业发展浪潮已蓄势待发。互联网金融元年，浪潮率先爆发在三个领域：第三方支付、P2P、众筹。简单梳理 2013 年互联网金融的代表事件：

3 月 7 日，阿里巴巴宣布将成立小微金融集团。

6 月 13 日，余额宝上线，打响了互联网金融的第一枪。

7 月，百度、新浪获支付牌照，京东金融集团成立。互联网金融成为诸多互联网公司的重要战略。

8 月，微信 5.0 版发布，微信支付功能上线。

10 月，百度宣布，与华夏基金联合推出理财计划百发上线，年化收益率为 8%。

11 月 6 日，众安在线正式开业，“三马”开卖网上保险。

11 月 12 日，党的十八届三中全会，提出“发展普惠金融”。

11 月 28 日，中国互联网金融行业协会成立。

互联网金融对传统金融的冲击序幕已经拉开，互联网金融对传统银行业的深远影响只是刚刚开始。银行如何创新应对。

一、中国经济发展与个人财富增长

（一）中国经济与个人财富增长的发展历程

中国经济经过 30 年的快速发展，积累了大量的财富。最近四年居民储蓄存款每年都超过 4 万亿元，到 2014 年底城乡居民储蓄存款余额为 56.3635 万亿元。大量的民间财富找不到投资出路，巨大的财富增值需求需要金融机构来管理。未来的中国财富管理是机遇与挑战并存，前景和潜力无限，30 多年经济的高速腾飞带来的是国家的日新月异以及财富的日积月累，巨大的财富市场为私人银行业务的发展提供了无限机会与空间。

个人财富增长的历程：自改革开放以来，国家政策的变化共为人们提供了五次发财大机遇。

第一次是党的十一届三中全会以后，国家提出了“让一部分人先富起来”的口号。这一政策造就了中国的第一批富翁。他们主要由两部分人组成：一部分是中国的赤贫阶层，他们靠从事运输、贩卖等发了财；另一部分是高干子弟及亲属，他们近水楼台先得月，比其他人更早地把握住了机会。

第二次是1992年邓小平南方谈话以后，国家对个人企业的扶持力度加大，实行知识分子可以下海经商、办民营企业等政策，那些放弃公职下海的人，以及一类知识分子中的赤贫阶层抓住了机遇。

第三次是1999年以后，美国人开始买中国的账，以风险投资为领头羊的外国资本开始进入中国，带动了中国以IT、网络等行业为主要投资对象的创业热潮，网络英雄成了最大的受益者。

第四次则是2000年以后中国住房市场化，房地产行业发展带来的财富机遇，以及煤矿及资源行业开放后带来了财富机遇。

第五次则是在2005年股改以后，全流通让一部分人富了起来，创业板开设迅速让一批人积累了大量财富。

中国改革开放的30年经过这五次大的财富机遇，造就了大量的富人，民间积累了大量的财富，形成了中国巨大的财富市场；中国私人财富市场的巨大潜力意味着私人银行业是各家金融机构的必争之地，与此同时，目前对外资银行进入中国市场的政策限制为中资银行提供了一个有利的缓冲期，未来银行业要注重金融创新，财富管理的模式应逐步转变为以服务为导向，即以客户为中心，金融机构根据客户不同的人生阶段，设计相应的产品与服务，以满足其财富管理需要，金融机构成为客户长期的财富管理顾问，提高财富管理能力银行才能转型升级成功，未来银行的核心竞争力就是财富管理的能力，银行通过一些增值服务发展长期良好的客户关系，在竞争中得以谋求更大的发展空间。

（二）未来30年，中国财富市场的变化趋势

未来30年不仅是中国经济结构转型升级的时代，也是私人财富急剧增加的时代。2015年中国的家庭财富总值将达35万亿美元，成为全球第二高的国家，而通货膨胀、养老、社会保障体系、理财服务、经济周期等词语也将越来越频繁地进入普通人的生活，“财富管理”这一在欧美福利国家似乎专属于高净资产人群的名词，将可能成为未来十年中国人日常生活中的主题词。

通过对多家中资银行的调研，我们认为，在中国巨大的私人财富市场中，中端群体将是本土金融机构未来的制高点和利润发动机。在私人银行领域，外资银行由于金融危机中暴露的问题陷入客户信任危机，中资银行因经验欠缺稍显稚嫩，从而导致这一领域服务端与需求端脱节，在未来几年内将处在增长阶段，高端财富管理领域目前还是金融机构难以企及的金矿。相比之下，未来十年中等收入群体对金融机构提供的全方位理财服务需求将空前旺盛，进而形成一个庞大的中端理财市场。中资银行如何依托自身的客户优势，利用外资在私人银行领域的暂时停滞以及在中端市场的缺位之机，奠定自己在理财服务市场中的地位显得尤为紧迫与重要。

值得关注的是，欧美传统私人银行始终将目标瞄准高净资产人群，核心在于“二八”原则下这些客户为其带来的丰厚回报。而私人银行高达35%的年均利润率，是建立于较高频度的“一对一”专业服务基础上的。很显然，如果中资银行沿用这种模式服务于数量庞大的中端客户群，则服务收益可能都难以覆盖人力成本的投入，更不要说盈利了。因此，如何创新服务模式，分羹中端财富管理市场，是摆在中资银行面前的一个重要课题。

2015年，中国的家庭财富总值将由现有水平增长111%至35万亿美元，超越日本成为全球第二高的国家。

中国已是全球第三大财富来源地，家庭财富总值达16.5万亿美元，仅次于美国的54.6万亿美元及日本的21万亿美元，较欧洲最富裕的国家法国（12.1万亿美元）高出35%，几乎等于印度的5倍。

这对中外资财富管理部门来说无疑是福音。同样值得关注的是，2010年10月27日，“十二五”规划中明确提出，要努力实现居民收入增长和经济发展同步、劳动报酬增长和劳动生产率提高同步，低收入者收入明显增加，中等收入群体持续扩大，贫困人口显著减少，人民生活质量和水平不断提高等目标。

随着中国家庭财富的不断膨胀以及中等收入群体的持续扩大，未来十年中国财富管理市场的价值点在中端市场。

（三）中端：未来制高点与利润发动机

中端理财将成主流，与欧美国家传统的理财市场相比，在私人财富的急剧膨胀中，中国出现了一个日益庞大的中端理财群体，这一群体的构成主体是中产阶层。预计2015年中国年收入25万元以上的富裕家庭，将由现在的160万户增长至400多万户，成为仅次于美国、日本和英国的全球富裕家庭数量第四的国家。到2020年，中国这一人群将达到7亿人。而根据国家人口发展战略研究，2020年中国人口约达14.5亿人。也就是说，十年后中国中产阶层人数将占到总人口的48%以上。而在发达国家所谓的“后工业社会”，中产阶层占了总人口的80%。但不同的是，为了拉动消费，欧美中等收入家庭一直在堆积债务，其理财需求的更大层面在税务及保险等方面的规划，以及利用国家的各项优惠政策进行养老规划。而中国的中产阶层则需应付养老、医疗、子女教育、保险等全方位的财富管理问题，从而形成一个潜力巨大、独特的中端理财市场。

与此同时，通货膨胀如影随形，使得私人财富保值增值压力加大。抵抗资产价格上升带来的现金财富相对缩水以及跑赢CPI指数，成为中国财富管理市场繁荣强有力的催化剂。

从长远来看，中国正处于转型时期，原因在于工作、家庭、社会等方面的压力。北京的中产阶层内部，只有170万人，即北京市常住人口的30%左右处于中上层，还有近70%处于中下层，面对着工作和生活的双重压力，用并不高的收入水平面对房产、汽车等大宗消费，成为“房奴”、“车奴”。另外，中国的社会保障制度尚待进一步完善。数据显示，目前，全国养老保险金平均替代率为41.4%，并呈逐年下降趋势，而2008年广州地区的养老保险金平均替代仅有37%。对于收入较高的中产阶层，未来社保替代率可能会低于30%。这意味着要想达到退休后替代率不低于60%～70%的目标，约40%的养老金都需靠自身投资等渠道来积累。在目前社会养老保障体系还不健全的环境下，为了过上舒适、幸福的退休生活，给自己增加更多的经济保障，中产阶层将滋生强烈的投资理财需求。

（四）规模与服务倒挂

在理财意识不断增强以及兼具安全和抗通货膨胀银行理财产品大受青睐的背景下，中国中端市场的巨大潜能正不断释放。2005—2011年，中国商业银行理财产品发行规模由2 000亿元增长至5.8万亿元。

与此同时，在理财产品方面，为了满足客户需求，各大金融机构也积极进行创新尝试，使得理财产品品种日益丰富。然而，与业务和产品规模迅速扩张形成鲜明对比的是，各银行的财富管理服务水平亟待提升。造成中端服务规模与服务品质倒挂的根源，首先，在于人才匮乏。与国内迅速提升的中端理财服务需求与规模相比，中国理财规划师数量明显不足，质量明显不高。其次，由于分业经营体制障碍以及服务对象广泛，目前各大商业银行提供的理财产品仍显得捉襟见肘，难以满足中端理财客户日益增长的需求，也制约了服务质量的提升。而且，客户与理财师之间的信息不对称也降低了财富管理服务的质量。银行理财师很难获取客户全面的信息资料，并根据这些资料帮助客户进行综合理财规划。最后，中国的理财服务尚处于起步阶段，各金融机构对中端客户群体的理财信息和需求资料等未形成系统、顺畅的传导机制与途径，从而指导理财师的作业。

（五）创新服务模式突破传统“二八”原则

面对潜力巨大的中端理财市场需求，外资银行显得心有余而力不足。首先，与私人银行的高利润率相比，中端理财市场对其吸引力明显不够。其次，目前几乎所有的国内中端理财客户都是由中资银行先前的大众理财客户成长起来的，国内银行通过储蓄、信贷等业务早已将他们揽入怀中。因此，一方面，与先入为主的中资银行相比，外资银行在中端理财市场上的客户资源极度匮乏；另一方面，与私人银行这一高端理财业务相比，中端理财业务的技术含量相对较低，中资银行在短期内可通过学习、借鉴迅速开展业务，通过本土化与创新迅速实现超越。

外资银行缺席的中端理财市场成为国内银行同台竞技的大舞台。然而值得关注的是，高净资产人群一直是欧美传统私人银行的目标，核心在于“二八”原则下这些客户为其带来的丰厚回报。一般来说，私人银行的年均利润率可达35%，远高于其他金融服务。私人银行业务的高利润是基于较高频度的“一对一”专业服务基础上的。很显然，如果中资银行仍然基于这种模式服务于数量庞大的中端客户群，则服务收益可能都难以覆盖人力成本的投入，更不要说盈利。

因此，如何分羹中端财富管理市场，摆在中资银行面前的一个重要课题，是如何创新服务模式。可以预计，国内银行的白热化竞争，将推动中端理财市场不断朝个性化、综合化、品牌化与专家化方向发展。

顾问式的财富管理服务将逐步成为国内中端理财服务个性化的发展方向。在提供个性化服务的同时，未来中国的财富管理将逐步朝综合性服务方向迈进。目前，由于中国金融业仍是分业经营，而各类第三方理财机构尚未能支撑起市场的一角，在渠道、资本实力上也远远不能与国有金融机构相提并论，这使得目前中国的财富管理市场在提供综合性服务方面与国外还有很大的差距。

提供国际化理财服务也将是未来中端理财市场的必然趋势。随着资本项目的日趋开放，国内对外投资的渠道将不断增加，届时，中端理财客户的境外资产配置将逐步上升，理财服务的国际化将成必然趋势。

二、中国个人财富市场的现状和构成

（一）个人财富市场的现状

如果2007年被认为是中国私人银行业的元年，那么在短短五年的时间里，中国私人银行业的发展已经取得了长足的进步。

从财富总量上来看，中国个人投资资产总额在2010年底达到了54万亿元人民币，与2009年底的42万亿元人民币总额相比增长了28.6%。全国个人可投资资产总额在2011年底达到62万亿元人民币，其中高净值家庭在2010年共拥有23万亿元人民币的可投资资产，占全国个人可投资资产的四成以上，年均复合增长率为44.8%，远高于普通家庭可投资资产24.0%的年均复合增长率。

中国高净值家庭的数量也在迅速增长。从2008年的51万户增加到2010年底的103万户，年均复合增长率高达42%，至2011年底，全国高净值家庭的数量达到121万户。在高净值家庭中，可投资资产在600万元人民币到5 000万元人民币的家庭仍占绝大多数，但是超高净值家庭（即可投资资产总额超过5 000万元人民币的家庭）的数量占比也逐年扩大。

从可投资资产的构成来看，居民储蓄占比仍然最大，但是增速相对较缓，其在可投资资产的占比已经从2008年的61%降至2011年的48%。增速最快的可投资资产是以市值计算的流通股票，中国股市从2008年的谷底逐步回升是明显的推动力之一；银行理财产品是仅次于居民储蓄的另一主要资产类别，其在可投资总资产中的占比也逐年递增。特别值得关注的是，信托资产的规模在过去三年间以年均复合增长率高达65%的速度增长，这表明了信托公司近年来业务的飞速扩张以及高净值人士对信托产品的青睐。

从各地区高净值家庭相对比例（即当地每万户家庭中高净值家庭数量占比）增

长速度和高净值家庭平均可投资资产规模来看，高净值家庭相对比例最高的前三大地区分别是北京、上海和广东，每万户家庭中高净值家庭的数量分别达到192户、97户和45户。而比例数量最少的地区则是安徽、湖南和甘肃，每万户家庭中分别只有12户、11户和8户高净值家庭。

中国财富管理市场正逐渐呈现出多元化的格局。截至2011年10月底，中国国内已有10家本土银行提供专门的私人银行服务，其中包括五大商业银行和六家股份制商业银行。一方面，在中国国内开展私人银行业务的外资银行已经增至16家，它们以产品、服务和成熟的市场品牌迅速成为了不可忽视的竞争力量；另一方面，全国110多家各类商业银行都已推出了财富管理服务，而财富管理面向的中高端客户正是私人银行业务的重要客户市场基础。

除了商业银行之外，财富管理市场的主体也日益多样化。证券公司、人寿保险公司、第三方独立理财机构、信托公司和基金公司等机构已经从不同角度介入财富管理和私人银行业务中，纷纷开发出了为高端客户理财的专属服务。中国私人银行业群雄逐鹿的竞争局面仍将持续。

（二）中国个人财富的类别及结构占比

金融类：现金、存款、国债、银行理财产品、股票、基金、信托产品、黄金等贵金属、外汇、股权投资等。

非金融类：房地产（包括住房和商业住房）、企业（个人企业、合伙企业、参股企业等）、收藏品、大宗商品等。

个人理财产品是金融产品，人们对个人理财产品的购买可以视作对金融产品的购买，是一种投资行为，而资本的边际效率是决定投资行为的关键。因此，影响个人理财产品需求的因素主要有：个人理财产品本身的收益性、安全性、流动性；投资者的收入水平；金融资产总量；投资者对未来的预期以及金融市场的利率。

1. 个人投资者商业理财产品发展需求调查

2011年，我们对个人投资者商业理财产品的需求差异状况及发展趋势进行了问卷调查，选取3家商业银行，对其理财客户进行了不记名问卷调查，共发出调查问卷500份，收回300份，整理后的调查结果如下：

序号	调查项目	选项	答案	比例（%）
1.	理财产品的构成	A	债券货币型理财产品	37.33
		B	结构型理财产品	9.33
		C	信贷类理财产品	47.67
		D	QDII型理财产品	5.67

续表

序号	调查项目	选项	答案	比例（%）
2.	产品跨度期限	A	小于3个月	19.33
		B	3~6个月	26.67
		C	6~12个月	40.33
		D	1~2年	10.00
		E	2年以上	3.67
3.	理财产品投资人的动机	A	长期财产保值/增值	19.67
		B	短期财产增值	55.67
		C	资产投资的一种配置	9.00
		D	专业人士帮我理财	4.33
		E	兴趣爱好	11.33
4.	投入资金在可支配资产中比例	A	10%（含）以下	45.33
		B	10%~30%（含）	31.67
		C	30%~50%（含）	19.33
		D	50%~100%（含）	3.67
5.	理财产品的损益	A	-10%以下（含）	7.67
		B	-10%至0%（含）	18.67
		C	0~10%（含）	62.33
		D	10%以上	11.33
6.	投资人选择理财产品的影响因素	A	预期收益率	54.00
		B	投资期限	7.67
		C	起点金额	3.67
		D	是否保本	34.67
7.	是否需要介绍产品风险评估结果	A	非常有必要	89.00
		B	视当时的需求而定	3.67
		C	没有必要	7.33

由以上数据可以看出：投资者更偏爱于信贷型理财产品（47.67%）和债券货币型理财产品（37.33%）。究其原因，我们发现投资者购买理财产品主要是寻求个人或家庭财产的长期保值或增值和寻求短期财产增值。并且投资者投资理财产品时最看重的是预期收益率和是否保本。尽管个人理财产品的收益性、安全性和流动性之间是不一致的，安全性高的金融产品，其收益性往往不是很高。安全性和流动性呈正比，流动性强的金融产品，其安全程度也比较高。流动性和收益性成反比，流动性强的金融产品，风险小，收益低，如活期存款，其流动性最强，风险最低，但对应的收益性也最低。但我国的大部分投资者都是风险厌恶者，即在这三性的权衡中，往往愿意选择安全性和流动性较好而收益性较低的产品。在各种金融产品中，

个人理财产品的安全性较高，流动性适中，收益性属于中间水平，从投资者的需求角度出发，可以满足大部分风险厌恶者，对不愿意承担投资风险，又希望获得比传统储蓄更高收益的投资者非常具有吸引力。

现有产品的投资期限集中在短期和中期产品，1 年期内的短期产品相对较多，其中 1 年期的投资产品最为集中，远远高于其他期限的产品数量，而 2 年以上的长期产品数量很少。

产品的期限结构相对复杂，可供投资者选择的投资期限有 20 多种，特别是50 ~ 355 天期限安排的产品，它们基本都是与信托计划挂钩的理财产品，期限依据信托计划的天数而定，有很强的灵活性。

2. 商业银行理财产品

（1）信贷类理财产品

信贷类理财产品，在商业银行理财产品中保持着稳健第一的地位。对投资者而言，信贷类理财产品就是让储户在与银行分担部分风险的同时，可以分享到息差带来的额外收益。虽然收益只比储蓄利息高出一些，但从资金流向来看，信贷类产品主要投向银行优质信贷项目，安全系数较高，从 2004 年以来就鲜有违约记录，是投资者抵御风险的首选工具。不过需要投资者警惕的是，在市场需求旺盛的形势下，也出现了一些以次充好、偷梁换柱的信贷类产品，要防范这类投资陷阱，理性判断信贷类产品的风险度。

（2）债券与货币市场类理财产品

与信贷类理财产品相比，其收益稍微低于信贷类产品，但它的流动性更高。一般最长的投资期限为 1 年，最短的几天。以同样投资期限 1 年的产品看，债券与货币市场类产品的年收益为 3.5% ~4% ，比信贷类产品落后 0.5% 。从稳健性来看，债券与货币市场类风险低于信贷类产品。

（3）结构性理财产品

以平安银行为例，2014 年全年，平安银行共发行了 512 只结构性理财产品，发行量总计超过 1 000 亿元，其中 88% 达到预期收益，有 60 只产品未取得最高收益。其中，除 6 款产品外，其余均为挂钩股票（或 ETF）及挂钩汇率类的结构性理财产品。据不完全统计，市场上其他商业银行发行的结构性产品取得最高收益的比例在 50% ~60% 。从未达预期收益率的银行产品来看，大都是挂钩股票或指数的结构性理财产品，由于股票风险较高，这类理财产品收益具有较大不确定性。截至 2015 年 1 月中旬，平安银行结构性理财产品存量近 1 100 亿元。2015 年，随着股市行情走牛，所以结构性理财产品的发行量将保持在一定水平，投资者的接受程度会有较大提升。

（三）中国个人财富的结构特征

中国个人财富就期限方面，短期、中期、长期资产其中各占怎样的比例？具有哪些特点和趋势？例如，目前客户将财富投入 PE，就会增加长期资产所占的权重。

风险收益方面，低风险、中风险、高风险资产各占怎样的比例，具有哪些特点和趋势？

区域方面，境内资产和境外资产各占怎样的比例，以及呈现出的特点。尤其对于境外财富来说，是以何种形式存在，何种形式外出和回流。例如，按照国际惯例，境内资产往往向大城市积聚，境外资产可能会向某个避税天堂地集中。

中国私人财富市场经过几年快速发展，高净值人群数量和资产规模迅速增长。在市场机构积极主动的引导和自身持续不断的实践学习中，高净值人士的财富管理观念更加成熟，投资风险偏好更趋稳健，财富目标也更加多样，导致其在资产配置和服务需求方面逐渐呈现出多元化趋势。

1. 中等风险偏好的高净值人群占个人财富比例增加

经历了金融危机的洗礼之后，中国高净值人士对风险的认知更为深入，风险偏好上表现得更加成熟和稳健。通过调研分析，我们发现约70%的高净值人士倾向于在控制风险的前提下获得中等收益，较2011年明显提升（增加约10%）；同时，倾向高风险高收益和倾向于低风险低收益的人群占比均有所下降。一方面，部分曾片面追求高收益而忽视风险或对风险认知不够的人们在金融危机中遭受了损失，在受到市场的教育后逐渐地认识到风险控制的重要性，在产品选择方面逐渐回归到风险特性与自身承受能力相适应的产品，减少了高风险高收益产品的比重；另一方面，中国经济在政府大力刺激下迅速增长，投资市场逐渐回暖，金融危机中减仓转而持有高流动性低风险产品进行保值的投资人开始适当配置中等风险产品，以博得较高收益。

2. 多元化财富目标，提高生活品质

国内个人财富发展一直以多元化为目标，中国高净值人群财富目标高度集中在“创造更多财富”和“高品质生活”的局面，2011年高净值人群的财富目标已呈多元化趋势。

“创造更多财富”和“高品质生活”依然是高净值人群追求的主要财富目标（两项占受访者所提及的财富目标总数比均超过20%）。大部分高净值人士年龄在50岁以下，正值事业上升期或巅峰期，精力旺盛，对于事业和财富追求的惯性推动他们继续创造更多的财富。同时，他们注重高品质生活，金钱所带来的物质享受和社会地位已经不能满足他们的需求，“高品质”很大程度上体现在精神上的高品质。

同时，高净值人士对财富安全、财富传承、子女教育、个人事业/企业的发展等其他财富目标的关注程度都有所提高。

中国的高净值人群在形成初期亲身经历了中国经济的发展腾飞，为改革开放取得的巨大成就感到骄傲。但随着视野的不断国际化和对风险认识的提高，如何保障财富安全逐渐进入他们的考虑之中，并对其在境内外资产配置的选择产生了一定的影响。

如今相当一部分高净值人士，尤其是企业主仍把个人企业/事业的进一步发展作为主要目标。

3. 资产配置和服务需求呈现多元化趋势

在风险偏好日益成熟、财富目标日益多元化的驱使下，高净值人群需要通过更加综合多样的资产配置实现对财富的管理；市场的发展和投资产品的日益丰富为其提供了可能，使高净值人士的实际资产配置呈现出多元化的趋势。2009 年初，以现金与存款、股票、房地产和基金为代表的传统投资类别占比高达 80% 左右，至 2011 年，四类资产占比下降至 60% 左右。与此同时，阳光私募、私募股权投资等近期市场热点为代表的其他类别投资和银行理财产品在高净值人群的资产组合中占比上升，分别增加了 5 个百分点和 4 个百分点。

现金与存款在传统类别资产中比例减少最为明显：两年内由 25% 降至约 18%，降幅为 7 个百分点，折射出高净值人士理财观念、私人银行业产品供给和宏观经济环境方面的变化。首先，高净值人群的财富管理观念更加成熟，能更好地综合运用更多投资工具进行资产配置，来实现可控风险下的中等收益；其次，银行等财富管理机构也推出了众多风险与现金存款相当，但收益要好于现金存款的理财产品，吸引了大批投资者转向银行理财产品；最后，政府大规模信贷导致通货膨胀高企，真实存款利率为负，使现金与存款更加缺乏吸引力。

2012 年股票市场低迷，高净值人群股票资产随着市场的低迷，市值大幅下降。

房地产市场近期政府频繁出台并且一次比一次严厉的房地产调控政策有效地打击了房地的投资势头，部分受访者在访谈中表示 2011 年初已经开始减少房地产投资。调研显示，60% 以上的高净值人士倾向于减少或维持不变现在在房地产领域的投资，并将由投资住宅等转向房地产信托、房地产基金等其他投资方式。因此，投资性房地产占比有所下降，并且可能在未来保持进一步下降趋势。

基金在高净值人士资产配置的占比中大幅下降，主要原因是私募股权基金出现以来，因其高门槛、高收益特点受到高净值人群追捧，迅速成为高净值人士投资二级市场的主要渠道之一，从而分流了高净值人士原本投资于基金的部分资金，更重要的是基金这几年每年赔钱，失去了投资者的信任。

银行理财产品自出现以来增长迅速，其种类灵活多样，可以满足客户不同类型的需求。风险水平与存款相当的产品通常可以获得更好的收益，较存款更具优势；银行推出的保本、保收益的产品受到普遍青睐。此外，银行还针对高净值人士推出定制化产品设计服务。这些原因使银行理财产品过去两年在高净值人群资产占比中提高 4 个百分点，仅次于现金存款和股票成为第三大投资资产类别。

近年来，以私募股权投资为代表的其他类别投资逐渐成为高净值人士的投资热点。一方面，此类投资是众多资产类别中风险最高，平均收益也相对最高的产品，可作为高净值人士多元化资产配置中高险产品的重要组成部分；另一方面，其他类别投资产品也在不断增加。不仅商业银行的私人银行纷纷推出相关产品，随着监管政策开闸，许多金融机构针对高净值客户推出各具特色的其他类别产品。

通过大量调研和客户访谈，我们发现超过 80% 的受访人会在未来继续加强资产配置的多元化。首先，由于高净值人群风险意识的增强，他们对于通过资产配置分散风险的理念也更加认同，通过多元化分散风险是高净值人士进行多元化资产配置的主要原因。其次，高净值人士风险偏好日趋成熟，希望通过不同风险类型产品的资产配置组合出符合自己风险承受能力的资产组合，获得更好的回报。最后，随着市场的继续放开和迅速发展，理财机构之间的竞争也会更加激烈，各类机构将会纷纷推出各具特色的产品吸引高端客户，面向高端客户的丰富多样的理财产品将会陆续涌入市场。高净值人士未来的产品选择将会更加丰富，产品的多元化也进一步推动高净值人士资产配置的多元化。从具体资产类别来看，银行理财产品和其他类别投资仍将延续目前的增长趋势，成为高净值人士在未来一年的投资增加意愿最为强烈的产品。

伴随着财富目标的多元化，中国高净值人士对融资服务和其他增值服务的要求更加复杂多样。加之近年来市场各家机构持续的宣传教育，高净值人群对私人银行业的认知度不断提高，对于财富管理机构在融资服务和增值服务方面的要求也有所提升。

对于融资服务，高净值人士最希望获得个人融资、企业融资和资本市场融资方面的服务。调研发现，个人融资的需求占比接近70%，较2011年提高近20个百分点，表明越来越多的高净值人士希望银行或理财机构提供个人融资用于资金周转和提高投资的杠杆率。以企业主为主的高净值人士对理财机构有了更高的期许，希望私人银行和财富管理机构不仅可以提供个人服务，还可以将服务延伸到高净值人士所经营企业，提供企业融资方面的服务，企业融资需求较2011年提升10个百分点，超过40%。另有接近30%的高净值人士希望财富管理机构提供资本市场融资服务，如券商的融资融券服务，提高投资杠杆，获得高收益，相较于2011年，资本市场融资服务需求比例提高超过5个百分点。同时，少量高净值人士、特别是拥有资产1亿元以上的超高净值人士，希望财富管理机构能提供特殊目的的融资服务（如用于购买私人飞机或投资等的融资）。

对于增值服务，高净值人士的需求相比2011年普遍大幅提升。其中，医疗健康服务、子女教育和投资机会介绍是高净值人士最希望理财机构提供的增值服务。

高净值人士对生活质量的关注越来越高，医疗健康成为最希望得到的增值服务。看病难不仅是普通老百姓所面临的问题，受访高净值人士也表示，"我们也时常受到挂号难、找好大夫难等看病问题的困扰，希望私人银行能协调资源提供医疗健康方面的服务，如联系医师等"。

根据子女年龄的不同，高净值人士对子女教育服务提出了针对性的要求，最欢迎的子女教育服务包括家庭亲子日、吃苦夏令营和精英论坛等。

除了理财服务之外，高净值人士也希望银行能介绍一些其他的投资机会，例如投资推介会、投资主题讲座和投资经验交流活动，帮助客户了解市场趋势和潜在的投资机会。

在其他增值服务中，值得一提的是高端聚会的需求成为了企业主最主要的增值服务需求之一。企业主希望能增加高端聚会来拓宽视野，交流各种想法，并实现资源的分享。在这类聚会中，高净值人士还可以结识到兴趣相投的朋友，在对共同感兴趣的话题进行交流的过程中获得精神上的满足。

在房地产调控政策影响下，高净值人士对直接购买国内住宅的投资热情下降，投资方式转向间接投资。

近年来，我国陆续出台了多条房市调控政策，从限购、贷款等多方面对房价进行调控。例如，2010 年 1 月 10 日，国务院出台“国十一条”，收紧二套房贷，首付不得低于 40%。2011 年 1 月 26 日，国务院办公厅发布《国务院办公厅关于进一步做好房地产市场调控工作的有关问题的通知》，要求第二套房的房贷首付不得低于 60%。随后，北京、上海、天津、青岛、南京、成都、南宁、太原、贵阳、哈尔滨、石家庄、武汉等主要一线和二线城市相继出台了相关细则。

在对国内 31 个省市的 300 余名房地产从业人员调研中，我们发现：多数房地产从业人员感觉到住宅投资者信心有所降低，普遍看淡房市在 2012 年的增长。同时，在对中国高净值人群及客户经理的访谈中，我们发现：高净值人群对直接购买国内住宅的投资热情明显下降。投资性房地产在高净值人群资产配置的比重从 2011 年初的 17.9% 下降到 2012 年初的 13.7%。当受访者被问及“未来的 1～2 年您是否会减少在房地产市场（包括各种投资方式）的投资金额”时，90% 以上的受访者表示将不再增加房地产市场投资，一半的高净值人士表示逐步正撤回房地产市场上的资金。当被问及“未来 1～2 年投资房地产市场的方式是否会发生改变?”时，仅有不到 10% 的受访者选择仍以国内直接购买住宅为主，约 30% 的受访者表示转为购买商铺，或通过房地产信托、地产基金等参与投资。这说明在房地产调控政策影响下，高净值人士对直接购买国内住宅的投资热情下降，投资方式转向商铺和间接投资。

近年来，中国个人境外资产增长迅速，2009—2011 年年均复合增长率达 100%。其中，作为中国个人境外投资主要目的地的香港，2009—2011 年来自内地的个人投资年均复合增长率超过 70%，资产规模占中国个人境外资产的一半以上。2012 年，随着高净值人群进一步全球化资产配置与投资移民的需要，预期境外投资将进一步高速增长。

与此同时，近年来中国向境外投资移民人数出现快速增加。以美国为例，中国累计投资移民的人数最近 5 年的复合增长率达 73%。某些移民目的国甚至迫于移民人数不断增长的压力提高了投资门槛，例如加拿大在 2010 年提高投资门槛，净资产下限从 80 万加元增加到 160 万加元，澳大利亚也在 2010 年将投资移民的个人资产数额从 25 万澳元提高到 50 万澳元。投资移民迅速增加这一趋势在调研中也得到了印证。接受调研的高净值人群中近 60% 的人士已经完成投资移民或有相关考虑。这一行为在可投资资产规模在 1 亿元人民币以上的企业主中表现得尤其明显，约 27% 的受访者已经完成投资移民，而正在考虑的受访者占比也高达 47%。

对财富安全的考虑以及对未来养老生活品质的追求也是中国高净值人士进行投资移民的重要驱动因素。

对于中国高净值人士而言，伴随投资移民问题而来的是对境外资产管理问题的关注。中国高净值人群境外资产占财富的比例正在逐年攀升，从2010年的16%上升至2011年的19%，引发了高净值人士对于境外资产管理的一些特殊需求。调研中发现，约45%的高净值人士表示取得投资移民身份后，如何进行双重身份下的税务规划成为主要关注的问题。同时，也有约40%的高净值人士表示希望得到有关如何寻找境外合适的投资产品和机会，如何合理分配境内外资产比例的建议。

三、财富管理机构的类别和排名

（一）中国财富管理机构的类别和数量

参与个人财富管理的机构有银行类、证券基金类、信托类、私募类、保险类、第三方理财机构类等。每个类别下又都有很多的参与机构，比如银行类中，有工商银行、农业银行、建设银行、中国银行、交通银行等国有商业银行。

（二）各类机构管理的个人资产规模、特点和发展方向

根据已经发布2014年年报的A股上市商业银行相关数据显示，截至2014年末，10家商业银行私人银行客户总数约合30万户。年报显示，2014年10家上市银行私人银行业务的资产管理规模年增速，几乎集中在20%～50%，其中招商银行、工商银行、中国银行、农业银行从客户数量和资产管理规模上属于“第一梯队”，与交通银行及多数股份制商业银行相比，管理资产规模（AUM）优势较明显。

（三）招商银行7 526亿元AUM领跑

年报数据显示，2014年末，招商银行私人银行业务客户数为3.28万户，私人银行客户总资产达到7 526亿元，户均资产2 294.51万元；同期，工商银行私人银行客户数4.31万户，管理资产7 357亿元，户均资产1 781.35万元。

在私人银行业务管理资产规模上，招商银行已超越工商银行，跃居行业首位。工商银行的私人银行客户数依旧多于招商银行，不过其客户资产门槛较招行略低（工商银行为个人金融资产800万元以上，招商银行为日均总资产1 000万元及以上）。

2014年业绩发布会上，招行相关负责人表示，2015年60%～70%的资源配置在零售业务上。在中高端客户方面，突出私人银行精力和财富管理业务。

除了自身定位为零售银行外的差异外，在同业人士看来，招行私人银行部在人员的激励措施上较到位，而且其高端客户产品中从市场遴选出来的代理产品，包括信托计划、有限合伙产品，不少收益率都较高。

虽然招商银行私人银行板块各项数据增速较快，但相比2013年，增速已经有所回落。其中，客户数量增速回落1.67个百分点，而管理总资产回落0.11个百分点。

与之相对应的是工商银行在这两项数据上增速较快，增长幅度均超过20个百分

点。其中，工商银行 2013 年私人银行客户数量增长 16.9%，而 2014 年达到 37.5%；管理资产 2013 年增速为 14.4%，2014 年增速达 35.9%。

2014 年工行主要在私人银行产品体系上下了大功夫，推出的净值型产品较多，许多年化收益率能达到 10%。同时，2003 年 2 000 万元起点的专户产品销售情况较好，可以按客户要求进行投资品配置，在上市公司密集的地区专户产品做得很好。

在私人银行业务的“第一梯队”，除了上述两家银行外，还包括中国银行、农业银行以及建设银行。

2014 年中行管理资产规模也同招商银行、工商银行一起迈过 7 000 亿元门槛，达到 7 200 亿元。农行私人银行客户资产管理规模则为 6 400 亿元，其私人银行门槛为上海地区 800 万元，其他地区 600 万元。建设银行未公布具体数据，仅提及 2014 年金融资产 1 000 万元以上的私人银行客户数增长 14.18%，客户金融资产总量增长 18.21%。

除前述工商银行、农业银行、中国银行、建设银行、招商银行外，其他五家上市银行私人银行业务的资产管理规模多数在 2 000 亿元左右。可列入第二梯队。其中，交通银行资产管理规模为 2 910 亿元，光大银行 1 685 亿元，民生银行、浦发银行、中信银行分别为 2 304 亿元、2 200 亿元、2 016 亿元。

2011 年，第一梯队管理资产即全部超过 3 000 亿元，此后，第一梯队管理资产始终远超第二梯队。

目前私人银行业务采取两种结构模式，无论是与分行相结合的“大零售”模式，还是事业部模式，盈利压力都比较大。特别是事业部模式，由于独立运营，且投入较大，只有维持一定的规模，才能有效摊销固定成本。此前，招商银行和工商银行均对外宣称其私人银行业务已实现盈利。

（四）客户数负增长苗头

一家国有大行 2015 年 2 月的私人银行客户数量出现了负增长。与半年报相比，民生银行私人银行客户数也由 14 342 下降到年末的 14 252 人，减少近百人。近年来私人银行客户变更主办行比较频繁，私人银行客户还不稳定。

目前我国私人银行产品和服务，还是以零售银行业务和理财业务为主的基础阶段。这些理财产品，大体包括现金管理和货币市场类产品、固定收益类产品、权益类产品、另类投资、QDII 等，个性化较差。

实际上，除了常规金融服务，私人银行客户在艺术品投资、家庭健康、商旅服务、慈善活动、体育赛事等方面均需求旺盛。例如，机场贵宾服务、私人医疗服务、子女教育服务、艺术鉴赏服务、酒店预订服务等各行私人银行均有提供。

在特色服务上，招商银行有钻石投资产品；工商银行则推出了国内道路救援及环球医疗救援；农业银行拥有品味雪茄服务等。

四、财富管理机构为客户提供的产品和服务情况

（一）产品与服务的现状和创新

财富管理存在三个关键词。风险、交易成本和回报。综合来说，财富管理就是在控制风险的情况下，扣除交易成本，争取获得最大的回报。

人类天生就有财富管理的需要。自从有了人类，就有一部分生产出来的产品被消费掉了，还有一部分用于扩大再生产，还有一部分被储蓄起来。这个财富，是过去储蓄的一种积累。

做好财富管理的关键在于资产配置。在资产大类中，有很多资产类别，包括股票类、债券类、房地产等。股票类中还包括一级市场，比如 PE、VC；还有很多其他的金融工具，比如加了杠杆的。各种各样的资产，都有它的属性。我们在帮投资者选择的时候，应该按照投资者自己个人的目标进行选择。

尽管中国未来财富管理的市场空间巨大，如何做好这个市场，是需要各种金融机构提高专业化的财富管理能力。目前，国内财富管理市场上的各类金融机构包括商业银行、基金公司、保险公司、证券公司、信托公司、私募基金等，主要模式以产品导向为主，即通过客户分层，设计和销售自己的基金、债券、银行理财产品等。

保险公司的财富管理主要是保险资金和国企、央企的养老金和保险金，保险公司自己推出的理财产品很少有赚钱的，保险公司的财富管理能力较低。

证券公司这几年股市低迷，证券公司的理财产品也都是赔钱的，这说明证券公司的财富管理是靠天吃饭。

信托公司这几年由于信托产品的大力开发，投资者的收益有一定的保障，信托公司的财富管理发展速度较快。

公募基金公司这几年正面临以权谋私，老鼠仓、庄托、人才荒、成本高的难题，对基金业有限的资源造成了巨大的浪费。公募基金公司现在已经走不出增发的速度跟不上赔钱的速度的怪圈。

私募股权投资属于“富人”基金，入门的起点都比较高。一般投资者很难加入其中。但总是躲在幕后的私募股权基金无疑是投资理财市场最耀眼的明星，其投资业绩普遍都高于公募基金，券商、银行、保险等金融机构的集合理财与之相比，简直不值一提。

商业银行理财产品保本和保收益的产品很少，但很受投资者欢迎，但是大部商业银行的理财产品没有保障，影响银行的发展；银行是整合各种金融资源的最好平台，如果银行能引进外部的金融投资专家当顾问，银行在财富管理方面的竞争能力是其他金融机构无法相比的。在大部分金融机构财富管理能力低下，而中国又有巨大的财富管理需求时，农业银行私人银行部只要能做到每年 10% 的理财收益，就能成为中国财富管理的一流金融机构，就能把中国大量高端客户吸引到农业银行来。

研究表明，以产品为导向的财富管理模式往往不能站在全局的角度把握总体财富的合理配置，这就让客户的实际资产配置不能适合自己的风险和收益目标，也不能通过产品的负相关性来合理对冲风险。未来财富管理的模式应逐步转变为以服务为导向，即以客户为中心，金融机构根据客户不同的人生阶段，设计相应的产品与服务，建立资产配置组合，以满足财富管理需要，私人银行部要成为客户长期的投资顾问。

（二）私人银行产品和服务的发展方向及监管趋势

我国私人银行业务也已整整走过八个年头。无疑，在过去的八年里，私人银行这个特殊领域已经发生了翻天覆地的变化。从财富总体规模来看，我国社会财富积累速度不断加快，高净值人群总量迅猛增加，个人财富的集中化趋势日益加剧。我国富裕人群主体集中在20世纪六七十年代出生的30～49岁人群，与西方发达国家相比，高净值人群体现出明显的年轻化趋势，在经历了2008年金融危机后，他们的进一步创富欲望更加强烈、投资理念更加成熟、资产分布更趋谨慎，并且带有强烈时代烙印的性格特征。从市场方面来看，近年来我国商业银行金融存在的脱媒现象日益加剧，直接融资渠道快速发展，商业银行的基本功能开始从主要充当融资平台，向融资平台和金融服务平台并重的转变。在这种金融发展势态下，财富管理平台作为金融服务平台的重要组成部分开始成为各家商业银行经营及业务转型的重要选择。从银行业来看，各家商业银行马不停蹄地加快自身私人银行业务体系建设，截至目前，设立私人银行部门的中资商业银行已达11家。私人银行业务发展进一步加快了商业银行创新中间业务的步伐，收入来源和资产分布多元化趋势逐步加强，低端、中端、高端客户相结合的零售银行服务体系开始初步形成。私人银行已开始从商业银行服务向投资银行服务延伸，金融业态面临转型。

目前，国内对于我国快速成长的私人银行市场及其正在成型的市场需求的深入研究还较少，且多停留在“拿来主义”阶段。我们对于五年来我国私人银行发展成就进行了总结，对中资银行私人银行业务规模呈现跨越式发展态势给予了肯定。在私人银行业务推动之下，中国财富管理业态已呈多样化、特色化与专业化的发展趋势，私人银行业务在一定程度上带动了信托、PE的快速发展。进而，我们对目前我国私人银行存在的问题进行了深入剖析，并从全新角度对未来我国私人银行业务的发展趋势给出了分析与前瞻。我们认为事业部制及相应的专业化子公司将是大型银行或全能型银行发展私人业务的趋势，专营私人银行业务的支行将会适时出现，私人银行业务存在业务模式由卖组合转向全权委托资产管理核心战略，服务模式由“管资产”向“兼管资产与负债”转化等趋势。

1. 中国私人银行业务发展所面临的问题

历经八年多市场竞争的洗礼，中国私人银行业务尚未形成明显的行业竞争格局，但在中资银行“群雄并起”，外资银行更多遭受金融危机冲击等因素的作用之下，中资银行已成为中国私人银行业务市场的主导者。但总体上，国内的私人银行业务市场尚处在客户、金融机构、监管和宏观金融业态之间互动磨合的过程之中，中国私人银行业务既不会“一路顺风”，也不会“就此停步”。目前存在的问题与困难可以概括为：体制有羁绊、业务多烦恼、产品待创新、监管需升级、海外刚起步、人才有瓶颈。

（1）目前私人银行业务面临的主要问题包括

一是私人银行业务专业人才短缺。现代银行是高度专业化的产业，对员工的素质有着很高的要求，不管是管理人员还是一般业务人员。不仅要求员工要具备较高的学历层次，丰富的专业知识，而且更注重员工的工作能力和创造力。而目前我国商业银行职工队伍素质普遍不高，工作能力和业务水平也不高。国内私人银行业务还刚刚起步，人员的培训体系都不完善，客户经理经验有待积累提高。

二是银行产品研发和创新不够。私人银行业务目前更多专注于服务形式，如资产组合、投资产品趋势判断、综合服务等。

三是部门林立，私人银行业务提供的主要是财富管理服务、财富管理从产品开发到销售，以及资产配置和综合服务等是一个系统工程；可是由于银行现在部门林立，各部门各自为政，很难统一协调。

四是市场制度不完善。缺乏针对私人银行业务的管理办法和监管制度，由于私人银行业务所提供的服务与普通理财业务所提供的服务有很多不同，原有管理办法已经不适用于私人银行业务。

（2）开展私人银行业务对策

一是抓紧培养专业人才队伍。聘请有丰富实战经验的金融投资专家对所有的私人银行部员工进行专业化培训，同时，还可以大胆引进国内外高级金融投资专业人才，力争在较短的时间内提高私人银行业务的整体服务水平。

二是强化产品研发，增加个性化服务。让金融专家帮助设计保本保收益的理财产品；充分认识到私人银行客户需求复杂性、多样性的前提下，尽快形成符合自身特点的服务理念和服务文化，不断提高服务水平。对于私人银行客户，应专门为其设定一套快速、方便、高度人性化的服务流程，针对高端客户关注投资理财、追求财富增长、讲求生活品质但工作忙碌、生活节奏快等状况，精心策划贯穿全年度的金牌增值服务计划并进行精细化运作。

三是打破部门林立的格局，简化办公程序，拆解总行多余的部门，属于私人银行部的要合并到私人银行部。

四是构建风险管理，监控框架。应该着重建立一个风险监控环境以此管理操作风险，制定一套识别与评估、监控、缓释、度量及报告操作风险的完整流程。对于流程之中的每一个程序及风险易发点，都要制定专门的操作准则加以预防。

综上所述，银行目前对于理财产品的研究和开发能力低下，对于各种理财产品风险判断能力低下；银行应该提高对各种理财产品的风险判断能力，降低投资者的风险；与金融专家合作开发出保本、保收益的理财产品，提高理财能力，确保投资者的财富增值。

2. 中国私人银行业务的未来之路

在国际范围内，已经相对发达的私人银行业务主要有以下发展趋势：一体化银行集团内的协同效应、私人银行的并购、产品和服务创新以及私人银行业务重心从离岸转向在岸等。但是，由于我国私人银行业务起步较晚，在发展迅速的同时又有很多方面有待进一步改进完善；同时在客户群、财富理念等方面颇具东方特色，与西方发达国家相比存在显著差异。在这种背景下，未来我国私人银行业务的发展之路应该怎么走，以及走好私人银行业务的发展之路有什么重要意义，都是需要慎重考虑的问题。

商业银行发展私人银行业务的六点建议：

（1）加强客户细分，提高私人银行业务服务的针对性和有效性。

（2）深入挖掘客户需求，积极扩大客户钱包份额。

（3）按教育与客户需求的关系判断未来市场趋势，培育客户需求和服务走向。

（4）积极处理离岸和在岸资产管理关系，管好中国人和中国企业的海外资产。

（5）引进一流金融投资专家，对私人银行进行财富管理培训，用投资专家品牌打造一流私人银行。

（6）构建核心能力，以部门联动为平台，凸显商业银行整体优势。

我们提出“因行制宜”的观点，具体说来，“工商银行、农业银行、中国银行、建设银行、交通银行”五大国有银行以及零售银行基础较好的招商银行适宜采取大零售的模式，其余中资股份制银行可根据本行实际，积极尝试事业部制运营私人银行业务。不论采取何种模式，要坚持私人银行业务服务的核心理念与价值不变，结合自身情况积极进行探索。但从长期来看，也许会“殊途同归”，中国私人银行业务会渐进朝着某种运作独立方式如事业部制转向。

①家庭办公室是一种与私人银行业务非常类似的金融服务提供形式，或者也可以称之为顶级的私人银行服务，主要是为亿万富豪们提供综合金融服务。家庭办公室起源于欧洲，他们具有贴身、专业和私密的特点。其中最具代表性的恐怕要算英国著名的私人银行 Grosvenor Estate 了，它为西敏寺公爵家族服务了 300 多年。

②搭建离岸财富管理平台，离岸财富管理市场通常是指为非居民投资者提供的、不受所在国金融法规管制的金融服务。从狭义范围来讲，离岸财富管理账户不受境内监管限制，可以有效规避境内法律和政策变化带来的风险，提高资金自由调拨的可能性。鉴于金融资本本身具有的逐利性与流动性，从广义范围来讲，离岸业务为金融资本提供了跨国配置渠道，满足了追求跨地区最佳投资配置的实际需求，是全球经济、金融和资本市场一体化进程的必然选择。

2010 年，全球离岸财富规模为 7. 8 万亿美元，这一增长的动力源于市场表现特别来自新兴市场的资产流入。与此同时，离岸财富占总财富规模之比也从 2009 年的 6. 6% 下降至 2010 年的 6. 4% 。

对于私人银行业务整体而言，离岸业务一直属于波动性较大的业务。但是热衷于离岸业务的私人银行客户群体确实大量地存在。更多的客户选择离岸的原因不在于避税，而是资产的安全和稳定。

中国私人银行客户对离岸财富管理的需求还处于初期阶段，从对离岸财富管理需求的地域特性来看，目前这种需求还比较集中于一线城市和沿海地区，特别是广东省。越富有的客户对离岸产品的需求越大，资产规模在 5 000 万元人民币以上的客户中，22% 都使用过离岸产品和服务。另外，投资房地产获利的客户对海外投资特别感兴趣。平均而言，这些使用离岸产品的高净值客户海外资产占总资产比例为 16%，一线城市和沿海地区的比例更大。离岸财富管理在未来私人银行业务中的重要性将逐步增大，在某些地区，提供海外投资产品和财富管理服务的能力已经成为了选择私人银行业务的重要条件之一。

五、个人财富管理行业的发展趋势

（一）个人财富管理行业价值链的环节和特点

个人财富管理行业价值链将与相关行业共同形成一系列价值链，每条价值链对应一个产品或服务。

产品和服务包括储蓄、信贷、理财产品、信托产品、私募投资、证券类投资、黄金理财、跨境金融服务、限售股解禁相关业务、红酒投资、法律咨询、商旅会所服务、艺术品赏鉴和购买服务、慈善等。

1. 国外个人理财业务的发展历经三个阶段

一是初级阶段。银行、证券、保险等营销人员转变为理财规划师的阶段；二是发展阶段。专业的会计师、分析师、税务师等成为理财规划师的阶段；三是成熟阶段。金融投资专家主导的阶段。作为国外个人理财业务发展的特点，国外各类金融机构提供的个人理财业务品种丰富多样，包括银行投资管理、保险、个人信托等各类金融服务，并提供有关居家生活、旅行、退休、保健等方面的便利。且从业人员专业化，银行员工特别是与客户直接接触的一线员工不再是传统意义上银行产品或服务的销售人员，而是经过专业培训，精通各种投资理财工具，具有丰富理财操作经验的个人理财专家。此外，信息技术与金融业务的有机整合是国外个人理财业务的一个重要特点，金融机构与目标客户实现沟通，达成交易的途径和手段呈现多样化、综合化、立体化。并广泛应用基于信息技术的客户关系管理系统，金融机构借助数据库、数据挖掘技术对客户信息进行全面管理和深度分析，以便为客户提供个性化和定制的理财服务。

2. 中国个人理财业务现状

中国的理财业还处于新生阶段，却已经颇具规模而且前景非常广阔。随着市场竞争的加剧，国内银行业逐步引入了市场细分的理念，并确立了以客户为中心的经营思想。以目标客户为基础，根据客户的需求开发新产品，有差别、有选择地进行金融产品的营销和客户服务，从而把有限的资源用于能为自身业务带来巨大发展空间的重点优质客户中来。通过实行理财经理制和客户经理制，打造专业的理财顾问队伍，充分发挥理财经理的人格魅力，主动为优质客户提供个性化服务，正成为商业银行吸引黄金客户的重要服务手段。随着信息技术、互联网技术的发展和进步，具备24小时服务功能的自助银行、网上银行、电话银行、手机银行等服务渠道迅速发展，突破了银行柜面服务的地域和时空限制，极大地方便了客户，增加了理财产品的附加价值，未来如何实现多种营销渠道的联动服务将是商业银行提高服务能力和理财服务水平的重点。从同质化服务向品牌化服务转变。随着个人理财服务的出现和逐步发展，理财经理的专业化知识和能力将成为理财服务的重要组成部分，产品和服务的差异性将不可避免，金融专家的品牌因素在个人理财服务的市场竞争中将越来越重要。

（二）财富管理行业与相关行业合作的案例

1. 中资银行与PE的业务合作

我国是一个私募股权投资（PE）正在勃兴的巨大市场，而商业银行有能力为PE投资提供重要的金融服务，商业银行与PE业务的合作已经呈现出势不可当的趋势。首先介绍了商业银行与PE合作的重要性，并结合若干中资商业银行PE业务开展的成功实践，对我国中资商业银行与PE业务合作进行了SWOT分析，得出如下结论：目前，我国中资银行与PE的业务合作的优劣势并存、机遇与挑战并存，商业银行本身在客户资源、多功能金融服务、银团贷款服务、资金、信息等方面存在很大的优势，在经营理念、管理模式、风险管理、人才技术等方面仍存在劣势，而强大的市场需求、地方融资平台债务担忧加剧、投资环境的完善及政策支持则昭示着两者合作的广阔前景，同时，相关法律欠缺、退出渠道狭窄、交易透明度低以及结构缺陷等问题的存在又显示出两者合作的重重阻力。通过以上分析，以此提出进一步合作的有效建议。

私募股权投资是在保增长的背景下，作为促进实体经济发展、解决国内中小企业融资难题、产业结构升级及多层次资本市场体系建立的一股重要力量。在后危机时代，中国的私募股权投资进入高速发展阶段，其急速的市场扩张、巨额的资本运作、持续的造富传奇引来了各个领域的关注，商业银行作为我国金融市场中毋庸置疑的“老大”，无论是出于“分羹”的需要，还是出于“圈地”的考虑，争相试水私募股权投资相关业务也变得合情合理。

2. 商业银行与PE合作的必要性

私募基金有效填补了银行信贷与证券市场的“真空”，将成为仅次于企业银行贷款和公开上市的另一种重要融资手段，而商业银行在私募基金发展过程中可以起到重要作用。银行跟私募基金相比较，具有强大的渠道、信息、客户等资源优势，可以协助选择更为合适的投资者及投资者组合，提高私募股权融资效率，因此，银行与私募基金可以成为相辅相成、互相协作的关系。目前，商业银行与PE开展合作，主要采取“财务顾问+托管”、“私人银行业务+信托型股权投资基金对接”等方式，也有一些商业银行采取参与组建股权投资基金、向股权投资基金提供抵押贷款、并购贷款或借力控股子公司开展股权投资类业务、与非银行金融机构合作拓展股权投资基金业务。

商业银行进军 PE 领域主要基于以下五个方面的考虑。

（1）寻求新的利润增长点

这些年，我国商业银行快速发展，其资产规模、公司治理、盈利能力、风险管理等各方面都取得了有效的提升，但随着利率与资本市场化的日趋深化，很多商业银行都不得不面对资金“脱媒”的压力，今后银行在合作中寻求多元化渠道的需求日益迫切。

（2）满足客户个性化、多元化需求

目前国内银行的产品供求存在着客户需求多元化与银行产品同质化之间的矛盾。PE 的盈利模式是通过私募方式获得资金，对非上市企业进行权益性投资，通过积极参与投资标的的改造和经营，促进其快速发展，实现股权的迅速成倍增值，再通过上市、并购或管理层回购等方式，最终出售所持有的股权从而实现丰厚的收益。在此过程中，商业银行可根据自身的特点及优势，为 PE 客户提供包括资金投资、资金募集和资金退出等每个阶段的个性化金融服务，大幅度提高客户满意度。伴随金融综合化经营趋势的演进及金融竞争日益的白热化，商业银行已不再禁锢于传统低风险领域，而是越来越多地涉足具有较高风险属性的金融产品领域，比如投资于衍生产品、海外股票市场、艺术收藏品的理财产品等。因此，商业银行与 PE 合作不仅仅能够满足客户差异性、多元化的需求，对于商业银行拓展核心客户、发展私人银行业务和丰富金融产品体系也有很大帮助。

（3）与客户建立新型合作关系

国内银行业目前碍于政策的限制还不能直接投资于 PE，但可以与 PE 开展业务合作，或者深入企业内部。通过对目标企业经营管理的广泛参与并积极渗透，不仅可以将银行的各类产品及服务嵌入其中，而且也为发展中的企业提供各类支持产品与服务，从而达到稳定与控制优质高端客户的目的，还可在此过程中培育和提高银行自身风险管控能力，巩固银行营销成果。

（4）应对新形势的需要

国家“十二五”规划明确提出要积极发展资本市场，加强基础性制度建设，建立多层次的有深度的市场体系，逐渐完善市场功能，提高直接融资比重，资本市场的战略地位得以确立。从长远发展来看，我国私募股权基金浪潮与资本市场的快速发展可能会重塑金融市场的格局，商业银行需尽早参与其中，培养对企业财务、资本市场、企业管理有深入研究与实践经验的高端人才和实战经验，才能保证不被淘汰，现阶段与 PE 的合作，为 PE 投融资运作过程中提供一系列服务，对银行未来发展是一种内在修炼。

（5）应对外资银行竞争

中国银行业全面对外开放后，外资银行在中间业务、零售业务等方面与国内银行展开激烈竞争，并将触角放在技术含量高、附加值的高端客户服务相关业务上，如财务顾问、商业咨询、投融资计划等，外资银行所拥有的专业人才、专业技术与丰富的从业经验，是目前国内商业银行的短板，积极进军PE市场，是国内银行迎难而上，争夺高端客户，应对竞争的客观需要。

3. 商业银行与PE合作的业务实践

私募基金行业兴起于20世纪80年代中期，2003年以后私募基金有了较大的发展。1999—2006年，国外的金融机构逐步将PE概念传入中国，在对平安保险、南孚电池、恒安国际等多家行业龙头及国内金融机构的投资中均获得高额的投资回报率。国际商业银行参与股权投资基金业务的范围也逐步扩大，早期的商业银行，只是作为股权投资基金的托管人介入股权投资基金业务，而现阶段，国际商业银行已经成为各类国际股权投资基金的主要资金提供方，有些国际性商业银行直接通过设立各种形式的股权投资基金，投资一些良好的成长型企业。我国的股权投资业务尚处于起步阶段，借鉴国外商业银行在此项业务领域的成功经验，有助于我国商业银行把握发展良机，实现与PE的业务合作，促进经营发展。

（1）中银参股渤海产业投资基金

天津在2006年12月设立了渤海产业投资基金，其资金规模达200亿元，基金初期资金量为60亿元，是由全国社保基金理事会及5家企业各出资10亿元设立的。渤海产业投资基金在国内市场的人民币产业投资做了“先吃螃蟹”的人，同时也是中国在探索融资渠道中迈出的重要一步。

在国内还没有发布“产业投资基金管理办法”等相关规定的前提下，渤海基金在2005年11月通过国务院先批准天津筹办建立的。基金的早期主要为契约型和私下发行方式筹集了60亿元人民币。在渤海基金设立后，渤海基金按照国家产业政策方针及滨海新区的主要发展目标定位，将大部分资金用于具有创新能力的现代制造业项目、环渤海地区服务的交通及能源等基础设施项目、具有自主知识产权的高新技术项目，渤海基金将这部分筹集的资金划分为三部分，比例为5:3:2，率先投资于天津、环渤海地区和全国范围内的创新性企业。渤海基金的资金主要用于股权投资，其中包括优先股、可转换优先股份、普通股、可转换债券等，另外还投资于政府证券、金融债券或者其他较为稳定的收益债券。为防止风险过大，渤海基金在对民营企业担保和投资时限制资金量为总值的10%，对企业的占股比例控制在10%～40%，期限为3～7年。

（2）国开金融承接中非基金

国开金融在2009年8月成立，其资金量达到了350亿元，主要从事私募股权基金、投资咨询、直接投资和财务顾问等业务。国开金融成立了以后，主要投资于基金股权，比如国家开发投资公司曾投资于6只中外合资产业基金、2只本土产业基金及多只与地方政府合作的地方政府产业引导型基金；另外，从母行中还接手了几家位于十大产业基金的股权，可见在政府提成的基金中均有国家开发投资公司的足迹。

政府为了扩大国内有实力企业对非洲投资，通过国内企业的投资带动非洲地区的农业、制造业和基础设施的发展，促进自身的“造血”功能，从而达到共同发展来不断促进中非友好合作。在2007年，中国政府正式批准了中非发展基金成立。

中非基金的资金主要投放于中国在非洲投资的企业和大型项目，其目的也在于能有效促进中非关系，而中非基金的投资理念必须遵循中国及投资所在国的法律法规以及环境保护和社会发展政策等，最初的资金则由国家开发银行提供。如运行顺利，国家开发投资公司将进一步扩大资金规模，最后有可能达到50亿美元，存续期为50年。其现在已经成为国内规模最大的一只私人股权投资基金，也是国际上最大的面向非洲投资的单只股权投资基金，由中非发展基金有限公司负责运营、操作和管理。

（3）工银国际、建银国际毫不逊色

除上述两家银行外，工银国际在此方面的投资起步较晚，工银国际2007年通过控股公司工银香港成为了阿里巴巴的投资者，曲线开展PE投资。2009年工银国际才通过对鄱阳湖产业投资设立投资基金正式开展PE投资，资金量为150亿元。建银国际则是通过发展相关业务的顾问来作为业务重点，指导2009年建银国际发起设立建银医疗产业基金，初期资金量达到26亿元，主要由长江电力（600900）、建银投资等机构出资组建。另外，近年来建银国际的种种动作都显示了其强大的实力，而这些也成为了国内其他银行可借鉴的投资经验。

国内的中银国际、国开金融、工银国际、建银国际四家银行的建立体现了国内银行借助海外旗下公司为跳板，迅速融进股权投资的行业内。除此之外，在这些大型国有控股的银行之外，国内中小银行也加紧在此行业的布局。根据调查显示，地方中小规模银行由于受到的监管较松，相对灵活，所以有较高的成长性，其回报率也是极其可观的，并且中小银行也热衷于股权基金投资，但是参与方法更多是采取风险较小的托管模式。

4. 商业银行与PE合作的SWOT分析

由以上商业银行私募股权投资业务的成功案例，我们可以看出，商业银行与PE合作已是大势所趋，目前来说，商业银行与PE合作的主要业务类型包括为股权投资基金提供融资服务，银行扮演财务顾问的角色，即以财务顾问业务为切入点，发展私募股权融资财务顾问业务。例如，（1）为企业引入私募股权融资设计方案、利用在金融市场上的广泛渠道，为企业寻找感兴趣的私募基金等。（2）开展相关的重组并购业务，一方面，商业银行可以利用自己作为货币资金经营机构的优势，为企业进行债务重组，解决短贷长用和关联企业互保问题；另一方面，商业银行还可以利用自己的客户资源优势为企业推荐并购目标企业或为企业提供过桥资金等。（3）作为股权投资基金的托管银行，开展私募基金托管及账户监管业务，商业银行即可以有效防止基金管理人违规交易、欺诈客户及挪用基金资产等行为的发生，也可以应私募基金的要求，对取得私募股权融资企业的资金使用情况进行监管。（4）商业银行可以在分业经营的政策框架内，研究与经验丰富的私募股权基金共同成立私募基金，在国内尝试开展私募基金业务。（5）在企业利用取得的私募股权融资作为股本资金开展新的项目时，商业银行可以利用为企业提供私募股权融资服务的机会，优先于其他银行，为企业提供配套债务资金。

在商业银行与PE业务合作的过程中，商业银行不同于其他金融机构的优势逐渐显示出来。下面我们对商业银行与PE业务合作进行SWOT分析，更加深入剖析两者合作的优劣势以及面临的机遇和威胁，为进一步合作提供理论依据。

5. 商业银行与PE合作的内部环境分析

（1）优势分析

一是依托母行，客户资源丰富。商业银行经过多年的发展和积累，拥有着丰富的客户资源，同时掌握了大量企业的资料，具备了很强的业务整合能力，商业银行的这些优势可以帮助私募股权基金募集资金和选择投资项目，因为一方面可以介绍大客户的闲置资金给私募股权基金，另一方面有优质的中小企业也可以作为投资项目，根据手中大量的企业资料，向投资者推荐条件合适的企业，撮合投融资双方合作，同时商业银行可以为拟融资企业提供融资及财务咨询服务，针对特定企业的发展提出合理的融资和财务计划和建议，为客户设计融资方案，这样不仅可以拓宽企业特别是中小企业的融资渠道，还可以延伸商业银行服务类型和品种。因此，商业银行与PE目前的关系是：银行积极寻找私募股权基金，私募股权基金也愿和银行开展合作。

二是商业银行具备多功能的金融服务功能。一些大型商业银行，如工商银行、建设银行、中国银行，具有多方面的金融服务功能，同时与国内外私募基金有着广泛的联系，在为企业引入私募股权融资提供服务的过程中具有很多优势：第一，一般来讲，这些银行在国内外都有很深的影响，与国内外私募基金沟通频繁，联系广泛，为企业寻找到令其满意的私募股权融资相对容易。第二，这些银行在国内外信誉卓著，私募基金会由于对它们的信任，简化如尽职调查等股权融资流程的一些环节，从而提高私募股权融资的运作效率，使企业可以及早拿到亟须的运营资金。第三，私募基金有银行的信誉作为担保，可能会向被投资企业支付较高的价格。第四，这些银行还具有成功的操作经验，可以提供专业的服务，如工商银行与凯雷、赛富等国内外多家著名基金公司合作过。

（2）劣势分析

我国商业银行开展私募股权投资类业务的激情总体上是商业银行“进化”的表现，这充分说明了我国商业银行业务创新能力的提升。当然，在转轨经济的大背景下，我国商业银行在与私募投资股权公司合作的同时也暴露出一定的问题。

一是“同质化”现象严重。我国商业银行私募股权投资类业务的开展与商业银行开展其他业务一样，呈现出“同质化”现象，这也是我国商业银行在业务创新过程中一直存在的问题。商业银行在开展私募股权投资类业务的过程中，往往缺乏实实在在的服务创新和业务研究，普遍以托管等“简单业务”为基础，因此业务竞争变成了营销战，“找门路”、“托关系”成为业务开展的核心竞争手段，使商业银行本来具有的许多优势无法体现与发挥，在与 PE 业务合作中处于被动地位。

二是商业银行经营理念和管理模式还有待提高。与外资银行相比，我国商业银行在经营理念和管理模式方面还有很多欠缺，这对我国商业银行与 PE 业务合作形成了很大的障碍。在经营理念方面，能够获准在我国内地从事相关业务的外资银行绝大部分是跨国性金融集团，外资银行几十年的经营理念和经验已经使自己适应了经济全球化的趋势和要求，但中资商业银行仍处于学习阶段，官商意识和衙门作风仍然很严重。在管理模式方面，外资银行经历了负债管理、资产负债综合管理（以负债管理为主）、资产负债综合管理（以资产管理为主）三个阶段，现在大多数处于第三个阶段，而大部分中资银行尚处于第二阶段，甚至还处于第一阶段或是第一阶段向第二阶段的过渡之中，“重存轻贷”的观念依旧存在。

三是商业银行私募股权投资类业务风险性不断加大。较之于商业银行传统的信贷业务，PE 是一项风险相对较高的新型业务。如一些商业银行推出的理财产品，配置极为灵活、透明度也不高，对它们所面向的对象——承受能力较差的中小投资者来说，存在着很大的争议，也可能为银行带来资金风险与声誉风险。与此同时，商业银行与 PE 的合作模式造成了银行贷款业务与股权投资的交叉与关联交易，这也为银行的风险控制进一步增加了难度和挑战，目前监管部门对该类问题也还没有提出明确的规范措施。如何制定科学合理的业务管理流程，将 PE 业务控制在风险可控的范围内，是实现我国商业银行与私募股权投资公司业务合作首先要解决的问题。

四是人才和技术的缺失是我国商业银行与 PE 业务合作的又一瓶颈。由于中国 PE 发展时间较短以及传统的银行类业务与 PE 业务存在的显著区别，本土职业经理人和相关专业人才较为缺乏。作为“智力 + 财力”的新型业务，无论是在 PE 投资前的项目筛选、投资组合的构建，还是投资后的管理与后期退出过程中，都需要既懂技术又精通财务、法律和投资知识的复合型人才。而这种复合型人才的匮乏在很大程度上制约了我国商业银行与 PE 业务合作的开展。

6. 商业银行与 PE 合作的外部环境分析

（1）机会分析

一是强大的市场需求。改革开放以来，我国积累了一大批优秀企业，融资需求日益增加。而我国直接投融资市场并不发达，资本市场进入门槛较高、资金不足严重制约了企业的发展，这便为商业银行与 PE 公司业务合作创造了良好的机会。从历史经验来看，每一次经济危机发生的时点都是上一轮科技创新结果消耗殆尽的时候，带领经济复苏的主要力量便是新一轮的科技创新，在后危机时代，要想经济复苏，必然会催生大量的新兴技术企业，我国商业银行与 PE 公司业务便处于这样一个大背景下，即国内经济的升级发展和全球经济转型复苏的关键时期，两者的合作可以为众多新兴技术企业提供资金支持，这就产生了强大的市场需求，而这种强大的市场需求必然成为推动商业银行与 PE 公司合作的动力。

而对中小企业而言，因其资产规模小、经营不确定性大、财务信息不够透明、抗风险能力差等弊病的制约，融资难度会远远高于大型企业，私募股权投资基金的兴起则为解决中小企业融资难问题提供了一条新渠道，而商业银行也可以从中寻求到为中小企业客户提供服务的新机会。

二是地方融资平台债务担忧的加剧。进入2012年，监管层对地方融资平台债务的担忧加剧，银监会关于平台贷款解包还原、分类清查力度的加大也让商业银行感到压力，“做实平台公司”的要求促使地方政府和商业银行不得不站到一起想办法。之前平台公司贷款多为BT模式，还款来源并不能充分保障，在银监会的三令五申之下，BT模式已经无法做下去了，而且随着银信合作规范、地方融资平台贷款风险分类管理指导意见等一系列从紧政策的出炉，商业银行也正筹谋新的解困之道。在解决地方平台公司项目资本金的过程中，银行和银行系PE联手不会成为少数。银行系PE出手解决项目公司资本金不实问题已成为一种不可避免的解决方式，这就为银行与PE合作提供了有利的契机。

三是投资环境的不断完善。20年来，我国的资本市场经历了许多曲折与坎坷，从一个弱小的孩子成长到今日能影响世界的青年。尤其2006年股权分置改革解决了我国证券市场中最重要的结构性问题。到2009年我国股票市场又推出了创业板，这也为民间中小企业发展提供了有效的资金援助。QFII制度的实施同样加速了我国资本市场走向国际化，也为外部资金进入我国市场开辟了一条新的道路，同样为我国资本市场提供了新的资金来源，投资环境的不断完善为商业银行与PE业务合作提供了广阔的舞台。本轮金融危机之后我国推出的4万亿元救市政策所形成的极度宽松的流动性造就了又一波PE热。目前我国的PE发展理论和实践都较为成熟了，PE对未来中国经济的转型升级必将发挥更大的作用。

四是我国政府对PE的政策支持。本轮金融危机以来，我国中央及各地方政府对PE的发展给予了大力支持，利用政策进行引导，为商业银行和PE公司的合作创造机会。比如国务院办公厅于2008年底发布了《关于当前金融促进经济发展的若干意见》，在这其中首次以“股权投资基金”取代以往“产业投资基金”的官方称谓；商务部也于2009年3月初发出通知，要将外商投资举办投资性公司的审批权限部分下放。与此同时，京、津、沪等地方政府也相继发布鼓励PE发展的优惠股权投资政策，以此来进一步扩大融资渠道，并为促进地方经济的发展贡献力量。

（2）威胁分析

商业银行与PE公司的业务合作所面临的威胁主要源自我国PE业务的生存环境。而从外部环境来看，相对于成熟市场，我国规范和鼓励商业银行与PE公司业务合作的政策安排还不够完善；资本市场为PE提供的退出通道较为狭窄；交易透明度有待提高；结构缺陷犹存。

一是相关法律不够完善。新修改的《公司法》、《证券法》虽然也明确了私募发行制度的合法性，缩短了发起人股份转让的禁止期，但和那些成熟市场的私募发行法律相比，还欠缺具体的实施细则（如证券登记、工商登记、机构投资者的投资比例限制等），这样便无法充分发挥引导私募股权投资的积极作用，而且法律的若干细节问题都尚待进一步明确。

二是中国资本市场为PE提供的退出渠道较为狭窄。从欧美PE市场发展经验来看，PE可以采用发行上市、管理层收购和员工持股计划、并购、买壳/借壳上市以及股权转让等途径来实现退出。而我国目前的资本市场还比较单一，上市条件较为严格，PE的退出通道目前较为狭窄。例如，我国PE市场2006年发生了26起退出案例；2007年发生9笔退出交易；2008年在全球大范围的金融危机的影响下我国国内退出案达到24笔；而2009年更为严重，前11个月的退出案就为64笔。鉴于此，2008年深圳证券交易所修改了首次在创业板中的持股相关人的股份流通限制。尽管对于新规则来讲，为PE退出提供了更多的方便，可对于限制期的缩短有了十分明确的限制条件，对PE退出利好有限的主要因素在于并没有规定上市公司财务的要求和持续经营时间等核心内容。

三是交易透明度较低。由于相关立法和制度安排不健全，我国尚未形成规范的、制度化的PE信息披露制度，这势必会影响投资者的投资信心、投资战略、投资选择，甚至导致非理性的投资行为，进而不利于PE的募集与有效稳定的运营。

四是结构缺陷犹存。目前，我国PE的组织形式以公司制为主，管理模式以自我管理为主，资金来源以政府资本为主，与国外相对成熟的PE组织相比较，这种方式不适合我国PE行业的良好发展。比如，国有控股公司制PE运作模式最为突出的问题是主权虚置，即没有人能真正对PE的运营负责。一般作为国有控股的PE机构剩余部分的所用权会成为国家或者政府机构的，而相应的控制权实施也会是政府官员，在整个过程中，政府官员实施了决策权和投票权，却没有承担相应的经营风险，这也让“廉价投票权”的问题显现出来。另外，国家控股的PE机构尚未建立起有效的报酬激励机制和风险责任约束机制，投资经理往往是政府或相应机构委派，一般不注入个人资本，其报酬也不和业绩挂钩，所以并没有足够的动力去追逐投资利益或是降低投资风险。

（3）我国商业银行与PE合作的建议

从长期来看，我国的私募股权投资基金浪潮可能重塑金融市场格局，对于收益与风险并存的商业银行与PE业务合作来讲，虽然利润前景诱人，但是激进的拓展方式并不可取，应当结合以上SWOT分析，保持和充分利用优势，减弱和转化劣势，制定一套行之有效的渐进式参与策略才是我国商业银行和PE业务更好合作的理性选择。

一是积极推进两者的业务合作。

二是确定目标定位。商业银行含有国有商业银行、股份制商业银行、城市商业银行等众多商业银行，根据每个银行的属性不同，需要银行与PE在合作中有不同定位。

三是制定严格的风险控制导向的业务监管体系。商业银行应当对已有的PE相关业务进行整合，打造PE业务价值链，制定与PE管理公司进行业务合作的科学流程，对相关业务及时进行风险评估和风险预警，并制定严格的风险控制导向的业务监管体系，并根据业务实践不断充实与完善。

四是构建商业银行私募基金评价体系。虽然我国商业银行与PE合作目前呈现出良好的态势，但私募基金管理公司的发展却参差不齐，暴露出少数私募基金巨亏清盘、参与老鼠仓、操纵股价、非法集资等一系列问题，因此区别基金的良莠，选择优秀的基金，成为商业银行与PE业务合作的关键。

五是建立与中小企业结合的服务模式。近几年来，国内商业银行在服务中小企业融资方面也进行了很多的尝试和探索，同时取得了一定的成效。但由于商业银行本身在核心贷款技术上缺少创新和突破，因此仍然谨慎对待中小企业的信贷需求。而随着私募股权基金的兴起和发展，中小企业融资难问题又有了新的解决途径，商业银行可以从中获得为中小企业客户提供服务的新机会。商业银行可以开展以下业务，一方面对中小企业融资问题贡献自己的力量，另一方面也为自身业务能力添砖加瓦：第一，融资策划服务，即商业银行可以以财务顾问的角色对企业的发展进行全程参与，针对不同企业的不同发展阶段引入不同性质的资本，从而设计出不同融资方案，不断推动企业的发展和成熟，直到其股票完成上市。在这一过程中商业银行可以最大限度地挖掘客户价值，实现客户价值份额的最大化。第二，投资顾问业务，商业银行能够把自己的客户群体中具有很好的成长潜力的客户或其项目推荐给私募股权机构，这完全依赖于商业银行丰富的客户资源及对非上市中小型企业经营管理状况等非公开软信息的相对了解。

六是积极引进并培养专业人才。PE被称为是“富人过剩的资本和聪明人过剩的智力结合在一起的产物”，因此，人才的选择成为PE运营成败的关键因素。如果商业银行仅从事于间接投资，那么具有一支懂经济技术、财务和法律知识的投资专家团队是可以正确选择项目的前提，而对于拟从事直投业务的商业银行来说，一支既懂管理又掌握技术的实务型管理团队显得更加必要。因此，对拟参与PE业务的商业银行，不仅要积极引进国内外的技术和管理人才，在这个基础上进行学习和创新，更应制订一项长远的人才培养计划来培养本国的专业人才，毕竟投资经验的获取是一个相当漫长的积累过程。同时，人才战略中有效的薪酬与激励制度为其实施提供了保障。

七是商业银行为PE基金各类型的兼并收购等业务提供银团贷款服务。从国际PE基金发展历程与经验来看，在很多情况下，PE在进行特定并购业务的时候，仅依靠自有资金或组合投资资金远不能满足大规模并购交易中的资金需求，这时，银团贷款业务便发挥了作用。之前我国《贷款通则》等有关法律法规规定我国金融机构不可以为股权交易的并购活动提供资金，因此商业银行对股权投资市场的直接参与较少，但随着金融创新的不断深化，现阶段，银团贷款既是私募股权基金的主要业务，也是并购资金的主要来源。

八是商业银行与PE合作具有优于其他机构的独特优势。作为我国资金实力最强的金融机构，商业银行参与PE业务具有其他机构不可比拟的优势：第一，PE中最重要的需求与保证是充裕的资金量，据统计2008年我国商业银行的总资产金额高达30万亿元，其资金量是券商、保险等无法比拟的。第二，商业银行所面对的是企业经营业务的最前沿，手中掌握了很多企业的资金需求、发展方向、经营信息，所以具备了项目的选择权和项目的储备权。第三，商业银行大多有政府背景，这也让商业银行能对地方企业信息掌握更具有优先权。第四，在多年的发展中，商业银行建立了相对完善的金融服务体系，常年建立了与金融市场的紧密联系，有着较好的资金营运经验，这些均为商业银行开展 PE 投资业务奠定了良好的基础。

六、中国财富管理市场的发展趋势展望

（一）财富管理的趋势

财富管理所投资的产品，会从单一向多元化产品转变；财富管理的人才会从不专业向专业化转变；私人银行业务会从同质化向投资专家品牌转型；高端客户的资产配置会从区域向全球化配置转变。金融产品和投资渠道及投资工具越来越丰富。

（二）建立资产配置组合

理财产品包括黄金、基金、股票、期货、国债、储蓄、债券、信托、外汇、保险、银行理财产品、珠宝、私募股权投资、房地产、其他。

财富管理的资产配置在以上理财产品的基础上，针对客户的需求进行个性的投资组合。财富管理首先研究客户持有的资产哪些有泡沫，先把有泡沫的资产进行减持，再研究目前哪些产品有投资价值，选择未来有足够大的升值空间的产品，进行资产配置。

管理财富的核心是让财富持续稳定的增值。在不同的时期判断并选择有足够升值空间的投资产品买入，等其没有增值空间时卖出，这就需要优秀的投资专家作出上涨下跌的正确判断。

举个实例：从 2001 年 6 月至 2005 年 6 月，两个投资者分别用 100 万元理财投资，一个投资中国的房地产，一个投资中国的股票；结果是：投资房地产的投资者采用银行按揭，100 万元资金可以投资 500 万元的房地产，到 2005 年房价上涨了 100%，100 万元变成了 1 000 万元，还了银行利息和其他费用，净资产还有 900 万元。而投资股市的投资者到 2005 年 100 万元赔的只剩下 20 万元。这个例子说明资产配置比资产管理更重要。怎么配置，很重要。财富管理的核心是给大家提供更科学、更能回避风险让财富保值增值的投资组合，在这个保值增值的投资组合的基础上再进行其他的服务。

巨大的财富市场为私人银行业务的发展提供了无限机会与空间。但是，中国银行的财富管理最缺的是有 20 年以上实践经验的金融投资专家；银行要独树一帜用优秀的金融投资专家品牌来树立领先的财富管理银行形象。

随着财富管理服务的出现和逐步发展，财富管理的专业化知识和能力将成为财富管理服务的重要组成部分，产品和服务的差异性将不可避免，金融投资专家品牌

因素在财富管理服务的市场竞争中将越来越重要。

将优秀的金融投资专家的影响力及财富管理的专业能力与银行的私人业务相结合，就会大幅提高银行财富管理的竞争力，留住并吸引更多的高端客户，直接带来的就是客户存款和业务量的增大，增加农业银行的持续盈利能力。

七、银行面对互联网金融的冲击该如何应对

互联网金融对传统金融的冲击，最突出的是对客户的冲击，商业经营必须有固定的客户群，比如腾讯用即时通讯工具QQ黏住客户，阿里巴巴淘宝本身就有大量的客户。

数据显示，阿里巴巴小微信贷的贷款不良率为0.87%，低于我国银行业0.96%的平均水平。供应商利用京东供应链金融平台获得融资的资金成本为每日0.019%，相当于7%的年化利率，远低于同类银行贷款产品的年利率。

互联网金融之所以能做到这一点，依靠的就是大数据。

从银行传统业务来看，当下互联网金融主要有第三方支付、网络信贷、网络理财三项，这三项也是传统银行的核心业务。

如果说支付宝的网络支付让传统银行业领教到什么叫做“冲击”的话，那么余额宝的网络理财则让传统银行业领教到了什么叫做“危机”，这种冲击就是金融脱媒化，也就是隔绝了客户与银行的联系，比如余额宝正好卡住了银行资金来源的咽喉，切断、截留了相当一部分银行活期存款来源的渠道，正在动摇传统银行的基础和根本。

网络信贷也必将分掉银行很大一部分信贷份额。而这些只是互联网企业业余的做法，如果互联网企业有金融专家加盟，再给银行的高端客户提供资本运作及全方位的金融服务，就能一次将银行的高端客户掏空。所以，互联网金融对传统银行业的深远影响还只是刚刚开始。

但是，网络只是工具，金融才是核心，银行应当运用网络工具建立金融大平台，培育新的经济增长点，运用多种工具整合优质资源应对互联网金融的冲击才是明智之举。

对于互联网金融来说，传统金融机构的优势在于资金、人才和风控，劣势在于思想观念、组织架构和利益阻隔。新进入互联网金融的有两类：一是传统互联网巨头。优势在于资金、人才、技术、品牌、创新和海量用户，劣势在于风险控制、牌照和政策；二是新进互联网金融企业。如P2P、众筹、互联网金融门户，优势在于创新和细分，劣势在于资金、人才、声誉、风控和合规。但是无论是以银行、券商、基金为代表的传统金融机构，还是以腾讯、阿里巴巴、百度、京东等代表的互联网大企业，或是以宜信、人人贷、融360、积木盒子等代表的新型互联网金融模式，面对的敌人都不是彼此，而是如何在互联网金融这个尚未明朗的生态环境里生存下去。

从传统金融机构来说，互联网化的金融带来的挑战不仅仅是存款流失和客户流失如此简单。当下的情况是：一切标准化或非标准化的金融产品媒介均由物理分割的线下转到了线上，金融“脱媒”的结果是传统金融机构逐渐失去了与用户的接触点，与此同时，面对内部保守文化和科层组织，创新显得无从下手。

对于互联网金融巨头来说，互联网金融是把海量用户的机制变现的最好方式，从第三方支付这个基础设施建设入手，培养用户的金融习惯，并在支付通道、支付场景等方面衍生多样化的金融服务。可是，理论上没有边界的金融服务在现实世界中总会遇到风控和监管两条红线，其原因是“金融核子论”。作为经济的核心，金融具备强烈的外部性。作为一个专门经营风险的行业，如何合法合规、安全稳健地进行产品创新和模式创新，是一个永恒的问题。

对于新晋互联网金融企业来说，是互联网金融背景下三类组织中风险最大、问题最多、发展最不明朗的一个群体。第三方支付市场不可能容纳下250张牌照，在这个集中度如此高的行业，多数中小支付机构必将被淘汰出市场之外。P2P行业仍处在无准入门槛、无行业标准、无监管细则的三无状态，一些由实体企业、小贷、担保、融资租赁转化而来的P2P在信用风险、流动性风险、操作风险等方面管理相当薄弱，资产负债表左右两端风险错配和期限错配十分严重。尽管高层在监管方向上确认了纯信息中介、无资金池、不得非法集资、资金托管、准备金等监管方向，但是监管细则仍未出台，行业内自融、拆标、拆期、跑路等新闻屡见不鲜。股权制众筹目前也尚无监管细则。互联网金融门户组建变成了流量批发商，行业内存在严重的过度竞争、不规范操作的情况。随着下半年监管细则的陆续出台，行业将逐渐规范，众多不规范的从业者将被淘汰。

从金融角度来看，金融压抑导致的经济货币化率严重不足，金融产品不够丰富，金融市场的深度和广度不够，金融更不能服务于普惠领域，金融压抑导致货币的时间价值——利率得不到市场化的定价，刚性兑付的扭曲对创投机构来说，积累了巨大的风险。

从互联网的角度来看，互联网具备的优势有五点：一是用户海量以及互联网思维带来的用户体验；二是服务编辑成本为零带来的低成本和高效率；三是拜托传统商业对时间和空间的分割；四是大数据和云计算；五是改变信息不对称的局面。这五个特点基本解决了从事金融服务所需的各项基本要素。回到金融的基本功能——配置资源、发现价格、分散风险，这些功能不仅可以通过互联网实现，而且能够更高效率、更低成本、更快速便捷的实现。

一般的金融创新均是源于科技进步、规避监管和风险防范，对于金融产品、金融市场、金融机构来说，互联网金融是全方位的金融创新，包括金融渠道、产品甚至是货币等多个方面。全方位的创新甚至重新颠覆，未来金融的格局会如何，取决于谁能够在稳健的条件下生存并发展。

第七章　互联网金融引领券商创新发展

随着全球化进程的加快，互联网技术、移动通信技术开始同金融行业相互结合，迎来了互联网金融时代，其汹涌浪潮迅速涌向证券行业，并对证券行业产生了巨大影响。互联网金融撇开传统金融中介而利用互联网为金融中介。它只是传统金融在监管之外的一种生存形态，而互联网只是一种工具，以此实现交易成本的降低和市场效率的提高。国家经济转型和深化经济改革的大环境给我国的互联网金融提供了很好的发展条件。以互联网为媒介的金融——互联网金融来袭，传统银行业战战兢兢，想方设法迎接挑战。在银行业燃起了烽火之后，证券业的烽火也为期不远了。眼看着互联网金融机构到处跑马圈地，证券公司如何迎接互联网金融时代的挑战？又如何运用互联网金融创新发展？

一、互联网金融对证券行业的影响

（一）互联网金融对证券行业的有利影响

（1）由于交易主体和交易结构的巨大变化，以及虚拟化和成本的缩减，互联网金融会使证券行业的价值增长速度达到前所未有的水平。同时互联网金融还会改变券商业务模式，催生网络经纪等新业态，这将带来新的竞争机会，使得未来竞争更加复杂化。

（2）互联网与证券行业的结合，对于市场的拓展起到了十分重要的作用。首先券商可以升级目前的运营模式，将服务的范围进一步扩大；其次由于互联网的优势，地域限制对证券产品的销售进一步缩小，券商有了更广泛的营销空间；再次网络有着庞大的高学历客户群体，这更为证券行业奠定了更广泛的优质客户资源。

（3）对于券商自身经营而言，网络平台相对以前的实体网点无论从传播的速度以及影响面来说都有较大的优势，特别是从营销的成本角度来看，互联网的全面融入，大大改善了营销投入与产出不成正比的现状，人海战术的营销模式已逐步退出了历史舞台，互联网金融的积极作用正在逐步显现，互联网券商凭借着低成本覆盖将成为未来的一种趋势。

（二）互联网金融对证券行业的不利影响

（1）证券行业开展互联网金融需要一定的技术支撑，比如现在流行的 APP 软件终端，还处于进一步完善阶段，其对于互联网的了解和技术运用还不够全面，产品质量问题时有发生。因此就目前情况来看，券商在这方面的投入和研发还需加强。所以证券业要以互联网为媒介开展业务，技术运用和数据的安全和数据的处理都是较大的挑战。

（2）由于互联网金融在国内出现的时间较短，市场环境还不够完善，特别是目前的一些证券法规和监管红线与券商要实现的互联网金融存在一定的冲突，这也在一定程度上阻碍了证券行业的发展。对于互联网金融，虽然国家出台了一定的鼓励政策，但是却没有制定一套完善的法律来规范这一领域，而且，对于新的模式缺乏相应的监管措施，这样就使得证券市场环境较为混乱和无序，增加了证券经营的风险。

（3）互联网证券的出现，将会导致券商的盈利情况不容乐观，直接结果是佣金费用大幅下降，但由于我国的监管较为严格，所以实质上互联网券商的大战还未全面打响，目前还未对行业造成严重的负面冲击。因此券商在今后只有发展高边际收益率的创新业务，降低对传统业务的依赖，逐步提高市场竞争力，才能避免在新一轮的洗牌中被淘汰。

①在互联网金融来袭时，证券公司受到的影响程度及时间先后会有所不同。对券商而言，虽然目前不会对自己的主流客户形成分流，但互联网金融提醒了券商对长尾市场的重视，也提醒其应提高对高端核心客户的服务层次，拓宽自己的护城河。

②随着互联网金融的推进，经纪业务首当其冲。对于券商而言经纪业务仍是券商重要的收入来源，也是资管业务、创新业务的基础。当前换手率和市值上升面临瓶颈，网上开户即将落实，互联网公司开展经纪业务也只需监管者应允，彼时纯通道业务竞争更激烈，佣金面临下行压力。

③在互联网金融背景下，券商的发展将是一个定位差异化的过程。在这一过程中，券商将依据自身禀赋进一步分化，强者恒强与创新者逆袭都符合演进逻辑。证券公司应冷静地、理性地透过成功互联网企业的形式和表面，探究属于自己的互联网金融时代下的创新策略。

（三）券商行业创新驱动与转型升级

1. 证券行业竞争现状

（1）证券行业发展不同阶段证券公司之间的竞争关系

我国证券行业是在特殊的背景下发展起来的。由于证券公司经营环境不同，在证券行业发展的不同阶段，证券公司之间的竞争关系也有着很大的不同。

第一阶段（1981—1990年），证券行业初创时期。为了适应国债发行和交易以及股份制试点改革的需要，催生了中国第一批证券公司。到1988年底，全国共有证券公司34家，证券交易柜台100多个，初步形成了证券专营和兼营机构共存的证券公司格局。

这个阶段，我国证券公司业务经营重点总体上是以各类债券为主，而且由于没有建立集中统一的证券交易所，经营方式以柜台交易为主，业务竞争性不强，不少证券公司处于区域垄断状况。

第二阶段（1991—1996 年），证券交易所的建立为证券业发展奠定了基础。随着两大交易所的设立和证券市场发展，证券公司数量迅速增加，规模迅速扩大，业务范围也迅速扩张。1995 年《商业银行法》确定了我国金融业分业经营的格局。

在证券市场发展初期，由于证券交易量爆发式增长，证券公司处于卖方垄断地位，通过简单的规模扩张，提供低水平的通道服务就能获得丰厚的利润。随着证券公司数量不断增加，行业竞争性开始初步显现。但是由于业务单一，券商之间的竞争仍然处于市场竞争的初级阶段，主要以低级的竞争手段为主。证券行业总体上仍不能满足证券市场快速发展的需要，行业服务供给不足，开户、交易需排队，发行股票实行额度制，证券行业竞争关系仍然带有不少区域垄断的特征。

第三阶段（1997—2001 年），行业快速发展期。1997 年 11 月，中国人民银行将证券公司的监管职责移交中国证监会，理顺了我国证券公司监管体制。1998 年底颁布了《证券法》，并于 1999 年 7 月 1 日起开始实行，有力地推动了我国证券市场和证券公司的发展，证券行业初步形成了以综合性券商为龙头、以经纪类券商为基础的梯队结构。

经纪业务电话委托、无形席位等交易方式推陈出新，投行业务通道制实施，打破了传统的区域垄断，市场化的行业竞争关系初步建立。由于监管制度推动，开始出现一些大型证券公司，但大型券商与小型券商在竞争的层次和水平上没有出现实质性的差别，仍然是传统的通道竞争和价格竞争，竞争手段比较低级粗放，甚至有不少违规行为，埋下了风险隐患。

第四阶段（2001—2007 年），风险集中爆发与综合治理。2000 年以后，伴随着《证券法》的正式实施和证券市场规模的迅速扩大，中国证监会提出了证券市场发展和监管的“市场化、规范化、国际化”。在市场化大潮中，证券公司数量快速扩张，最多时曾达到 130 多家，其中包括合资券商。证券公司纷纷增资扩股，规模迅速扩大。浮动佣金制和股票发行保荐制度的实施，使券商之间的市场竞争关系得以真正形成。

但是，随着网络股泡沫的破灭，证券市场步入了持续 4 年多的熊市。不少证券公司为了生存，在一级市场挣不着、二级市场没得挣的情况下，铤而走险地违规经营，行业风险集中爆发。证券行业一度陷入全行业亏损的境地，使券商之间的生存竞争日趋激烈和残酷。

2004 年 8 月，中国证监会开始按照“扶优限劣，分类监管”的原则对证券公司实行综合治理，创新试点券商获得了优先发展机会，包括业务创新和托管收购的机会，证券公司之间的竞争开始呈现全新的格局，竞争的层次和手段不断提高。在持续熊市过程中，券商为了生存和发展，积极探索业务转型。浮动佣金制的实施，股票发行保荐制度的实行，使券商开始逐步从传统的通道竞争模式向更高层次的服务竞争模式转变。

从上述分析我们可以得出一个简单的结论，即任何行业都存在竞争，行业发展离不开竞争推动，同时行业发展也促进了竞争层次不断提高。在市场达到均衡状态和最优竞争效率之前，竞争仍会继续。监管制度变革对我国证券行业的转轨和竞争关系的建立发展起到了重要的推动作用。

（2）证券行业竞争格局分析

①集中度分析

集中度是量度市场结构的主要指标，集中度的变化将直接反映市场的竞争状态变化。集中度的基本概念是行业内处于前几位企业的生产、销售、资产或职工的累计数量（或数额）占整个市场（或行业）的生产、销售、资产、职工总量的比重。

完全竞争、垄断竞争、寡头竞争和完全垄断四种不同的市场结构，集中度水平是不同的。在不同的市场结构下，企业的竞争行为和采取的竞争策略也有所不同。日本著名产业组织学者越后贺典教授将产业的垄断和竞争分为五类，分别是，A 型（极高寡占产业），CR1≥70%，B 型（高寡占产业），CR3≥80%，C 型（中寡占产业），CR10≥80%，D 型（低中寡占产业），CR10≥50% 和 E 型（低集中产业），CR10<50%。

近年来我国券商证券经纪业务的市场集中度是稳步提高的，但仍然属于低集中度水平，具有完全竞争的特点，价格竞争是主要竞争手段，谁也主导不了市场，不能形成主导优势。客户选择证券营业部开户投资的理由，主要是离家近、已经习惯了、与工作人员关系熟悉等，券商服务还没有成为客户选择的关键性理由。这也说明了经纪业务竞争格局尚未完全最后形成，还没有达到均衡状态。券商之间的佣金价格战还会持续下去，只有当整个行业只能获得社会平均利润水平，大部分券商难以生存下去时，才会停止。

投行业务的市场集中度水平在 2007 年较 2006 年有所下降，主要是 2007 年证券市场融资规模迅速扩大所致。总体上投行业务已经形成了准中寡占竞争的格局，少数大券商形成了较强的市场影响力，在融资额较大的项目上少数大券商在业务上好像达成了默契，其他券商很难插足。大部分券商只能承揽一些区域性的小项目维持生计。即使在行情火爆的 2007 年，仍有近一半的保荐机构没有开张。

客户资产管理业务由于尚处于发展初期，竞争格局尚未形成。

从证券行业未来发展趋势看，集中度还将进一步提高，未来将形成寡头垄断市场。整个行业将形成三个梯队。

第一方阵：3~5 家，规模大，全国性，业务品种全，具有超强竞争力。

第二方阵：10 家左右，规模较大，全国性，业务特色明显，在某些领域具有很强的竞争力。

第三方阵：数量众多的区域性特色券商。

市场集中度趋于提高的原因如下。

其一，根据国外成熟证券市场的经验，成熟市场集中度普遍较高，特别是网络技术迅猛发展，资本市场全球化趋势日益加强，为超大型证券公司产生提供了物质基础。美国证券业证券承销前五位券商的集中度高达90%，我国券商投行业务集中度提高仍有空间。从全球范围来看，有影响的大券商不超过10家。德意志银行大中华区首席经济学家马骏估计，中国在10年之后，可能出现5~6个占领市场份额共60%以上的大型券商，形成寡头垄断市场，目前券商中的2/3将被淘汰出局。

其二，集中度提高的内在动因。决定一个产业集中度的最基本因素是该产业的市场规模和规模经济之间的关系。每个企业都追求规模经济，但产业的市场规模不是无限的，有限的市场规模和企业追求规模经济的动向碰在一起，必然造成集中和企业数目减少。

随着企业规模的扩张，其长期平均成本趋于下降，收益递增，便形成规模经济。规模经济的形成，既有技术工艺上的原因、标准化专业化简单化的原因，也有原材料的节约和充分利用的原因。证券行业是规模经济效益十分明显的行业，一般工业企业规模经济的形成不仅受到社会对该产品需求总量的限制，而且受到消费者对产品规格、款式和质量等不同偏好的限制，而证券业属于资金密集型、人才密集型产业，服务产品更易复制和无限延伸，更易形成长期平均成本下降和边际收益递增的趋势。在市场竞争中，大券商更容易形成竞争优势。

其三，根据美国学者贝恩德调查，美国20个产业中，过半数产业前四位最大规模的企业均未达到规模经济，说明还有其他因素。

促进集中的因素还有企业趋向垄断的意向、企业的推销活动、进入壁垒、金融上的原因等。

阻止集中的因素有市场扩大、维护企业主权、政策和法规作用等。

从证券行业来看，分类监管使优质券商和大券商在竞争中的优势不断增强，促进了行业的分化整合。2008年管理层陆续颁布了《证券公司监督管理条例》、《证券公司风险处置条例》、《证券公司集合资产管理业务实施细则》、《证券公司定向资产管理业务实施细则》、《关于进一步规范证券营业网点的规定》等一系列规范证券公司发展的规章制度，证券行业全面进入了常规监管阶段，分类监管政策得以逐步落实，如放开对排名靠前、部均交易量最大的券商新设营业部，允许优质券商试点非现场开户、鼓励优质券商实行兼并收购等措施，都将使行业两极分化更加加剧，中小券商面临着越来越大的竞争压力。

市场集中度不断提高对行业竞争的影响和对策：首先是行业两极分化，券商苦乐不均。其次，寡头在未来竞争中将成为行业领导者，可以攫取超额垄断利润，而大多数券商只能成为行业跟随者，利润水平低于行业平均水平，随时都有被兼并收购的危险。因此，券商应抓住目前市场格局未定的有利时机，积极抢占市场，扩大市场影响力，才能在未来的市场竞争中占据有利地位。

②差异化竞争

证券公司所提供的产品是证券的发行、经纪服务，存在差别化。探讨此问题能反映证券业务市场的竞争强度以及市场细分程度，同时，分析证券业务差异化变化趋势将对证券业竞争发展有一个较清晰的判断。

所谓差异化，是指企业在所提供的产品上，具有足以引起买者偏好的特殊性，使买者将它与其他企业提供的同类产品相区别，以达到在市场竞争中占据有利地位的目的。具体包括真实或客观的产品差异（产品的性能和设计差异、销售的地理位置差异等），人为或主观的产品差异（买方的主观差异、买方的知识差异以及卖方的推销行为造成的差异等）。产品差别化影响买者的需求偏好，其结果是同一产业内不同企业所生产的产品减少了替代性，带来市场竞争的不完全性和寡占或垄断。可以用需求的交叉价格弹性来量化差异化的能力和水平。

在现实经济中，完全无差别的市场基本上是不存在的，但不同产业的产品差异化程度不同，不同的产业属性决定了该产业的产品差异化程度。根据不同产业的产品差别化程度，产业可分为高度差别化产业、中度差别化产业、轻度差别化产业和产业差别化可以忽略的产业。产品差异化程度与产业集中度呈正相关关系。在同一产业从始创到成熟的发展历程中，产品差别化程度演变规律一般是由小到大。

差异化对行业竞争格局的影响：一是可以创造需求，增加需求，降低需求的价格弹性；二是可以促进服务价格分化；三是可以使行业进入壁垒提高，对新加盟的证券公司来说，差别化程度越高，进入壁垒越大，进入代价越大。最终将促进行业分化和市场集中度提高，服务价格差异化将造成证券公司利润率水平分化。处于竞争优势的证券公司将凭借价格优势和成本优势，享有较高的利润率水平，而处于竞争劣势的证券公司只能取得较低的利润率。大证券公司的业务规模将越来越大，而中小证券公司的市场趋于萎缩。

差异化对企业的销路和市场占有率有很大影响，对不同行业和不同产品影响不一。一般来说，对消费资料产业和服务业较为重要，对生产资料产业则不那么重要（因为买主是企业，是专家，许多原材料货物已实现标准化），而对证券行业的影响十分重要。例如，美国排名第三的 QUICK REILLY 的交易手续费只有美林的 27%。折扣经纪商在提供投资服务的质量和数量上远不能与美林相比，美林的服务根据七个项目——服务范围、产品质量、股票研究、佣金收费、账户信息、安全运行以及共同基金运作的综合评价中排名第一。由于美国经纪业务市场竞争非常激烈，交易手续费收取比例越来越低，一些证券公司开始探索提供咨询服务，同时，按托管资产分类收费的模式，除交易手续费外，还发展出了年费制形式。年费收取的比例越高，提供的咨询服务内容越多。美林的年费收入已占到经纪业务收入的 50%，根据不同资产按季度收取年费，总体平均不超过托管资产的 2%。而嘉信的年费收取比例就较低，总体约为 0. 75%，占其经纪业务收入的比例不足 30%。

由于我国证券业集中程度较低，因此可以认为，我国证券业务的差异化程度也较低，业务同质化、趋同性严重，反映了我国证券公司竞争层次和水平还较低，也说明了证券行业差异化能力不强，易模仿，易复制。其投行业务模式单一，只有发行承销。客户资产管理业务产品种类也大多相同，与基金产品也没有明显的区别。后果就是恶性竞争，低水平竞争，影响和制约了行业发展。国内券商大多没有摆脱

“靠天吃饭”的局面，行情好，券商的日子就好过，行情不好，就亏损累累。价格战、佣金战让红海变得越发鲜血淋漓。各券商普遍将争抢市场份额作为首要目标，不惜以牺牲利润为代价占领市场。为了在狭窄的业务范围中分得有限的几杯羹，不得不大打价格战、佣金战，进一步收缩了整个行业的生存空间。这种状况同我国家电行业20年前的竞争状况十分相似。

美国的证券业集中度高于我国，其业务差异化程度也比我国高，其投资银行业务专业化程度高。证券公司专注于某项或几项擅长的业务，如折扣经纪、自营业务等，在细分的市场内形成自身独特的核心优势。大证券公司在各项业务领域也是各有侧重，如美林擅长于组织项目融资和产权交易，摩根士丹利优于包销大公司证券，高盛擅长于债券业务等。

以证券经纪业务为例。对美国证券经纪业务观察后发现，其业务主要分为三类：一是以美林为代表的综合型服务经纪模式，其目标客户证券资产在50万美元以上，为个人和家庭提供多种交易方式和全面的理财服务；三是折扣经纪模式，为自主投资者提供网上交易和店面交易、电话交易等交易方式和标准化的信息产品；三是高折扣经纪模式，该方式纯粹通过网上交易，不提供任何信息服务，提供该类服务的一般是很小的经纪商。总体上说，这几类公司各有各的优势，有的强调服务，有的强调成本。折扣经纪商可以做得很大，比如，嘉信前几年经纪业务量曾经超过了美林。华尔街的业内人士认为，牛市时，后两类公司有优势，熊市时，财务顾问类的前两类公司有优势，但整体孰优孰劣并没有定论。

20世纪90年代末，美林证券在经纪业务的行业领导地位受到折扣经纪公司如嘉信的严峻挑战，美林通过研究推出应对佣金折扣的竞争战略——“综合性选择”（integrated choice）的服务产品，即提供不同层次、多样化的专业咨询服务。美林把500万个个人客户、200万个中小企业客户及其他客户分成重要优先客户、优先客户、最重要客户、富裕客户及集团雇员服务关系等不同类型，再由客户选择从完全自己管理到全权委托管理的不同的服务产品来确定计费标准。

美林针对不同需求的客户，提供不同层次的服务模式。既有针对愿意自己动手投资的客户的“网上交易+研究和信息服务”的模式，如“美林直接”，也有传统的“账户+研究和信息服务+金融顾问”服务模式，如“无限优势”（unlimited advantageSM）等，还有委托理财性质的“个人账户管理+金融顾问”的模式，如“美林顾问分散组合”（Merrill Lynch Consults® Diversified Portfolios）等。

我国证券行业差异化程度低。市场不成熟、制度不完善是主要原因，没有为证券公司营造一个充分、公平竞争的外部环境。证券公司发展时间短、自身存在诸多不足是内在原因。如投资者结构不合理，交易品种少，投机气氛浓，难以针对不同财务状况、不同收益期望和不同风险承受能力的投资者来细分投资目标，体现证券公司不同的咨询服务水平。在证券承销业务中，过去的额度制，通道资源少，最能体现证券公司业务差异化的资产重组方案、确定发行价格以及上市推介方案成为次要的工作，非市场、价格的因素往往起主要作用。

实行差异化的外部条件正逐步改善。随着差异化竞争水平的不断提高，我国证券行业竞争必然呈现出新的特点。一是券商业务创新，根据差异化竞争的要求，券商将加大创新力度，力争以形形色色的创新赢得差异化竞争的优势。二是市场细分，为投资者提供更加精准的服务。三是逐步形成券商经营特色和品牌。以国信证券、招商证券为代表的部分券商探索出一条“品牌产品模式”为主的新路子。

证券公司的蓝海战略：核心理念是超越竞争，以价值创新为基石，对“价值”和“创新”同样重视，不是把精力放在打败竞争对手上，而是放在全力为买方和企业自身创造价值飞跃上，给客户带来新的价值和低成本。能够找到蓝海的关键因素是创新能力。在重视创新的同时要强调创新速度，只有最早进入蓝海的券商才能分得最大的利益，随着竞争对手的效仿和加入，蓝海最后还是会变为红海的。波特经典的竞争优势理论认为：企业获得竞争优势有三个途径，第一成本领先；第二目标集聚；第三差异化。蓝海战略有助于实现差异化，它代表着亟待开发的市场空间，代表着创造新需求，代表着高利润增长机会。实施蓝海战略，有助于在激烈的竞争环境中增强自身的竞争优势。

（3）开放与证券行业竞争

前面分析的是证券行业内部的竞争格局，没有考虑进入壁垒的因素。进入壁垒是影响市场竞争结构的一个十分重要的因素，包括制度壁垒、市场壁垒、技术壁垒等。过去证券行业制度壁垒很高，制约了新进入者，也限制了竞争。接下来分析证券行业对内对外开放对行业竞争带来的影响。

①混业经营与证券行业竞争

1999 年美国国会通过《金融服务现代化法案》后，世界主要发达国家在经历了长达半个多世纪的分业经营后，开始向混业经营体制回归。随着我国加入世界贸易组织，国内要求混业经营的呼声也越来越高，趋势已经凸显。

混业经营意味着金融功能的竞争性配置将取代原来的机构性配置，对资本实力并不雄厚的国内券商而言，如何在国内商业银行和外资投行的夹缝中生存，将是一个刻不容缓的现实问题。

在混业经营模式下，投资银行和商业银行的关系大致可以分为两种类型：金融控股型和全能银行型。金融控股型模式中，投资银行与商业银行并列成为某一个金融控股公司下的独立实体。全能银行型模式下，投资银行附属于商业银行，成为其中的一个业务部门或控股子公司。

全球排名前十大投资银行中，独立投资银行机构有美林、高盛、摩根士丹利、雷曼兄弟 4 家，其余 6 家都为金融集团下的投资银行机构。其中，采取银行持股模式的有瑞士信贷第一波士顿、瑞士银行、德意志银行，属于金融控股公司模式的有花旗集团环球金融、摩根大通、美国银行。国内外很多研究成果表明，无论是风险控制还是经营效益，金融控股公司模式都要优于全能银行模式。

1996 年商业银行进入投资银行通道的大规模敞开，以及《金融服务现代化法案》的通过，美国投资银行业才切切实实感受到了商业银行的竞争冲击。事实上，美国银行业特别是大型银行才是美国实行混业经营的最大受益者，特别是那些在全面放开前有幸成为混业经营试点的银行更是最大赢家。美国经验表明，绝大多数投资银行要想在混业经营时代生存下去，最好的归宿还是与商业银行结成联合体，正所谓“大树底下好乘凉”。

从1997年分业经营体制确立后，我国大多数证券公司采取了独立发展模式，仅有为数不多的证券公司附属于某一大型银行或金融控股公司。其中又以金融控股型的居多，代表性的有招商证券、中信证券、光大证券、平安证券。

囿于我国法律限制，商业银行为了重返投资银行业务，采取了“曲线救国”的策略。比如，中国建设银行于1995年和摩根士丹利合作成立中国国际金融有限公司，2004年建设银行股份制改革后，已经将持有的中金股份全部转让给新成立的建银投资；中国工商银行与香港东亚银行合作，在香港收购擅长投资银行业务的国民西敏银行下属的西敏证券，合作建立工商东亚金融控股公司，从事香港和内地的投资银行业务；中国银行在英国设立进行投资银行业务的中银国际，实现业务的国际化等。

由于国际主流外资银行都已实现混业经营，受缚于分业经营的中资银行在国门打开后的全球竞争中将遭遇制度瓶颈。为顺应国际银行业发展趋势，一些国内银行已经开始在为混业经营时代的来临做准备。据悉，工商银行、建设银行和浦发银行已经成立了相应的投行部，国内其他商业银行也正在纷纷效仿。交通银行已经得到了国务院的特许，可以试点“混业经营”。

一旦混业经营正式登堂入室，中国证券业再次面临重新洗牌，现有的业务格局和竞争态势将重新定位。相比证券公司，商业银行的资金、规模、销售渠道无疑具有绝对优势，国内商业银行对投资银行业务的渴求、传统银行业务的激烈竞争及面临的全球化挑战将使国内银行业加快布局证券业的步伐，中国金融业有可能走上美国曾经经历过的从银行持股公司再到金融控股公司的循序渐进的演化路径。在这个兼收并蓄的过程中，除了极少数证券公司能够凭借其雄厚实力、特色经营独立于该体系之外，大部分证券公司要么被同行兼并，要么被蚕食进金融控股公司缔造的金融帝国中去。

②外资券商进入与证券行业竞争

中国加入WTO对证券业开放的承诺：外国证券机构可以直接（不通过中方中介）从事B股交易，外国证券机构驻华代表处可以成为所有中国证券交易所的特别会员，允许外国服务提供者设立合资公司，从事国内证券投资基金管理业务，外资比例不超过33%；加入世贸组织后3年内，外资比例不超过49%；加入世贸组织后3年内，允许外国证券公司设立合资公司，外资比例不超过1/3，合资公司可以（不通过中方中介）从事A股的承销，B股、H股及政府与公司债券的承销和交易，基金的发起。

2007年第二次中美战略经济对话中国对证券业开放的承诺：同意取消对于外资券商进入中国市场的禁令，并恢复发放对包括合资券商在内的证券公司经营牌照；

将 QFII 额度由 100 亿美元提高至 300 亿美元。在 2007 年第三次中美战略经济对话之前，允许外资券商进一步扩大在中国的业务种类，包括证券经纪业务、自营业务以及基金管理。

2008 年第四次中美战略经济对话前夕，瑞信方正证券合资获得批准，华欧国际获得证券经纪业务牌照，同时中国证监会表示将对证券市场对外开放进行全面评估，表明证券行业对外开放步伐不断加快。

截至目前，共有华欧国际、中金公司、中银国际、长江巴黎百富勤（已经分手）、海际大和、高盛高华、瑞银证券 7 家合资证券公司，此外还有 24 家合资基金管理公司。

众所周知，我国本土券商都是在封闭环境下成长起来的，大多实力不强，其竞争力、创新力均无法与国际投行相比。外资券商在专业化程度、国际化运作经验等方面的优势慢慢显现，特别是在投行业务和高端经纪业务、资产管理业务等方面，给国内证券公司带来新的挑战。

外资证券经营机构的进入，使我国证券业发展环境发生了较大变化。

A. 券商加速并购重组，行业集中度不断提高。目前，国内证券公司普遍规模过小，资产质量差，资本扩张基础薄弱。截至 2005 年底，我国全部证券公司资产总和仅为 3 070 亿元人民币，而美国高盛集团一家的总资产就是我国全部证券公司资产的 18 倍。面对外资证券经营机构的进入，国内券商之间的市场化并购将成为券商做大做强的模式选择。随着我国证券业国际化的推进，证券业内以获得控制权为目标、以全面参与国内证券市场为导向的外资并购高潮也将到来。在抢先布局国内证券市场的动力驱使下，国际大券商加快了对我国券商的并购步伐。国内券商也将加快引进境外战略投资者的步伐，证券机构的数量将逐渐减少，资本规模将逐渐扩大，整体实力不断增强。

B. 行业专业化和差异化程度逐渐提高，市场趋于细分。目前国内证券机构普遍存在业务结构雷同、业务种类单一、缺乏创新能力的状况，这在很大程度上降低了中国证券业的整体竞争力。中国大多数证券公司的业务目前还局限在传统的承销、经纪和自营等方面，只有一些大证券公司才涉及公司理财、资产重组、资产证券化、项目融资、投资顾问等业务。外资机构的进入，将为证券市场带来创新的业务和产品，较高的技术壁垒将使中国证券行业进一步分化，专业性分工将逐渐趋于明显。外资证券机构将在多个业务领域，尤其是在高端市场对国内证券公司形成强大竞争压力。

C. 券商调整业务空间布局，创新盈利模式。目前我国券商很少涉足海外业务。我国许多面向国际市场的投资银行业务只能拱手让给境外券商。在发展战略与业务结构方面，合资证券公司将在我国证券业中率先建立一种新的业务渠道和盈利模式，为境内券商参与国际证券市场的竞争引路。从证券业发展的国际潮流来看，业务和收入的多元化是重要趋势。资产管理、投资顾问、理财等业务收入在境外券商的财务报表中所占的比重很高。而在境内券商中，这部分利润的比重通常较低。在市场主体日益多元化的趋势下，证券机构不能继续依靠既有的经营模式获利，而外方在新兴业务方面的优势将是合资机构产生利润的重要来源，中方与外方股东的组合将有助于推动和促成合资机构的战略与业务转型。

D. 人才在短期内有向外资机构集中的趋势。证券行业最宝贵的资源就是人才。外资经营机构凭借其企业文化、品牌与资金优势，可以吸引人才，尤其是海外人才的加盟。其远高于内资机构水平的薪酬、完善的职业培训和激励机制，以及先进的管理经验和专业技术，都对内资机构从业人员有很强的吸引力。外资证券机构的进入，将吸引国内优秀从业人员加盟，从而使内资机构面临人才流失的困局。

（四）中国证券公司盈利模式现状及其存在问题

中国证券市场发展20多年来，证券公司从无到有，从小到大，发展速度非常惊人，成为推动中国证券市场快速发展的一支重要力量。在2001年前，中国证券公司基本上是躺在政策保护和行政垄断的襁褓里享受着垄断利润，尽管各家公司业务模式雷同，盈利模式单一，但基本上都无生存之虞。但自2001年以来，随着行业准入管制的放松、佣金自由化改革及证券市场对外开放步伐的加快，证券行业的垄断壁垒逐步被打破，市场竞争日益加剧，中国证券业开始步入一个利润平均化的微利时代。加上市场近三年多来持续深幅下跌，导致证券公司经营环境不断恶化，中国证券业整体面临行业性的信任与生存危机。我们认为，目前中国证券公司的困境不仅仅在于市场的低迷，更深层次的原因在于证券公司传统盈利模式已不足以维持其简单再生产。因此，中国证券公司要想摆脱困境、实现良性的可持续发展，就必须彻底摒弃靠天吃饭的传统盈利模式，借鉴国际大投行先进经验，加快业务重组与创新，建立起适应市场变化的新盈利模式。

1. 中国证券公司盈利模式现状

证券公司的盈利模式可以通过其收入结构得到体现。从中国证券公司收入结构来看，基本是由经纪业务手续费收入、证券承销收入、自营收入、利息收入等几大块组成，盈利模式存在高度同质化的现象（如表7－1、表7－2及图7－1所示）。同时，各家公司收入过分依赖于经纪业务，盈利模式比较单一。

表7－1　2014年证券行业整体盈利统计数据　单位：亿元

整体盈利	4.09万	净资产9 205.19	净资本6 791.60
客户交易结算资金余额（含信用交易资金）	1.2万	—	—
托管证券市值	24.86万	—	—
受托管理资金本金	7.97万	—	—
其他	—	—	—

表 7-2　　2014 年证券公司业务统计数据

业务分类	营业利息收入（亿元）	同比变化（%）
证券行业	2 602. 84	63. 45
融资融券	446. 24	141. 71
投行、自营及资管	710. 28	132. 48
证券承销与保荐	240. 19	86. 74
财务顾问	69. 19	54. 61
资产管理	124. 35	76. 88
证券投资咨询	22. 31	-13. 76
其他	—	—

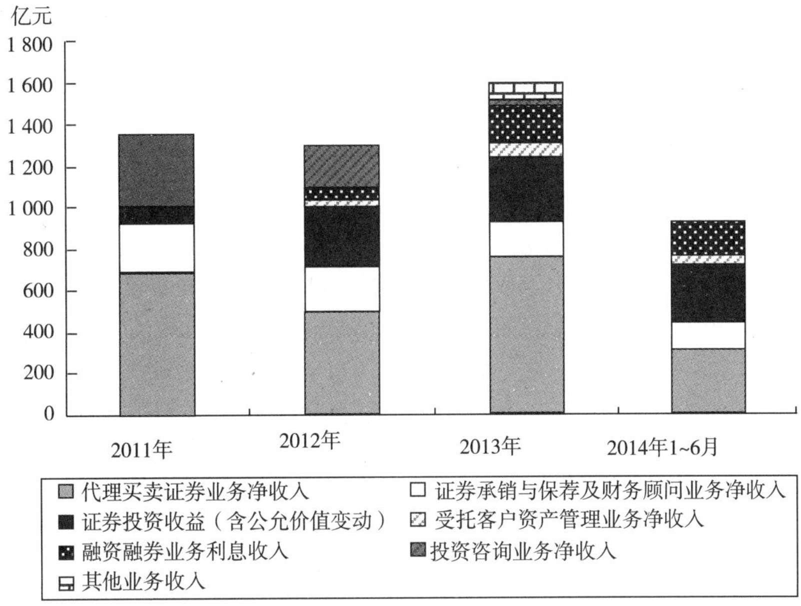

图 7-1　证券公司业务盈利对比

2. 中国证券公司传统盈利模式存在的主要问题

（1）中国证券公司盈利模式基本上是一种以“通道”为核心、以获取垄断利润为主的盈利模式，同质化竞争严重。从过去 20 多年的发展过程来看，中国证券公司主要是通过为客户提供各种通道来获取收入，这些通道主要包括交易通道和发行通道。这些通道不是通过市场竞争获得的，而是管理层赋予的一种垄断权利，能获得通道的证券公司，都能获得垄断利润。这种通道盈利模式基本上没有技术壁垒，容易复制，这导致证券公司业务同质化明显，各家证券公司基本上就靠经纪、投行、自营三大传统业务吃饭，恶性竞争现象突出。同时，以获取垄断利润为主的通道盈利模式在客观上抑制了证券公司创新的积极性，不利于证券业的健康发展。随着行业壁垒逐步被打破及市场竞争日益激烈，这种盈利模式已越来越难以适应证券市场发展的需要。

（2）中国证券公司盈利模式缺乏核心竞争力，对行业可持续发展形成严重制约。从行业内部来看，目前证券公司的几块主要业务中，每个合格的市场主体都可以参与，几乎没有一家公司具有难以被别人复制的核心竞争优势，证券公司的业务性质、服务内容、服务手段都很雷同。从行业外部来看，随着证券行业壁垒逐步打破，证券经纪业务、投行业务、资产管理业务等券商传统垄断业务开始受到IT运营商、银行、信托公司、资产管理公司的挑战，市场的竞争者越来越多。由于缺乏核心竞争能力，中国证券公司经常面临恶性竞争，公司盈利能力也很脆弱，缺乏可持续发展的能力。

（3）中国证券公司盈利能力和二级市场高度相关，抗风险能力极差。由于证券公司收入主要来源于经纪、投行、自营等传统业务，而这几项业务的收入都与二级市场波动有很强的正相关性，因此中国证券公司的盈利也伴随二级市场的跌宕起伏呈现出一种高度波动状态，一旦市场行情不好，证券公司经营业绩便会大幅下滑。

（4）中国证券公司收入结构极其不合理。经纪业务所占比重过高；同时，高风险的自营和资产管理业务所占比重也较大，成为证券公司的最大风险来源。

中国证券市场成立以来，出于风险防范的考虑，管理层对证券公司实行了较为严格的监管制度，证券公司的业务范围、产品创新均受到严格管制，从而导致证券公司业务范围过于狭窄。由于无法获得更多的收入来源，证券公司只好过多地依赖于经纪业务，甚至不得不大力发展自营和“保本保底”型资产管理等高风险业务。在中国证券公司收入结构中，经纪业务是无可争议的第一大收入来源，手续费收入加上客户保证金的利息收入，在证券公司总收入中占比都在50%以上。即使业内盈利能力最强的证券等几家创新试点券商，也没有摆脱这种盈利模式。这样一种过分依赖经纪业务的盈利模式无疑是脆弱的。特别是随着市场的持续调整和交易量的萎缩，以及浮动佣金制的实施，证券公司经纪业务盈利能力每况愈下，大部分证券营业部陷入亏损的境地。过分依赖经纪业务的盈利模式也基本走到尽头。

中国证券公司收入结构另一不合理之处是高风险的自营和资产管理业务所占比重较大，成为证券公司的最大风险来源。在证券公司几块传统业务中，自营和资产管理业务是风险最大的业务。自营业务收入一直是中国证券公司重要的收入来源，尤其是在二级市场走势向好的时期，自营收入更是占了总收入很大的比重。但自营业务与二级市场走势紧密相关，一旦市场低迷，或投资决策失误，自营业务往往会给证券公司带来巨大亏损。而中国证券公司开展的传统资产管理业务实际上是以保本保底形式融入资金进行投资的一种业务模式。这种委托理财模式将本应该由市场化解的风险由证券公司完全包下来，违背了风险与收益相匹配的原则，给证券公司带来了巨大的风险。一旦市场持续低迷，这个巨大的风险源也将被引爆。中国证券市场20多年的历史不断证明，因自营和委托理财业务规模过大、承担了过多风险的证券公司大多深陷财务困境之中难以自拔，甚至破产。

3. 国际大投行盈利模式分析及其借鉴

中国证券公司传统的盈利模式已走到了尽头，如何学习、借鉴国际大投行先进经验，建立起适应市场变化的新盈利模式，是中国证券公司当前发展所面临的重大课题。在国外投行中，美国投资银行以其庞大的资产规模、严谨规范的治理结构、成熟有效的管理机制、推陈出新的创新意识而在全球资本市场中独占鳌头，具有较强代表性。因此下面主要通过分析美国投资银行的盈利模式来探讨其中可借鉴之处。

美国投资银行最初的盈利模式与中国证券公司类似，其收入来源也基本集中在经纪、承销、自营几大传统业务上，而且佣金也是收入的第一大来源。但随着20世纪70年代佣金的自由化改革，美国投资银行的平均佣金收入占总收入比重从超过50%，不断下降到目前的不足20%。证券零售包销、自营交易、经纪业务等传统业务框架被突破，并购、资产管理、咨询等创新业务不断被引入。到2003年，美国投资银行传统业务之外的其他业务收入所占比重已经超过40%。

下面我们以美林和摩根士丹利两家公司为代表来作进一步分析，见表7－3、表7－4。

表7－3　　美林证券2001—2003年收入结构

业务＼年份	2003		2002		2001	
	金额（百万美元）	比例（%）	金额（百万美元）	比例（%）	金额（百万美元）	比例（%）
投资银行业务	2 628	13.04	2 413	12.95	3 539	16.18
自营交易	3 236	16.06	2 331	12.51	3 930	17.96
资产管理	4 696	23.30	4 914	26.38	5 351	24.46
佣金	4 396	21.81	4 657	25.00	5 266	24.07
其他	1 111	5.51	751	4.03	528	2.41
净利息收入	4 087	20.28	3 561	19.12	3 265	14.92
净营业收入	20 154	100	18 627	100	21 879	100

资料来源：美林证券2003年年报。

表7－4　　摩根士丹利2001—2003年营业收入及构成

业务＼年份	2003		2002		2001	
	金额（百万美元）	比例（%）	金额（百万美元）	比例（%）	金额（百万美元）	比例（%）
投资银行业务	2 440	11.70	2 478	12.96	3 413	15.44
自营交易	6 138	29.43	2 730	14.28	5 503	24.89
投资	86	0.41	－31	－0.16	－316	－1.43
佣金	2 970	14.24	3 278	17.14	3 159	14.29
资产管理及其他收费服务	7 100	34.04	7 432	38.87	7 442	33.67
其他	455	2.18	660	3.45	553	2.50
净利息收入	2 935	14.07	3 909	20.44	3 403	15.39
减：消费信贷损失准备	1 267	6.07	1 336	6.99	1 052	4.76
净营业收入	20 857	100	19 120	100	22 105	100

资料来源：摩根士丹利2003年年报。

从美林和摩根士丹利三年的收入结构来看，其收入来源呈现多元化特征。其中，以收费为主的资产管理业务取代经纪业务，成为第一大收入来源。而传统的经纪、投行等业务在总收入中占比则稳步下降。与经纪业务、融资融券等业务相关的利息收入在总收入中也占有较大比重。

具体来看，我们认为美国投资银行盈利模式存在如下一些特点值得我们借鉴。

（1）收入结构比较稳定且具有多元化特征。无论是美林还是摩根士丹利，其收入结构都较为稳定，各项业务收入比例较为接近，没有过分倚重于某项业务，收入来源多元化的特征非常明显。因此，即使某项业务发展遇到问题，对公司整体盈利影响也不会太大。

（2）在弱市中仍具有很强的盈利能力，抗风险能力很强。2000 年 3 月熊市以来，美国股市陷入了 1929 年以来最严重的萧条，但证券公司的利润在 2002 年底仍达到 44. 4 亿美元。以美林、摩根士丹利为代表的优秀券商甚至逆市而上，在弱市中仍保持了稳定的收入和较强的盈利能力。如美林证券 2001 年的净利润为 5. 73 亿美元，而 2002 年的净利润一下增加到了 25. 13 亿美元。这表明这些国际大投行具有很强的风险控制能力和核心竞争力。其根本原因则在于其收入来源多元化、强大的产品创新能力和成本控制能力。例如，美林证券在 2001 年业绩亏损出现拐点后，经营业绩呈现出了稳步增长的势头。其依靠的直接因素就是服务产品的不断创新和成功的费用控制。寻求服务产品的不断创新使美林多元化的收入水平一直保持在一个相对稳定的态势中；而在费用控制方面，自 2001 年起其支出的费用一直呈现明显下降趋势，且下降幅度超过收入的下降幅度，这就使美林在弱市中仍能保证利润水平呈现增长态势。

（3）以收费为基础的资产管理业务在收入结构中占有重要地位，而且受市场环境影响小，呈逐年稳步上升趋势。美国投资银行的资产管理业务之所以受市场影响较小，这是由其“收费式”的业务模式所决定的。即通过向客户提供不同风险偏好的投资理财产品，从中赚取管理服务费。如美林证券每周都会为客户推出一些新投资理财产品，而美林只对提供这些投资品种的服务收取年费或者季费，投资收益则属于投资者所有。这种资产管理业务的运作模式，真正体现了设计满足客户需求的投资产品以达到为其资产进行管理的目的，同时较好地回避了券商直接进行证券投资的风险。

（4）重视开展融资融券等服务型业务。在美国投资银行收入结构中，净利息收入也占有较大比重，但与中国证券公司利息收入全部来自保证金利差不同的是，这些利息收入中有很大一块（约超过 60%）是为客户开展融资融券业务所产生的利息收入，只有一小部分来自客户保证金的利差收入。

（5）高度重视对自营等高风险业务的控制。自营交易虽然在美国投资银行中占有较大比重，但必须注意的是，美国投资银行的自营交易与中国证券公司的自营业务存在很大区别。中国证券公司的自营业务纯粹是利用自有资金甚至融入资金进行证券投资，其收入直接来源于二级市场的价格变动，与二级市场走势有很强的相关性。在市场表现好的时候，自营业务往往会给证券公司带来很大一笔收入，但一旦市场低迷或投资决策失误，自营业务往往会给证券公司带来巨大亏损。由于证券自营买卖是一项高风险业务，因此美国投资银行很注意对其风险进行控制。实际上，美国投资银行很少从事自营证券买卖，即使有，其所占的比重也很低，而且有限的自营投资还主要被用于做市商业务的需要。美国投资银行自有资金一般用于以下几方面：一是为市场提供流动性服务。比如大量的金融衍生产品交易是在券商柜台进行的，券商作为做市商充当买卖双方的交易对手。二是为公司产品创新提供“试验田”，当公司运用金融工程手段创造出不同风险和收益特征的产品后，先由公司拿出部分自有资金进行投资试验，如果运行一段时期后，业绩表现良好，再将该产品向客户进行推广。三是作为公司流动性管理的手段，投资于一些流动性高、风险低的品种。四是做一些套利对冲业务。

（6）高度重视研究团队对各项业务发展的支持。美林、摩根士丹利等国际大投行之所以能够在弱市中保持较强的盈利能力，建立起强于其他券商的核心竞争能力，很大程度上受益于其强大的产品创新能力和客户服务能力，而这些能力的培育最终的决定因素又是研究实力的强弱。以美林证券为例，其各项业务的开展都离不开强大研究力量的支撑。美林公司的研究队伍十分强大，分布在全球范围内的约 700 个高素质的分析师主要针对全球股市 2 400 多家上市公司进行专门研究，同时对全球宏观经济运行、固定收益策略、外汇交易策略、股市投资策略等进行深入分析。美林的研究水平得到了全球投资界的认同，2003 年美林研究分别位列《华尔街时报》以及机构投资者杂志评出的最出色研究队伍第三名和第二名，*Smart Monev* 杂志在它的年度评选中连续五年把美林评为“最佳全能服务机构”。美林的研究为其业务的发展提供了巨大的支持，尤其是在服务产品的创新以及通过为客户提供高质量研究产品以赢得客户信赖方面发挥了积极的作用。良好的研究声誉也使得美林与客户之间建立起一种长期的、相互信任的、稳固的客户关系，从而为美林各项业务的开展提供了坚实的保障基础。

4. 新形势下建立中国证券公司盈利新模式的若干思路

具体而言，中国证券公司新盈利模式的建立须从以下几方面着手。

（1）重组经纪业务服务模式，从单一的提供证券交易通道服务转向提供综合性金融产品理财服务，实现经纪业务收入来源多元化。

经纪业务的客户需求分为两个层次，第一个层次是基本的交易需求，第二层次是对资产增值的需求。在证券市场高速扩容的时期，交易品种、交易通道都供不应求，客户对于经纪业务的需求主要是完成交易的便利性、安全性和舒适性，券商之间经纪业务的竞争也主要体现在为满足客户的基本交易需求这一层面上的竞争。随着证券市场发展的逐渐成熟，客户的构成在变化，市场的投资理念在变化，客户对投资理财产品的需求越来越多样化、个性化，追求资产增值的需求也越来越强烈。为适应客户需求的这一变化，证券公司经纪业务必须从以交易为中心转向以客户为中心，从单一证券经纪业务为主转向综合性金融服务的发展方向，并按照为客户提供的产品和服务收取相关费用。

具体措施：一方面，要通过加强研究咨询工作整体提升经纪业务的专业化程度，提高客户资产增值能力；另一方面，要通过产品创新和服务创新拓展经纪业务服务的边界，突破单一的证券交易服务，提供综合性的金融理财服务。例如，与投资银行业务、资产管理业务相结合，向机构客户提供综合的证券业务服务；与银行、保险公司、基金公司合作成立“金融超市”，提供涉及证券交易、储蓄、商业保险、投资基金等品种的个人理财服务；发展投资顾问业务，提供“交易+咨询”的综合服务。上述业务转型将拓宽经纪业务的收入来源，除交易佣金收入和利差收入外，还可增加咨询产品收费，投资理财收费以及与银行、保险公司、基金管理公司合作的各项中间业务的收费等。收入来源的多元化，将使经纪业务收入摆脱完全取决于二级市场走势及成交额的窘境。

（2）积极拓展以收费为主的新型资产管理业务，将其发展为证券公司未来的主要收入和利润来源之一。

以收费为主的资产管理业务收入主要取决于所管理资产的规模大小，而与二级市场走势没有直接联系，受市场波动影响小，能给券商营业收入带来稳定的贡献，因而成为近年来国外大投行重点发展的业务之一，资产管理业务收入在公司总收入中所占比重一般在20%以上。一项对美林、高盛、摩根士丹利和雷曼兄弟四家券商1997—2002年各项业务的统计显示，资产管理业务的年均增长率为5.09%，对总收入的贡献率保持了26.7%的较高水平。由此可见，在发达国家，资产管理业务早已成为现代投资银行最核心的业务之一。而中国证券公司传统的资产管理业务是一种以保本保底形式融入资金进行投资的业务模式，不仅给证券公司带来巨大风险，而且根本没有体现资产管理要结合客户需求进行产品设计的内涵。因此，中国证券公司必须借鉴国际大投行经验，将资产管理业务由“融资式”向“收费式”的模式转变，建立以客户理财需求为核心、以产品创新为导向、以服务收费为利润来源的新型资产管理业务模式。

证券公司在开展新型资产管理业务时，必须要注意以下几点：

一是要加强资产管理业务的产品开发和创新，为不同风险偏好、不同投资需求的客户提供多样化的理财产品。如美林开展资产管理业务时就充分运用自身的专业研究团队进行产品设计，在以客户需求为核心的原则指导下推出金融市场上所有产品可能的最优组合，供不同类型客户按需选择；同时还不断推出顺应市场发展潮流的金融创新产品。中国证券公司要做大做强资产管理业务，也必须以产品为导向，加强资产管理业务的产品开发和创新，实现投资理财产品的多样化。除继续为投资者提供现有金融产品不同层次风险收益投资组合的增值型账户理财外，还可针对证券发行、企业购并、创新产品等专项业务，向部分投资者发起设立私募基金；在条件成熟时还可依靠自身整体业务优势，逐步为客户提供套期保值、企业购并等特别目标账户理财业务，帮助客户实现长远战略发展规划和客户整体资产收益最优化；逐步介入社保基金、企业年金市场，为这类发展潜力巨大业务的低风险偏好客户提供专业化的投资理财服务。

二是要加强不同业务部门的客户资源共享，将投行、经纪等业务部门的重点客户积极拓展为资产管理业务的客户。据统计，美林的资产管理业务额由资产管理部门自身带来的仅仅占了一半左右，投资银行部门的回头客和经纪业务的重点客户是当前美林资产管理部门外的重要客户源。显然，跨部门合作是美林资产管理业务发展壮大的重要推动力。中国证券公司发展资产管理业务也应借鉴美林经验，充分加强公司不同业务部门的客户资源共享，将投行、经纪等业务部门的重点客户积极拓展为资产管理业务的客户。

三是要逐步拓宽资产管理业务的投资范围，以增强其发展后劲。目前，国内证券公司资产管理业务的投资领域仍十分有限，仅局限于国内依法公开发行上市的股票、债券、基金及中国证监会允许其他金融工具。根据 2003 年 12 月 18 日出台的《证券公司客户资产管理业务试行办法》规定："证券公司办理集合资产管理业务，可以设立限定性集合资产管理计划和非限定性集合资产管理计划。限定性集合资产管理计划资产应当主要用于投资国债、国家重点建设债券、债券型证券投资基金、在证券交易所上市的企业债券、其他信用度高且流动性强的固定收益类金融产品；投资于业绩优良、成长性高、流动性强的股票等权益类证券以及股票型证券投资基金的资产，不得超过该计划资产净值的 20%，并应当遵循分散投资风险的原则。""非限定性集合资产管理计划的投资范围由集合资产管理合同约定，不受前款规定限制"。投资范围过于狭窄，将影响证券公司资产管理业务的拓展，制约其发展后劲。从国际经验来看，证券公司资产管理业务的投资范围一般较广，除可以投资于证券市场中已有的各种金融工具外，还可以根据委托方的要求来设计特定的投资工具，如资产证券化和一些专门的产业投资基金，如房地产基金。国内证券公司资产管理业务的投资范围也可借鉴国际经验，由目前的股票、债券、基金逐步拓宽至资产证券化、房地产基金等领域。这样一方面可提高投资收益、分散投资风险，另一方面也可以满足不同类客户的个性化需求，从而有效增强资产管理业务的发展后劲。

（3）加强证券发行服务，同时积极拓展财务顾问、项目融资、兼并收购、资产证券化等非通道的收费服务业务。

投资银行业务是国际大投行的主要业务和收入来源之一，其业务范围包括证券发行、并购重组、财务顾问、项目融资、资产证券化等。其中，证券发行之外的其他投行业务在收入中占有非常重要的地位。而中国证券公司目前的投行业务基本上是以证券发行业务为主，其他业务所占比重非常小。投行业务收入基本上取决于通道的数量或保荐人数（目前的保荐制度本质上仍未摆脱通道制的影子）和市场总的融资规模，而市场融资规模又与二级市场走势高度相关，因此大部分证券公司的投行收入与二级市场走势也高度相关。同时，保荐制和新股询价制的实施进一步加大了证券公司对发行上市的连带责任，增加了证券公司发行业务的风险。为了摆脱这种局面，中国证券公司投行业务也要加快转型，一方面要继续加强证券承销业务，另一方面要积极拓展财务顾问、项目融资、兼并收购、资产证券化等非通道的收费服务业务，使投行业务收入来源多元化，尽量降低投行业务对二级市场走势的依赖程度。

（4）严格控制高风险的自营投资业务规模，降低公司整体经营风险。

从国际大投行的实践来看，控制风险是证券公司经营的第一要务，高风险的自营投资业务规模一般受到严格控制。而中国证券公司自营业务规模普遍偏大，大多数公司自营业务风险远远超出自身可以承受的范围。过度的自营规模将证券公司融资中介性质的卖方机构演变为自有资金的投机商。在没有正常筹资渠道的前提下，投机商亏损的弥补办法则只能求助于客户保证金的挪用、保底型的资产管理，甚至国债回购，从而产生了严重的资金链问题。为了避免类似情况再次发生，中国证券公司今后应借鉴国际大投行经验，严格控制自营投资业务规模，使之与公司自有资本相适应。同时，自有资金投资要坚持价值投资、组合投资理念，以降低投资风险。此外，还要逐步转变自有资金的投资用途，如将自营证券投资转化为证券产品销售中的做市交易，或者投资于高流动性、低风险的开放式基金、短期回购品种等产品，作为公司流动性管理的手段，等等。

（5）加强研究力量建设，为金融产品创新和客户服务水平提升提供强大支撑。

从国际证券业发展趋势来看，金融产品创新是证券业发展的内在动力和提高核心竞争力的有效途径，只有通过金融产品创新，才能在激烈的市场竞争中逐渐形成“独一无二”、“与众不同”和“难以模仿”的核心竞争优势。而金融产品的创新往往需要前期深厚的理论研究作为基础，这就在客观上需要有一支理论素养很高、研究开发力量雄厚的研究队伍来进行业务前期的开创性和前瞻性的研究工作，以便为开辟新兴的业务领域提供强大的研究支撑。此外，证券公司各项业务服务水平的提升、各类客户资产的增值也离不开研究业务的支持。从国际大投行发展经验来看，良好的研究声誉，高质量的研究产品，专业化、个性化的投资咨询服务，是证券公司吸引客户、留住客户的最有力手段。因此，中国证券公司必须重视、加强研究业务的发展，为各项业务的开展提供坚实的保障。

（6）加强风险控制和成本控制，为证券公司实现盈利目标“保驾护航”。

证券公司是承担风险、管理风险、经营风险的企业，管理好风险是公司生存与发展的最重要基础。中国证券公司虽然都成立了风险控制机构，但企业管理者对风险管理还是缺乏深刻理解和认识，同时在风险管理制度和技术平台上也有所欠缺，难以真正将风险管理贯穿落实到公司业务与管理的方方面面。风险管理不到位使证券公司在日常经营、业务开展和产品设计等方面承担了巨大风险，一旦这些风险在短时间内集中释放，将给证券公司带来巨大危害。因此，证券公司保证经营活动正常进行、实现盈利目标的首要任务是加强风险控制。具体要加强以下几方面工作：第一，要建立健全公司治理结构，这是控制风险的基础；第二，要建立完整的、覆盖整个业务与管理线的风险控制体系和风险控制机构，并严格执行；第三，要引进国际先进的风险管理观念和方法，掌握风险量化管理技术，学会对公司风险额度的计算、配置和控制，力争做到对风险的可测、可控、可承受；第四，要正确处理好风险控制与业务发展之间的关系，建立风险控制的文化，使风险控制的理念深入人心。

二、证券公司创新驱动与转型升级

（一）证券公司突破传统寻找新的未来的必要性

证券行业是一个受市场准入限制的金融服务行业，经纪业务在证券公司的业务构成中占有非常重要的位置，是证券公司的核心业务。在全国证券公司的净收入中，经纪业务净收入占总收入的比例约为33%。经纪业务因其现金流大、收入相对稳定、风险较小等特点而受到证券公司青睐。绝大多数证券公司对经纪业务非常重视，而且不断加大投入，在市场开发方式上积极创新，形成了竞争激烈的市场格局。

由于我国证券公司的同质化特征，缺乏富有特色的服务，只能通过打价格战的方式赢得市场。但单纯的价格战会给券商带来多大的生存空间呢？我们不难看出，现在的证券公司在营销理念和策略上都有许多问题，因此，如何向客户营销自己，如何向客户提供极具特色的服务，如何进行服务方面的营销，成为决定券商未来生存的关键。

证券公司所提供的金融产品具有无形且同质性、服务和产品的统一性及员工与顾客的面对面接触性，这使得仅仅依靠传统的组合策略很难取得差异化的竞争优势，需要以服务营销中的7Ps为基础，向顾客提供服质量高、产品多样的特色服务，以满足广大客户多种需求，从而提高顾客的满意程度，进而给客户带来归属感、尊贵感、重视度，提高顾客的忠诚度。

从以上证券公司现状来看，证券公司正面临着很大的潜在危机。从国际证券业的发展走向来看，一般证券公司都会经历一个由小型化向大型化、由分散化到全能化逐步发展壮大的过程。若不及时强大自己，未来必定被强大的别人吞灭。强大自己，则先从自己的核心业务出发。毋庸置疑，证券公司的核心业务即其经纪业务。

1. 经纪业务的重要性

从收入结构来看，我国的券商的盈利模式存在着高度同质化的情形，基本上是由以下几部分组成：自营收入、经纪业务手续费收入、证券承销收入、利息收入等。而经纪业务手续费收入占了证券公司利润来源的相当大比例，在这个业务中，各个证券公司的竞争异常强烈，甚至出现了在证券考试考场外拉人的现象。

2. 经纪业务中的危机

经济业务收入不稳定。比如，国元证券的收入就很不稳定，而且受市场走势的影响收入波动比较强烈，经纪业务的收入来源主要是顾客买卖股票的手续费以及开户费，受股市波动影响很大。

顾客不稳定。顾客忠诚度低，没有归属感。中国证券行业服务严重同质化，客户对证券公司品牌的忠诚度低，券商需要有效衡量客户价值并持续跟踪客户价值量的变化，提供差异化服务和提高客户忠诚度。

有限的资源浪费在了没有为企业提供太大价值的顾客身上。统计资料表明，证券公司利润的来源呈现极端的二八分布，即八成的收益来自二成的核心客户。但是证券公司对每位顾客的服务与重视程度都是一样的，并没有体现那二成核心客户的价值。

（二）通过创新转危机为生机

1. 建造财富管理平台

（1）渠道。依托互联网渠道，创新营销及服务模式；寻找财富管理的潜在客户群，延展投资顾问服务半径，推动证券公司线上、线下联动服务模式的形成。

轻型化投入、新型化运营、差异化管理将成为网点发展的新趋势。

构建多层次证券网点体系，实现立体化覆盖（提升单店盈利能力，在重点区域打造若干旗舰店、中心店）；紧密围绕投资顾问和产品销售两条主线，以投顾为核心，在旗舰店、中心店周围有效布局新型网点（理财型、机构型、财富管理型）。

（2）人员。针对不同类型、不同层级的投资顾问设计专属课程，鼓励并引导投资顾问结合自身特长，探索差异化的服务模式。

在夯实投资顾问队伍的基础上，重点培养一批高端的金融顾问或财富顾问人才。

（3）机制。围绕财富管理，提升中后台的投研能力、适当性管理能力及客户服务协同能力，并尝试构建一套相对明晰、多元化的服务收费体系。

建立业务资源共享和利益分配机制、交叉销售机制、业务联动和协作机制、客户需求快速响应机制。

2. 扩展投资标的，提升产品收益

应当将信托制度作为理顺证券公司资产管理业务法律关系的重要依据。从行业定位来看，坚持私募为主、公募为辅的经营定位，以差异化发展为创新的突破口。从业务定位来看，以资产管理业务为抓手，促进证券公司业务全面转型。

证券公司资产管理业务要围绕客户需求，从专注于股票投资中解放出来，加强和银行、信托、保险的跨领域金融合作，为客户提供更多的稳定收益投资品种。证券公司的长项在权益类。目前，银行理财、信托计划、保险资金进入证券市场，并无实质性障碍，而证券公司资产管理业务，受到投资范围的限制，无法与银行理财、信托计划、保险计划顺利对价。如果能放开证券公司资管业务的投资限制，对证券公司资管业务丰富产品线有极大的现实意义。

进而，如果明确证券公司资管业务以《信托法》为上位法，充分发挥“私募”的特色，在充分解释风险并获得客户授权的基础上，可以进一步放宽证券公司资管业务，尤其是定向理财、专项理财在私募股权、商品期货、艺术品投资、实业领域等另类投资的投资范围，真正建立起一个不同风险收益配比的完备产品线。

首先，证券公司应当积极填补低风险产品的市场空缺，拓展现金管理工具。其次，发展融资性专项计划，建立以资产证券化为组合体的企业融资渠道。最后，证券公司资产管理产品需要提高投资者交易便利度，开展份额转让。此外，资产管理产品可以尝试担保交收模式，提高资金效率。

从服务创新角度来看，证券公司需要从单一的产品销售转向全面的客户资产配置。为投资者配置包括股票、债券、基金、保险、信托、商品、地产等资产。这就要求证券公司的资产管理体现出更加灵活的特点，充分扩大产品的投资范围，为公司客户提供更加丰富的理财服务。此外，资产管理产品的配置绝不能局限于自己的产品，应该具有全面开放的环境，允许证券公司相互代销资产管理产品，最终将证券公司资产管理业务打造成全方位的资产配置平台。

扩展投资标的，提升产品的收益水平已成为证券公司资产管理行业的当务之急。扩大与其他金融机构的合作边界，引入银行承兑汇票、保本型人民币理财、优质信托产品等低风险优质投资品种，进而完善证券公司资产管理业务权益类、固定收益类和现金类产品线，帮助客户在流动性、盈利性和风险性之间达成最优化的组合。与此同时，证券公司应当加快改善产品结构，尝试发行结构化分级产品。此外，针对不同风险偏好的客户，发行保本、保收益类的理财产品。

建议降低证券公司资产管理产品的准入门槛，在做好投资者教育和风险揭示的前提下，针对客户的风险收益特征，为其提供合适的理财产品。相比于基金公司产品的千元销售起点，目前证券公司集合计划的门槛较高，限定性产品 5 万元起，非限定性产品 10 万元起，定向客户起点 100 万元，而证券公司客户中通常是 5 万元以下的客户较多。

证券公司资产管理的未来发展必将走过从目前一般性个人理财产品向全面财富管理的咨询模式发展的历程，而现有证券公司资产管理的业务范围并未明确允许可以开展相关的咨询活动或提供投资顾问服务，因此，希望开展此类业务都能得到监管政策允许，为资产管理业务咨询推动阶段的到来奠定基础。

3. 新形势下券商传统投行业务发展的新思路

经济增速下行，券商赖以支撑的传统业务出现萎缩，券商何去何从成为市场的焦点之一。如果说传统业务的发展推动券商走过了二十年的历程，那么创新将成为今后券商发展的主题。创新才有生命力，唯有创新才能突破，才能走向差异化经营的可持续发展轨道。

对于证券行业来说，创新业务在最近几年获得了市场的极大关注。各券商也投入了大量的人力物力，扶持力度很大。事实上，创新是一种思维的扩展，不仅仅新兴业务，传统业务上的新创意、新尝试也能带来效率的提高和利润的提升，甚至影响整个行业的规则和格局。下文就券商三项传统业务的新趋势和新动向给予一定的剖析，并给出一些传统业务发展的新思路。

（1）投资银行业务模式的创新。目前投资银行业务在券商整体收入中占比约 20%，是券商除经纪业务之外的第二大收入来源。就承销与发行这一业务性质来看，券商具有相对的垄断性，短期来看行业发展形势不错。值得注意的是，国内投资银行业务在经历若干年的发展之后已经显示出一定的局限性。特别是在特大型企业这样的利润点已经发掘完毕而创业板和中小板的发行受到普遍质疑的情况下，未来行业的盈利模式和竞争格局方面可能会发生很大变化。券商投行业务更多地可能会从客户、价格和关系的竞争走向品牌、研究和资本的竞争。由于投资银行业务的培育期都比较长，因而有前瞻性的券商已经开始为未来十年的投行业务发展谋篇布局。

(2) 品牌优势在同质化竞争中脱颖而出。本土券商的投资银行业务目前仍处于较为原始的同质化竞争状态，北部券商依赖关系人脉，南部券商依赖制度价格。品牌特色和信誉的优势因素有所体现但仍未成为投行业务竞争的主导因素。主要原因在于在现有的资本市场供求关系下，投行部门作为中介在面对上下游客户，即企业和投资人方面承受的压力仍然较小。

(3) “大投行”概念替代“小投行”，并突出资本、研究和创新的重要性。

未来证券公司投行业务创新方向：

第一，拓展业务空间。随着市场的不断变化，有两类业务的市场规模将逐渐扩大。首先是债券发行市场，其次是并购重组业务。随着审核环节的简化，未来并购重组业务有望进入快车道。此外，随着新三板的扩容和国际板开板的临近，未来这两项投行创新业务将逐渐地对投行的竞争力产生影响。

第二，创新组织架构。为适应监管和自身业务发展的要求，投行应适当调整、重构组织架构。如随着新三板的扩容和国际板开板的临近，可增设新三板部、国际板部等创新部门。另外，随着新股发行体制的不断变革，投行组织架构的创新需要与整体业务的拓展相匹配。

第三，创新业务流程，增强投行定价销售能力。未来，投行应从“全业务链”的角度出发，建立投行业务发展协作体系，进一步增强投行定价和销售能力。

第四，创新激励机制，开发多维的激励方案。

希望政策上能够在证券发行、交易、监管等多个方面为国内证券公司的国际化给予帮助，引导和扶持中国证券公司乃至中国证券市场更快更稳地实行国际化。

三、互联网金融时代券商的应对策略

(一) 互联网金融时代下的创新策略

证券公司应冷静、理性地透过成功互联网企业的形式和表面，探究属于自己的互联网金融时代下的创新策略。

第一，要以专业为本，创新金融服务模式，用开放的心态迎接互联网金融时代的来临。互联网金融的重心仍在金融，互联网只是工具。市场担心互联网企业投身金融会对传统机构造成冲击，过于强调实现的方式而忽视金融业所包含的投资、融资、资本中介、风险管理和结构设计等更多专业的领域。

第二，以客户为中心，建立完善的服务体系并采用灵活多样的营销方式。面向广大客户特别是零售客户，提供全新的标准化服务产品，构建依托互联网的客户营销服务体系和模式。当前的互联网金融具有尊重客户体验、强调交互式营销、主张平台开放等新特点，运作模式更强调互联网技术与金融核心业务的深度整合。

因此从金融互联网化，到按照互联网理念做真正的互联网金融，券商要建立灵活、敏捷、快速、高效的扁平化组织，捕捉互联网新服务场景商机。要在产品、服务、系统的设计、交付过程中，建立强大的服务和营销队伍，将客户体验提升到前所未有的高度；建立完备的线上客服体系、客户第一的价值观体系，成立专门的客服团队，提供24小时不间断电话和在线服务，以满足客户需求。

（二）互联网金融冲击下证券公司系统建设

证券公司在互联网金融业务布局转型阶段需要从产品、账户、服务三个方面入手，搭建互联网金融的雏形，为互联网金融业务的长远发展打好基础。具体的系统建设包括构建产品中心，实现对于产品信息及全生命周期的统一管理；建设消费支付管理系统，打通保证金内外流动的渠道；建设客户信息管理系统，实现对于客户的分级分层管理；建设微信平台和QQ平台，实现证券公司服务方式的多元化和个性化。

1. 产品研发中心

产品研发中心是公司级的、开放的产品信息管理系统，可以提供产品的全生命周期管理，提供产品模型定义、供应商管理、渠道管理、产品配置、评估、审核以及风险合规等功能。通过产品研发中心可以实现对于产品供应商的管理、对于产品的全生命周期管理、对于产品的灵活配置组合。

2. 客户信息管理系统

客户信息管理系统的定位是公司级的客户信息系统。它通过整合形成单一客户视图，获取包括基本信息、账户信息、额度信息、风险管控和关系信息等在内的全面的客户信息；它与各类应用系统进行整合，接受访问和更新，展现完整的、一致的、共享的、权威的客户信息，可以解决客户信息重复采集、共享性差、利用率低、操作风险高等问题。同时，系统通过对客户信息的归集、整理、分析，发现客户之间的关联关系，从而提升营销服务水平。证券公司通过构建客户信息管理系统，可以达成“统一客户，统一账户、统一资产、统一服务、统一营销”的目标，满足综合理财服务的业务需要。

3. 互联网营销服务系统

互联网营销服务是基于科技的进步与创新、社交方式的改变与发展而产生的新需求，通过证券公司服务理念和互联网服务方式的融合，开启内控外联全兼顾的信息化管理模式，满足企业客服稳定、安全、快捷的工作需求，为企业真正实现高效率客户服务和有效客户关系管理提供完整的解决方案。

4. 建立流程平台与交易功能统一接入系统

目前各个系统之间的数据互联可以通过数据中心进行，但需要实时处理的业务功能互联多采取点对点的方式，存在变更困难、后台业务系统暴露于前台后性能不足的问题，建立跨系统的流程平台和交易功能统一接入平台，以提升数据交互的标准化、统一性。

5. 未来系统建设规划

实现了布局转型阶段的系统建设后，证券公司的互联网金融业务已经初具雏形，在切入扩展阶段可以继续建设一户通和内贷业务管理平台等系统，实现客户账户、产品、服务的一站式体现及征信授信业务办理；在互联网金融业务发展较为成熟的融合巩固阶段，辅之以相关系统的建设实现证券公司在互联网金融业态下对有价资产进行登记管理的需求，不断完善互联网金融时代证券公司的信息系统建设，促进证券公司从传统金融领域向互联网金融领域的跨界经营，发挥证券公司在互联网金融时代的中介职能。

四、运用互联网金融推动证券公司创新发展

鉴于互联网金融在国内各领域的广泛应用和迅速发展，建议证券公司应把握机遇，积极推动互联网金融在公司的发展与创新，具体措施如下。

（一）互联网金融平台的搭建

互联网金融平台的搭建对于公司的后继发展作用至关重要。在搭建平台的过程中，主要考虑三个因素。首先，要通过精准分析掌握用户需求；其次，考虑在产品、服务和用户体验方面做到极致，超越用户预期；最后，考虑用循序渐进的开发方法，在持续迭代中完善和更新产品，使之与时俱进。

金融互联网业务的开展初期需要以下技术系统支持：

（1）电商网站。面向网上客户提供服务的网站，包含开户、产品销售、在线交易、在线服务等功能。

（2）微信服务平台。建设中投证券微信公众平台，构建公司在微信上的信息服务渠道、业务办理渠道、营销推广渠道和客户行为数据收集渠道。

（3）互联网财富管理账户体系。目前公司账户体系无法支持用户在无开设资产账户的情况下购买金融或服务产品。需建立涵盖股票、基金、银行理财、保险、期货、服务产品购买的统一账户体系，并实现客户网上自助开户。

（4）整合对接系统。电商网站需与多金融产品销售平台、经纪业务工作平台、前台营业管理系统、呼叫中心系统等相对接。

（二）加大市场宣传

目前券商不够成功的原因之一在于宣传不够，缺乏运营网上商城的经验。当前券商网上金融商城最大的问题是，在同质化竞争中，如何将原有实体用户吸引到互联网中，为网站导入长期有效的客户访问量及销售量。券商把业务搬到互联网，主要目的是唤醒其存量客户，增大存量金融客户的金融需求黏性。同时，给增量客户

一次使用后留下深刻印象，上手快、体验佳是互联网券商的主要诉求。

市场拓展方面前期应注重合作渠道的拓展与线上广告，包括建立客户共同开发渠道，与多家单位互换服务资源，在微博、网站联盟、微信等渠道营销等，迅速扩大品牌知名度，扩展客户群。

（三）借助大数据的分析工具

互联网金融并非简单地把传统金融业务搬到网上去，而是充分利用大数据来颠覆券商与用户之间信息不对称的问题。其实，所有的金融产品都是各种数据的组合。以客户和互联网用户在公司各个渠道表现的行为数据为基础，收集市场融资企业信息数据，辅之以金融市场资讯、宏观分析、行业分析等外部数据，以云计算基础平台作为支撑，建立公司大数据分析应用平台，对用户互联网操作行为数据、市场趋势数据、已有或潜在投融资合作企业数据进行深入挖掘分析，以大数据分析为基础，进行公司金融产品、服务模式以及融资中介创新应用尝试。通过交易平台对客户数据分析预测客户可能的消费和交易需求，从而精准掌握客户的信贷需求和其他金融需求。

（四）引进和培养互联网金融人才

互联网金融这个新兴行业，其人才的要求颇高，除了要求精通互联网技术，还需要有专业和丰富运营经验，同时又了解金融行业。要求从用户体验、业务模式、销售运营模式与文化、沟通等方面去改变传统金融人。建议证券公司引进和培养能够适应互联网节奏的金融人才。

（五）互联网金融证券公司创新运用

互联网的快速发展和金融行业的不断创新，给我们传统的金融行业带来了非常大的发展机遇。互联网金融实际上是网络技术和线下金融的结合，互联网金融有电子互易、网络银行、网站支付、网络保险等。我们大家都知道，随着金融脱媒化的加速，迎来了互联网金融的大时代。

那么什么叫金融脱媒化呢？金融脱媒化就是金融脱离了银行的媒介。也就是说，投融资双方脱离了原有的金融媒介，完成投融资的对接。随着金融行业的快速发展，以及互联网的快速发展，互联网这个平台其实就是未来的发展过程中传统金融的媒介。因此，互联网的快速发展和金融行业的不断创新，实际上给我们传统的金融行业带来了非常大的历史性机遇。在互联网这个平台上，我们如果能够提供好的金融产品和服务，就可以顺利完成投融资双方的对接，或者财富管理的对接。

第八章　互联网金融解决产业园招商发展

一、中国产业园发展面临的困惑

截至2014年底，我国拥有482家国家级工业园区，其中高新区114家、经开区215家、出口加工区63家、边境经济合作区16家。国家经开区和高新区的GDP合计13万亿元，占全国GDP近1/4；合计工业总产值35万亿元，超过全国工业总产值的1/3；合计上缴税收为2万亿元，占全国上缴税收的近1/5。

从1984年大连经济技术开发区挂牌建园起，中国工业园区建立迄今已30年。30年之后，开发区走到了一个十字路口。

（一）五大困惑

困惑1：地方债收紧，上游被卡住脖子

2014年9月21日国务院办公厅下发的《国务院关于加强地方政府性债务管理的意见》（以下简称“43号文”）中明确指出：第一，地方债务要锁定存量，只减不增；第二，政府债务纳入预算管理，并进行财务公开；第三，拟定偿债顺序，相当于为地方政府资金建立财务制度。

该文件的出台，相当于为地方负债开发土地的模式带上了紧箍咒。市、县基础设施建设收归中央政府，市跟县级不准直接借钱，只有省、直辖市、自治区可适度发债，这是两大重要政策。

对于开发区来说，其原有的开发模式是以政府为担保，负债经营、滚动开发，而43号文的出台，相当于切断了这一模式的资金循环链。

20世纪80年代是开发区的黄金时代，每平方公里给1亿元优惠贷款。以广州开发区为例，光吹沙填土这一项基础开发，就在9个月内花了9 000万元。在无法依靠中央政府支援的情况下，开发区想出了对策，先是管委会（政府）同意出让土地，引入外商投资企业，等到税收上缴后，再由政府财政支持回流，承担债务。这就让企业与政府连为一体，形成一个大的资金循环。

1992年邓小平南方谈话后，对外开放和招商引资迎来新一轮高潮，全国也掀起了一阵开发区热。

困惑2：外企迁华退潮，考验内生发展能力

根据统计，1996年，全国有国家级经济技术开发区、保税区、旅游度假区100

余个，省级开发区 400 多个，其他乡镇级开发区则有近万个之多。因此，开发区的资金大循环模式不断在各地复制上演，财政压力陡增，相关的征地拆迁、房地产开发问题也一一凸显。2003 年，中央政府对这股热潮进行了整顿清理。

然而，成也萧何，败也萧何。当全球产业向中国大规模迁移的浪潮逐渐退去之后，招商引资遂成无源之水。

与外资产业向中国迁移放缓相对照的是，制造业开始向东南亚的越南、缅甸、孟加拉国等要素成本更低的地区迁移。

以产业迁移的风向标轻型消费品制造业为例：越南在 2011 年取代中国成为耐克的最大生产基地，阿迪达斯 2012 年宣布关闭在中国的唯一工厂。

电子制造业巨头三星也在 2014 年春天开始在越南建设其最大的手机生产工厂，预计 2015 年三星一半的手机将出自“越南制造”。

在此背景之下，开发区招商引资的模式显然难以为继。而误判形势、未能预估到产业迁移浪潮退潮的一些开发区，则陷入沉重债务泥潭中难以自拔——唐山曹妃甸即是其中的典型。

困惑 3：一方面空城现象日益显现，另一方面土地制约发展

一些在开发区建设热潮中诞生的开发区，实际上并未将产业发展作为首要任务，而是大肆圈地，兴建各种各样的开发区，再以政府财政为担保贷款投入基础设施建设，招揽能快速看到效果的房地产企业、劳动力密集型企业等。结果是，开发区内越来越多的楼房、工厂拔地而起，但同时也有越来越多的空城诞生，更有大量土地荒废，最后地方债台高筑。

粤东某县级市或许就是一个“范例”。2014 年，这座经济并不发达的城市，正力图将位于原县城南面的东海经济开发区建设成为当地新城区，而引入房地产开发商则被视为拉动新城建设的重要手段。然而，新区里已经建成的高层商品房楼盘大多是夜晚灯火阑珊、白天车马稀少的“空置楼”。以距离该县政府办公楼仅五分钟车程的“某某凤凰城”项目为例，虽然 2012 年就开始销售，但直到如今，该楼盘的 5 幢高楼晚间亮灯的房间也寥若晨星。

在河南省商水县产业集聚区，园区内也有不少地方长期闲置，甚至长满了荒草，“可能是还没有招商，也可能是招商了还没有开工”。而蹊跷的是，新建的综合服务楼大门紧闭，似乎很长时间没有开门营业了。

而在天津南港工业区，却出现了另外的问题，土地问题成了制约南港工业区发展的瓶颈因素。目前，该工业区东区项目用地告罄，西区也已基本排满项目，除重化项目外，其他主导产业项目用地非常紧张。

浙江台州的信质电机公司曾经的遭遇也折射出了开发区用地的尴尬。2012 年 6 月，信质电机公司发布公告称，公司已与博世（中国）投资有限公司签订合作意向书，双方建立战略合作关系，拟在湖南浏阳制造产业基地筹建新的生产基地。根据信质电机公司与浏阳制造产业基地管委会签订的合同约定，后者应于 2013 年 1 月 31 日前交地，项目亦计划于 2014 年投产。然而，在 2 年多时间里，该公司却因土

地问题屡次被“放鸽子”，无奈被迫出走浏阳转投长沙县，但最终被浏阳挽回。

造成开发区土地利用出现问题的原因包括规划布局不尽合理、工业用地节约集约利用水平低以及工业投资项目质量不高等。

在此背景下，园区的转型升级开始被高度聚焦。在当前土地和人力成本齐上升的背景下，低成本发展优势已经不复存在，在这一背景下，需要通过选择产业、释放农村集体土地、园区民营化、扶持中小企业、园区国家化、智慧化等方面进行转型和升级。

自2002年国土资源部清理整顿工业园区以来，全国8 000多家园区被砍掉6 000家，使得大量的资本和人力资源向中等及以上城市聚集，传统的低成本、落后产业园区开始向高新科技和国家化道路转型。

困惑4：“招工难”、“用工难”，人才不足成普遍问题

目前诸多工业园区存在“招工难”的问题。随着落户企业的增多，伴随而来的用工量也显著增加，企业“用工难”问题日益凸显。“用工难”问题已影响了产业园区企业的发展，也阻碍了地方政府招商引资的步伐。由于招工难，达不到用工要求，部分企业不愿进驻园区。

天津开发区（南港工业区）提供的资料显示，工业区一直以大项目、好项目支撑发展，招商引资是开发区的优势所在，也将长期处于主导地位。但是，工业区科技创新和创业氛围不够浓厚和活跃，人才、智力、技术等区域经济发展的内在动力存在不足，特别是自主创新能力和产业化水平有待加强。

以人才不足为例，“十一五”期间，南港工业区经济发展迅速，产业化规模不断扩大，但城市化与工业化良性互动不够，港城矛盾比较突出，工业区交通、通勤压力很大。虽然能够提供较多的就业岗位，但劳动力供应仍会偏紧。

困惑5：园区在建设中不计资源环境成本，造成环境污染

配套支撑体系不健全，在片面追求GDP的影响下，部分工业园区在建设中不计资源环境成本，追求短期利益，以致引发环境污染而备受诟病。

中华环保联合会2010年对18家工业园区进行的一次调查显示，18家工业园区（包括国家级园区2家，省级7家，县市级9家），均存在污染问题，其中：水污染100%；大气污染14家，占78%；固体废弃物污染3家，占17%。

长期重经济轻环保的做法，早已使工业园遍体鳞伤。有业内人士支招，要解决园区污染的问题，须正视目前存在的问题，园区污染治理和环保管理，两手都要抓。

合理选择工艺首当其冲。针对工业园区产业结构复杂、废水排放量大、污染物种类多、污染负荷排放强度高、水质水量变化幅度大等特点，综合考虑处理工艺的选择，避免出现处理量不足、处理效果不佳的情况。

（二）我国工业园建设存在的主要问题

一是发展战略不清晰，规划不合理。国内部分工业园区产业结构趋同，同质化竞争激烈，造成社会资源和土地资源大量浪费。同时，工业园区发展评价指标片面

重视招商引资数量、产值、出口额等数量指标，轻视内在竞争力、发展可持续性、创新能力等质量指标，助长了工业园区粗放型发展。

二是工业园区整体竞争力较弱。园区企业之间分工与协作不多、不深，产业链分工很少，企业处于独立运行的状态，或者只是在低层面、低水平上进行，园区无法获取产业集聚所带来的外部规模效应。

二、中国产业园区的发展趋势

（一）产业园区的发展阶段

（1）生产要素聚集：低成本，廉价的土地和劳动力，目前我国大部分低水平的产业园区处在这一阶段。

（2）产业主导：形成稳定的主导产业，具有上中下游结构的产业链。我国目前一部分发展较好的园区处在这一阶段。

（3）创新突破：金融工具的运用及文化创新并打造自主品牌。中关村科技园区等处在这一阶段。

（4）现代科技都市：与城市发展紧密融合，财富凝聚。美国硅谷处在这一阶段。

（二）产业园区发展的几个趋势

趋势一：从注重优惠政策向发展产业集群转变。从世界高新技术产业发展来看，基本经历了由“单个企业→同类企业集群→产业链→产业集群”的发展路径演变，高新技术产业只有集群化发展，才会激发出更大的能量。从未来高新技术园区政策走向看，优惠政策将可能逐步从区域倾斜转向技术倾斜和产业倾斜。

趋势二：由加工型高新区向研发型高新区转型。高新技术园区功能的特殊性，决定了高新技术园区适合打造前端性产业链（研发、设计、中试等）。未来高新技术园区的发展在于比技术创新能力和技术转化效率，我国高新技术园区也将逐步走向以研发中心、研发型产业、科技服务业为主体的研发型高新技术园区。

趋势三：从强调引进大型公司向科技型中小企业集群转变。高新产业系统化、交叉性的增大，使得科技研发与转化的复杂性日益加大，从而使大规模研发的系统风险大大增加。而随着科技预测性和可控性的加强，在总体方向下，将研发课题市场化、模块化、专业化，采用小规模研究，充分利用其灵活性，可有效分散风险和加快科技研发速度。

趋势四：由单纯的土地运营向综合的“产业开发”和“氛围培育”转变。产业园区的发展，未来必然会从孤立的工业地产开发走向综合的产业开发，通过土地、地产项目的产业入股等方式，将土地、园区物业与产业开发结合起来；同样，也从片面的环境建设走向全方位的氛围培育，在打造一流的硬环境的同时，加强区域文化氛围、创新机制、管理服务等软环境的建设。

趋势五：由功能单一的产业区向现代化综合功能区转型。现代的产业发展不同于传统工业发展模式的特性——智力资源密集，规模较小，信息网络化，决定了新的产业区功能的综合性不是单纯的工业加工、科技产品制造，还包括配套的各种商业服务、金融信息服务、管理服务、医疗服务、娱乐休憩服务等综合功能。

（三）以产业集群为导向的工业园区的创新发展

1. 我国产业集群的发展状况

地方集群现象出现在浙江、广东、福建、江苏、河北、河南、江西等很多省份，其中以浙江省和广东省最为集中。河北唐山的钢铁业、福建省晋江的鞋业、重庆市的摩托车制造业、河北省清河县的羊绒加工和文安县的木材加工业、河南省堰师市翟县的针织业、湖南省浏阳市的花炮制造业等都呈集群状分布。

2. 工业园区和产业集群的关联机理

（1）工业园区具有形成产业集群的优越条件

在区域竞争日趋激烈的今天，产业集群已成为提高区域竞争力的重要途径。世界各地包括我国各地区在工业化进程中，都把培育和发展产业集群当做政府推进工业化的一项非常重要的工作。产业集群通过怎样的载体才能得以快速有效地实施呢？当前，国内理论界已形成普遍的认识，认为工业园区是形成地方产业集群的主要载体。产业集群在空间上的表现形式是相关产业和支撑机构在地理上的集中，因而，产业集群形成和产业集群效应得到发挥的第一条件是产业在地理上的聚集性。工业园区内，通过优化经济发展的软环境和硬环境，制定一系列优惠政策，吸引和鼓励大量企业进驻和发展，使工业园区内单位土地面积上的产出远远高于非工业园区，这为形成产业集群和发挥产业集群效应准备了条件。要使包括成本优势、市场优势、创新优势、扩张优势等方面内容在内的产业集群效应得以有效发挥，除了企业在地理上的集中外，还必须具备一些条件。产业配套，产业之间有着密切的物质和技术联系；企业间信息交流渠道畅通，交流手段和途径众多，企业间形成良好的信任和合作关系；形成有利于技术创新和制度创新的环境，创新的“产业空气”浓厚；形成被广泛认可的价值观和理念，从而构建区域文化。而工业园区恰恰有利于这些条件的形成，如政府对工业园进行整体规划和科学管理，在企业引进上就考虑到产业的配套和企业的联系等。尽管如此，并不是说有了工业园区就一定会有产业集群，只是说工业园区为产业集群的产生和发展提供了条件，是产业集群的有效载体。

（2）工业园区的持续发展有赖于产业集群的形成

工业园区的一般特征是大量企业在一定区域集中。但是，企业在地理位置上的集中和公共物品的共享并不必然产生聚集效应。工业园区的发展有赖于园内企业的产业关联性或者业务关联所形成的协同效应。当共享行为对成本状况与差异化驱动因素产生影响时，共享能带来竞争优势。但是，协同效应是在一定支撑条件下产生的，它是由组织结构而不是技术或企业规模决定的。产业关联性以及源于共同利益的相互依附和相互信任是最基本的条件。因此，工业园区发展必须从产业组织形式着手，去寻找有效途径。产业集群作为实现企业间有效协作的组织形式，是推动工业园区发展的必然选择。对于工业园区来说，产业集群是一种系统性的发展理念，无论是改善现有的招商环境和创新环境，还是在招商引资工作中，都要从加强产业联系出发，并以提高区域竞争力、发展有国际竞争力的产业为指导思想。在有条件的工业园区，及时地实行产业联系推动战略，并转化为实际的对策措施，将会推动工业园区进一步发展。

3. 我国工业园区培育产业集群中的主要问题

我国工业园区的发展取得了令世人瞩目的成就，但是也要看到，在一些工业园区仍然存在着“有企业，没产业”，或者有产业集聚，但产业与产业之间缺乏关联度甚至没有关联度，使区域经济效益低下的状况，概括为如下四个方面。

（1）产业定位不清

近年来，工业的园区化已经成为我国产业发展的大趋势，但园区化只解决了产业集中或集聚问题。许多园区盲目发展，缺乏功能分区，专业化分工不明确，就好像“一个麻袋装着一大堆土豆”，许多工业园区主导产业种类太多，范围太广，缺乏突出的产业优势，总体产业定位不清，不利于资源的集中配置，所以主导产业的主导作用淡化，不能形成区域核心竞争力。

（2）产业链多而短，产业关联度不高

国内成功的工业园区，无一例外都有良好的产业定位和协调的主辅产业关系。例如，上海张江科技园突出发展生物医药和电子信息产业，信息技术又集中在集成电路和软件领域，园区内芯片设计公司、硅片制造公司、光掩膜和封装测试企业以及相关的配套和设备供应公司，使园区初步形成了集成电路产业链。但很多工业园区在吸引产业方面似乎过于盲目追求数量，而忽视了它们之间的关联性和相互渗透性，即没有适当引进上下游产业，导致园区内无法形成有效的产业链，因而无法产生企业聚集带来的规模效应和聚集效应，园区也就难以形成持续发展的动力。

（3）技术创新严重不足

许多工业园区高新技术产业集群、重化工业产业集群比例太低。产业集群多是以低成本为基础的聚集，不少产业集群还停留在模仿、装配低价竞争阶段，产业结构的总体层次、水平仍较低，创新能力与参与国内外竞争的能力不强；工业园区主要是靠吸引一些高新技术企业入园以引进高新技术，企业技术创新严重不足；工业园区对自身高新技术研究与开发的支持力度不够，技术原创性较差。

（4）产业配套服务业薄弱

大多数工业园区发展产业集群，只注重发展核心产业本身，金融、研发、营销、广告等外围服务业发展严重滞后，为整个集群发展服务的基础设施不完善、不配套，代表整个集群内大多数企业利益并成为其与政府和社会各界交往的行业协会不发达，也缺乏为其培养专用性人才的教育机构和完整的培训体系。许多工业园区还是习惯把目光盯在大规模的生产线上。大规模的生产线固然重要，但如果与其相关的零部件的配套系统、相关的产业服务系统不协调，同样会制约整个产业的发展。

4. 以产业集群导向的工业园区创新发展对策

（1）重视园区产业规划和定位

利用工业园区的优势条件吸引关键性企业落户园区，逐步培育与发展产业集群。可以把产业集群发展规划与工业园区招商引资结合起来，按照产业集群的发展规划，有选择性吸引关键性企业在工业园区内落户。关键性企业不在于规模的大小，而在于其示范性与凝聚力，只是规模较大企业的凝聚力更强。以园区关键性企业、大型企业或企业集团为龙头，通过产业分解或鼓励其母体公司内的科技人员和企业家分离出来自办公司，从而衍生出一批具有紧密分工与协作关系的关联企业。通过新公司衍生促进产业内部分工和建立相互依存的产业联系。建立筛选机制，在园区内建立相互依存的产业体系。也就是说，并不是哪个企业想进入园区就能进入，而是坚持以分工协作、本地结网形成产业集群来安排项目，对新进园区的企业明确以产业集群为导向。

（2）强化行业协会等中介机构建设

加强工业园区的行业协会建设可以为工业园区企业交流搭建平台。活跃的行业协会不仅维护园内企业的利益，还打通同类企业间的联系以及与外部联系的规则，制定重要的行业标准与信息，沟通园区企业与区外伙伴的联系，将园区企业凝聚成一个整体，同时将园区与外部产业链、创新链相连接，促进企业的产业升级和内源性增长。此外，在我国大多数工业园区中，行业协会还必须发挥市场规范的效能，建立一定的行业标准或园区技术质量标准，以技术监督、质量评定和价格协调等手段，驱逐以低质量维持低价格并以低价格抢夺市场的恶性竞争，最终维护工业园区企业间的公平竞争。

（3）营造工业园区集群创新环境

集群创新环境的构成是多层次的，既有硬件层面的，也有软件层面的。硬件层面上，工业园区应当为集群发展提供现代化的基础设施、便利的交通通信、配套的生产服务设施等。软件方面，需要园区管理机构搭建园区良好的信息、服务平台，打破园区创新主体间的联系阻隔，加强彼此间的交流与合作，促使园区企业的创新活动产生协同，提高园区的创新活力和创新效率。从另一角度而言，工业园区的集群发展离不开企业家的力量，而园区创新、进取的社会文化氛围正是创新企业家诞生的摇篮。在我国工业园区集群发展过程中，应当大力创造鼓励创新、互信合作、宽容的环境氛围，通过文化力手段引导园区企业共同价值观的确立和传播，形成园区企业家追求创新、勇于创业的价值取向和行为理念，推动集群的持续成长，另外，促使企业自下而上地营造工业园区的创新环境。

（4）深化工业园区集群的外部联动

集群发展本身就十分重视产业间的联系，这种联系既包括区域内的，也可涵盖区域外的。加强我国工业园区集群的外部产业关联，是高层次的集群发展需要。这种外部产业关联可以是基于资本、市场的，也可以是基于人才、技术的。例如，我国部分有条件的工业园区集群就可通过向外辐射的方式或是通过接受外来辐射的方式，以高、低技术，或是产业链上下游关系，赢得与区域外部或国外的产业集群和集群企业的对接与联动；或者通过与外部企业和高校等的联络，引进外部人才，取得外部高校及科研机构的技术成果和技术合作，获取本地集群发展的外部智囊。同时，通过与区域外集群，特别是国外高新技术集群的联系，我国的工业园区也可以更清楚地了解到整个行业的发展动态，而非眼光局限于集群内部，以不断调整产业发展的方向与速度。

三、产业园创新的规划理念和方法

（一）不仅仅需要考虑园区自身的利益，也更多地需要考虑园区内企业的成长性和二次成长培育

园区的服务是园区发展的关键，但是，大部分园区仍然更加重视的仅仅是“招商引资”的初始过程，在园区内部企业的发展服务方面做得很不到位，这也是园区发展甚至在规划过程中需要更多关注的问题。我们根据企业的成长需要，提供这样一个服务平台和功能是必要的，为不同发展阶段的企业提供不同的关键服务：

按照企业成长路线，提升创新创业综合服务能力和服务品质；

规划构建国际高科技企业孵化器，引进国际孵化项目，与基地产业形成互动；

设立大学科技园、留学生创业园；

建立为高成长企业服务的加速器，建立孵化器和加速器的对接机制，形成从孵化器到加速器的企业成长服务体系；

搭建投融资服务平台；

联合金融机构和中小企业创业板等帮助企业上市；

设立基地创业投资专项基金；

与国内外知名的风险投资机构成员建立联系、开展合作，积极引入国际专业风险投资机构；

开展投融资担保业务：借助国家中小企业转贷款平台，在基地设立中小企业贷款信用担保业务窗口、小贷公司、村镇银行、产业基金、私募股权基金等。

（二）当产业集聚遇到城市增长，会对中国社会有什么影响

中国的产业园区出现以后，我们看到了数以亿计的人口从西部往东部迁移，看到东部的水田变成高楼大厦，看到了城市经济突飞猛进的增长，这就是产业集聚和城市增长过程中给中国经济带来的正向影响。但是，我们也面临着新的问题，比如说老一代、20多年的产业园能耗比较大，城市功能不协调等。

下一代园区怎么发展？我认为要分以下三个层次。

1. 园区概念

园区是新型城镇化的重要支撑，但是现在园区概念又有新的深化。

最大的园区是国家级新区，比如成都天府新区，1 700 多平方公里，还有金普新区等。再下面还包括原来的经济开发区，或者高新区，或者保税区，或者物流港，可以说是“区中有区”。

另外就是“园中有园”，在几十平方公里的大区和小区中又分了不同的文化、创意、科技、农业等不同专业化园区。园中有园要求政府管理者和房地产开发商在未来的新型城镇化过程中有效协作，使得未来城市的构建、产业构建能够摆脱过去的问题，更加节约资源，提高社会投资效率。

所以说，通过过去的经验，包括未来的一些展望，我个人认为，新型城镇化对环境、要素、人文有很多新的期待，但是有哪些路径解决这些问题？我认为要把过去批准的地，就是国家级、省级、市级 3 000 多家经批准的园区，大概占到国土面积 2 万 ~3 万平方公里，这些园区存量，按照“亦庄经济开发区——亦庄新城”、“苏州工业园——苏州新城”这种模式进行系统规划、有效整合，这 3 000 家园区能够承载未来 4 亿多农民工进城的问题，能够承载城市间产业和要素迁徙的问题。

2. 未来产业园区的发展趋势

产业地产现在比较热，就是用地产的手段和力量帮政府完成园区的发展与运营。我觉得研究这样的问题，一定要知道未来园区到底有哪些标志性的趋势。

（1）园区的投资主体越来越多样化

北科建、北京经开股份这些都是国企，园区过去 20 年主要是管委会进行基础设施建设、土地出让以及后期的运营服务等。但是现在房地产商开始进入，这个力量越来越强大。

国内百强里面的以住宅为核心的地产开发商，至少有 30 家已经全面进入产业地产或者园区地产。还有一块是实体企业的介入，比如联想、华为，自己也利用产业，同时也做自备的园区或者某一个产业集群里的共同化。政府的、房地产的、实体企业的，这些园区的投资力量将来会产生巨大的分化。

2014 年 5 月 20 日，国务院批准了投资体制深化改革，大量的政府平台化投资企业，以及它们为政府进行的天量融资积累可能要进行剥离，这意味着无论是城市发展基础设施还是园区发展基础设施，政府投资职能将会被剥离。所以，园区开发商这个群体力量，不管是从哪里来的，市场化的力量将来会承接政府投资功能，未来园区地产商会真正由市场对资源起决定性配置作用。

（2）产城融合是大势所趋

大家都知道，2009 年北科建提出“科技地产”时就指出，未来的项目一定要坚持产城一体化。其实核心本意是把原来简单的政府土地出让真正结合到土地、产业、功能和价值，这四个问题要在产城融合的规划层面、政府的职能层面紧密地统筹起来。

换句话说，就是土地的集约化利用、产业的迁徙与集聚、城市功能的完善和整个经济价值与商业价值的统筹。

（3）产业定位的精准和差异化是未来园区最核心的竞争力

过去，其实政府在园区规划之初不是没有产业，土地、城市、产业规划得挺好，但是在执行过程中遇到各种各样的因素，很容易把专业园区做成杂园。谁坚持的是专业化、高标准，谁就容易成功。而很多园中园、地产商做的园区，要么是开发行为，建成就卖，不孵化企业，不走园区规模，要么是为了 GDP 尽快体现，招什么就是什么。所以，未来园区要活下来，一定要进行精准的产业定位和园区的差异化，现在不光是新进入者，包括很多专业化的产业地产商也面临着同样的问题。

（4）智慧与生态成为新标准、新亮点

这些新标准、新亮点是从以下三个层次讲的。

一是客户的需求标准越来越高。尤其是做科技园的，软件、生物类的，企业与企业的人员对环境、建筑、服务的要求越来越高。

二是政府管理的目标也越来越高。假如我们做 5 平方公里以上的大园区，它就是政府的城市新区，所以就有交通、人流、灾害等社会性管理要求，包括客户的要求，政府管理园区的要求越来越高。

三是投资人期望越来越高。低端园区的开发，园区价值也高不到哪里去，所以现在要腾笼换鸟。对于投资者，不管是社会投资人还是企业的自有资金，高标准、高端有竞争力的园区都是有吸引力的。

（5）园区平台化规律越来越清晰

原来几千亩一个园区，我们说我们是平台，什么是平台？创新创业服务平台、城市综合发展平台等。但是这个平台和互联网思维下的平台不一样，今天真正要用互联网思维去理解这个平台的内涵。

我认为这个内涵就是把开发商打造的园区虚拟成一个平台，平台的使用者是谁？一是政府。地方政府要园区。二是我们的产业类客户。三是生产性服务业。我们理解了这些使用者以后，就要用经济和政策手段促进客户间的交易，把信息资源整合起来为它们服务。所以要从运营化、金融化各个角度去理解这个平台。

从开发商角度来看，从产品的开发到物业的运营，到资产与产业的孵化，到客户的投资、服务、整合，这是我们必备的功底。

3. 新型园区的顶层设计系统

园区是政企合作的产物，它不是一个企业行为能够完成的，在这个前提之下，企业和政府对于产业园区的合作，至少有六个层面的体系必须一同考虑。一是产业生态体系；二是城市规划自体系；三是建设控制体系；四是招商运营体系；五是金融合作体系；六是园区的管理和服务体系。

案例：光伏产业转型升级之路

要说光伏产业园，得先从光伏产业集群说起。产业集群是指在某一特定的地域中，集中了大量的具有产业关联的光伏企业，以及相关服务、管理和科研等支撑机构，在此特定空间范围内共享包括专业人才、市场、技术和信息等诸多产业要素，从而使产业和企业间产生共生效应，并形成强劲、持续的竞争力，因此获得规模经济和外部经济的双重效益的现象。

在产业集群中，除了企业外，还存在大量的组织机构，如协会、商会、各类中心、大学和研究机构等，一个特定的产业园区往往就是一个产业集群区域。这一点，在我国的众多光伏产业园中，大多还不具备。

由上得知，光伏产业园区是运用政府的力量造成光伏产业的地理集中，创造一个全新的产业集群，从而获得更高的生产率和竞争优势，光伏产业园区是产业集群的一种实践体现，而产业集群是光伏产业园区的一种本质特征。区域竞争力的提高较大程度上取决于区域内产业集聚的速度和强度、数量和质量，而产业园区常常能成为产业集聚的“蓄水池”，并由于它自身强大的制度会形成渗透力较强的渗出效应，以此来建立完整意义上的产业集群，实现区域竞争优势的产生和持续提高。

严格地讲，谁也说不上哪个地区是国内第一个兴建光伏产业园的，但有一个事实不容争辩：截至目前，我国共有以“光伏产业园”命名的园区近30个，这还不包括以光伏产业招商为主的经济技术开发区、高新区。我国光伏产业园区的竞争力如表8－1所示。

表8－1　中国光伏产业园区竞争力分析

主要指标	详细内容
产品力	主要是指园区载体价值、功能价值以及延伸价值表现出来的吸引力。具体表现为土地价值、基础设施建设水平、发展空间、产业发展促进能力等综合价值，反映了投资者的基本利益需求和利益保障。“产品力”是一个园区最核心的竞争力，没有一个很好的园区载体，或园区缺乏一个很好的功能定位，必定很难引起投资者的兴趣。我国光伏园区一部分管理决策者没有特色规划、个性建设的理念，或对此理念重视不足，在园区规划建设上没有形成竞争优势，在园区发展战略定位上也没有形成亮点。
品牌力	是指园区品牌对目标客商群所具有的影响力，体现了投资者对园区的综合印象，是衡量园区品牌、招商信誉等无形资产的价值指标。实践证明，只有“品牌力”出来了，园区综合竞争力才能快速提升，园区才能脱颖而出，避开低价恶性竞争。品牌建设日渐成为国内开发区的一项重要工作，很多园区已取得了较好的成功经验，新余高新技术产业园区就是很成功的例子。
营销力	在这里是指园区经营管理的综合能力，尤其是招商融资的能力。园区的“营销力”，是园区管理运营部门（如管委会）对园区进行开发建设、招商引资、增值管理等过程综合运营的能力指标，是园区管理运营部门主观能力水平的客观反映。由于市场观念淡薄、专业人才匮乏、管理机构不健全、激励机制不到位等因素，大部分光伏产业园区的营销力非常弱，对政府的依赖度高，市场化运作程度低，工作创新能力严重不足，园区的综合运营能力和水平相当低。
促销力	是指投资者获得超值利益（如优惠条件）所形成的推动力，或者说招商促进能力。园区招商的“促销力”，是在园区功能保证投资者得到满足的基础上，园区赋予投资者额外利益的衡量指标。“促销力”是一个综合体系，不单单表现为招商引资的优惠政策，更多地表现在园区的超值服务、园区对企业的尊重与重视、园区与企业的协作、园区对企业的经营辅助等方面。在发达的沿海地区，常有这样的情况，在同一个区域，往往相邻地区的不同园区，它们之间的差别不大，条件相当，功能相当，在招商竞争中往往靠“促销力”取胜。

但无一例外的是，迫于对经济发展的过度渴求和园区间的激烈竞争，中国的产业园区在营销、招商上往往过度依赖机会，被动接受投资而非主动选择，完全靠机会营销，这样就造成了招商的高成本和短期行为倾向，大大限制了园区的长期可持续发展，使园区出现后续发展乏力、土地荒废、经济滞缓等现象。

我们知道，根据马太效应，大者愈大，产业的规模化集聚可以有效提高园区的竞争力。另外，信息化进程极大地缩短了园区企业间的沟通时间、沟通成本，提高了生产效率。信息化进程增强了企业之间的合作性、协同性、关联性，使企业之间形成了一个关联密切的共生体系。因此，园区内产业链的规划上，必须考虑产业链之间的集聚效应、关联效应。

同理，园区产业群与邻近区域的产业集群之间也形成了共生、互补、竞合关系。因此，园区产业群在规划伊始，必须站在区域板块竞争高度，必须考虑到区域之间的产业群竞争、合作、互补、协调、共生关系，力求在各相关区域的产业群之间形成一个生态系统。

另外，人才集聚则是产业竞争力持久、产业可持续性发展的重要因子。安居是乐业的前提，良好的人居、生活、服务环境等软环境的建设是吸引人才的重要因素。因此，要增强区域的竞争力，就必须提高园区支柱产业的竞争力，就必须加强软环境建设力度，从城市化角度进行人性化规划。

四、以优势产业为核心，大力发展产业链经济

产业链是价值链、供应链和生产链的统一体。从价值链来看，它是产品增值各个环节所构成的有机整体，通常包括从研发、设计、中试、零部件、组装、销售到售后服务的完整体系；从生产链来看，它是按照生产和技术联系形成的本产业上游、中游、下游产品之间的纵向链接；从供应链来看，它则是按照提供产品和服务联系形成的本产业与其他产业的横向链接。对于光伏产业园区来说，应充分发挥优势，以优势产业为核心，大力发展产业链经济，促进产业链式发展，这一点，目前国内各个光伏产业园区建设得非常好。

（一）中国光伏产业园项目状况

我国光伏产业园概况见表8－2。

表8－2　　中国光伏产业园区清单

省份	产业园名称	入驻企业情况（部分）	产业园概述
江苏省	常州光伏产业园	天合光能、有则科技、江南电力、亚玛顿科技等	于2008年4月正式挂牌。以核心企业天合光能有限公司为依托，是常州高新区建设国家创新型科技园区的重点特色专题园区之一。

续表

省份	产业园名称	入驻企业情况（部分）	产业园概述
江苏省	无锡光伏产业园	尚德电力、西安隆基、昌盛光伏等	2009年11月26日，由中国、新加坡两国共建的无锡光伏产业园，在江苏省无锡新区星洲工业园启动建设。隶属于无锡高新区。
	金坛光伏产业园	常州亿晶、江苏华日源、江苏华龙光电、常州美晶、常州华盛恒能、常州益鑫、江苏正信、常州天顺等	2008年8月通过批准，建立金坛光伏产业园，隶属于金坛经济技术开发区。2010年，产业园光伏电池和组件产能要达到1 000MW，产业园实现年销售收入达120亿元。创建国家级工程技术研究中心1家，省级研发中心2家、省级创业中心1家。
	常熟光伏产业园	苏州阿特斯、苏州福斯特、苏州冠日、苏州福莱特等	成立于2008年3月14日，位于常熟市辛庄镇。
	镇江光伏产业园	大成硅科技、辉煌硅能源、大全集团、新时代硅科技、宝泓光伏、皇冠煜华等	成立于2008年6月，隶属于扬中经济开发区，为国内太阳能光伏产业第一家省级园区。
	扬州光伏产业园	江苏顺大、尚德、晶澳等	隶属于扬州维扬经济开发区。维扬经济开发区光伏产业园位于维扬开发区南侧，一期规划用地900亩，二期规划用地1 000亩，重点发展以硅为原材料的太阳能光伏产业基地。
	盐城光伏产业园	伯乐达太阳能等	盐城LED及光伏产业园位于盐城市区东部亭湖新区境内，是盐城市重点打造的优势特色产业园区之一，一期核心区规划面积1.5平方公里，二期生产区规划面积5平方公里，重点发展LED产业和光伏能源、光伏产业装备制造。
	徐州光伏产业园	中能硅业、艾德太阳能等	隶属于徐州经济开发区。
	泰州光伏产业园	中盛光电、汇能科技等	隶属于泰州海陵新能源产业园，规划用地9 000亩。
	高邮顺大光伏产业园	顺大等	隶属于高邮市经济技术开发区，依托顺大硅业而建立。
	启东林洋光伏产业园	林洋等	隶属于江苏启东经济开发区，主体为林洋新能源。
	苏州光伏产业园	入驻企业不详	2010年3月获得批准，隶属于苏州高新区。

续表

省份	产业园名称	入驻企业情况（部分）	产业园概述
江西省	南昌光伏产业园	赛维 BEST 等	2008 年 6 月由赛维 BEST 的入驻而建立，隶属于南昌高新区。
	新余光伏产业园	赛维 LDK、中材、升阳、圣伯德等	先后获得“国家新能源科技城”、“国家科技兴贸创新基地”、“国家硅材料及光伏应用产业化基地”、“国家光伏工程研发中心”等称号。
河北省	保定光伏产业园	天威、英利等	保定国家高新区于 2002 年筹建保定新能源及能源设备产业基地，并于 2003 年 4 月 10 日被国家科技部火炬中心批准为国家火炬计划特色产业基地，成为我国第一个国家级新能源及能源设备特色产业基地。
	邢台光伏产业园	晶龙、庆丰光电等	2009 年 3 月开工建设，一期规划用地 7.17 平方公里，总投资 172 亿元。
	燕郊光伏产业园	珈伟太阳能、晶龙	燕郊光伏产业园是河北廊坊三河高新技术产业发展的一大新亮点，园区规划占地 3 000 亩，由单晶硅、多线切割、太阳能组件、太阳能电池封装四大部分组成，预计 5 年内投资达到 50 亿元以上。
	秦皇岛光伏产业园	澳瑞特等	隶属于秦皇岛海港区北部工业区。
辽宁省	锦州光伏产业园	新世纪、博阳、	2009 年 9 月 22 日奠基，同日，锦州市光伏产业局成立。
河南省	安阳光伏产业园	安彩、凤凰、中升、欧美亚等	安阳正在构建一个基地（中国可再生能源学会安阳产业基地）、三个园区（林州市、滑县、安阳高新技术产业开发区等光伏产业园区）、四大产业（晶硅电池产业、薄膜电池产业、光伏应用产业、光伏装备制造业等光伏产业）的光伏产业发展战略布局。
	洛阳高新区	洛阳中硅、单晶硅公司、尚德等	依托洛阳高新区硅材料产业向下延伸出光伏产业和集成电路产业两条产业链，并以此为基础，形成了颇具规模的产业集群。
	郑州新能源产业园	保绿、阿格斯等	隶属于郑州高新区。
四川省	双流光伏产业园	天威新能源、阿波罗、汉能等	位于双流县西南航空港经济开发区，双流县获得“国家新能源产业基地”称号。
	乐山光伏产业园	拓日、永祥、新光、东汽峨半、乐电天威等	严格地说，乐山并没在真正意义上的产业园，但由于硅料企业较集中，故列于此。

续表

省份	产业园名称	入驻企业情况（部分）	产业园概述
浙江省	嘉善光伏产业园	煜辉等	嘉善光伏产业园是嘉善临沪新区（姚庄工业园）的重要组成部分，规划占地面积3.6平方公里。
	钱江光伏产业基地	矽昶绿能源	杭州钱江经济开发区位于杭州市北郊，南邻杭州市副城临平，西邻著名的超山风景区、塘栖古镇及丁山湖湿地，北临京杭大运河，规划面积25.3平方公里，属杭州半小时交通圈，是经国家发展改革委批准的省级经济开发区，直属于杭州市人民政府。
	平湖光伏产业园	协成硅业、鸿喜光伏等	产业园坐落于平湖新仓镇工业区，园区总规划面积为2 500亩，分为光伏电池生产、光伏辅料生产、光伏产业零配件生产等七个功能区。
广东省	顺德光伏产业园	必达电器等	随着国家光伏系统工程研究中心产业化基地落户顺德，光伏产业园开始建设，目前仍处在建设阶段。
	三水薄膜电池基地	爱康、凯盛、中建材薄膜项目等	三水工业园隶属于佛山高新技术产业园，广东省发展改革委拟将三水园列为广东省重点培育的光伏产业基地，并将为该产业的发展提供强有力的支持，配合三水园打造广东光伏产业的三水基地、三水模式、三水标准。
福建省	泉州（南安）光电信息产业基地等	三安光电、均石能源等	目前，福建LED和光伏产业园区（基地）建设正如火如荼，全省已有12个LED和光伏产业专业园区，分布在福州工业园、厦门、泉州及云霄、华安、长汀等地，企业数量超过170家，产值超100亿元，区域性光电产业聚集效应已经开始显现。
湖南省	湘潭光伏产业园	天利恩泽等	2008年8月初，湘潭高新区设立了光伏产业基地，并在高新区德国工业园内规划2 000亩地用于湘潭光伏产业园的建设。
湖北省	武汉光谷光伏产业园	三工等一批激光企业	武汉·中国光谷即武汉东湖新技术开发区，已成为我国在光电子信息领域参与国际竞争的标志性品牌。
宁夏回族自治区	石嘴山光伏产业园	正泰光伏电站、尚德光伏电站、宁夏阳光硅业等	石嘴山市也并没有真正意义上的光伏产业园，但具有相当规模的光伏产业集群。
青海省	西宁东川工业园	亚洲硅业、青海新能源等	隶属于西宁国家经济技术开发区。

续表

省份	产业园名称	入驻企业情况（部分）	产业园概述
陕西省	西安高新区	理工晶体、应用材料、陕西光伏股份等	陕西省与光伏产业相关的企业主要集中在高新区。西安高新区已经聚集了21家企业在从事太阳能光伏产业各环节的生产制造。理工晶体、华山半导体、骊晶、华晶、矽美和联创等企业从单晶炉制造、拉晶、切片、抛光到材料回收等环节已经形成了较为完整的产业循环结构。

（二）光伏产业转型升级思路

美国市场关闭，欧洲市场大门也正在关上，在光伏产业的最危急时刻，中国政府和电网企业终于出手，拯救这个直接涉及40万人就业的产业。国内光伏行业的困难表现在：产能严重过剩，供过于求，产品价格暴跌，市场结构严重不合理，行业龙头企业逆市扩张，竞争加剧，行业正在洗牌，大部分企业退出光伏行业不可避免。在光伏产业陷入困局的今天，政府政策、方针需要透明，企业消息、需求、措施也需要公开，只有这样，才能形成良性互动，促进行业问题的解决。

1. 政府之手如何在光伏危机下凸显力量

“光伏危机”的发生，除了经济环境的变化、贸易保护主义的抬头以及欧美发达国家对中国新兴产业发展采取遏制措施之外，很大程度上，与政府没有很好地用好有形之手、过多地制约和干预市场作用的发挥有着密切的关系。

（1）政府与企业合作建立光伏产业园

目前，中国的光伏产业只有抱团取暖，打造光伏产业集群，才能获得政府的大力支持，降低成本，击败美欧韩，突破中国光伏产业发展的瓶颈。企业与政府合作建立光伏产业园，建立20亿～30亿元的产业基金，吸引全国各地的光伏产业链上的企业入驻光伏产业园，请省政府请国家电网专门建一个电网直通光伏产业园，电价按最低价给光伏产业园区的企业。同时，运用产业基金支持引导光伏产业园区企业发展，再提供给产业园区企业多种融资工具及金融服务，支持产业园区的企业健康发展。

（2）光伏产业基金扶持产业发展

首先，加大资金扶持力度，建立支撑光伏产业发展的资金长效机制。设立光伏产业专项发展资金，支持产业的技术研发和成果转让及重大项目建设。拓展企业融资渠道，要充分利用资本市场，为企业发展提供强大资金支持，建立与金融机构合作的产业融资平台，给予企业在用款额度、期限、用途方面的灵活融资支持。

其次，产业投资基金的优势还在于参与所企业的经营管理，并为企业提供一系列的增值服务。充分发挥自身资源优势，对企业的组织架构、经营管理、财务流程等进行有计划的重组活动，帮助企业引进资金及合作伙伴。通过公司前期管理的完善以及基金进入后对企业管理优化，将全面改善公司的治理结构以及公司的整体素质。

再次，引导产业转移。鼓励企业到市场发展前景较好的欧美国家或制造成本较低的东南亚地区建厂或并购，实施全球产业布局，让产品充分靠近终端市场和规避国际贸易壁垒。

还可以引导建设大型光伏电站。充分利用西北部地区丰富的日照和土地资源，在电力接纳条件好的地区组织大型光伏电站建设，做好协调电源和电网建设规划工作，有序推进光伏电站在西北部地区布局。

最后，优化市场布局。通过政府合作项目，协助企业开拓新兴市场，利用现有渠道和贸易壁垒规避手段，巩固现有市场，争取做到新兴市场、现有市场、国内市场三分天下。

如此运用产业基金打造横向纵向的产业链，形成光伏行业的产业集群，致力于打造光伏行业世界一流的产业基地，以光伏产业园形成城市经济持续发展的支柱产业，以此为平台，推动中国光伏行业转型升级。

2. 企业自身如何实现自立自强

（1）重视支持光伏产业核心技术的研究

光伏产业要想重振雄风，就必须发展自己的核心技术，绝不能只是跟随，更不能仅仅充当一个来料加工的角色，否则没有出路。尤其是在应用产品的研究方面进行科技攻关，重点推动高端装备制造、关键零部件、主要辅助材料领域的技术引进、吸收和消化能力，提升企业在整个产业的核心竞争力。加强光伏发电技术的研发，光伏发电是最有前景的新能源发电技术，要使企业在未来的发展中立于不败之地，必须把光伏发电技术的研发放在更加突出的位置。

（2）开发有机硅系产品

有了产业基金和产业园区后，就可以更多更好地开发有机硅系产业，丰富有机硅产品线，多开发产品附加值高的有机硅产品，如光伏自动化硅、电子元器件、多晶硅电池等大量高利润率的新产品。

（3）召开光伏产业发展论坛

目前，相关光伏扶持政策的出台也只针对资金和市场问题，涉及一些技术领域问题。光伏人才培养、光伏企业协作领域还存在政策、措施的缺位，而这些也需要从企业“声音”中体现出来。就此应该邀请行业协会、专家学者、政府官员等参加论坛，讨论中国光伏产业的发展前景，邀请主流媒体进行宣传报道，通过主流媒体的宣传，获得社会的认同及更高层领导的支持，这样才能整合更多的资源、资金、技术、人才发展中国的光伏产业。

总之，中国经济发展需要经历“成长的烦恼”过程，也需要付出一定的代价。但这种烦恼和代价，将会在政府的作为下有效减少。欧美光伏“双反”尽管对国内企业造成很大冲击，但客观上也加快了国内产业转型步伐，危险过后是机遇，经过优胜劣汰的阵痛后，中国光伏产业才会有序健康发展，才会在全球有核心竞争力。

五、健康产业园的互联网金融运用之道

健康产业园互联网金融的运用

案例：吉林健康产业园的定位是以吉林的特产人参作为龙头，打造吉林特产大健康产业链，带动吉林的旅游行业发展和农业产业升级。健康产业园由筑石集团通过市场化的招商及运作，聘请国内顶级的金融专家，运用金融创新工具打造出大健康产业链上数十家中国大品牌的上市企业，为吉林的经济发展和经济转型升级贡献力量。

吉林的人参为什么竞争力不如韩国，主要原因是中国的人参企业数量虽多，但是规模小，太散乱了，缺乏行业大品牌，商业模式太落后。素有“百草之王”之称的人参在消费者的心目中一向享有极高的声望，尤其是其突出的保健功效和药用价值，广受世界医药保健领域的青睐。中国人在商代前就已经发现和应用人参，它在中药、保健品等领域占有举足轻重的地位。目前，中国长白山区是世界上最大的人参产区，吉林人参产量占全国的 85%、世界的 70%。但是，吉林人参长期供大于求，价格低迷，“人参不如萝卜价”，甚至价格只有韩国高丽参的 1/10。

韩国“正官庄”高丽参被韩国人宣传成人参中的极品，是人参产业品牌推广的成功案例。韩国人参公社已向 27 个国家和地区出口“正官庄”高丽参产品。早在 2006 年，韩国高丽参全球销售额达 4.7 亿美元，其中 80% 的出口额集中在美国、日本、中国香港、中国台湾四个市场。“正官庄”在中国大陆最主要的市场在华南和华东两个地区，而华南地区又是最重要的市场，销量占全国总销量的 50% 以上。“正官庄”产品进入中国市场以来一直定位高端（约为中国参价格的 8 倍），主要瞄准占人口总量 5% 的高收入人群，因此，经济发展较快且人参消费量较大的广东省、浙江省和上海市成为公司的主攻对象。当高丽参、西洋参等已成功占领行业制高点，甚至席卷国内市场的时候，中国参业在国内外市场却多番颠沛流离，“人参卖出白菜价”，中国人参如何摆脱廉价原料供应地的尴尬?

首先，建立产业园区，提高产业集中度，打造人参产业链上的大品牌，提高产品附加值，形成人参产业集群，用五年的时间在国内人参市场上打败韩国，再用五年的时间在国际市场上打败韩国，再造人参产业的商业模式必须先占领终端市场，通过占领市场后再进行行业整合，进行宣传推广形成大品牌。

具体做法：第一步是宣传，先建立大健康产业的自媒体宣传造势。第二步，建立产业基金，用产业基金控股一家电商网络公司，建立网络销售的终端渠道。第三步，招商引资，通过医药行业协会、美容行业协会、食品行业协会、人参行业协会等大健康产业链上的行业协会招来大健康产业链上的企业。

通过帮到园区来的企业进行品牌宣传，通过产业基金等金融工具推动企业快速

成长，通过互联网销售渠道帮到园区来的企业扩大市场，用五年的时间将到园区来的企业项目培育成一个个独立的上市公司，让到园区来投资的企业大股东五年财富增加几百倍等条件解决招商引资难题。然后再做优化整合原有企业的销售渠道，将其改造成为大健康产业的共用的销售渠道。

人参类滋补品未来市场前景广阔：参类产品丰富，市场容量巨大。在大多数消费者的传统观念中，人参是功效神奇且极易上火的滋补品，除北方消费者泡酒、华东消费者泡水泡茶、华南消费者煲汤外，其他地区消费者很少具备相应的消费习惯，更少有了解其他的消费方式。人参可以进入饮料、茶类、酒类、汤料、休闲食品等多个市场领域，保守估计市场容量在5 000亿元以上。产品线涵盖保鲜人参、人参茶、人参切片、人参膏、人参原参、人参酒、人参饮料、人参汤料以及人参精油等多种产品形式，可以为消费者提供人参食品、饮品、日化用品、保健品等多种品类。

例如，在韩国演艺圈，女明星们正纷纷热衷于人参美容，通过食用人参达到增白、润肤、保嫩。韩国女明星们可通过食用人参确保皮肤滋润、滑嫩、身材苗条。其实，人参美容并不是韩国人开创的先例，也不是现代人才发明的良方，早在千百年前，中国的先人就深刻认识到，美容与补气有很大的关系，而人参恰好是大补元气的。人参皂苷，堪称植物精华，可补气摄血，固本养元，是爱美女士首选佳品，由内而外，标本兼治，食用+外用，让女孩更漂亮。此外，人参还具有减肥功效。

当人参产业开始启动，整个大健康产业链上的所有吉林的特产就跟着大卖，同时，带动吉林旅游及农业产业全面升级。筑石集团的工业地产和住宅地产、旅游地产、商业地产就能获得高于同行几倍的利润，筑石集团也顺利地向金融地产及金融控股集团转型。

六、如何建立市场化的园区产业基金

当前，我国正处于艰难的产业机构调整期和经济发展方式转型期。要进一步调整我国产业结构、转变经济发展方式，离不开强有力的金融支持。

（一）用金融创新实现产业园升级

1. 用金融创新突破中国园区的发展瓶颈

（1）中国园区现阶段的突出问题

我国产业园区的现状：一是招商难成为制约产业园区发展的一大瓶颈，要突破产业园区持续发展问题，应先解决招商难题。国内产业园区50%的一年招不到10家企业，好多园区经过几年的开发建设招的企业仅有可怜的几家，大量的园区空置。二是大量园区企业难以高成长。

（2）用多种金融创新手段使产业园区升级

搭建投融资平台，建立金融安全风险防范体系，提供资本运作服务。

2. 用产业基金及金融创新再创经济辉煌

金融改革及创新的目的是要通过多种金融工具让民间投融资渠道通畅，让想投资的人有多种投资方式，让想融资的企业有多种融资渠道，这样既解决了民间资金泛滥成灾的问题，又解决了企业融资难的问题，让更多的企业转型升级，推动中国经济全面转型升级。产业基金是非常好的金融工具之一。

（二）如何运用产业基金再创经济辉煌

产业投资基金是现在市场经济中一种重要的融资方式，最早产生于英国，发展于美国，在国外已经经历了 100 多年的发展历史，于第二次世界大战以后得到了进一步的发展与完善，目前全球基金市场总值达 3 万亿美元，与全球商品贸易总额相当，已成为发达国家非常成熟的融资方式之一。产业基金这种方式也被许多发展中国家和地区所广泛采用，对这些国家和地区的经济发展和起飞产生了较大的推动作用。

1. 我国产业基金存在的问题

全国部分城市有规模不等的产业基金，但都是在初级阶段，管理不专业，运作没有方向。

2. 产业基金要根据各地不同的情况选准产业

政府引导基金通过发挥政府资金的杠杆作用，是吸引各类社会资本、民间资本和境外资本，放大政府对战略性新兴产业投资机构的导向效应和对企业发展的支持效应。

产业基金由当地政府（企业）或投行，共同发起，向全球募集资金，投资的对象主要是当地的行业里的龙头企业，提供资本运作，目的是使当地的行业里的龙头企业，从地区性转变成全国/全球性的行业龙头企业。

3. 如何建立产业基金

首先确定当地的经济发展产业，再运用金融杠杆引进全中国、全世界的资金、技术、人才到这个城市来发展确定的产业。地方政府或产业园只用一亿元的资金就能建立 100 亿元的产业基金，100 亿元的产业基金用专业化的管理，投给确定的产业链上的优质企业，每家企业只投 5% 的引导基金，就能引来 5 000 亿元的资金，即，地方政府只用 1 亿元资金引来 5 000 亿元的投资。这样地方经济的发展就能形成良性循环。

（三）用产业基金推动中国经济持续辉煌

中国现在各行业的技术落后于发达国家 20 年左右，未来中国经济的发展就是各行业追赶发达国家，未来中国经济的发展只有运用产业基金来推动中国经济改革，推动中国经济升级转型，突破中国经济发展瓶颈；用产业基金投资让有核心竞争力的企业做强做大，形成各行业的国际大品牌；产业基金可以在全球整合资源，形成强者恒强的格局来淘汰没有竞争力的企业。这种改革是不动声色的，各方势力都能接受，只在经济领域进行，而且是渐进的。

地方政府可以通过产业基金引导全国以及全世界的某一个行业的优秀企业部分

到这个城市来，形成某个行业的产业集群，在一个城市把某个行业做成世界一流的产业，这个城市就代表了世界某个行业的最高水准，那么这个城市的可持续发展能力和核心竞争力就再也没有别的城市可以代替了。每个城市运用产业基金打造几个产业，中国的产业升级就成为必然的趋势，中国经济就能持续辉煌。

1. 如何建立开发区产业基金

（1）注册一个5 000万元以上的基金管理公司

应该组建一支专业化的基金管理团队，比如聘请著名金融学家担任金融顾问。目前国内产业基金虽多，但是都没有发挥出推动产业的作用，主要原因是：基金管理人的专业化程度不够，管理能力不够，重融资而不重管理，因此才会发生投资风险，没有充分预估和防范以至于投资失败。显然，刚刚起步的国内产业基金都还不够成熟，大家注重的多是如何募集资金，而对资金的投资、管理存在盲目性，管理的功能也基本缺失。

基金的核心是为投资者创造价值，产业基金更是如此，从未来产业基金的发展趋势看，投资基金的最终目的，不仅仅是投钱、投项目，更是帮投资者创造财富、指导管理、提升价值。真正好的产业基金，应该做到资本和经营的完美结合。

（2）用产业基金推动招商

产业基金的融资过程就是一个招商的过程，产业基金不光是融来资金，通过产业基金一期、二期到无数期的融资过程整合人才、技术、资源、资金、市场要素、品牌宣传等各种要素为开发区所用，还要通过融资解决产业园区的招商，产业基金持续的融资和投资引导众多的商家到开发区来投资，形成产业集群，这样产业基金才能带给投资者持续稳定的投资回报，产业基金要帮助到开发区来投资的商家成功发展，帮助到这个地区来投资的企业成长，这个地区的经济才能持续发展。只有开发区地区经济持续发展，农民才能成为产业工人和城市居民，城镇化才可持续。

（3）为到开发区来投资的企业提供全面金融支持

开发区产业基金不仅投资给园区的企业，更重要的是帮助园区企业成长：推动企业技术创新，用PE的管理模式帮园区的企业转型升级，提高盈利能力，打造园区物流企业核心竞争力；引导物流企业发展，帮物流园的企业成为行业冠军或行业隐形冠军，成为在全世界有竞争力的企业；为股东和社会持续创造更多的财富；推动产业转型升级和优化发展，从而提高本区产业的集中度和国际竞争力；扶持优秀的企业上市，以基金为资本纽带，通过向企业注入资本，让其上市并成为国内行业龙头企业。

产业基金未来可以向全球募集资金，投资对象主要是新区行业里的龙头企业提供资本运作，目的是使新区行业龙头企业能从地区性变成全国乃至全球的行业龙头企业。全球化时代更多体现的是质量、技术与品牌的优势。产业园内企业将会把“中国达拉特服务”推向全国乃至全球，逐步占领西方发达国家的高端市场，获得更高的经济效益，赢得更高的全球赞誉。

（4）私募股权投资基金的募集设立

2. 运用产业基金的平台整合资源

融资及整合资源同时进行，先在本省就地取财和整合资源，再到全国融资和整合资源，实力强大后再到全球融资及整合资源为我所用。

3. 融资成本

在产业基金中大约有20%给投资者固定回报，融资成本在14%/年左右，80%的产业基金应采取PE的长期回报模式，融资成本2%。

（四）产业基金为开发区企业提供专业化金融服务

产业基金要站在为企业解决金融难题的高度，设身处地地帮助企业解决棘手问题。通过开发区这个大平台，打造中国最大的投融资平台，打造出世界一流企业。

1. 目标

采取对开发区企业终身顾问一站式服务，帮助新区的企业建立投融资平台和投融资安全委员会，指导企业资本运营。通过金融创新提升企业的核心竞争力，让企业成功地升级转型；给企业建立金融安全防范体系，帮助企业在海内外资本市场上规避风险，抓住财富机遇；实现企业财富持续稳步增值。

产业基金管理团队需要选择适当的细分市场，进行融资产品定位，制定市场竞争策略如采用多元化战略。产业投资基金既可以进行全程投资，又可以进行阶段性投资；既可以对项目进行整体收购，又可以进行杠杆收购；既可以对特定行业的一级市场进行参与，又可以介入一级半市场的交易。保证资金的安全性和流动性，从而体现资金的时间价值并实现收益的最大化。

2. 价值

首先，充分发挥开发区的地理优势，整合全中国及全世界的优质资源为新区发展服务，突破传统理念，开创用金融创新打造世界一流企业集群试点改革的先河。其次，通过投融资平台的建立，使到开发区来发展的企业充分发挥潜力，形成产业链上所有企业的特色核心竞争力，打造出行业大品牌，帮助企业解决可持续发展的难题。另外，通过改革试点，新区的创新特色将得到充分体现，使新区企业在全国起到示范作用，形成独特品牌，扩大了开发区的社会影响力，扩大了开发区在企业家群体中的感召力，同时会得到国家、企业及社会的认可。

（1）运用金融工具整合资源

与地方政府共建产业基金平台，整合资源，为我所用。

首先，产业基金不是单纯为融资而设立的一种融资途径，而是为政府提供未来经济增长的一种新的模式，在此模式下才可以挖掘出各地区的新的经济增长点。

其次，产业基金帮地方政府搭建了一个多元化的融资平台，根据不同产业的实际需求，通过产业基金的不同组成形式，实现对潜力增长产业的最大扶持。通过产业基金帮助产业转型升级，以基金为资本纽带，扶持优秀的企业上市，使企业成为全国同行业中的龙头企业，同时也推动了城镇化的发展。

再次，产业基金通过市场化手段解决资金的筹措，而非过去一直使用的增加政府财政负债的资金筹集模式，而且只要管理好基金，选择有潜力投资的产业，就可以为政府带来持续的财政收入，改变过去大多需要依赖土地财政的地区经济发展模式。

最后，产业基金有利于地区的招商，形成产业集群。产业基金一期、二期到无数期的融资过程整合人才、技术、资源、资金、市场要素、品牌宣传等各种要素为本地区所用。通过产业基金持续的融资和投资引导众多的商家到本地区来投资，从中可以筛选挖掘价值企业进行投资，同时也为产业基金的投资者获得持续的回报。

（2）产业基金对企业发展的作用

①帮助企业建立多渠道的融资平台

产业基金融资金额巨大，资金使用期限长，为企业提供了多元化、多渠道的融资方式，同时在推动企业产业转型升级和优化发展方面发挥更大的作用。扶持企业上市；以基金为资本纽带，通过向企业注入资本，让其上市并成为国内行业龙头企业，为企业提供资本运作，使企业能从地区性转变成全国/全球性的行业龙头企业。

②打造有核心竞争力的产业

在流动性过剩的今天，谁会运用金融创新的工具，大量的资金必然会流向谁。企业运用产业基金整合资源、技术、人才为企业所用，打造成为行业大品牌，形成企业的核心竞争力。

3. 打造宣传平台为本公司服务

4. 资本运作

资本运作是指利用资本市场法则，通过资本管理的技巧性运作或资本的科学运作，实现资本价值大幅增值、效益增长的一种方式。

通过对园区招商引资来的企业在未上市之前进行培育，再到上市，这样到园区来投资的企业股东都能在几年的时间获得几百倍的财富回报，这样的产业升级模式，所有到园区来的企业的大股东是赢家，公司管理层和团队是赢家，员工是赢家，投资者是赢家，参与的所有机构都是赢家。这样的资本运作方式才是资本高级运作的最高境界：运作得好像没有人运作一样，这种无为而治的资本高级运作才是最完美的，这样完美的资本高级运作一定是多赢的。

对于园区来讲，通过资本运作将园区企业顺利向金融控股集团转型，可以挖掘出新的投资点，延伸出未来更多的利润增长点。

综上所述，健康产业园如果能作为中国经济转型升级第一个地区出现，一定能获得更多的资源和市场上的支持，在中国目前各行各业都产能过剩的背景下，在当前中国经济面临发展瓶颈的背景下，吉林健康产业园如果先打出中国健康转型升级打造产业链上的大品牌企业的这张牌，这一概念一定会在全国引起良好的反响，获得更多高层的关注和支持，获得更多的社会资源和各阶层的大力支持，这样吉林健康产业园实现战略目标就顺理成章。

我们不能改变过去，但是可以改变现在，我们不能改变环境，但是我们能改变自己。一些旧思想、旧规矩、旧的商业模式都是可以打破的，只要我们做事变通而不违反客观规律，灵活而不违背做人的原则，我们就能跟上时代的变迁和社会的发展。企业只要能跟上时代的变迁和社会的发展转型升级，未来一定能成为本行业的世界级的龙头企业，成为世界上一流大品牌的企业，成为基业长青的企业。

（1）金融和实体经济共同升级转型

我国目前的金融体制基本上还处在一个比较封闭的政府垄断管制状态下的阶段。这种金融体制已严重影响到我们的资本配置、资源配置、货币的正常流动等各个方面，积聚了巨大金融风险。比如，民间高利贷问题、地方债务问题、银行风险、中小企业贷款难等，导致了实业空心化、资产泡沫化。这种金融体制严重制约了市场经济改革的步伐，阻碍了实业经济的发展，因此，为了解决经济发展中存在的问题和危机，必须改革金融体制。

①关于构建与小微企业发展相匹配的金融体系

A. 小微企业在金融夹缝中的生存现状

小微企业就是“市场补缺者”，是提供新增就业岗位的主要渠道，是企业家创业成长的主要平台，是科技创新的重要力量，它对于开拓新的产业具有举足轻重的地位和作用。但由于国内经济社会的种种非理性因素，小微企业遭遇一系列已严重影响生存与发展的困难，具体可概括为“两高两难两门”：成本高，税负高；用工难，融资难；玻璃门，弹簧门。在小微企业所遭遇的“两高两难两门”中，融资难显得十分突出。在竞争激烈化并高度资本化的今天，融资难题不予解决，无可避免地要严重制约小微企业的发展壮大。

B. 鼓励民间资本“解渴”小微企业

要化解小微企业融资难题，不能简单就事论事，必须统筹兼顾小微企业的经济功能和社会功能，从经济社会全局入手，坚决抑制具有泡沫经济特色的房地产投机、资本炒作和金融暴利，始终坚持金融服务实体经济的本质要求，始终坚持市场配置资源的基本方向，始终坚持克服信息不对称的技术原则。

不合理的融资制度是我国民间资本发展的制约因素。在我国当前的金融体系下，民营小微企业不仅融资难度大，而且融资成本也偏高，大大限制了民间资本投资规模的扩张，这决定了民营企业融资难问题的解决也是推动民间资本投资的重要一环。民营企业融资问题的解决离不开民间金融的完善和发展，而民间金融的发展则是我国推进民间资本投资进程中的重要环节。这便意味着，民间金融的完善具有双重意义，不仅能够促进民间资本进入金融领域，同时能够间接推动民间资本进入其他产业领域。也就是说，“草根经济的发展需要草根金融的支持”，而同时，“草根金融则需要由草根经济来办”。

② 关于充实社会保障基金问题的看法

A. 怎么解决社保基金“黑洞”

我国社保基金的黑洞形成主要有两个因素：一是20世纪计划经济体制下低工资、低福利造成社会整整一代人缺乏必要的福利积累；二是计划生育制度加速了我国人口老龄化的进程，“未富先老”形成了养老保障低水平和社保财政黑洞并存的“中国特色”的社保两难。如果不及时调整生育政策，老年人口的比例还将继续上升，人口结构势必进一步恶化；如果不通过产业结构调整提高整个社会的全要素生产率，社保基金的空账缺口必然越来越大。延迟退休年龄显然不是解决问题的办法，它很可能是当前困局下各种政策选择叠加的无奈结果。只要人口老龄化继续，产业结构不能有效调整，社保的财政黑洞会永远存在，而且越来越大。

B. 如何看待社保映射出的权利与责任

在中国社会结构自改革开放以来的大幅度变化的历史时期，尤其是在近二十年的国内城市化、工业化的高速发展的进程中，其所形成的人口与就业的高流动性，对我国的社会保障体系建设提出了非常严峻的系统性、制度性的问题。社会保障的本身就存在着一个社会权利与责任问题。比如，在社会保障的社会责任中，除了被人们所注重的政府责任外，还有需要加以注重的企业责任，还有相关社会群体的社会组织责任，最后是关乎社会保障每个个体的家庭与个人责任，以及与上述责任配套的社会权利。人们正视国也正视家，如何通过社会保障使人们正视其相应的社会责任与权利，才是中国社会保障所亟须解决的根本性问题。

（2）运用金融改革推动中国经济升级

①运用金融改革释放经济增长动力

解决中国经济问题的唯一出路是推进经济体制改革。随着国际经济危机的爆发，我们转嫁经济问题的空间几乎被封杀，改革已刻不容缓。当前，世界经济复苏的不确定性增加，我国经济运行压力加大，越是面对复杂形势，越要注重运用改革和市场的方法释放经济增长的动力。通过金融改革稳增长，关键是要充分发挥民间资本的作用。要鼓励民间资本投资的积极性，尽快完善相关产业准入政策，让民间资本能够自愿而顺畅地进入金融、铁路、民航、电信、石油、公用事业等垄断性产业领域，从而使民间资本成为稳增长的重要力量。

②把握中国金融改革的方向

虽然中国金融体系的市场化程度在加深，但坦率而言，金融机构的市场化服务能力并未显著增强。这里既有金融市场不开放、民间资金难以正规进入的原因，也有现有金融体系不愿为中小企业服务的原因。农村金融服务缺失的情况同样如此。这次金融改革是史无前例的，任重道远，关键在于要敢闯、敢试，尤其是要把握好改革的重点和方向，以便事半功倍，少走一些弯路。总之，面向未来，中国金融改革的方向应该转变了，要从国有金融机构的改革与发展转向满足中国市场的金融服务需求，转向继续消除金融市场化的障碍，推动金融市场的进一步对内开放。

最应受到关注的问题是储蓄和投资严重失衡。

中国一方面是大量过剩的资金，2014 年储蓄存款余额超过了 58 万亿元，说明中国投资难，而另一方面是企业的融资难。实际上，投资难和融资难是一个问题，这就是中国的投融资渠道不畅通，正是因为中国的投资融资渠道不畅通才导致民间高利贷泛滥成灾，加剧了中国产业的空心化。中国的金融改革只要解决了投融资难的问题，就解决了资金流向实体经济的问题，这就需要金融行业对内开放，建立多种渠道的投融资平台，解决投资难和融资难的问题；只有投资难和融资难的问题解决了，再运用金融创新推动产业升级转型，当中国的实体经济升级转型有所成效时，上海才能加快国际金融中心建设的牢固基础。所以，投资难是中国金融改革的核心。

5. 建议：金融行业和实体经济共同升级转型

全球金融大变革背景下，对“中国抉择”的意见和建议。中国经济经过30多年的发展，正面临经济发展的瓶颈：技术和品牌。中国现在各行业的技术落后发达国家20年左右，未来中国经济的发展就是各行业追赶发达国家，未来中国经济的发展只有运用产业基金来推动中国经济改革，推动中国经济升级转型，突破中国经济发展瓶颈；用产业基金投资让有核心竞争力的企业做强做大，形成各行业的国际大品牌；产业基金可以在全球整合资源，形成强者恒强的格局来淘汰没有竞争力的企业。

地方政府可以通过产业基金引导全国以及全世界的某一个行业的优秀企业部分到这个城市来，形成某个行业的产业集群，在一个城市把某个行业做成世界一流的产业，这个城市就代表了世界某个行业的最高水准，那么这个城市的可持续发展能力和核心竞争力就再也没有别的城市可以代替了。在金融行业通过改革与创新金融工具为实体企业服务的过程中，金融行业自身也完成了转型升级。只有金融行业与实体经济形成良性循环，共同完成升级转型，中国经济才能持续健康发展。

七、用互联网金融打造中药产业集群

习近平主席曾把中医药比喻为打开中华文明宝库的钥匙，这把“钥匙”是医学和文化的结合。可是，目前我国中药行业存在的问题还很多，例如，我国中药材重金属、农药残留超标现象突出，有效成分含量降低。同时，中药材市场价格波动大，加大了制药成本，中药材被硫黄过度熏蒸的“恶瘤”就诞生在这样的背景之中。商家过度熏硫，主要是为了有利销售。过去的10年间，大起大落的中药材价格让这个产业充满了投机的诱惑，数量不菲的药贩子应运而生，“囤积居奇”是他们的拿手好戏——“低价吃进，待价而沽，高位再出手”。而我国目前医药企业规模小，对中药新药研发热情不高，投入不足，创新力量弱，难以形成以企业为中心的技术创新体系，仿制及重复产品多，制剂品种技术水平落后。

另外，中药作为中国传统文化的重要组成部分，是世界了解中国的窗口并带来巨大收益，本应有得天独厚的优势，但实际情况是日本中药的实际影响力渐强。

日本研究数据显示，海外中药市场上，中国拥有专利权的仅为0.3%，日本和韩国所占比例则超过70%。海外中药市场规模近300亿美元，中国的中药所占比例却不到5%。

日本的中成药企业除了在中国建立生产基地、收购药企或与其合资，源源不断地进口中药材，还在其后的生产等环节高标准严要求。例如，依靠先进的分析技术、机械设备等维持药剂品质，严格规定用法和使用量，致力于提高药效，探索最恰当的药品成分比率。

在日本看来，给出国际上最为合理和严格的标准，就不会与欧美标准产生矛盾。据此，厚生省对中成药制定了详尽的标准，将药效和化学成分予以标准化呈现。这样的努力在确保质量、树立自身良好形象的同时，还是为使西方理解并接受中药而进行的宝贵探索。津村制药的六君子汤被西方医学界用来辅助抗癌治疗，就是成功的一例。

此外，对知识产权有关内容的熟练运用，也带动了日本产中药走向世界。药品配方和药效的研究永无止境，对新取得的研究成果，只有采取适当手段予以保护，才不至于使其蕴含的经济效益白白流失。日本的制药企业不仅抢先注册中药配方，在美国取得专利，对在已有中成药基础上开发的新品种，更是采取专利先行的做法。据此，日本汉药在世界市场上站稳了脚跟。

药市是我国道地药材交易最集中、成交额最大的地方。历史上传统的四大药市有河北安国、江西樟树、河南百泉、河南禹县等，后来加上安徽亳州、湖南邵东、广州清平、广西玉林、成都荷花池、西安康复路等形成全国十大药市。

（一）地区中药材产业集群发展战略

发展战略：运用金融创新工具建立中药材产业集群的大平台，推动中药材产业升级和城镇化的发展，让全国民众及世界民众能享受到优质中药材产品及相关保健品，让民众的身体更加健康，生活更加幸福。打造中国最有影响力的中药材产业集群。

大地区如何打造中药材行业的产业集群，引领中国的中药材产业突破发展瓶颈，再创我国中药产业的辉煌，让当地的中药产业集群在未来中药产业 8 万亿元健康服务业市场上占据重要地位。

产业集群的打造首先是招商，如何让成千上万的商家到当地来投资。其次是如何推动中药行业的产业升级，让商家更好地发展。要帮到当地来投资的商家解决市场、资金、品牌、人才等问题，再造中药材行业新的商业模式，用五年的时间将当地的中药材产业集群做到全国最好，用十年的时间做到世界最好。

要实现集团发展目标必须运用三个工具，一个是宣传的平台：行业自媒体，一个是金融工具：产业基金，另外一个工具就是互联网金融。

（二）中药产业集群的产业链

中医药产业雏形：一个集药材种植、加工、仓储、销售、医疗、中药、养生、保健、中医药旅游及中医药影视、培训、药膳、日用品等衍生品开发等在内的多元化、综合性的中医药大健康产业链正在形成。

表 8－3　　中药产业数据统计

中药产业	工业总产值	同比增长	产品销售收入	同比增长	利润总额	同比增长
中成药	131 453 339 000 元	20.51%	118 279 225 000 元	21.08%	13 592 734 000 元	52.60%
中药饮片	26 999 653 000 元	36.97%	24 169 037 000 元	36.80%	1 451 344 000 元	65.15%
医药制造业	6 414.66 亿元	26.45%	6 110.93 亿元	27.66%		

表 8－4　　2014 年中药饮片相关数据统计

主要经济指标	中药饮片加工业
企业单位数（个）	639
从业人员平均人数（人）	79 947
从业人员平均人数同比增长（%）	10.47
工业销售产值（千元）	43 175 807.00
工业销售产值同比增长（%）	30.44
出口交货值（千元）	1 382 729.00
出口交货值同比增长（%）	36.22
流动资产合计（千元）	32 808 353.00
流动资产合计同比增长（%）	29.06
资产合计（千元）	53 628 887.00
资产合计同比增长（%）	19.79
负债合计（千元）	24 138 984.00
负债合计同比增长（%）	20.63
主营业务收入（千元）	43 288 789.00
主营业务收入同比增长（%）	29.21
主营业务成本（千元）	35 048 756.00
主营业务成本同比增长（%）	27.57
利润总额（千元）	3 144 289.00
利润总额同比增长（%）	28.81

中医药文化是中国传统文化唯一的显性载体，中医药文化产业还处于初级阶段。能吸引中药材大健康产业链的企业到当地中药材产业集群来的方法：一是帮这些企业创新商业模式，让其在互联网金融时代更好更快地发展。二是宣传帮其打造成行业大品牌。三是产业基金的金融支持，让其做强做大。四是市场，用产业基金建立中药材大健康产业链的全国性电商平台，让到当地来的企业有更大的市场。五是运用互联网金融工具，帮到当地来的企业转型升级更具竞争力，将来能更好地参与国

际竞争。

表 8－5　2014 年中药行业出口量相关数据

分类	出口金额（亿美元）	同比增减（%）	所占比重（%）
中药类	4.64	10.07	100
保健品	0.4	20.45	8.65
提取物	2.04	6.11	43.9
中成药	0.5	14	10.83
中药材及饮片	1.7	11.64	36.62

（三）众赢合作社发展思路和目标

发展思路：在各级党委、政府及各级各部门的大力支持下，按照“规范建网络，着力兴产业，发展带民富，合作促众赢”的发展思路，实施项目带动发展战略，全力打造道地中药材种植龙头企业，成为农业产业化重点龙头企业、农民专业示范合作社，推动农业产业升级和城镇化的发展。

（四）打造中药材产业链上的多个大品牌

“药材好，药才好。”引导中药材产业走向良性发展比企业短期的获益更重要。太阳能烘干专利技术利用当地光照充足的自然条件，非常节能环保。通过建立现代化的先进仓储和信息化的物流系统，通过 GAP 种植、从产地直接收购药材等办法，避免药材被硫黄熏蒸，从而在上游保障药品品质，逐渐形成了产地知名品牌。有了好药材大品牌的药材，中药材的持续高利润才有保障，中国的中药材才能在国际市场上更有竞争力。有了好药材，再帮助中药材大健康产业链上的企业打造自主大品牌企业。

综上所述，地区中药材产业集群的打造，第一步是宣传造势，让全中国人都知道当地怎么打造中药材产业集群；第二步招商；第三步融资平台：产业基金；第四步建立中药材电商平台；第五步用互联网金融工具帮企业发展；第六步帮地区产业链上的企业创新商业模式；第七步建立激励机制让到当地投资的企业家们成为优秀的企业家，帮企业家们打造狼性团队；第八步帮到本地区的企业资本运作：上市；第九步，引领地区中药材产业集群去拿下全球市场，用中国优质的中药材和中国文化造福于世界人民。

八、用互联网金融推动产业园区转型升级

经过几十年的发展，我国的产业园区已发展成为由不同种类、不同级别的高新技术开发区、经济技术开发区、出口加工区、保税区、边境经济合作区、旅游度假区、生态经济区等组成的遍及全国各地的发展局面，但也面临着环境污染、配套滞

后、产业发展后劲不足等迫切需要解决的问题。随着中国经济步入“三期叠加”的新时期，过去产业园区的发展理念与模式已经难以满足要求，产业园区的转型升级成为必然选择。

近年来，随着丝绸之路经济带与长江经济带国家战略的实施，我国经济区域不平衡的现状有所缓解，地区经济差距正在缩小，这客观上要求区域经济必须确立新的发展战略。而作为区域经济的重要推动力的产业园区探索转型升级路径尤其重要，产业园区的转型升级需进一步深入理解产业结构转型升级的内涵，同时关注整个产业链的延长和价值链的升级。

还有一个现象值得关注：很长一段时期内，一个区域的土地规划、城市规划、环境规划、经济社会发展规划等各种规划均出自不同的部门，这导致的后果是各种规划相互冲突，既浪费了资源，又不利于规划的落地。党的十八届三中全会明确要求，以后要逐渐实现多规划合一。作为区域经济重要载体的产业园区在新的局面下也需要作出改变。

随着国家将改革创新贯穿于经济社会发展各个领域、各个环节政策的深入，产业园区面对新的形势，在开发模式、产业选择、招商、运营服务等方面仍存在不少问题。借鉴国内外有益的实践经验，通过研究总结，提出了产业园区转型升级的问题和路径，或许能够为园区快速发展提供解决之道。

（一）“瞪羚企业”受园区青睐

在市场竞争激烈的今天，各个产业园区需要有独特的竞争优势，才能吸引企业、聚集资金、谋取发展，以往“大而全”定位已不适应市场需要。打造专业化、精致化的特色园区，将同类企业以及产业链条上关联密切的企业在园区聚集，培育和发展富有效率的专业化企业集群，形成具有发展规模化、土地使用集约化、资源利用效能化、产业配套系列化等特点的产业园区是大势所趋。

从企业生命周期来看，“快速成长”是成功企业必须经过的一个发展阶段。微软、雅虎、苹果、谷歌这些曾经是快速成长的“科技型中小企业”都经历过这样一个阶段。产业界将处于快速成长阶段的“科技型中小企业”形象地比喻为“瞪羚企业”，其实质是高成长企业。大量“瞪羚企业”的出现意味着各类资源快速向新兴产业流动，新兴产业在较短时间内就可能形成较大规模。如中国互联网产业在不到10年的时间里就实现了崛起，核心力量就是当时的“瞪羚企业”——搜狐、新浪、腾讯、阿里巴巴、百度等。

“瞪羚企业”是新兴产业形成的核心力量，也正是园区发展所需要的“强心针”。这些企业创新活力强，往往能够占领高端的技术，科技含量较高，能够走在行业发展的前沿，对促进地区产业结构调整，增强地区创新能力和创业活力，推动经济快速发展都会起到重要的作用。

目前，越来越多的地方政府开始重视“瞪羚企业”的发展。结合政府推动的科技创新战略，观察各地方政府扶持企业发展的方向和措施，科技型中小企业将会受到越来越多地方政府的青睐，也将逐步成为各地产业园区招商的重点。

（二）竞争着力点向投融资内容转换

产业园区在引进企业时，提供差异化的优惠政策一直是吸引企业入驻的关键，但随着招商目标由大型公司向科技型中小企业集群转变，企业关注的焦点从优惠政策转换成为更能助推企业快速发展的投融资服务内容上。

产业园区未来将重点开展的投融资服务有：联合银行、证券公司和中小企业创业板等帮助企业上市；设立基地创业投资专项基金；与国内外知名的风险投资机构成员建立联系、开展合作，向园区内引入国际专业风险投资机构；开展投融资担保业务，借助国家中小企业转贷款平台，在园区设立中小企业贷款信用担保业务窗口。

随着投融资服务的深入，越来越多的产业园区按照企业发展阶段提供不同的投融资服务内容。

目前，北京、上海等地的产业园区已在提升投融资服务内容方面走在了前列。北京中关村示范区在2013年12月13日，面向大数据、云计算、移动互联网等领域早中期创业企业发布了云天使基金、中云融汇基金和大数据实验室孵化基金3只产业投资基金，以此抢抓大数据发展机遇，着手布局大数据产业。而上海则将目光聚焦文化创意产业，由上海市委宣传部、浦东新区政府于2007年共同成立了上海市东方惠金文化产业投资基金，面向文化创意产业提供金融服务。

（三）“拼服务”成为竞争胜出法宝

产业园区间竞争日益激烈，“拼服务”已成为园区运营者间竞争的共识。随着产业升级和竞争的加剧，未来，“服务好”将成为园区运营者竞争胜出的法宝。

一个园区的服务好坏标准，反映在园区的服务水平和服务业态的完善度，包含基础条件和综合服务能力两个方面。

首先，基础条件反映产业园区的整体软硬件基础环境，从最基本条件反映园区服务环境水平。基础条件如园区所在的地理位置、交通条件、软硬件环境通过平均租金衡量；服务设施、公用服务平台是园区提供服务的载体，提供入驻企业所需的服务环境。

其次，综合服务能力反映的是园区的专业服务功能和满足客户的情况，综合服务水平的提高对企业具有很大的吸引力。例如，物业服务、网络信息化服务等专业化服务为入驻企业的稳定运营和成长发展起到举足轻重的作用；客户满意度服务是入驻企业对园区管理方综合服务水平的有力评定。

“产城融合”的提出，就是因为园区服务跟不上，生活功能滞后于生产功能，居住、公共服务等配套设施薄弱，居民生活区、城市功能区、产业园区衔接不足，制约了城市的发展而提出的对策。越来越多的产业园区开发商意识到，产业园区应从纯粹用于地方招商引资的产业园区，逐渐向集工业与生活为一体的新型城市综合体转型。

党的十八届三中全会提出，要完善城镇化健康发展体制机制，推进以人为核心的城镇化，推动产业和城镇融合发展。产城融合将促进产业与城市协同发展，形成良性互动的有机整体。通过提升服务，产业园区将强化与城市功能的耦合，加快产业设施、居住设施、配套服务设施的合理布局，逐步从居业分离向协同并进转型，从单一的生产聚集区向集生产、消费、居住为一体的多功能区转型。产业复合、规模适当、职住平衡、服务配套的模式将会成为产业园区日后的发展方向。

九、互联网金融时代如何构建新型产业生态

（一）开发区产业基金将逐步推动全国产业联网

产业基金规模从几亿元开始，几年后的若干期后就能达到千亿元或更多，随着产业基金规模的增加，产业基金就可以在全国整合更多的资源和基地，先将全国的资源和基地联网，再帮新区的企业进行全国性联网，这样可以降低成本，增加利润，扩大市场占有率。当全中国的基地联网成功后，就可以进一步到全球整合物流资源，建立更多的基地，真正将产业园和园内企业打造成为全球一流的物流品牌，而实现这一目标的前提就是管理好产业基金。只有产业基金能带给投资者持续的丰厚回报，产业基金的影响力才会越来越大，整合的资源才会更多，产业基金才能发展壮大，才能成为中国产业基金的“黑石”，成为中国园区产业的无冕之王。

因此，产业基金必须找到金融专家来指导管理，基金的运作交给有丰富投资管理经验的金融专家指导的市场化管理团队去做，就会大幅提高园区的核心竞争力，把园区打造成为中国及世界的一流园区，留住并吸引更多的企业到园区来投资。

在流动性过剩的今天，谁会运用金融创新的工具，大量的资金必然会流向谁。

用金融创新在中国未来城镇化的进程中突破地区经济的发展瓶颈，在运用金融工具推动地区经济转型升级的过程中，达拉特开发区必将成为园区行业中世界领先企业的集散地。

（二）新型园区的十大特点

1. 丰富的多元化空间（rich in diversity）

不同发展阶段的科研企业对办公空间的要求不同，产业园区必须打造丰富的多元化空间来满足企业需求。

2. 鼓励交流的场所空间（encourageing interaction）

智慧的碰撞能够激发创新的火花，产业园区应该为科技人员创造开放的交流空间和环境。按照从开放空间到半开放空间、到半私密办公场所的空间序列来组织建筑功能布局，结合开放的室外活动场地及休闲娱乐设施，给园区从业人员创造积极的交往空间，实现“会聚人才、鼓励交往、激发创意”的目标。

3. 多学科知识群体与创新型功能社区的就近结合（proximity of multiple knowledge and innovation uses）

智力资源是产业园区成功与否的最重要因素之一。

4. 资源与设施的共享（shared resources and facilities）

产业园区应该提供一些公共平台，以降低企业的办公和创新成本。如充分利用政府政策资源支持，在园区内设立开放的GLP、GMP实验室、网络视频会议室、公共展示平台等共享设施，可以使创新研发团队充分利用共享设施的优质资源，实现科研课题与产品之间无缝对接，信息与资源共享。

5. 吸引人的休闲设施（amenities）

园区的休闲，不同于城区，“小而美”，有感觉即可。

6. 最先进的基础设施（state - of - the - art infrastructure）

7. 灵活的变通能力和适应性（flexible and adaptable to change）

除按照国际标准满足科研办公人员的空间利用效率之外，还应最大限度地在建筑功能布置上确保灵活性和变通性，使建筑功能在垂直方向和水平方向均具备最大限度的空间分割和灵活改造的余地。按企业成长轨道、企业生产功能去安排建筑空间，并提供卖方信贷与契约，让客户“尖叫”。

8. 发达的公交运输系统和宜人的步行环境（transit and walkability）

9. 城市化的社区空间（urbanity）

应倡导郊区城区化、园区社区化两大开发理念，通过招商及政策扶植，鼓励城市商业业态及社区商业业态在园区内落地。

10. 园区的智慧管理（wise management of science park）

依托智慧城市管理理念，从交通及停车管理系统、智能化安防系统、社区监控系统、智能化办公平台，并结合IBM提供的企业咨询与培训服务，全力打造智慧型新一代园区。由园到城，郊区城区化，园区住区化，让企业、员工克服距离感，这是人本。

新型产业园的核心工具是互联网金融，运用互联网金融工具重塑新的经济模式，并帮园区的企业解决资金、市场、人才、品牌、技术等发展难题，将园区打造成世界一流的产业集群。

第九章　用互联网金融重塑地产发展模式

当人类迎来了互联网金融时代时，互联网金融对房地产影响有多大？金融业乃万业之母，互联网金融除了加剧传统金融业的蜕变以外，对传统房地产行业的影响又如何呢？

从1990年开始，普通老百姓以前的投资基本就是“一有钱就存银行，攒够钱就去买房”！在过去十年中，除了2008年以外，房价几乎年年上涨，在中国，买房和打新股基本是一样包赚不赔的投资，从而带来了房地产行业的大发展。

而现在房地产开始出现回调了，房价开始进入下跌的拐点了。“90后”似乎曾经被房地产商寄予厚望可以成为买房的新生力量。可是，马佳佳的一句“90后不买房”让地产商伤了心。“90后”是在互联网浪潮和出国留学的浪潮中成长起来的一代，他们不仅更具备全球化的视野、更西化的思维，而且更加懂得如何借助互联网金融来达成他们的目标。

互联网金融的兴起，看似对银行冲击很大，其实不然，银行有国家信用担保，而且银行还有理财产品可以吸引客户，真正受伤最深的其实是房地产。当然，互联网金融对房地产的冲击并非一针见血，但其对房地产的影响却是最大的，一方面迫使银行收缩贷款减少了房贷，另一方面，让很多老百姓有新的投资选择，开始远离房地产。当互联网金融产品真正开启了老百姓财富的大门，那么也就是老百姓开始远离中国房地产的时候了。

2015年以来，很多房地产企业终于明白了互联网金融时代来临了，旧的房地产商业模式过时了。于是，一少部分房地产企业在尝试借助互联网金融渠道来筹集资金，似乎互联网金融的兴起反而让房地产企业多了一个融资渠道。

那么，互联网金融究竟是压垮房价的最后一根稻草，还是房地产行业的救命稻草？

一、中国房地产业的发展历程

（一）60年回顾

新中国成立后，房地产业的崛起和发展是当代中国经济的一个重要的经济现象，它影响到国民经济的方方面面。

1. 1949—1991 年：以理论创新为基础的起步阶段

新中国成立后，中国共产党从国民党手中得到的是一个饱经战争摧残的一穷二白的中国，国民经济十分凋敝。新中国出于维护国家安全的需要，重点发展重工业。新中国成立后的很长一段时间内，中国还不存在完全意义上的房地产市场。“文革”后，国家一片混乱，国民经济几近停滞甚至倒退十年。在这样恶劣的环境下，中国房地产举步维艰，发展也几近停滞。直到 1978 年改革开放的浪潮开始席卷中国，国家以经济建设为中心，中国的房地产市场才开始真正发展起来。1980 年 4 月，邓小平同志提出了“出售公房，调整租金，提倡个人建房买房”的设想，拉开了住房制度改革的序幕。1986 年 1 月，国务院召开城镇住房制度改革问题座谈会，住房制度改革正式启动，为我国房地产市场的有序发展提供了制度支持。此外，土地法、规划法的制定与实施以及相关法律的修订，为我国房地产市场的发展提供了法律依据。例如，1988 年 4 月，《中华人民共和国宪法》规定，土地使用权可以依法转让。发达地区的创造性的发展与变革也为房地产的发展提供了良好的范例。1998 年，中央政府肯定了上海、深圳在土地有偿使用方面的突破，它们的经验也逐渐在全国范围内推广。

2. 1991—1998 年：非理性炒作后的调整阶段

1992 年邓小平同志的南方谈话，使我国的房地产开始迅速发展起来。中国南方掀起了房地产开发的高潮，其中炒作最为严重的有北海、大亚湾、海南等地。由于大规模的非理性炒作，随后出现了“硬着陆”，直到 1995 年，国内的房地产市场仍处于萎缩状态。始终处于改革前沿的深圳市为了刺激房地产市场的发展，推出了一系列措施，其中最为有力的为蓝印户口制度。政府为了推动房地产市场的良性发展，也在不断推进福利分房制度的改革。1998 年，《国务院关于进一步深化城镇住房制度改革，加快住房建设的通知》使住房制度改革取得了突破性的进展，中国的福利分房制度终止，货币化分房方案正式启动。

3. 1998 年至今：国家宏观调控阶段

1998—2003 年的规范发展阶段。政府为了促进和刺激国内的房地产行业的发展，加强使用法律手段和行政手段，出台相关的政策措施，以规范房地产行业的一系列交易行为。为了规范中间商的交易行为，2000 年，国家计委、建设部联合发出了《关于房地产中介服务收费的通知》。为了规范房地产市场的交易行为，建设部、国家工商行政管理总局制定了新版的《商品房买卖合同示范文本》。同时，国家也制定政策努力规范政府及其相关部门的行为，如财政部、国家税务总局颁布的《关于调整住房租赁市场税收政策的通知》和《关于对消化空置商品房有关税费政策的通知》。为了合理利用土地资源，促进房地产市场的持续发展，中华人民共和国国土资源部于 2002 年 5 月 9 日签发了 11 号文件《招标拍卖挂牌出让国有土地使用权规定》。

2003—2007 年的强化调控阶段。2003 年中后期，国内部分地区的房地产市场开始出现过热的现象，政府为了稳定市场发展，开始进行全面的宏观调控。2003 年

《国务院关于促进房地产市场持续健康发展的通知》，进一步明确了房地产市场发展的指导思想，明确了政府在保障最低收入家庭基本住房需求和保持房地产市场稳定健康发展方面的责任。规范土地的使用，2003 年 11 月 3 日，国务院发出《关于加大工作力度，进一步治理整顿土地市场秩序的紧急通知》，提出要通过治理整顿，使违规设立的各类开发区得到清理和规范，乱占滥用耕地和非法转让土地的行为得到依法查处，经营性用地招标拍卖挂牌出让制度得到全面推行和落实，土地市场秩序和土地执法环境得到明显改善。

2004—2006 年，国家进一步加强了宏观调控，推行了一系列的政策。2004—2006 年被房地产业界称为房地产行业的政策年。国家为了加强调控，发布了一系列文件，希望用法律手段来规范房地产市场的行为，防止房地产市场过热。为了加强对土地的监管，保证土地资源的合理利用，2004 年 3 月 31 日，国土资源部发布了《关于继续开展经营性土地使用权招标拍卖挂牌出让情况执法监察工作的通知》。7 月底，国家发展改革委、建设部下发《物业服务收费明码标价规定》的通知，规定物业服务收费实行明码标价，维护买房者的合法权益，进一步规范房地产市场。围绕调整住房供应结构，稳定住房价格，2005 年 3 月 26 日，国务院办公厅向各个省、市、自治区印发了《国务院办公厅关于切实稳定住房价格的通知》，共有八条内容，简称“国八条”。2006 年 5 月 17 日，《关于调整住房供应结构稳定住房价格的意见》（简称“国六条”）出台，它在“国八条”的基础上，提出加快城镇廉租房制度建设，解决低收入家庭的住房困难。5 月 29 日，国务院又出台了《关于调整住房供应结构稳定住房价格的意见》，对“国六条”进一步细化，而且在套型面积、小户型所占比例等方面作出了量化规定，希望通过对住房供应结构的调整，进一步稳定住房价格。

国家不仅规范市场主体的行为，同时把规范政府的行为作为一个重点，国家加强了房地产税收管理。2006 年国家发布系列文件。7 月 26 日，国家税务总局发布《关于住房转让所得征收个人所得税有关问题的通知》，从 8 月 1 日起，各地税务局将在全国范围内统一强制性征收二手房转让 20% 的个人所得税，加强了对房地产行业个人所得税的征管。为了加强无偿赠与行为、受赠房屋出售、赠与行为后续管理的税收征管，国家税务总局于 9 月 14 日颁发《关于加强房地产交易个人无偿赠与不动产税收管理有关问题的通知》。

国家在完善政策法规的同时，也充分发挥了经济手段的调控作用，其中最为突出的是利率手段的作用。为了防止房地产业投资过热，国家加强了对房地产贷款的监管。2004 年 9 月 2 日，中国银监会公布了《商业银行房地产贷款风险指引》，规定建筑商不得为开发商垫资建楼，开发商开发项目自有资金不低于项目总投资的 35%，购房者的月供贷款不得超过收入的 50%。2004—2007 年人民银行的持续加息对房地产行业的影响是非常明显的。2004 年 10 月 29 日，中国房地产业开启了加息的历程。2004 年，一年期存款基准利率上调 0.27 个百分点，由 1.98% 提高到 2.25%，一年期贷款基准率上调 0.27 个百分点，由 5.31% 提高到 5.58%。经过

2006年的两次加息和2007年的5次加息，2007年12月20日，一年期存款基准率上调0.27个百分点，由3.87%提高到4.14%；一年期贷款基准率上调0.18个百分点，由7.29%提高到7.47%。2004—2007年，经过九次加息，一年期存款基准利率由1.98%提高到4.14%，一年期贷款基准利率由5.31%提高到7.47%。

1990年国务院55号令对土地交易的法律承认，标志着我国房地产商品化的开始，到目前为止，已经有25年的发展历史了。这25年来，我国房地产大体经历了三个阶段。1990—1996年为第一个阶段，这时的消费者对产品的要求不高，还仅仅只是提供一个居所，对劣质产品、市场需求不是太看重，但市场在起步，总的来说是卖方市场。第二个阶段是1996—2000年，这时，中国房地产整个行业的文化和产业，有思想的产品才出现，房地产作为一个产业才真正产生。第三个阶段是在2000年以后，整个中国的房地产快速发展，这时不仅要有理念，还要有文化，还要讲产品，它要求企业更有实力，要把物质和精神做得更扎实，资源更加要整合。

20世纪90年代以前，我国一直是以计划经济为主导的社会，城市建设也带有计划经济深深的烙印。当时的城市住宅建设由国家统一投资、统一征地、统一设计、统一建设、统一管理、统一分配。住宅单体几乎是千篇一律的平顶板式楼，风格单调，缺乏多样性。这个时期的住宅产品仅仅能满足人的基本生活需求，基本没有户型的概念，不强调功能的合理程度。当时的住宅属福利性质，并没有选择的余地。1990—1996年，房地产开始商品化，但还带有浓厚的计划经济色彩，购买者以单位、集体为主，辅之以少量的个人购房。通常是单位统一购买以后，根据职工的工龄、职称等相关要素评分，然后根据分数多少把房子分配给单位的职工，个人对房子地段、户型等方面选择的自主性很小。早期的住房只是解决居住，基本上没有其他的要求，在住宅功能上十分不合理，如，客厅面积小，客厅餐厅混合使用，住宅交通流线互相穿越，动静空间的干扰，套间的大量使用，卫生间很小，仅仅是一个厕所，等等。总的来说，当时我国城市居民的居住环境是不理想的。这时候的住房理念只是解决人们从“居者无其屋”到“居者有其屋”的住房紧缺状态，这个阶段是没有理念的阶段。

1996—2000年为一个阶段，1998年取消福利分房以后，房地产市场的购房主体发生了变化，集团购买基本退出市场，而个人消费成为主体，购房主体个人化已是一种不可逆转的趋势。这样，普通居民有了选房的自由，不同的家庭对住宅的需求不一样。随着市场经济的快速发展，除国有、集体所有的房地产公司外，大量的中外合资、合作、独资、私营的房地产企业参与房地产的开发销售。随着房地产市场开发主体的多元化和购房主体需求的多样化，北京的房地产市场开始完全市场化。

随着市场化的推进和人们生活品位的提高，这个阶段是理念产生、形成的阶段，从这个时候开始，人们讲产品、环境、功能、布局，消费者比较成熟了，整个市场比较理性了。最明显的变化表现在住房的功能上，人们开始关注住房的舒适度，并把舒适度作为住房品质的因素。这时，人们对卫生间的要求不仅仅是一个马桶，还应具有洗澡功能，甚至还要有双人浴缸，房间不但要有卫生间，而且主卧要带卫生间，甚至到现在每个卧室都有卫生间。除了卫生间的功能外，还希望把卫生间装饰得很漂亮，甚至还要采光，还要景观，卫生间已成为人们生活中的重要组成部分，而不像以前的仅仅是辅助的空间。在客厅方面，商品房开发以后，开始有客厅这一说，来客人有招待客人的场所，客人在客厅可以谈谈心，聊聊天，喝喝咖啡，听听音乐，因此，大客厅、小卧室已成为时尚家庭的选择。观念改变了以后，人们开始把这些功能作为衡量住房品质的主要因素。客厅从无到有，到现在大家都接受的宁可住小卧室大客厅这样一个功能来组成的一个功能区域。最终发展到我们觉得客厅是代表我们家里奢侈空间的一个标志，客厅很大，说明房子有豪宅的因素，房子用起来很有气势，很气派。从没有客厅到有客厅，再到小卧室大客厅这个过程，是居住品质逐步提高的过程。

从2000年开始，我国地产市场进入大规模的市场化开发阶段。2000—2005年，我国度过了地产15年这场大戏中分量最重的五年，房地产开始以“新产品主义”为开发导向。2000年以后，整个中国的房地产快速发展，这时不仅要有理念，还要有文化，还要讲产品，是我国房地产发展最为迅速的时期。

我国房地产经过了二十多年的发展，在开发理念、建筑风格等方面都日益成熟，人们从“居者有其屋”，开始向“居者优其屋”转变。现代的住宅户型设计将“以人为本”的准则发扬光大了，在设计上不但充分考虑了居住者的需求，而且不断创造出新的居住理念，使住宅的户型设计与周围的城市景观、人文环境、生态环境等融合在一起，扩展了住宅空间的外延。把住宅户型设计拓宽至居住环境的规划，在考虑户型布局的同时，兼顾居住环境的营造。随着生态意识的加强，人们对生存居住环境的要求也在不断提高。居住者不仅需要优秀的户型设计，而且希望达到与周围的自然环境、人文环境以及社会环境的和谐统一，实现“人居合一”的理想境界。

别墅是随着人们对居住要求的提高而产生的产品，是住宅的高级或者说终极形式。20世纪五六十年代开始出现的一些“将军楼”，就有双拼、连体别墅的影子，但真正商品化的别墅只有10年发展史。从当初的简单理解为可以停私家车的单独庭院就是别墅，到后来的模仿西式别墅做的一些建筑，再到原汁原味地照搬西式别墅，发展到引进西方文化进行改进和调整做出的一些中西合璧的别墅，再发展到如今的具有中国特色的创新别墅，整整花了10年。中国的别墅经过10年的高速发展已经开始进入成熟期，买别墅已经从炫耀成功而更多地转向关注居住的体验，一种全新的别墅居住文化和新的别墅阶层开始兴起，与此相适应，别墅的开发、设计与定位也出现诸多新迹象。财富阶层在任何国家和社会所占的比例一定是少部分，现在别墅不断增加，但财富阶层是有限的，所以以后会出现分化。

（二）我国房地产现状

我国房地产业，自2007年10月至2008年底，在政府的干预下，经过为期一年多的调整，现又重新步入了价量全面回升的局面。那么这种情况的出现，究竟是地产业的偶然现象，还是一种社会经济发展的必然表现？纵观中国房地产业的发展历程，根据发达国家房地产业的发展历程来看，其总体发展水平还处于产业的成长阶段。我国幅员辽阔，地势从东向西呈梯级增高，而我国的经济发展也是不平衡的，这种经济发展的不平衡性，导致了房地产产业的发展在地域上的差异（见表9－1）。我国东南部及沿海地区房地产应该说已普遍进入了产业的发展阶段，但中西部地区除各大省会城市和地方中心城市外，房地产产业仍处于起步和形成阶段。这也和发达国家房地产业的形成和发展历程相吻合，即，所在地区或国家人均GDP达到900美元时，房地产产业开始形成；人均GDP达到2 000～7 000美元时，房地产产业处于发展和旺盛发展阶段；人均GDP达到8 000～11 000美元时，房地产产业处于稳定发展阶段；当人均GDP达到11 000美元以上时，由于有效需求降低，房地产产业规模反而逐渐减少。反观2008年我国人均GDP为3 315美元，居全球第106位。根据美国经济学家钱纳里曾提出的划分经济发展阶段的标准：人均GDP 2 100～3 360美元时，经济发展处于发达经济初级阶段；3 360～5 040美元时，经济发展处于发达经济高级阶段。也就是说，就我国整体而言已接近于发达经济的高级阶段。我国房地产企业TOP10如表9－2所示。

表9－1　全国及代表地区房地产相关数据统计

地区	商品房销售面积（万平方米）	销售面积增速（%）	商品房销售额（亿元）	销售额增速（%）
全国总计	82 541.27	9.8	42 277.89	17.5
一、东部地区	40 714.03	2.5	27 074.39	8.9
北京	1 375.50	－31.1	2 517.26	－6.8
二、中部地区	19 818.22	22.1	7 025.51	42.4
山西	930.76	26.1	335.18	63.5
吉林	1 470.30	39.0	570.92	66.2
三、西部地区	22 009.02	14.4	8 177.99	31.9
内蒙古	2 469.68	32.7	868.86	62.6
广西	2 264.05	15.8	813.96	27.7

表9－2　中国房地产企业TOP10

万科地产	始于1984年，高新技术企业，中国最大的专业住宅开发企业之一，全球200家最佳中小企业，万科企业股份有限公司
保利地产	大型国有房地产企业，国有房地产企业综合实力领先企业之一，房地产行业十强，保利房地产（集团）股份有限公司
绿地地产	成立于1992年，上海市国有控股特大型企业集团，房地产龙头企业之一，中国企业500强，绿地控股集团有限公司

续表

恒大地产	国内在建工程面积最大、进入省会城市最多的房地产企业之一，房地产十大品牌，著名品牌，恒大地产集团有限公司
中海地产	始创于1979年，中国房地产开发企业500强，中国房地产行业领导品牌之一，著名品牌，中国海外发展有限公司
碧桂园	国内最大的房地产开发企业之一，房地产行业大盘开发模式的倡导者，香港联交所上市公司，碧桂园控股有限公司
华润置地	华润集团旗下，中国内地最具实力的综合型地产开发商之一，领先的高端房地产发展商，上市公司，华润置地有限公司
龙湖地产	香港联交所主板挂牌上市公司，大型地产开发运营商，极具规模与竞争实力房地产企业，著名品牌，龙湖地产有限公司
世茂地产	中国最具实力的综合性房地产开发企业之一，首创地产行业“滨江模式”，上市公司，巨茂房地产控股有限公司
富力地产	中国综合实力最强的房地产企业之一，上市公司，国内房地产界影响力品牌，广州富力地产股份有限公司

二、中国房地产行业的困局

2014年，网友发帖称，深圳龙岗街道南联社区村委主任周伟思在当地拥有私家住宅、别墅、厂房、大厦超过80栋，估计资产超过20亿元，当地街道办已成立小组展开调查。中国的房地产，已成中国经济肌体和社会肌体上最大的毒瘤之一。这些年来，卖了那么多地，盖了那么多房，却未曾“大庇天下寒士俱欢颜”，反倒前无古人地制造了一个“住房难”时代和房奴时代。那么多的房子都落到了谁的手里？有人将愤怒的矛头指向了炒房者和投机者。确实，炒房者和投机者手里囤积了不少房子，可我们应当清醒地看到，房地产的灰色地带也存在于官商环节。

（一）中国的房地产泡沫有多大

中国的房价比美国高四五倍，中国人的平均收入只有美国的五分之一；卖掉北京可以买下整个美国，中国的房地产泡沫有多大可想而知，中国现在的房价腰斩后仍然有巨大的泡沫，中国1/4的房子是空置的，大量的空置房无人住，现在的房价再降50%仍有巨大的泡沫。

中国的房价已经不再是经济问题，而是实实在在的政治问题，在中国的传统之中，居者有其屋是每个中国人的情结所在，而这几年的房价已经到了让几乎80%的中国人民望房兴叹的程度。

（二）只有地产泡沫破灭经济才能转型成功

中国的高房价也是造成目前中国通货膨胀的一个非常重要的原因，各行业的经营成本过高最重要的原因是房价太高、房租太高。这个问题不解决，中国经济没有办法再发展，只有房价降下来，中国经济才能突破30多年来粗放发展的经济瓶颈。未来几年，中国是一个去房地产泡沫化的一个过程。目前，楼市基本上处于一个政策空白期，即没有新政策出台，而是执行旧政策，那么，楼市对旧政策就会产生"抗药性"。

1. 全国房产联网将杜绝炒作与贪占

解决房地产泡沫的问题并不难，目前中国的房地产有1/4是在官员及少数富人手里，官员手里有几十套房子的人很多，他们既不出租也不住，完全空置。全国房产联网后将一片阳光，是什么单位、什么人拥有房产以及房产的用途等将一目了然。一是各大银行和财团已没有推动房产价值炒作的空间和余地；二是各小团体和个人也将无法再炒作房产，因为所有拥有购房贷款能力的人在同一个城市只能拥有一次国家政策与银行优惠贷款（只有唯一住房有效）的权利，用过必将永远丧失，而每个人必须清楚也将真正珍惜这个几乎一生只有一次的权利和机会；三是个人利用权力贪占的多余房产也将暴露在众目睽睽之下，对这些人、为这些人提供便利并谋利的公职人员必须严惩，并追究刑事责任；四是各种贪官污吏拥有多少房产将一目了然，全国房产联网后这些贪官污吏不但不敢再贪占房产以积存赃款，反而会为了不暴露自己而将把手中的房产迅速卖掉，这些房产将以二手房的形式被加速卖出而回流整个房产市场。商品房产市场已经进入过剩阶段，如此房价必须得降下来。

2. 建立严格完善的房产税收制度，存房炒房将被杜绝

开征房产税是大势所趋，但如何定位必须明确。房产税试点的扩围是一项重大的制度变革，同时也是一套系统工程，不仅涉及面广，而且过程复杂，影响深远。房产税的目的是消除房地产泡沫，让房地产行业的大量资金、资源进入实体经济，只有房地产泡沫破灭，中国的实体经济才有希望转型成功。因此，房产税的定位应该是以第三套房开始征收，然后从第四套房开始每套增加税率，将大量的空置房逼向市场；建立全国的房地产统计库，只要是一个家庭在中国的第三套房都要开始征税，这样一来房地产价格就会回归理性，各行各业就会把精力放在将自己的行业升级转型上，中国的实体经济才有希望迎来大发展。所以，房产税开始全国征收前，各地房地产限购政策就应取消，让那些买了大量套房子的人杀跌出逃，这样中国的经济才能恢复到正常发展的轨道上来。

3. 地方债务危机不能依赖土地财政化解

当前房价过高的根本原因在于投机炒作和利益集团们习惯于瓜分房地产的暴利。试图靠放松对房地产的调控来化解地方债务危机，不仅无法缓解，反而会激励地方政府对土地财政更加依赖，最终会因房地产市场的泡沫破灭而使得资金链完全断裂。对于处于高速增长中的地方经济而言，只要实体经济具有很强的造血功能，只要中小企业生机勃勃，债务的偿还就会有保证，但如果将债务的偿还一股脑儿压在土地财政上，这在任何时候都是一种最坏的选择。解决地方债务最好的选择是果断摆脱对土地财政的依赖，转变经济发展方式。政府用税收来养活自己，而不是靠出卖土

地。土地这一块理顺的话，整个房地产市场才能理顺。

（三）中国疯狂经济泡沫的严重后果

西方许多投资大鳄，戏称中国是“全球经济泡沫之母”，意指中国的经济泡沫，在过去10年中国政府采用一系列投资推动，造成制造业过剩，房地产空房过多，房价畸高，泡沫巨大。现在政府没有余地再搞投资刺激。最重要的是，房地产的泡沫现已造成中国经济畸形化。现在政府不能继续这样走，调整起来也非常不容易。现在中国政府不但应该降息，还应该大幅度降低存准率。过去几年中，中国大幅度地提高了银行存款准备金比率，目的是要减轻人民币升值的压力，以低汇率促进出口，维持高增长，从而将银行存款准备金比率从2007年1月的9.0%提高到2011年6月的21.5%，使得本来就扭曲的经济结构更加畸形化，造成人民币对内贬值对外升值的扭曲格局。

一切泡沫都逃脱不了破裂的命运。中国存在过高的资产泡沫预期，以及过度延伸的信贷供应。这个泡沫，是有意识地自行破裂，还是无意识地突然暴力破裂，将决定中国经济是否硬着陆的命运。所以，房地产泡沫成为中国经济转型升级的拦路虎。

相比上一个十年是信用泡沫破裂的十年，未来十年将是资产泡沫破灭的十年。因此，房地产价格在上升趋势中，政策性干预往往难以见效，但一旦开启下跌渠道，也并不会局限于5%~10%的跌幅，估计未来3年都将持续这一趋势。中国已进入房地产熊市，将持续5~10年的时间。大城市的平均房价很可能会下降一半以上。

为什么房价会下跌这么多？房产泡沫的破灭将从全国房地数据联网及房产税的出台开始。

第一，大量过剩的房地产十年也难以消化，在全国每个城市盖房高潮中，每个城市都在进行着造城运动，全国各地每个城市房地产的空置率都在50%左右，郊区盖的大量小产权房及农村的自建房大量空置，已经形成了巨大的房地产泡沫，卖掉北京的房子可以买下整个美国。

第二，经济增长明显放缓，未来GDP增长将出现“7”字头，而这样的经济增长放缓不再能够支撑房价继续上涨，只有让房地产泡沫破灭，经济才能健康发展。

第三，在资金的持续紧缩、政策的持续执行下，地产商的资金链短缺不断扩大，因此，房企在定价方面势必会有所体现。由于开发商对政策走向有不同预期，所以房价的下跌刚开始将是缓慢的，然后逐步形成加速下跌的趋势。

第四，从工资与租金方面来看，当泡沫泄气的时候，房价必须下降到工资和投资收益可以支撑的水平。在中国的房地产市场，现在的租金回报率不到3%，它必须回到5%以上，每平方米的单价则不应超过两个月的平均工资。

第五，政府目前仍然没有放宽二三套房的贷款限制。那些最有潜力的买房者受到了管制，这些买房者其实并没有足够的现金，主要依靠贷款买房，因此，房价不能更上一层楼了。

第六，中国房产泡沫已成世界之最，大量房产10年难消化，城镇化进一步降低城市住房需求；人口出生率下降，住房需求减少；“90后”独生子女各家至少3套以上住房，未来至少各家要卖出两套住房，十年后想卖房子的人根本找不到人买，十年后房子将成为所有人的负担。

中国地产泡沫不破，经济难转型。房地产泡沫是通货膨胀的根源，房地产占有了大量资金及资源，阻碍了经济转型升级，如果房地产泡沫两年内不破灭，中国有1/3的城市会走上鄂尔多斯的老路，50年内难以走出困境。不能让房地产的泡沫继续发酵，否则中国经济会出现大的动摇，在经济下滑周期更要保持清醒，要防范房地产调控政策松动带来的更大经济泡沫。泡沫对一个国家的经济摧残是巨大的。泡沫开始发酵，没有破裂的时候，它对整个社会资源分配体制是扭曲的。中国的房地产泡沫已经到了一个关键口。有两个选择：一个是现在主动挑破，还有一个是用一个更大的泡沫去暂时掩盖这个泡沫。如果想掩盖这个泡沫，其后果会更为严峻。我们已经看到了国内严峻的通货膨胀。如果继续延续泡沫，通货膨胀会更严峻，会引起社会的动荡。主动挑破，反而会推动经济转型。

（四）“房价再上涨十年”的论据不足

邱晓华2012年底表示，房地产行业的黄金期仍没有结束，未来房价还会上涨。笔者通过剖析“房价上涨十年内不会逆转”观点，发现其并不能站住脚。支撑“房价上涨十年内不会逆转”的观点有两个：一是从需求上看“中国‘人多地少’的基本国情决定了住房在中国长期供应都存在偏紧的状态”；二是中国的工业化和城市化没有结束，对住房的需求就始终存在。

“人多地少”，始终是忽悠房价上涨的说辞。事实也一再证明，中国这十年之所以房价失控式上涨，就是对投资投机性需求放任自流，只要挤干房地产发展中投资投机泡沫，那么，自住型的刚性需求绝不会助推房价暴涨。

借助中国推进城市化、城镇化为由而断定房价至少还要上涨十年的观点暴露其两大软肋。首先，过去十年的城镇化、城市化就是大搞房地产化，无度推高房价，就是揠苗助长地把百姓都赶到城市甚至大城市居住的城市化。其次，其理解的今后推进城市化、城镇化还要再走过去这条老路。这将出现的恶果是，不但百姓住房越来越难，将彻底毁掉中国经济金融和民生。就地城镇化应把现有农村村镇就地改造建设成城镇城市，就地消化转移农村剩余劳动力，带动农民自然而然地通过在工厂、企业、公司稳定就业后转化为市民。沿着上述城镇化、城市化、工业化之路迈进，房价不但不会上涨十年，而且从现在起还将开始走低。千万不要上了借助城镇化、工业化而大肆忽悠房价上涨者的当，要识破这些人大肆忽悠房价走高、维护特殊利益集团暴利的诡计。

（五）触发泡沫破裂的因素可能是什么

1. 人口老龄化：楼市泡沫破裂的导火索

房价泡沫的破裂，将是在多重因素共同作用下的结果，人口老龄化将对其产生刺激作用。其背后的逻辑在于：2015 年、2020 年、2030 年将是我国人口加快老龄化的 3 个关键年份。等我国老龄化自然达到高峰期时，我国可能陷入人们大规模出卖房地产，大规模变现消费的“泡沫泥沼”中，房价将“一泻千里”。而适当提前变现消费，可以稀释泡沫，抑制房价上涨，平摊可能集中释放到市场的房地产。

2. 楼盘空置与房价同升不会长久

面对房地产市场的预期风险，照理来说开发商应该早就忍痛割爱，降价销售了。然而，为什么一些开发商和黑嘴们还要信誓旦旦地说“房价不但要涨还要猛涨”？对开发商来说，其最终产品的价格是由土地成本、建安成本、各种税费及利润构成的。所以，当其取得高价位的土地后，开发商为了确保其自身利润的获得，势必会把在招拍挂过程中抬升了的地价成本转嫁到购房者的身上，并竭尽全力想法抬升房价。并且，开发商会设法花钱请吹鼓手们当黑嘴，给钱让黑嘴们一道高喊“房价铁定要涨”，以便造出声势，迫使那些尚在观望之中的人们赶快购房。而一旦实在销售不动，那也只能让它闲置着，今后若想再获得银行贷款就绝非易事了。而让它闲置着并一路涨着，至少在账务报表上看企业还是盈利的。至于以后怎么办，那就只能等到以后再说了。正是由于以上的原因，这才有了眼下这种“楼盘空置与房价虚高”并存的奇特现象。只是，一旦当商业银行意识到其已经直接或间接地承受了房地产市场运行中各个环节的市场风险和信用风险，并痛下决心采取有效措施来规避房地产信贷风险之后，这种“房屋空置与房价高扬”并存、非理性的房地产繁荣现象还能长久吗？

（六）从经济规律判断房地产泡沫必破

1. 从经济周期来分析

经济周期是衰退、萧条、复苏、繁荣，2009—2011 年中国的经济是处在繁荣过后的通货膨胀泡沫中，2012 年开始衰退，至少 2015 年还是萧条的。因此，2015 年是资产泡沫破灭年，房地产巨大的泡沫破灭将从 2015 年开始。

2. 房地产泡沫让中国工业化“未熟先衰”

2008 年金融危机之后，激进的宏观经济环境就像一场龙卷风，加速了房地产泡沫的吹大。但产业空心化所吹起的泡沫迟早要破，今天的温州，正在为它积累多年的产业空心化付出代价，不断出现的老板跑路潮和金融坏账就是明证，工业化“未熟先衰”、投机盛行、产业空心化的问题在很多地区露出了苗头。

就中国目前的要素禀赋而言，中国经济的发展还必须长期依赖工业化，中国的工业化也还远未成熟，我们的制造业还处在简单粗放的发展阶段。我们只能脚踏实地、一步一个脚印地进行点滴的创新积累，最终实现从附加值低的产品制造、服务向产业链高端的升级。我们还有很长的一段路要走。

在炒楼炒地炒煤炒矿、钱炒钱的急功近利心态下，中国的产业正在向空心化发展。如何引导民间投资及地方政府摆脱浮躁心态，制定 5 ~ 10 年的发展战略，需要尽快捅破房地产泡沫，逼着大家去做实业，发展产业经济，进行产业转型升级，房地产泡沫不破灭，所有的投机都还抱着幻想，大家仍然在做着炒钱炒地的发财梦。所以，中国的经济转型升级已经到了关键时刻，绝对不能手软。

3. 房地产泡沫不破，未来一半的城市会成为鄂尔多斯

鄂尔多斯的短暂虚假繁荣，通过巨额投资打造的康巴什就是造城的结果，当房地产泡沫吹破后，击垮了当地富豪，也击垮了这座城市。造城运动导致了实业空心化、资产泡沫化。房价从两万多元跌到两千多元仍然无人问津。地方政府的投资“饥渴症”造的空城至少需要50年才能恢复。目前，中国有太多的地方政府还在玩着圈地盖房、盖空城的游戏，太多的城市得的是与鄂尔多斯一样的病，只不过是病情没有鄂尔多斯重而已。鄂尔多斯那种盖空城的方式注定是死路一条。数据显示，2014年全国房地产开发投资达91 740亿元，根据一份内部研究报告，唐山、扬州、中山、芜湖等大量三四线城市在过去几年土地供给极度膨胀，与2013年以来的商品房实际消化速度形成巨大差距，中国所有的城市都要大跃进式地造城，如果房地产泡沫在2015年不破灭，中国未来有一半的城市会走上鄂尔多斯的老路。

4. 高涨的房价压得中国人民喘不过气来

飞速发展的经济，泡沫越吹越大的房地产，其背面则是越涨越高的房价和越来越多被房价压得喘不过气来的年轻人。根据北京官方公布的数据，北京2014年人均住房建筑面积为21平方米，若一个三口之家的住房面积为63平方米，对应着252万元的房价和6.6万元的家庭可支配收入，房价收入比大约为38倍。据世界银行曾经的研究，一个城市的房价收入比在3~6倍才是比较合理的水平。

（七）吹大地产泡沫成“鬼城”对谁都不利

自2014年以来，中国楼市传来令人不安的消息：继鄂尔多斯、温州楼市崩溃之后，常州以及营口出现了“鬼城”现象，中央电视台还报道说海南楼市无人敢接盘，三四线城市的大多数投资者被套牢。

1. “鬼城”在中国星罗棋布

在人类历史上，就从来没有过像中国这样的大规模的造城运动。2004年还是一个人都没有的地方，却规划并兴建100万人口的城市，并把配套设备先行投资建好，想到了20年后的繁荣。这种预期，是泡沫经济的十大特征之一，最后的结局，是所有投机资金都被绞杀。鄂尔多斯康巴什，一个泡沫经济的典型样本，房价从2万多元人民币一直跌到3 000元，跌去85%。类似康巴什这样的“鬼城”，在中国可以说是星罗棋布。到各大城市一走，山东威海、乳山、天津滨海、上海外环、杭州西城、南昌红谷滩、长沙三角洲、三亚和海南海岸线等，没有人可以统计出来究竟有多少“鬼城”。

2. 中国房价是一个等待破裂的泡沫

中国的房价现在是有价无市，只是一个等待破裂的泡沫。泡沫哪里是能够护住的？日本人曾经这样说过，阿根廷人过去也曾这样说过。今天的中国人就是曾经的日本人、过去的阿根廷人。房价泡沫正在绞杀最后的投机资金，房价泡沫只有一条

路，那就是破灭。任何一个商品，用投资拉动增长，最后都死得很惨，终归会出现一场大的危机才能最后解决问题。

3. 普通购房者早已被中国房地产彻底抛弃

《人民日报》曾毫不讳言地指出，普通购房者早已被中国房地产彻底抛弃。中国房价会发生一次断崖式下跌，泡沫一定会破，你看看以下数据就会很清楚。合理的房价与家庭年收入之比，世界银行的标准是5:1，联合国制定的标准是3:1，现实中，美国是3:1，日本是4:1，发达国家最高的是悉尼8.5:1，纽约7.9:1，伦敦6.9:1，首尔7.7:1，东京7.9:1，新加坡5:1，而中国在20:至30:1，北京、上海、杭州等地甚至达到40:1。中国社科院发布的《2010年经济蓝皮书》指出，中国房价收入比超出合理承受范围，85%的中国家庭无能力买房。类似鄂尔多斯市康巴什新城这样的“城市幻影”、“空城计”、“幽灵城”或者“鬼城”在中国绝非孤例。人民网曾有一文为《巨大楼市泡沫显现，中国空置房可供2亿人居住》，据此，可以推算出中国住房空置率至少超过30%。

4. 吹大房地产泡末成“鬼城”损失最大的是房地产企业

中国现在有多少“鬼城”，谁也不清楚，但是有一点是清楚的：所有把房地产泡沫吹破成“鬼城”的城市最先破产的总是房地产企业。据笔者了解，大量到“鬼城”投资的房地产企业一次投资失误就把30年赚的钱全都赔光，所以说，如果我们还鼠目寸光地想继续吹大房地产泡沫，那只会自寻死路。房地产企业现在需要做的是如何运用资本运作的金融工具转型升级，如何顺应时代的潮流和发展趋势，而不是听那些无知的吹鼓手们胡说。等到最后破产的只能是没看清形势的房地产企业。鄂尔多斯不就是鲜明的例子吗？

（八）鄂尔多斯是中国所有城市的缩影

截至目前，鄂尔多斯市尤其是康巴什，一年多前商品房开价万元以上，现在3 000元每平方米的房子比比皆是。鄂尔多斯市的房价暴跌，给当前正处火热中的国内房地产敲响了警钟。今天写到这座当今中国人均最富的城市，不是因为它的幸福，而是因为它的痛苦，转型的痛苦。在2012年宏观经济形势下滑、房地产调控不断加码的背景下，鄂尔多斯暴露出房地产泡沫破灭、资金链条紧绷乃至断裂、城市发展缺乏产业支撑等一系列的问题。鄂尔多斯房地产泡沫破裂影响的不仅仅是广大投资者和放贷者，还有当地的金融和经济。可以毫不夸张地讲，鄂尔多斯的今天就是中国很多城市的明天。

1. 鄂尔多斯的房地产泡沫因何兴起

在2000年，鄂尔多斯GDP仅为150亿元，被称为“内蒙古的西藏”。到2007年底，在中国城市竞争发展力排名中，鄂尔多斯增长竞争力排名全国第一。当鄂尔多斯一下冒出了6 000多个亿万富豪、将近10万个千万富豪后，当地政府希望这些富人们的投资和消费均在鄂尔多斯，这样有利于鄂尔多斯市经济的繁荣发展。那么，如何留住煤炭资本呢？对于工业并不发达的鄂尔多斯而言只有两条道路：一是投资房地产，二是民间放贷。于是，这两大产业蓬勃兴起。房地产产业首当其冲。手中有了钱，政府便开始拓建新的城市空间。到了2011年，鄂尔多斯房地产计划新开工面积达1 300万平方米，施工总量达2 300万平方米，城市超常规发展，而人口流入量又跟不上，房地产的供应已远大于需求，泡沫破裂已成定局。

2. 中国经济畸形发展的极端缩影

地方政府一味追求经济发展速度，用资源换GDP增速，富裕的人们一味地盼着用钱生钱，致使房地产行业在没有足够需求的情况下突飞猛进，价格飙升。鄂尔多斯的这个财富路径和整个中国的财富发展路径何其相似。其实，它是中国过去几十年经济发展路径的极端缩影。鄂尔多斯的暴富可以说是一个奇迹，但也是一个悲剧。资源总有枯竭的一天，地产泡沫也会有崩盘的一天。投入虚无缥缈"钱生钱"的游戏之中，比如毫无抵押和担保的民间借贷，这样只会让一夜暴富得来的大把财富，又在一觉醒来后全部消失。

3. 房地产泡沫造成当地产业空心化严重

前几年，大量的投资资金更多的是借投资为名来鄂尔多斯市炒楼、炒地皮，而并非做实业。现在一旦房地产泡沫破裂后，未来当地经济靠什么来拉动，也成棘手问题。鄂尔多斯等地的房地产泡沫破裂给我们上了生动的一课。当房地产泡沫破裂之后，我们会发现房地产给中国带来的危害是巨大的，不仅是相关产业遭受冲击，中国金融业的危机也会发生，更严重的是房地产泡沫给实体经济带来空心化，到时候我们靠什么来拉动中国经济？恐怕当年日本经济持续衰退30年的那一幕又将发生。一斑窥全豹，鄂尔多斯房地产泡沫的破裂造成的一系列问题，都将在未来中国许多城市总爆发。

4. 鄂尔多斯成为另类金融泡沫象征

当金钱得不到恰当使用时，会摧毁实体经济。请不要把草原明珠鄂尔多斯与拥有200年市场基础的香港相提并论，这对于两座城市都是一种不尊重。这座城市一度人均GDP超过香港，成为财富之乡，当地的房价、菜价、出租车价格甚至高过北京、上海等特大城市。没有实体经济支撑的大量货币是魔鬼，会让经济陷入螺旋式下坠过程：高昂的成本阻挡住创业的人群—虚拟经济的暴利成为唯一可以收回成本的生意—而虚拟经济泡沫抬高实体经济的成本，进一步冲垮了实体经济的根基。民间借贷链条在风吹草动下崩溃，当地的房地产市场成为一地鸡毛。地方政府试图用高额补贴吸引商家，遭遇悲惨的失败，补贴不能重塑经济环境，不能改变盈利模式，随着实体经济的下滑，政府的补贴也就成为无源之水。

5. 找不到办法化解危害是鄂尔多斯与温州的共同悲剧

温州和鄂尔多斯相继爆发民间借贷危机，特别是鄂尔多斯完全缺乏实体经济的支撑，人们纷纷担心危机蔓延会带来更大的泡沫问题。中国整体情况如何？与鄂尔多斯一样，中国未强而骄，已经有一批先知先觉者通过虚拟资产套现、低价获得寻租权，获得了蛋糕上最丰厚的一块，其财富效应引发了一场全民狂欢。无怪乎，据国际金融诚信组织的统计，这十年的时间有数万亿美元的资产通过非正常渠道转移到海外。房地产泡沫等货币游戏远超实体经济，成为最重要的财富之源。这次温州及鄂尔多斯等地的民间借贷危机暴露出中国经济转型过程中出现的诸多问题，如，低端制造业陷入转型升级困境，民营中小企业生存艰辛，等等。

朱镕基卸任时讲话披露，称最担心今后经济过热："我搞了 50 多年的经济工作，我能深刻体会到我国的这种'综合征'，日子稍微好过一点，就搞浮夸的作风、盲目的自满，莫名其妙的折腾、无知的决策。我讲过房地产的过热，但是我发现绝大多数同志还没有意识到这个问题的严重性，这种过热是不得了的，1993 年就是房地产的过热，结果现在的海南岛还是'遍体鳞伤'。我看外国的报刊，都在讲中国的泡沫经济已经形成，房地产过热，风险太大。地方政府官员为了升官，盲目大跃进式地发展房地产，你们别把这个包袱留给后人，盲目地发展。我非常担心的就是搞'城镇化'。现在'城镇化'已经跟盖房子连在一起了，用很便宜的价格把农民的地给剥夺了，让外国人或房地产商搬进来，又不很好地安置农民，这种搞法是很危险的。"

6. 如何拯救鄂尔多斯这样的空城

目前，太多的地方政府还在玩着圈地盖房、盖空城的游戏，太多的城市得的是与鄂尔多斯一样的病，只不过是病情没有鄂尔多斯重而已。对于经济转型而言，最痛苦的不是找不到病根，而是找到病根却无法诊治。鄂尔多斯政府此前看到了虚拟经济之害，试图吸引实体经济进驻，却因当地缺少产业链、缺少市场积淀而失败，也因为全民的高利贷狂欢、资源价格狂欢而失败。获得厚利者对实体经济不屑一顾，既然可以通过高利贷轻松获得 20% 以上的收益，谁愿意胼手胝足追逐 5% 以下的收益？

鄂尔多斯只吸引到了垂涎于煤炭的企业，它们更像煤炭投机者，而不愿意在当地扎根建立产业链。只要转变一下经济发展方式，改变一下经济发展思维，经济就能更好更持续更健康地发展。那就是找国内的金融专家到当地去考察调研，确定当地的经济发展产业，再运用金融杠杆引进全中国、全世界的资金、技术、人才到这个城市来发展确定的产业。地方政府只用 1 亿元的资金就能建立 100 亿元的产业基金，100 亿元的产业基金用专业化的管理，投给确定的产业链上的优质企业，每家企业只投 5% 的引导基金，就能引来 5 000 亿元的资金，即地方政府只用 1 亿元资金引来 5 000 亿元的投资。这样地方经济的发展就能形成良性循环。如何解决鄂尔多斯那种盖空城的中国式造城危机，只有放长眼光，因城因地制宜打造产业链，形成产业集群，目前中国各行业落后发达国家至少 20 年，中国每个城市只要发展一个产业，把这一个产业做好，做到全中国最好、全世界最好，只要一个产业追上发达国家，那么，这个城市就可以富可敌国。瑞士就是例子，瑞士主要生产一种产品：手表。瑞士把手表做到全世界最好，这个国家就成了世界上最富有的国家，这个国家的人民就是世界上最富有和幸福的人，而且留给子孙后代可持续发展的财富和美好的未来。

中国现在每个城市都应该着眼于长远，着眼于能给子孙万代留下什么样的产业，找到真正的金融专家来定位，如何发展当地的产业，用金融工具打造一个可持续发展几十年上百年的产业，打造一个在世界上有竞争力的产业留给子孙万代，只有这样才能从根本上解决鄂尔多斯以及和鄂尔多斯类似的城市问题。

中国的城市发展和城镇化的发展一定要站在未来百年的历史高度确定发展战略。城市的发展绝对不能鼠目寸光、急功近利，更不能浮夸，必须脚踏实地打造产业基础，没有核心竞争力产业的城市是肯定没有前途的，只能成为后人的负担。所以，运用产业基金打造一个可持续发展的产业，打造一个未来在全世界有核心竞争力的产业，才是解决鄂尔多斯及中国所有城市发展问题的关键。

（九）高房价毁了下一代和中国实体经济

中国的高房价，毁灭了年轻人的爱情，也毁灭了年轻人的想象力。他们本可以吟诵诗歌、结伴旅行、开读书会。但现在，年轻人大学一毕业就成为中年人，像中年人那样为了柴米油盐精打细算。他们的生活，从一开始就是物质的、世故的，而不能体验一段浪漫的人生，一种面向心灵的生活方式。某种程度上，房地产已经绑架了中国经济和这一代中国人，高房价脱离了劳苦大众，让人们变得贪婪和世俗，没有奋斗目标。高房价下的高房租使年轻人根本无法创业，各类企业面临高房租的压力很难正常经营，高房价连菜市场卖菜的也要想尽办法提价，其他行业可想而知，通货膨胀的传导机制就是这样形成的。所以，房价过快上涨犹如一把达摩克利斯之剑悬挂于中国人头顶，过快地上涨，将让经济面临泡沫隐忧。

北京楼市隐藏着一批像“房姐”龚爱爱这样的“资源型”客户。神木“房姐”龚爱爱只是隐匿在北京楼市的囤房大军中的一员。根据北京警方的通报，龚爱爱在京共有 41 套房产共计近 1 万平方米。有大批来自全国各地的官员、国企高管、富人等在北京购买大量房产，这些人买房不住不卖也不租，据统计，占北京房产数量的 40% 以上，北京已经成为全国房地产空置率最高的城市，北京出台房产税应重点针对这些大量的空置房。

毋庸置疑，中国的房地产泡沫是有史以来最大的泡沫，但我们的房产税比津巴布韦还要低，这种情况真是可笑。地产投机的背后隐藏着大量洗钱暗流，物业税极有可能造成对腐败和体制的“误伤”。比如，贵阳市常委樊中黔被查有 13 套房产；文强被查有 16 套房产；楚雄州长杨红卫被查有 23 套房产；山西蒲县煤炭局长郝鹏俊被查有 35 套房产；浙江省药监局长黄萌被查有 84 套房产……你必须为你的房产支付税费。你可以断供拖欠银行的钱，但你不可以欠税。努力建设城镇个人住房信息系统，毫无疑问，这是开征房产税的前提，城镇个人住房信息系统是为全国范围内开征房产税做技术上的铺垫。目前中国房产税税基很小，未来限购政策可以取消，迅速将全国房产数据联网，然后再完善房产税，将房产税的作用发挥出来。

综上所述，眼下房价虽然没跌下来，但已经是有价无市，只不过是房地产泡沫破灭的前夜，“两会”之后新一届政府必然会首先捅破房地产泡沫，至于如何捅破房地产泡沫？办法很多。何时捅破房地产泡沫？历史是一个被扳弯的竹子，一切最终还要弹回来。现在中国的房地产暴涨脱离了房价的基本面，为日后的下跌积聚动能，上涨预期下的楼市繁荣完全是一场“金融传销”。对于这样的畸形市场，暴跌只是时间问题，“调控房价”是一个必须完成的任务。如果房地产企业的老总不想成为鄂尔多斯那些亡命天涯的地产老板，就早点转型升级吧。如果说如同战争一般的房地产狂潮是一场社会财富再分配的话，那么在后地产时代的房产企业如何转型升级则是另一场财富大洗牌。房地产泡沫破灭是历史的必然趋势，坚持吹大房地产泡沫的房地产企业肯定是未来最先倒下的，只有顺应时代潮流转型升级成功的房地产企业才能在未来活下来。稍微有点经济常识的人都明白，房子最终要回归大部分普通老百姓能买得起的正常居住功能上来。

三、地产泡沫让日本在泥潭中徘徊了20年

回顾20世纪90年代日本的房地产泡沫的形成和破灭。第二次世界大战后，由于日本军国主义穷兵黩武，战争失败，使得日本战前积累的财富丧失殆尽，战后经济陷入崩溃的边缘。战争受灾人数为880万人，直接财产损失达643.9亿日元。日本战后的工业产量仅为战前1937年的20%，通货膨胀严重，粮食奇缺，生产几乎陷入停顿。与此同时，日本住宅严重匮乏，住房紧缺成为全国一个严重的社会问题。为解决这一难题，日本政府采取了由政府、民间、个人共同集资的政策，并通过立法方式由政府强制执行。这种措施产生了良好的效果，使战后日本住宅建设在国民生产总值中所占比例保持在6%～8%。

随着日本经济自20世纪60年代中期以来的快速发展，经济实力的迅速增强，住宅质量从战后初期低标准的简易房提高到设施齐全的较高标准住房，至1981年全日本基本解决了供需之间的数量上以及质量上的矛盾。日本房地产泡沫经济起源于80年代，在《广场协议》签署以后日本银行为了避免日元的过快升值大量购买美元，被动地增加了货币的投放量。社会上总货币量远远超过实体经济的需要，使整个金融体系拥有了大量的现金和准备金，具备了扩大放贷规模的能力。而此时日本中央银行又不合时宜地、接二连三地调低贴现率，低利率降低了公司的借款成本，引发了企业的大量借款。但由于当时日本经济增长速度下降，企业实物投资积极性不高，因而很多企业就把这些资金运用于土地资产和金融资产的投机上，与此同时银行也毫无节制地发放抵押贷款，大量向土地投机融资，促进了房地产价格的上涨。房地产的升值和信贷规模的不断扩大形成恶性循环，推动了房地产泡沫的形成和膨胀。在泡沫的最高峰时期，日本的土地总值达到美国的4倍，东京千代田区的土地价值可与整个加拿大的土地资产价值相匹敌。

1987年日本47个都道府县所在地的最高临街地价的平均值比上一年上涨了19.6%。这一上涨幅度为上一年的两倍，1988年又进一步增长为23.7%，1989年为28.0%，1990年为28.7%。如此高的上涨率被日本媒体形象地称为“狂乱地价”。这种价格的高速增长，至1991年终于达到了难以为继的程度。1991年在大都

市圈里，地价开始下落，1992 年 1 月公布的地价（全国全用途平均）比上一年同期下降 4.6%。从 1992 年开始，地价下落速度加快，1993 年 1 月公布的地价比上一年同期下降了 8.4%，其中大都市圈地价下跌得尤其惨烈。以 1983 年 1 月公布的地价为基准，比照 1993 年 1 月公布的地价来计算下跌率：东京圈下跌 25%，大阪圈下跌 39%，名古屋圈下跌 20%。时至此时，泡沫破灭的看法在国民中日益普遍。

另外，在国际方面，美国和德国等主要经济大国长期利率开始上升，日本长期利率上升的预期加大，人们对于房市进一步看淡。以资产价格升值预期为前提的投机需求趋于瓦解，此时过度膨胀的泡沫已接近崩溃边缘。虽然此后日本政府采取了一系列措施，但还是难以阻止资产价格灾难性的下跌。日本经济在此后转而进入一个令人痛苦的衰落期，在泡沫经济留下的泥潭中徘徊了将近 20 年。

（一）日本房地产泡沫产生于国家城市化进程完成之后

日本城市化进程于 20 世纪 80 年代初完成。当时城市人口占总人口的比率已超过 70%。而且，国民所需的住宅无论从数量还是质量都于 80 年代初期已经得到很好的解决。而房地产的暴涨则发生于 1985 年的《广场协议》之后，房地产泡沫的破灭更是到了 90 年代初。在刚性需求严重不足的情况下，盲目发展房地产产业是其泡沫破灭的根本因素之一。

（二）日本房地产上涨过程漫长，价格涨幅惊人

东京土地价格 1955—1987 年保持年均增长 16% 的速度，将近 30 年土地价格的持续增长。1985 年以后的 4 年时间中，东京地区商业土地价格猛涨了 2 倍，大阪地区猛涨了 8 倍，两地住宅价格都上涨了 2 倍多。1985 年，东京都的商业用地价格指数为 120.1（1980 年为 100），但到了 1988 年就暴涨到了 334.2，仅东京都的地价就相当于美国全国的土地价格。东京银座四本目地价甚至达到 1.2 亿日元/坪（1 坪约为 3.3 平方米），其“泡沫”现象异常惊人。

（三）日本大量企业资金参与土地投机

第二次世界大战后一段时间，由于日本经济基础薄弱，企业长期缺乏资金，其生产发展主要依赖银行的贷款，而 1973 年石油危机之后，企业自有资金的比率迅速提高。进入 20 世纪 80 年代后，这一比率基本维持在 80% 左右。出现这种情况的主要原因是石油危机以后，日本经济由高速增长时期转向稳定增长时期，投资率下降，而且通过高速增长时期的积累，企业自身拥有的资金量大为增加，对银行的依赖程度降低。与此同时，日本银行多次降低贴现率，致使有价证券的价格上升，股票和债券的筹资成本低于银行贷款，这便促使企业积极寻求低成本的筹资渠道来筹集资金。由于当时日本经济增长速度下降，企业实物投资积极性不高，因而很多企业就把这些资金运用于土地资产和金融资产的投机上，从中获取巨额利润，企业的这种投机活动大大推动了地价的上涨。

四、香港地产泡沫毁了香港

第二次世界大战后至现在，香港房地产业呈现明显的周期性盛衰循环。第一个周期是 1946—1959 年；第二个周期是 1959—1969 年；第三个周期是 1969—1975 年；第四个周期是 1976—1985 年；第五个周期是 1985 年底至现在。每个周期经历的时间长短不同，周期最短的约 6 ~7 年，最长的是第五个周期，历时 19 年。

香港人口 1946 年为 60 万人，1949 年增至 186 万人，到 1959 年超过了 300 万人，人口的急剧增加使住房需求急增。在港府政策推动及利益驱动下，20 世纪 50 年代，大量资本涌入，香港出现了房地产建设热潮。到了 1958 年，房地产市场开始供过于求，房价、地价下跌了 70%。

1959 年开始，香港经济出现转机，加上来港的外国人、国际商业机构增多，对商业楼宇、住宅的需求增加，刺激房地产业迅速回升。由于银行对房地产业的过度贷款及其他因素，1965 年春，香港爆发了银行信用危机，接着房地产价格暴跌，许多地产公司倒闭，香港房地产业陷入了第二次世界大战后第一次大危机之中，一直延续到 1969 年才有所好转。

1969 年香港房地产市场逐渐复苏，港府于 1972 年制订了一项“十年建屋计划”，令投资者信心迅速恢复。但 1974 年的石油危机导致香港股市暴跌，又带动房地产业全面调整，香港地价下跌 40%，楼价下跌了 30% ~40%。

1975 年底开始，房地产市场重新回升，港府 1976 年开始地铁修建计划，提升了城市土地价值；1978 年，又推行“居者有其屋计划”（即廉价屋计划），解决了 222.5 万普通市民的住房问题。1977 年香港人口超过 450 万人，1979 年达到 500 万人。需求增加，令楼宇供不应求，新兴市镇（屯门、沙田、葵涌等）逐步形成。

承接 70 年代后期的快速发展，1981 年香港房地产市场达到高潮，但随后而来的世界性经济危机及中英香港问题谈判，令港人出现信心危机。1982 年底，香港楼价比 1981 年下跌 60%，1983 年房地产市场全面崩溃。直到 1984 年 9 月，“中英联合声明”签署后，市场才重新复苏。80 年代香港房地产业在 70 年代的基础上得到了进一步发展。1990 年，港岛区的房价比 1981 年上升了一倍以上。不过，1989 年之后房地产价格的急升，给香港房地产市场的健康发展埋下隐患。

90 年代初期，国际游资及本地炒家开始疯狂炒买香港房地产，楼价、地价飙升，严重脱离居民购买力。1991—1997 年，房价上升 4 倍左右，若从 1985 年房地产市道复苏算起，到 1997 年时房价已上升了 9 ~10 倍。1997 年，香港房地产泡沫破灭，楼价一路下跌，至 2003 年中，下跌了 70% 左右，给香港经济带来严重的负面影响。这一轮周期性上涨历时 13 年，下跌过程达 6 年，至 2003 年底才慢慢有复苏的迹象。

（一）香港房地产业兴衰背后的动因

香港总面积 1 078 平方公里，但可以开发利用的土地还不到 30%。近 60 年来，香港人口由60万增长到600多万，增长了10倍，人口的急剧增长所产生的巨大住房需求是拉动香港房地产经济持续发展的最根本原因。

港府的高地价政策为香港房地产业的投机买卖起到了推波助澜的作用；其次，当局颁布的建筑条例、“十年建屋计划”、“居者有其屋计划”和大型公共设施建设计划也有力地推动香港房地产业的发展。

香港房地产和金融业紧密相关，房地产业靠银行的信贷支持而发展，银行业靠房地产业的发展而获利。据统计，1981—1987年，房地产信贷规模占香港总贷款规模的比重始终在30%以上，60年代中期则高达80%。香港优越的地理位置、完善的基础设施和自由港政策吸引大量游资和资本涌入房地产业，也促使香港房地产业日益兴旺。

第二次世界大战后香港爆发的6次地产危机中，有3次直接或间接因为西方经济危机，还有两次与政治因素和香港居民移民他国、贱抛物业有关。但就内部因素而言，主要还是因为香港房地产市场特殊的供求关系及其投机性。

香港经济属于开放型的自由市场经济，多数行业难以形成垄断性的经济力量，但房地产领域却具有明显的垄断色彩。香港最大的10家家族财团几乎都与房地产业有关，近几年来大型屋村建设几乎全部被大财团垄断，从而使房地产价格带有浓厚的垄断色彩；另一方面，“炒楼花”制度使原本紧张的房地产市场火上浇油，掩盖了真正的供求关系。

（二）高房价带来的香港问题

2014年10月3日在香港旺角发生“占中”参与者和反“占中”人士冲突，警方已经逮捕19名涉嫌打架和斗殴者，特区政府对于发生冲突的暴力行为予以严厉谴责。有些人把香港的问题说成是政治问题，这种说法是错误的，香港的问题是经济问题，主要原因是高房价导致经济发展扭曲，大部分普通市民生活水平下降，生活压力太大。长期蜗居未解决和就业难让幸福指数直线下降，普通人很难通过奋斗提高生活质量。

大家都知道，香港的房屋很贵，贵到什么程度？650万元在港岛中产地区可买到多大的房子？最多是几百平方英尺。位置好一点的房子需要几千万元，保守估计，以同等的居住条件、位置适中的房子作比较，港岛区可要比美国人心目中的梦想家园三藩市贵5倍。

高房价的结果是，家庭负担沉重，消费结构严重扭曲，社会分配制度恶化，地区经济饮鸩止渴，经济恶性循环，民怨日增，影响社会安定，导致社会危机。

1. 香港问题形成的主要原因

一是发达国家面临经济发展的70年之痒，2008年的美国金融风暴是发达国家经济发展模式的终结，是美国金融掠夺理论的终结，发达国家经济不知道向左还是向右，面临经济发展的困境，香港目前遇到的正是经济发展的困境。

二是1997年香港回归后，港府的产业发展政策失误。1997年后的香港是以李嘉诚为代表的几大家族垄断了香港的所有行业，这几大家族为了暴利开始炒房炒地，于是导致香港的各行各业的技术没有发展，品牌衰落，科技没有发展，金融创新能力衰退，互联网时代的机遇失去了，互联网金融时代来临的机遇也失去了。

香港的问题是经济问题，只有解决了香港经济发展的问题，让普通民众能通过奋斗提高生活质量才能解决根本问题。

2. 解决香港问题的思路

一是反垄断立法，通过反垄断肢解李嘉诚等几大香港垄断家族，像美国肢解摩根一样。

二是香港经济如何发展需要重新定位，几十年一成不变的香港经济发展模式结束了，香港是亚洲的金融中心，金融机构如何通过金融创新解决中国经济转型升级和亚洲经济转型升级确保香港亚洲金融中心的地位。

三是香港北扩，开发香港与深圳的结合部，作为科技开发区，作为香港人创业的基地，作为中国制造业的品牌研发中心，北扩解决了香港大面积土地来源，也可以向中央提出在香港和深圳结合部建立自由贸易区，进一步扩大国际贸易。

四是鼓励创业，创造宽松的创业环境，让更多的中小企业能创业成功。

五是抓住互联网金融时代的新机遇，通过互联网金融推动经济发展。

六是教育改革，在全球引进教育人才。香港的教育几十年不变，大量香港教授的知识结构老化，已经跟不上时代的发展了。更重要的是香港所有的学校上课必须用普通话和英语双语教育。

七是降房价。首先，香港北扩有了大量的土地，其次，征收房产税，供应廉租房。只有房价降下来，香港其他行业才能发展，香港经济才能正常。

综上所述，香港的问题是经济问题，只要解决了经济发展的问题，普通民众的生活质量才能提高，所有的问题才能解决。一个地区和一个国家只要经济问题解决了，人民有了公平的发展机会，所有的问题都会迎刃而解。当下香港的问题也正是中国所有的城市将要面临的问题。

五、通缩环境下房地产何去何从

从目前国内经济与货币的实际情况和数据来看，通缩离我们已经很近了。第一，宏观经济形势严峻。2014 年国内 GDP 同比增长 7.4%，比上年回落 0.3 个百分点。第二，货币供给增长放缓。截至 2014 年 12 月底，我国广义货币（M2）同比增长 12.2%，比上年增速降低 1.4 个百分点。第三，居民消费价格涨幅放缓，工业品价格持续下跌。2014 年，全国居民消费价格总水平（CPI）同比上涨 2.0%，涨幅创 5 年来新低。2015 年 1 月 CPI 同比仅增长 0.8%，自 2009 年 11 月以来首次落入 1% 以内。2014 年工业生产者出厂价格指数（PPI）同比下降 1.9%，2015 年 1 月同比下降 4.3%，连续 35 个月下降，持续时间之长为 20 年来之最。

尽管中国目前货币、信贷存量巨大，但是在被过剩产能、无效投资以及非实体经济的高回报领域大量挤占的情况下，直接作用于实体经济领域、具有流动性的货币资金其实相对不足。同时，外汇占款减少导致基础货币的投放减弱，银行吸存能力和放贷能力下降，导致货币总量呈现下降趋势。因此，可以说真正具有流通能力的流动性偏紧，通缩离我们已经很近了。

（一）产能过剩广泛存在导致银行放贷意愿下降

目前，对产能过剩的治理进入实质性阶段。在对过剩产能进行整合、淘汰的过程中，企业的潜在经营风险集中暴露，银行不良贷款率快速反弹。由于过剩早已不是个别行业、个别企业的个体现象，几乎所有行业甚至包括新兴产业存在产能过剩问题，致使银行出于资金安全考虑，贷款选择艰难，贷款意愿下降。

（二）中国制造业大部分濒临破产

让国人引以为豪的“made in China”曾带领中国走在世界前沿，中国制造一度是中国经济发展引擎。而如今，一方面，一些东南亚国家正在中低端制造业上发力，抢夺中国成本优势地位；另一方面，原本在华生产的外资高端制造业回流发达国家，投资优势正在消失，“前后夹击”成为当前中国制造的无奈现状。对此，有业内人士甚至表示，“中国制造业熬过了 2008 ，却熬不过 2015。”

2015 年春节前夕，知名钟表企业西铁城在华生产基地——西铁城精密（广州）有限公司宣布清算解散，千余名员工被解除劳动合同，限期离厂。同样在 2015 年 2 月，微软计划春节前关停诺基亚东莞工厂，该工厂近期正加速将生产设备运往越南工厂。同时，位于北京的微软诺基亚工厂也将同步关停。据传闻，此次诺基亚东莞和北京工厂裁员共计 9 000 人。事实上，制造业的倒闭潮早已开始。

据了解，2014 年 12 月 5 日，知名手机零部件代工厂苏州联建科技宣布倒闭，随后，联建的兄弟公司，位于东莞的万事达公司和联胜公司相继倒闭，三家公司累计员工人数近万人。此外，几乎是同时期，位于苏州的诺基亚手机零部件供应商闳晖科技也宣布关门停产。2015 年 1 月，手机零件制造商东莞市奥思睿德世浦电子科技老板欠债 1. 35 亿元跑路，400 名员工失业。从事杂牌手机制造的东莞兆信通信因资金链断裂倒闭，1 000 多名员工失业，董事长高民自杀。业内人士估计，春节前东莞至少上百家大型工厂倒闭或停产。此外，被称为制造业之都，以生产制造眼镜、鞋子、打火机闻名世界的温州，目前正在经历着制造产业空心化，鞋子、打火机等引以为傲的产业正在逐渐失去光环。

目前，松下、日本大金、夏普、TDK 均计划进一步推进制造基地回迁日本本土。优衣库、耐克、富士康、船井电机、歌乐、三星等世界知名企业也纷纷在东南亚和印度开设新厂，加快了撤离中国的步伐。曾几何时，“中国制造”凭借成本低廉等优势，吸引了不少外商投资中国制造业，人口红利也曾一度支撑了中国经济发展。但目前，种种数据表明，“倒闭潮”需要重视，中国经济进入了值得警惕的时期。

（三）地产商 70%将破产

在三四线以及县级城市经历短暂的几年火爆之后，房地产市场渐渐演变成为当地财富阶层的一场梦魇。2015 年 2 月 16 日，再过两天就是除夕了，在云南西部某县城进行保障房建设以及商品房开发的两个小发展商夜不能寐，讨债民工从半个月前就开始几乎不分昼夜地电话轰炸询问薪酬事宜，但积压的房子仿佛再也无法为他们提供任何流动性，银行也不再愿意提供房屋抵押贷款，唯有高利贷成为缓解短期资金压力的权宜之计。事实上，他们只是众多小城市开发商中的一个缩影。房产滞销，房价腰斩，大量为了追逐超额利润而涌向这个市场的资金，如今积压在一幢幢无人问津的钢筋水泥堆积的房屋之中等待解套。

房地产行业的低迷，让以发放高息借贷为生的小额贷款公司和民间高利贷身陷泥潭。2014 年下半年以来，人们已经实实在在地目睹了房价的大幅下降。一些在 2014 年春节买房的业主表示：自己购买的房产价值在短短一年时间内就缩水 30%。事实上，房价下跌引发买家持币观望，对于原本滞销的商品房而言无异于雪上加霜。90% 的地产商拼命用高利贷维持，希望房价能上涨将来再还高利贷，结果是这几年大量的地产商陷于高利贷恶性循环的绝境，90% 的地产商早已被高利贷掏空，资不抵债或负债累累。对于债台高筑的地产商来说，2015 年将大量破产。

（四）传统商家无利可图，只有关闭

2015 年 2 月 12 日，北京雅宝路万邦大厦里狭窄的楼道两旁，均是俄文标识的皮草宣传海报，与一把把门锁相伴的是“转租”提示语。沿着雅宝路，一座座被俄文装饰的大厦并排而立。这里，曾是我国最大的服装贸易批发集散地，汇集的大量商户主要从事对欧洲尤其是东欧的服装外贸业务。春节前，多层店铺都锁好门回家过年了，其中一些将“转租”告示张贴于门上。

2015 年 2 月 3 日，北京，中关村 e 世界。北京中关村 e 世界商城贴出公告称，由于 e 世界统一经营业主签约工作已正式开始，市场决定停止自有铺位招商及租赁。离羊年春节还有 9 天，e 世界就早早开始了假期。这里曾经全年无休，是全国电子产品的主要输出地之一，一些商户每天赚 1 万多元很轻松。如今，在电商的冲击下，时代的洪流和市场的杠杆正在加速 e 世界的转型。中关村创业大街逐渐取代老牌电子商城，成为来中关村必须去的地方。e 世界的兴衰之路——e 时代来了，e 世界走了？2 月 10 日过后，e 世界彻底冷清了下来。大红色的关门告示早就张贴在门口，“由于中关村 e 世界统一经营业主签约工作已正式开始，市场决定停止自有铺位招商及租赁”。

其实，在此之前，商场整个一层的商户就已经清空，许多鲜艳的招牌掉了半截在灰里，穿堂风擦着地板吹来。唯一开放的入口添了几位导引员，因为“变动太大，电梯方向今天改，明天还改，很容易找不到”。其他几层虽然正常营业，顾客却三三两两，一直不多。

曾经，这里是中关村的藏宝地。在e世界、鼎好、海龙合称“电子商贸金三角”的那个繁盛时期，访客首先要在天南海北口音鼎沸的人群里腾挪，才能到达堆满各色货物的玻璃柜台，看见心仪的电子产品。这几家商城是全国电子产品的主要输出地。

可是如今，“电商”成为人们越来越频繁提及的词语，e世界关门的消息，甚至已经很难在网络上引起人们的惊讶。中关村创业大街正逐渐取代老牌电子商城，成为来中关村必须去的地方。3D立体画下，年轻人们品一杯咖啡工作一天，1元注册工位，一个点子吸引同伴，一个项目获得投资。而中关村的未来路在何方，传统商家的路在何方，2015年只能是先关门再考虑如何生存。

（五）《不动产登记暂行条例》将正式开始实施

从2015年3月1日起，《不动产登记暂行条例》正式实施，徘徊七年多的不动产登记终于进入实际操作阶段。受不动产统一登记政策影响，“尤其是一些二三线城市，因为对不动产统一登记的政策内容并不完全清楚，对政策过分忧虑，出现高端二手房源集中抛售的情况”。不动产登记真的来了：中介称近期出现过不少神秘业主，由于不动产登记的实施将加速房地产税立法，预计二手房抛售现象还会持续。

（六）“降息潮”接踵而至，离中国还有多远

2015年2月24日，土耳其中央银行宣布降息；2月23日，以色列中央银行时隔6个月后再度宣布降息。2015年以来，实行降息和宽松政策的中央银行已接近20家。统计显示，2015年初至今，开始实行降息或宽松政策的中央银行依次包括埃及中央银行、印度中央银行、秘鲁中央银行、瑞士中央银行、丹麦中央银行（共4次降息）、土耳其中央银行（共2次降息）、巴西中央银行、加拿大中央银行、欧洲中央银行（QE）、新加坡中央银行、俄罗斯中央银行、澳大利亚中央银行、中国中央银行（降准）、瑞典中央银行、以色列中央银行。

随着奔腾不息的全球宽松潮，加之中国经济数据不佳，市场最大的疑问无疑是中国中央银行何时加入“降息潮”。继2月3日中国中央银行突击降准后，股市未见涨势，加之1月CPI数据低于预期，PPI通缩加剧，实际利率不降反升，因此市场对于中央银行降息的预期不断升温。

尽管春节期间“微信红包风”风光无限，但线上平台的热闹景象并无法掩盖低迷的实体经济和疲软的春节消费。房地产、汽车、家电、发电量等多项工业经济数据不佳，而2月物价的涨幅亦低于预期、CPI或仍在1%以下。种种迹象表明，通缩是当前经济主要风险，再次降息时机已经成熟。预计年内降息，降准2~3次，可是降息降准都改变不了我国经济通缩的必然趋势。

综上所述，2015年中国经济通缩将是必然的，货币政策将会进入降息降准大通道。如果再大量印钞票只能进一步恶化经济，反而不利于解决当前的经济难题，当前中国的经济问题是旧的经济模式已死，只有新的经济模式才能解决中国的经济

难题。

中国新的经济模式在哪里呢？目前国内外专家学者都没有找到。但是笔者早就找到了，就是用互联网金融重塑新的经济模式。但是这种用互联网金融重塑经济模式太新，过去在人类历史上没有过，所以，大家接受需要时间，至少2015年人们还不能接受。所以，2015年中国经济通缩的格局是不能化解的。对于房地产行业来说，在通缩的背景下，房价下跌、汽车价格下跌、黄金价格下跌、大宗商品价格下跌、资产价格缩水、股市下跌等都将成为常态，房地产行业只有运用互联网金融重塑新的地产发展模式才能生存。

六、房地产行业未来的发展趋势

高盛2015年初公布的报告显示，以驻香港分析师Kenneth Ho为首的高盛信用分析师调降了对中国房地产业的评级，由中性降至负面。该报告认为，中国房地产开发商使用杠杆的形势在恶化。2009年以来，开发商的杠杆呈直线上升趋势，过去几年增长速度加快，而且房地产市场的存量在增加。此前文章提到，中国开发商资金吃紧，不得不大量求助贷款。据彭博对84家公司的统计，中国的住房建筑商2015年已向外资行贷款59亿美元，同比增长39%。这类建筑商的债务股本比飙升至128%，为2005年以来最高水平。目前，房地产市场的存量难以消化，统计报表上库存大概有5亿多平方米。

（一）产业亟待转型

房地产行业暴利已经成为过去时，但是房地产行业仍会是一个比较高利润的行业，20%以上年化利率还是可以期待的。

中央经济工作会议是贯彻十八大精神的一个会议，对房地产实际上是两句话，就是“两个继续”，继续坚持房地产市场调控，继续坚持发展保障房，特别是要加快棚户区的改造。十八大总的精神对房地产行业就是四个字——住有所居。当然，关于生态文明、美丽中国、绿色家园等都是十八大的精神。

（二）我国房地产行业发展趋势

1. 高使用率的功能地产是房地产正能量

从目前国内房地产市场的发展态势来看，短期内针对住宅地产市场进行的限购政策不会改变，同时，随着房地产市场的细分，整个产业将趋于进一步转型升级。因此，未来更多发展机会将来自泛功能地产，即改善性住宅、刚性需求住宅，以及使用率高的商业、旅游、教育、文化、养老等具有使用价值和附加价值的地产。努力挖掘其使用价值，提高其使用效率，将使国内功能地产成为房地产市场的正能量。所有开发商和消费者都要考虑二率：使用率和满意率。

2. 房产税和资源税都将对市场产生巨大冲击

近年来，关于房产税和资源税有很多传言，但保有环节的税收将肯定会继续增加试点城市，探讨更多的模式和经验。虽然存在重复征税需要增减配合问题、短期推进困难问题等因素，但是从长远来看，国内房产税的全面推进还是一个大的发展方向。资源税以各种应税自然资源为课税对象，它能够调节资源级差收入并体现国有资源有偿使用。作为国有的一种重要资源，理所当然是基本的课税对象。资源税一旦开征，将深深影响当地的盲动奢侈消费模式，重视资源价格和环境价格，通过供需角度也会影响土地市场的价格，且这种效应会迅速传导到房地产市场和高端非理性消费市场。资源税的开征，将会有效平抑资源的过度开采，抑制各种冲动，从而尽可能避免更多的类似鄂尔多斯、营口等资源型城市的发展速度和需求背离现象的出现。

3. 增加收入是中国人住有所居的希望所在

就当前的收入水平而言，中国绝大多数城市的房价可谓非常高企，一线特大城市尤其如此。许多人觉得这样的房价需要大幅下调，普通城市居民才能够有能力购买。但是，房价问题早已不再是房地产本身的问题，它涉及方方面面的利益，牵一发而动全身，指望房价全面大幅下调是很不现实的。

因此，中国人买房的希望不在于房价降低，而在于收入的增加。十八大提出了中国版的收入倍增计划，渴望将来在大力关注民生的政府努力之下，普通百姓的收入增长速度不但能够超过 CPI，而且能够超越高房价。

4. 房企将强者恒强，房企品牌要进入修复期

随着国内房地产市场发展机理的不断演进，未来的房地产开发商将会出现一些分化。总的来说，市场集中度将会持续增大。正反馈效应明显，大型开发商由于占据诸多有利因素，往往会利用战略制胜、节奏制胜、金融制胜，它的市场份额会越来越多，更大更强的龙头企业将会越加强势；众多著名品牌企业也在各种因素特别是生存和人力资源以及管控条件下，出现产品、消费者关系、品牌问题。

5. 城镇化决定了城市化模式选择

未来房地产的许多发展机会能从城镇化、工业化和农业现代化进程中挖掘。随着中国城镇化的不断推进，大量人口将定向各种不同类型城市集聚，由此衍生出的对房地产的需求将是巨大的。房地产开发企业，应该审时度势，把握好从农村到郊区、从小城镇到中等城市再到大城市乃至都市圈的进入时机以及不同的产品策略、融资策略、拿地策略、管控策略，根据各自不同的区域进入标准，进行风险评估和相机抉择，从今后十多年中国城镇化和产业升级的浪潮中获取自己的市场份额和市场地位。

七、房地产行业如何把握城镇化的机遇

在刚刚过去的 2014 年，中国经济遭遇了始料未及的困境，城镇化将成为中国经济的增长点，给房地产行业在经历连续两年调控之后带来了些许机遇，能否在行业转型的大浪中破浪前行取决于对大势的把握和专业性的增强，更重要的是二者之间

节奏的把控。积极修炼内功，顺势而为，迎接改变，才是迎接未来的最好方式。

（一）房地产开发商濒临转型高发期

中小房企在遭受调控政策、市场规律的双重“夹击”后，跨界经营房地产开发或不擅长做房产项目开发的企业，尽早退出或转型将是不错的出路。接下来的房地产行业并购将进一步加剧，中小型房企的倒闭和转型也将愈演愈烈。随着住宅市场竞争日趋白热化，加之2010年以来政府接二连三的重磅调控，住宅市场遭遇持续打压，销售不畅、融资渠道收窄使得经营压力倍增，使得能够专注住宅市场的开发商已经所剩无几。而从一线企业来看，国内实力开发商如招商地产、保利地产、万科地产、金地地产等开始纷纷加大介入商业地产开发领域的力度，恒大在加快推行产品标准化战略，绿城推出代建模式，万达大举进军旅游地产，龙湖介入产业地产，都是转型的方向。

SOHO中国告别散售自持物业，潘石屹当起包租公；房企更多涉入电商却未掀起腥风血雨的价格战；融创绿城联手抱团取暖，不少开发商开始探索转型之路，改变以住宅地产为单一主营业务的模式，尝试多元化、多业态经营，以分散住宅开发的风险。但也存在战略雷同化等问题，如，实施绿色战略的有万科、万达、招商、绿地、保利等八家，但都无明显成果。

（二）城镇化大趋势下开发商会获得很多机会

值得注意的是，在中央经济工作会议的文件中，有一个特殊有新意的提法，就是要踊跃稳当推进城镇化，这种城镇化不是钢筋水泥的城镇化，并不是把大城市的饼越摊越大，城镇化应该是把城市和乡镇进一步结合，应该是让一些乡镇也能承担城市的部分公共设施和服务的功能。简单来说，乡镇的设施完善了，当地的农民迁移到服务设施完善的乡镇，就实现了城镇化。中国有很多城镇需要建设，在这一过程中，开发商会获得很多机会。

中央提出的新型城镇化战略肯定对房地产业构成长期的战略性利好，但这并不代表在中央仍然强调“要继续坚持房地产市场调控政策不动摇”的情况下，这一长期利好因素会迅速反映出来。

（三）城镇化会带来房地产行业新一轮资源战和行业变革

城镇化战略必然导致房地产业发生巨大而深刻的转型，无论是企业组织形式、投资方向、开发技术、目标用户定位，还是利润率、风险机制、竞争领域等，都会出现明显的变革。房地产转型将在商业地产、居民住宅等多个领域深入推进，其特征不仅体现于房产形式，更体现于投资区域、土地供给、组织形式、政策取向等诸多方面。城镇化是激发中小城市及小城镇市场活力的重要举措，同时对带动农村市场也具有现实的作用，总体看会推动中小城市的功能强化以及小城镇的重组和再规划，这两个方面都存在巨大的基础设施建设要求，给相关产业带来了相应的机会。

（四）突破瓶颈，推进转型

房地产企业要致力转型升级，坚持三个适应：适应政策、适应环境、适应市场，坚持三个调整：调整产业结构、调整产品结构、调整区域结构，坚持在发展中解决问题、突破瓶颈。

（五）房企转型路在何方

房企如何随着政策变被动为主动，寻找适合自己的发展道路，而未来房地产行业机遇在哪里以及房企转型之路在何方，也成了当下行业热议的话题。房企的转型将成为必然，转型要促进住房的双轨制，促进城镇化，促进产业结构转型，促进内需消费，总之，从投资拉动转到承载经济和社会的发展是总体思路。

房企转型将有四个方向：

一是完全以商品住宅为主的企业可以转型做保障房；

二是城镇化的发展带动城市基础设施建设，商业地产的客观需求仍然存在，例如CBD、金融街、城市综合体等；

三是新型经济产业区的兴起，将带动产业地产的发展，例如工业园、产业基地等；

四是解决内需型、消费型的产业，比如旅游地产、养老地产等。

房地产开发商应该顺应潮流，在这四类需求中寻求一种合理的转型。房地产企业转型升级必须有一流的金融学家指导，在金融学家的指导下通过金融创新帮助地方政府建立产业基金，打造产业集群，让地方经济可持续发展，如果城镇化没有产业，结果必然是与鄂尔多斯一样，那么，房地产企业一次就能赔光几十年的家当。只有在金融学家的指导下帮地方政府运用金融工具解决可持续发展的产业链，房地产企业才能有发展空间，当地方政府的产业链形成后，房地产企业就可以在商业地产、工业地产、住宅地产、旅游地产等全方位发展。

（六）“保障房建设”将是未来十年行业发展重心

从近两年政府的调控思路来看，保障房的建设工程已经在逐步推进，在新十年内，保障房体系建设仍将是中央政府在住房问题上的最重要工作。在笔者看来，本轮保障房的集中开工高峰始自2011年，按照保障房规划建设周期，第一波供应高潮至少应该在2014年之后；根据测算，2012年竣工的保障房规模大致占当年商品房总竣工量的10%，2013年这个比例在15%~20%。

（七）商业地产大有可为

针对商业地产发展空间的问题，从战略角度来看，在中国经济发展模式转型背景下，国内居民收入和消费水平有巨大提升空间。城市化的过程，并非是人口在城市的简单汇集，为了解决不断增加的城市常住人口的消费与文化需求，相应的商业与文体产业也将蓬勃发展，这迎合了中国经济转向消费拉动型的大趋势。目前中国人均商业面积与国外发达经济体相比还有很大的增长空间。中国商业地产的总体存量面积在17亿平方米左右，约占房地产总存量的8%，低于发达国家和地区的比重。2010年中国的人均零售面积仅为0.9平方米，远低于发达国家的水平。每单位GDP的甲级写字楼面积也处于较低水平。从趋势上来看，商业地产面临的经济形势相对稳定和宽松，商业地产市场大有可为。

（八）城镇化对区域性中小地产开发商有哪些影响

城镇化对大型地产开发商有哪些影响，对区域性中小地产开发商又有哪些影响，谁受益最多？笔者觉得对两者总体上都是利好。大型地产开发商可以抓住在全国布局的全新机遇，其对于产业和人口积聚、城市群成长的政策把握和转化的能力较强，在资金、规模经济等方面也有一定的优势，可以扩大自身的市场纵深。区域性中小开发商具有本土优势，又可以利用中小城市、小城镇要素价格低，以及自身在本土开发的优势拓展自己的市场空间。在新型城镇化的过程中，房地产公司要紧跟政策的脚步，积极推进转型：一是要充分把握中小城市市场机遇；二是规避小城镇在区划调整方面的政策风险；三是关注好土地流转政策演变动向；四是通过产业积聚研究寻找人口积聚的黄金区位预为布局；五是在节能环保、绿色低碳、信息化方面强化开发特色。

综上所述，房地产企业在城镇化的发展机遇来临时，面临的是如何转型升级，而不找不懂经济的人去当吹鼓手，想通过吹鼓手来炒高房地产泡沫，泡沫破灭时更悲惨，鄂尔多斯就是例子。因此，明智的房地产企业应该尽快找到金融学家，帮助房地产企业早点运用金融创新转型升级，未来不能转型升级的房地产企业只有被淘汰；转型升级成功的房地产企业才会有更健康持续的发展；只有部分有战略眼光的房地产企业才能在未来10年的城镇化发展过程中转型升级成功。

八、用互联网金融重塑地产模式

1990年至今，中国城市人口增长超过1倍，从2.54亿增加到6.01亿。同样，实际GDP增长近24倍，从1.6万亿元增至39.8万亿元。伴随着民间投资向城市聚集，中产阶级扩大的现象也主要出现在城市。预计到2025年，城市人口将再增加近1倍，这将对城市经济生活产生巨大的影响。因此，中国城市化的发展还有15年左右的时间。

（一）抓住商业地产的金融化发展大机遇

房地产行业未来的商业模式变革——向金融地产集团转型

过去以商业银行贷款为主，信托为辅，现在随着信贷资产证券化的开启，各种金融创新工具的应用，包括最新的互联网金融，都为地产金融发展创造了巨大发展机遇。

金融地产时代正在来临。2014 年 3 月，恒大地产再次增持华夏银行股票，共斥资 36.5 亿元收购了华夏银行 5% 的股份，成为华夏银行第五大股东。

2014 年 2 月，广东越秀集团旗下越秀地产正式完成了对香港创兴银行的收购。

2013 年 8 月，新湖中宝斥资 13.3 亿元竞得 3.5 亿股温州银行定增股份。

2015 年 1 月，新湖中宝在大智慧收购湘财股份中，直接持有湘财证券 1.1 亿股股份，占其总股本的 3.44%。新湖中宝作为浙江省最大的 A 股上市公司，一直尝试多元化经营，积极向金融领域扩张，尤其是在股权投资领域，公司拥有证券（长城证券 0.72% 股权、湘财证券 3.44% 股权）、期货（新湖期货 91.67% 股权）、银行（盛京银行 6.82% 股权、温州银行 13.86% 股权）和保险（阳光保险 6.26% 股权，尚待保监会审批）等丰富金融资源，未来有望继续增加股权比例，并可能加大对其他金融牌照的获取力度。

（二）用互联网思维开发房地产新业务

房地产的互联网思维：房地产从单纯解决住房需求的住宅提供商转向为个人和家庭的生活、工作、学习、医疗等提供服务为核心发展目标的城市配套服务商。用真正的互联网思维改造房地产，就是对产业链的拓展。互联网思维最先影响的房地产环节。

1. 营销

房产电商正在取代广告，成为公认的房地产互联网主流营销模式，渗透率大幅提高。目前房产电商全行业 60 亿元的规模。在手机 APP 上，人们已能看到，链家、搜房、易居、中原等中介公司都开发了自己的软件。销售环节的改变，也会影响到开发环节。以前都是房子快上市了才做广告，现在可以在房子设计时就做广告，通过抓取用户、交流反馈来影响设计，这就比较像定制，所以在产品上市时根本不需要大量广告。

2. 物业管理

互联网思维下的物业管理是一块让人更具想象力的蛋糕。各大开发商深耕客户资源已经是大势所趋。2013 年底，深圳花样年地产公司将旗下的物业管理公司彩生活剥离，并已经在港交所递交了上市申请。自从 2002 年成立以来，这家不太出名的物业管理公司通过并购的方式迅速做大，服务逾 60 万个家庭，目前已经超过万科。它已经打出了“中国最大的社区服务运营商”的大旗，而不是传统的物业管理。彩生活要编织的是一张基于各种社区需求的虚拟“B2F”大网，它已经开发出了彩生活的 APP 平台，为业主提供各种生活服务，而进入这个平台的商家需要给彩生活付费。

2013 年以来，万科开始强调对业主的服务，在万科很多小区都有食堂、菜场、社区商业等生活服务场所。2013 年底万科入股徽商银行，着眼点是给业主提供金融服务。

（三）房地产如何与互联网相结合

1. 以行业专业度为基础的新媒体整合营销

（1）短效渠道

A. 从专业度而言，目前房地产的专业度依旧较高，但仅仅限于业内。

B. 用行业的专业度，进行普及型及互动，利用互联网用户较能接受的方式，包装和推销自身项目。

C. 熟悉每个媒体平台的作用，针对平台做有区别的营销推广方案。

D. 跨界整合资源。

（2）社会化营销

A. 线上社会化营销产品的应用，比如微博、微信、区域性网站的论坛、QQ群等。

B. 线上社会化营销产品的互动，时刻保持有效的互动，切忌外包网络公司维护。

C. 线下营销道场的整合包装，植入互联网元素。

D. 培养种子客户，善用自身老客户及品牌粉丝客户进行口碑传播。

E. 定期组织线下活动，仅针对互联网客户，但绝非常规暖场活动。

F. 基于互联网产品的精细的数据营销。

（3）长效渠道

A. 战略上高度重视。

这种重视，是一个标准，在保持传统中前进，由使用互联网以及针对互联网平台的应用为起始，在开发项目前期、招拍挂、项目规划、营销定位、开工建设、项目预热、蓄水、强销、持续销售、尾盘、交付等各个环节，用互联网的方式去换位思考和运营，循序渐进地提升地产公司的信息化、互联网化水准。在公司目标层面，应该提升互联网营销的必要性和强制性。

B. 构建围绕本体的互联网思维营销体系。

以房地产为本体，但基于房产行业以及互联网行业链接的上下游渠道，进行深度挖掘，不仅仅以产品和营销为主。例如，小米开始的口号就是“为发烧而生”，通过互联网的方式，站在客户的角度，快速推出了极致的手机产品的概念，并且付诸实施，形成口碑效应。

而每家开发公司的优势资源各不相同，乃至有更多的产业链，有的物业很强，有的建筑很强，互联网思维需要的是基于产品本质的极致的需求，哪怕是极其严苛的。但这一切要通过各类渠道让更多的人知晓和向往。

C. 成立互联网营销部门。

除了战略和体系的建设，现有的营销体系，应该加入或者单独开辟针对互联网的营销公司，而不仅仅是把这些工作交给代理公司，或者外包，只有企业自身才是最了解自己产品的，而互联网营销部门，正是为互联网而生的。

这个全新的部门，应该围绕结果确定全新的规范以及流程。有强大的执行力和管理能力，对于互联网的认识，应该更加接地气。

（四）互联网思维在社区物业服务的可行性运用

买一套房子，开发商不但会给业主房屋钥匙，还会给业主一部手机或者在业主的手机上安装公司的APP，业主到了单元门口后，不用刷门禁卡，直接刷手机二维码便可以入户。到家后，业主用手机APP等互联网支付手段预付物业费、电费、燃气费等多项费用，同时也可以用手机APP控制家里的智能电视、空调、热水器等家电。业主还能用APP在配套的电商网站上购物和享受服务，还可以通过手机APP检查快递。空闲的时候，还可以通过手机APP与邻居交流，一起去遛狗和运动。一部手机，就把一个小区的业主甚至更多的人整合在一起，汇聚成一个互联网社区。

案例1：万科的互联网思维

（1）万科的品牌影响力经过互联网的扩散会让更多人认知。

（2）万科的产品代表了追求极致性价比及居住品质。

（3）拿到性价比更高、位置地段更好的地。

（4）把握“最后一公里经济”，不仅仅是表现在线上电子商务，也会体现在线下，即所谓O2O。

（5）万科有针对业主的专用电商平台，物业提供免费送货上门服务。

（6）邻里关系更加和谐，未来的人居环境更加优美，百万买房，千万买邻。

（7）互联网技术提升居住舒适度，比如，根据可穿戴设备，在回家路上，智能家居发挥作用，调节光线、温度，做饭。

（8）因为互联网的传播，传统的广告已经不是主流宣传通路了。

（9）每个小区都有属于自己的APP，解决衣食住行的相关问题。

（10）城市的配套服务提供商。

万科提出了城市配套服务提供商，从四季食堂，到快递代收，还有万物仓，万科已经开始布局，这些都是线下享受的服务，也是互联网界一直讨论的O2O最后一公里的问题，万科用自己线下的方式，已经解决得很好。

案例2：万达的互联网之路探索

（1）阿里巴巴在电商领域占据绝对优势，体量和各方面资源也比较丰富，万达等新成立的电商未来各种营销或都会遭遇阿里巴巴的阻击。

（2）万达电商面临非常多的问题，万达缺少的是导流和数据处理能力，不管是大数据、交互体验、支付等，很多资源技术的实现其实都依赖于百度和腾讯，而百度、腾讯作为小股东（各持15%股份），能有多大的动力、愿意拿出多少资源支持合资公司的建设还是未知。万达毕竟是讲求层层汇报的传统实业公司，在O2O实践中，如想满足百度、腾讯方面的操作需求，万达就要在支付等方面作出相当大的牺牲。

(3) 万达电商现有的管理团队对O2O模式的把握、执行力等都相对欠缺，未来要看百度和腾讯是否愿意派出人力整合进万达电商的团队。

(4) “O2O真正的核心是消费的互动体验，关键是互动，重点是体验；融合思维才能做O2O”等指导思想对万达电商的指导意义不大，导致了“万汇网”这个花了50亿元人民币堆砌起来的网站、APP像几个优等学生的毕业作品。大数据、O2O等概念都是实现万达电商的基础技术手段。从架构层来说，这些应用都是底层、基础层，不是主导因素，也不是核心因素。

核心思路：构建万达电商品牌，提升连接用户的能力

找到万达电商真正的价值链。让万达电商品牌重新去连接消费者，不断地提升连接能力，让消费者对这个平台、对这个品牌产生不可分割的效果，那么话语权才会重新回到平台上，才能重新去控制和对接品牌商家。

阿里淘宝的核心，就是建立了中心化的购物零售平台，打造的任何规则、体系、生态，本质上是建立与消费者的连接，让消费者想到和做到网购，淘宝才是入口，而不是想到网购，就去某个品牌的独立网站。一切的用户交易沉淀数据与服务，也是基于用户本身，而不属于商家自己。

具体做法：技术与心术的结合运用。

(1) 技术。做APP、做优惠券、做团购、做体验互动、做大数据等，都是归为细节的技术一层，这些模式互联网已经相对成熟，关键是这些技术要为心术服务，也要围绕心术展开。

(2) 心术。以心术为中心圆，让心术注入消费者的心智与情感层面，技术围绕心术打造半径。

(五) 地区新的经济增长点给商业地产带来巨大机遇

新经济增长点是指在经济成长和产业结构演变过程中，能够带动整个国民经济上一个新台阶的新兴产业或行业，也就是具有较大的市场需求和潜在的市场需求，成长性好、技术和资金密集度高，能够促进产业结构优化和升级，具有高技术附加值的新产品或服务。

(1) 新经济增长点必须是产业关联效应强的产业或行业，具有回顾效应、前瞻效应和旁侧效应，它的发展能带动相关产业、行业和整个国民经济的发展。

(2) 作为新经济增长点的产业或行业，必须有旺盛的市场需求和发展潜力，成为主导的消费热点，并由消费需求市场作为支撑，拉动生产建设和整个国民经济的发展上一个新台阶。

(3) 新经济增长点是随经济成长阶段和产业结构的升级而不断发生变化的，不是一成不变的，只有当国民经济发展到一定阶段，条件成熟时，某一产业或行业才会成为新经济增长点。

真正的互联网金融改造房地产，就是对于房地产行业产业链的拓展，让房地产行业向金融地产转型，房地产企业与地方政府合作，共同建立一个市场化的产业基金，解决地区经济转型升级的难题，帮地方政府招商引资，培育新的经济增长点，解决地区农业产业升级和城镇化的难题，只有解决了这些问题后，才能降低房价50%仍能赚大钱，房子也能卖出去，通过主动降价50%，消灭竞争对手，淘汰多余的地产商。

经过互联网思维改造的房地产，除了房子本身的价值之外，各类配套服务提升了品牌和项目的附加值，项目的竞争属性会加强，品牌号召力会加强，项目价值会进一步提升，但这一切还是回归产品的本质，盖低价格高质量的房子，让人们的生活更加美好。

第十章　用互联网金融再造文化旅游产业

一、中国动漫产业的现状及问题

“十一五”期间，全国制作完成的国产电视动画片共 1 266 部、65 070 集、707 614 分钟，共生产动画影片 78 部，是“十五”期间的近 5 倍。动漫产品数量剧增，进而取代日本成为世界第一动画生产大国。2012 年全国制作完成的国产电视动画片共 395 部、222 938 分钟。2012 年我国动漫产业总产值达 759.94 亿元，较 2011 年增长 22.23%。2013 年全国制作完成的国产电视动画片共 358 部、204 732 分钟，国产动画片产量持续下降。

2012 年 7 月，文化部与国家扶持动漫产业发展部际联席会议各成员单位共同发布了《“十二五”时期国家动漫产业发展规划》，这是动漫产业发展的又一重大政策文件，明确了“十二五”时期我国动漫产业发展思路、目标、主要任务和保障措施，也是今后中央和地方发展动漫产业的总纲领。

2013 年，国产原创动漫产业进入发展黄金时期。这一年，原创动漫产业逐步从量产转变为质产，大量原创动漫品牌源源不断诞生，从市场定位到剧本创意、从生产制作到宣传推广，形成了相对完善的良性市场环境。

中国有广阔的动漫市场，各地动漫产业发展计划的制订更是如火如荼，纷纷打造自己的“动漫之都”。北京着力打造国际一流的动漫产业中心；上海、广州、福州已初步形成以网络游戏、动画、手机游戏、单机游戏和与游戏相关的产业链。国产动漫市场的地位迅速提高。

动漫产品本身有巨大的市场空间，而动漫产品的衍生产品市场空间更大。儿童音像图书、童装、玩具、文具、儿童食品等，在某种程度上，这些行业今后的发展与行销都有赖于动漫这一新兴产业的带动作用，中国动漫产业拥有巨大的发展空间。

中国动漫发展到今天可以说是内忧外患，外有国际市场成熟产业链的强大威胁，内有动漫企业分散、规模小、原创性差、发展难以及动漫产业链不完整等诸多问题，虽然有国家政策的强力支持，但是业界依然面临着前所未有的挑战，动漫各领域都有自己的路要走，不管涉足哪个环节都是为了大家热衷的动漫事业，都怀揣着改变中国动漫现状的满腔热情，同根同源，应该通过强化唇齿关系，同心同德完善中国动漫产业链，为中国动漫产业繁荣有序发展贡献力量！中国动漫产业网作为产业网站肩负着搭建中国动漫产业链的神圣使命，更有责任为中国动漫的未来尽心尽责，也是国内动漫彷徨期不可避免的产物，有其存在的历史性和必然性！

（一）动漫产业存在的问题

1. 开发能力不强，缺少创新意识

综观国际动漫，以美国、日本等国为主的动漫发展大国，它们的动漫产业在国家经济产业构成中都占有相当比例，动漫产业是英国的支柱性产业，甚至在日本也是第二大产业，美国的网络游戏业已经连续好几年超越好莱坞的电影业成为该国的最大娱乐业，而这些国家都是以原创动漫的开发为主的产业方式，而且走过了漫长的历史，相比之下，我国的动漫产业刚刚起步，国内的动漫数字娱乐自主研发能力弱，原创能力比较低，基本以引进加工代理运营为主。

尽管有些省份动漫基地大力开发具有民族特色的动漫形象，而市场却怎么也火不起来，动漫影视和网络游戏的消费群体主要是青年，还是比较单一，但是他们也是中国动漫的后备力量，并且他们从接触动漫时就受日本、韩国等国家动漫作品的熏陶，从而对本土文化缺少了解，使中国的动漫缺少传统的传承。

国内现阶段原创动漫作品的数量，不仅无法满足市场的需求，甚至无法满足播出的要求，有些所谓的原创变为一种简单的模仿，在人物形象、故事情节、语言风格、画面质感等方面都有比较多的“崇日”、“崇美”、“模韩”等现象。

2. 市场培育不健全

传统的动漫市场可以分为三个层次，一是播出市场，二是卡通图书和音像制品市场，三是衍生产品。其中，最后一个层次比前两个层次周期更长、市场更广，并且盈利也是最后一个层次比较多。在西方传统的动漫产业里，往往是在某一个动漫角色上大下工夫，我国动漫产业衍生产品开发乏力，而产业收益 70% 源自衍生产品，中国原创动漫主要是拿稿费，主要的平台是电视台和动漫杂志，但是现阶段原创动漫杂志纷纷倒闭，由此可见中国动漫市场的培育极不完善，很不平衡。

打个比方，在日本和美国，如果动漫家的原创作品首先是在周刊上发表，反响好的作品就会得到杂志社的支持，使作品得到广泛的传播，杂志社将作品印发成单行本，漫画家像流行的歌手、影视巨星那样拥有较高的知名度和社会地位，而在中国却是从来没有的事。

3. 产业链不完整

动漫产业一般由动画前期市场调研和策划、动画生产制作、动画片营销（发行）、动画片的播放、动画片的衍生产品开发经营五个部分组成，是一个环环相扣的产业链。在这个产业链中，每一个环节的运作质量都直接影响到下一个环节的成败，是一个相互交叉又相互制约、相互促进的有机整体，而其中的每个环节又牵扯众多的行业发展（如策划公司、动画制作公司、广电业、出版业、玩家业、服装业等二十多个行业）。在国内的动画片中，动漫的产业链根本没有建立起来，往往是动画节目的制作后，除了完成播放一个环节则基本处于被动停滞的状态，好一点的有图书与音像进行出版发行，而玩具和形象授权更是凤毛麟角，动画片光靠播出根本无法得到相应的资金回报，必须通过产品的衍生开发才能实现盈利。

如今来讲，网络的发展又为动漫的发展传播提供了一个平台，而网络动漫产业的前锋漫画创作是产品的创作基础。

影视动漫的产业主体，动漫舞台剧是产业的延展和提升等，其中每一个环节都有拉升和整合作用。此外就现阶段来讲，玩具等周边产品的开发环节，当然还有一新的开发形式就是动漫游戏。动漫游戏是一个复合概念，一般而言漫画是起点，动画是运动的漫画，游戏是互动的动画，动漫游戏是以文化为内涵，以创意为核心，以科技为手段，以娱乐教育为目的，进行动漫游戏产品及衍生产品的研制开发、出版发行和运营的新兴文化产业，是以文化为内涵的内容产业，是高投入、高附加值与高风险并存的产业。

就动漫产业来说，整个产业链条比较长。以动漫游戏为例，它的盈利模式独特，完整的动漫游戏产业链一般从研发制作和销售，到图书和音像制品发行、教育软件的开发与传播，再到玩具、文具、服装等衍生产品的开发、经营与销售，以及主题公园的建立等，通过开发动漫游戏形象的品牌价值，可提升授权产品的市场价值，使其边际效益递增。就我国近几年的行业状况来看，巨人、盛大等行业巨头对游戏产业发起猛攻，“征途”、“三国志”等一些国产游戏推出并取得比较理想的收益。从我国游戏产业盈利现状来看，市场开发极度不完整，国产游戏主要的盈利环节是游戏产品的直接消费，动漫产业链的部分如市场调查研究也刚刚做起来，而衍生产品的开发速度更为缓慢，几乎也等于零，因此放弃了大的盈利渠道，导致有些项目无果而终，产业链极不完整，造成有时候损失巨大。从国际经验来看，衍生产品创造的发展价值带来的效益是巨大的，具有很大的增长空间。

综观欧美、日韩动漫产业链，不仅衍生到传统的消费品企业，更成为媒介的传载体，形象的增值性与受众的互动性是开发的重点，特别是网络游戏商家在积分奖励给玩家奖品也不失为一种有效的途径，动漫拉动了多个行业的发展，遍布产业链的每一个环节，相比国内动漫市场中这些方面做得相当不够，产业链的每一个环节开发远远不够完整，还有待提高。

4. 各环节人才缺失

中国的发展离不开尖端的人才，21 世纪最缺少的也是人才，国内的动漫产业领域同样如此。中国动漫产业链的搭建缺少优秀的人才包括创意、研发、市场营销、管理等各类人才，与传统的动漫强国相比还相差甚远，现有的动漫产业团队如何做到不缺角已经成为中国动漫企业的发展之痛。

创意和营销人才严重不足，尽管近两年国内开发动漫专业的各高校有很多，在校人数还是供不应求，远远满足不了当前产业发展的需要。就当前国内动漫界而言，最缺的不是技术人员，而是有创意的编剧、导演、策划以及营销人才，这也是国内很多动漫产品无法吸引观众的根本原因之一，以至于市场很难做大做强。经营人才的匮乏制约着产业的升级，一些较好的原创作品各环节比较零散，没有衔接成产业链，因此，人才缺失成为我国动漫产业发展中的一大瓶颈，直接关系到行业的兴衰成败。

（二）各地区动漫基地的发展

1. 北京地区

北京地区作为中国的政治、经济、文化中心，其在动漫产业发展方面也走在前面，北京在动漫发展交流和国际视野方面有着独特的背景，北京建设了专业的国际动漫博览会、专业卡通漫画杂志以及北京卡通世界博物馆。

作为全国四大动漫基地之一的北京，有着独特的优势、深厚的文化底蕴，动漫发展前景十分乐观。不论是文化、科技与创意相结合的产业结构要求，还是政府、企业与公众共同努力的整体环境要求，北京作为政治文化中心、国际交流中心都促进着其动漫产业的发展。

北京凭借其优良的资金、人才和科技条件，已在动漫游戏产业中表现出极具潜力的发展势头。北京市动漫游戏产品已经出口亚欧美等地，动漫游戏产业作为北京市文化创意发展的八大重点行业之一，将和其他七个行业分享北京市政府每年5亿元的文化创意产业专项扶持资金。

北京市政府为重点支持动漫游戏产业技术发展平台，将在该项资金投入使用的第一年，从中划拨专款，用于中关村海淀园、石景山园等的产业发展，相对聚集区购买公共技术支持设备，为业内中小企业的发展提供服务。

2. 长三角地区

以上海为龙头，浙江、江苏为两翼的动漫产业带正在逐渐形成，它将成为长三角动漫产业未来发展和空间拓展的加速器，也将成为覆盖产业链各环节点、促进业内互动的“产业走廊”。

动漫产业带是由若干个具有品牌影响力、产业辐射力的动漫机构牵头，联合长三角各城市共同构建的一种跨地区、跨所有制、跨产业链各节点的综合性的动漫产业体系。同时，它又是一个承载“走出去”、“引进来”的资源通道，既是引进国外资本与区域内动漫产业有效对接，也是中国动漫产业和产品“走出去”的一个有效切入点。

随着苏浙沪三地互动领域的不断扩宽，动漫产业这个第三产业间的合作也水到渠成，尤其是近几年来，动漫基地纷纷落户长三角，由国家广电总局、科技部、文化部、新闻出版署审批的20家国家级基地中，长三角就有11家，占据了动漫产业的“高地”。与此同时，长三角各城市在动漫人才、技术、资本及制作工业定位分工等方面已经初见端倪，这为动漫产业带的协调发展、良性循环提供了有利条件。江苏省、浙江省都为发展动漫和文化创意产业制定了相关的政策，一批动漫企业开始崭露头角，形成了一定规模的产业群集，特别是江苏的常州和浙江的杭州两地发展极为突出。

二、中国动漫产业的前景展望和发展对策

（一）前景展望

经济全球化的发展使世界经济进一步融合，加快了中国经济对外开放的速度，中国动漫产业也伴随着中国经济的发展，逐步走向成熟的产业化发展之路和现代化之路，有专家预测，不久的将来中国动漫市场定当成为全球第一大消费市场。中国动漫产业的前景十分广阔，市场潜力巨大。产业链的进一步完善和经验管理观念的进一步更新等，都为中国动漫的发展埋下了阔步前进的伏笔。

进入21世纪以来，动漫产业是最具魅力的朝阳产业之一，中国的动漫产业处于热潮时期，各地纷纷而起，我们在看到广阔的前景的同时也发现中国动漫产业在发展的过程中还存在许多问题，如何做到产业规模化，如何形成国际竞争力。中国是一个动漫产品进口大国，如何让中国的青少年乐于接受中国的本土动漫，如何将中国的本土化动漫推向世界，如何完成中国动漫产业发展的国际化，已经成为我们今天迎接市场检验的必解之题，结合前面的分析，下面我来谈谈自己对中国动漫未来发展的几点思考。

（二）发展对策

1. 重点支持原创产业发展

虽然从市场规模来看，我国已经是一个动漫产业大国，但产业基础脆弱与市场空间巨大之间形成了强烈的反差。无论从文化层面还是从经济发展的利益考虑，中国发展原创动漫已经刻不容缓，这也是中国动漫走向国际化的必经之路。应当正视国产动漫与国际动漫之间的差距，积极借鉴国外发展经验，不论是技术上的还是管理经营方面，挖掘本土文化资源，发挥本土作战优势，引进先进的管理人才，推动我国动漫产业从引进代理为主走向自主研发为主，从学习模仿为主走向独立原创为主，由进口转向出口的产业转型之路。

2. 增强企业的竞争能力

企业是市场竞争的主体，是整个产业的细胞。一个产业的竞争能力主要体现在业内企业的竞争能力，支持动漫产业就要给动漫企业更多的切实的支持，无论是政策上的还是资金上的。

要积极培育一批具有强大自主创新能力和市场运营能力的动漫研发和运营企业，创作生产一批体现民族精神时代方向的民族动漫精品，如“蓝猫”等，真正树立中国民族动漫品牌。

3. 加快国家动漫产业基地建设，大力培育高端人才

首先应该认识到，国家动漫产业基地是集人才教育与培训、技术研发与服务、龙头企业集约发展、中小企业孵化和国际经贸技术合作等多种功能于一体的产学研

综合基地，当前我国动漫产业缺乏高端技术和高端人才，必须加强高端技术和高端人才的培养，为产业振兴提供强大的技术支撑和人才支持。优先开发动漫研发的核心技术的通用技术，加快建设公共技术平台，努力提供技术服务。依托高等院校、科研机构和动漫产业基地，建立动漫产业人才培养体系，加快培养动漫产业的各类紧缺人才。

4. 发挥产业优势，培育完整的动漫产业链

中国动漫产业如果要得到好的发展，必须从根本上解决产业链断裂的问题，而断裂的问题从微观上的表现就是资金、人才、营销、内容、渠道、衍生产品的问题，这些都是动漫产业必须直面必须解决的问题，发展中国动漫产业必须遵从市场的规律，整合企业资源，实现市场化运作，产业化经营，规模化生产，形成完整的利润增值体系，加强动漫产业链各环节的交流和衔接，培育完善的中国动漫产业链。

前面我们说到，动漫市场通常分为三个层次：一是动漫出版物和音像制品市场；二是动漫作品的影视播出市场；三是动漫形象衍生产品的开发和营销，包括游戏、文具、玩具、食品、服装、日常用品和主题公园。贯穿于其中的是一条完整的产业链条：原创生产—动漫期刊上连载—选择读者反馈好的出版发行单行本—改编成动画片—音像制品或游戏产品。

要赋予原创动漫制作企业在产业链中的关键地位，必须大力推进动漫产品的制作和播出之间的分离，生产和出版之间的分离、建立动漫产品的灵活高效的创作和生产体系与统一规范的市场体系，促进动漫产品实施多层次的开发和多层次增值，通过制播分离、产出分离，理顺动漫产业的管理体制，整合各方资源，形成管理合力，为产业链的整合提供良好的政策支持，结合好与新媒体之间的关系，滚动式开发动漫市场。

5. 提高动漫产品的核心竞争力

生产制作是动漫的基础，是动漫产业链的最前端，而内容是前端的前端，如今“内容为王”的年代，好的动漫作品可以经久不衰，动漫产品是动漫产业的核心，是动漫产业发展的灵魂。对于有五千年文明历史的中国来说，悠远深厚的文化积淀是其文化产业相对于西方国家的最大优势，我们要将这种优势以雅俗共赏的表现形式作用于动漫产品，随着中国元素在世界范围内的流行，形成有区别于别国的动漫竞争核心力量，使其能够真正将“民族的”变为“世界的”，进而满足更广泛受众的需求。

要提高动漫产品的核心竞争力，结合中国动漫的实际情况，就是要结合民族文化，确立独特的艺术风格，有区别于国外，要重在文化的创意上打造中国的本土动漫明星角色，比如《宝莲灯》、《大闹天宫》等经典本土动画。要拓宽受众的定位，拓展动漫故事的题材，而不是单单地面对儿童，要实现作品的全众化开发。

6. 保护知识产权，提升行业自律意识

动漫产品是广大青少年喜爱的精神食粮，应当加强内容管理，特别是对进口内容的审查，要严厉打击违法经营行为，加大对动漫衍生产品的知识产权的保护力度，

维护健康的市场秩序，营造良好的发展环境，完善整个动漫产业的发展机制，促进动漫产业的良性发展。

曾经家喻户晓的孙悟空、黑猫警长和葫芦娃等经典动画形象，对于当今的中国小观众而言已经变得十分陌生。孩子和家长们普遍认为，缺乏创意、缺少趣味性、制作不精的中国动漫业很难创造出影响深远的动漫品牌。

有影响力的原创动漫形象的缺失，也直接导致中国动漫的经济效益不佳——统计数据显示，“十一五”期间，国产电视动画片产量从每年 8 万分钟增长到 22 万分钟，但即便如此，中国动漫业占据世界动漫产业的份额依然不高。中国动漫产业的兴旺似乎并没有带来相匹配的经济效益。

但令人欣喜的是，近几年来，涌现了一批值得关注的原创动画作品：以 2011 年为例，国产动画电影票房为 3.2 亿元，其中，包括“喜羊羊”、“摩尔庄园”、“赛尔号”等在内的原创动画作品就占据了 2/3 的份额。

值得注意的是，这几部票房不错的动画电影都有一个共同的特征：在放映之前就已经积累了大量的人气和观众基础。“喜羊羊”系列大电影的同名国产原创系列电视动画片《喜羊羊与灰太狼》，自 2005 年 6 月推出后，陆续在全国近 50 家电视台热播，几年来长盛不衰。“赛尔号”和“摩尔庄园”系列大电影的创意都来自备受孩子们喜爱的儿童网络社区游戏。

这样的成功模式告诉我们：动漫是一个需要“长跑”的行业，不在于一日两日之功，树立品牌、保持品牌质量也是继续“跑下去”的基础。

7. “复活”经典能否重塑偶像

如何“复活”国产经典动画形象，让一批曾经给中国几代观众留下美好回忆的动画形象重新回到当今孩子们的视野中，也成为中国动漫人思考的命题。

2012 年 1 月，3D 版《大闹天宫》上映，激活了“孙悟空”这个“年过半百”的经典银幕形象，同时也将上海美术电影制片厂“国产经典动画的复活行动”推向高潮。

从黑猫警长、渔童到孙悟空……上海美术电影制片厂在这条经典复活的路上已经走出了第一步。这些经典的影片有的保存了二三十年，有的是四五十年，都出现了斑点、老化、划伤等，我们有义务把它们修复。政府在这方面也给予很大的支持，不仅提供资金、建立修复系统，还建立了一些新媒体平台。

这些动画电影所塑造的动漫形象、品牌囿于当时的理念、思路，都没有进行长线经营，十分可惜，“迪士尼创建几十年，其实也就是成功建立了几个动漫形象。好莱坞动画大片为什么总爱出续集？关键是要把这些形象品牌化，进而才能在授权和衍生产品上做深、做透。我们今后要做一个品牌管理系统，来系统管理创作的源头、授权的中游、产业链的终端等”。

三、中国动漫产业与发达国家的差距

我国动漫产业快速发展，产值从 2010 年的 470 亿元到 2012 年的 760 亿元，每年以25%的速度增长。在《喜羊羊》之后我国的动漫行业也迎来了春天。但是，与日韩相比，我国的动漫行业还处于起步阶段。到日本就感受到，动漫在那里是整个全人类的感觉，都是在消费着动漫，它的产业渗透到了灵魂中，所有周边吃喝玩乐的东西都跟动漫挂钩，所以它是惊人地站在GDP这个指标上，是10%～20%的空间。而这块在咱们国内，中国的动漫在整个国民经济里头远没有到那个空间。

动漫产业所必然带来的一些相关的周边产品，比如公仔、模型等，甚至一个书包、一支笔都可以和某个动画或漫画联系起来，但是这一点上，国产漫画/动画创造出来的品牌、消费面窄得可怜，除了一些小学生，还是3年级以下的，几乎不会有更大年龄的人选购。

所以，中国动漫产业与日本动漫之间差距太大了，可以说是无法相提并论。

倒不如拿日本动漫比较美国动漫还有些价值，两者风格截然不同，而且也都发展时间较长。美国的漫画发展时间似乎更久，而且经典的漫画也早日本多年就搬上荧幕，比如我们熟悉的超人、蜘蛛侠、绿巨人等。而日本动画在15年前就已经打入欧美市场，因为无论是画风还是内容模式、思维方式都极大地不同，所以在动漫领域，也算是两种文化的碰撞，比较有说头。中国动漫产业根本没几个人在搞，到今天也不清楚风格是什么，很少听说过中国有谁画漫画比较有名的。更可悲的是，我们的很多好的故事题材，比如花木兰、三国、水浒、封神榜等，都要给日本、美国，才能拍成写成能让人看的动画漫画。

相对于欧美，日本动漫产业起步稍晚，但是，由于漫画在日本有很深厚的群众基础，靠着漫画为动画输血，日本的动漫产业逐步发展起来。当然，这也离不开日本政府的大力扶持和民间投资者的积极响应。动漫产业带动了许多相关行业的发展，日本贸易振兴机构的调查结果显示，日本国内与动漫有关的市场规模已经超过2万亿日元。如今，日本动漫产业的年营业额达到230万亿日元，年纯利润达6 000亿日元，广义动漫产业已经占日本GDP十几个百分点。日本已经成为世界上最大的动漫制作和输出国，是仅次于美国的动漫产业第二大强国。据统计，日本动漫产业的总产值已逾1兆亿日元，成为日本排名第六的国民经济支柱产业，仅1999年的出口额就达7 600亿日元，占世界动漫市场的六成。

目前，动漫产业已经成为日本这个人多地少、资源贫乏的国家的支柱产业，不仅如此，它还正在促成日本进入新一次经济转型。在日本，动画片、电子游戏和漫画视为一个经济整体——AGC（anime，game，comic），三者齐头并进，共同发展。下面，我们首先来看漫画产业的发展状况。

（一）日本漫画产业

谈到日本的动漫产业，首先就必须谈日本漫画。没有“漫画”就没有“动画”，“漫画”是“动画”的基础，“动画”是“漫画”的发展。没有漫画产业的强盛也就没有今天日本动画（尤其是电视动画）在世界上的庞大产业规模和产业影响力。

虽然与欧美有着不同的民族气质与文化传统，但是，日本的历史文化中也有着动漫文化的土壤。日本传统的浮世绘中就包含着漫画的因子，自明治时期以来，日本民众逐渐养成了阅读漫画的习惯。所以，尽管导入动漫产业的路径与欧美有所差异，但是日本同样发展起了蓬勃的动漫产业。而且，正是因为这一点，日本动漫产业成就了自身独特的产业格局和产业优势。

最初，日本漫画是以“同人志”的形式推出，德间书店（宫崎骏是其长期投资商）出版的*ANIMAGE*是日本创刊最早的动画杂志。20世纪六七十年代，“漫画之神”手冢治虫创立了日本现代漫画的发展格局。经过宫崎骏、北条司等漫画大家的努力，漫画早已深深地渗入日本国民的社会生活，成了日本通俗文化的基础。20世纪70年代，日本经济开始腾飞，父母们比较有钱，孩子们也有更多的零花钱买自己喜欢的漫画书，因此漫画行业变得更加有利可图，逐渐成为日本一项重要产业。现在在日本，以“全民漫画”来形容漫画在社会文化中的地位一点不为过。

日本有一个著名的口号：“让三岁到八十岁的人都有漫画看。”为了满足消费市场的需求，日本有大量的漫画家从事漫画产品的生产，其中顶级漫画家有近千人。20世纪80年代初以来，日本各大出版社纷纷加入漫画书刊出版行列，漫画读物销售火爆。据统计，日本每年国内漫画杂志和单行本的发行量高达35万亿册，现在中国的情况与当时的日本相似，未成年人的消费能力日益增强，这是否对我国发展动漫产业有一定的借鉴意义？

漫画书刊的热销甚至造成了其他非漫画书刊的滞销，整个日本漫画市场的书刊按照幼儿、少年、少女、青年、女士、成人等进行市场细分。总的来说，站在日本漫画金字塔顶端的大部分作品是青年漫画，而绝大多数被改编的动画原作是少年漫画。漫画的选题十分广泛，内容涉及科幻、探险、政治、经济、奇闻逸事、恋爱、体育、历史、科学、宗教、幽默玩笑以及文艺小说、纪实报告文学等。派别上主要分为少女漫画、技击漫画、科幻漫画、体育漫画、历史漫画、商业漫画、情爱漫画、政治漫画等。从这些非常细致的分级和分类来看，日本漫画市场已经相当成熟，市场化程度极高。

日本漫画市场竞争非常激烈。目前，在该市场中处于领先地位的是三大少年漫画周刊——讲谈社的《少年杂志》、小学馆的《少年星期天》以及集英社的《少年跳跃》。这三本杂志都创刊于20世纪中叶，其制胜的法宝就是不断贴近市场、贴近读者的需求与偏好。在日本漫画史销售量总排行榜上，著名漫画《七龙珠》高居榜首，其销售量是个惊人的数字：1.36亿部。看到这些数字我们也就不难理解，为何有些漫画家有相当高的社会地位和收入，在日本十大高收入排行榜上总能看到漫画家的名字。日本漫画产业在充分挖掘国内市场潜力的基础上，还大力向海外拓展。

20世纪80年代以来，日本漫画逐渐进入我国，对我国的“八零年代生人”产生了巨大影响。在属于另一种文化类型的美国与加拿大，日本漫画也逐渐敲开了市场的大门，并显示出燎原之势。与北美漫画“超人”、“蜘蛛人”等单调的英雄类题材不同，日本漫画的题材像小说一样丰富，这对成年读者和女性读者来说不啻于增添了很好的阅读选择。

日本漫画于20世纪80年代后期进入美国，而掀起漫画热潮的则是出版了《鲁宾三世》并占据美国漫画市场一半份额的“TOKYOPOP”公司。出现于20世纪90年代初的日本漫画《明治剑客浪漫谭》在美国也掀起了销售热潮。面对如此火爆的日本漫画销售市场，更多的北美书商与出版商心动了。美国VirginMegastore公司的各个分店都设有漫画区，在区内辟有日本动漫专区。其负责人坦言，他们期待着看到更多的英文版日本漫画面市，他们还打算以日本漫画打造该公司的独特卖点，以使其区别于其他同类连锁出版商及独立出版商。看来，日本漫画在北美还有着广阔的市场增长空间。这对于国内漫画市场日趋饱和的日本动漫产业来说，无疑是个喜讯。

从传媒文化的角度来看，日本漫画在北美市场的热销至少说明了两个问题：其一，异域文化对当地受众是障碍更是吸引；其二，漫画这种传媒形式在当今有着突出的传播优势。

1. 日本电影电视动画产业

20世纪六七十年代以来，日本逐渐发展成为东方的动漫大国，而其中最知名的动漫产品就是电影电视动画。在这个“动漫王国”内，影视动画的播映市场如火如荼。现在，日本的影视动画产业不仅在国内外拥有突出的规模优势，还形成了强大的品牌优势。当然，这种优势并非一日之功，而是经过了数十年的积累。

1963年，动画先驱手冢治虫的作品《铁臂阿童木》作为日本的首部动画电视连续剧在国内播出，结果一炮而红。从那时起，精明的动画制作商就把目光瞄准了海外市场。1963年9月，《铁臂阿童木》就被美国国家广播公司（NBC）购买，进入了北美市场。此后，又有40多个国家购买和转播了《铁臂阿童木》，该片成为日本动画出口的先驱。在此带动下，日本动画制作商又开始向亚洲、欧洲市场扩张。1978年，随着日本动画片《高达战士》在法国第二频道的开播，欧洲市场被逐渐打开。

20世纪80年代初，日本动画片又大量进入中国市场。现在25岁左右的中国青年一代很多是看着《聪明的一休》、《花仙子》、《机器猫》、《尼尔斯骑鹅旅行记》等日本动画片长大的。

此后，日本很快成为世界影视动画领域最重要的内容提供国。国外电视台对日本动画片的大量接收是日本动画片质量高、价格低、长度合适等多方面因素综合作用的结果。日本动画片的质量较高，其画面讲究，内容具有鲜明的娱乐性，观众容易接受。其制作技术、人工等方面的原因，日本动画的成本较低，并且为了打开外国市场，日本动画也采取了一些低价策略，售价偏低，买方容易动心。另外，日本动画的长度可观，通常都在52集以上，有的甚至多达几百集。与此相比，欧美电视动画的长度就短多了，最多二十多集。对于电视台来讲，较长的动画连续剧更利于其安排节目，而日本动画片正好能满足这种需求。

此外，日本动画片在向海外扩张时也遇到了好“天时”，因为当时是欧美电视台增长最快的时候。一时间，电视播出渠道大量增加，但是很多电视台的节目制作力量却跟不上，社会上的节目制作机构也难以填补这样大的节目内容空缺，而超长的日本动画正好能替电视播出机构解决这个燃眉之急。在这些因素的共同作用下，日本动画产品顺利地向海外拓展，这为其今天的市场霸主地位奠定了基础。伴随着市场的扩大，日本动画片的生产规模逐渐增大，生产力也日益壮大。

《铁臂阿童木》不仅是日本动画出口史上的里程碑，也创造了动漫产业运作的新模式，这对后来者有着重要的启示。《铁臂阿童木》的收益中有 1/3 来自国内播出，1/3 来自向海外出售电视转播权，还有 1/3 来自衍生产品。

从《铁臂阿童木》开始，日本动画产业界有了更明确的出口意识，并逐渐形成了一套行之有效的动画片市场运作模式。而日本政府也从中看到了动画产业的经济文化意义。对于日本这个人多地少、资源有限、地震频发的国家来说，以动画为代表的文化产业能为他们提供源源不断的经济支持，同时，还能借此提升日本文化在国际文化中的地位。于是，政府把动画产业纳入出口产业的范畴，对其给予大力支持。

2005 年 4 月 10 日日本《朝日新闻》报道，日本外务省决定利用“政府开发援助”中的 24 亿日元作为“文化无偿援助”资金，从动漫制作商手中购买动画片播放版权，并将这些购来的动画片无偿地提供给发展中国家的电视台播放，使不能花巨资购买播放权的发展中国家也能够播放日本的动画片。日本外务省认为，这样做不仅可以向海外推广日本的动漫文化，还可以增大日本在外国青少年中的影响，培养更多的知日派，一举多得。

为了拓展动画销售市场，业界也做足了功夫。日本的动画公司分为企划公司和制作公司，企划公司负责前期工作，制作公司负责后期工作。它们尤其重视附加值高的创意环节，对附加值不高的某些制作环节，比如两帧之间的过渡部分，他们就将其外包给中、韩等国。日本动画人深知原创性是动画产业的生命，所以，他们在动画片的选题和人物造型方面花费了颇多心思，也取得了很大成功。首先我们来看选题。选题是动画片成功的第一步，它涉及受众定位等关键问题。根据日本动画市场的分类、分级管理，动画人首先要确定产品的目标受众。当然，雅俗共赏、老少皆宜的选题最受青睐，因为它们受众面广，市场收益也相对更高。这里以大家熟知的《樱桃小丸子》和《蜡笔小新》为例。《樱桃小丸子》中的主人公是单纯可爱的小女孩小丸子，她天真幼稚，头脑简单，经常惹出不少笑话。也许有人觉得这样的选题不仅低幼，而且没新意，但是，该片却在播出市场上引起了强烈反响，小丸子天真可爱的视觉形象和生动活泼的故事，把许多成年人都迷住了。其实，在一定程度上，这样的选题正暗合了成年人渴望回归简单纯净的童年的心理。而《蜡笔小新》正相反，它的选题瞄准了一个自以为是的小大人，以小新的口说出了成年男性想说却不敢说的话，其间充满了轻松和幽默的情节，让人捧腹大笑后有所思。尽管选题千差万别，但是，选题策划者们都十分重视片子的娱乐性，因为他们明白，这是必不可少的卖点。日本动画在造型方面也有突出的特点。与美国动画中乖巧可爱的造型不同，日本动画中的造型更加夸张，更有“个性”，这在很大程度上吸引了大批受众。

日本的动画片分TV动画、剧场版 、OVA三种。20世纪90年代以后，收费电视频道在日本国内出现。为了满足广大受众对动画节目的大量需求，很多电视台将原来一周播出一集改为每天播出一集。这就迫使动画企业加快节目的制作周期，当然，这也为动画投资商们带来了巨大商机。在此形势下，很多投资商加入进来，以至于引起了投机风潮。很多动画制作公司疲于应付，因此出现了一些粗制滥造的情况。

而同时，相当一部分有较高企划和制作能力的公司因为缺乏资金，不得不依靠外来投资。这种制作方与投资方的分离造成了现在日本动画产业巨大的隐忧。因为"狡诈"的投资者深知版权、形象权等知识产权的重大经济价值，所以他们"趁火打劫"攫取了这些权益。于是，艰辛的策划与创作最后换来的不过是加工性质的低廉报酬。由于失去了知识产权这些重要的无形资产，这些动画制作公司的经济状况又陷入了新一轮的恶性循环。残酷的竞争、过度的商业化将会对日本动画产业的未来产生一定的负面影响。

当然，其影响也有积极的一面。播出周期的加快带来了制作周期的加快，由此也带来了电视动画"制播同步"的运作模式。即播出方在认可样片后先播出其少量的几集成品投石问路，如果市场反应不错，则加紧制作后续产品，并在电视上同步播出。受制作进度限制，一部片子通常一周只能播出一集。这与韩剧的制播模式颇为相似。这种制播配套的运作模式能大大降低制作方与播出方的市场风险，减少资金积压，同时，有助于受众与动画节目加强互动。

制播同步能使受众的反馈意见及时传递到制播双方，促使制作方改进策划、制作，以避免被停播。在这个过程中还常会出现原作者与电视人共同修改剧本的情况。在电视动画领域，日本还有一种特殊的"深夜动画"，其目标受众主要是动漫迷和深夜下班的成人。这不仅较好地利用了深夜时段，增加了电视台的收入，也为更多的电视动画及衍生产品打了低价广告。

尽管日本国内动漫文化发达，动漫产品的需求量节节攀升，但是，其国内的动画市场已经相对饱和，于是，动画企业越来越注重海外市场的拓展。据初步统计，目前世界上有68个国家播放日本电视动画、40个国家上映。其电影动画著名的日本动画《口袋怪兽》(*Pokemon*)就曾在68个国家以25种不同语言播出。

近几年来，每年有3~4部日本制作的动画电影在美国各大电影院上映。在美国的电视播出市场上，日本动画片数量在急剧增长。不过，其中有很多动画是免费的，还有一些动画从其原创性等质量标准来说收入偏低。因为自《口袋怪兽》在美国热播并掀起衍生产品销售狂潮以后，美国的录像销售公司越来越看重衍生产品这部分的收益，它们只把影视动画看成是衍生产品的广告。

而日本动漫企业因为这些动画节目在国内的播出环节已经赚了一次钱，又想扩大海外市场，所以就投其所好，将电视播放权与影院上映权连同家庭录像权"一揽子"出售给美国公司。但是，影视播放权在总的售价中所占的比例并不高。

在美国，日本的电影动画一般是由各个城市的影院通过预约，在一个影院进行独家上映或通过小型连锁店发行。影院的数量并不多，一般在数家到数百家。通过这种类似艺术类电影的发行战略，以达到逐渐渗透市场、扩大市场规模的目的。但是从整体来看，日本电影动画在电影王国——美国还是处于劣势。其实，就日本影视动画整体来说，最大的遗憾就是没有像美国那样的几十部经典作品，缺少一系列知名品牌。要在世界动画产业领域保持长期的优势，恐怕在大把赚钱的同时还要加强对动画精品的打造。

现在，日本的动漫企业和媒体都深深地意识到，电视是比电影更主要、更赚钱的动画播出渠道。而且，与其让国外的发行公司、电视台赚钱，还不如自己到国外设立日本动画频道，这样，不但日本动画在海外的声势更大，而且盈利也更多。因此，日本动画频道直接在国外落地成了产业扩张的重要步骤。

2004 年 1 月，ANIMAX 亚洲频道开始运营。现在该频道在亚洲有 6 个播放市场，其中，日本国内有 400 万个收费订户，在东南亚的收费订户超过 160 万个，该频道的受众总人数达到了 9 400 万人，在有些地方，该频道是索尼影视国际电视（SPTI）的 24 小时日本动画频道。80% 的观众每天要看这个频道。当然，这与频道运营方的本土化策略和积极的品牌打造密切相关。通过电视播出、网络推广和现场活动，ANIMAX 亚洲频道的知名度和品牌效应大为提高。我们相信，伴随着日本动画频道在海外的壮大，更多的受众将在其刺激和培养下成为动画爱好者，日本国内的动画产业也会迎来更多商机。

2. 日本游戏产业

游戏产业是日本动漫产业的有机组成部分，属于“ACG”中的“G”（game）。由于电子游戏中的画面设计与动画和漫画极为相似，所以它们三者共同构成了动漫产业。游戏产业在日本已经经过了几十年的发展。从 20 世纪 60 年代初的街机，到六七十年代之间的家用游戏机，再到八九十年代的掌上游戏机，日本游戏界苦心经营，在使电子游戏成为时尚游戏方式的同时，游戏产业也得到了蓬勃发展，逐渐成为日本的强势产业。

目前，日本是游戏第一生产国和第二消费国，市场规模达到 4 143 亿日元。近些年来，日本游戏产业一直保持两位数的增长势头，对 GDP 的贡献堪比汽车和家电两大传统优势产业。据不完全统计，全球电子游戏市场硬件 90% 以上，软件 50% 以上，均牢牢控制在日本厂商手中。调查显示，全球最受欢迎的游戏机是日本的品牌，销售量最大、拥有游戏迷最多的游戏软件，如《宠物小精灵》、《圣斗士》、《EVA——钢铁的 girlfriend》等也出自日本游戏开发商之手（其中日本的皮卡丘游戏软件至今已经销售了 1 亿套）。在这样的行情下，日本的游戏公司可谓日进斗金。日本最知名的游戏公司任天堂 1998 年的净利润为 858 亿日元，约合 8.03 亿美元；2000 年销售收入达到 5 400 亿日元，即 50 亿美元左右，净利润达到 820 亿日元，约合 7.67 亿美元，其产值和效益一度超过丰田汽车公司。

但是，已经有越来越多的投资者看上了游戏业这块蛋糕，加上日本游戏业界缺乏对欧美玩家心理及时准确的把握，尤其有些企业又错误地把单机游戏作为重要的增长点，日本的产业优势正在逐渐缩小。日本娱乐软件协会（CE－SA）发布的年度研究报告显示，日本游戏市场在2003年度明显萎缩。为应对国内外的残酷拼杀，频繁的“合纵连横”开始了。自从2005年5月2日BANDAI与NAMCO整合业务经营之后，业界的合组风潮就连续不断。一方面大厂继续做大，另一方面小厂难以为继，走向破产或被蚕食。目前，日本游戏产业的前五强是：任天堂索尼SCE、SEGA、SAMMY、SQUARE、ENIX。面对欧美游戏产业的复苏和韩国等后起之秀的挑战，日本游戏产业还将遭遇更大的风暴。

3. 日本动漫衍生产品产业

在动漫衍生产品领域，日本与美国比起步较晚，但是，日本商家以其坚韧和精明在这个领域闯出了一条金光大道。通过对动漫形象资源的二次利用来提升其附加值是动漫产业的产业重点。利用本国漫画和动画在国内外的品牌效应，日本的商家们积极推出与此相关的各种产品，从音像制品到玩具，从服装到食品，他们开发出的衍生产品种类繁多，遍布了人们生活的各个领域。与此同时，这些产品也为他们创造出数额惊人的财富。最早，是大名鼎鼎的《铁臂阿童木》带动了日本动漫衍生产品。该片的热播带来了阿童木造型的玩具、文具、服装等产品的销路。后来，许多动漫企业如法炮制，开发出大量的衍生产品。我们身边就有很多其中的知名“人物”，如Kitty猫、机器猫、皮卡丘、变形金刚等。

其中，最成功的恐怕要算“口袋怪兽”皮卡丘了。早在1996年，皮卡丘还只是任天堂公司电子游戏中的一个动漫形象，照林社制作部认识到这个形象的商业潜力，于是和任天堂公司签订合约，注册了对皮卡丘形象的专属所有权。这个远见给照林社带来了滚滚财源。美国财经杂志《福布斯》在2003年公布的“虚拟形象富豪榜”显示，皮卡丘的身价是8.25亿美元。1998年9月，《口袋怪兽》的第一部动画片在美国首映时即创下了1 010万美元的首日上演的动画片票房收入最高纪录。在这种轰动效应的带动下，其电影的CD上市第一天销售量就达到100万张。而“口袋怪兽”卡通片自1999年4月发行以来，很快就突破了24亿张，轻松地超过了销售16亿张的日本纪录。而电视动画《机动战士高达》也给拥有其形象授权的玩具商带来了巨大利润。在日本最大的玩具制造商万代集团每年的销售总额中，约有15%到17%的份额是机器人玩具的销售收入。万代集团2001年的总销售额为1 184亿日元，机械人玩具就占了200亿日元的份额。2002年，日本以动画片主人公形象制成的玩具娃娃以及装饰着动画片图像的卡通商品拥有2万亿日元的市场。

除了CD、玩具、服装等常见的动漫衍生产品外，日本还有一种特殊而有趣的动漫衍生产品——小说。通常的情况下，广受成人欢迎的动画、漫画作品往往会有其相应的文字版推出，如《山田太郎物语》。当然，也有反过来将受好评的小说动画化、漫画化的情况，如星云奖得奖小说《银河英雄传说》。

从以上这些例子已经可以看出，日本商家动漫衍生产品开发方面的创新精神和精明细致。不过，这方面最突出的例子要算著名的Kitty猫了。Hello Kitty这只乖巧的小猫是由日本Saniro公司于30年前针对年轻女性市场创造设计的，现在Kitty已经驰名世界，成为与米老鼠齐名的玩偶形象，它的身影在我们日常生活中随处可见。可以说，Kitty创造了日本玩偶经济的奇迹。

尽管从20世纪60年代开始，铁臂阿童木已经开始在衍生产品领域初领风骚，但是，其商业效果并不突出。Kitty的出现改变了这种情况。首先，其设计者们考虑采用哪种动物形象。在研究了当时的市场现状后，他们选择了猫，就当时的卡通市场来说，这本身就是一个创新。它的设计者山口由子说："当时我们需要一个新的卡通形象，决定在狗、熊和猫之间选择其一。但是考虑到，狗已经有了史努比，而熊已经有了koro－chan，因此我们只剩下猫了。我们希望设计一个全新的卡通形象，其风格是以前日本，乃至全球都没有的。"创新第一，先在此前提下把自己逼到一个"困境"中，然后再尽力挖掘具体的创新细节，打造其流行元素。山口由子曾经为我们剖析说："Hello Kitty的设计中没有嘴，因此她可以说是完全没有表情的，正因为她自己没有表情，你在任何时候的任何情绪都可以完全灌输到Hello Kitty身上，不管你觉得开心幸福还是伤心失望，Hello Kitty的表情都能配合你的心情。因此，Hello Kitty成为了很多人精神上的支持。"在此，我们不得不叹服日本人突出的创新意识和精明的营销策略。这或许正是我们最应该学习的。

在日本，通常是以优秀的漫画为蓝本拍摄影视动画片，然后再以动画明星为模特打造衍生产品。经过长期的产业运行，这种传统的运作模式已经广为采用。而且在此基础上还产生了多种其他运作模式，如"皮卡丘模式"：由游戏中的形象变为衍生产品中的形象和动画片中的形象。这些模式被灵活地交替运用，已经形成了以漫画、动画和游戏为中心的"产业网"。而成功的动漫形象则是提升这个"网"上每个产业环节市场利润的关键。现在，日本这个人多地少、资源有限的海岛国家已经从动漫产业的发展中得到了巨大的回报。

（二）美国的动漫文化产业

美国动漫产业在80多年的发展中，依托雄厚的财力和技术力量，以及完备的市场化组织力量，始终处于世界领先地位。整个产业的出口仅次于计算机产业，产值达2 000多亿美元。

提到美国动漫产业，大多数人第一时间想到的是迪士尼。毫无疑问，它是美国动漫产业链中无法撼动的磐石。"迪士尼的各种动画形象深入人心，影片的成功让迪士尼的品牌走入了千家万户，为其衍生品打下了坚实的基础。""迪士尼有着多年的积累，梦工厂目前还无法拥有像迪士尼乐园这样的业务。"除了电影和每日游人如织的主题乐园之外，迪士尼还拥有ESPN和ABC有线电视网等优良资产，这些媒体同时也是迪士尼公司营销电影和主题公园的重要平台。另外，在世界各地，还分布着400家迪士尼零售店，主要出售玩偶商品。迪士尼公司并不直接参与相关产品的生产，只是出售人物的肖像权。即使如此，这些形象授权，仍然为迪士尼带来了巨大的商业利润。

“美国动画企业，大多在动画电影的制作上精工细作，制作周期很长，投入高，风险大。”观众看到的一部脍炙人口的动画片，背后可能包含着很多人的失败，“包括剧本、角色设计等，文化商人们在众多稿件中挑选出‘精品’。”强调每部作品的质量，成为美国动漫产业的特色。正是基于这种出发点，美国动漫产业中诞生了众多动画明星，这些明星的“赚钱”能力绝不亚于那些真人大牌明星，贴着它们的产品成为动漫衍生产品中的重要收入来源。“当动画明星积累到一定程度，才可能出现像迪士尼乐园这样的主题公园。”

（三）美国与日本动漫的区别

和美国动漫产业的以质取胜不同，日本动漫产业以量取胜。目前，日本共有400多家动画制作公司，包括“贴牌生产”型的来料加工公司、联盟公司和集团公司等多种类型。这些公司每周能生产70～80集动画作品。同时，中国、韩国、菲律宾、印度尼西亚等国家和地区的一批动画生产公司也被纳入了日本动漫产业链条，成为产业链中高效、廉价的“贴牌生产商”。

形象衍生产品的销售在日本动漫产业中占有重要地位。在日本“漫画—电视—电影—电玩—玩具”模式的产业链中，众多日本动漫公司都把后期衍生产品作为收回资本的重要手段，出售给电视台的动画片播映权，价格低廉甚至免费，这些公司更加重视传播的效率和制作效率。在日本，衍生产品除了传统的衣服、鞋帽之外，更多的是电玩产品和各类玩具，这让出版商、电视台、电玩生产商、玩具商都能获得很高的收益。

由于日本动漫公司大多规模不大，没有足够的实力和时间创造出足够多的动画明星，更不大可能实现完整的动画品牌，因此在日本现有动漫产业基础上开发主题公园的可能性微乎其微。

四、中国文化产业发展的六大趋势

在当今世界，文化和文化产业已成为综合国力竞争的一个主要领域。

相关部门的统计显示，世界主要发达国家中，文化产业的产值占GDP的比值都处于相对高的数值。美国文化产业增加值占GDP的12%；日本文化产业规模在2000年就已经超过当年日本汽车工业的产值，占GDP的17%；而我们的近邻韩国在制定了文化发展5年计划后，文化产业也一跃成为其主导产业，其产值已达到5%。根据国家统计局的数据，相比之下，我国当前文化产业增加值为3 000亿元人民币，占GDP的3%左右，与发达国家相比，我国的文化产业发展还存在很大的差距。所以，我们一定要树立科学的发展观，提高对文化和文化产业客观存在的“人强我弱”的局面的认识，从束缚文化产业发展的旧体制、旧观念中解放出来，把握文化发展规律，深化文化体制改革，推动我国文化产业实现跨越式发展。

中国文化产业发展走向总体上将呈现出如下几个特点：

一是文化产业区域化竞争将全面展开，地区间的不均衡发展态势进一步突出。2005 年是“十一五”的“规划年”，已经有大约 2/3 以上的省、自治区和直辖市提出了要建设“文化大省”和以“文化立市”，发展文化产业已经成为各个地区加快实现增长方式的转变和产业结构的调整优化，推进城市化进程，促进区域协调发展的工作重心，但是我国经济发展存在较大的不平衡，不同地区发展的阶段不同，发展的条件和任务也将有所不同，各地在制定文化产业发展规划的时候也就有所侧重，东部地区超越了人均 1 000 美元的阶段，珠三角、长三角、京津冀三大城市群地区已经开始进入人均 3 000 ~ 5 000 美元的中等发达国家水平，这些地区文化消费活跃，现代传媒发展趋于饱和，内容创新成为发展瓶颈，提出创意产业发展规划，或者将创意产业列为文化产业的升级目标，成为发展规划的特点。中西部地区大部分在 500 ~ 1 000 美元，文化资源丰厚，文化消费刚刚起步，现代传媒还有较大的发展空间，文化产业处于产品开发和要素扩张阶段，进一步完善公共文化服务体系，整理文化资源，打造文化品牌，开发特色文化产业，成为普遍的规划目标。

二是文化产业集团将进入调整整合期。目前，在文化产业中的 9 个行业大类，24 个行业中类，80 个行业小类中都有自己的代表性企业，尤其是在 9 个行业大类中，推出具有中国特色、中国风格，能影响世界同行业发展的文化产业群，以现代“文化生产—市场动作—大众消费”的企业运作模式，改变以往的“生产—传播—接受”营运习惯，强化品牌意识，作出大而强的文化企业集团。做强做大是应对现代市场竞争的重要手段。《关于深化文化体制改革的若干意见》中指出，要“重点培育发展一批实力雄厚、具有较强竞争力和影响力的大型文化企业和企业集团，支持和鼓励大型国有文化企业和企业集团实行跨地区、跨行业兼并重组，鼓励同一地区的媒体下属经营性公司之间相互参股”，这为下一步集团的内部整合提供了政策支持。

三是数字技术将进一步发展和推广，这将成为提升文化产业综合竞争力的主要力量。2005 年制定的《“十一五”发展规划》中指出：“加强宽带通信网、数字电视网和下一代互联网等信息基础设施建设，推进三网融合，健全信息安全保障体系，建设集有线、地面、卫星传输于一体的数字电视网络，构建下一代互联网，加快商业化应用，鼓励教育、文化、出版、广播电视等领域的数字内容产业发展，丰富中文数字内容资源，发展动漫产业。”数字电视、数码电影、宽带接入和视频点播、电子出版和数字娱乐等新的文化产业群将形成主流，传统文化产业比重过大的问题将在文化产业结构的数字化提升中得到根本性改变。数字化，特别是数字电视的发展现在遇到了一些困难，但是这些困难与整个国际的数字化发展放缓及我国目前的体制瓶颈有一定的关系，但是作为一项新的传播技术，数字化已是不可逆转的趋势，随着国家在数字化基础方面建设的不断完善，数字化发展将会有一个跳跃式、突飞猛进式的发展。

四是产业间合作力度加大，传统产业将会进一步向新兴的文化产业进军，不同产业间的融合，其中特别是金融资本与产业资本的融合，信息设备制造业、软件开发业与信息服务业之间的融合等，都将在未来几年内中国文化产业的发展中明显地表现出来。社会资本与国际资本将多渠道、多形式进入中国文化产业的核心区域，以金融资本为主力的多种资本形态参与中国文化产业竞争，介入中国文化产业变革，特别是传媒业的变革，将成为影响中国传媒业未来走向的重要力量。文化产业投资主体多元化政策将进一步引导社会资本和国际资本投向与文化产业密切相关的信息业、咨询业、广告业和旅游业，这些产业资本结构的深层全面的变动将给文化产业的上游产品和下游产品及其他产品的开发带来巨大的扩张空间，文化产业在上述这些领域里毫无疑问地将进入一个快速增长期。

五是文化产业的发展需要政府与民间组织的共同努力。文化产业内部各领域分工将会进一步细化和专业化，如在英国，当前有专门投资文化创意产业的创投，有辅导文化创意产业经营的管理顾问和品牌策略顾问，有实际从事文化创意产业的创意家，有提供政府政策建议的智库主持人，有民间业者社团，有学院学者，其结构是一边有政府，一边是文化艺术创作者，中间是各种层次（社团、创投、顾问公司等），民间组织有独立游戏开发商协会、英国电影学会、观光协会等，民间组织之间相互合作、推动、交叉设奖，促进了文化创意产业各行业的发展。此外，还有半官方性质的组织——英国当代艺术中心，由英国政府每年补助100万英镑，协助文化艺术与文化创意产业的发展，我国创意产业的发展一方面需要政府的大力支持，另一方面民间组织、社会团体也要发挥应有的作用，协调政府与文化创作者之间的关系，共同推动创意产业的发展。

六是“走出去”战略将不再仅仅是一个口号，将会有实际的行动。“走出去”不仅仅是经济发展战略，也是文化发展战略。适时地在中国的经济发展中实施从“引进来”向“走出去”的战略转变的同时，制定和实施文化与文化产业的“走出去”战略，实行“引进来”与“走出去”并举的方针，也就应该成为今后中国文化产业发展的一个长期的战略安排。由于文化发展对国民经济与社会发展的重要性，以及在国家文化安全方面的特殊性，使得“走出去”不仅具有了经济上的动力，更有了政治安全上的支持，国外大的文化跨国公司每年在中国赚取的大量利润对国内的文化产业来说是一个很大的刺激，新的发展规划里再一次强调文化发展要“走出去”，从当前文化产业发展的情况来看，“走出去”已经成为一种现实。

文化是一个国家的身份证，21世纪是文化的世纪，文化将成为衡量一国综合国力的重要内容，文化强国也将成为世界强国，文化产业作为一种实现文化价值的渠道，选择何种发展模式将是一个值得深入研究的问题。

五、民族文化旅游资源开发的困境

文化旅游资源是否应该大力开发，历来是旅游人类学家争论的焦点之一。争论的观点有两种。一种观点认为，文化旅游资源与自然旅游资源一样，是不能随意改变的资源。破坏了这些资源，也就破坏了自然与社会的美好和谐。同时，文化是一个地区、一个民族的精髓、象征和代表。如果被破坏了，也将丧失旅游业发展的灵魂。另一种观点认为，文化旅游资源的开发有极强的带动性，能够给该地区带来极大的经济效应和“文化复兴”，增强该民族自尊心，提高地区的知名度和旅游吸引力。

（一）文化旅游的外部性

所谓外部性，简单来说是指一个人的行为对仿观者福利的影响。一方面，文化旅游者会更广泛、更深入地与目的地居民接触，直接深入旅游目的地居民的文化中，这难免会给当地人的传统文化造成一定的影响，甚至是破坏。有些学者认为，这是对当地文化的“剥削”。另一方面，游客到旅游目的地旅游给当地人带来先进的文化和生活方式，对目的地居民来说是一种“文化复兴”，使当地人产生了民族自豪感和自信心，让他们意识到本土文化的重要性和价值。许多学者认为这是一种文化重创过程、文化复活的过程和传统文化加强的过程。这也是经济学上所说的外部性。

（二）文化旅游者需要“真实性”

文化旅游者需要到旅游目的地的“后台”去旅游、工作。与当地人接触，参与到当地人的生活和文化中。他们对当地人文化的影响非常深刻。有些地方为了迎合文化旅游者的需求，为了眼前的经济利益而不惜把传统文化当做商品来出卖，这就出现了旅游业发展过程中的文化商品化问题。只要与文化沾边的资源都进行所谓的“包装”，当然其中也有认真严肃之作，但更多的是哗众取宠，有些根本就是背离其文化内涵的东西。此外，由于商业利益驱使，以“伪民俗”的方式开发文化旅游资源的现象随处可见，甚至创造“伪文化”和“舞台真实”来吸引游客。比如现在流行的“印象……”和“……故里”，这对地方传统文化来说是非常严重的破坏。面对旅游市场的多层次需求，在实现从文化旅游资源向文化旅游产品转化的过程中，需要准确把握历史文化的严肃性和旅游者需求的通俗性、大众性以及展示手段和经营理念的现代化。

（三）传统文化与现代旅游的矛盾

传统文化是文明演化而汇集成的一种反映民族特质和风貌的民族文化，是民族历史上各种思想文化、观念形态的总体表征；旅游业是社会发展到一定阶段的产物，是人们较高层次的审美需求。另外，旅游业的发展还是一种双向性的活动，即目的地居民与游客之间的活动，这种活动必然会产生一些冲突。如文化涵化，文化涵化是指两种文化在碰撞和接触中，相互发生影响，发生变迁，其中一种文化要么适应另一种文化，要么抗拒另一种文化。文化旅游在开发过程中也必然碰到这个问题。游客带来的外来文化必然会对旅游目的地的文化产生影响，进而出现文化适应或文化冲突问题。人类学家把文化适应这种现象称为“帝国主义式的旅游”或“新殖民旅游”。因为他们认为游客每到一个地方去旅游，必然也把自己的文化带到那里，并对当地的文化产生影响，破坏了当地原生文化。这就是传统文化与现代旅游的矛盾。

（四）“文化价值”与“文化素质”之间的矛盾

文化旅游产品开发其本质把处于原生态的文化资源转化为文化旅游产品。因此，旅游资源开发者对文化资源的价值判断便决定和制约了开发的方向、深度和广度。如今，我国许多地区在文化旅游资源开发过程中，一方面由于旅游资源开发者文化素质较低，对传统文化保护意识和可持续发展意识淡薄，使资源失去其固有的意韵和内在魅力，导致低级粗糙的商业化景区泛滥，使文化旅游资源失去了“文化价值”。这就是典型的“破坏性开发”。另一方面由于一些旅游者自觉保护文化的意识比较淡薄，保护文化的观念还未形成，高密度的旅游客流和大量的不文明旅游行为对文化旅游资源造成的破坏比较普遍。文化旅游资源的“文化价值”与旅游者和旅游开发者的“文化素质”这一矛盾是旅游目的地开发文化旅游产品所面临的严峻考验。

随着国民经济的发展和人们物质水平的不断提高，人们对文化旅游产品的需求也在不断增加。在文化旅游资源开发中要处理好开发与保护的关系，避免“破坏性开发”和“开放性破坏”，在创新中保护原有文化的特色，这样的旅游产品才具有生命力。文化旅游，无论是在经济上还是在文化上都会给旅游目的地带来利弊。如何结合当地实际权衡利弊就成为文化旅游开发的困境。

六、韩国文化产业成为新的经济增长点

（一）韩国文化产业的发展背景

1. 文化底蕴是韩国文化产业的发展基础

文化的形成、绵延和演绎虽有自身内在的逻辑和独特的规律，但又不能不受包括自然环境、社会环境和历史传统等外在因素的强烈影响。在一定的历史、社会、文化条件下，文化显现出一定的继承性、延续性，更具有适应性、综合性和时代性的特点。时代性和绵延性是一个民族文化活力的象征。任何文化都是变动不居的，都是在对一定的政治、经济和社会发展作出相应地回应基础上获得了生存空间和发展动力，同时它也对政治、经济和社会发展产生巨大的影响。

儒家文化是中国传统文明的产物，也是中华文明的主体意识形态。作为延续了几千年的世俗性文化，儒家文化已经植根于世界各民族的精神生活之中，成为人们在日常社会生活和经济活动中自觉和不自觉加以遵循的行为准则和道德规范。

韩国文化的形成与发展是由其政治、经济、社会环境等因素的综合作用结果。影响韩国的精神传统文化是儒教文化与韩国地政学（地理政治环境）的相互作用下发展而来的。儒教价值观与韩国地政学的结合形成某种传统文化。

韩国人的行为规范和价值观念深受儒家思想影响。儒家文化是东亚崛起的一个重要因素，而韩国在吸收和运用儒学伦理方面的实践也是很典型的，即以儒家伦理观念和价值观念处理当代问题，将儒家文化中积极的因素运用到经济社会发展中，形成一个很好的社会文化氛围，在促进经济发展和保持社会稳定方面起到了巨大作用。儒家文化提倡的诸如忠孝观、仁爱和谐观、勤俭观，儒家伦理观念中的人道、正义等积极因素都是支持经济发展的重要因素。忠诚爱国，重视家庭，强调组织成员之间的协调合作、团结和谐等观念都深刻地影响着韩国社会经济生活中的方方面面。这种文化因素深深地植根在整个社会的价值观念、行为规范、精神面貌、教育思想和企业文化之中。以忠孝为支持的集团主义原则维护的儒教秩序，形成了一种独特的整体号召机制，使社会具有巨大的凝聚力和向心力。同时这也有助于政府权力的形成，使国家干预得以顺利实现。

2. 金融危机促生文化产业大发展

韩国在遭到亚洲金融风暴后，将文化产业确定为21世纪国家经济的支柱产业，韩国政府许多部门都在裁减，只有文化部门不减反增。说文化产业促进了韩国民族经济的发展一点也不为过，韩国走出金融风暴，其中包括网络游戏的文化产业功不可没。

电玩产业异军突起，迅速成为韩国新的经济增长点。韩国爆发经济危机后，大量人员失业。一部分人拿到5 000万韩元的遣散金后，将这些钱投入网吧及游戏娱乐场所，使韩国网吧如雨后春笋般发展起来。同时韩国政府还开设游戏专业教育机构，设立了20多个文化产业大学、游戏学院和游戏学校。1998年，韩国成立了游戏产业振兴中心，大力促进文化产品的出口。这种优先发展文化产业的战略已收到了显著成效。如为家用电脑开发设计的数字化游戏，被确定为韩国的国家战略产业，自1998年以来产值翻番增长。其中“任天堂”游戏最突出，不仅风靡亚洲，而且与微软和索尼在世界游戏产品市场形成鼎足之势，还直接促进了电子商务在其他领域的发展，逐渐把“韩国制造”推向“韩国创作”。1999年韩国文化观光部、产业资源部、信息通讯部通力合作，建立了各自下属的“游戏综合支援中心”（主管游戏产业园区建设和管理），“游戏技术开发中心”（主管游戏产业技术开发），形成合力，重点扶持游戏产业。韩国游戏产业的高速发展使韩国较快地走出了1997年的亚洲金融风暴阴影。2002年韩国网络游戏出口额就高达7 700万美元，超过进口100倍。

目前，韩国以把中国、日本为重点的东亚地区作为韩国文化产业登陆世界的桥头堡。韩国的网络游戏有着浓烈的韩国民族文化的底蕴，网络游戏也是一种文化载体，有效地传播着民族文化，并促进各国之间的文化交流与融合。从1997年的亚洲金融风暴到炙手可热的韩潮；从需接受国际货币基金组织接济的准破产国到身揣2 000多亿美元的全球第四大外汇储备国，短短8年间韩国创造了世界经济史上的奇迹。产业结构调整对韩国经济的脱胎换骨功不可没，而文化产业的异军突起更可视为韩国经济转型的经典范例。

（二）韩国文化产业发展的特点

1. 政府高度重视文化产业

韩国政府为实施文化发展战略，1994 年在文化观光部首次设立主管文化产业的“文化产业局”，并建立了文化产业发展的管理体制和运行机制。1996 年 5 月 6 日，韩国开发研究院（KDI）向政府提交了一份题为《21 世纪韩国经济的构想与发展战略》的报告。1998 年金大中任总统，提出了“文化立国”的战略口号，并将文化产业作为 21 世纪发展国家经济的战略性支柱产业，积极进行培育，在短短几年时间内，韩国文化产业实现了跨越式发展。

1998 年，韩国成立游戏产业振兴中心。为了促进文化产品的出口，政府还特别成立影音公司，对韩文翻译为外语和制作的费用几乎给予全额补助。1999 年，文化观光部、产业资源部、信息通讯部通力合作，建立了各自下属的“游戏综合支援中心”（主管游戏产业园区建设和管理）。“游戏技术开发中心”（主管游戏产业技术开发），形成合力，重点扶持游戏产业。2000 年成立了“韩国文化产业振兴委员会”，职责是制定国家文化产业政策方向、发展计划及文化产业振兴基金运营方案，检查政策执行情况，开展有关调查研究。为规划和发展文化产业，韩国 2001 年又成立文化产业振兴院，该院每年可得到政府 5 000 万美元的资助。文化产业振兴院负责制定文化产业政策、策划产业内容、组织专门人才培养、开拓海外市场及开展国际交流等。几年来，“文化产业振兴院”为韩国文化产业的快速发展起到孵化、催生和推动的作用。

在法制建设方面，韩国政府先后出台了《文化产业振兴法》、《设立文化地区特别法》等。近些年又陆续对《影像振兴基本法》、《著作权法》、《电影振兴法》、《演出法》、《广播法》、《唱片录像带暨游戏制品法》等作了部分或全面修订，为文化产业的发展提供了法律法规保障。

2. 巨额资金推动文化产业

韩国举国上下都十分重视文化产业的开发和经营，政府和民间都投入了大量资金进行文化市场的开发。为发展文化产业，韩国政府舍得投入，国家加大文化产业预算。在爆发金融危机的 1997 年，韩国就设立了“文化产业基金”，为新创文化企业提供贷款。

文化事业财政预算 2000 年首次突破国家总预算的 1%，2001 年又上调 9.1%，进入“1 兆韩元时代”。2002 年通过国家预算拨款、投资组合、专项基金共融资文化产业事业费 5 000 亿韩元，为文化创作和基础设施建设、营销和出口、人才培养，分别投入 1 700 亿韩元、1 870 亿韩元和 1 430 亿韩元。韩国还设立文艺振兴基金、文化产业振兴基金、信息化促进基金、广播发展基金、电影振兴基金、出版基金等多种专项基金，运作“文化产业专门投资组合”。这是以动员社会资金为主、官民共同融投资的运作方式。

文化产业振兴院 2000—2001 年两年期间，成功运作“投资组合”17 项，共融资 2 073 亿韩元（政府 350 亿韩元，民间 1 723 亿韩元）。计划以后每年至少融资 1 000 亿韩元。韩国文化观光部发表了《音乐产业振兴五年计划》，内容包括对海外固定节目给予支持、扩大海外市场的“韩流的持续化”等，韩国政府还把音乐产业发展成核心文化产业。

3. 对外文化交流带动文化产业

韩国重视对外文化交流，以文化促经济的现代化发展道路值得我们学习和借鉴。韩国具有东方国家的社会和文化管理特征，重视引进和吸收西方国家先进科学技术、社会文化管理经验和相关成果的同时，也充分重视保护和开发文化产品内容的独创性和民族特性。韩国对外来文化交流采取兼容并蓄、广收博取态度，然后通过消化和吸收，使它们不断转化为滋育自身成长的丰富营养。韩国能够在流行文化的产业化方面吸收西方先进的文化投资模式和管理经验，取得了比较成功的效果。

中韩两国一衣带水，是隔海相望的近邻，文化交流的历史源远流长，从古至今，两国人民互相学习，彼此借鉴，创造了灿烂的文化。两国地缘相近，文化一脉相承，两国民众有着天然的亲近感，文化传统相近使两国国民比其他国家的国民之间更容易互相理解和沟通。

中韩建交以来，中韩双边文化交流取得了长足的发展。1994 年 3 月金泳三总统访华期间，两国政府签署了《中华人民共和国和大韩民国政府文化合作协定》。此后，双方共召开多次文化共同委员会会议，依据协定签订了年度交流计划，使两国文化交流步入不断发展的轨道。除了传统文化的交流以外，中韩两国在现代文化产业方面的合作也取得了很大成绩。两国的电影、电视、广播等媒体的交流频繁，互相交换、共同制作的节目越来越多。2005 年 6 月的上海电视节，韩国有 6 个大公司 140 多位传媒界的专家参加。有不少韩国的电影、电视剧也受到中国观众的欢迎。近年来，韩国的电影、电视剧、音乐等流行文化在中国的年轻人中影响很大，被形象地称为“韩流”。韩国影视产业发展之迅速令人咂舌：韩国影视出口额 1995 年仅为 21 万美元，1997 年为 49 万美元，到 2003 年已增长到 3 098 万美元。

4. 开拓文化市场促进文化产业

韩国政府积极推动文化产品出口，对影视、网络游戏等文化产品的输出提供了大量的支持。在韩国经济恢复过程中，文化产业最活跃，成长最快。现在，韩国是公认的文化出口大国。韩国以中国、日本为重点的东亚地区作为目标市场，注重市场调研，针对地区特点开发适销对路的名牌文化产品。构筑海外营销网，积极利用网络、外国代理商，开发直销、合作经销等多种手段，为韩国文化产品走向世界开辟途径。

电子游戏被确定为韩国的国家战略产业后，自 1998 年以来产值翻了一倍。电影出口 1995 年为 21 万美元，到 2001 年达 1 100 多万美元，增长 50 倍；韩国三大电视公司之一的 MBC，在 2002 年 6 月上海电视节上卖出了 100 多万美元的片子，而几年前在上海电视节才卖了 5 万美元的片子。目前“韩剧”已成为亚洲收视率纪录的代名词，由此带来的经济效益令人瞠目结舌。据韩国统计，仅一部《冬季恋歌》2000

年就为韩国经济贡献了10亿美元。

5. 培养专业人才支撑文化产业

重视教育是儒家文化的一大特点。重教尚贤的传统强调人的学习、人的修养和人的教育。韩国在经济发展中始终牢牢抓住开发人力资源的环节，把教育放在优先地位。为提高全社会人口的文化科学素质，韩国实行教育“高投资”政策。韩国政府的教育投资是世界上最高的国家之一，其教育投资一般占政府整个预算的1/5以上。

韩国很重视文化人才培养。1996年5月6日，韩国开发研究院（KDI）向政府提交了一份题为《21世纪韩国经济的构想与发展战略》的报告，其中有关文化人才培养的课题有：培养创造性人才，建立新型的劳资关系，及培养新的国民意识。前者提出为培养创造性人力资源，韩国将继续推进教育改革，提高学校运营的自律性，并扩大开放，加强教育的竞争条件，提高人才市场的效率性。

除了国家政府每年对发展文化产业的支持性投资以外，地方政府也十分重视文化产业人才的培养。近年来在忠清道创办了相当于大学本科的传统文化学校，开设文化遗产、文物管理、科学保护、传统工艺美术等6个系。这对培养文化产业专门人才发挥了重要作用。

（三）对中国文化产业发展的几点启示

文化产业过去在我国仅是一个与文化事业相对应的概念，只看到文化的意识形态性，而漠视文化的商品性质和产业功能，因而制约了文化发展的生机和活力。随着市场经济的发展，文化的功能逐步丰富、多样化，逐渐显示出产业性质的一面。党的十六大报告明确强调：“发展文化产业是市场经济条件下繁荣社会主义文化、满足人民群众精神文化需求的重要途径。”

我们根据韩国发展文化产业的做法，结合我国文化产业发展的实际，特提出以下几点思考：

1. 理念上要高度重视文化产业

文化产业的发展是现代科学技术和经济发展的必然要求。当今世界正处于经济、政治文化大变革、大融合的时代，人类社会正朝着一个全新的方向发展，即朝着知识经济时代发展。文化产业与知识经济具有天然的内在联系，文化与技术、经济和社会发展之间出现了深刻的互渗关系，文化已成为巨大的经济资源。文化产业作为一种涵盖精神生产的产业，它在知识经济时代起着主导作用，支撑着整个知识经济发展。

同时，文化产业作为文化发展的载体，它是整个文化发展的重要组成部分。科学发展观要求，在全面建设小康社会中，要经济、政治、文化全面发展，物质文明、政治文明和精神文明整体推进。在整个社会发展内容体系和文明价值目标体系中，文化始终是一个十分重要的方面。此外，它还扮演着为其他方面和整个社会提供思想保障、精神动力和人文环境的重要功能角色。没有文化的发展就谈不上全面、协调、可持续的发展；忽视文化的发展，不仅社会发展的内容和价值目标体系会残缺不全，而且也会影响经济的发展、政治的发展，影响到物质文明和政治文明建设。发展文化产业是落实科学发展观的具体体现，应该引起高度重视，放心、放胆、放手地去抓。据国家统计局资料，文化产业有望迅速成为国民经济的支柱产业，率先成为扩大内需的经济增长点之一。

2. 组织上要严密规划文化产业

为规划全国范围的文化产业的发展布局，韩国对文化产业的发展作出了总体规划和安排。组建布局合理的文化产业群，形成全国文化产业链，优化资源组合，发挥规模优势，提升研发生产能力和文化产业的整体实力。在政府的引领下，韩国打造出一个庞大的网游虚拟世界，得以称霸全球互联网在线游戏市场。1999—2001 年先后制定了三份发展文化产业的规划性文件，可以说，切实可行的前期“规划”是韩国文化产业取得成功的重要前提。可见，文化产业的发展离不开政府的合理规划，无论是组织管理、人才培养、资金支持还是生产经营都需要政府的引导。

我国应建立文化产业研发基地，优化组合文化产业资源，发展集约经营，建立文化产业链，形成规模优势，提升我国文化产业发展的整体实力。为扶持产业做大做强及充分发挥其社会效益，政府的大力扶持和投入既是必要的，也是必需的。

在韩国，这种投入既表现为政府制定了大量促进产业发展的文化法规和经济政策，如利用税收、信贷等经济杠杆实行的多种产业优惠、奖励政策和措施，也表现在直接的资金供给。如不断加大政府文化产业预算投入，及文艺振兴基金、文化产业振兴基金、电影振兴基金、出版基金等各类专项基金的设立。在我国的文化产业发展中，政府部门应发挥积极作用，设立专门统筹机构，制定文化产业规划，完善产业经济政策，提供财政支持，实行内联外引，打破各行业界限，在组织管理、人才培养、资金支持、生产经营等方面逐步加强机制建设，对文化产品的研发、制作、经销、出口，实施系统性扶持。

3. 结构上要重点突出文化产业

应以 21 世纪新高度来认识中国的文化和文化产业，重点发展文化产业，使之成为国家战略产业。党的十六大报告这样阐述文化的社会作用：“全面建设小康社会，必须大力发展社会主义文化，建设社会主义精神文明。当今世界，文化与经济和政治相互交融，在综合国力竞争中的地位和作用越来越突出。文化的力量，深深熔铸在民族的生命力、创造力和凝聚力之中。”

七、文化创意和文化旅游融合发展

文化创意产业与旅游休闲、时尚服务、建筑装潢、工业制造、农业生产等特色经济领域融合发展。以“文化＋电商”、“学院＋园区”融合为发展定位，开创全国“文化创意＋电子商务＋工业设计教育培训”三位一体的发展模式。由于文化创意产业与传统产业有很大不同，其实质是融合性的产业经济形态，除了文化、创意、科技等因素紧密融合外，几乎所有产业需要融入“创意”元素，从而“创意”生产也就成为各产业链的重要环节。

（一）运用文化创意理论指导文化旅游产业发展

文化创意是近10多年来从英、美、欧、日、韩等国家和地区以及国内运用创意产业理论和方法加快文化产业（含文化旅游产业）发展的成功实践中，逐步提炼形成的一种理论和方法，包括其形成过程、定义、方法（含手段）、目的、范围及其应用研究等。这里所谓创意，即有针对性地激发思考，广泛联想，从中引发新构思，创出新点子。所谓文化创意，是指创意人或创意团队根据不同的需求，选择相应的文化资源，运用自己的智慧和相应的知识、方法及手段，特别是科技手段，进行创新性策划和设计并予以实施，从而提升项目的质量和效益，进而带动或促进相关产业与事业发展的一种理论和方法，是提升相关产业并加快其发展的一把金钥匙。运用文化创意理论引导文化旅游产业，最重要的就是实现真正的创新发展，与时俱进。

（二）运用文化创意方法促进文化旅游产业发展

文化创意的关键是通过创意实现创新，而且往往是深层次的集成创新。在此类创意创新的各个环节中，高水平的创意组织显得尤为重要，包括创意策划、创意设计、创意论证、创意实施、创意验证等过程。

（1）创意策划，即根据项目所依据的文化资源内容、特点及创意目的，由文史根基扎实、知识面宽、见多识广、善于创意的领军人士选择具备相关学科知识（如历史、文化、旅游及相关科技、心理学知识等）的人士组成团队，进行创新性策划，形成策划方案。

（2）创意设计，即根据策划方案，组建或邀请由具备相应资质、知识结构和技能的设计团队进行初步设计，进而制订相应的规划乃至具体设计方案。

（3）创意论证，即在创意过程的每个环节，都要邀请相应知识背景的专家对其方案把关，严密论证，促使完善。

（4）创意实施，即选拔具备相应资质和能力的工程技术单位，根据设计方案予以实施。在实施过程中，创意团队和设计团队都必须进行全过程把关，从而保证项目实施不走样。

（5）创意验证，即组织创意者、设计者和必要的专家团队，对创意实施成果进行科学评估，促使项目进一步完善和提升。

上述每个环节的实施过程中，在运用其惯常而有效的方式方法及手段的基础上，必须时刻把创新作为灵魂，随时注意灵活采用新的方式方法及手段，特别是科技手段进行创新。

采用文化创意方法发展文化旅游产业要强调三创和三忌。

三创：一是指追求原创，如美国的迪士尼乐园，大型室外实景旅游演出——“云南映像”，大型室内旅游演出——杭州宋城上演的“宋城千古情”等；二是指借鉴别的创新之后的不同于原创的新创；三是指基于已有创新（可以是多个创新）之上的高于基础创新的再创。可惜的是，目前我国二、三两类创新的成果尚不甚明显。

三忌：一是忌将抄袭视为创新的假创新，如前所述，这类例证可谓俯拾皆是；二是忌因文化根基不牢、底气不足、水平不高所导致的畸型创新，某些新建成的主题公园开门即亏损，可以说多与此有关；三是忌迎合低级趣味、恶搞历史文化、破坏其真实性的乱创新，这种情况在一些地方也不同程度地存在。

（三）把握文化创意与文化旅游产业融合发展的目的要求

简单地说，就是要通过文化创意，使文化旅游项目既能反映更高层次的历史文化真实，更好地启迪人，绝不误导人，又能丰富深化内涵，衍生生动情节，创新表现手段，改变欣赏方式，满足消费喜好，促使体验互动，调动思想情趣，创造奇特效果，获得美妙感受，从而不断适应时代、社会和文化环境的变化，动态地满足并引导现代人的精神文化需求。

（四）围绕广大人民群众的需求这根主线，针对不同年龄的心理特征和实际需求，运用文化创意，提供适销对路的文化旅游产品和服务

特别是抓住引导和教育广大青少年，满足其好奇、好玩的天性，来创新文化资源利用方式，发展我国的文化旅游产业。要使文化旅游各种项目从形式到内容及表现、游乐方式等，都适应他们的需求，对他们充满吸引力，让他们通过文化旅游纵情玩乐，释放情绪，舒缓压力，调整身心，满足好奇心，激发求知欲，获得想要的知识，从而喜爱祖国文化。抓住了这根主线，文化旅游就能充满吸引力，就能做大做强。反之，无论你如何精心谋划，无论你的园子多么规模浩大，不能得到广大群众特别是青少年们的喜爱，都将是得不偿失的。

拿旅游演出来说，一说到地方戏，大家都认为是各地旅游重要资源，但真正搬至旅游场所，却往往难以达到预期效果。其中重要原因是，这种农耕时代的艺术表现形式如今已很难激发起观众特别是青少年观众的情趣。因此必须根据当今观众欣赏需要创新地方戏资源利用方式。可喜的是，国内已有剧院抓住当今观众的需求特点，将本已受到冷落的地方戏结合 3D 或 4D 等新技术搬上舞台，令观众耳目一新，上座率大增。有的旅游场所为了更好地表现文艺内容，运用一系列新创意、新技术、新手段，打造整台综合性表演，精彩纷呈，美轮美奂，提升旅游演出的吸引力，给观众带来全新的听觉、视觉甚至触觉冲击和美的享受，从而使游客喜爱，从而使演出团体迅速走出困境，实现快速发展。

（五）针对文化资源的不同类型、不同的内涵特点，以及不同的游客对象，科学运用新的创意和相应的方法、手段来创新资源利用方式，发展我国的文化旅游

例如，根据名人文化资源发展文化创意旅游，可以选择李白文化资源丰富的典

型城市，运用文化创意，打造满足大众需求，特别是满足广大青少年需求的李白文化创意乐园。此园以李白文化为主题，以中国传统文化为背景，以太白游踪、太白仙踪、唐风唐俗为线索，以太白乐园和大唐文化园提振游人兴趣并吸引夜游，有机融入李白诗歌和相关历史文化（包括酒文化），创造性地运用科技型缩微动态景观、主题公园、仿生机器人、动漫、3D 及 4D、新型演艺、电影特技、多媒体、幻影成像、情景再现、世博会及现代博物馆等新的科技手法，着力打造在全国带有示范和导向意义的文化创意旅游园区，并且结合园区内容开发一系列旅游纪念品。从园区的外形与布局、建筑形式、场景，到游乐方式、人物形象、神仙形态、服饰器具等，都是中国式的。旨在通过一系列创意和创新，让李白文化乃至中国传统文化生动活泼起来，激发广大游客的文化需求和情趣，特别是满足广大青少年的好奇心、求知欲和娱乐目的，让他们在随性游乐、放飞心情的同时，喜爱进而了解、吸收李白文化乃至中国传统文化。同时，由于此园中的李白文化博物馆旨在全面、系统、准确地展示李白文化，其他园区所有项目都有根有据，不失李白文化乃至中国传统文化原真，所以可以达到老少咸宜、雅俗共赏的目的。此园建成后，必将大大带动其城市及其周边旅游和其他相关产业的发展，并将会促进当地乃至全国文化旅游的创新发展。

再如，选择古村落开展文化创意旅游。可以在安徽黄山市“百村千幢古民居保护工程”的基础上，结合“徽州文化生态保护试验区”建设，选取一系列保存较为完好的古村落，恢复每个村落原有的建筑风貌和布局（含水口）及周边环境，复原一个又一个山清水秀的中世纪的美丽聚落，有效发挥各类民居的作用；创新方式，有机展示被列为各级文物保护单位的民居的文物价值和文化内涵；利用一系列一般古民居开辟各种传统制作技艺传承、展示场所（具备保护、传承、展示、旅游、生产、销售等综合功能），开展多彩多姿的民俗活动展演；将那些现代民居改建成古建风貌，用于接待、住宿、餐饮等，开展仿古生活游或农家生活游等。特别是要将每个村落的特色发掘、拓显出来。如在按照八卦布局的徽州区呈坎村，还可以运用文化创意结合科技手段，动态展示并吸引游客体验八卦文化及其在村落民居建筑中的应用。从而形成一个又一个特色各具的完整、立体、鲜活展示其文化生态并可与游客互动的文化旅游园区。通过旅行社和开通旅游车等，有机串联这些园区，着力形成环形旅游热线，从而带动百科全书式的徽文化资源和沿线各种旅游资源的开发利用，并与黄山和九华山旅游互融互促。

（六）注重利用优势特色资源，创新创意、创新手段，打造重量级的文化旅游景区（景点），带动当地及周边文化资源的利用和文化旅游的发展

发展文化旅游要尽可能避免零打碎敲，因为小的旅游点即使拼凑起来也缺乏吸引力，难以吸引大量客流，难以带动相关产业发展。国内外发展文化旅游的事实一再表明，一处大规模的吸引力强的旅游园区，往往会带动整座城市或整个地区的旅

游发展。当年深圳市率先利用国内各民族民俗风情资源打造“中华民族园”等主题公园，使其一跃成为全国有影响的旅游城市。近年来，安徽芜湖市引进华强集团和技术团队，接连打造“方特欢乐世界”、“方特梦幻世界”等科技类娱乐型主题公园，从而使该市旅游产业跃居全省前列，相关的产业也得到快速发展。美中不足的是，从其园区建筑及其相关内容来看，还是给人以国外主题乐园的感觉。好在这种情形目前正在改变。

（七）注意综合利用文化资源及相关资源，结合文化旅游发展相关产业，形成系列产业链或产业集群

以安徽含山凌家滩遗址（新石器时代晚期遗址，全国重点文物保护单位，全国100处大遗址之一，以玉文化名世）文物资源保护利用为例，可以通过争取各级政府文物保护经费建立国家考古遗址公园，使得该遗址的文化内涵得到科学、全面、系统展示，从而成为做大做强这一带文化旅游的资源依据。在此基础上，组织相关专家依据凌家滩遗址文化内涵，运用新的创意，策划“凌家滩文化体验乐园”方案，利用此方案招商引资，在遗址建设控制地带之外，完成该园区建设。有机运用不同的方法和多种手段，特别是运用科技手段，活态再现原始时代凌家滩人所处的自然环境、生产生活及精神世界，让游客穿越其间，游乐、体验和感悟。其中包括“有巢氏部落文化体验园”（渔猎时代）、“凌家滩部落体验乐园”（原始农耕时代）、“凌家滩原始探险猎奇园”及“凌家滩文化解读体验馆”等，在此基础上开发一系列旅游纪念品。同时，利用附近的太湖山、太湖山国家森林公园、白石洞、太湖寺、养鹿场及这一带的农田、水域，通过科技、生态等手段，对外展示（含游客体验）实际含金量很高的传统农业、观光农业及特色养殖乃至其他相关旅游（除古洞探奇、寺庙旅游外，还有运漕古镇游、大渔滩湿地风光游等），并且发展特色餐饮、休闲度假等产业，举办“少儿原始体验夏令营”等活动，并且努力使上述园区成为大中小学生学习中国历史文化的基地。这样，还可以促进当地服务业、农业及其他相关产业发展，从而带动这一带社会主义新农村建设，让广大农民致富，同时也将会带动周边地区的旅游发展。

（八）从文化创意的视角，认真总结我国利用文化资源发展文化旅游的经验教训，切实从多方面加以改进

一是要变过去一般性的景点打造为特色塑造，以各自的特色吸引游人；

二是要变过去粗放式经营为精准服务，以游客为对象，从景区引导、说明讲解、陈列布置，到信息查询及其他服务，都做精做深；

三是变过去的景点分散、相互孤立为连成线、形成片的资源整合和互动、互促；

四是要变过去囿于行政分割、小农式的相互猜忌、相互拆台为相互联合、互利共赢；

五是要变过去游客被动参观式的单调旅游为以魅力四射的活动、互动项目吸引

的主动参与；

六是要变过去观瞻式的静态旅游为融表演、游乐、参与等为一体的动态旅游；

七是要变过去平面式的旅游为融参观、欣赏、参与、互动、娱乐、演艺、体验、游艺、餐饮、购物等于一体的立体旅游；

八是要变过去文化资源利用上的同质化模仿，为运用多彩的文化创意和多姿的科技手段，打造百花齐放的景点连线或景点群。

（九）尽快从对国外模式的照搬和模仿中跳脱出来，走自主创新的中国特色的文化旅游产业发展之路

例如，近年国内竞相兴起的科技型主题公园，布局不合理，同质化现象严重，基本上走的都是仿迪士尼之类国外的路子（从建筑外型到项目内容），甚至不乏照搬迪士尼乐园的例子（香港、上海）。照搬和模仿，不仅无法利用好我们的优势资源，影响我们创造力的提升，无法做大做强我们的文化旅游，而且如果我们的青少年自小就深受这类主题公园以及国外动漫、影视作品等所传播的西方文化、思维模式、审美情趣及世界观、价值观的影响，那么必然会导致他们自觉亲和西方、排斥传统，甚至最终成为被和平演变的一代。

我们必须从国家文化安全和产业发展后劲的战略高度，抓紧改变目前这种现象，走优势或特色资源＋创意＋科技以及各种新方法、新手段的路子，走自主发展的中国特色的主题公园之路。例如，可以利用我国经典名著《西游记》，结合1986年版的《西游记》经典电影，拍摄打磨经典的《西游记》影视动漫作品，在此基础上精心打造经典的《西游记》主题公园。运用新的创意结合多种科技手段，让孙悟空带领孩子们穿越于西游神话之中，赋予他们无穷的神力和能耐，去上天入地下海，伸张正义，扶危济困，降妖捉魔，辟除邪恶，传播正能量。在此过程中，有针对性地训练他们的胆量、智谋、见识、气魄、毅力、体能和吃苦耐劳、团结协作的精神。并且从园区建筑造型、神妖人物形象，到其所反映的思维方式、审美情趣等，都是中国式的。可以预见，这样的动漫影视——主题公园模式，必然能走红中国，进而红遍世界。并且，利用其深受孩子们普遍欢迎的美猴王等一系列主题形象发展童装、文具、玩具、广告等产业，必然会形成效益巨大的产业集群，实现社会效益和经济效益双丰收。

（十）建议国家和地方及时出台推进文化创意与文化旅游产业融合发展的法规、政策，并创新体制机制

一是支持文化创意旅游研究，并及时推广其成果。

二是加快培养具备较为广博的知识、懂科技、善创新的人才，并且推动国家和地方形成人数越来越多、层次越来越高、创新能力越来越强的专家群体，组建适应文化创意旅游发展的多样化的专家团队和创新平台。

三是文化与旅游、科技部门就发展文化创意旅游要密切配合，从经费、政策乃

至体制、机制、制度上促使文化与旅游、科技深度结合。

四是各级政府须就推进文化创意与文化旅游产业融合发展，在土地、财税、融资、奖励及项目等方面予以实实在在的支持。

针对文化旅游的不同类型、不同资源、不同内容、不同人群，采取不同的创意和方法。做到创意创新——不照搬别人的创意，方法创意——针对不同的对象采取不同的方法，科技创新——尽量采用新的科技手段，别人已用过的手段尽量少用，或尽量结合别的手段运用，或尽量采取与别人不同的用法来用。走别人未走过的路，走自己富于创新的路，从而有效利用我国丰富多彩的文化资源，大力推动我国文化旅游产业发展。

八、文化旅游产业融资方法

旅游产业的发展，可以简单概括为以资源利用为前提、市场营销为支撑、资本投入为杠杆。我国对旅游资源开发的投入，从以政府为主，逐步加大了民间资本和资本市场的力量，并正在向以后者为主导的方向过渡。因此，从资本的角度探讨旅游资源的资本形态与结构，以及在融资运作中的作用，已成为一个重要的课题。

（一）旅游资源开发中的融资方式

旅游资源开发，应以一个市场化的企业作为主体，我们可以称为开发商。开发商可以是国有企业，也可以是股份有限公司或民营企业，但应该是有限责任制的。

开发主体至少应拥有资源的开发经营权（一般为 50 年），也可拥有土地使用权，以及土地上除文物保护单位外的相关建筑物的所有权。

开发商以自有资金投入企业，并拥有以上资产，由此形成了开发主体的资本构成。以此构成为依托，开发商可以从八个方面进行融资。

1. 银行信贷

银行信贷是开发商主要的融资渠道。对旅游资源开发，可以采用项目信贷的方式借款。项目信贷要求自有资本投入 25% 以上，可向银行贷 75%。开发商可使用以下资产作为抵押或质押：土地使用权、相关建筑物的所有权、开发经营权、未来门票或其他收费权等。目前，银行尚无完善的对旅游资源开发进行贷款的金融工具，但已有企业尝试开发经营权、未来收费权等质押的办法，并取得了成功。

2. 私募资本融资

开发商对自身的资本结构进行重组改制，设立股份有限公司。开发商以股份有限公司的主发起人身份，向社会定向招募投资人入股，共同作为发起人，形成资本融资。

开发商也可以先成立自己绝对控股的有限责任公司或股份有限公司，再向社会定向募股，以增资扩股的方式，引入资本金。

3. 整体项目融资

开发商在开发中，设立为若干个项目，并制作单个项目的商业计划书，按照投资界规范的要求准备招商材料。依据招商材料，开发商可以向境内外的社会资金进行招商，其中可以采用BOT等多种模式，也可合成开发、合资开发、转让项目开发经营权等。

4. 政策支持性融资

充分利用国家鼓励政策，进行政策支持性的信贷融资，包括旅游国债项目、扶贫基金支持、生态保护项目、文物保护项目、世界旅游组织规划支持、国家及省市旅游产业结构调整基金等。

5. 商业信用融资

若开发规划有足够吸引力，开发商有一定信用，开发中的工程建设可以通过垫资方式进行。一般情况下，工程垫资可以达到30%～40%，若有相应的垫资融资的财务安排，垫资100%也具有可能性。商业信用可以表现在很多方面，若开发能与开放游览同步进行，则可对旅游商品、广告宣传、道路建设、景观建设等多方面进行商业信用融资。

6. 海外融资

海外融资方式非常多，包括一般债券、股票、高利风险债券、产业投资基金、信托贷款等。海外融资目前受到一些政策限制，但仍有很多办法可以开展。这需要一家海外投资银行作为承销商，全面进行安排和设计。

7. 信托投资

新的《信托法》出台以来，信托投资公司已经拥有了很大的运作空间，并创造了一些新的金融工具。其中，以项目和专题方式发行信托投资凭证，引起了各方面的兴趣。我们正在策划发行西部旅游信托凭证，把西部旅游项目打包，通过信托凭证向社会集资。

8. 国内上市融资

由于存在门票收入不能计入上市公司主营业务收入的限制，目前资源开发类旅游企业较难直接上市。但通过将收入转移到索道等交通工具，以及以宾馆、餐饮、纪念品等项目包装为基础的企业，仍可走上市的道路，也可以吸引上市公司作为配股、增发项目进行投资。综上所述，旅游资源开发中的融资运作，仍处于十分原始的阶段。创造金融工具是金融界应努力的方向，但旅游企业及相关旅游管理部门应该组织多方专家合作，研究如何将旅游资源的价值进行资本化，予以量化评估，从而使资源可以作为资本，发挥其撬动融资的功效。

（二）历史文化村镇研究之古城融资方案——以平遥古城为例

平遥历史上曾经执中国金融之牛耳，有“汇通天下”之称，目前却面临资金短缺的困境，资金不足已经成为遗产保护与旅游发展中直接面临的重大瓶颈。如何谋求多元化的融资格局，破解“巧妇难为无米之炊”的尴尬局面，已经成为平遥面临的首要问题。按照"多渠汇流"的原则，根据旅游业投融资的趋势和规律，结合平遥的实际和特点，本次规划提出"九龙治水"的融资综合解决方案。即"跑钱"方案、"借钱"方案、"引钱"方案、"融钱"方案、"兑钱"方案、"汇钱"方案、"转钱"方案、"募钱"方案、"挤钱"方案。

1. 争取国家和省市加大扶持（"跑钱"方案）

抓住中央实施中部崛起战略，国家高度重视加强世界遗产保护、山西省强力推进产业结构转型和加快旅游业发展等机遇，积极争取中央、省市政府的资金扶持。

（1）争取理由

鉴于以下三个理由，申请上级政府加大扶持。

①世界文化遗产的保护是中央和省市县政府共同的责任。世界遗产保护所需投资巨大，平遥县不能独立承担。近年来，上级政府对平遥给予了不断的支持，但规模比较小，与世界遗产保护的实际需求相比，还远远不够。从1996—2001年，平遥县用于文物保护、维修和景点开发的资金共有4 450多万元，其中中央、省市补助的资金只有450多万元，仅占10.1%，比例明显偏小。

②平遥经济实力比较薄弱，遗产保护面临巨大压力。平遥2000年财政总收入才刚刚上亿元，尽管县委县政府竭尽全力，仍然杯水车薪，没有能力更多地对遗产保护进行投入。

③对世界遗产的保护，使平遥传统优势产业受到很大限制，财政收入因此缩减。据统计，2004年，因调整结构，地方财政收入缩减上千万元。为了对世界遗产进行保护，煤炭等平遥的传统产业进行了转型，导致财政承受很大压力。

（2）面临机遇

首先，中央提出全面建设小康社会，构建和谐社会的战略，重点加大"三农"问题的解决力度，并具体加大了对农村基础设施的投入，必将推进对平遥旅游配套环境整治的资金投入。其次，国家实施中部崛起战略，必然会加大对中部发展的投入，旅游业作为中部崛起的先锋产业，也必然会受到国家的关注和扶持。最后，山西省、晋中市通过煤炭及其相关产业的发展，已经具备了一定的资金积累，并积极进行产业结构的调整，探索生态补偿措施，客观上构成了省市政府加大对平遥旅游业扶持的条件。

（3）投资重点

根据政府投资走向，重点投资于以下难以获得直接收益的公共领域：

①交通等公共基础设施及公共事业；

②城镇市政基础设施，重点是古城的管线、上下水、城市垃圾及污水处理等建设项目；

③大气、水源等环境治理项目；

④文物保护，重点投资进行古城墙、镇国寺和双林寺的保护和维修；

⑤生态建设工程，构建县域完整的绿化系统；

⑥人力资源开发，重点是遗产保护和旅游从业人员培训。

（4）配套措施

为争取国家、省市政府的投资，需要做好三个方面的配套工作。

①争取计划单列，加大上级扶持力度，放宽地方执行权限。鉴于世界遗产保护的特殊性和旅游业发展所面临的特殊困难，建议山西省将平遥设置为计划单列县，在项目申报、转移支付等方面给予特殊扶持。

②打好政策组合拳，充分利用各种配套优惠政策和各种资金渠道。全面、充分地利用农业、林业、能源、环保、扶贫、中部、文化项目等各项优惠政策，形成政策洼地；全面整合各方面投资渠道，形成规模投资。同时，系统地改善平遥遗产保护与旅游发展的总体环境。

③根据投资走向，做好项目前期工作。积极策划和筹备一批既符合国家、省市投资重点，又结合平遥特点的项目，抓紧项目建议书和可行性研究报告的编制，特别要关注古城内基础设施的建设。

2. 加强与金融机构的合作（“借钱”方案）

平遥遗产保护和旅游业发展所需资金数额巨大，无法单纯依靠政府投入予以解决，需要按照经营城市的思路，充分盘活资产存量，加强与金融机构的合作，强力推进有收益的公共服务设施及环境项目建设。

（1）资金渠道

随着国内金融业的快速发展，金融机构的资金存量有了较大的增长，商业银行、政策性银行的投资能力不断提升。旅游业作为投资的热点，越来越受到金融机构的青睐，可以充分利用这一优势开辟融资渠道。同时，随着我国利用国际资金能力的提高和投资领域的进一步开放，国际金融机构在华投资规模不断扩大，为旅游业拓展国际融资渠道创造了条件。

具体资金渠道包括向商业银行（如工商银行、建设银行）申请抵押或质押贷款，向政策性银行（如国家开发银行、农业发展银行、中国农业银行、中国银行及进出口银行）申请贴息贷款，卖方信贷，通过担保公司进行融资担保，申请世界银行贷款、亚洲开发银行，申请国家间援助性贷款（如FAO、NNDP等）。

（2）融资方式

对于旅游资源开发，主要可以采用以下方式融资。

①门票质押。以未来门票或连同其他收费权作为质押，向银行贷款。

②景区开发经营权抵押。景区的开发经营权作为一项资产当做质押进行信贷。

③土地抵押。将国有的土地使用权抵押项目信贷，尤其是由于旅游相关开发引起大幅度增值的景区周边的土地。

④建筑物抵押。将相关建筑物的所有权作为抵押进行贷款。

景区的抵押或质押项目信贷一般要求自有资本投入25%以上，可向银行贷75%。开发商使用国有资产作为抵押或质押，银行或其他金融机构则通过相应金融工具对旅游资源的开发进行贷款，包括比较灵活的小额信贷方式。

实际操作中，如果景区的开发规划有足够吸引力，同时开发商具备一定的信用，开发中的工程建设也可通过垫资方式进行。垫资比例一般为30%～40%，如果有相应的垫资融资财务安排，垫资比例甚至可达100%。如项目开发能与开放游览同步进行，还可对旅游商品开发、广告宣传、道路建设、景观建设等多方面经营内容进行商业信用融资，主要包括垫资建设、代销商品、门票抵扣、预售预卖、时权融资等。

（3）投资重点

①有收益的市政基础设施建设，如煤气、自来水、污水排放、垃圾处理等。

②可以带来土地增值和其他相关收益的市政基础设施，如绿化项目、道路交通等。

③房地产开发、建设和物业管理等土地开发项目，如商业、景区服务等公共服务设施。

④景区的旅游基础设施建设。

（4）配套措施

为了有效地实现与金融机构合作的融资目标，需要采取以下措施。

①成立资产信贷公司，明确借贷主体，目前可以利用现有的旅游开发公司。

②明确资产产权，剥离劣质资产，分离出可用于借贷的优质项目抵押资产。

③加大前期工作的力度，研究平遥的资产体系及相应的政策扶持措施。

3. 加大项目对外招商引资力度（“引钱”方案）

平遥旅游开发项目的商业价值很高，投资回收有较可靠的保障，招商引资应成为融资的重点之一。

（1）有利条件

①旅游开发项目已经开始成为投资的热点，大量游资正在向旅游领域汇集。

②平遥具备较大的游客基数，投资项目具有较好的市场支撑。

③平遥的旅游服务体系尚有很大的发展空间，适合商业资金的进入。

④平遥作为世界遗产地，旅游资源开发潜力很大，具有较大投资回报空间。

（2）招商引资方式

景区通过政府招商部门、旅游企业的招商部门、专业招商机构、关联企业及关联人、专题招商会、参加招商会、专用招商网站、其他媒体传播招商等渠道发布招商信息，与开发商取得联系，根据项目和开发商的情况，确定具体的招商引资方式。

①招募入股融资

开发商以股份有限公司的主发起人的身份，向社会定向招募投资人入股，共同作为发起人，形成资本融资。

②定向募股融资

开发商先成立自己绝对控股的有限责任公司或股份有限公司，再向社会定向募股，以增资扩股的方式，引入资本金。具体方式有战略投资人、搭车投资人、资产整合等。

③整体项目融资

开发商在开发中，设立为若干个项目，并制作单个项目的商业计划书，按照投资规范的要求准备招商材料，并依据招商材料向境内外的社会资金进行招商，其中可以采用BOT等多种模式，也可合成开发、合资开发、转让项目开发经营权等。

（3）配套措施

①加大投资开放力度，积极推进经营城市。投资项目开放，引进外国资金，制定优惠政策，探索多种合作模式，加强政府的协调职能。

②改善投资环境，树立亲商、富商的理念，转换政府职能，建立服务性的、诚信的政府。

③搞好项目包装与招商资料的准备，具体材料包括项目建议书、商业计划书、项目可行性研究报告、项目策划及旅游目的地规划、具体合作意向、各项优惠政策、基本法律文件等。

4. 充分利用资本市场融资（“融钱”方案）

随着旅游业的发展和资本市场的发育，通过资本市场融资已成为旅游开发可选择的融资方式之一。迄今为止，中国资本市场上已有旅游上市公司47家，其中景区类旅游上市公司13家。资本市场也应是平遥旅游开发的资金来源之一。

（1）资本市场融资方式

①国内上市融资。

②海外融资。海外融资有多种方式，包括一般债券、股票、高利风险债券、产业投资基金、信托贷款等。海外融资目前受到一些政策限制，但具体操作时仍可通过多种方法加以运作。

③信托融资。新《信托法》出台以来，信托投资公司已经拥有了比较大的运作空间，并创造了一些新的金融工具。其中，以项目和专题方式发行旅游信托投资凭证，将旅游项目打包，向社会集资的方式，比较适合平遥的实际。

（2）现状特点

国内上市融资的方式已经受到各方的广泛关注，省市县各级政府都将平遥旅游开发公司的国内上市列入了工作日程，但利用资本市场上其他融资方式的工作尚未启动。

（3）面临障碍

①资源开发类旅游企业存在门票收入不能列入公司主营业务收入的限制，影响平遥旅游开发公司直接上市。

②遗产类旅游资源能否转让开发经营权，目前存在争议，操作规则不明。

③当前资本市场不景气，融资效果受到影响。

（4）配套措施

①优化公司资产结构。从主要依赖门票收入的景区开发经营模式，向宾馆、民居旅馆、餐饮经营、旅游交通、旅游纪念品产销等多项业务转移资本和收入，增强企业的融资能力。

②创新遗产地管理模式。在提高景区管理效率的同时，合法规避遗产保护的

红线。

③积极探索资本市场上新的融资方式。研究和尝试海外融资和信托融资的可能和效果。

5. 创新模式盘活民居资产（“兑钱”方案）

当代人的生活方式和居住观念正在发生深刻的变革，旅游与房地产结合，创造各种旅游住所，已经成为景区深度开发的趋势。

（1）存量资产

平遥古城内，沿街共坐落着 3 797 座具有浓厚地方风格和历史风貌的传统民居，地方政府拥有其中超过 60% 民居的产权。

（2）盘活方式

以“我在古城平遥有个家”为主题，策划系列拍卖、发售和招租等活动，具体方式如下。

①产权融资，包括产权酒店、商铺产权发售、项目公司拆分产权发售等。

②出售部分产权，包括分时度假等。

③第二驻地，包括第二居所、企业第二总部（或企业庄园）等。

④租赁融资，包括设备租赁、资产租赁、土地租赁、房屋租赁等。

⑤民居收藏，包括文化民居收藏、主题民居收藏等。

（3）配套措施

①成立专门的民居资产管理公司，统一盘活和管理民居资产。

②对现存民居资产进行分类登记，策划对应的盘活方式。

③改善古城内的居住环境。

④创新居民管理方式，如发行“平遥绿卡”，赋予民居使用者平遥古城的永久居留权，但同时要注意兼顾和保持古城内的传统居住文化。

⑤选择中高端人群入住古城内的民居。

6. 鼓励当地群众投资（“汇钱”方案）

随着经济的发展，民间资本的投资能力愈加可观。景区的旅游开发比较适合当地民间资本的投入。积极鼓励平遥及其周边的群众投资平遥旅游开发，汇集零散的小额投资，集腋成裘，是一条有效的融资渠道。

（1）基础条件

①当地居民储蓄率较高，随着居民收入的增长，储蓄额也有了较大的增加，有可能汇集较大数量的民间资本投入景区开发。

②当地居民在文化传统上有投资经商的习惯。

③平遥旅游服务体系中尚存在大量的就业与创业机会，方便当地群众将自身的资本与劳动力相结合。

④煤炭等当地传统产业的积累，使当地民间闲散资本的规模有了比较大的扩张。

⑤国内其他民间投资领域的效益不高，为平遥旅游业降低了融资的机会成本。

（2）投资重点

重点引导当地群众投资到投入小、见效快、回报稳定、经营方式灵活的领域中。

①旅游餐饮，包括餐馆、酒吧、茶社、咖啡馆等。

②旅游交通，包括旅游客运公司、景区内部交通等。

③民居旅馆，包括民俗客栈、农家乐等。

④旅游商品，包括旅游纪念品销售、民间手工艺品制作等。

⑤旅游娱乐，包括民俗表演、曲艺演出、特色娱乐服务等。

⑥旅游景点，包括小型景点的开发等。

⑦旅行社，包括小型的地接社等。

⑧其他适宜的旅游配套服务，包括游客咨询等。

（3）配套措施

①政府要为民间资本开发的旅游项目提供公平的经营环境。尤其在宣传营销、利润分配、支持保障等方面，要与国营开发项目一视同仁。

②采取银行小额信贷、政府贴息等方式，提供必要的资金扶持。鼓励当地群众投资平遥旅游开发。

③开放投资领域，采取政府特许经营的方式，鼓励投资利润相对较高的领域。如古城内的景点开发。

④制定优惠政策，向当地群众投资开发的旅游项目做适当政策性倾斜。如在用水、用电、土地专用、税收等方面进行优惠。

⑤帮助当地投资平遥旅游业的群众成立民间团体，进行行业互助，争取群体利益，开展行业自律。如平遥本地旅游投资者协会。

⑥帮助促成增资扩股、社会募股、合伙经营等开发形式，丰富当地群众投资平遥旅游业的方式。群众个人的资金有限，在无力单独开发旅游项目的条件下，多种形式为其参与投资提供了可能。

⑦加大对当地旅游就业和创业者的培训力度，提高其从旅游业中获利的能力。

7. 设立遗产保护及旅游发展基金（“募钱”方案）

随着经济的发展和社会的进步，公众对珍贵的文化传统日益重视，各种类型的人类文化遗产保护基金不断涌现，国家也出台了支持性的相关政策。在这一背景下，充分利用世界文化遗产的品牌，设立“遗产保护及旅游发展基金”，成为现实的可能。

（1）资金来源

①通过基金争取到的银行贷款、各级政府的资金扶持及个人投资。专项基金是整合各种资源优势，开拓融资渠道的良好方式之一。

②通过乡情、文化传播、遗产保护等联络载体募集到的个人和单位的捐赠。基金管理部门要给予捐赠方荣誉或情感上的回报。

③来自本地旅游企业等基金收益方的计提。

（2）投资领域

“遗产保护及旅游发展基金”重点支持以下领域。

①世界遗产及其他文物古迹的保护修缮，及其前期的研究论证与对保护修缮方案的制订。

②旅游项目规划设计。

③旅游市场的宣传促销、旅游产品的开发。

④旅游特色项目的贷款贴息。

⑤设立政府旅游赔偿基金，对受到侵害的游客进行赔付。

（3）配套措施

①严格贯彻财政部、国家旅游局颁布实行的《旅游发展基金管理暂行办法》，确保资金的合理使用。规定基金交由平遥县国资办负责管理，专户存储、专款专用，对资金的使用要注意合理性、效应性和前瞻性。

②建立政府各部门的联动机制，确保基金的科学运作。基金动用前先由县旅游局按照年初批准的计划和项目进展的情况提出资金申请，经上级领导批准后，再由国资办予以列支。资金投入使用后，县旅游局实施项目和资金的管理，并对资金的使用效果进行有效反馈与监督，县审计局年末对年度基金使用情况进行审计，确保基金用到实处，起到实效。

九、互联网金融让文化旅游产业弯道超车

近年来，创意产业园区被看做发展文化创意产业的有效途径之一。自 2005 年开始，以上海、北京为首，创意产业园区在国内如雨后春笋般蓬勃发展起来。然而，纵览国外著名创意产业园区，无不根据自身的历史传统、文化特点、地理优势、经济实力而建立，无不经过了若干年对文化创意氛围、创意人才、公众文化创意消费习惯的培育过程。因此，我国创意产业园区绝不能一哄而上、盲目跟风，而应该因地制宜、实事求是，从本土文化历史土壤中汲取营养，从本地特色优势资源中寻找方向，发展具有本土特色、服务区域经济的创意产业园区。

（一）以文化为核心

以文化为核心的创意产业园区，文化艺术氛围比较浓厚，其文化底蕴和艺术特色是促使创意工作者入驻的主要原因，也是吸引顾客参观、引发交易行为并推动园区发展的重要因素。这类园区比较典型的是伦敦西区、纽约百老汇、迪士尼主题公园等。

1. 园区核心竞争力

无论是具有创作、展演与欣赏文艺作品人文传统的园区，如剧院汇集的伦敦西区，或者是具备生产、展示和交易文化艺术产品地缘特征的园区，如位于爱尔兰首都都柏林市中心的圣殿酒吧区，该类以文化为核心的创意产业园区的一个共同特点

是，都建立在当地深厚而悠久的历史文化传统之上，并通过不断发掘历史文化资源而获得发展动力。

促使园区生根发芽的可以是某个艺术门类的自然聚集，也可以是某种文化传统的延续拓展。前者如纽约百老汇，在100多年时间里，剧院表演场所从几家发展为数百家。后者如迪士尼主题公园，从舞台剧表演到游艺项目，从动画人物展示到服饰玩具特许经营，园区每一次的拓展都渗透与贯彻着迪士尼最核心的欢乐文化传统。

2. 园区发展保障

直接或通过半官方机构与民间机构，以项目的形式资助园区内的文化艺术创作，是欧美政府对此类园区最常见的支持方式。英国和加拿大的“一臂之距”模式在这方面已经非常成熟。所谓“一臂之距”模式，是指政府不直接干预文化产业各公司和组织的运行，而是通过建立不属于官方的中间组织，由一些中立的艺术或文化事业方面的专家为政府提供指导意见，并负责文化经费的具体划拨，依靠各种行业委员会和完善的法律体系监管。这种文化管理模式有助于保证创意产业园区的自主性和文化的延续性。

3. 以科技为核心

以科技为核心的创意产业园区，首先根植于园区所在地的科技人才优势，同时又通过其创意活动吸引更多人才。这类园区中以新技术、新媒体、设计服务为创意方向的较多。

4. 园区孵化动因

人才类型丰富、学术氛围浓厚的大学及科研机构是创意经济的中心，能够为创意企业带来强劲的创新动力。因此，几乎所有以科技为核心的创意产业园区都以当地主要高校及科研机构为依托，不断提升自身的科技创新能力。

斯坦福大学和加州大学、不列颠哥伦比亚大学、昆士兰科技大学，正是美国硅谷、加拿大动画产业园区、澳大利亚昆士兰科技大学创意产业园区发展的最初支撑点。

5. 园区前行力量

以科技为核心的创意产业园区中，集中了大量的从事文化创意活动的企业，它们在业务范围、经营方式、产业种类等方面都具有很强的共性，甚至完全相同。因此，这些企业之间的竞争也就更加激烈。园区内的企业必须不断创新，在吸纳众家所长的同时竭力寻求超越，以保持技术上的领先地位。这样的竞争，既能使企业立于不败之地，又能使园区获得源源不断的动力。

6. 以城市为核心

综合品牌、宽容程度和经济实力，共同构成了以城市为核心的创意产业园区的发展要素。这类创意产业园区包括纽约苏荷区、法兰克福会展园区、温哥华格兰维尔岛等，集中于艺术展示、时尚经济、会展经济等对环境（包括城市环境和人文环境）要求较高的文化创意行业。在这类创意产业园区，城市经济发展促进创意产业园区发育，园区的欣欣向荣又反过来推动城市经济增长。

7. 激发创意的永久动力

开放多元的城市文化能够创造大量机会，释放不同群体的创意，因而可以吸引文化创意人才聚集，并为其提供激发创意的永久动力，推动创意产业园区不断发展。

8. 园区发展后盾

以城市为核心的创意产业园区内，主要分布着从事时尚艺术、休闲文化、展览展销等类别的公司或机构，商业交易对其生存至关重要。创意产业园区所提供的产品和服务并非日常生活必需品，而是包含文化因素、具有独创性、享受一定知识产权保护的创意性成果。经济发达、文明程度高的城市，总体购买力较强，并且有较为迫切的创意文化消费意愿，从而为创意产业园区的发展提供了一定保障。

苏荷区所在的曼哈顿岛是纽约市的中心区，在老城长仅 1.54 公里、面积不足 1 平方公里的华尔街金融区，就集中了几十家银行、保险公司、交易所以及上百家大公司总部和几十万就业人口，成为世界上就业密度最高的地区。曼哈顿以及纽约高速发展的经济和高度发达的金融业是苏荷区商业投资兴盛和艺术品交易发达的潜在原因之一。

9. 以产业链为核心

以产业链为核心的创意产业园区，内部企业相互合作，紧密关联，在某个有限区域内形成利益共同体。这种利益相关的捆绑式生存，促进了企业间的竞争与合作，能够产生较大的抗风险能力，使各自价值实现最大化。

10. 园区成型

以产业链为核心的创意产业园区可以归属于产业集群中的核心企业主导型。这类园区往往从一两个生产型的核心企业开始发展，并且始终保持着主导地位，带动整条产业链运转。核心企业在当地发展较为成熟之后，与核心企业相关的环节开始跟进，园区的产业链条逐步完善。

美国好莱坞影视制作基地，最初因为米高梅、派拉蒙、20 世纪福克斯、环球等七大影业公司的相继落户，才有了今天庞大的电影园区。

在英国布里斯托电视与数字媒体产业园区，大约有 4 000 人在园区从事录像制作，6 000 人从事设备器材销售与租赁、影片发行及零售业，还拥有 10 家电影制作企业、5 处主要制片设施、3 家图片公司、几家音效和技术提供商等配套企业。

11. 1 + 1 > 2

在以产业链为核心的创意产业园区，产业链上下环节接触频繁，沟通便捷，使交易成本降低，并使企业能够更准确地把握市场需求，增加创新成功的概率。同时，产业链集中也使文化创意企业更容易实现优势互补，进行捆绑式生产与营销，并且由于核心企业的主导和密切的行业关系，园区在形成过程中也容易孕育出独特的园区文化。

比如布里斯托讲究创作的自然、绿色和朴素，好莱坞影视制作基地追求艺术与商业共存、思想与技术并进。

（二）我国文化旅游产业运用互联网金融弯道超车方案

目前我国文化旅游产业主要是没有文化和创意，更重要的是没有好的商业模式和金融支持。例如，东部华侨城欢乐谷没有创意。做文化旅游产业要思考建立什么样的商业模式才能超过迪士尼。

1. 要创造出有中华民族文化的卡通新形象

将动漫文化与游乐园结合。主题公园要以“创意”为核心，以动画、漫画为表现形式，包含动漫图书、报刊、电影、电视、音像制品、舞台剧和基于现代信息传播技术手段的动漫新品种等动漫直接产品的开发、生产、出版、播出、演出和销售，以及与动漫形象有关的服装、玩具、电子游戏等衍生产品的生产和经营的产业。动漫产品本身有巨大的市场空间，而动漫产品的衍生产品市场空间更大，如儿童音像图书、童装、玩具、文具、儿童食品等。打造完整的文化旅游产业链，才能解决如何招商引资，帮创业者成功。

文化旅游产业是个产业集群的大平台，所以，需要有自媒体（先宣传造势）、产业基金、互联网金融工具。有了这些新工具，才能让创业者在园区天马行空获得成功，打造平台经济，让投资者获得投资回报，再造新的商业模式。文化以易经为主，打造有中化民族文化的品牌及商标，五年内文化旅游产业链上多家公司上市。例如，精美嘉年华玩具游戏（只能玩时取不售卖）、儿童演出，及文化演出。再如，中华美食一条街，吃喝玩乐还能网络直销，文化旅游产业吃喝玩乐网络化。

2. 打造文化旅游产业集群

文化旅游产业链的上游是农业，可以让其他机构加入文化旅游产业链上来，让它们获利，从而才能打造文化旅游产业集群。

（三）文化产业如何转型升级

在不同的文化园区看到“同一张面孔”，同质化的瓶颈。有文化没创意，就会饿着肚子吃不到饭。发展文化创意产业符合市场导向的创意最重要。如果没有好的创意把传统文化打造出现代魅力，那就只能捧着金饭碗要饭。

横店从卖剧组盒饭开始，一步步做到集旅游、影视拍摄、投资制作、院线为一体的上市公司，每一步它们都在作决策咨询。

LV 和爱马仕的包如果没有文化内涵就只是个普通的皮包，法国香水如果没有文化就只是个化工厂。

案例：迪士尼乐园相关分析

迪士尼乐园，以“造梦”为宗旨，在人间制造“天堂”，而“寻梦”的消费者，其实并非仅仅是孩子，那些对未来怀有不确定感的情侣、那些身心疲惫的工薪族，都是这个梦工厂的追捧者。

迪士尼乐园，是对美国价值观的推介。同时，迪士尼乐园首先是一种综合娱乐产业，其中包含着大量创意。

1955年，美国动画片先驱沃尔特·迪士尼在加利福尼亚州创办了第一座现代化游乐园，取名迪士尼乐园。它不仅是迪士尼旗下第一家乐园，也是世界上第一家现代意义上的主题公园。迪士尼乐园选址距洛杉矶35公里，占地64.7公顷，将真人大小的米老鼠等卡通形象重现园中与游客们亲密接触。至今，全球共建造了5家迪士尼乐园。

迪士尼发展模式——一次投入多种产出打造产业链。

迪士尼投产《米老鼠与唐老鸭》、《白雪公主》等动画电影之后，引起广泛的社会反响，人们给予它热烈的回报。但是，电影票房收入仅仅是总收入的一部分，更多的是以动画片塑造的米老鼠、白雪公主等形象为基础生产的各种衍生产品，如玩具、游戏、主题公园，甚至巡回演出的剧团，这些项目的总收入比影片本身要高得多。迪士尼公司自1955年在加利福尼亚州建立首家主题乐园之后，这种商业形态在很长时间内成了迪士尼公司的摇钱树。该公司2008年报显示，主题公园和度假酒店两项营业收入为115亿美元，在总收入378亿美元中占30.4%。20世纪80年代末是迪士尼公司的黄金时期，三家迪士尼乐园的收入甚至占到总收入的七成。

迪士尼打造产业链的经营思路是，组织强大的设计班底，围绕动画电影这一主轴，设计出动画形象和故事情节，待影片上映后，把动画片的场景、情节展现在主题公园里，再根据这些动画故事开发一系列卡通形象作为附带产品。这些动画片首先发行电影院，过后做成录像带，然后再卖给广播电视公司。与此同时，根据这些动画故事开发音像制品、书籍和其他相关衍生产品。迪士尼就这样通过品牌价值来构筑商业模式，经过持续开发，打造出一条创意产业链。

迪士尼公司的一个著名口号是“永远建不完的迪士尼”，长期坚持采用“三三制”原则，即每年要淘汰三分之一的硬件设备，新建三分之一的新概念项目，每年补充更新娱乐内容和设施，使产品永久保持吸引力，不断给游客新鲜感。

第十一章　用互联网金融打造中国大品牌汽车

一、中国汽车企业面临挑战分析

（一）中国汽车企业将实现关键转折

中国经济转型升级的时期，中国汽车本土企业也将实现优胜劣汰的根本转型。

（二）中国汽车企业发展面临的机遇和挑战

第一，中国汽车企业遭遇中国汽车市场发展的一个全新时期，在这个时期中，中国汽车市场的年度销售新车销售超越了2 000万辆，成为全世界第一大汽车消费市场。这样一个大的市场增长，对于本土企业来说是一件好事，更是一个危险的信号。

中国汽车企业从市场的竞争力来看，目前与合资企业，以及外资公司仍然存在着很大的差距。而要追赶上这样大的差距，时间是一个非常重要的因素。中国的企业需要时间来缩短这一个差距。而可以缩短这一个时间差距的因素之一，就是中国汽车市场的增长速度以及潜在空间。当中国汽车市场的增长速度越快、潜在空间越大的时候，对于中国企业的追赶越有利，反之，则不利。

中国汽车市场的规模已经达到年度消费量2 000万台，至少走过了多半程的发展路径，中国必须在中国汽车市场停止增长之前赶上发达国家企业的竞争水平，才能展开那时的与跨国公司的短兵相接并获得更多的胜算。

但是，在这个时点上，中国的本土汽车企业的市场份额仍然占不到1/2，中国的企业规模仍然局限在百万辆左右，中国的技术研发水平仍然处于初级阶段，中国的管理水平仍然需要向更高水平看齐。

因此，中国汽车本土企业的时间相对于与世界水平的差距，是越来越紧迫了，这对中国的企业来讲，更多的是一种挑战，而不是机遇。

第二，中国市场重心正在并将发生根本性的转移，这对于中国企业来说是一次重要的机遇。

由于以北京、上海等城市为代表的一线市场汽车正在趋近饱和，新车销售增长速度将在未来5年呈现不断下降的势头，这样，中国市场新车的增长的新生源泉将更多来自二三线以下的区域，这些市场将承担未来中国市场增长的主要任务。

这些市场的消费者与一线市场有着不同的消费理念与文化背景，这些因素的变化将决定着企业未来的总体战略。

二三线市场以下的消费者的特点是更加注重性价比、实用性，这些市场对于企业与产品的品牌认知比较模糊，或者说没有特别强烈的品牌意识。从这个意义上说，本土汽车企业与合资企业、外资企业都处于基本平等的竞争位置。

第三，中国市场的商业模式遭遇挑战。中国企业以往商业模式的最重要的一个基础就是低成本，特别是低劳动成本。但是，随着劳动人口供给市场不断紧张，劳动成本日益升高。从国家政策的方向来看，提高劳动成本以及居民福利水平也是未来的必然趋势。

2010 年后的几次汽车行业的工人罢工事件已经开始暴露出这种成本上升所造成的危机。劳动成本的上升，将使企业丢失掉这个最大的优势，从而粗放型商业模式的基础不再存在，企业要想获得未来的竞争优势，必须彻底转型发展模式，实施精益型的商业模式。

第四，中国汽车市场的业务重心发生移转。在中国汽车市场改革开放以后发展的三十多年的时期里，整个业务的重心都集中在新产品的销售上，新车销售是整个汽车产业的几乎全部。

但是，中国社会的汽车保有量越来越高，新车换购业务的比例越来越高，拥有第二辆车的数量不断增加，汽车保有周期不断缩短，汽车金融业务、租车业务开始启动，也就是说，汽车售后服务在未来的汽车业务价值链中占有越来越大的部分。汽车企业不再是一个单纯的生产销售型企业，而是将自己的收入利润押注到生产销售以后的业务链条。

（三）中国汽车市场透视与前瞻

中国汽车市场自 2010 年一举成为全球第一大汽车市场以来，一直处于高位运行。这个为世界所瞩目的市场，盛名之下，其实难副。在经历了几年的快速增长之后，虚胖的中国汽车市场像一个巨大儿，外表浮夸，内部一直都很虚弱。

在国内汽车消费低迷的情况下，国内各大汽车厂知难而进，纷纷建新厂扩大产能，并且先后祭出自主品牌的大旗。对于中国这样一个发展中国家来讲，能否主宰自己的汽车产业而不受发达国家控制还是一个重要的研究课题。因为在工业社会，汽车是国家财富的永动机，更是一个国家独立自主的保证。

中国当然也可以选择合资，给人做代工，但是所得的利润毕竟有限。中国的汽车企业要获取更多的利润，只有创立自己的品牌，而且是国际知名品牌，因为只有当品牌形象提升后，同样的产品才可以卖出更高的价钱，占据更大的市场份额，并在激烈的市场竞争中占据一席之地。现在的市场竞争，已经进入了品牌竞争时代，没有品牌，就意味着企业没有出路，没有市场。反观中国的民族汽车工业，技术落后仍然是一条致命的软肋，汽车品牌含金量低是中国汽车企业的一条敏感神经。对于这样一个行业的发展来说，既然要进一步发展，就似乎必须矢志创立知名品牌，必须提高品牌的知名度和含金量。

在以往的合资合作中，汽车的核心技术没有掌握，就相当于完全丧失了主动权，这样的被动局面会带来一定的经营风险。此外，一味模仿使中国企业只注重短期效益，缺乏长远发展观点，这样的结果导致企业长期无法形成自主开发能力，中国汽车工业也就难以获得实质性的发展。发展中国汽车自有品牌是大势所趋，是历史赋予中国汽车工业的神圣使命。

而中国汽车工业自主开发的最大障碍是什么，很多人都会说是缺乏技术和经验。的确，现在的情况是，像资金、硬件、软件设备等已经不再构成中国汽车工业的瓶颈了，最大的制约就是缺乏技术和经验，究其根本，技术和经验是被人所掌握的，最终还是人的问题。那么到底是真的缺乏这类人才，还是缺乏造就这类人才的体制呢，我认为是后者。世上无难事，只怕有心人，只要下定决心进行自主开发，坚持学习，并且通过各种渠道接触了实质性的工作，不要说二十多年，哪怕只有几年，技术和经验制约问题就会迎刃而解。完全可以讲，中国对于发展汽车工业有多大信心，决定这个行业能取得多大发展和成就。

对于发展民族汽车工业，也不能不谈到政府的作用。中国的自主开发企业，其发展的主要动力在企业本身，但是也绝对离不开政府的支持，这个支持不单是口头的支持，而是要付诸实际行动——政府采购。我们可以效仿一些国家的政府，给民族汽车工业以充分的信任和支持，政府采购全部购买国产车。中国的国有经济不同于民营经济，既然投入了大量的财力，就一定要产生回报，扶持民族产业功在当代，利在千秋，尽管从短期看有点得不偿失。

其实近邻日韩就有很多可取之处，不妨让我们取法日韩。

韩国汽车业的真正起步在20世纪60年代初。1962年，韩国政府在“第一个经济开发五年计划”中，明确提出通过以零部件组装的方式推动本国汽车工业的发展。进入70年代，韩国政府制定了“汽车工业基本育成计划”，明确了汽车工业实现国产化的目标，并对有助于国产化的原材料进口予以免税，韩国汽车工业自此走上了自主发展的道路。

1979年底，受石油危机影响，韩国汽车工业的国内外市场环境急速恶化，产能出现严重过剩。对此，韩国政府采取了强硬的行政手段，推动汽车工业生产结构的调整和集中，逐渐形成一批汽车生产骨干企业。为改变韩国汽车工业的散乱局面，打造汽车业的“航空母舰”，政府还制定了“长期汽车工业振兴计划”，通过产业倾斜和政府采购，重点扶持大企业集团。现代、大宇等一批韩国汽车品牌由此不断发展壮大。

而亚洲的另一个汽车强国，日本的汽车行业发展模式则更加耐人寻味。

日本目前的开放程度充分显示了其对本国汽车工业的自信——所有进口汽车均全免关税。而在50年前，日本的汽车工业关税状况则大相径庭。

20世纪50年代前期，欧美汽车在日本市场欺行霸市，特别是欧洲生产的小型廉价汽车对年轻的日本汽车工业构成了最致命的威胁。当时的日本政府为了保护本国汽车产业的发展，对进口汽车征收高达40%的关税，同时严格禁止外国资本渗透进入国产汽车工业。国内一些小汽车厂家为了生存，纷纷与国外厂家联手搞“事业合作”或“技术合作”，不过后来这些小企业都寿终正寝了。而志存高远的丰田公司则依靠自身力量开发生产国产轿车，由于它们的坚持不懈，自主开发能力逐步提升，直到今天，丰田汽车已经成为全球最具竞争力的汽车企业之一。

韩日的经验表明，自主品牌的发展，一方面需要充分借鉴他国的先进经验，站在巨人的肩膀上，才能够居高望远；另一方面，一个行业的发展还必须有国家政策的强力支持，虽然在市场经济条件下，政府扶持发挥的作用有限，但是仍然是一个发展的关键要素。目前我国的政策是重点扶持一汽、上汽、东风等三大集团，但这还远远不够，国家政策应该大力扶持的，还应该包括奇瑞、华晨、吉利这些有活力、敢闯敢干的“非嫡系部队”。

国家新汽车产业政策的重要目标之一，便是在“十一五”期间，国内汽车企业拥有自主产权的产品要达到国产汽车销售总量的50%。从这个稍显有些生硬的目标当中，我们看到了政府做大做强自主汽车品牌的强大意志，但是，从销量来看，自主品牌的销售远未达到这个目标，中国自主品牌轿车的发展任重而道远。

二、中国汽车行业发展历程与瓶颈

我国汽车企业经过60多年的建设和发展，从无到有，从少到多，已经形成了以大型骨干企业集团为主的各种车型生产基地。汽车工业在国民经济中的重要地位已被广泛确认。以独立自主为基础，以发展轿车工业为重点，以大集体为主体，逐步促进联合重组，优化产业结构，实现规模经济，同时以自身技术为主，吸收国外先进技术，联合开发，建立起自主发展的中国汽车企业体系已为时不远了。

（一）我国汽车企业发展历程

1. 第一阶段（1953—1978年）

（1）初创时期

1953年7月，第一汽车制造厂开始在长春市兴建，毛泽东主席亲自为该厂题写“第一汽车制造厂奠基纪念”。1956年10月起开始大批生产载重量为4吨的解放CA10系列货车，从而结束了中国不能生产汽车的历史。1958年该厂又试制出我国第一辆轿车，毛泽东主席乘坐后表示赞赏，并勉励一汽人继续为我国汽车工业作出贡献。

（2）自主建设时期

随着社会经济的发展，一汽的批量生产和其他一些汽车厂的相继投产仍无法满足经济发展和国防建设对其产品品种和数量的需求，汽车企业蕴藏着巨大的发展潜力。于是国家决定在内地再新建一批汽车工业骨干企业。1968年在湖北省十堰市开始动工兴建我国规模最大的第二期制造厂，随后又建成了生产重型汽车的四川汽车制造厂和陕西汽车制造厂。这三大汽车基地的建成，标志着我国已具备了独立开发载货汽车产品及主要依靠自己力量设计和装备大中型载货汽车厂的能力。据统计，1966—1980 年，我国汽车总投资 51 亿元，15 年中产量由年产 5.6 万辆增加到 22 万辆，产值由 20.1 亿元增加到 88.4 亿元。

2. 第二阶段（1979—1993 年）

（1）计划经济向市场经济的转变

单一经济计划模式逐渐被突破，市场配置资源的作用逐渐明显，汽车企业开始出现竞争。

（2）企业走向联合发展的道路

这一时期，汽车行业形成了一些骨干企业集团，开始走向联合发展的道路。部分地区打破了“小而全、大而全”的发展模式，促进了汽车企业之间的协作和专业化生产。

（3）国际技术的引进

我国汽车企业从自我封闭的发展模式，走向了与国际汽车企业加强合作的道路。十余年间，我国汽车企业有重点、有选择地引进国外先进技术 100 多项。通过 KD 方式生产、技术引进、消化吸收和建设改造，使我国整个汽车工业有了明显进步。不仅汽车产量增加迅速，而且汽车产品结构也由单一的中吨位载货车变为中型汽车与重、轻、微型货车等多种产品生产，商品车、专用车、客车同时发展的新局面。

3. 第三阶段（1994—2006 年）

自 1994 年开始，以《汽车工业产业政策》的颁布为标志，我国汽车企业发展进入第三阶段。其背景是我国的经济体制全面向社会主义市场经济体制转变，进一步参与国际经济，汽车工业面临着更为广泛的国际合作与竞争，汽车市场已从单一的公费购车转向多元化结构，私人购车趋势明显上升。汽车工业的发展正面临着新的形势和重要的转折。在这样的背景下，国务院于 1994 年 7 月颁布了《汽车工业产业政策》，它在总结我国汽车工业 40 多年实践的基础上，提出了 20 世纪乃至更长一段时间汽车工业发展的指导方针和主要措施。

在这一阶段，我国汽车工业在产业政策的引导和扶植下，围绕加快汽车零部件工业和轿车工业的建设为中心，建成了以轿车工业为主体的汽车工业新体系。2004 年第一季度，供产销汽车 129.96 万辆和 127.77 万辆，是 1993 年全年的汽车产销量。其中，轿车累计产销 57.69 万辆和 56.70 万辆；载货车累计产销 39.62 万辆和 37.80 万辆；客车累计产销 32.65 万辆和 33.27 万辆。汽车产品在产量、质量、品种、性能等方面都有了质的飞跃，我国汽车工业出现高速发展的新局面。汽车工业逐渐成为国民经济的支柱产业。

2001 年国家经贸委又发布了《汽车工业“十五”规划》，在客观分析国内外汽车行业现状的基础上，提出了加入 WTO 后，我国汽车企业要坚持走开放竞争与自主发展相结合的道路，还提出要大力调整产业结构，促进优势汽车企业的加快发展，提高行业整体素质，增强国际竞争力，并提出力争到2010年，使我国的汽车行业真正成为国民经济的支柱产业。

（二）我国汽车企业发展的三大瓶颈

瓶颈是指构成产业系统中，那些不能适应其他产业发展的产业。

2010年我国国产汽车销量分别为1 379.10万辆和1 364.48万辆，而2009年美国汽车销量仅为1 043万辆，这意味着我国首次超越美国，成为世界产销第一大国。但是在一些业内专家看来，欣喜之余必须看到当前我国汽车产业“由大到强”中存在的隐忧。

1. 核心技术缺失

近年来，中国汽车产业在自主创新方面大步迈进，取得了突出成就。大力发展自主创新事业已成为众多国内车企的共识。但一个不可否认的问题是，汽车企业自主创新的热点多集中于整车开发和传统零部件生产上，而在核心和关键技术上缺少投入和精力，自主创新的核心技术亟待突破。

如何在竞争中实现合作，使新能源汽车成为中国汽车工业的优势项目，以及如何在竞争中占据主动，使整个中国汽车行业摆脱亦步亦趋的尴尬，都是需要中国汽车人思考的问题。

目前我国汽车行业的零部件企业在传统的、低附加值的零部件方面已经形成一定配套规模，但高技术含量、高附加值的零部件，特别是电子技术零部件，比如空调、电动转向、电子制动、悬挂系统、发动机控制等，仍基本由外方独资企业或合资企业控制。

2. 企业规模小，布局分散

2009年国内汽车企业并购重组风起云涌，广汽与长丰、长安与中航先后“联姻”，吉利、北汽在跨国并购中收获颇丰。但这一光鲜成绩背后，仍旧是汽车产业集中度不够的老问题。

进入21世纪以后，我国汽车产业呈现出井喷趋势，引发了各地发展汽车热潮，一些没有汽车产业发展基础的省份或城市，也提出大上或引进汽车产业的规划，甚至提出把汽车产业作为支柱产业来发展。又一轮蜂拥而上的发展热潮，很有可能加剧当前汽车行业存在的企业规模不大、布局分散等矛盾。

3. 新能源汽车阻力大

有人把2009年的汽车市场称为“政策导向年”，车市繁华的背后，是不断完善的市场消费体系与各项刺激政策的落地。汽车购置税优惠政策为2009年的车市添了一把火；“汽车下乡”政策补贴，促使全国各大微车的销量同比增长都在七成以上。有专家表示，这种短期刺激性的政策导向有可能使车市患上“依赖症”，而随着政策的边际效应递减，火爆的车市不可能一直“疯狂”下去。

很多人预计，随着政府优惠政策力度减弱，汽车市场主要靠政策外力拉动的爆发式增长很可能降温。比如小排量车购置税减征幅度上调 2.5 个百分点，再加上 2009 年下半年尤其是年底的疯狂购车行为，对 2010 年车市的透支作用明显，都会对 2010 年的车市产生影响。

有人担心车市能否继续火爆，也有人担心新能源汽车路在何方，随着低碳时代的到来，汽车的节能减排问题再次引发高度关注。

随着我国跨入年产超千万辆的行列，节能减排的压力将越来越大。我国汽车产业实现 1 000 万辆所处的环境与美国和日本等发达国家达到 1 000 万辆时不一样，如今的排放技术标准提高了，这使我国汽车产业节能减排需要承载更重的压力。这就迫使我国汽车企业必须站在世界技术进步的高度，加大对新能源的探索，走出一条新的有中国特色的环境友好型汽车发展之路。

我国汽车企业已进入高速发展时期，但同时有很多不足的地方影响我国汽车行业的发展。首先我国汽车企业要努力研发汽车核心技术，有核心技术的企业才可以稳固、健康地发展下去；其次，加大我国汽车企业的规模及布局合理化；再次，努力研发新能源汽车，减少石油的使用率，节约国家能源。最后，要打造中国人自己的大品牌汽车。

三、中国汽车工业自主品牌发展的过程

（一）中国自主品牌汽车发展的总体分析

站在历史的坐标上回望，我国的“汽车大国”的梦想一度那么遥不可及。新中国成立之初，汽车工业一无资金，二无技术，起步格外艰难。随着改革开放，我国汽车工业开始走上与国外汽车企业合作、引进消化外国先进技术的发展道路，国内的自主品牌汽车也逐渐成熟壮大，并成为我国汽车工业的中流砥柱。但国外汽车企业毕竟只是为了从我国巨大的市场上获取利润，“市场换技术”可以帮助我国汽车企业获得发展，但也会扼杀我国民族汽车工业的发展，丢掉自主品牌，使我国的汽车企业仅仅成为国外汽车企业在我国的装配工厂。因此，我国的汽车企业必须自主创新、自主开发，掌握属于自己的汽车关键、核心、前沿技术，拥有真正的自主品牌，才能使我国的汽车工业发展壮大。

表 11 - 1　　　　2014 年汽车自主品牌销售统计表

汽车行业		2 349.19 万辆	6.86% ↑
乘用车 1 970.06 万辆 9.89% ↑	轿车	1 237.67 万辆	3.10% ↑
	SUV	408 万辆	46.40% ↑
	MVP	191.43 万辆	46.79% ↑
商用车		379.13 万辆	6.53% ↓

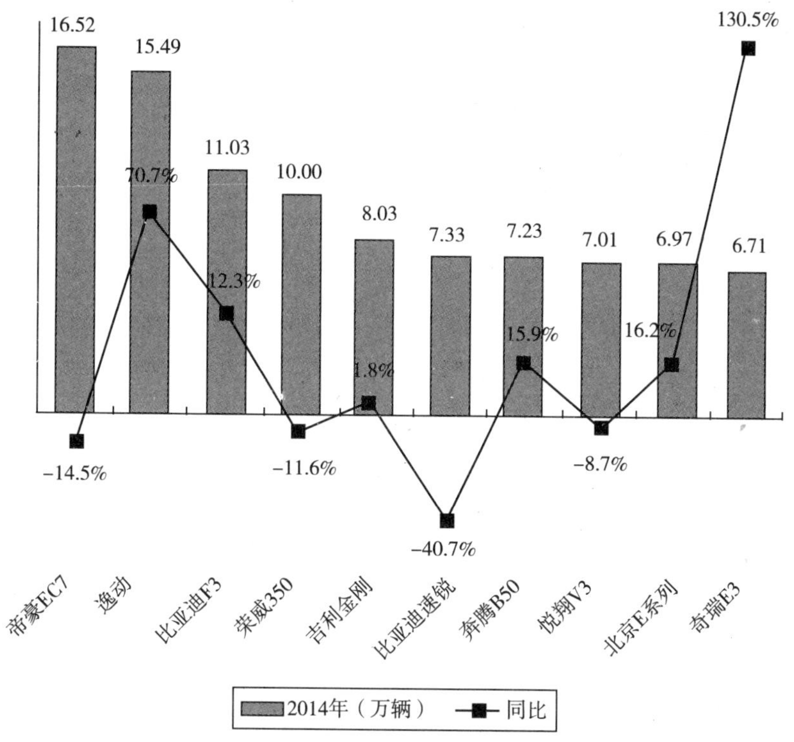

图1　2014年我国自主品牌轿车市场前十车型销量排名

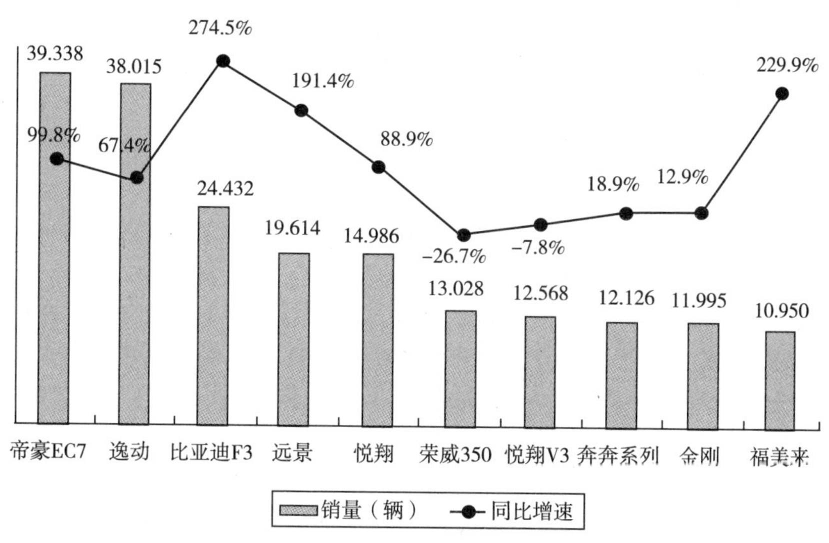

图2　2015年1—2月自主品牌轿车前十畅销车销量

（二）我国自主品牌汽车工业的发展

1. 创建成长阶段

新中国刚一成立就决定发展自己的汽车工业。1953 年 7 月 15 日，第一汽车制造厂隆重举行奠基典礼，这是我国有史以来第一次建设自己的汽车厂，标志着我国汽车工业起步；1958 年 5 月，第一汽车制造厂试制成功我国第一部东风牌轿车，奠定了我国汽车工业发展的基础，我国汽车工业从无到有迈出了它艰难但却坚毅的第一步。虽然新中国自力更生制造出的汽车填补了我国工业的空白，使我国汽车工业发展从此进入一个新阶段，但随后的 20 多年由于国家不开放，汽车工业与世界隔绝，失去了交流提高的机会，逐渐地被现代化的世界汽车工业抛在后面，轿车工业技术水平更是由于政策导向问题长期处于极为幼稚的状态。

（1）初级发展阶段

改革开放后，我国经济迅速发展，对轿车的需求越来越强，我国落后的轿车工业根本无法满足这种需求。一时间，外国轿车洪水般涌入我国。1984 年至 1987 年，我国进口轿车 64 万辆，耗资 266 亿元。为了迅速提高我国轿车生产能力和技术水平，我国汽车工业开始走上与国外汽车企业合作、引进消化外国先进技术的发展道路。

据不完全统计，改革开放 20 多年，我国汽车行业与国际上各大汽车及零部件制造商建立了 600 多家中外合资汽车企业，积累资本 200 多亿美元，占全国汽车工业资本总额的 40% 以上；同时，我国已经从国外引进了 1 000 多项汽车技术，这些技术大多与国外处于同等水平。外资的进入，带来了先进的管理、生产、产品开发技术，还带动了汽车工业整体素质的提高。世界一些著名的整车、零部件跨国公司均加大了合资企业的科研开发投入和人才培训工作，并已将在华的合资企业发展纳入全球发展战略的一部分。

（2）高速发展阶段

中共十四大和人大八届四次会议确定将汽车工业列为国民经济支柱产业，为汽车工业结构升级、快速发展创造了条件。我国汽车工业在 1992—2002 年的 10 年内平均年增长 15%，是同期世界汽车年均增长率的 10 倍，2000 年我国汽车产量更是首次超过 200 万辆，2002 年产量居世界第 5 位，2009 年我国更是成为世界第一汽车生产和消费国，汽车产销 1 379.1 万辆和 1 364.48 万辆，同比增长 48.30% 和 46.15%。轿车产销量为 1 038.38 万辆和 1 033.13 万辆，同比增长 54.11% 和 52.93%。而且基础工业的技术进步使我国生产的主要汽车产品技术、性能与国际市场产品几乎没有区别，可以说此时的我国汽车工业资本已经是世界汽车工业资本的重要组成部分，我国汽车技术已经成为世界汽车技术的重要组成部分。我国的汽车市场、生产企业和产品已经开始参与国际竞争。

2. 自主品牌汽车的发展

（1）取得的成绩

经过近十年的发展，我国汽车自主品牌建设取得了重要进展。以吉利、奇瑞、华晨、比亚迪、长城、江淮、力帆、中兴等为代表的我国自主品牌汽车企业迅速崛起，一路披荆斩棘，由小变大，由弱变强，不仅在商用车领域占据了市场主导地位，在以轿车为主要代表的乘用车领域也取得了明显进展，并在普及型轿车市场占据了一定的优势。可以说，我国汽车的自主品牌起步较晚，底子也比较薄，但发展是很快的。自主品牌轿车市场占有率从2001年不到15%到2009年达到29.7%。

更为可喜的是，曾经依靠模仿起家的自主品牌轿车企业，近年来在核心技术上取得了一个又一个突破。2005年10月，我国第一个发动机自主品牌在奇瑞ACTECO诞生，让我国轿车发动机水平与世界差距缩短了30年，现已经搭配在东方之子、V5、A5、瑞虎、QQ6等多款产品上；2006年8月，吉利研发的JL4G18VVT发动机投产；2006年2月，华晨与德国FEV公司联合研发的、拥有自主知识产权的涡轮增压汽油发动机——华晨1.8T汽油发动机正式批量投产。而且这些发动机不逊色于同级别的国外品牌，使得我国自主品牌汽车获得了在竞争中的主动权，一定程度上改善了自主品牌汽车发动机长期受制于人的被动境地。2008年12月15日，比亚迪F3DM双模电动车上市，成为全球第一款上市的不依赖专业充电站的电动车；2009年9月4日，长城汽车“炫丽”、“酷熊”和“哈弗5”、“风骏5”共4款车型，先后获得欧盟WVTA整车型式认证，创造了自主品牌汽车一次性认证车型数量之最，这也是我国汽车首次获得在欧盟国家的无限制自由销售权。

（2）遇到的问题

尽管近年来我国自主品牌汽车在技术、市场、品牌以及品质等方面取得飞速发展和进步，但从总体上来看，外资品牌仍长期占据主导地位，自主品牌发展前景仍然不容乐观。自主品牌汽车发展还存在一些问题：自主创新的基础薄弱，研发费用投入不足，研发人才短缺以及缺乏技术积累，自主创新能力与国外汽车工业先进国家相比差距很大；国家政策支持力度离业界的期望尚有一定差距；自主品牌汽车的成本优势在不断缩小，竞争压力巨大；自主品牌汽车消费者认同度还不高等。

我国汽车工业特别是轿车工业今天的辉煌，很大程度是跨国公司主导的结果。因此我国目前形成的轿车，规模与美国、德国、日本、韩国的同等规模相比，有着本质上的差异。如果没有自主品牌，不掌握核心技术，造多少车也是别人的辉煌。通用总裁更是直截了当地说，他们与中国企业是各取所需，中国人得到GDP，他们得到轿车的利润。应当承认，早期的“以市场换技术”在一定程度上对我国汽车工业发展起到了积极作用，但综观世界新兴汽车强国的汽车发展史，要想建立真正属于自己的汽车工业，这种模式终究是不可能的，因此只能依靠我国汽车自主开发企业。拥有自主品牌是汽车生产企业自主发展的主要标志，而自主开发则是我国汽车产业实现自主发展的唯一出路。对于我国汽车工业来说，不断提高自主研发能力，发展自主汽车品牌，是实现汽车工业自主发展的前提条件，更是提高国际竞争力的核心所在。如何做到自主开发，拥有自主品牌，需要国家政策的扶持和企业的自身努力发展。

3. 发展建议

（1）积极扶持汽车自主品牌企业

针对我国汽车产业一直存在着产品竞争力不强、自主创新能力薄弱、关键技术和零部件过分依赖引进的问题，政府须加大技术进步和技术改造投资力度，实施技术改造专项、支持企业自主创新等措施，通过奖励以及提供公共实验室或实验手段的方式来支持自主开发企业提高设计能力，主要目的是通过国家的资金支持，加快企业技术进步和产品调整的步伐。此外，国家还应在税收和征费方面给予自主开发更大的优惠，同时还应尽快建立起我国汽车工业的技术标准体系。没有技术标准，技术经验的积累就难以标准化，就增加了建立相应数据库的困难，也阻碍国际交流和设计的引进与外购。这个技术标准体系的建立和完善是促进自主开发的重要条件。

（2）自主创新

打造具有自主知识产权的中国品牌不是一朝之功，是需要长期培育的，没有几代人几十年时间，是打造不出自主品牌来的。一些跨国公司为了控制我国市场，在与国内企业合资合作谈判中，往往凭借核心技术要挟我国企业放弃民族品牌，而国内一些汽车企业为了眼前的利益，或者为了能获得技术上的支持，往往屈从于这样苛刻的条件。这样的公司如果不进行自主开发也不可能发展出属于自己的产品。而自主品牌恰恰需要掌握属于自己的实实在在的核心技术，没有了核心技术谈什么自主品牌。

（3）创造出有我国特色的发展模式

汽车自主开发是系统工程，不仅仅指技术层面开发，还包括规划、生产、质量保证等多个环节。在我国，由于基础薄弱，尚未形成有力的支撑系统。在配套开发方面，落后的工艺和制造水平，降低了自主开发产品的质量。而跨国公司在自主开发方面之所以显示出强大的竞争力，主要是其“综合素质”——技术、管理、企业文化融合在一起的实力。我国当务之急是要建立起自己的开发体制和开发文化，要在成本控制创新、技术创新和品牌营销模式创新方面有所突出，创造出有我国特色的发展模式。我国现有一汽集团公司、东风汽车公司、上海汽车集团三大汽车集团以及26家大型汽车企业，可以组建我国汽车技术联盟，建立自主技术创新开发平台，整合各自技术优势，谋求共性开发，联合开发新车型、新技术，加大我国汽车产业自主品牌的创新能力，掌握关键技术，摆脱技术依赖，让我国的“超车”速度更快，真正成为技术、市场兼备的“汽车大国”。

（4）机遇与挑战

21世纪是新能源汽车的世纪，我国面临着巨大的后发机会，我国有望成为新世纪新能源汽车的领导者之一。新能源汽车时代的提前到来，对于我国汽车自主企业既是重大挑战，也是难得机遇。要在新能源汽车关键部件、关键技术和关键环节取得新突破，着力在核心技术上下工夫，加强自主创新，培育自主品牌，以新能源汽车为突破口形成新的竞争优势，抢占制高点。使节能与新能源汽车成为我国汽车产业腾飞的基石和重点。

随着各级政府对自主品牌轿车支持力度的逐步增强以及各种扶持政策的逐步落实和完善，全社会对自主品牌轿车的关注程度的进一步提高，我国汽车自主品牌轿车企业知耻而后进，奋发图强，不懈努力，相信自主品牌汽车将得到快速的发展，我国汽车工业将赋予更有价值的元素和内涵。

可以预见，随着自主品牌汽车企业产品的不断丰富和质量的大幅提升，自主创新能力的不断增强，性价比优势不断提高，必将赢得广大消费者的青睐，自主品牌汽车将得到快速的发展，使我国汽车产业真正走上一条良好健康的发展之路。

四、中国汽车自主品牌发展策略

（一）中国自主品牌汽车发展存在的问题

1. 中国汽车自主品牌现状分析及发展思考

随着中国加入 WTO 的逐步深入，中国政府对本国汽车工业的保护将大幅度减少，市场越来越开放，同时刚刚起步的中国汽车工业也面临着巨大的竞争压力，面对竞争日益激烈的中国汽车行业，中国汽车工业何去何从成了人们关注的焦点，中国的自主品牌也自然备受关注。

20 世纪 80 年代中后期，随着北京吉普与戴姆勒—克莱斯勒公司合资，中国的汽车合资厂家如雨后春笋般出现，于是出现了南北大众、广州本田、东风雪铁龙等合资公司，合资似乎把中国的汽车工业带入了春天，以至于一汽的“亲儿子”红旗与“干儿子”捷达遭遇不公平待遇。一时间中国的汽车工业如同找到了捷径，可以使中国的汽车工业一日千里，但随着时间的推移、合作的深入，两者之间的矛盾也逐渐尖锐，当一些人以为商品、服务、资本和信息在全球化条件下的跨国界流动可以为落后国家带来技术时，他们也把发展技术能力的条件和机会与发展技术能力本身混为一谈。作为技术密集型产业的汽车工业来说，能够进行各种新技术集成的前提条件是拥有产品开发平台。而以三大集团为代表的合资企业即便能够掌握某些新技术，但离进行产品开发平台建设依然还很遥远。因此合资企业依然只能做代工，中国的汽车行业根本得不到长足的发展。于是，一批民族企业开始了另一条探索之路——自主品牌。

名噪一时的中华汽车就是这时的产物。华晨在全套购买产权后，中华轿车在经过两年的磨砺之后，逐渐成熟。但“只有产权，没有知识”的现状基本谈不到有多少研发能力，后续乏力是华晨亟待解决的难题。

与此同时，奇瑞集团不失时机大力引进国外先进的汽车人才，全力打造自己的汽车设计队伍，建立自己的汽车工程研究院，同时通过与国外知名品牌技术合作，本着引进消化吸收的原则，以自主知识产权建立自主品牌，成为国内汽车自主品牌的领军人物，于是汽车工程研究院在国内汽车厂家中悄然兴起，而与此同时，各汽车厂商也开始建立自己的人才战略，不惜重金从海外挖取高程技术人员回国共同创业，从2002年奇瑞研究院院长许敏，2003年福田研究院院长邬学斌及2004年华晨研究院院长赵福全到2005年长城研究院院长韩宝生等，均在国外著名汽车品牌设计中担任重要职位，国内汽车行业海归人员不断升温，各公司纷纷开始着手建立自己庞大的研究体系。同时，由于政策及市场需要，国外汽车厂家也纷纷建立起了中国研发机构，如上海通用的泛亚技术研究中心、东风乘用车研发中心等。自主研发已是大势所趋，各路诸侯纷纷变法，自主品牌开始进入战国时代。

战国七雄当中，齐楚燕韩赵魏秦最初实力不相上下，但当时的秦国为谋求发展，采用吕不韦的主张，发展本国经济，实力得以增强。同一时期主张变革的文人墨客不少，同时各国实行变法的也有，但均因变法不彻底最后被实力逐渐强大的秦国一统天下。

目前自主品牌的汽车企业由南至北依次有哈飞、一汽、华晨、长城、江淮、奇瑞、吉利、比亚迪、长安等。面对信息资源高速流动的今天，传统行业资源的规模效益日益突出，以全球资源优化配置谋求最大的经济效益，因此，中国各汽车厂商应抓住时机，异军突起，建设自主知名品牌，在大一统格局下占据一席之地，成就一方霸业。

目前，制约中国汽车工业发展的瓶颈依然是自主知识产权，因此，提高自己研发水平成为国内汽车厂当务之急，汽车人才培养也成为各公司的战略部署提上日程。众所周知，高校是人才培养的一级模式，在培养具备基础汽车设计知识人才的同时，高校也在不断发展自己的科研水平，成为国内汽车水平不可忽视的一角。素有汽车工程人才摇篮之称的吉大汽车工程学院、依托校内基础教学资源的著名首府清华大学以及目前发展迅速的同济大学，都在中国汽车人才培养和汽车技术发展上有着重要作用。

各汽车厂商建立的研究院则成为汽车人才培养的二级模式，使具有基础性汽车知识的高校毕业生逐渐成为具有专业设计水平的工程师。研究院汽车工程师的培养能力决定了汽车厂家的研发实力，也代表了中国汽车工业的发展水平，因此，培养高素质汽车工程师则成为变法成败的重要一环，如何培养汽车工程师也成为此次变法成败的关键。传统培养模式，根据自己现有水平进行专业培养，继而闭门造车，使得整体设计水平发展缓慢，跟不上社会发展。而奇瑞则在摸索中寻找了一条快速提高设计水平的人才培养之路，在自己原有实力水平上，依托国外先进水平设计，同时派自己研发人员共同参与设计，在设计的同时锻炼了队伍，培养了专业人才。

有人说，中国汽车和中国足球虽不是同一行业，但在发展哲理上却有共性，按说中国有十几亿人口，选拔出十几个身体条件好的运动员并非不可能，且中国男足经过十年职业联赛，烧了企业无数的钱，形成了一支庞大的专业队伍，可国际比赛却每每让人失望。中国球员与日韩球员在体育精神上和职业意识上的差距，比技术能力上的差距还要大得多，严重的精神缺失岂有战无不败之理。汽车设计需要大量实验及设计数据的积累，且数据的积累是无法绕开的，各公司建立自己的数据库本无可厚非，然而各公司孤军奋战，资源严重重复建设又给中国汽车行业带来了另一场灾难。国家发展改革委统计，2010 年后中国汽车产销将严重过剩，由于竞争关系，企业之间不可能共享与产品市场竞争直接相关的经验数据。但在通用技术知识的层次上，可以由第三方组织开发。这其中的第三方可以由国家政府出面协调，由企业及相关大学组成的合作开发团队对通用的基础性技术进行合作开发，合作的领域可以包括对国外成熟车型的分析、反求工程，欧Ⅲ排放标准评定，汽车安全碰撞试验（C－NCAP）以及汽车风洞试验等。目前各自主品牌企业的自主设计汽车的悬架调教大多由英国的莲花公司承担，非但浪费资金，而且对提高自己的设计水平没有益处，因为悬架的调教需要大量的数据积累，而国内单一某一厂商在这方面并没有足够的积累数据。

同时，要想在风云突变的汽车市场上立于不败之地，在普遍提高设计水平的同时，研究院还应根据实际情况，适时发展具有自己产品特色的品牌技术，根据本公司产品特点及研究人员实力水平，抓住重点大力培养某一特色技术打造品牌效应。国际知名品牌中不乏这样的例子。著名的沃尔沃汽车是以安全性能成就了一方霸业，日本富士重工斯巴鲁则以水平对置发动机和全时四驱系统在高档车市场中长盛不衰，等等。因此，在当今全球汽车传统技术水平发展近至极限的今天，要想在世界汽车界占有一席之地，必须要创造出自己的品牌特色。

群英争霸，以智胜之。在时代的浪潮下，中国的汽车工业要与时俱进，勇于破旧立新。世界经济一体化，机遇与挑战并存，中国汽车工业的发展与壮大，需要集体的智慧，各个公司都要积极行动，迎接汽车工业的战国时代，成为时代的枭雄。

2. 中国自主品牌轿车发展模式的探讨

中国汽车工业经过 20 年的合资合作，汽车制造业得到了飞速的发展，但中国汽车工业当初所追求的以市场换技术，从而发展具有自主知识产权和自有品牌汽车产品的愿望不但没有实现，反而导致原有自主开发能力减弱、产业发展面临“空心化”的危险。鉴于此，新颁布的《中国汽车产业“十一五”规划纲要》明确提出：中国将着力增强汽车产业的创新能力，大力引导汽车产业加大自主品牌产品的研发和推向市场的力度，扩大自主品牌的市场份额，提高自主品牌的产业竞争力。

（1）自主品牌轿车的发展模式

结合我国自主品牌轿车的发展实践，可以将自主品牌轿车的发展归纳为以下三种模式：

①并购模式。通过并购或引进国际先进的技术进行消化吸收，吸引国际优秀的汽车设计领军人物及专家带领国内的开发团队进行产品设计的道路。例如，上汽集团通过收购韩国双龙和英国罗孚来打造自主品牌轿车平台，依托国外上百年的轿车研发经验，引进国外专业人才，培养本土研发人才，积累并实现可持续性的新车研发，通过高端车型树立品牌形象。再如，南汽斥资 5 300 万美元购买了破产的英国 MG 日公司和动力总成公司资产，从而拥有了 MG 车型生产和制造的各项核心技术

及这一世界著名的汽车品牌。这种模式可以迅速获得产品的知识产权，但是动辄千万上亿美元的支出很难让大量其他企业效法，而且在如何转换先进技术为我所用方面缺乏可行性，往往被人戏谑为“有产权无知识”。

②技术合作模式。该模式以海马和华晨为代表，通过与国外整车企业的技术合作和技术支持，逐步实现自主开发和自主品牌。韩国汽车工业比中国起步晚，能够发展到今天，最重要的经验之一就是与跨国汽车公司的合作，不是合资引进产品和品牌，而是把技术合作和技术引进作为与跨国汽车公司合作的核心，通过技术合作，提高企业的自主创新能力，进而创立自主品牌。海马汽车正在把这种合作的精髓成功地应用到自主品牌的发展，以技术引进为前提，迅速转化成属于自己的生产力，通过不断推出新的产品来实践自己的发展模式。

③自主开发模式。依靠本土的研发力量和能力，从技术集成逐步过渡到技术创新，典型的代表有奇瑞、吉利等汽车企业。例如，2007 年 3 月，奇瑞汽车以 44 568 辆获得月度销量冠军，在迅速扩大市场占有率的基础上再来提升品牌，这一模式反映在奇瑞汽车身上并得到了良好的市场表现。

（2）自主品牌轿车发展模式的分析

自主品牌轿车的发展模式各有利弊，但是有一点是共同的，即对品牌和知识产权的拥有权，所不同的是获取的方式。理特公司认为，从长远的角度来看，自主开发模式是其中最为典型的模式，因此分析的重点也集中于该模式上。

①自主开发模式的优势

A. 制造成本优势。劳动力成本低是奇瑞等自主品牌企业最大的优势。由于汽车是一个技术与劳动力密集的产业，中国的劳动力成本相对较低。合资品牌汽车由于各种技术费用的制约导致总体成本偏高，因此国内合资品牌汽车的售价比国外车的价格高是一种普遍现象，国内劳动力成本的优势并没有显现出来。然而，自主品牌完全可以凭借制造成本优势在汽车市场占有更大的份额。根据估算，2015 年国内汽车的制造成本将会是欧洲平均水平的 49%（以欧洲 2005 年制造成本为基数），而自主品牌轿车必定在成本竞争中占据更大的优势。

B. 本土化开发团队更加适合中国客户的需求。由于生活习惯、传统文化、观念理念等方面的差异，国外汽车设计师真正作出很好的本土化设计难度很大。尽管国内汽车设计的总体水平仍与国外存在相当大的差距，但从对中国市场的把握、对中国消费者的理解程度的角度而言，本土设计师的经验明显更为丰富。因而，采用本地化的研发团队，不仅在人员成本上具有相当的优势，同时也能够使得设计出来的自主品牌产品更符合中国客户的审美需求和使用需求。

C. 技术开发费用低，成本更容易控制。当年华晨花费 6 200 万美元设计开发费请乔治·亚罗开发“中华”轿车，并没有取得预期的成绩。而若采用国内的设计团队，开发费用可大幅降低，且开发周期也能相应缩短。

D. 体制上的优势使得对市场的反应更为迅速，决策效率更高。像吉利这样的中国民营企业拥有明显的体制优势，特别体现在决策机制、激励机制等方面。此外，与跨国公司及其合资企业相比，中国的民营企业拥有管理成本和人力成本更为低廉的优势，这一点体现在市场上便成了显著的价格优势。

②自主开发模式的劣势

A. 品牌特色和定位模糊。当前我国的自主品牌轿车产品整体特色模糊，没有形成鲜明的国别特征。汽车工业发达国家的汽车产品有着鲜明的“国别特色”。例如，说到德系车，中国消费者对其印象多是底盘扎实，动力强劲，安全系数高；说到法系车，外形浪漫，让高科技为人性化需求服务是其比较突出的特色；日系车省油，外观大气；美系车体积大，重量大，排量大，油耗偏高，等等。然而，仔细想一想，我国自主品牌轿车的特色除了价格低廉之外，真正的产品特色其实非常模糊。

B. 产品的质量和可靠性有待进一步提高。产品质量和质量稳定性向来是自主品牌最大的软肋，也是该类车型始终低价销售、无法获得品牌溢价的一个主要原因。根据目前自主品牌的质量状态，很难获得很高的客户忠诚度。长此以往，自主品牌将面临共同的品牌危机。

C. 尚未掌握发动机管理系统等先进技术。虽然华晨、吉利等企业在轿车发动机、自动变速器等核心技术上取得了一些突破，但更多的企业还是依靠“拿来”。至于发动机管理系统、轿车主动安全系统等高精尖汽车电子领域，我国也尚未取得突破性进展。另外，在混合动力、氢燃料电池等清洁能源汽车领域，自主品牌企业各自为政、难成合力的局面，也不利于我国轿车工业新能源研发的跟踪和超越。

D. 自主品牌汽车的利润问题。自主品牌汽车的成长需要由弱到强、由低端到高端、由内销到出口的转变过程。在这个过程中，早期以牺牲利润换取增速和市场占有率的做法十分普遍。随着规模的扩大、市场认可程度的增长以及品质的大幅提升，自主品牌汽车利润低的共性弱点也需要快速扭转，必须逐步提高单车利润率。

E. 汽车零部件企业的自主研发能力有待提高。长期以来，我国汽车零部件产业规模小，摊子散，自主研发能力弱，并受到外资汽车零部件强势企业的冲击。目前，自主品牌整车出口市场的快速增长受制于汽车零部件品质。如果汽车零部件品质跟不上整车品质的要求，自主品牌汽车仅凭成本优势很难长期在海外激烈的市场竞争中立足。

（3）自主开发模式的机遇

① 国家政策支持自主品牌。2006 年 2 月，国务院发布了《国家中长期科学和技术发展规划纲要（2006—2020 年）》，确定了其后 5 年科技工作的指导方针，其核心是加强自主创新，即从增强国家创新能力出发，加强原始创新、集成创新和引进消化吸收再创新。国家发展改革委、科技部、财政部等国务院各部门正在国务院的统一领导下，围绕企业自主创新，研究制定一系列政策文件。如对企业技术开发费用按 150% 加计抵扣，企业研究开发仪器设备加速折旧，旨在鼓励企业增加研发投入等。同时，国家还将缩短发明专利审查周期，改革发明专利审查方式，支持自主知识产权的关键技术和重要产品的开发和应用，支持企业、社团自主制定和参与制定国际技术标准，建立健全知识产权保护体系，加强技术性贸易措施体系建设等。

② 整合国内外的人力、技术资源，迅速缩小与其他竞争对手的差距。我国汽车产业结构存在的问题：产业组织结构不尽合理，企业集团竞争优势不明显；产品结构调整相对滞后，升级换代及技术进步缓慢；自主开发能力较弱，过分依赖引进技术发展产品；汽车零部件与整车未同步发展，影响整车技术水平提高。

基于上述情况，我国在较长一段时间内对汽车产业结构调整的总体思路是，随着技术积累、经营管理的改善，可以向毛利率更高的中高端汽车方向发展。

从市场环境来说，目前是自主品牌进入中高端轿车市场的最佳时机。国家信息中心的相关资料显示，中国乘用车市场还有近15年的高速增长期。在这样的大市场环境下，合资和自主品牌都具备更充分的市场空间。

（二）目前中国自主品牌汽车发展策略

1. 收购海外品牌或技术，洋为中用

（1）上汽和南汽收购罗孚

2004年12月罗孚破产前。上汽以6 700万英镑购入罗孚75、罗孚25两款车型知识产权。在此基础上上汽通过成功的品牌运作，打造了荣威750、荣威550等车型，大大缩短了自主化过程，取得了不错的效果。荣威750、荣威550等车型是最有实力挑战合资品牌的自主品牌汽车。价格只略低于同级合资品牌汽车。根据AC-尼尔森公布的数据，在仅仅发布1年多的时间里，荣威品牌认知度由34%攀升至88%。不仅如此，2007年中国汽车品牌满意度调查，上汽荣威曾以803分的满意度指数排名所有汽车品牌第九，成为唯一进入前十强的自主品牌。2008年中国汽车品牌满意度调查，上汽荣威550荣获“2008中国中级轿车满意度调查第一名”。2009年1—11月，上汽自主品牌轿车（包括名爵）总销量为8.22万辆。虽然上汽自主品牌轿车销量不是最大的，但在自主品牌建设上，上汽荣威无疑是中国最成功的。

2005年7月罗孚破产后，南京汽车以5 300万英镑收购了罗孚和发动机生产分部。南京名爵先后开发了名爵7和名爵3。并以此为筹码与上汽合并。在上汽统一规划和运作下，MG（名爵）将作为上汽国际化的品牌载体。

（2）吉利收购英国锰铜、澳大利亚DSI和沃尔沃

吉利有3起国际并购案例。

2006年10月，吉利汽车成功控股英国锰铜控股（MBH），并与英国锰铜组建新合资公司，在上海华普生产TX4伦敦出租车。吉利除了拥有著名的伦敦黑色出租车的生产和技术外，同时按协议，合资公司所生产的出租车将主要返销英国及其他国外市场，同时也试销中国市场。以此为基础，吉利打造“上海英伦”品牌。致力于高端汽车的生产与销售。这起收购是吉利国际收购的试水之作。

2009年3月吉利收购澳大利亚DSI自动变速箱公司，把DSI的产品和技术引入中国汽车行业。

2009年底，又爆出吉利斥资18亿美元成功收购沃尔沃的消息，这可以说是汽车界的“蛇吞象”。虽然吉利究竟能交出怎样的答卷还不得而知，但是这起收购的

意义不言而喻。吉利拥有沃尔沃品牌和技术以后，无论是其自主车型技术和国际化都会得到质的提高。同时可以预见在吉利的推动下，沃尔沃会在中国市场进行更多渗透。

(3) 其他国际收购

除上汽和吉利外，还有其他车企的国际并购案例。比如北汽收购萨博两款车型。

2. 利用合资伙伴成熟平台和技术进行开发，“借鸡生蛋”

典型代表是一汽。一汽在马自达6的技术平台上，开发出了奔腾轿车。采用马自达6的发动机、变速箱和底盘，拥有不错的安全性能，性价比优势明显，在市场上获得了成功。2008年一汽奔腾完成销量5万辆，目前奔腾B70和B50轿车合计月销量超过万台。

另外，东南汽车自主品牌V3菱悦是在三菱蓝瑟基础上开发的。拥有蓝瑟公认良好底盘和操控性，同时，配置丰富，发动机先进，外形时尚，获得了不错的市场反响。目前，V3菱悦月销量已突破7 000辆。

3. 创造性模仿

典型代表是比亚迪。比亚迪炙手可热的明星产品F3模仿丰田花冠，F0模仿丰田Aygo，F6模仿本田老款雅阁；奇瑞成名作QQ模仿通用乐驰Spark；长城炫丽模仿丰田雅力士；双环小贵族模仿奔驰Smart。

2009年11月比亚迪F3的月销量居然超过3万辆。根据中国汽车工业协会数据，比亚迪F3在2009年1—11月合计销售25.51万辆，力压凯越和悦动成为年度最畅销车型。奇瑞QQ长期是汽车月销量万辆俱乐部的成员，已取代夏利成为最受欢迎的入门两厢小车，长期排在最畅销车型前10名。长期专注于SUV和皮卡的长城汽车，也因为其炫丽等模仿产品而崭露头角。比亚迪F0上市后也开始流行于大街小巷。这些模仿产品的成功吸引着越来越多的汽车企业加入模仿行列。

4. 整合国际资源，花钱买设计和服务

华晨中华系列、华晨骏捷、一汽奔腾和东风S30都是由意大利著名设计师乔治·亚罗设计的。在对外高调宣传其名贵出身以后，这种模式可以弥补自己技术和品牌形象上的短板，同时拥有车型知识产权。另外，奇瑞A3等车型聘请欧洲专业公司调教，操控性能出众。

5. 设海内外研发机构，自主研发

在前几年奇瑞率先扬起自主品牌大旗之后，越来越多的车企加入这个行业。长安、江淮等企业在全球设立了数个研发中心，吸纳海内外人才，致力于自主研发。长安CM8、奔奔、悦翔等自主设计车型获得了市场良好反响。长安悦翔上市仅7个月有余，累计销量已逾7万辆。这也是迄今为止中国自主品牌轿车在上市当年就月销量破万的一款车型，2009年9月、10月和11月已经连续3个月销量破万，显示出自主研发的威力。才杀入轿车市场不久的江淮汽车，凭借同悦等自主设计车型在竞争激烈的轿车市场站稳了脚跟。

总体上说，中国自主品牌汽车应该将中低端汽车作为突破口，通过创造性模仿和自主研发，在对国民消费习惯的洞察基础上，深入二、三、四级汽车市场，逐步扩大市场份额，积累资金、管理、品牌和研发实力。同时，中国自主品牌汽车必须加大节能与新能源研发投入，争取在可靠性、耐用性和低成本等核心技术上取得突破，在国家支持下，加速新能源汽车市场的培育和规模产业化，完善相关产业链。真正摆脱低端的技术和品牌形象，实现真正的崛起。

事实证明，市场不能换来核心技术。在中短期可以进行创造性模仿，但归根结底，自主创新是中国自主品牌汽车发展的唯一途径。

五、中国自主品牌轿车出口的现状及发展对策

当前，我国自主品牌轿车工业在竞争激烈的国际舞台上要跨越的门槛还很多，我们应正视问题，认真地分析我国自主品牌轿车出口的现状，探讨其对策，为今后的发展道路提供一定的借鉴。

（一）我国自主品牌轿车出口现状分析

1. 出口特点

近年来，我国自主品牌轿车出口形势喜人，凸显两大特点。

（1）出口态势——迅猛增长

自2000年开始，我国汽车及零部件出口每年以40%以上的速度增长。2003年出口总额达47.1亿美元；2004年出口81.56亿美元；2005年出口197.15亿美元。2006年中国出口各类汽车整车（含成套散件，含装有发动机的汽车底盘，不含沙滩车、雪地用车和高尔夫球车）34.35万辆，同比增长97.2%，出口金额31.34亿美元，同比增长97.8%，与2005年相比，出口数量和金额翻了一番。其中，“小轿车”出口比重得到较大提高，是2006年我国汽车出口中增长最快的产品种类，而自主品牌则是我国轿车出口的绝对主力。

据统计，2006年，我国出口小轿车数量为9.33万辆，同比增长199.8%，占我国出口汽车总数的比例从2005年的19.5%增加到27.2%；出口金额6.30亿美元，同比增长133%，占我国汽车出口总金额的比例也从2005年的17.7%增加到20.1%。其中，自主品牌轿车占了近六成。根据2006年海关数据显示，自主品牌同级别轿车出口的情况，奇瑞A5以6 295辆的销量居榜首，其次是比亚迪F3出口1 200辆，吉利金刚以630辆的成绩居第三位。

（2）出口渠道——日益多元

从2006年的出口统计来看，我国汽车整车的国际市场在中东、非洲和亚洲等一些老市场得到了有效地巩固和扩张，与此同时，我国还在欧洲（主要是东欧）开辟了新的自主品牌轿车出口市场，使之成为了主要市场之一，从而形成了日益多元的出口渠道。

随着出口规模的逐渐加大，自主品牌轿车的出口目的地也开始升级，由中东、

非洲转向准入门槛较高的发达国家市场，出口市场向多元化方向发展。2006 年前 10 个月出口市场达到 185 个，整车出口以发展中国家和地区为主，零部件出口以发达国家和地区为主，整车出口集中在叙利亚、阿尔及利亚、比利时、伊朗、苏丹、俄罗斯、越南、哈萨克斯坦、沙特等国家，零部件主要出口到美国、日本、加拿大、德国、韩国、意大利、英国。

以出口金额排序，2006 年，我国自主品牌轿车出口格局发生明显变化。向亚洲的出口仍为第一位，欧洲取代了非洲排名第二，其次分别为非洲、南美洲、北美洲和大洋洲。2006 年 1 月 27 日，中国华晨汽车集团控股有限公司和德国大型知名物流公司 HSO 汽车贸易公司在德国北部港口不来梅市市政厅签署为期 5 年、共 15.8 万辆中华轿车的出口合同。此外，我国向南美洲和北美洲出口自主品牌轿车的数量和金额也有大幅度增长。

2. 出口前景和面临的问题

对于我国自主品牌轿车而言，眼下的形势是机遇与挑战共存，一个非常关键的拐点已经呈现在我们面前：依靠价格拓展国外市场的时代开始进入尾声，消费者在一定的价格范围内开始更多地关注产品的质量。自主品牌轿车企业能否抓住机遇，开拓创新，打好质量牌，迎接挑战，最终化蛹为蝶，这是决定其能否可持续发展的关键点。

（1）三大优势

①价格优势。国内企业在国外最主要的优势就是价格。与日韩企业相比，中国汽车在国际市场上的价格更加便宜。可以说没有哪个国家能够生产出比中国更便宜的轿车来。由此可见，中国自主品牌轿车企业生产的经济型轿车在国际市场上具有较强的价格竞争力。

②成本优势。第一，汽车是一个技术与劳动力密集的产业，中国具有大量的廉价劳动力。而合资品牌的汽车由于各种技术费用的制约而成本严重偏高，国内合资品牌汽车的售价比国外车的价格还要高是一种普遍现象，国内劳动力成本的优势并没有显现出来。自主品牌在成本上具有巨大优势，完全可以凭借成本的优势在汽车市场上占有更大的份额。第二，相对于欧美企业来说，中国企业的厂房、土地也有成本优势。这也是本土整车厂提高产品质量、降低成本的优势资源。第三，中国近年来在机械加工设备技术上的提升也非常迅速。因此，中国的汽车企业购买本国的加工设备又将显出另一优势。第四，与合资品牌相比，自主品牌产品无须技术转让费，不需在外方规定的采购体系采购零部件，也不必付出高于中国人力成本十倍甚至几十倍的支出，这些都决定了自主品牌相对更有成本优势。

③政策优势。2004 年发布的新《汽车产业发展政策》中明确指出：“国家鼓励汽车生产企业开展国际合作发挥比较优势，参与国际产业分工支持大型汽车企业集团与国外汽车集团联合兼并重组国内外汽车生产企业，扩大市场经营范围适应汽车生产全球化趋势。”2005 年商务部发布的《汽车贸易政策》也鼓励开拓海外市场。政府也在推出一系列的政策鼓动和支持自主品牌创新。2006 年 2 月 9 日，国务院发

布的《国家中长期科学和技术发展规划纲要（2006—2020年）》中，政府采购作为实施促进自主创新的重要政策措施，被列入构建创新型国家战略的配套政策体系。同时制定《中华人民共和国政府采购法》实施细则，鼓励和保护自主创新，建立政府采购自主创新产品协调机制。国家对自主品牌轿车出口的重视正在通过各方面的鼓励、支持政策予以落实。2006年，商务部联合国家发展改革委确定长春、上海、天津等8个城市为“国家汽车及零部件出口基地”，并确定一汽、长安、奇瑞等160家企业为“国家汽车及零部件出口基地企业”。两部委还将联合成立“国家汽车及零部件出口基地建设领导小组”，计划在10个方面出台政策来扶持汽车出口，中央还准备设置专项资金进行支持。政府的支持是加速自主品牌轿车出口的催化剂，韩国汽车正是在政府的积极鼓励和实际支持下成功走向世界的。

（2）三大机遇

①经济全球化带来的机遇。一是经济全球化使我国自主品牌轿车企业可以在全球范围内组织生产经营活动，实现资源的优化配置，降低成本，获得更多利润，从而促进企业的发展；二是在经济全球化条件下，我国自主品牌轿车具有更广阔的市场，获取经济利益的范围也随之扩大；三是国际竞争的压力可以加速我国自主品牌轿车企业改革的步伐，加快建立现代企业制度，并促进企业积极引进国外先进的技术、成功的管理经验和大量的资金，有利于形成优势企业涌出机制，有利于我国自主品牌轿车的技术提升，有利于我国自主品牌轿车降低成本，增强其参与国际竞争的实力。

②加入世界贸易组织带来的机遇。我国已于2001年加入世界贸易组织，成为世界贸易组织正式成员，这为我国自主品牌轿车进入国际市场带来了良好的机遇，有利于出口市场的多元化。我国加入世贸组织后意味着真正加入了一个开放的多边贸易体系，可以享受无条件多边最惠国待遇，我国就可以与世贸组织135个成员国进行贸易往来，从而为我国自主品牌轿车出口市场多元化创造良好的机遇。这种待遇原则有助于我国自主品牌轿车在国际市场上的公平竞争。我国已经同东盟自由贸易区签署了合作框架协议，这对于汽车行业来说虽然无法取得立竿见影的效果，但长远来讲，关税和非关税贸易壁垒的减少给国内企业提供了出口、合作生产乃至整合当地资源的可能。另外，我国以发展中国家的身份加入世界贸易组织，可享有发展中国家的差别和更优惠待遇。

③海外市场广阔带来的机遇。在海外像中国一样市场稳步增长的地区，中国出口企业有赢得新增市场的机会；在一些成熟稳定甚至略有萎缩的地区，中国也有特定的填补或分享低端市场的可能。具体来看，在中东欧、东南亚、中南美、南北非、中东海湾等欠发达地区中国的各类车型都有市场。在欧美成熟市场上，具有价格优势的SUV、皮卡和中小型轿车都有一定的市场潜力。

（3）问题分析

①我国自主品牌轿车出口的竞争机制尚存在一些问题，有待于进一步优化。

一是目前出口的自主品牌轿车多以小批量整车出口为主，很少形成规模。这必然影响到营销渠道的铺设、零配件供应及维修服务，从而影响当地的市场接纳程度。有关分析人士指出，不成规模的出口与售后服务不到位将并存。国外大型汽车厂家大多有良好的售后服务网络，许多厂家是先建维修服务网络后卖汽车。而我国自主品牌轿车企业普遍重销售，轻服务，缺少发展的眼光和长期的市场战略。我国自主品牌轿车企业的产品出口到国外之后，售后服务几乎是空白，零配件供应不上，产品维修不及时，产品出现质量问题却找不到合适的配件和维修工程师，导致当地消费者对中国品牌丧失信心。这种重销售、轻服务的出口模式是“一锤子买卖”，是急功近利的短期行为。服务不到位，配件跟不上，品牌形象就很难树立，也对后续出口产生不良影响，企业就很难真正立足。此外，采取这种销售模式的结果是将售后服务主动权拱手相让，售后领域的丰厚利润也随之丧失。

二是随着我国自主品牌轿车及零部件出口数量不断增长，一些国家和地区开始对来自中国的汽车产品出台限制措施，各种贸易纠纷呈明显上升趋势。不少国家为了保护自己的市场份额，对中国汽车及零部件出口征收高额反倾销税，税率之高足以让我国自主品牌轿车退出国际市场。

三是汽车出口低价竞争内藏隐忧。我国自主品牌轿车出口普遍存在低价竞争现象，但出口汽车仅凭价格低在国际汽车市场上是无法获胜的。随着出口规模的扩大，中国汽车出口目的地逐渐转入门槛较高的发达国家市场，汽车出口厂家应更重视产品质量的提升，而我们有大量工作需要从零开始：积累市场经验，处理政府关系，了解法律、法规环境，熟悉认证准入规则，寻找合作伙伴等。这与竞争对手尤其是日、韩企业不在一个起点上。一旦“中国车”与“廉价车”画上了等号，无疑将是把自己推入泥潭。

四是缺乏能和国内总部有效沟通，又能在海外独当一面开展公关、法务、认证、销售、服务乃至生产、开发的各类人才。

五是整车及核心部件开发能力薄弱，缺乏准入标准改进（安全、排放、节能标准）和适应性改进（气候、习俗、尺寸、右转向盘配置、审美）的技术能力和经验。

②我国自主品牌轿车在守住质量这一生命线方面还存在一些问题，还有很多文章要做。低价是敲门砖，低质是墓志铭。自主品牌轿车能否真正在海外市场站住脚，质量是最为关键的一点。目前，日、韩汽车企业在国际市场上具有相当的竞争力。上面提到的我国自主品牌轿车出口的劣势反过来就是日、韩汽车企业的优势。目前，我国自主品牌轿车要面对国外市场严格的技术、油耗、排放等诸多标准的考验，而一些标准又往往和知识产权保护一起，成为发达国家阻挡发展中国家后发优势的天然屏障。仅在美国市场，中国汽车要通过的美国汽车检验标准就多达400多项。一旦检测不合格就可能难以靠岸或面临召回。目前，完全具备中国自主知识产权的汽车产品，几乎没有成功批量出口欧美发达国家的先例，失败的例子却不少。

③我国自主品牌轿车出口的国际运输周期长，干扰因素多，物流风险大。由于汽车工业发展的滞后性，我国海运物流企业大多没有涉及汽车运输的滚装船业务。

滚装船的运营成本高昂，只有在运载车辆的整体体积超过滚装船 60% 容积的状况下，海运物流企业才能够盈利。但我国自主品牌轿车企业出口的量都比较小，不足以支撑庞大的运费开支。我国的整车出口目前由日、韩海运企业 NYK、KLINE、现代运输等全球九大海运企业掌控。这些海运物流企业都和本国的大汽车制造商签署了长期合作协议，因此其国内的汽车企业可以获得比中国低廉的运输价格，而我国自主品牌轿车企业由于整车出口数量有限饱受歧视。在运费计算方面，这些大型滚装船公司对于本国的汽车企业通常是按照不同车型一辆车的固定价格来计算，而对中国汽车企业，则按汽车所占的体积来计算。增加运费的同时也增加了税收，令我国自主品牌轿车的出口背上了沉重的负担。一般整车出口的关税征收按到岸价来计算，到岸价由成本加保险和运费构成，保险的费用大约为 20 ~ 30 美元，可以忽略不计，但由于第三世界国家的整车进口关税高达 40% ~ 50%，把这部分累加以后，每辆车的运费高达 1 950 ~ 2 250 美元。过高的运费损害了我国自主品牌轿车在当地市场的竞争力。

（二）我国自主品牌轿车出口的发展对策

通过对我国自主品牌轿车出口的现状分析，笔者认为，我国自主品牌轿车出口要再创辉煌，就必须坚持科学发展观，在以下四个方面加大力度。

1. 加大规模扩张力度

中国的国土面积和人口相当于一个欧洲，市场潜力巨大。但自主品牌由于错失国内早期先机，规模至今普遍较小，受其限制赖以发展的价格优势也渐趋脆弱。面对实力雄厚的跨国公司咄咄逼人的竞争态势，自主品牌加速提升规模的压力日渐增大。在自主品牌努力扩展国内市场的同时，不断增长的出口让我们意识到：利用手头已有的成熟低端产品，借助广阔的国际市场来实现自主品牌产量规模的快速发展，务求以空间换时间，尽快扩张对生存至关重要的规模，不失为一条可能的出路。这条道路作为争取时间的一着险棋，机会多多，前景诱人，却也充满困难和风险。但只有加大规模扩张的力度，我国自主品牌轿车企业才能可持续发展，才能在世界汽车工业的舞台上大放异彩。

2. 加大质量提升力度

提高本土发动机、零部件和原材料的质量，才能提高我国自主品牌轿车的质量。要加强产品质量建设，就要在设计、生产、产品调教、品质检验和安全测试诸多环节上一丝不苟和严格把关，不能急于求成，要耐得住寂寞，视汽车质量为本土企业的生命，加大对我国自主品牌轿车的检测和安全测试设备的投入，学习欧洲先进的安全检测技术，提高我国自主品牌轿车的安全检测等级，同时改善我国自主品牌轿车生产工艺，注重细节，完善我国自主品牌轿车内饰的时尚品质。如上海大众在提高技术和质量上花了大气力，早在 1999 年，它们就投入 10 亿元建造了上海大众技术开发中心，该中心占地面积达 2 万平方米，包括造型楼、试制车间、整车试验楼、综合试验楼和发动机试验楼等，配备了发动机台架试验、汽车声学实验室、道路模拟台架试验、台车碰撞、28 米长三坐标测量造型平台等在内的先进的开发设备，这些是上海大众汽车质量保障的重要基础。国内其他自主品牌轿车生产企业应向上海大众学习，不断加大提升自主品牌轿车质量的力度。

3. 加大人才培养力度

我国自主品牌轿车若要不断开拓国际市场，赢得国际合作，并得到客户的青睐，就离不开懂得国际贸易规则并能从事商业谈判的推销人才。我国应采取高校培养与企业培训相结合的路子，加快这方面人才的培养力度，努力做到质量和数量齐头并进。自主品牌轿车企业除从高校毕业生中引进优秀人才外，还应采取多种方式，立足自身加大国际化经营人才培养力度。一是采取“请进来”、“师带徒”的方式有针对性地对推销人员进行实际应用能力的强化培训，提高跨文化沟通能力，同时进行与轿车出口国际业务相关的项目管理、经济评价、国际金融、国际财税、法律法规、国际贸易、国际通用规则等方面的知识和能力培训，增强其国际市场判断、资本运作、风险防范能力。二是采取“走出去”的方式组织推销人员到国外有关高校或研究机构研修交流，或到国内外同行业企业进行实习和考察，不断提高推销人员的综合素质。三是采取“岗位激励”的方式促使推销人员加强岗位锻炼，注重在实践中培养和提高，对综合素质好、有潜力的优秀年轻人才交任务、压担子，加大培养和岗位实践锻炼力度，并实施精神和物质激励，使其在实践中逐步提高适应岗位技能的能力，实现推销人员的职业生涯发展与企业发展和谐统一。

4. 加大政策支持力度

国家加大对汽车企业出口政策支持力度是国内自主品牌轿车走向世界的关键。当前，国家应进一步做好以下工作：第一，要进一步完善出口退税体制，全面推行“免、抵、退”税制度，充分发挥出口政策性金融和保险手段的作用，扩大出口信用保险承保规模，尽快完善出口信用保险的国别限额政策，适当降低投保费率，推动报单融资业务。这对自主品牌轿车出口有很大的促进作用。第二，要进一步完善扶持自主品牌轿车零部件产业发展的具体政策，诸如鼓励自主研发、自主创新政策，鼓励联合重组政策，鼓励产品出口政策等。充分调动各种资源，引导企业和产业发展方向，支持自主品牌轿车零部件产业做强做大。第三，要进一步强化信息服务意识，以应对国外技术性贸易壁垒。政府相关部门要定期与发达国家的汽车行业学会进行学术交流，积极加入在国际上有影响的行业学术组织，以便在系统中获得信息共享的资格；要建立应对国外技术性贸易壁垒的预警体系，紧密跟踪国际市场动态，及时传递国外技术性贸易壁垒信息；应组织力量对技术性贸易壁垒情况进行研究，提出具体的对策建议。这些因素可以使汽车工业的发展水平迅速提高，使我国自主品牌轿车的生产体系日趋完善，产品的自主开发能力迅速增加，从而把产品迅速地推向世界。

六、中国汽车品牌销售趋势分析

（一）中国汽车营销的未来趋势

这世界，唯一不变的就是变化！中国的汽车市场也始终充满着变数，未来的中国汽车营销将出现以下变化。

1. 产品品牌建设向关系品牌建设的演化

过去，业界有一句口头禅，一流的企业做品牌，二流的企业造市场，三流的企业卖产品。今后的汽车营销也是如此，只不过“品牌”的内涵更加泛化，更充满活性。

品牌是什么？品牌就是企业与消费者（或社会公众）的关系。过去那种专注于“产品”打造单一“产品品牌”模式的做法将会落伍，也就是说以往企业通过赋予产品一个商标，然后借助各种手段（如广告）把它打造成品牌，而后再强行推销给消费者，消费者被迫接受的时代将一去不复返。

今后品牌建设将向多维化、交互性的关系品牌建设转变，企业通过从各种渠道获得大量的客户资料，包括客户的姓名和地址，然后对潜在顾客进行鉴别，试探他们的需求以及消费嗜好，更多地了解他们，在一个持续不断的相互关系中始终与他们保持联系。一种新的品牌建设形式正在演进：关系品牌建设即将到来。

关系品牌与产品品牌比较有许多区别，过去的那种产品品牌是静止的、孤立的，仅属于企业本身，顾客使用了产品后就只能被动地接受该品牌。而关系品牌是交互、活性的，属于社会，属于公众，更属于消费者，顾客可以动议企业赋予品牌新的内涵，当竞争对手贬损诋毁自己心爱的品牌时，消费者会不约而同地主动站出来捍卫“自己”的品牌。

2. “促销搭档”关系向“数据库搭档”关系的演化

今后的竞争除了继续存在于企业之间外，还将扩及企业合作的网络，未来的营销剔除了简单原始的促销搭档角色，而是借助新兴的技术平台结成战略联盟，利用彼此的数据库开展营销，实现资源共享。

如何定义战略联盟呢？它是指为达到共享的战略目标而设置的两个或两个以上的组织之间的合作关系，与战略联盟相关的目标有的共享，有的不共享。而数据库平台则属于共享的，通过数据库共享企业能获得相互学习和掌握新技术的机会，能接触其他公司的互补技术资源和先进管理经验的途径，能获取接触新市场的途径，还能接触到能增强公司竞争地位的资源的机会，最后还能获得影响甚至控制各项行业标准的机会。

构建以数据库为出发点的战略联盟必须重视四个关键的战略：创造相关公司知识共享路径；选择互补型合作伙伴；建造和管理共有专业资产；创建有效的管理步骤。

3. 消费者对企业的单向度忠诚转向双向交互联系甚至多维的关系

这种模式的方法之一，就是通过将购买者自身维系在一个志趣相投的由许多购买者组成的团体中，将销售者和购买者之间的联系加以拓展，为其提供各种全新的体验，从而将消费者的忠诚度提高到一个更高的水平。例如，上海通用某车商专门针对赛欧车主组建了由车主自行管理的“赛盟组织”（俱乐部形式），通过企业退居幕后让车主自发管理的方式增强组织的感召力、公信力和体验性。

这种模式的另一方法是，企业与消费者建立交互式设计的价值链，企业设身处地地为消费者创造价值，满足他们的各项需求，当消费者需求麻木迟钝时，通过各种方式激活它、唤醒它。而消费者也采取主动的方式参与企业产品或服务的设计或提供有建设性的意见，为企业创造价值。因此过去企业那种通过产品、服务、品牌换取消费者忠诚度的单向格局将会被打破，一种多维、互动的关系维系模式将会出现。

4. 对广告被动接受向积极搜寻演化

由于互联网的普及，百度、360 等搜索引擎技术日新月异，为消费者接受广告信息提供了更自由更广阔的空间，而以往消费者那种“无法躲闪”被动接受广告的局面将一去不复返。

未来企业将通过各种广告载体，特别是互联网广告载体向消费者提供“自愿式广告”，而消费者也会根据需求主动地搜寻符合自身口味的广告信息，因此一对一的个性化、分众化广告将会在未来成为引领主流。

5. 单一功能的广告和促销向多功能的互动式营销活动演化

过去那种传统的孤立广告宣传和专项的促销活动会逐步被淘汰，取而代之的将是融广告宣传、促销活动、互动式交流为一体的立体营销。前些年，中国某车商就在这方面做了大胆的尝试，将系列形象广告宣传与企业文化、促销活动、车主活动相结合，“一石三鸟”，它紧紧围绕系列广告举办了“汽车灯光文化夜市”、“车主自助维修技能大赛”以及相关的促销活动，收到了显著的效果，今后切合实际的整合传播将会成为热点。

（二）汽车消费，品牌忠诚度不高

在北京、上海和广州三地的一项调查结果表明，中国的私家车车主对于汽车品牌还没有建立起很高的忠诚度。虽然个别品牌已经占有了市场主导地位，它们在消费者心目中尚未树立起强有力的品牌形象。

调查显示，中国上述三个主要城市的居民中私家车拥有者占 7%。北京私家车普及率为三地之首，私家车拥有者的比例达到 11%。这与北京的汽车价格较低不无关系，而且，北京可选择的汽车型号的范围也较大，对于推动汽车市场的发展将继续起到至关重要的作用。上海和广州私家车拥有者的比例分别为 4% 和 5%。

价格同样是决定购车意向的关键。购车决策的首要因素与价格相关，其中“物有所值”占购买决策过程的比重为 36%。而“品牌”仅占决策过程的 17%。汽车的性能、设计、安全性和舒适性相对不是购车时最首要考虑的因素。

调查表明，汽车厂商在中国建立品牌忠诚度还需要有很长的路要走。只要厂商还没有与顾客建立起密切的联系，价格就将继续主导购车的决策过程。而对于汽车经销商来说，如果能够改善服务质量，实施综合服务体系，他们就朝着树立品牌忠诚度又迈进了一步。

（三）品牌竞争年代，本土汽车品牌如何博取认同

历经半个世纪，中国汽车工业得到长足的发展，国外品牌纷纷以合资的形式角逐中国市场，而中国本土企业的汽车品牌发展却显得举步维艰，在向中高端市场挺进的过程中面临一系列的困难。在品牌多元化时代，中国的本土企业究竟该如何实现品牌突围，提升自己的汽车品牌？

1. 推出新品无法提升品牌

什么是品牌？品牌是厂商表面拥有、实际却存在于消费者心目中的一个概念，它是消费者联想的结果，在消费者心目中形成“高档车”、“中档车”、“低档车”、“国际化”、“高科技”等相关印象。

目前中国的本土企业，需要清楚地认识到产品和品牌同步建设问题，好的产品未必代表拥有好的品牌。例如，贴牌生产，很多本土企业选择与国际大品牌合作，打上外方品牌或合资品牌，产品的质量达到世界水准，但在使用自己的品牌后，产品销量却差强人意，这说明产品和品牌是可以相背离的。

我们认为，目前本土企业通过推出新产品来提升企业品牌的策略过于乐观，依靠这种策略提升企业品牌会相对漫长。产品是品牌的基础，品牌反之作用于产品上。在产品达到一定的水准后，本土企业应该借新产品推出之机，花费更多的时间和精力去考虑品牌的提升问题，让更多的消费者认识企业品牌，而并非仅仅局限于使用过企业产品的消费群。品牌带给消费者的东西远远多于产品本身，依靠品牌赢得的消费者才具有最大的忠诚度。

2. 品牌提升是价值链各环节的整体提升

从汽车设计到销售服务到售后服务到消费者使用再到残值管理，汽车价值链的长度超过许多产品。因此，消费者的企业品牌概念，不会是在汽车价值链中的某一具体环节上形成的，而是建立在汽车价值链整个环节的基础上。

从这个意义上来说，中国本土企业要想在竞争激烈的汽车品牌车市获得一席之地，就需要不断调整和提高自己整个汽车价值链的服务标准。目前，很多企业的发展初期从相对低端的产品做起，但是随着企业走向高一级市场的同时，客户对象发生相应变化，以前的经销商体系和服务体系可能已不能满足现在新市场用户的需求，如果现有的经销商体系和服务体系不作相应调整和提高，企业品牌和产品品牌的提升将会陷入困难的境地，这是中国本土企业在提升自身品牌时所面临的一大挑战与考验。

我认为，对于汽车生产厂商而言，提高整车的质量相对容易，但要通过汽车价

值链的整个环节去打造品牌，却是一个长期而复杂的过程，中国的本土企业需要从顾客定位、经销商建设、服务水准和网络层次等多方面，考虑如何提升自己的品牌。

3. 品牌需要给人以联想

产品品牌需要告诉目标消费者其价值主张，满足消费者理性、感性以及个性化要求，以此作为产品品牌定位的重要前提，使消费者感知“这个品牌不但能够满足我对车辆功能上的需要”，“还满足了我的情感需要”，“并且能够传达出和我相似的个性”。而企业品牌带给消费者的联想不应仅仅局限在质量、价格、品位等方面，企业品牌的作用是赢得公众认知，建立差异化优势，其核心目标应是建立社会的认同感。

如果一个品牌带给消费者的联想仅仅是质量、价格、品位等，在当今的品牌观念中是远远不够的。本土汽车品牌在建设过程中，需要进一步丰富品牌联想，包括产品质量、企业文化、企业对社会的贡献、企业对有意义问题的探讨。

4. 剖析汽车品牌的核心内涵与塑造

综观奔驰、宝马等国际著名汽车品牌，每一个品牌的背后都是一部创始人堪称传奇的奋斗史。创始人以其不朽的精神理念赋予了汽车品牌迥异的个性与风格，历经十年、百年的洗礼，生命依然青春，光辉依然闪亮。也正是这种品牌的人格魅力，同各种社会、文化、心理因素融合，异化为一种时代的象征，加之汽车自身的功能、款式、线条和色彩所散发的迷人之处，汽车已经成为动力与时尚、驾驭与征服、个性与身份的代表，令无数人为之倾倒。

（四）汽车品牌发展的三个阶段

一个成功的汽车品牌塑造一般需要经历三个层面，即产品层面、企业层面和社会层面，也就是逐步从产品品牌发展到企业品牌，再发展到社会品牌。大部分的国际品牌已经发展到第三阶段，而国内的汽车企业多数还处在第一或第二阶段。

1. 第一阶段：产品品牌阶段

汽车品牌的个性在建立初期同其他商品一样，都是基于其产品的功能、特点、用途而来，并针对主要消费群体进行定位和诉求的。因为汽车发展初期，受制于特定技术和消费需求，市场还处于卖方市场，品牌个性的建立必须依赖于产品的具体特征才能加以塑造，进而形成消费者对品牌的识别。例如，德国大众生产的金龟车，就是以结构紧凑、轻便省油、造价成本低为其品牌特征的，又比如福特公司的T型车等。

但是，随着汽车制造技术的不断完善和市场竞争的加剧，汽车的功能性特征差异越来越小，产品的同质性越来强，尤其是汽车市场趋于国际化时，依靠产品特性优势而奠定的品牌个性不再明显，轿车品牌必然面临着由产品品牌向企业品牌过渡。

2. 第二阶段：企业品牌阶段

建立企业品牌最为关键的就是借助企业独特的价值观念（文化）、团队、技术特色和企业资产等因素，逐步建立起一种对企业的信念和联想，并通过舆论、广告和促销行为传播移植于消费者脑海之中，从而让目标对象对企业自发地产生良好的印象，建立起品牌忠诚度。

通过企业品牌的建立，不但可以获得巨大的品牌资产，而且更关键是还可以为企业的经营发展，为产品的上市推广提供强大的品牌支撑和市场竞争力，这也是目前我们的企业所急切渴望实现的品牌建设目标。

但是，当企业发展、扩张到一定程度，单纯的企业经营必然要扩展为对社会的经营，或者说是经营更加社会化的品牌，在轿车行业尤为如此。

3. 第三阶段：社会品牌阶段

由于汽车产业是一个全球化的行业，企业在推动其品牌国际化进程的同时，如何尽快本土化，如何与当地政府、企业良好合作，如何使品牌的价值核心被当地消费者认可，所依赖的已经不仅仅是产品、价格、质量或服务，更取决于企业品牌如何被当地社会接受，通过良好的社会形象，真正拉近品牌与当地消费者之间的距离，融入社会当中。

（五）汽车品牌的特色、内涵与核心

我们知道，构筑一个良好的品牌资产需要五大要素，即品牌知名度、品质认知度、品牌忠诚度、品牌联想和其他资产，这是从消费者的角度去认知评价，若从企业的角度考虑，要构筑一个丰满、鲜活的汽车品牌，我们认为必须具有四大要素：安全优良的产品品质、个性化的外观及内饰风格、丰厚的历史人文背景和独特的精神主张（理念），前两者属于产品和物质层面，后两者则属于企业层面或精神层面。

1. 要素一：安全优良的产品品质

汽车是为数不多的需高速移动的商品，由此而带来的安全和品质保障，是每一个消费者对企业提出的最基本要求。在这方面，以奔驰和沃尔沃为代表的欧洲轿车堪称典范，同时也恰恰是中国轿车企业最难克服的障碍。可以毫不夸张地说，产品的品质和安全就等同于品牌的生命，因为在每一个缺陷和故障隐患的背后，都关系到每个消费者的生命和安全。虽然产品召回制度给了厂商弥补的机会，但我们注意到，无论是福特的轮胎问题，还是三菱的刹车问题，每一次的召回都不仅是财产的损失，更是品牌资产的损失。

2. 要素二：个性化的外观及内饰风格

有人说，汽车本身就是一件艺术品，无论是法拉利还是派利奥，无论是劳斯莱斯还是MINI。的确，汽车以其优美流畅的线条和造型，风格迥异的大灯和中网，简洁明快的标志和内饰，可以说不是精品，胜似精品。

我们既可以远远地一眼就辨别出是什么牌子的车，也可以仅凭一两个细节，如尾灯、车门，甚至是发动机运转的声音，就能断定它的厂家，这全在于它们个性十足的外型内饰和综合性能。从某种角度来看，一个品牌的个性，或张扬，或稳重，或动感，或机智，更大程度上依赖于在品牌统领下的产品本身风格的不断创新和支撑。

3. 要素三：深厚的历史人文背景

消费者对某个品牌或产品的认同总是以认同它的文化为背景的。比如，人们对“奥迪”存在普遍的信任和好感，并不是完全来自对车本身的深刻了解，而是源自对德国严谨务实的风格、品质、先进科技和企业实力的认同。

由于轿车价值昂贵，外型彰显，个性十足，其人格化的“品牌风格”被视为区别于其他品牌吸引消费者的安身立命之本。然而，正如品牌需要时间的沉淀，轿车“品牌风格”的形成更需要一个相对持久的历史人文沉淀过程，通过对产品设计和品牌的不断演绎创新，使得品牌不但具有年龄、性别特征，而且还有职业、性格、地位和爱好。例如，劳斯莱斯是身份显赫的贵族，奔驰是出入上流社会的成功人士，福特则是中规中矩的中产白领，这就是轿车消费的圈层感。

当汽车品牌和消费者的属性成为一种社会认同，并通过传播推广根深蒂固地留存在消费者脑海中时，这种认同也成了轿车品牌的特有的“品牌风格”，这种“品牌风格”一旦形成，就会沉淀为深厚的品牌资产，越是历史悠久的品牌，其深厚的底蕴就越发魅力无穷，这也是众多轿车品牌百余年来生生不息的原因之一吧。

4. 要素四：独特的精神主张（理念）

随着更多汽车品牌的涌现，产品外型和技术日益同质化，单一的大文化背景已经不能成为区分产品、品牌的标志。

一百多年来，奔驰倡导的企业理念是“质量、创新、服务”六个字，它之所以被社会和大众视为质量卓越的象征，靠的就是始终如一的质量追求、不断创新的技术保障和顾客第一的服务系统。反观国内的汽车企业，能将以上四者真正贯彻实施的少之又少，民族品牌的现状就更加令人担忧。且不谈产品风格的独创，就是最基本的产品品质都还要有待提高。

（六）汽车品牌竞争升级，汽车公关莫失良机

曾经处于“井喷”的汽车行业终归平静，但看似平静的下面却孕育着新一轮的激烈竞争。与以往的产品竞争不同的是，这次的竞争集中在品牌的竞争上，不论是国外品牌、合资品牌或是国内自主品牌，都将不可避免地卷入这场品牌战中。

1. 从“车型时代”到“品牌时代”

中国汽车市场的第一个发展阶段是车型时代，在这一时期，各大汽车企业间的竞争主要集中在车型的不断增加和创新上。1998—2003 年的 5 年间，年新增车型由 6 个上升为近 70 个；2003 年更是产品的盛宴年，全年推出包括升级改装车在内的新车型达到近 70 款。

但随着车型数量的剧增，车型的市场容量开始饱和，同一级别（如轴距、车长等）产品的价格相差无几，使得消费者难以区分其间差异，消费者不得不面对相对同质化的市场。而企业也不得不用品牌来区分市场。

从消费者角度而言，目前中国汽车消费者仍处在学习阶段，具有很强的可塑性。当前中国汽车消费者主要存在以下几个突出特点 ：超过 70% 的用户为首次购车，

对企业品牌、产品母品牌和子品牌的认知容易产生混淆，不能区分先进的技术与过时的技术，不知道哪些装备是自己必需的，不懂得不同企业各自的定位和技术特点，不熟悉不同企业各自产品的优势，关注汽车的使用成本，如零部件价格、燃油费用、维修费用、保险费用等，持币待购的现象明显，容易受到外界的影响，等等。

面对众多新车型的蜂拥上市和价格不断下降的市场现状，消费者从没有选择到选择过度，"品牌"的个性和信誉成为进行购买决策时的关键因素。目前，国内自主汽车企业的品牌建设尚处于起步阶段，合资汽车企业虽然拥有国际知名品牌的先进经验，但仍需解决与中国市场特点及消费文化的融合问题。因此，各大汽车品牌都开始注重通过多种手段加强对品牌的宣传和维护，寻求品牌的升级与突破。

2. 合资汽车：靠差异化营销与传播提升品牌

从 1984 年至今，国际轿车品牌通过合资形式纷纷落户中国，角逐中国汽车市场。然而，一个外来品牌要想在一个国家扎根，首先要做的就是如何把自己的品牌文化深深融入这个国家。对一个汽车品牌来说，要真正将一款车引入中国并打开市场，除了要针对当地的路况交通作出车型设计上的调整外，还要根据中国消费者的特点和媒介消费习惯，进行差异化的品牌营销与传播，这是至关重要的一步。

3. 本土汽车：品牌突围之路在何方

资料显示，目前中国共有载货车、客车和轿车品牌 355 个，其中自主品牌占 69%，国外品牌占 31%。虽然中国汽车自主品牌有 200 多个，但称得上驰名品牌的并不多，大多数自主品牌汽车规模小，技术含量不高，知名度也不高。据有关部门提供的统计，在 100 个轿车品牌中，自主品牌只有 37 个，并且合资企业生产的国外品牌占据了市场份额的 90% 左右，国内自主品牌主要集中在小排量经济型轿车，如奇瑞、哈飞、吉利等。

民族汽车品牌目前面临的最大市场困难不是质量和技术，而是消费者对民族品牌的成见和偏见。民族品牌在 10 万元以下的汽车市场，日子过得不错，但是一旦价格超过 10 万元，就遇到了所谓的"品牌天花板"。随着价格优势的逐步丧失，自主汽车品牌在我国汽车市场上的竞争力也在下降。在这样的困境之下，本土汽车企业如何实现品牌突围，如何逐步提升本土品牌的影响力？

七、用互联网金融打造中国大品牌汽车

互联网金融时代，汽车向互联、移动、自主、体验和大数据发展是大势所趋。全球汽车产业将朝着互联性、移动性、自主驾驶、用户体验及大数据分析方向快速发展。

有了车辆互联技术，车辆即便行驶在途中也能对家庭能源和应急系统进行管理。车主出门时，可将车辆与恒温器建立通信连接，调至"离家"模式，此时恒温器将自动降低能源使用；车主即将回家时，车辆会及时发出提醒，将家中恒温器设置到合适的温度。家中的紧急通知系统被触发时，车载的娱乐通信系统就会同步发出警

报。福特目前正在开发嵌入式语音识别系统，该系统使用图形处理器技术，处理速度更快，功能更为强大，可识别更为自然的语音模式。

通过远程重定位移动技术，技术人员即可通过现有4G/LTE技术传递的实时视频驾驶几千公里以外的车辆。这将有助于更经济实惠、更加高效地实行拼车计划，或者实现通过远程操作代客泊车，这对女性司机来说不啻一个极好的消息。

全球各大汽车公司都在积极开发自主驾驶车辆技术并进行测试，福特公司目前正在开发基于游戏软件的虚拟测试系统，其可在动态驾驶情况下识别各种交通标志，从而为真正上路测试做好了充分的技术准备工作。

就客户体验而言，新型人机界面的出现可更好地了解客户希望如何控制高科技多段复合座椅这样的多功能的设备系统。这种座椅可通过10个调节键和两个控制键来控制11个可充气按摩气囊。未来，还可使用自然语言语音识别或通过智能手机或平板电脑交互更直观、更有效地控制座椅。

大数据和分析技术也将开始走入汽车设计。大数据平台可帮助了解车主的车辆使用情况，并对此进行分析，找出可以改善产品或创造新的交通通信手段的模式及经验。通过传感器组件收集车轮速度、加速度和海拔等数据，就可以探索如何使用替代交通方式为未来的城市交通需求服务。

案例：互联网金融推进汽车产业的转型升级

随着金融透明化趋势的形成，人类迎来了互联网金融时代。互联网金融在中国发展速度比世界其他国家都快。过去30年中，中国的各行各业整个商业链条不完善，因此，互联网金融的出现，可以推动中国各行各业转型升级。在这里面，谈一个互联网金融最小的一个工具。

大家知道，所有的创意者可以天马行空，人人都能变成天使投资人。2013年的时候，有一个加拿大的年轻人设计了一款时装，想卖出去。他的做法是，把自己设计的时装放在互联网上，让消费者看，消费者喜欢他的时装，于是他提前在互联网上筹集到了36 815美元。这个年轻的时装设计师很有才华，能够为消费者设计好的时装，让消费者喜欢，又通过互联网宣传让消费者提前订购他的产品，于是实现了市场调研、筹集资金，以及市场营销的一步到位。

中国现在各行各业都在考虑转型升级，如果用上众筹这个工具，再加上其他的金融创新工具，未来的中国各行各业是不是能够为我们的消费者带来最好的产品？

大家都知道，中国有一个庞大的汽车产业，但是满大街跑的90%的汽车是合资品牌的汽车。到了互联网金融时代，我们可不可以用互联网金融工具，五年的时间让满大街跑的都是我们自主品牌的汽车，十年的时间，中国的汽车品牌能够成为世界上一线大品牌，怎么来解决这个问题？过去我们不敢想象，今天有了互联网金融这个工具，我们马上可以做。

所有人都知道，汽车行业全球都是产能过剩的，汽车产业链上，既然全球都是产能过剩的，我们实际上不需要自己再生产任何过剩的汽车配件。怎么解决这个问题?

比如在我们要打造中国的一线大品牌汽车，我们可以筹集100亿元的汽车产业基金。产业基金筹集起来以后，用20亿元建立一个车迷网作为一个网络销售渠道。未来所有的汽车我们通过互联网销售，而这个网络销售渠道，在未来五年之内，我们把它打造成一个独立的上市公司。

我们再拿出20亿元整合全中国的每一个城市的汽车修理厂，让所有的汽车修理厂作为汽车售后服务的加盟商。它们加盟以后，给消费者上当地的牌照，同时给消费者提供汽车售后服务。这个网络建立起来，五年之内，可以把售后服务公司作为上市公司。

最核心的是，剩下的资金我们拿出几十亿元，在全球找有才华的汽车行业的工程师，给他们足够的激励，让他们设计出消费者满意的产品。我们设计的100辆汽车，里面有几辆汽车或许让消费者兴奋尖叫，他们愿意提前付款。这样一来，通过互联网销售，没有了中间环节，消费者用很少的钱，就可买到世界上最好看、最安全的汽车和功能最全的汽车。

这样一来，五年的时间，中国就可拥有大量自主品牌的汽车。再用五年的时间，可以把世界上现在的一线大品牌车沦落成二线品牌，中国自主品牌的汽车成为世界一线大品牌汽车。在这样的情况下，我们可以想象一下，我们只需要建立一个互联网金融产业园，招一大批高级人才。通过互联网这个渠道，既解决了企业融资的问题，又解决了投资者投资难的问题，为我们的投资者创造财富。

设想一下，当我们这个商业计划书拿出来，放在互联网上，我们募集资金的时候，全世界的富豪都愿意把资金投到我们这个产业平台，不需要政府拿一分钱，只需要政府搭建一个平台。有了这个平台，我们就可以为全世界的消费者提供最好的产品。那时，中国的汽车行业在互联网金融时代可以弯道超车，为中国的消费者、为世界的消费者提供最好的汽车产品。